U0577980

2012年11月29日，中共中央总书记、中央军委主席习近平率中央政治局常委李克强、张德江、俞正声、刘云山、王岐山、张高丽到中国国家博物馆参观"复兴之路"基本陈列

中共中央政治局常委李长春，中共中央政治局委员、国务委员刘延东在北京会见全国文物工作会议与会代表

全国文物工作会议在北京召开

全国人大常委会副委员长路甬祥带队，文化部副部长、国家文物局局长励小捷等在江西开展执法检查工作

故宫中正殿复建竣工仪式

国家文物局学习贯彻党的十八大精神动员会

宝鸡石鼓山墓地考古发掘直播活动

广东省管辖海域
文化遗产联合执
法专项行动启动

四川省打击文物犯罪现
场会

浙江省文物监察总队与
海监部门在温州海域开
展联合执法巡航

申遗专家指导汉魏洛阳城申遗工作

国家文物局专家对苏州市江南水乡古镇申遗项目进行现场考察

申遗专家考察湖南绥宁侗寨

福建省涉台文物普查成果展

吉林省第三次全国文物普查暨长城资源调查表彰

"文化遗产日"郑州主场城市活动开幕式

"5·18国际博物馆日"武汉市博物馆举办鉴宝活动现场

遵义市海龙屯考古遗址

保定市曲阳田庄古墓发掘现场

长沙铜官窑遗址公园开园仪式

承德普乐寺修缮工程开工仪式

武当山遇真宫保护工程现场

苏州古城墙相门段修复工程

"魅力·智慧——美国人眼中的周恩来"展

南昌县博物馆"洪州窑青瓷展"

北京新文化运动纪念馆与厦门市教育局共同举办"博物大观·文化校园"活动

上海松江区广富林
公众开放日

安徽省文博知识大赛现场

国家文物局、公安部在乌鲁木齐举办"常态化防范打击文物犯罪研修班"

山西彩塑壁画修复培训现场

首届中国凌家滩文化论坛

"千年重光——山东青州龙兴寺佛教造像展"在台湾高雄市佛光山佛陀纪念馆举行

日本"江户名瓷——伊万里展"

"从杭州到卢卡——穿越历史的丝绸之路展"在意大利举行

海峡两岸文物交流20年纪念活动启动仪式

国际博协亚太地区联盟
2012年大会

联合国教科文组织总干
事参观苏州博物馆

中国文物年鉴

CHINA CULTURAL HERITAGE YEARBOOK

2013

国家文物局 编

文物出版社

编辑说明

《中国文物年鉴》由国家文物局主编，各省、自治区、直辖市文物行政部门和有关文博单位共同参与编纂，文物出版社编辑出版，综合记述我国文物事业年度发展情况。

《中国文物年鉴·2013》反映我国文物、博物馆事业2012年的发展情况，分为图片、特辑、综述篇、分述篇、纪事篇和附录等部分。《中国文物年鉴》的稿件、资料来自国家文物局机关各部门、各直属单位和各省、自治区、直辖市文物行政部门以及国内相关文博机构，不包含香港、澳门特别行政区和台湾省的资料。由于编辑水平所限，《中国文物年鉴·2013》编校工作难免存在不足，希望广大读者提出宝贵意见和建议。

编者
2014年10月

编辑委员会

主　任　励小捷

副主任　董保华　童明康　顾玉才　宋新潮

委　员　张自成　李　游　朱晓东　刘铭威
　　　　关　强　段　勇　解　冰　王　莉
　　　　梁立刚　闫亚林　陈　红　王金华
　　　　何戍中　陈培军　陆　琼　唐　炜
　　　　张建新　罗　静　彭冰冰　刘高潮

特约撰稿人（按姓氏笔画顺序）

丁 燕　马永飞　马永红　马晓丽　王汉卫

王振华　王晶晶　孔翔跃　叶大治　史 勇

冯朝晖　司志晓　吉 琼　毕 游　朱鸿文

乔静安　庆 祝　刘 红　刘 洁　刘 桥

刘 微　许 鑫　牟锦德　李一兵　杨 菊

吴 兵　吴明勇　吴建刚　何春平　佘忠明

沙江·库尔班　宋 江　张昊文　张金梅

张 磊　张后武　陈 亮　幸 军　罗泽平

岳志勇　金 梅　周 成　周 宇　郑丽娜

赵恬君　赵博谦　赵德文　钟向群　段 颖

施 彤　姜文龙　姚文中　袁青竹　高梦甜

高智伟　高嵩巍　郭松雪　谈建农　黄俊芳

曹明成　龚张念　龚英邓　彭跃辉　彭湘炜

蒋冬肖　韩 洋　程春棒　蔡 宇　黎吉龙

重要文章、讲话

重要公文

综述篇

分述篇

国家文物局直属单位

各省、市、自治区

其他

纪事篇

附录

特辑

中共中央政治局委员、国务委员刘延东在2012年国际古迹遗址理事会顾问委员会会议开幕式上的致辞

（2012年10月28日）

金秋时节，2012年国际古迹遗址理事会顾问委员会和执行委员会会议在北京隆重召开。我谨代表中国政府和人民向会议表示热烈的祝贺！向与会的各国专家、各国际组织代表表示诚挚的欢迎！向所有致力于文化遗产保护事业的人士致以崇高的敬意！

人类社会在漫长的历史进程中，创造了丰富的文化遗产。保护好这些文化遗产，不仅是尊重和留存人类的文明成果，也是实现人类可持续发展的必然要求。1972年，联合国教科文组织通过了《保护世界文化和自然遗产公约》，越来越多的国家陆续加入到保护文化遗产这一全人类共同财富的行动中来，在平等和尊重的基础上，相互借鉴、广泛合作，取得令人鼓舞的成绩。

中国是历史悠久的文明古国，当前正处于工业化、城镇化快速发展时期，文化遗产保护面临着空前的压力。中国政府高度重视文化遗产的保护利用和传承发展，将其纳入国家可持续发展战略和建设公共文化服务体系的总体目标之中，采取了一系列措施，大力推进。多年来，我们通过完善法制，增加投入，加强人才培养和科技支撑，开展全国范围的文物普查，科学规划大遗址保护和国家考古遗址公园建设，建设世界文化遗产监测预警体系，推进博物馆免费开放，让广大公众共享文化遗产保护成果，努力探索一个文明古国和发展中大国开展文物保护的有效途径。过去五年财政对文化事业的投入年均增长22.5%。目前，中国共有世界遗产43项，全国重点文物保护单位2352处，国家级风景名胜区208处，国家历史文化名城119座，中国历史文化名镇名村350个。我们希望通过努力，使文化遗产事业充分发挥传承文化、服务社会、推动发展、惠及民生的重要作用，保护中华民族生生不息的文化根基，培养公民高度的文化自觉和文化自信，让灿烂历史与现代文明在同一片土地上交相辉映！

国际古迹遗址理事会作为文化遗产保护领域最具影响力的专业组织，汇集了世界各国的著名专家学者和管理者，长期以来为推动文化遗产保护理论和实践的发展、促进国际交流合作，发挥了重要的作用。中国自1993年加入国际古迹遗址理事会以来，积极参与相关活动，并得到理事会各国同行的热情支持。2005年，国际古迹遗址理事会第15届大会暨科学研讨会在中国西安成功召开，全面深化了中国与国际古迹遗址理事会的合作关系。

今年是《保护世界文化和自然遗产公约》诞生40周年。值此之际，国际古迹遗址理事会顾问委员会和执行委员会会议在中国召开，不仅是各国同行的年度盛会，也是共同庆祝

2013
中国
文物年鉴

文化遗产事业40周年的重要活动。借此机会，我愿提出三点倡议：

第一，践行公约宗旨，共同保护人类遗产。文化遗产是全人类弥足珍贵的财富。保护文化遗产，不仅是遗产所在国的历史使命，也是世界各国人民的共同责任。各国应在公约确立的框架下，积极支持发展中国家和遗产数量少的国家申报和保护世界遗产，不断丰富更具代表性、平衡性和可信性的《世界遗产名录》，构建富有活力和效率的国际合作体系，携手推进文化遗产的保护工作。

第二，尊重不同历史文化，维护文明多样性。文化遗产的价值，根植于孕育和滋养其成长的人文环境。在文化传播和交融日益广泛深入的今天，各国只有加强平等交流与对话，促进相互了解，尊重各自的历史文化传统和价值观，才能真正理解和分享文化遗产中蕴藏的伟大智慧和创造力，促进世界各民族文化共同繁荣进步。今天，许多珍贵的古迹遗址已不复存在，更加需要在保护中挖掘其人文历史内涵和地域文明，借助现代手段加以展示和恢复，使不同国家的民众能够感知和体验多元文明的精彩历史。

第三，提升保护能力，实现文化遗产保护可持续发展。强化文化遗产保护观念，提升专业保护能力，对于保护人类遗产至关重要。各国应将文化遗产保护纳入国民教育的重要内容，增强社会公众尤其是广大青少年的保护意识，积极鼓励当地社区、民众和利益相关者参与保护工作。应加强文化遗产地的能力建设，增加经费投入，加强科学研究，培养专业人才，不断提升保护、监测和管理水平。文化遗产保护不是简单的拯救、孤立的保存，而是要融入民众生活、培育人文素养，应在坚持有效保护和公益性原则的前提下，开展文化遗产的合理利用和适度开发，满足公众文化需求，带动相关产业发展，同时避免过度开发和商业化对文化遗产和精神价值的破坏，使当地民众从中受益，实现文化遗产的科学利用和可持续发展。

古罗马的西塞罗说，历史是岁月和真理之光的见证。加强人类文化遗产的保护利用和传承发展连接着历史、现在与未来。中国愿与世界各国一道，共同分担保护责任，共同分享保护成果，不断提升文化遗产的保护管理水平。希望联合国教科文组织和国际古迹遗址理事会等国际组织发挥更加重要的沟通和平台作用。我相信，在与会代表的共同努力下，这次会议一定会取得圆满成功。

全国人大常委会副委员长路甬祥 在《中华人民共和国文物保护法》颁布30周年 暨修订10周年座谈会上的讲话

(2012年12月11日)

今天，全国人大教科文卫委员会、国务院法制办、文化部和国家文物局联合召开座谈会，隆重纪念《中华人民共和国文物保护法》颁布30周年暨修订10周年。在全党全国上下深入学习贯彻党的十八大精神之际，我们在这里回顾文物保护法实施以来文物工作取得的进展，分析文物工作面临的新形势新任务，交流文物工作的经验和体会，对于深入贯彻实施文物保护法，贯彻落实党和国家关于文物事业发展的安排部署，具有十分重要的意义。

1982年11月，第五届全国人大常委会通过了文物保护法。这部法律的颁布实施，为我国文物工作提供了坚实的法律保障。2002年10月，第九届全国人大常委会对文物保护法进行了修订，使其更加适应文物事业发展的需要。文物保护法颁布实施30年来，在党中央的正确领导下，在各级人大、政府及有关方面的共同努力下，我国文物工作取得了显著进展，文物保护状况明显改善，政府保护文物责任逐步落实，综合执法能力不断增强，配套法规规章逐步健全，广大人民的文物保护意识明显提高，文物工作在服务经济社会发展、惠及民生等方面的积极作用日益凸显，我国文物事业整体上呈现出蓬勃发展的良好局面。同时也要看到，我国文物工作在实践中还面临着一些困难，还存在着一些亟待依法加以解决的问题。例如，文物工作在有些地方未受到应有的重视，一些文物得不到及时抢救和有效保护，基本建设和旅游发展过程中破坏文物的现象时有发生，盗掘古墓葬、盗窃馆藏文物、走私文物等违法犯罪行为屡禁不止，文物市场缺乏有效监管，一些地方存在着"重物轻文""重利用、轻保护"和"重经济效益、轻社会效益"的现象等。总的来看，我国文物保护与利用的整体水平与我们这个文明古国的地位还不相称，与经济社会发展和社会主义文化大发展大繁荣的要求还有一定差距。文物保护法在一些地方和一些领域的贯彻执行还不到位，贯彻实施文物保护法的任务依然艰巨而繁重。对此，我们一定要有清醒的认识。

刚才，国务院法制办、文化部、国家文物局的负责同志，专家代表、地方文物部门的同志都作了发言，从不同角度对深入贯彻实施文物保护法提出了很好的意见和建议，我们要在今后工作中认真研究吸收。

下面，我就进一步依法做好文物工作、推动文物事业科学发展讲几点意见。

一、认真学习贯彻党的十八大精神，增强依法做好文物工作的责任感和使命感

党的十八大是在我国进入全面建成小康社会决定性阶段召开的一次十分重要的大

会，对党和国家事业发展具有重要的现实意义和深远的历史影响。党的十八大报告全面分析了党和国家所面临的形势和任务，制定了顺应时代发展、符合人民意愿的大政方针，是我们党团结带领全国各族人民沿着中国特色社会主义道路继续前进、为全面建成小康社会而奋斗的政治宣言和行动纲领，是党中央面向全党同志发布的动员令。党的十八大报告从中国特色社会主义事业"五位一体"整体布局的高度对我国文化建设作出了战略部署，提出了"扎实推进社会主义文化强国建设"的历史性任务。文物工作是文化建设的重要组成部分，文物事业的发展是社会主义文化大发展大繁荣的重要推动力量。在建设社会主义文化强国的历史进程中，文物工作可以大有作为，也应当大有作为。我们要认真学习贯彻党的十八大精神，充分认识做好文物工作的重要意义，增强责任感和使命感，坚持不懈地推进文物保护法的贯彻实施，努力开创文物事业的新局面，自觉负担起"建设优秀传统文化传承体系，弘扬中华优秀传统文化"的历史重任，为建设社会主义文化强国作出应有的贡献。

二、以科学发展观为指导，全面推进文物事业发展

党的十八大顺应全党全国人民共同意愿，把科学发展观确立为党必须长期坚持的指导思想写入党章，实现了党的指导思想的又一次与时俱进。我们要深刻认识这一历史性决策的重要意义，自觉用科学发展观武装头脑，指导文物工作实践，推动文物事业科学发展。我们要紧紧围绕促进文物事业发展这一核心，努力改善保护状况，提高管理和利用水平，着力做好各项工作，推动文物事业取得新进展、迈上新台阶。要始终坚持"保护为主、抢救第一、合理利用、加强管理"的文物工作方针，始终坚持科学保护、依法保护，在确保文物安全和实现科学管理的前提下对文物进行合理利用，全面协调可持续地推进文物事业发展。要从中国特色社会主义事业全局角度着眼，统筹安排文物各项工作，兼顾各方利益。要把文物保护与服务经济社会发展、推动社会主义核心价值体系建设、促进文化大发展大繁荣、服务民生等方面的工作紧密结合起来，正确认识和妥善处理文物工作中政府主导与社会力量广泛参与的关系、当前利益与长远利益的关系、社会效益与经济效益的关系。要统筹城乡、区域文物工作，加大对革命老区、民族地区、边疆地区、贫困地区文物工作的帮扶力度，加大对基层文物保护单位的保障力度。在文物工作中要坚持以人为本，通过积极稳妥地推进博物馆、纪念馆免费开放以及文物信息数字化应用等举措，让人民群众更加充分地享受文物事业发展成果。要尊重并充分发挥人民在文化遗产保护中的主体地位，无论是在文物修缮、考古发掘、博物馆建设，还是在历史文化名城名镇名村保护等工作中，都要积极取得群众的理解、参与、监督和支持，紧紧依靠人民群众做好文物工作。

三、加强组织领导，认真依法履职，加大执法力度

文物保护是一项社会性的系统工程，涵盖的范围广、涉及的部门多，需要政府统筹规划，统一部署。随着我国现代化进程的加快，文物事业既进入了加速发展的黄金机遇期，也进入了矛盾凸显期，对文物工作的要求越来越高，文物工作的任务也越来越繁重。各级政府要把文物工作摆在更加突出、更加重要的位置，加强组织领导，切实将文物保护纳入领导责任制，纳入科学发展考核评价机制。要依法将文物事业纳入本级国民经济和社会发展规划，确保文物事业发展所需经费，改善执法条件，加大法律实施的保障力度。要依法正确处理文物保护与经济建设、社会发展的关系；基本建设、旅游发展必须遵守文物工作方针，其活动不得对文物造成损害。要深化文物管理体制改革，健全执法机构，增强执法

力量，提高执法人员素质能力，提升执法质量和效率。文物、公安、工商、海关、城乡建设、农田水利、商务等各有关部门要加强沟通协作，形成合力，共同维护好文物管理秩序。各级人大及其常委会要充分发挥监督职能，围绕文物保护法的重点内容和法律实施中的薄弱环节，进一步督促和支持政府及有关部门依法履行职责，确保法律规定落在实处，为文物事业发展提供更加坚实有力的法制保障。

四、加强宣传，营造全社会保护文物的良好氛围

宣传普及法律知识，营造知法、守法、自觉执法的良好社会环境，是文物保护法得以顺利贯彻实施的重要保障。各级政府及其有关部门要以文物保护法为重点，更加深入地开展文物保护法制宣传和文物知识普及，提高人民群众的文物保护意识，努力营造全社会保护文物的良好氛围。要不断丰富宣传的内容和形式，增强宣传实效。要推动文物保护法律知识进校园、进社区、进企业，积极做好面向农村地区和政府部门的宣传，扩大宣传的覆盖面和影响力。各级领导干部要带头学法、守法，严格依法办事。博物馆、纪念馆等文博单位，要充分发掘、展示、宣传文物的历史、艺术、科学价值，增加人民群众的文化遗产知识，激发民族自豪感，培育广大人民的文化自觉和文化自信。各有关媒体要坚持正确的舆论导向，避免片面渲染文物市场价格；要坚持把社会效益放在首位，充分发挥文物在进行爱国主义、历史文化、人文艺术和革命传统教育方面的独特作用和重要功能，为全民族文明素质的提高和传承中华优秀传统文化作出积极贡献。

依法做好文物工作、推动文物事业发展，离不开社会力量的广泛参与。我们要通过深入持久地开展文物法制宣传活动，凝聚政府、专家、群众等各方面的力量，形成全社会积极保护文物的强大合力。要在坚持文物事业公益性的基础上，积极制定政策措施，鼓励、引导社会力量参与文物保护，逐步建立起政府主导、社会力量广泛参与的文物工作格局。

五、提高文物工作科技水平，促进科技成果推广应用

科学技术对于文物事业起着重要的支撑作用，文物保护的科学技术水平也体现了一个国家的科技创新和应用能力。近年来，我国实施了中华文明探源工程、指南针计划等重大文物科技项目，提升了文物保护的科技支撑能力。今后工作中，希望各级政府及其有关部门在加强对传统文物保护技术研究和传承的基础上，大力推进文物保护科技创新，全面提升文物工作的整体科技实力。积极推动文博单位与科研机构、高等院校开展合作，调动社会优质资源，协同解决文物保护的关键技术和瓶颈问题，推动科技成果向文物保护工作实践的转化。要努力提高文物工作信息化水平，建设国家文物资源基础数据库、文物预防性保护信息平台、博物馆信息服务平台和文物安全监测平台，积极开发文物地理信息系统，加快建设文物数字化及信息技术支持系统，推进博物馆信息系统的互联互通、资源共享和业务协同，加强文物信息的社会化服务和传播普及。

六、进一步完善文物保护法律制度

经济社会的快速发展和文化建设的深入进行，对我国文物工作提出了新要求。在今年上半年全国人大常委会开展的文物保护法执法检查中，一些部门和地方反映现行文物保护法在有些方面同文物工作实际已经不相适应。建议有关部门对这一问题深入进行调查研究，为文物保护法适时修改做好准备工作。国务院及其有关部门要进一步健全配套法规和规范性文件，推动文物保护法深入贯彻实施。各地方要根据本地经济社会发展和文物工作的实际需要，积极制订地方性法规和政府规章，规范促进文物工作，也为国家进一步完善文物保护法律制度提供经验。同时，要加强法律法规的实施与监督，做好有法必依、执法

2013
中国
文物年鉴

必严、违法必究。

　　同志们，文物是不可再生的文化资源。珍贵的历史文物和革命文物，是中华民族优秀文化传统、中国人民创造精神和革命精神的重要载体，是我们宝贵的物质财富和精神财富。文物保护事关中华民族优秀传统文化的传承发展，事关人民群众基本文化权益的保障，事关社会主义文化强国建设。依法保护好、传承好、利用好、管理好祖国宝贵的文化遗产，既是我们的法律责任，也是我们的政治责任和历史责任，是中华民族对人类文明的重要贡献。最近，吴邦国委员长在视察故宫博物院时语重心长地指出，要保护好文物，保护好故宫这个珍贵的文化遗产，千万不要做对不起子孙后代的事情。全面贯彻实施文物保护法，依法做好文物工作，是一项长期而艰巨的任务，需要我们坚持不懈的努力。我相信，在党的十八大精神指引下，在各方面的共同努力下，我国文物事业一定能够取得新的更大成就。

文化部部长蔡武
在《中华人民共和国文物保护法》颁布30周年
暨修订10周年座谈会上的讲话

（2012年12月11日）

今天，全国人大常委会教科文卫委、国务院法制办、文化部、国家文物局在这里联合召开座谈会，隆重纪念《中华人民共和国文物保护法》颁布30周年暨修订10周年。在此，我代表文化部、国家文物局，对路甬祥副委员长、全国人大教科文卫委员会、国务院法制办和其他有关部门以及新闻界的朋友们长期以来对文物工作的关心和支持表示衷心感谢！

1982年颁布的《文物保护法》，是我国社会主义民主与法制建设的重要成果。三十年来，各级人民政府认真贯彻文物保护法，积极落实文物保护责任，全社会文物保护意识进一步提高，我国文物事业沿着法制化轨道不断开拓创新、快速发展，为建设社会主义文化强国做出了突出贡献。

刚才几位同志的发言，从多方面回顾和总结了文物保护法实施以来取得的成就、经验和存在的问题。稍后，路甬祥副委员长还将作重要讲话，我们要认真学习领会，抓好贯彻落实。

下面，我结合贯彻落实党的十八大精神，做好新时期文物工作谈几点意见。

一、以十八大精神为指引，进一步增强文物工作的大局意识、政治意识、责任意识

这次座谈会的召开，恰逢党的十八大胜利闭幕不久，具有特殊的重要意义。党十八大，是我国进入全面建成小康社会决定性阶段召开的一次十分重要的大会。十八大报告指出，文化是民族的血脉，是人民的精神家园。全面建成小康社会，实现中华民族伟大复兴，必须推动社会主义文化大发展大繁荣，建设社会主义文化强国。报告强调，要大力弘扬民族精神和时代精神，建设优秀传统文化传承体系，提高国家文化软实力。

文物是中华民族优秀传统文化的重要载体，是维系中华民族团结统一的精神纽带。保护文物是保护中华民族的历史，是对民族和国家的责任。加强对文物的切实保护、有效管理和合理利用，对于传承弘扬优秀传统文化，发展当代中国的先进文化，对于满足人民群众精神文化需求，增强民族自尊心和自豪感，对于巩固民族团结，维护祖国统一，捍卫国家主权和领土完整，都具有十分重要的意义。文物工作责任重大、意义重大。广大文物工作者要认真学习贯彻党的十八大精神，进一步增强文物工作的大局意识、政治意识、责任意识，在坚持改革创新中破解难题，在推进科学发展中提升水平。

二、全面贯彻落实《文物保护法》，夯实各项基础工作

在我国中国特色社会主义法制已基本完善的条件下，必须坚持依法开展文物保护工作。全面贯彻落实文物保护法，是继承和弘扬中华民族优秀传统文化、推动社会主义文化

大发展大繁荣的必然要求。《文物保护法》确立的一系列重要原则、制度和法律责任，为我们实施文物保护管理提供了行为规范，为依法行政、依法管理文物提供了重要法律保障。在处理应对文物工作面临的重点难点问题时，尤其是面对文物开放经营、社会文物市场监管、文物安全等社会舆论热点问题，我们一方面坚持对文保理论和学术研究贯彻百家争鸣的方针，同时在文保实践和实际工作中必须坚持以法律为准绳。

贯彻落实《文物保护法》，重点是加强各项基础工作。当前，要以文物立法、文物资源调查登记、文物人才培养和文物安全保障为重点，建立文物保护的长效机制。发展规划要优先安排基础工作，财政资金要优先保障基础工作，公共资源要优先满足基础工作。坚持眼睛向下、重心下移，把更多的资源投向基层，把更多的项目放在基层，把更多的服务延伸到基层，不断打牢事业发展的根基。

三、完善制度建设，提升依法行政能力

全面落实党的十八大精神，推进新时期文物保护工作，弘扬中华民族优秀传统文化，关键取决于我们制度建设水平和依法行政的能力。困扰文物事业长远发展的责任落实、队伍建设、能力提升等深层次问题，归根结底都要通过加强制度建设来解决，制度建设带有更加根本的性质。近年来，文物系统在传承文明、服务社会、促进发展等方面，围绕大遗址保护与国家考古遗址公园建设、博物馆免费开放和水平提升、提高公共服务的质量与效益、社会文物的科学管理等方面进行了一系列理论创新和实践探索，取得了重要成果。这些成果和经验，都需要通过制度创新形式确定下来。

各地各有关部门要抓紧研究制订与《文物保护法》配套的制度和标准，着力推进文物保护依法行政。要完善日常管理、巡护、监测和保养制度，落实文物、博物馆单位的主体责任；要完善监督检查和评估机制，重点督察文物事业发展举措是否落实到位、重大项目是否科学合理、资金使用是否规范有效、工程质量是否安全合格；要进一步完善博物馆免费开放绩效评估制度，健全博物馆馆际交流、陈列展览项目交流合作、藏品开放工作制度；要切实加强对文物市场的科学规范和有效管理，加大对文物领域违法犯罪行为的打击和惩治；要全面落实行政执法责任制，完善执法程序，规范执法行为，提升文物系统依法行政能力。

四、提升服务水平，加快文物事业发展

党的十八大强调，要充分发挥文化引领风尚、教育人民、服务社会、推动发展的作用。各级文物部门要围绕中心、服务大局，在贯彻落实《文物保护法》中要全面贯彻"保护为主、抢救第一、合理利用、加强管理"的方针，着眼于服务社会、服务民生，推动文物事业日益融入经济社会发展大局，努力拓展文物有效传承合理利用途径。要把文物保护与社会主义核心价值体系建设结合起来，与社会主义精神文明建设结合起来，与全面建成小康社会结合起来，与提高中华文化的国际影响力结合起来，深入挖掘、展示、宣传蕴含文物之中的宝贵精神财富；要把重大文物保护工程与工业化、城镇化、信息化、农业现代化进程结合起来，与改善城乡人民生活、提高生活质量和幸福指数结合起来，努力使文物保护工程成为民生工程和惠民工程；要积极鼓励和支持各地依托文物资源发展文物旅游及相关产业，提供特色文化服务，使文物保护成为促进区域经济发展的新亮点。

贯彻落实《文物保护法》任重道远。让我们紧密团结在以习近平同志为总书记的党中央周围，在十八大精神指引下，深入贯彻落实科学发展观，改革创新，攻坚克难，努力开创新时期文物工作新局面，为社会主义文化强国建设作出新的更大贡献。

文化部副部长、国家文物局局长励小捷
在《中华人民共和国文物保护法》颁布30周年
暨修订10周年座谈会上的发言

（2012年12月11日）

今天，我们召开座谈会，隆重纪念《中华人民共和国文物保护法》颁布30周年暨修订10周年，这对于文物法制建设和文物事业发展具有重要意义。《文物保护法》是我国文化领域第一部法律。三十年来，特别是2002年《文物保护法》修订颁布10年来，《文物保护法》在社会主义市场经济体制逐步形成、城镇化加速发展进程中，为文物事业的发展奠定了法律基础，为正确处理经济建设、社会发展与文物保护的关系提供了法律保障，发挥了极其重要的作用。

——《文物保护法》立足我国国情和文物工作实际，确立了"保护为主、抢救第一、合理利用、加强管理"的文物工作方针，为新时期的文物工作制定了基本准则。

——《文物保护法》明确了各级政府是文物保护的责任主体，确立了政府主导、文物部门协调、各部门和全社会共同参与的文物保护工作机制，保证了国家用于文物保护的财政拨款随着财政收入增长而增加。

——《文物保护法》构建了文物保护的基本制度，规定了一系列文物保护的重要措施，为开展文物保护各项工作提供了重要保障。

——《文物保护法》对文物违法行为规定了明确的追究法律责任的责罚标准，成为文物部门依法行政、依法管理的有力武器。

——《文物保护法》作为文化领域的第一部立法，为制定相关配套法规提供了立法依据，对文化领域的其他立法产生了重要的示范和带动作用。

三十年来，在党中央、全国人大、国务院和全国政协的关怀重视下，在各级党委政府和有关部门、社会各界的大力支持下，文化部、法制办对立法工作指导有力，国家文物局和各级文物部门围绕贯彻落实文物保护法开展了扎实有效的工作。

一、着力加强文物立法工作，不断推进法律法规的健全和完善

截至2012年，我国现行有效的文物保护规范性文件数量已达500余件，其中包括：法律1件，行政法规5件，部门规章8件，国家标准6项和行业标准33项，法规性文件150余件，地方性法规80余件、地方政府规章20余件、地方政府规范性文件160余件，军事规章1件，加入有关国际公约4项，签署双边协定15项。经过三十年的发展，我们已经初步建立起较为完备的文物保护法律制度体系。

二、落实法律责任，推进依法行政

地方各级政府及其文物行政部门是文物保护的第一责任人。三十年来，各级文物部

门不断增强依法行政意识，健全执法机构、完善执法程序，连续多年开展文物行政执法督察，规范文物行政执法人员严格按照法定权限和程序行使职权。依法组织查处和纠正文物违法案件，充分发挥文物保护部门协调机制的作用，协同公安、海关等部门严厉打击文物盗窃、走私等违法犯罪活动，确保文物安全。今年4月至5月，全国人大常委会在全国范围内开展了文物保护法执法检查，对各级政府及其有关部门贯彻落实文物保护法的情况给予了充分肯定。

三、深化文物法制宣传，增强依法保护意识

各级文物行政部门坚持把宣传普及法律知识与依法行政相结合、与文物保护重点工作相结合，注重在查处纠正文物违法案件和表彰奖励文物保护先进事迹的同时，利用多种形式对党政领导干部、文物工作者和人民群众进行宣传教育，通过各种媒体，利用"法制宣传日""文化遗产日""国际古迹遗址日""5·18国际博物馆日"等，大力开展文物法制宣传和文物保护常识普及活动，为文物事业科学发展营造了良好的社会氛围。

四、依法履行文物保护职责，努力改善文物保护状况

圆满完成了第三次全国文物普查，积极开展第一次全国可移动文物普查，全面摸清我国文物资源状况；第一至五批全国重点文物保护单位险情基本排除；西藏布达拉宫、山海关长城等一批重点文物保护工程顺利完工，山西南部早期建筑、承德避暑山庄及周围寺庙、涉台文物维修保护工程等取得阶段性成果；配合三峡工程、西气东输工程开展的考古和文物保护项目基本完成；我国成为唯一连续十年"申遗"成功的国家，世界遗产总数已达43项，居世界第三位；全国博物馆体系布局逐步完善，总数达到3589座；"中华文明探源工程"等重大科技专项成果突出，17个国家重点科研基地和两个科技创新联盟相继建立，文物保护中的科技引领作用逐步增强。

我们要以这次纪念《文物保护法》颁布30周年和修订10周年座谈会为契机，认真学习贯彻党的十八大精神，按照到2020年全面建成小康社会的战略部署和建设优秀传统文化传承体系的要求，适应我国文物事业发展面临的新形势，重点做好以下工作：

一是要把法律法规的修改完善放到突出位置，启动《文物保护法》修订的前期调研和相关准备工作，加快《博物馆条例》《水下文物保护管理条例》的制定、修订工作，推动社会文物管理立法进程，指导各地健全文物保护的地方性法规和规章体系。

二是要不断提高文物部门的依法行政能力，逐步形成机构、队伍、经费和文物保护事权相适应的管理制度，进一步完善文物行政执法程序和执法手段。坚决遏制执法不严、执法趋利、权责不统一甚至不作为的现象。

三是要深化文物部门行政体制改革，深入推进政企分开、政事分开，深化行政审批制度改革，优化公共服务，推进绩效管理。推进权力运行公开化、规范化，自觉接受社会监督和公众监督。

四是要深入开展文物法制宣传，普及文物保护和文物鉴赏知识，加强群众性文物保护组织建设，壮大文物保护志愿者队伍，充分发挥社会组织、行业协会参与文物保护的积极性、主动性，引导公众参与文物保护，使文物保护深入人心，成为全社会的自觉行动。

国务院法制办公室副主任袁曙宏
在《中华人民共和国文物保护法》颁布30周年
暨修订10周年座谈会上的发言

（2012年12月11日）

三十年前的11月19日，五届全国人大常委会第二十五次会议审议通过了文物保护法；十年前的10月28日，九届全国人大常委会第三十次会议对文物保护法进行了修订。文物保护法是我国文化领域颁布的第一部法律。该法的颁布实施，标志着我国文物保护被纳入了法制化的轨道。今天，全国人大教科文卫委员会、文化部、国家文物局和国务院法制办在这里共同召开座谈会，纪念文物保护法颁布实施30周年、修订实施10周年，这充分体现了党和政府对文物保护工作的高度重视，具有重要意义。

文物是一个民族共同历史记忆的重要载体，传承着民族文化传统。我国是世界上唯一一个历史没有中断并得以延续的古老文明国家，文物遍布祖国各地，保护好文物、维护好中华民族共同的历史记忆，是我们的历史责任。文物保护法自1982年11月19日施行以来，对提高全民族的文物保护意识，加强文物保护工作，起到的重要作用。2002年修订后的文物保护法增加了文物工作的方针，即"保护为主、抢救第一、合理利用、加强管理"；进一步完善了不可移动文物、馆藏文物保护制度，规范了文物的合理利用，加大了防范和打击盗掘、走私文物等违法犯罪行为的力度。新修订的文物保护法为新时期文物事业的健康发展奠定了更加坚实的法律基础。

在全国人大和国务院的高度重视下，在有关部门和专家学者的共同努力下，我国的文物法制建设不断发展完善。文物保护法颁布施行后，为了保护水下文物，国务院于1989年10月20日颁布了《水下文物保护管理条例》；于2003年5月18日颁布了《文物保护法实施条例》。为了加强对长城和历史文化名城名镇名村的保护，国务院分别于2006年10月11日、2008年4月22日颁布了《长城保护条例》和《历史文化名城名镇名村保护条例》。为了加强对非物质文化遗产的保护、保存工作，2010年6月12日，国务院第115次常务会议讨论并原则通过了《中华人民共和国非物质文化遗产法（草案）》，及时报请全国人大常委会审议，并于2011年2月25日经第十一届全国人民代表大会常务委员会第十九次会议审议通过。为了促进博物馆事业的发展，保护好馆藏文物，国务院将《博物馆条例》列入2012年立法工作计划中力争年内完成的立法项目。目前，法制办正在会同有关部门抓紧研究、修改，争取早日报请国务院常务会议审议。此外，文化部、国家文物局等有关部门还出台了一系列有关文物保护的规章和规范性文件，部分地方政府还制定了相应的地方政府规章。文物保护法的修订和相关法律、行政法规、规章的出台，为保护文物、规范文物利用提供了有力的制度保障。

随着我国经济的快速发展和人民群众生活水平的不断提高，我国文物保护工作也出现了一些新情况、新问题，具体表现在：一是一些地方没有妥善处理好文物保护与旅游发展的关系，过度开发文物资源，导致文物损毁和灭失；二是文物流通交易市场不够规范，拍假、假拍现象严重，有的电视鉴宝类节目哄抬文物市场价格，扰乱市场秩序；三是文物认定标准不一致，影响了文物保护工作的深入开展；四是文物保护法律制度还不完善，影响了相关工作的开展。今年上半年，全国人大常委会文物保护法实施情况执法检查组也提及了这些问题。针对上述问题，有关部门正在组织力量抓紧研究改进措施，包括研究、论证如何完善文物法律制度。

这次座谈会的召开，正值党的十八大胜利闭幕不久。十八大报告将"文化软实力显著增强"作为全面建成小康社会宏伟目标的重要内容，要求扎实推进社会主义文化强国建设，兴起社会主义文化建设新高潮，提高国家文化软实力。文物保护是文化建设的重要组成部分，做好文物保护工作，是对全面建成小康社会宏伟目标的有力支持。中华民族要实现伟大复兴，如果文物没有保护好，那就不可能是全面的小康。我们一定要按照党中央、国务院的要求，认真贯彻落实文物保护法规定的各项制度、措施，使法律规定切实转化为全社会保护文物的自觉行动。

一是要继续宣传贯彻文物保护法，切实提高依法保护文物的意识。各级政府和部门要继续提高贯彻落实文物保护法重要意义的认识，继续抓好文物保护法及其配套法规的宣传培训，准确理解法律精神，熟悉法律确立的各项制度。各级领导干部要带头学法、遵法、守法、用法，纠正"重物轻文"的错误倾向，增强"文物是不可再生文化资源"的意识；要按照党的十八大报告提出的要求，切实提高运用法治思维和法治方式解决文物保护中突出矛盾和问题的能力。

二是自觉履行法律赋予的职责，切实做到严格规范公正文明执法。文物保护法明确赋予了各级政府及其部门、特别是文物主管部门保护文物的职责，各级政府及其部门要深入贯彻实施文物保护法的有关规定，本着对人民、对历史高度负责的精神，依法严肃查处各种侵害文物安全的行为，切实做到有法必依、执法必严、违法必究，维护法律的权威和尊严。要不断提高严格执法、依法办事的自觉性和主动性，既要按照法定权限执法，也要按照法定程序执法；既不能不执法、慢执法，也不能乱执法、暴力执法；坚决按照党的十八大报告提出的要求，切实做到严格规范公正文明执法。

三是政府法制机构要积极主动做好相关工作，完善文物法律制度。各级政府法制机构要按照党的十八大报告提出的要求，积极推进科学立法，拓展人民有序参与立法的途径。要深入分析文物法律制度存在的主要问题，加强调查研究，积极指导、参与做好文物保护法修订以及配套行政法规的起草、审查工作，认真吸收全国人大常委会文物保护法实施情况执法检查报告提出的建议，努力推动文物保护工作不断向前发展。

2013 中国 文物年鉴

文化部部长蔡武
在大运河保护和申遗省部际会商小组
第四次会议上的讲话

（2012年3月20日）

　　大运河保护和申遗工作启动以来，在国务院的正确领导和各省市、各部门的共同努力下，已经取得了显著进展，进入了最后的冲刺阶段。今天我们召开会商小组第四次会议，就是要在全面总结去年工作的基础上，研究落实下一阶段的重点工作。

　　会商小组办公室对大运河保护和申遗2012～2013年行动计划、中国大运河遗产监测和档案系统建设方案、大运河文化遗产保护条例的报审稿做了说明。各成员单位的同志分别介绍了工作进展情况，基本肯定了提交会议审议的2012～2013年行动计划、监测和档案系统建设方案，并就修改完善相关文件提出了很好的意见和建议。我看今天的会议可以原则通过这两个方案，请会商小组办公室根据会议讨论情况，充分吸纳各成员单位的意见和建议，修改完善后正式印发。

　　请文物局在国务院法制办的指导下，继续研究、完善大运河遗产保护条例草案稿。同时，考虑到申遗的时限要求，在遗产保护条例未成熟之前，可采用制定部门规章和地方法规、规章相结合的办法，以适应现阶段大运河申遗和保护管理工作的实际需要。

　　总的来看，去年第三次会商小组会议以后，大运河保护和申遗各项工作都在按照国务院的总体部署积极推进，有很多亮点，但也仍然存在一些问题。尤其是各地的工作推进很不平衡，一些地方缺乏实质性进展，遗产保护状况和环境景观与世界文化遗产的申报要求还有明显差距，这不能不引起我们的高度重视。

　　按照世界遗产申报的国际规则和相关要求，会商小组办公室已在行动计划中明确列出了2012～2013年大运河申遗的各项主要工作和时间节点。从现在算起，要在半年内提交预审文本，10个月内提交正式文本，16个月内完成全部准备工作，迎接国际专家现场考察评估。每项工作都必须在规定时限内完成，任务还是相当繁重、紧迫和艰巨的。

　　为了确保实现大运河2014年申遗成功的目标，各有关方面都要统一思想，加强领导，狠抓落实，加快推进各项工作，将工作做深、做细、做实。我在此谈几点意见：

　　一、全面贯彻落实十七届六中全会精神，把握大运河保护和申遗的历史机遇，做好工作，以促进沿线地区文化建设和经济社会协调发展。党的十七届六中全会做出了深化文化体制改革、推动社会主义文化大发展大繁荣的战略决策，确立了坚持中国特色社会主义文化发展道路，建设社会主义文化强国的宏伟目标。我们在推进大运河保护和申遗这样具有全局影响和示范作用的国家重大文化遗产保护工程中，一定要深入贯彻落实十七届六中全会精神，

2013
中国
文物年鉴

全面贯彻落实科学发展观，善于把握全局，突出重点，充分发挥大运河的文化遗产资源优势和特色，使之成为促进和带动运河沿线地区文化建设和经济社会协调发展的新亮点。

申遗是重要契机，但申遗不是目的，我们必须以改革为动力，创新工作机制，不断探索和完善大运河遗产保护管理的长效机制。大运河既是全国重点文物保护单位，也是仍在使用和发展变化中的活态遗产，在东部沿线各省市仍发挥着重要作用，特别是在未来重大水利工程中还将发挥重要作用，与国计民生息息相关。大运河保护和申遗工作就不能仅局限于国保单位的传统管理模式，而是要主动适应这种活态遗产保护的新形势、新情况、新问题，在保护管理的理念、方法、手段上大胆创新，传承大运河的历史和现实功能，使其充满活力，历久弥新。国家文物局在今年配合全国人大《文物保护法》执法检查的工作中，在全国政协推进大运河保护与申遗的专项调研中，要会同有关部门，以大运河项目为典型案例，系统地总结近年来大运河和其他活态遗产研究、保护实践成果，为加强相关遗产保护和今后的立法工作以及深化跨部门协作机制提供新鲜经验，打好基础。

要提高各地方、各部门保护大运河遗产的积极性、自觉性，最重要的是要统筹大运河遗产保护和利用，使之促进和带动相关地方文化建设和经济社会协调发展，推动相关产业发展。大运河作为活态遗产，光靠严防死守是做不好保护工作的。只有将"保"和"用"结合起来，用好用活文化遗产资源，才能实现可持续的科学发展。要进一步探索和完善大运河遗产的多种保护利用模式，促进大运河遗产保护规划与各种规划有机衔接、切实做到既保护为主又合理满足运河各种实用功能；以运河遗产为主题，发展特色文化产业，实现遗产保护与文化创意、娱乐休闲、旅游观光等相关产业发展的良性互动，促进地方文化建设与经济社会的协调发展。

二、牢固树立大局意识，紧紧围绕申报世界文化遗产这个中心任务，建立强有力的工作协调推进机制。大运河申遗是国务院作出的战略部署，是当前推动文化大发展大繁荣，推动文化遗产保护工作的重要举措，是会商小组中心工作任务。近年来，国际组织对于世界遗产申报项目的审核越来越严格。申报项目中只要有一处申报点存在问题，该项目就将被认定为不合格。专业咨询机构在申报项目的评估报告中既涉及整体价值分析，也会详细指出各处申报点保护管理存在的具体问题。在国际组织这种放大镜式的审视下，大运河遗产任何一个申报点段的微细失误都将是致命的，都可能导致国际组织的质疑和申遗项目的失利，这也将成为检测我们文化遗产保护工作整体水平和能力的一场考试。我们各省市、各部门都要按照国务院的统一部署和要求，从大运河申遗的大局出发，为实现国家利益的最大化而共同努力，各司其职，各负其责，加强沟通，密切协作，按照会商小组既定的工作规划、计划和安排，做好申遗的各项准备工作。

按照世界遗产的申报规则和我国文物"属地管理"原则，地方人民政府承担着大运河遗产保护、管理、展示、利用和监测的重要职责。但从目前的情况看，一些地方还没有把这项工作摆在一个重要的位置，仍然停留在概念申遗阶段，与申遗工作相关部门单位的力量还未充分整合，政府层面的工作部署和落实力度还很不到位。我们要进一步提高认识，统一思想，加强领导。要充分认识大运河保护和申遗的战略意义，将其作为贯彻落实十七届六中全会精神，全面推进地方经济、社会、文化建设协调发展的重大任务，纳入地方政府近期重点工作计划。进一步明确抓落实的工作定位，制定切实可行的工作方案，紧扣时间节点，细化分解任务，明确工作要求。加强政府层面的组织动员和协调工作，由政府领导牵头，建立强有力的申遗工作专门班子，协调动员各相关职能部门、基层组织和社会公众共同支持、参与此项工作，形成强大合力。要进一步加强督查，狠抓落实。按照工作方案确定的任务分工和时间节点，强化督促检查，全面落实责任制。完善定期简报、阶段考核、限期完成的工作机制，督促和激励各单位和责任人按时、高质量地完成各项任务。同时，在经费、人员等各方面对申遗工作予以优先保障。

大运河申遗和保护工程，是一个跨地域、跨部门、高度综合性的系统工程，会商小组各成员部门都对大运河保护和申遗承担着重要的工作任务。各部门要组织协调本系统的各级机构，认真落实13部门共同印发的《关于加强大运河保护和申遗工作的意见》，积极配合地方人民政府开展工作。希望发展改革委、财政部能够继续对大运河遗产保护和环境整治的项目、经费给予积极支持，发挥好中央资金的导向和带动作用。希望国土、环保、住建、交通、水利、测绘、法制办、教科文全委会、南水北调办等部门根据各自职能，对大运河保护和申遗的相关工作给予重要的业务指导和支持。特别是交通、水利和环保部门作为大运河沿线河道和航运设施以及生态环境保护的主管部门，在申遗点段的日常管理、相关建设以及环保工程中加强与地方人民政府的沟通协调，充分考虑大运河保护和申遗的需要，为推进运河遗产保护、整治和监测等工作提供必要的便利条件。

国家文物局要发挥会商小组办公室的重要作用，主动加强与各省市、各部门的工作协调。特别是大运河遗产的保护法规、总体规划、行动计划、监测系统等工作涉及方方面面，要与各成员单位及早沟通，统筹考虑各方面的工作需求，重大事项提交会商小组协商一致后，按照会商小组会议确定的意见推进实施。要加强申遗的技术指导。我们近年来世界文化遗产申报连年成功，最重要的经验就是坚持专业为先的原则，尊重科学，尊重规律，尊重专家，注重发挥专家咨询作用。在大运河申遗中，要继续认真听取专家意见，及时进行科学论证，严格把好技术关，科学确定大运河申遗的范围、技术路线和工作要求。要加强巡查督促，由相关负责同志带队，组织专家对申遗点段进行全面的现场督查和指导。上半年主要是结合检查情况，确定首批申遗范围；下半年重点督查基础工作和保护、整治进展情况。对检查中发现的问题，要协调遗产点段所在市县人民政府落实解决。对于工作推进迟缓的点段要提请所在省级人民政府督办。对在确定时间节点前仍不达标的点段将不列入首批申遗名单。国家文物局要定期汇总通报各地申报工作进展情况，并及时上报文化部和国务院。

三、集中力量，突出重点，加快推进大运河保护和申遗工作进程。按照今天会议通过的2012～2013年行动计划，近期大运河保护和申遗要重点抓好五项工作：

（一）颁布实施专项法规、规章和保护规划。考虑到大运河遗产保护的复杂性，基层单位和有关专家一直强烈呼吁国务院尽快制定《大运河遗产保护条例》。国务院法制办很重视这项立法工作，做了认真的研究论证。这项工作很重要，也很复杂，请国务院法制办和文物局继续抓紧研究、完善条例草案稿。请文物局抓紧起草大运河遗产保护管理办法，报文化部部务会议审议通过。请各省市加强大运河遗产保护管理的地方立法工作。

同时，加快完成大运河遗产保护规划的颁布实施工作。总体规划稿已经第三次会商小组会议原则通过，并正式征求了各成员单位意见，又做了必要的修改完善，于近期上报国务院。请各成员单位继续予以积极支持，如有重要的修改意见希望和会商小组办公室提前沟通，协商一致。国家文物局已经批复同意了7个省级大运河遗产保护规划，山东省保护规划正根据专家意见在修改完善中。建议相关省级人民政府尽快研究并颁布实施已批复的规划，同时督促检查地市级大运河遗产保护规划颁布实施的情况，在今年6月底前将颁布实施的省级和地市级保护规划报送会商小组办公室备案，以归纳列入申遗文本。

（二）严格按照世界遗产申报的国际规则和国家文物局印发的《中国大运河申报世界

文化遗产点段工作要求》，做好大运河遗产保护、环境整治、展示、监测、生态治理和各项基础工作。首先要在今年6月底前全部完成申报点段的"四有"基础工作，即树立保护标志，划定保护区划，落实保护管理机构，建立完善大运河遗产档案资料，这是遗产保护最基本的要求。同时，按照保护规划确定的重点项目，组织实施遗产保护、环境整治和展示工程。坚持"最小干预"的原则，集中力量做好关键点段的保护、整治和展示，维护和展现大运河遗产的历史风貌，力求真实、自然、生态。落实监测系统建设方案，明确大运河遗产监测项目、指标和周期，建立国家、省、地市三级监测工作机制。在大运河遗产的主要节点设立区域性监测中心，对威胁大运河遗产价值的主要因素进行系统监控和实时预警，为提升大运河遗产的保护管理水平提供有力的技术支撑。

（三）在深入研究的基础上，编制高水平的申报文本。各地要组织专业力量，认真梳理前期研究成果，抓紧完成申报点段的勘察测绘、考古和基础研究工作，并按照申遗文本编制的要求，将相关文献、图纸、各类规划、遗产描述等基础资料及时提交国家文物局。国家文物局要组织文本编制的专业团队，在系统消化国内外研究成果，并对世界范围内相关运河遗产案例进行深入对比研究的基础上，着重归纳和阐释好大运河所具有的全球意义的突出普遍价值，拿出一份国际一流水平的申报文本。在文本编制过程中，要注意听取大运河保护和申遗专家委员会有关专家的意见，并结合相关的国际研讨活动，主动加强与国际同行的沟通、探讨，进一步完善大运河申遗的技术路线，为确保申遗成功打好基础。

（四）加大管理工作力度，坚决查处违法建设项目。近期实地调研中发现，个别地方对于大运河遗产的保护意识淡薄，管理松懈。在早已列入国保单位的大运河重点堤岸上挂出了某某商业小区"建设指挥部"的牌子。在大运河申遗的这个重要关口，我们各省市、各部门都要打起精神，守土有责，绝不允许因为个别地方的管理疏漏影响到整个大运河项目。国家文物局对于实地调研中发现的问题已经下发了督察通知。建议相关地方人民政府组织力量，对所辖的大运河遗产保护区域进行全面排查，坚决查处未经批准的违法建设项目，消除存在的隐患。水利、交通、住建、文物等有关部门要加强协作，在大运河遗产保护区域内严格控制影响遗产本体及其景观风貌的商业开发项目，对于日常管理中发现的违法建设苗头要及时纠正，必要的时候组织联合执法。

（五）加强宣传工作，争取社会支持。各地要重视做好大运河保护和申遗的宣传工作，切实加强舆论引导。各级政府相关的工作部署、保护项目和取得的阶段性成果，都要组织相关的新闻报道，并结合"4·18国际古迹遗址日"、文化遗产日、庆祝《世界遗产公约》诞生40周年等重大活动，正面宣传普及大运河保护和申遗的意义、遗产价值和保护知识等，并组织开展形式多样、各具特色的民众参与活动，鼓励沿线各地制定乡规民约，让保护运河、清洁两岸、美化家园、传承文化的理念和行动周知众晓，深入人心。对于社会关心的热点问题，要及时、主动地公布权威信息，保障公众的知情权、参与权和监督权，正确引导舆论，使大运河保护和申遗成为沿线地区公众文化生活中的一件大事，形成全社会关注和支持大运河遗产保护的良好氛围。

同志们，从现在起，到明年8月国际专家考察之前，将是决定大运河申遗成败最关键的冲刺阶段。我们各有关方面都要深入贯彻落实党的十七届六中全会精神，牢牢把握当前文化事业大发展大繁荣的历史机遇，为实现国务院关于大运河申遗的战略部署，促进运河沿线广大地区的可持续发展，增强中华文化的国际影响力，建设社会主义文化强国，做出重要的积极贡献！

文化部部长蔡武
在贯彻全国文物工作会议精神座谈会上的讲话

（2012年7月10日）

全国文物工作会议刚刚闭幕，我们及时召开座谈会，学习贯彻党中央、国务院领导同志的重要讲话和全国文物工作会议精神，统一思想，动员部署，努力开创文物工作新局面，以优异成绩迎接党的十八大胜利召开。

全国文物工作会议认真贯彻党的十七届六中全会精神，紧紧围绕全面推进文物保护利用和传承发展、努力为文化遗产强国建设作贡献这个主题，总结经验、分析形势、规划未来，是一次承前启后、继往开来的会议，是一次团结、求实、鼓劲的会议。

党中央、国务院对这次会议高度重视。中共中央政治局常委李长春，中共中央政治局委员、国务委员刘延东，全国人大常委会副委员长路甬祥，全国政协副主席郑万通等领导同志亲切会见了会议代表。长春同志发表了重要讲话，充分肯定了党的十六大以来文物事业取得的显著成就，明确提出了坚持中国特色文物事业发展道路、建设文化遗产强国的战略目标和总体要求；强调一是要坚持围绕中心、服务大局，二是要坚持保护利用、普及弘扬并重，三是要坚持以人为本、服务人民，四是要坚持促进交流、走向世界，五是要坚持深化改革、创新机制。延东同志出席会议并发表了《继往开来　改革创新　全面推进文物保护利用和传承发展》的重要讲话，科学概括了十年来文物事业的辉煌历程，深刻阐述了建设文化遗产强国的奋斗目标，全面部署了新时期文物工作的基本要求和重点任务。我们一定要认真学习、深刻领会。

同志们围绕学习理解中央领导同志的重要讲话、贯彻落实会议精神、推进文物工作提出了很多很好的意见建议。通过这次会议，广大文物工作者深受教育、倍感振奋，进一步明确了发展文物事业的目标任务，进一步坚定了做好文物工作的信心决心。

下面，我就贯彻中央领导同志的重要讲话和全国文物工作会议精神，推进文物事业科学发展讲三点意见。

一、全面准确把握全国文物工作会议精神

这次会议是在我国全面建设小康社会、加快推进社会主义现代化建设的关键时期，在深化文化体制改革、推动社会主义文化大发展大繁荣的重要阶段，在推动文物事业加速发展的关键时刻召开的重要会议，为当前和长远工作指明了方向，提供了遵循。

（一）深刻总结，客观评价文物事业发展的巨大成就

中央领导同志的重要讲话，对十年来文物工作取得的成就及其对经济社会发展作出的贡献给予了充分肯定，这既是中央对广大文物工作者负重拼搏、开拓进取所取得的显著成绩的赞许和鼓励，又是对文物系统坚持科学发展、加速发展的期望和鞭策。这些成绩是在

党中央、国务院的坚强领导下取得的，是文物战线全体同志深入贯彻落实科学发展观，坚持以人为本，以解放思想、实事求是、与时俱进为指导，以改革创新为动力，以全面、协调、可持续发展为目标，在经历各种风险挑战和重大考验的情况下取得的。实践证明，广大文物工作者对祖国文化遗产有真情挚爱，对文物工作有担当奉献，对文物事业有坚守追求，是一支党和人民值得信赖、大有作为的队伍。2008年，全国文物系统及时有效地组织开展了一场救援速度最快、动员范围最广、投入力量最多的汶川震后文物抢救保护行动，有力支援了灾区人民重建家园，这就是很好的例证。

（二）提高认识，切实增强发展文物事业的责任感和紧迫感

中央领导同志的重要讲话，科学分析了加快文物事业发展的重大意义，着重强调了要把围绕中心、服务大局作为文物工作的主线，把保护利用、传承发展作为文物工作的主题，把服务社会、推动发展作为文物事业的使命，把人民群众共享文物保护成果作为文物事业的宗旨；准确判断了文物事业正处于加速发展的"黄金机遇期"和保护压力继续加大、保护形势依然严峻的"矛盾凸显期"，面临着不少新情况、新问题、新挑战，压力依然巨大，责任依然重大，任务依然艰巨。广大文物工作者要准确把握我国经济社会发展新要求，准确把握当今时代文化发展新趋势，准确把握各族人民精神文化生活新期待，勇于担当保护文物的使命和责任。

（三）统一思想，牢固树立建设文化遗产强国的奋斗目标

2010年长春同志在第五个"文化遗产日"发表《保护发展文化遗产 建设共有精神家园》的重要文章，第一次提出加快推进文化遗产强国建设的战略思想。延东同志的重要讲话，明确要求切实肩负起建设文化遗产强国的历史责任。会议提出要加快建设与我国深厚文化底蕴和丰富文物资源相匹配、与中国特色社会主义事业总体布局相适应、与中国特色社会主义文化强国目标相承接的文化遗产强国，符合世界文明古国、文物资源大国的实际，符合党和国家事业的发展要求，符合全国人民的共同呼声和广大文物工作者的共同愿望。这是着眼于推动我国文物事业长远发展、实现中华民族伟大复兴的重大战略，是解决文物事业突出问题的客观需要，是顺应当今时代特征、事关我国经济社会发展全局的战略抉择。可以说，建设文化遗产强国，表明了我们党和国家高度的文化自觉和文化自信。

（四）把握规律，严格遵循文物工作方针

延东同志的重要讲话，在总结文物工作生动实践的基础上，凝练了指导文物事业发展的基本经验，就是"五个坚持"：一是坚持高举旗帜，围绕大局，全面贯彻落实科学发展观，这是文物工作的指导思想；二是坚持"保护为主、抢救第一、合理利用、加强管理"的文物工作方针，正确处理保护与利用的关系，这是文物工作的根本要求；三是坚持文物事业的公益属性，发挥政府的主导作用，正确处理文物保护事业与利用文物资源开发相关产业的关系，这是文物工作的根本性质；四是坚持服务社会、惠及民生，这是文物工作的根本目的；五是坚持改革创新，这是文物工作的根本动力。"五个坚持"，既是对文物工作规律的深刻把握，也是今后文物工作一以贯之的基本要求。

（五）凝聚合力，明确全社会保护文物的共同责任

延东同志的重要讲话，提出了文物保护，全民有责。人民是文物资源的创造者，也是使用者，更是保护者。全体人民的支持与理解，是文物事业赖以存在和发展的决定性力量。我们一定要按照延东同志的要求，切实增强各级政府和全社会保护文物的责任，努力建立适应社会主义市场经济体制要求、遵循文物工作自身规律、国家保护为主并动员全社

2013 中国 文物年鉴

会参与的文物保护体制，最大限度地动员和凝聚各方力量参与文物保护和利用，不断提高文物工作科学化、社会化水平。

（六）抓住关键，落实文物工作的重点任务

延东同志的重要讲话，围绕文物工作的突出问题，从六个方面对做好新时期文物工作作了全面部署：一要进一步落实文物保护责任，切实把文物工作摆到更加突出位置；二要进一步推进文物保护重点工作，切实提高文物安全防范能力；三要进一步发挥文物资源优势，更多更好地服务社会、促进发展、惠及民生；四要进一步完善政策法规体系，努力营造有利于文物事业科学发展的良好环境；五要进一步健全机构和队伍，全面加强能力建设；六要进一步增强全民文物保护意识，宣传引导全社会共同参与文物保护。这些重大举措，明确了新时期文物工作的重点任务，突出了改革创新的关键环节，既立足当前，又着眼长远，对推进新时期文物工作、努力建设文化遗产强国具有重大的指导意义。

二、扎实推进文化遗产强国建设

全面推进文物保护利用和传承发展、努力为文化遗产强国建设作贡献，既是中央领导同志重要讲话的鲜明主题和核心内容，也是全国文物工作会议的突出亮点和重大贡献。我们要把推动新时期文物工作创新发展和文化遗产强国建设，与贯彻党的十七届六中全会精神结合起来，与落实党中央、国务院关于加强文物工作的一系列重要指示结合起来，与实施"十二五"规划的目标任务结合起来，用会议精神武装头脑、指导实践、推动发展。

中央领导同志对破解事关文物事业长远发展的责任落实、队伍建设、能力提升等深层次问题提出了明确要求。国家文物局和地方各级文物部门一定要按照中央领导同志的重要指示，协调、配合有关部门抓好落实。

（一）建立基础工作长效机制，提升文物保护能力

基础工作是实现文物事业科学发展的重要前提。要着眼文物基础工作的长期性、艰巨性、复杂性，继续把基础工作作为一项重要任务常抓不懈。要以文物立法、文物资源调查登记、文物人才培养和文物安全保障为重点，建立文物保护基础工作的长效机制。发展规划要优先安排基础工作，财政资金要优先保障基础工作，公共资源要优先满足基础工作。健全文物保护管理机构，加大国家公共财政投入，加强文物保护基础设施建设。要把文物人才队伍建设作为基础工程，抓紧培养高层次领军人才和关键领域的实用技术人才、紧缺人才，制定实施基层文物人才队伍建设规划，加快造就一支德才兼备、结构合理的高素质文物人才队伍。要坚持眼睛向下、重心下移，把更多的资源投向基层，把更多的项目放在基层，把更多的服务延伸到基层，不断打牢事业发展的根基。

（二）创新文物保护传承体系，建设中华民族共有精神家园

2005年，国务院《关于加强文化遗产保护的通知》提出了文化遗产事业"两步走"的发展目标，强调了"2010年目标"是以初步建立比较完备的文化遗产保护制度为主要目标；强调了"2015年目标"是以基本形成较为完善的文化遗产保护体系为主要目标。2011年，党的十七届六中全会，提出了建设优秀传统文化传承体系。要努力构建好文物保护体系，显著改善文物保护状况，切实维护国家文化安全；努力构建好文物传承体系，深入挖掘文物资源价值，建设中华民族共有精神家园。

近年来，文物系统在传承文明、服务社会、促进发展等方面，进行了一系列理论创新和实践探索。要建立文物保护与经济社会协调发展、和谐共融、互利多赢的长效机制。要推进大遗址保护与国家考古遗址公园建设，通过政府主导、部门协作、社会参与、市场运

作的方式，较好地解决大遗址的可持续发展问题。要实施好南水北调、西气东输等基本建设工程中的文物抢救保护工程。要加强中国世界文化遗产监测中心和世界文化遗产地监测中心建设，为世界文化遗产监测管理提供技术支持。要建设好国家水下文化遗产保护中心和保护基地，开展好水下文物调查保护工作，为捍卫海洋权益和国家主权提供历史佐证。

（三）深化博物馆免费开放，保障人民基本文化权益

博物馆是开展公共文化服务的主要场所，是实现人民基本文化权益的重要阵地。要加大博物馆建设力度，着力构建以中央地方共建国家级博物馆为龙头、国家一二三级博物馆和重点行业博物馆为骨干、国有博物馆为主体、民办博物馆为补充的博物馆体系，推进生态博物馆、社区博物馆、数字博物馆等新形态博物馆建设，引导、规范和扶持民办博物馆发展。进一步完善博物馆免费开放机制，逐步将国有行业类博物馆以及符合条件的民办博物馆纳入国家政策支持的免费开放范围。创新博物馆文化传播的内容、形式和手段，创新管理运行模式，建立绩效评估制度，强化内部激励机制，提供更多优质便捷的文物鉴赏服务。健全博物馆馆际交流、陈列展览项目交流合作、藏品开放工作制度，建立博物馆藏品共享平台和藏品利用激励机制，建立以国家一级博物馆为核心的博物馆专业协作网络，激发基层博物馆的活力。加强文物博物馆领域公共文化服务基础设施建设，完善公共文化服务网络，拓展公共文化服务范围，提供更多免费或优惠的基本公共文化服务。加强社会文物管理，规范文物流通秩序，提高文物科学鉴定水平，引导民间文物收藏行为。

（四）拓展文物利用途径，不断提高文物事业对促进发展、惠及民生的贡献

当前，文化越来越成为民族凝聚力和创造力的重要源泉，越来越成为综合国力竞争的重要因素，越来越成为经济社会发展的重要支撑，丰富精神文化生活越来越成为我国人民的热切愿望。要推动文物事业日益融入经济社会发展大局，拓展文物传承利用途径，促进具有市场前景的文物资源在与产业与市场的结合中实现传承发展，使文物保护利用成为促进经济社会发展、优化城乡面貌、彰显地域魅力、改善生态环境、提高人民生活质量的重要内容。这是最积极、最有效、最有利于文物可持续发展的保护传承方式。要积极鼓励和支持各地依托文物资源发展文物旅游及相关产业，提供特色文化服务，使文物保护成为促进区域经济发展的新亮点。要把重大文物保护工程与城乡建设和改善人民生活结合起来，展示独特的历史文化、地域文化、民族文化，努力使文物保护工程成为民生工程和惠民工程，为人民群众创造良好的文化条件和生活环境。要把文物保护与社会主义核心价值体系建设结合起来，深入挖掘、展示、宣传蕴含文物之中的宝贵精神财富，使人民感受教育启迪、陶冶思想情操、充实精神世界。要把文物保护与提高中华文化的国际影响力结合起来，开展多渠道多形式多层次对外文物交流与合作，推出更多具有中国特色、中国风格、中国气派的对外文物展览，既充分展现中华优秀传统文化内涵、当代中国价值观念和文物工作的最新成果，又努力符合国外受众的思维方式、审美特点和接受习惯，做到中国内涵、国际表达。

今天，我们欣喜地看到，文化遗产事业越来越成为全社会关注和参与的热门领域。这是好事情，也是文化遗产事业获得大发展的社会基础。但是必须清醒地认识到，在文化遗产保护和利用这股热潮中，争名逐利的浮躁，造假卖假的盛行，奇谈谬论的流传，投机炒作的喧嚣，诚信操守的缺失，伪专家的满天飞等等，可谓是"虚火"旺盛、乱象横生。若听之任之，恶性发展，必将严重损害文化遗产行业的信誉和形象。人民群众对此反映强烈，各级领导对此高度关切。因此，要善于运用宣传手段推动实际工作，从整治和改善舆

2013
中国
文物年鉴

论环境入手，着力提高舆论引导能力；要从提高对文化遗产的认知水平、鉴赏水平和审美能力入手，深入开展广泛、持久、全面的文化遗产宣传教育行动，普及文化遗产的科学知识，倡导文化遗产保护的正确理念；要从积极推进行业作风建设入手，加强行业自律，恪尽职业操守，为文化遗产工作提供良好的舆论支持、社会环境和文化条件。

（五）周密实施"十二五"规划，确保实现发展目标

加快实施"十二五"规划，是全面推进文物保护利用和传承发展、努力建设文化遗产强国的重要手段和现实途径。要以加强文物保护和传承能力建设为切入点，推动"十二五"规划成为编制专项规划、制订年度计划、核准重大项目、安排财政预算、制定文物政策措施的基本依据，有效提升规划执行力。要实施好《国家"十二五"时期文化改革发展规划纲要》和《国家文物博物馆事业发展"十二五"规划》等专项规划，按照"十二五"规划目标任务分解落实方案的要求，以规划目标管理为中心，落实目标责任，明确进度安排，做到规划任务有执行主体，经费投入有保障渠道，任务完成有绩效考核。要加强年度计划对规划的衔接，各级文物部门要围绕规划的总体目标和重点任务，细化年度任务，制定工作方案，落实责任制。要加快制定规划实施绩效评价考核办法，建立规划实施动态监测评估和定期通报制度，定期通报规划实施情况特别是约束性指标的完成情况。《国家文物博物馆事业发展"十二五"规划》提出的五项约束性指标即5个"100%"，这就是强制性的"硬任务"，要确保完成。要加快实施一批具有示范效应的重大文物保护工程，支撑引领规划实施工作。

（六）切实抓好今年重点工作，迎接党的十八大胜利召开

文物工作千头万绪，要善于抓住主要矛盾和关键环节，重点突破，带动全局。要以全国人大常委会开展的《文物保护法》执法检查为契机，全面落实好全国人大常委会提出的各项意见建议，切实解决问题、推动发展。要加快《博物馆条例》《水下文物保护管理条例》的立法进程。要以全国文物工作会议为契机，积极研究报请国务院出台关于加强新时期文物工作的政策性文件。开展"文物安全综合管理实验区"试点工作，推动实施博物馆风险等级达标、田野文物和水下文物安防设施建设工程。要以预防和打击水下文物犯罪为重点，开展我国管辖海域内联合执法专项行动。加快报请国务院核定公布第七批全国重点文物保护单位，完善全国重点文物保护单位保护管理基础工作。全面启动国有可移动文物普查，推进"中华文明探源工程"和"指南针计划"专项，举办好"文物进出境管理60周年成果展"。

三、努力提高文物部门依法行政能力

建设文化遗产强国，是一个需要不懈奋斗、不断创造的历史过程。全面推进新时期文物工作，努力建设文化遗产强国，关键取决于我们依法行政的能力和水平，关键取决于我们工作的推进力度和落实程度，关键取决于我们的精神状态和工作作风。

（一）转变职能，创新管理

随着改革开放的不断推进，随着社会环境的不断变化，政府由"办文物事业"向"管文物事业"转变已经成为必然。要加快政府职能转变，推动文物行政部门由"办文物事业"向"管文物事业"、由微观管理向宏观管理、由部门管理向行业管理、由重管理向管理服务并重转变，强化政策调节、社会管理、公共服务的功能。要发挥国家文物局的宏观指导、政策引导、法规规范、执法督察和搭建平台的作用。要改革文物行政审批制度，简化审批程序，下放审批权限，提高审批效率。要综合运用法律、行政、经济、科技等手段

提高文物管理效能，大力提升文物管理的精细化、规范化和信息化水平。要落实文物、博物馆单位的主体责任，加强日常管理、巡护、监测和保养。要完善检查评估机制和督察办法，重点督察文物事业发展举措是否落实到位、重大项目是否科学合理、资金使用是否规范有效、工程质量是否安全合格。要及时主动向社会公开文物事业和重大项目情况，接受社会监督。

（二）完善机制，协调配合

建立健全党政领导、部门指导、各方配合、社会参与的工作机制和法律保障，统筹力量，形成合力，构建社会各方面共襄共建文物事业的工作格局。要继续大力争取发展改革、财政部门对文物行业的重大项目立项和公共财政资金投入的支持。近年来，国家文物局在争取重大项目立项和公共财政资金投入方面很有成效，希望继续加以坚持与拓展。要推动建立国家文物督察制度，加强由文化部、公安部、国家文物局等16部门参加的"全国文物安全工作部际联席会议"的统筹协调作用，建好和用好"全国文物犯罪信息中心"，推动更多省份建立文物安全工作厅（局）际联席会议制度，全面实施文物安全与执法督察公示公告制度。要整合中央和地方在政策、技术和资金等方面的优势和力量，创新部门共建、省局合作模式，落实与有关部委、地方人民政府签署的文物保护共建协议。要发挥科技支撑作用，加快现代科学技术在文物博物馆领域的推广运用，建立国家文物信息中心，加强中国文化遗产研究院、国家工程技术研究中心、国家文物局重点科研基地和科技创新联盟建设，协同攻关重大文物保护关键技术和瓶颈问题。要加快推进大运河保护和申遗工作，更好发挥大运河保护和申遗部际会商小组及大运河申遗城市联盟的作用。要继续组织好丝绸之路跨国系列申遗工作，争取中国跨境联合申遗成功。要在我国与15个国家签署关于防止盗窃、盗掘和非法进出境文化财产双边协定的基础上，加强信息交流、成果共享、人员培训、文物返还等方面的合作。

（三）项目带动，示范引领

重大项目是文物保护、成果惠民、文化传承的重要载体，是带动文物事业发展、发挥文物价值作用的重要举措。要实施好一批关系全局、意义深远、带动作用强的重大项目，以重大项目促保护、促利用、促发展。《国家文物博物馆事业发展"十二五"规划》提出23个重大项目，这是突破当前文物工作重点难点的有力抓手。要加强重大项目的组织管理，通过全程检查指导和跟踪服务，落实工作力量和工作经费，明确进度要求和考核指标，提升项目质量和综合效益。随着近年来文物系统的国家公共财政投入大幅度加速增长，重大项目数量也大幅度快速增加，坚持项目实施与运行管理并重很关键。要加强重大项目实施与人才能力建设的有机衔接，将科研基地建设、人才培养、技术标准、知识产权纳入重大项目的绩效考核指标，积极引进创新团队、青年人才、社会人才、海外人才参与国家重大文物科技计划项目和重点文物保护工程。要建立健全文物保护经费使用绩效评估制度，严格管理项目资金，使每一个重大项目都成为质量工程、惠民工程和阳光工程。要加强中央财政文物保护专项资金支持与各省、自治区、直辖市文物事业发展预期绩效的对接，推动将文物保护专项资金使用绩效纳入文物保护责任目标管理制度建设。

（四）真抓实干，务求实效

文物系统历来具有求真务实、真抓实干的好传统，要继续大力弘扬，正确处理好长远目标与阶段性任务的关系，努力把从中央到地方为推进文物事业跨越发展提出的好原则、好思路、好政策转变为可操作的工作措施，把目标任务转变为实实在在的工作项目，在抓

2013
中国
文物年鉴

实、抓细、抓具体上下功夫。要深入开展调查研究，不断总结实践经验，积极研究新情况新问题，把工作着力点真正放到研究解决文物事业发展中的重大问题上，真正放到研究解决惠及民生中的紧迫问题上，落到实处、落到基层。2011年，国家文物局围绕全国文物工作会议筹备工作开展的关于免费开放条件下全面提升博物馆水平、关于促进国家考古遗址公园可持续发展的调研，很好地支撑了中央决策。要加强文物行业作风建设，教育引导广大文物工作者自觉践行社会主义核心价值体系，遵守职业道德准则，增强社会责任感。

（五）加强宣传，营造氛围

各级文物部门要切实宣传好这次会议精神，广泛开展内容丰富、形式多样的主题宣传教育活动，组织好"文化遗产日""5·18国际博物馆日""国际古迹遗址日"系列宣传活动，努力营造保护文物人人有责、文物保护成果人人共享的社会环境。要实施好文化遗产知识宣传普及工程，通过文物知识进机关、进校园、进社区、进农村、进厂矿、进军营活动，扩大文化遗产知识宣传普及工程试点县范围，增强公民依法保护意识，培养文物保护志愿者。这次全国文物工作会议受到表彰的全国文物系统50个先进集体、30名先进工作者，是近年来文物战线涌现的杰出代表。各级文物部门要善于发现典型、总结典型、弘扬典型，使文物工作先进典型的事迹广为人知、深入人心；要充分发挥文物工作先进典型的示范作用，带动各级党委政府和社会各方面积极支持、热情参与文物事业。

2012年是党的十八大胜利召开的喜庆之年，是实施"十二五"规划承上启下的重要一年，是贯彻党的十七届六中全会精神和全国文物工作会议精神的关键一年。要紧紧抓住党的十八大胜利召开的有利契机，全面把握今年文物工作的新形势、新任务、新要求，牢牢把握迎接十八大、学习十八大、宣传十八大、贯彻十八大这个全年工作的重中之重，努力营造文物系统抓机遇、谋发展、促跨越的浓厚氛围，始终保持积极向上、蓬勃发展的良好态势，为党的十八大胜利召开凝聚强大的精神力量、创造良好的社会环境。

同志们，潮平两岸阔，风正一帆悬。中国特色文物事业发展道路已经开辟，文化遗产强国的嘹亮号角已经吹响。广大文物工作者使命光荣、大有作为。让我们紧密团结在以胡锦涛同志为总书记的党中央周围，以邓小平理论和"三个代表"重要思想为指导，深入贯彻落实科学发展观，开拓创新，奋发进取，努力开创新时期文物工作新局面，积极为文化遗产强国建设作出新贡献，以优异成绩迎接党的十八大胜利召开！

立足新起点　开创新局面

——文化部部长蔡武在2012年全国文物局长会议上的讲话

（2012年12月25日）

在全党全国深入学习贯彻党的十八大精神的热潮中，我们在这里召开全国文物局长会议。我代表文化部党组，对会议的召开表示热烈的祝贺！向长期以来关心支持文物事业发展的国家各有关部委和社会各界表示衷心的感谢！向辛勤工作在文物战线上的广大文物工作者致以崇高的敬意和诚挚的问候！

2012年对文物工作来说，是不平凡的一年。党的十八大胜利召开，提出了建设中华优秀传统文化传承体系的战略任务；"十二五"规划正式实施；《中华人民共和国文物保护法》颁布30周年暨修订10周年。党的十八大，提出了一系列新观点、新论断、新要求、新任务，描绘了在新的历史条件下全面建成小康社会、加快推进社会主义现代化、夺取中国特色社会主义新胜利的宏伟蓝图，作出了经济、政治、文化、社会、生态文明建设"五位一体"的战略布局，强调要坚持中国特色社会主义发展道路、建设社会主义文化强国。十一月二十九日，习近平总书记率新一届政治局常委和中央书记处同志参观"复兴之路"基本陈列，习总书记发表了语重心长的重要讲话，系统回顾了近代以来中国人民为实现民族复兴走过的历史进程，坚定宣示了实现中华民族伟大复兴"百年梦想"的决心信心，在全党全国产生了强烈反响。对我们文化战线来讲，意义尤为特殊。新一届党中央领导集体第一次公开集体活动选择在国家博物馆参观"复兴之路"，这既是对文化战线的高度重视和巨大支持，更深刻体现了我们党高度的文化自觉、文化自信，更彰显了文化建设在中华民族实现伟大复兴中的重要地位和作用。学习贯彻党的十八大精神，是当前和今后一个时期全党全国的首要政治任务。文物部门要认真学习、深刻领会党的十八大精神，充分认识文物工作在全面建成小康社会、实现中华民族伟大复兴中的重要地位和作用，切实把思想和行动统一到十八大精神上来，把智慧和力量凝聚到十八大提出的宏伟目标和各项任务上来，更加自觉地担负起保护传承文化遗产、建设社会主义文化强国的历史责任。

国家文物局和各地文物部门学习贯彻十八大精神，谋划新时期文物工作目标任务，工作抓得很紧，很扎实。小捷同志的报告我完全赞同。这里，我就如何以十八大精神为指导，推进文物事业科学发展讲几点意见。

一、充分认识文化建设和文物事业在五位一体总布局中的重要地位和作用

十八大报告指出，在坚持以经济建设为中心的同时，必须始终把文化建设放在党和国家全局工作重要战略地位，坚持物质文明和精神文明两手抓，实行依法治国和以德治国相结合，促进文化事业和文化产业同发展，推动社会主义文化大发展大繁荣。深化文化体制改革，努力推进文化建设与经济建设、政治建设、社会建设、生态文明建设协调发展，以

建设社会主义核心价值体系为根本任务，以满足人们精神文化需求为出发点和落脚点，大力弘扬民族精神和时代精神，全面提高公民道德素质，丰富人民精神文化生活，建设优秀传统文化传承体系，弘扬中华优秀传统文化，增强文化整体实力和竞争力，发展现代化、面向世界、面向未来的，民族的、科学的、大众的、社会主义文化，努力建设社会主义文化强国。这一段话，文字不长，但内涵极其丰富，是我们推进全面建成小康社会进程的文化纲领。

文物工作是社会主义文化事业的重要组成部分，是社会主义文化强国建设的重要支撑。加强文物保护、利用和管理，对于传承优秀传统文化、发展当代中国的先进文化，对于满足人民群众日益增长的精神文化需求、增强民族自尊心和自豪感，对于巩固民族团结、维护祖国统一、捍卫国家主权和领土完整，都具有十分重要的不可替代的意义。文物工作不仅直接贡献于文化建设，而且贡献于经济建设、政治建设、社会建设和生态文明建设。随着世界多极化、经济全球化的深入发展和科学技术的日新月异，文物作为国家和民族弥足珍贵的文化资源，日益成为经济社会发展的基础资源、战略资源，渗透到经济社会发展的方方面面。以文物为主要内涵的旅游产业、文化产业规模迅速扩大、产值快速增长。以北京故宫为例，2011年北京故宫接待观众1400万人次，比2002年的700万正好翻了一番，今年"十一"黄金周期间，故宫博物院单日接待人数最多时达到18.2万人次，创历史新高。文物对旅游产业的促进作用由此可见一斑。同时，文物作为人类社会进步的文明成果，在政治建设、社会建设进程中，无论是在政治体制改革、制度设计、廉政教育方面，还是在建立社会规范、推进道德建设、促进社会和谐等方面，都日益成为重要的镜鉴。绝大多数博物馆、纪念馆都可以成为爱国主义教育示范基地。文物作为国家历史文化的见证和民族精神的纽带，在维护国家安全、祖国统一，促进民族团结、社会稳定，弘扬先进文化，提升国民道德素养，激发国民爱国主义情怀，建设社会主义和谐社会等方面，日益成为中华民族伟大复兴的巨大精神动力。文物作为一种文化生态，在提升城市品位、改善城乡环境、推动生态文明建设方面，日益成为社会关注的新热点、新亮点。

从远古到现代，从蛮荒到文明，中华民族史上千千万万的文物，无不浸透着人民的创造与智慧，无不与人民的生产生活息息相关、血脉相连。我们只有满怀敬畏之心、感恩之情、自豪之意、奋进之志，全面审视和深刻认识文物的价值作用，准确把握我国经济社会发展的新要求，准确把握当今时代文化发展的新趋势，准确把握人民群众对文物工作的新期待，始终把文物工作放在全面建成小康社会、实现社会主义现代化和中华民族伟大复兴的伟大进程中来谋划、来推动，把文物工作融入中国特色社会主义事业五位一体总布局、总部署中，实现好、维护好、发展好最广大人民的根本利益，让更多的人民群众更充分地享受文化遗产保护成果、更广泛地参与文化遗产的保护利用和传承，才能真正实现文物的有效保护、合理利用、传承发展。

二、准确把握文物工作面临的新形势

当今世界正处在大发展大变革大调整时期，各种思想、文化交流交锋更加频繁，文化在综合国力竞争中的地位和作用更加凸显，维护国家文化安全任务更加艰巨，增强国家文化软实力、提高中华文化国际影响力更加紧迫。

党的十六大以来，我们高举中国特色社会主义伟大旗帜，全面贯彻落实科学发展观，推动文化建设、文物事业不断取得新成就，走出了一条中国特色社会主义文化发展道路，文物事业获得前所未有的蓬勃发展，有许多开拓创新，积累了丰富的新鲜经验。

2013
中国
文物年鉴

特别是2012年，在党中央国务院的高度重视和亲切关怀下，文物界有"两件大事、两个文件"都是历史性的。一是全国文物工作会议时隔十年后再次召开。李长春同志亲切接见与会代表并发表重要讲话，刘延东同志出席会议并讲话。会议全面总结了党的十六大以来文物工作的创新实践和成功经验，深刻分析了当前文物工作面临的新形势新任务，鲜明提出全面推进文物保护利用和传承发展，建设与我国丰厚文化遗产资源相匹配、与社会主义文化大发展大繁荣相适应、与建设社会主义现代化国家目标相承接的文化遗产强国目标，对新时期文物工作作出了全面部署。二是全国人大常委会组成执法检查组深入北京、河北、浙江、江西、山东、河南、湖北、四川、甘肃、新疆等10个省市自治区，并委托21个省市自治区人大常委会开展了《文物保护法》颁布实施30年来第一次全国性执法检查。吴邦国委员长作出重要批示，明确要求督促、支持各级政府和有关国家机关依法履行职责，改进工作，加强管理，推动文物事业全面发展。两个文件分别是国务院印发的《关于开展第一次全国可移动文物普查的通知》和即将印发的《关于进一步做好旅游等开发建设活动中文物保护工作的意见》，对加强文物资源调查和文物保护利用工作提出明确要求。

"两件大事、两个文件"充分体现了党和国家对文物工作的高度重视，充分体现了文物工作在经济建设、政治建设、文化建设、社会建设和生态文明建设中的重要地位和重要作用，也反映出我们文物工作者主动进取、主动担当，发展文物事业，服务经济社会的文化自觉和文化自信。这两件大事、两个文件极大地推动了文物保护利用各项工作，进一步增强了各级政府依法履职和保护好、利用好、管理好文物的主动性、自觉性。总的来看，2012年，文物系统广大干部职工开拓创新，求真务实，文物法制建设、文物保护重点工程、水下文化遗产保护、大遗址保护和国家考古遗址公园建设、世界遗产申报，以及博物馆公共文化服务、文物科技、人才培训、文物对外交流与合作等各项工作扎实推进、富有成效。

当然，我们也要看到，我国还处在社会主义初级阶段，新时期文物工作是在我国加速工业化、信息化、城镇化和农业现代化的进程中进行的，是在历史欠账较多、基础工作依然薄弱的情况下进行的，是在我们各方面体制机制还在改革之中、有待完善的环境中开展的。我国文物事业发展与经济社会发展水平相比、与世界文明古国应有地位相比、与党和人民对文物工作的新期待相比，还不完全适应。文物事业自身也需要不断适应新形势，继续解放思想，转变观念，深化改革，创新机制，激发活力和内在动力；需要加大投入，加强法制，壮大科技，提升能力。我们必须深刻警醒，牢固树立忧患意识、危机意识，以科学发展观为指导，以改革创新为动力，破解发展难题，努力开创文物事业新局面。

三、全面贯彻落实十八大精神，努力开创文物工作新局面

全面贯彻落实十八大精神，对我们文物战线来讲，最根本的是要始终高举中国特色社会主义伟大旗帜，坚持中国特色社会主义道路自信、理论自信、制度自信，准确把握全面建成小康社会的战略部署，加快建设与我国深厚文化底蕴和丰富文物资源相匹配、与中国特色社会主义事业总体布局相适应、与建设社会主义文化强国目标相衔接的文化遗产强国，全面推进文物保护利用和传承发展。最关键的是要坚持以科学发展观为指导，以改革创新为动力，深入贯彻"保护为主、抢救第一、合理利用、加强管理"的文物工作方针，着眼于服务社会、服务民生，把文物保护与社会主义核心价值体系建设结合起来，与社会主义精神文明建设结合起来，与全面建成小康社会结合起来，与提高中华文化的国际影响力结合起来，深入挖掘、展示、宣传蕴含在文物之中的宝贵精神财富。把重大文物保护工

程与工业化、城镇化、信息化、农业现代化同步推进的"四化"进程结合起来，与改善城乡人民生活、提高生活质量和幸福指数结合起来，努力使文物保护工程成为民生工程、惠民工程。积极鼓励和支持各地依托文物资源发展文物旅游及相关产业，提供特色服务，使文物保护和利用成为促进区域经济发展的新亮点。

2013年，是贯彻落实党的十八大精神和全国文物工作会议部署的开局之年，也是全面实施"十二五"规划承前启后的关键之年。我们一定要按照中央的决策部署，紧紧抓住十八大精神和全国文物工作会议精神的贯彻落实，以提高文物工作质量和服务能力为中心，稳中求进，开拓创新，扎实开局，推动文物工作持续健康发展。所谓"稳"，就是要保持政策连续性，不改频道，不换节目，不折腾；所谓"进"，就是要改革创新，不断发展，在已有工作基础上取得新进展，新成绩。

一是要切实改进工作作风，加强领导班子建设。最近，中央政治局作出了关于改进工作作风、密切联系群众的八项规定，提出了一系列非常有针对性、可操作性的具体举措，重点是改进文风、会风、话风，规范调研、出访、参加活动等行为。这些都是人民群众所热切关注、期盼改进的问题，是影响我们推进科学发展的重要问题，是密切联系群众、克服官僚主义和形式主义要解决的迫切问题，是树立党和政府良好形象、提高公信力的重要方面，关系党和人民事业成败。各级文物部门特别是领导干部要深刻领会新一届中央领导集体的深谋远虑，学习中央领导同志率先垂范的榜样，紧密结合我们自己的工作实际，提出切实可行、有针对性，又实事求是的具体举措，加以落实。从领导班子成员做起，从党员干部做起，坚持以人为本、执政为民，带头改进工作作风，带头深入基层调查研究，带头密切联系群众，带头解决实际问题。牢记习近平总书记"空谈误国、实干兴邦"的谆谆告诫，求真务实、真抓实干，以良好的党风政风凝聚和带领干部群众，奋力开创文物事业科学发展新局面，不断推进文物工作取得新进展、新成绩。

二是要研究确立到2020年文物事业发展的总体目标。党的十八大报告提出到2020年实现全面建成小康社会目标，五位一体布局中对文化建设的要求是：文化软实力显著增强。社会主义核心价值体系深入人心，公民文明素质和社会文明程度明显提高。文化产品更加丰富，公共文化服务体系基本建成，文化产业成为国民经济支柱性产业，中华文化走出去迈出更大步伐，社会主义文化强国建设基础更加坚实。文物事业作为文化强国建设的重要组成部分，我们的目标是什么，我们的文物保护、利用、管理应该达到一个什么样的水平，实现哪些具体目标，我们必须深入研究，进一步量化细化。

三是要围绕社会主义核心价值体系、优秀传统文化传承体系和公共文化服务体系建设，进一步加强文物保护利用，不断提升文物事业对经济社会发展的贡献。社会主义核心价值体系、优秀传统文化传承体系和公共文化服务体系建设是党的十八大报告扎实推进文化强国建设中的重要内容，也是文物工作必须肩负的历史责任。

要进一步加强文物保护，认真落实《文物保护法》，始终把文物安全放在文物工作的首位，认真履行政府保护文物的法定职责，建立健全文物安全责任制度和部门协作机制，加强督促检查，深入开展文物安全整治专项行动，确保文物安全。要巩固和转化第三次全国文物普查成果，精心组织开展好第一次全国可移动文物普查，切实摸清全国可移动文物资源家底。要继续实施重大文物保护维修工程，加强世界文化遗产、水下文化遗产和各级文物保护单位的保护管理，积极推进大遗址保护和国家考古遗址公园建设，进一步改善文物保护状况。

要进一步拓展文物利用途径，充分发挥文物资源服务社会、教育人民、促进发展的积极作用。继续深化博物馆免费开放，充分发挥文物的宣传教育功能，不断提升博物馆的展陈水平和公共服务水平；把文物保护利用与提升城市文化品位和城市形象相结合，与推动结构调整和转型升级相结合，积极推动文物资源在与产业和市场的结合中实现传承发展；不断创新工作理念、工作方式和体制机制，积极研究制定鼓励社会力量和社会资金参与文物保护利用的政策措施，大力发展文物旅游和特色文化产业，努力把文物资源优势转化为经济社会发展优势，让人民共享文物保护新成果。

四是要围绕改革创新，完善制度建设，不断优化文物保护管理的体制机制。要深化改革，在坚持文物博物馆事业公益性的前提下，积极推进建立博物馆理事会制度，吸纳社会公众参与博物馆事业；要按照中央事业单位分类改革的要求，积极推进以经营为主的事业单位转变体制机制；要以《文物保护法》为依据，结合社会需求，积极推进社会文物流通市场管理制度改革；要以转变职能、简政放权、提高效率为重点，积极推进文物行政管理部门的改革，由文物部门办文物事业向管文物事业转变，由只管直属文博单位向管理全社会转变，由微观管理向宏观管理、行业管理转变，综合运用法律、行政、经济、科技等手段提高文物管理效能。在总体把握上更加注重转变观念，更加注重制度设计，更加注重职能转变，更加注重加强管理。

要完善制度建设，抓紧研究制订与《文物保护法》配套的制度和标准，着力推进文物保护依法行政。要完善日常管理、巡护、监测和保养制度，落实文物、博物馆单位的主体责任；要完善监督检查和评估机制，重点督察文物事业发展举措是否落实到位、重大项目是否科学合理、资金使用是否规范有效、工程质量是否安全合格；要进一步完善博物馆免费开放绩效评估制度，健全博物馆馆际交流、陈列展览项目交流合作、藏品开放工作制度；要切实加强对文物市场的科学规范和有效管理，加大对文物领域违法犯罪行为的打击和惩治；要全面落实行政执法责任，完善程序，规范执法行为，进一步提升文物行政执法能力。

五是要加强人才队伍建设，为文物工作提供有力保障。人才是事业发展的根基，是全面推进文物保护利用传承发展的保障。从全国的情况看，我国文物数量、博物馆数量快速增长，世界文化遗产、文物保护单位、历史文化名城名镇名村大幅增加，文物抢救保护任务日益繁重，人民群众对文化产品质量和服务的要求更加迫切，而各级文物部门管理队伍和专业队伍却没有随之相应发生变化。文物行政机构不健全，人才总量不足，人员素质偏低，文博队伍结构不尽合理，文博专业教育与实际需求不相适应等问题，已经成为制约文物事业发展的严重瓶颈。对此，国家文物局高度重视，组织开展了专题调研，提出了一系列切实可行的对策建议。小捷同志、保华同志专门向部里进行了汇报，我们将与中央编办等有关方面进一步协调，争取有所突破。各级文物部门必须牢固树立人才资源是第一资源的观念，加快推进文博系统现有人才队伍结构优化和能力建设，加快研究制定有利于文物博物馆单位领军人才、专业技术人才、复合型管理人才健康成长和脱颖而出的体制机制，加大人才培训力度，为文物事业可持续发展集聚人才、培养人才、储备人才，切实提高推进文物事业科学发展的能力和服务社会的水平。

中国特色社会主义文化道路前途广阔、催人奋进，社会主义文化强国建设使命光荣、大有作为。让我们紧密团结在习近平同志为总书记的党中央周围，以邓小平理论、"三个代表"重要思想和科学发展观为指导，求真务实，开拓创新，攻坚克难，努力做好2013年的各项工作，为推动社会主义文化大发展大繁荣、建设社会主义文化强国做出新的更大贡献！

2013
中国
文物年鉴

文化部副部长、国家文物局局长励小捷在国家文物局2012年第一次局务扩大会议上的讲话

(2012年2月1日)

春节刚过，龙年伊始，我们及时召开今年第一次局务扩大会议。这次会议的主要任务是回顾工作、总结经验，按照去年年底召开的全国文物局长会议部署，进一步细化任务，研究各项工作的落实。

2011年，党中央、国务院团结带领全国各族人民，牢牢把握科学发展这个主题和加快转变经济发展方式这条主线，实施"十二五"规划，经济建设、政治建设、文化建设、社会建设以及生态文明建设和党的建设都取得了新的成绩，实现了"十二五"时期的良好开局。一年来，在党中央、国务院的坚强领导下，文物系统认真学习贯彻党的十七大、十七届六中全会和胡锦涛总书记"七一"重要讲话精神，按照高举旗帜、围绕大局、改革创新、服务人民的要求，严格执行《文物保护法》和文物工作方针，坚持围绕中心、服务大局，认真落实既定的工作目标和任务，文物工作不断创新发展。第三次全国文物普查圆满完成，共调查登记各类不可移动文物近77万处；第七批全国重点文物保护单位遴选、长城资源调查、国有可移动文物普查试点等工作扎实推进，取得显著的阶段性成果；文物保护基础工作成效显著，发布《国家文物博物馆事业发展"十二五"规划》及若干专项规划，法规建设和人才队伍建设稳步推进，文物安全防范不断加强，文物保护科技水平不断提升；不可移动文物保护扎实推进，西藏重点文物、山西南部早期建筑、涉台文物等重点文物保护工程，四川、青海、云南等灾后文物抢救保护工程有序开展，都江堰古建筑群、藏羌碉楼等237项汶川灾后文物抢救保护工程顺利竣工，大遗址保护和国家考古遗址公园建设、水下文化遗产保护持续开展，世界遗产工作成果丰硕，大运河、丝绸之路保护和申遗工作扎实推进，杭州西湖文化景观成功列入《世界遗产名录》；博物馆建设和免费开放工作力度不断加大，全国博物馆总数达到3415座，免费开放博物馆总数达到1804座，年接待观众5.2亿人次，社会文物管理进一步加强；文物对外交流与宣传工作成绩显著，政府间交流与合作日趋活跃，与台、港、澳文化交流成效突出，"文化遗产日"和"5·18国际博物馆日"主场城市活动引人注目；机关建设得到加强，创先争优活动有力推进。总之，一年来，文物系统广大干部职工履职尽责、敢于担当，扎实工作、奋发有为，文物事业发展取得了令人鼓舞的成就，保持了良好的发展势头。下面，我代表局党组就做好2012年工作讲几点意见。

一、认清形势，抓住机遇，切实增强发展文物事业的自觉性和紧迫感

党的十七届六中全会的召开，为包括文物工作在内的文化事业发展创造了新的机遇，

以此为标志，文物工作进入了一个新的发展阶段。

一是要充分认识文物事业发展面临的大好机遇。党的十六大以来，以胡锦涛同志为总书记的党中央从弘扬中华文化、发展社会主义先进文化的高度，将文物工作放到了更加重要的位置。中央领导同志多次对文物工作作出重要批示，多次亲临文物、博物馆单位指导工作。国家制定出台了一系列关于文物保护的重大政策措施，文物事业发展的法律保障更加有力。"十一五"期间，仅中央文物保护专项经费就达140.2亿元，是"十五"期间的近10倍。今天，文物工作越来越成为中国特色社会主义文化建设的重要组成部分，越来越成为继承和弘扬中华民族传统文化、提高国家文化软实力、建设中华民族共有精神家园的重要方面，越来越成为教育人民、引领社会、推动发展的重要因素，越来越成为满足人民群众多样化、多方面精神文化需求的重要资源，越来越成为全社会高度关注、关切、关心的热门领域。

二是要清醒认识文物事业发展面临的各种挑战。文物工作是在我国加速工业化、信息化、城镇化、市场化、国际化的进程中进行的，是在深化文化体制改革、推动社会主义文化大发展大繁荣的过程中进行的。伴随着世情、国情的发展变化，文物事业发展既具备诸多有利条件，也面临一些突出矛盾和问题，与经济社会发展相比、与推动文物事业科学发展的要求相比、与人民群众对文物工作的期待相比，文物工作依然任重道远。可以说，我国文物事业既进入了加速发展的"黄金机遇期"，也进入了压力不断累积、形势依然严峻的"矛盾凸显期"。我们必须树立忧患意识和责任意识，在改革创新中破解难题，在科学发展中提升水平，努力开创文物事业新局面。

三是要切实用六中全会精神统一思想、推动发展。要深入学习贯彻六中全会精神，深刻领会和准确把握推动文化改革发展的重大举措，切实把思想和行动统一到全会决策部署上来，提高用科学发展观统领文物工作的自觉性。要深刻领会和准确把握当前文物事业发展面临的新形势新任务，正视文物工作中存在的突出矛盾和问题，强化政治意识、大局意识、责任意识，始终把文物事业放到党和国家工作全局中来认识来推动，严格执行《文物保护法》和文物工作方针，坚持文物保护与经济发展社会建设相结合、依法保护与科学保护相结合、保护抢救与利用管理相结合、政府主导与社会参与相结合，推动文物事业科学发展，探索中国特色文物事业发展道路。

二、统筹谋划，扎实推进，全面完成2012年的各项重点工作

2012年是贯彻落实党的十七届六中全会精神的第一个年度，是实施"十二五"规划的重要一年，也是党的十八大召开的喜庆之年。我们一定要深刻认识今年工作的新特点新要求，统筹谋划，明确任务。要紧扣科学发展这一主题，切实贯彻落实十七届六中全会精神，践行传承文明、服务社会、惠及民生的宗旨。把握好2012年经济社会发展稳中求进这个工作总基调，以全力夯实基础工作，提高工作质量，加强能力建设为着力点，扎实推进2012年各项重点工作。

国家文物局2012年重点工作计划共10个部分41个重点项目。从数量上看，与往年相比，列入今年"折子工程"的重点工作任务明显增多。从内容上看，41个项目中既包含有中办、国办关于贯彻落实十七届六中全会《决定》重要举措分工方案中涉及国家文物局的4方面内容，也包含有《国家"十二五"时期文化改革发展规划纲要》重点任务责任分工中涉及国家文物局的7项具体工作，还包含《国家文物博物馆事业发展"十二五"规划》及各专项规划中的有关项目和任务。从构成上看，41个项目中，涉及全局性的重中之重的工作

主要有2项；涉及文物法制建设、文物资源调查、科技支撑与人才队伍建设、文物安全等基础性工作的26项；其他相关方面重点工作13项。完成2012年的各项重点工作，关键是要明确思路，统筹安排，全面推进。

一是要全力配合全国人大常委会做好《文物保护法》执法检查工作。由全国人大常委会组织开展《文物保护法》执法检查是《文物保护法》颁布实施30年来的第一次，全局上下务必高度重视、精心安排，要组成专门的领导班子和工作小组，与全国人大常委会紧密联系，制订出切实可行的检查方案，精心组织实施。进一步加快文物保护法修订、完善、补充等立法进程。

二是要认真筹备全国文物工作会议。要按照国务院领导和蔡武部长批示精神，加紧开展调查研究，加紧同相关部委沟通协调，积极做好会议筹备工作，切实做到开好一个会议、出台一个文件、解决一些问题，推动全国文物工作实现新的跨越。

三是要进一步强化文物安全工作。要始终把加强文物安全作为文物工作的重点，常抓不懈。加强与公安、建设等部门联合，充分发挥"全国文物安全工作部际联席会议"作用。加强行政执法队伍建设和制度建设，开展"文物安全综合管理实验区"试点，实施博物馆风险等级达标、田野文物和水下文物安防设施建设工程。要加强部门协同，采取切实措施，建立健全打击文物犯罪长效机制，坚决遏制和严厉打击各种文物违法犯罪行为，切实改善文物安全环境，还民族文化遗产以宁静和尊严。

四是要继续夯实文物保护管理的基础工作。要指导、督促各地及时公布第三次全国文物普查成果，适时核定公布相应级别的文物保护单位，加强各级各类不可移动文物的保护与管理。要积极推动国有可移动文物普查试点，做好普查全面启动前期准备。要加强文物保护科技创新，不断提高文物保护科技水平。要加强人才队伍建设，面向基层和关键岗位，开展县级文物行政部门干部人员培训。要完善文物行业新闻发布制度，提高宣传水平，引导社会力量参与文化遗产保护。

五是要抓紧抓好各项文物保护重点工程。做好第七批全国重点文物保护单位核定公布工作，做好西藏重点文物保护、山西南部早期建筑保护、涉台文物保护等重点工程。做好承德避暑山庄及周围寺庙、嘉峪关等世界文化遗产保护工程。做好南海基地、西沙工作站建设，推进西安、洛阳、荆州、成都、郑州、曲阜大遗址保护片区和汉长安城、扬州城、老司城等国家考古遗址公园建设。加强世界文化遗产管理，推动元上都、哈尼梯田、大运河、丝绸之路等项目申报世界文化遗产，开展世界文化遗产监测试点和信息系统开发。加强政府间的交流与合作，加大与中国文物非法流向目的国商签防止盗窃、盗掘和非法进出境文物协定的力度，推进援外文物保护工程，进一步推动与台港澳地区交流与合作，不断提升国际影响力。

六是要进一步深化博物馆免费开放，不断提高公共文化服务水平。要加快制订博物馆免费开放绩效考评办法和博物馆开放服务工作指南，制订中央地方共建国家级博物馆运行评估办法，进一步提升博物馆质量。深入开展民办博物馆管理调研，提出相关政策建议。要加强社会文物管理，推进古玩旧货市场的规范管理，严格文物拍卖报审程序，完善和推广文物进出境审核信息系统，做好流失海外中国文物调查与追索工作。

三、明确责任，狠抓落实，确保各项工作取得实效

第一，要振奋精神，鼓足干劲，保持稳健务实的工作作风。以什么样的精神状态进入2012年，以什么样的精气神来承担起建设社会主义文化强国的责任，这个问题至关重要。

作为一个文物工作者，身处在这样一个伟大的时代，肩负着把中华民族五千年的文化遗产保护好、传承好，让它世世代代久远发挥作用的神圣职责，这是十分难得和幸运的。我们一定要进一步增强做好文物工作的责任感、使命感和自豪感。要稳健务实，不跟风、不折腾，要在全系统内形成说实话、办实事、求实效的工作氛围，要尽量克服和减少形式主义的干扰，避免用会议落实会议，用文件落实文件。

第二，要统筹安排，突出重点，形成抓主抓重、全面推进的工作布局。要突出重点，用重点工作的突破，推进和带动一般性工作，用重点工作任务的完成，推动和带动全面工作任务的完成。

2012年度重点工作，可分为四类或四个层面。第一类是关系全局的、长期起作用的、处在重中之重位置的工作，主要有两项：一是配合全国人大常委会开展文物保护法执法检查；二是筹备召开全国文物工作会议。要力争通过这次全国人大执法检查，推动已经修订施行了十年的《文物保护法》再次修订，并列入下一届人大立法工作中。要力争通过召开全国文物工作会议，出台一个文件，解决一些关系文物事业发展的根本性、长远性问题。要把这两项工作放到最突出的位置，举全局之力做实、做好。第二类是重点业务工作，包括考古、文物保护工程、申遗、博物馆建设和公共文化服务等。重点业务工作、经常性业务工作，一定要抓阶段性成果，今年能干成什么，干到什么程度，明确到这一步才算重点业务工作落到了实处。第三类是基础性工作，包括文物安全、资源调查、文物科技工作、人才培养等。做好基础性工作，关键是每年要有突破性举措。第四类是一些热点问题和突发事件的处置。这类工作的关键是要及时妥善应对，不闻不问不行，后发制人不行，在关键问题上失语更不行。

第三，要转变职能，依法行政，进一步找准狠抓落实的工作定位。随着文物数量的增加和文物保护任务的加大，随着建设效率型、服务型政府的深入推进，简化办事程序，提高办事效率和服务水平，改进工作方式，对找准狠抓落实的工作定位十分重要。要进一步加大依法行政推进力度，大力推行政务公开、信息公开，做到严格依法办事，公开透明，自觉接受监督和问责。

第四，要落实责任，加强监督，健全狠抓落实的工作机制。要按照中办、国办及中央文化体制改革和发展工作领导小组的要求，结合年度重点工作任务，进一步细化落实措施，要把各项任务落实到处室、落实到人头；要具体到完成的质量标准，细化到进度实现。要形成一整套科学、合理、高效的包括决策系统、会议制度、咨询平台、绩效考核等方面内容的工作制度，努力在机关和各直属单位形成敢负责任、狠抓落实的强大合力。

第五，要顾全大局，相互配合，营造狠抓落实的工作氛围。要树立一盘棋思想，服从大局，各司其职，做好本职工作。要紧密配合、相互沟通，特别是涉及多个部门和单位的重点工作任务，牵头司室一定要负起责任，主动组织、主动协商、主动督办，相关部门要全力配合。局领导之间、各司室之间，局机关与相关部委、基层单位之间，要主动、积极沟通配合，要有大局意识、大局观念。要努力在局机关和各单位营造狠抓落实的良好工作氛围，确保2012年各项重点工作任务全面顺利完成。

联合执法　加强监管　共同保护水下文化遗产

——文化部副部长、国家文物局局长励小捷在2012年我国管辖海域内文化遗产联合执法专项行动启动仪式上的讲话

（2012年3月31日）

今天，国家文物局、国家海洋局共同举行2012年我国管辖海域内文化遗产联合执法专项行动启动仪式。首先，我谨代表国家文物局，向长期以来关心支持水下文化遗产工作的海洋部门各位领导和同志们表示衷心感谢和诚挚问候！

这次专项行动的主题是：守护水下遗产，共筑海上长城。今年，在党中央、国务院的正确领导下，在国家文物局、国家海洋局的共同部署下，各级文物、海洋部门将协同作战、密切配合、积极应对，共同建立和维护我国水下文化遗产保护与管理的良好秩序，共同掀开我国水下文化遗产工作的新篇章，这是加强水下文化遗产工作的重要保障。

一、充分认识我国水下文化遗产保护工作的重要性和面临的严峻形势

中国是一个海洋大国，拥有一万八千四百多公里长的大陆海岸线、三百多万平方公里的管辖海域及数量众多的岛礁，海洋资源蕴藏丰富、海洋文化源远流长。在我国广阔的海域内，分布着数量众多的水下文化历史遗存。这些珍贵的水下文化遗产，是中华文明的重要组成部分，是我们祖先热爱和平、创造发展的鲜活证明。像举世闻名的海上丝绸之路，就是中华文化同世界文化交流合作的纽带和桥梁。水下文化遗产同历史记载相互佐证，丰富了我们祖先管理利用海洋资源的重要史料，是我国主张行使海洋权利不可辩驳的历史证据，对当前和今后我国海洋事业的发展具有重要的意义。

党中央、国务院高度重视水下文化遗产的保护工作。从上世纪80年代就开始创立水下考古专业队伍，开展水下考古工作。近年来，我国相继进行了"南海1号"整体打捞、"南澳1号"和"华光礁1号"水下考古及相应的保护工作，建成了世界第一座遗址类水下博物馆——重庆白鹤梁水下博物馆，展现了我国对水下文化遗产的重视及保护理念、方法、技术上的突破和创新。去年，李长春同志作出重要批示，要求专门打造一艘考古研究船，在海南省建设国家水下文化遗产保护中心南海基地。目前，考古研究船开始设计，基地已初步确定选址。总的看，我国正处在由单一的水下考古向全方位的水下文化遗产保护过渡的关键时期。国家主导、地方支持、各相关部门协同配合的水下文化遗产管理保护体系已初步建立，水下文化遗产事业正向制度化、规范化和科学化方向转变。

目前，水下文化遗产保护面临着因盗捞等违法犯罪行为和不适当的开发建设而遭到损毁的严峻局面。去年以来，西沙水下文化遗产被严重盗掘盗捞，国内媒体十分关注，也引起了中央领导的高度重视。中央领导同志作出重要批示，要求尽快研究水下文化遗产保护对策，维护国家主权，严防水下文化遗产遭到破坏和流失。实际上，自上世纪70年代，外

2013
中国
文物年鉴

国商船开始在我国南海海域非法打捞沉船文物开始，40年来，尤其是近年来盗捞水下文物的违法犯罪活动愈加猖獗，"海捞货"成了非法文物市场的新宠儿，国内已悄然形成集投资、盗捞、销赃一条龙的非法盈利犯罪活动链。犯罪分子雇佣潜水员或者采取抽砂甚至爆破等手段，作案动机和侵害目标明确，不仅破坏文物遗址，也严重危害了海床生态环境。与此同时，一些地方和单位在海域使用与建设工程中，非法围填海，滥采海砂、随意倾倒废弃物、在水下文物埋藏区周边非法建设、生产经营等行为，也严重威胁了水下文化遗产的安全。在我们的工作中，也存在着水下文化遗产保护法律法规不健全，有效保护和监管的措施不完善；专业水下文化遗产保护机构和专门执法力量，远远不能满足水下文化遗产保护的需求；社会对水下文化遗产的关注和重视还明显不够等问题。

为切实解决这些问题，2010年11月，国家文物局与国家海洋局签署了《关于合作开展水下文化遗产保护工作的框架协议》。《协议》商定了全方位的水下文化遗产保护内容，涉及水下文化遗产保护战略与规划、水下考古、水下文化遗产管理、水下文化遗产保护、水下文化遗产联合执法等多方面，并明确了工作目标。2011年9月，两局联合下发了《关于加强我国管辖海域内文化遗产联合执法工作的通知》。《通知》决定建立两局联合执法工作机制，要求沿海各地文物、海洋部门充分认识加强我国管辖海域内文化遗产联合执法工作的重要意义，成立领导机构并形成联合执法长效机制，明确合作内容和合作方式，积极开展联合执法活动，畅通信息渠道和建立信息通报制度，加大违法行为查处和惩治力度，加大宣传和执法人员培训力度，并及时总结和定期交流经验。一年多来，文物、海洋两部门围绕开展我国管辖海域内文化遗产联合执法行动作了很多卓有成效的工作。

今天，两部门联合召开会议部署和启动今年的联合执法专项行动，标志着两部门开展联合执法工作进入实质阶段，两部门的合作将更加具体，联合执法工作也必将取得更大的成效。

二、全力铸造我国水下文化遗产保护工作的坚固盾牌

水下文化遗产保护和监管已经到了最紧迫的时候，加强水下文化遗产保护，功在当代、利在千秋。切实保护好珍贵的水下文化遗产，是弘扬中华民族优秀文化、增强民族凝聚力的需要，是落实国家海洋发展战略的重要内容，更是我们义不容辞的神圣使命。就即将开始的联合执法专项行动，我给各级文物部门提几点工作要求。

（一）推动立法进程，完善法律体系

要加快推动《水下文物保护管理条例》修订工作，重点细化和丰富水下文化遗产的概念，明确政府和部门职责，加强行政执法巡查和打击违法犯罪活动等保护措施内容。结合今年全国人大常委会开展的《文物保护法》执法检查活动，充分总结水下文化遗产执法经验。在今后《文物保护法》修订时，增加完善水下文化遗产相关内容，并陆续出台与法律法规相适应的规范、标准，逐步建立中国特色的水下文化遗产保护法律体系。加强水下文化遗产保护的国际合作和交流，积极研究论证加入联合国教科文组织《保护水下文化遗产公约》问题并做好前期准备。

（二）探明水下资源，完善保护措施

要在已有的工作基础上，加强水下考古工作，夯实水下文化遗产保护基础，进一步探明和掌握我国水下文化遗产的分布情况和基本特点。同时，希望海洋部门在海洋资源调查中，对水下文化遗产资源调查工作继续提供有力支持。要根据水下文化遗产价值，依法公布一批水下文物保护区和各级文物保护单位，不断加强日常管理，明确具体保护措施，制

定保护规划，利用现代科学技术提高重点区域安全防范能力。

（三）加强部门合作，强化联合执法

要积极开展涉海基本建设工程中的水下文化遗产保护工作，在海域使用和海洋环境保护过程中，对涉及水下文化遗产的保护问题提供专业意见和技术支持。要坚持预防为主、打防结合、专群结合，充分发挥全国文物安全工作部际联席会议制度的作用，加强与海监等涉海执法部门的协调联动，逐步建立常态化、制度化、规范化的联合执法工作机制。文物部门要按照已确定的联合执法工作内容，积极与海监机构联合开展水下文化遗产的执法巡查和日常检查，及时发现问题，及时采取措施，驱赶、制止、查处屡禁不止的破坏海洋文化遗产的违法行为，配合公安部门有效打击犯罪分子的违法行为，坚决遏制盗捞水下文物的犯罪势头。逐步建立有效的联合执法信息沟通机制和信息共享机制，文物部门要学习借鉴海监机构的执法经验和做法，充分利用海监机构的资源和装备，不断提升自身执法能力。

（四）加强宣传教育，营造良好氛围

要通过各种有效形式，向公众普及水下文化遗产保护的相关知识和理念、加强法制教育，宣传联合执法成果。重点向在管辖海域内从事海洋生产的单位和群众普及文化遗产知识。培育志愿者和保护员，逐步建立违法行为线索举报制度，通过奖励表彰等方式，鼓励和引导全社会积极参与和关注水下文化遗产工作。加强与新闻媒体的合作，努力营造良好的社会环境和舆论氛围。

同志们，这次文物、海洋两部门开展联合执法专项行动，是一个崭新的命题。各有关省市要因地制宜地开展联合执法工作，不断探索新模式，总结新经验。横向要加强部门间的沟通协作，纵向要加强区域间的协调支持，既要增强应对突发性事件单兵作战的能力，也要着力提高应付重大案件协同作战的能力。在联合执法过程中，沿海各级文物部门和海洋部门要及时交流和总结执法经验，重视相关典型案例的分析和研究，在实践中丰富执法内容，完善执法形式，规范执法行为。对于联合执法面临的困难，要充分发挥主观能动性，勤研究、多钻研，群策群力，把这次专项行动搞好。

同志们，我国的水下文化遗产保护事业正进入全面发展的新时期。文物、海洋两部门携手合作，开创了文化遗产保护事业的新局面，既大大充实了水下文化遗产保护的力量，又丰富了海洋事业发展的内涵，意义重大、影响深远。希望文物、海洋两部门，特别是一线的执法人员携手并肩，通力协作，共同做好此次联合执法专项行动，打出声威、营造气势，充分发挥联合执法行动在维护国家海洋权益和文化权益方面的作用。我们要将水下文化遗产联合执法工作作为落实党的十七届六中全会精神的一项重要举措，不断推动社会主义文化大发展大繁荣，以优异的成绩迎接党的十八大的胜利召开！

文化部副部长、国家文物局局长励小捷
在博物馆免费开放最佳做法研讨会上的讲话

（2012年5月18日）

今天，我们相聚在全国"5·18国际博物馆日"活动主场城市南宁，庆祝博物馆人的共同节日，并围绕建立博物馆免费开放长效机制，提高博物馆服务水平举行研讨会，交流各地博物馆免费开放以来的创新实践与典型经验。我谨代表国家文物局，对会议召开表示热烈的祝贺。

下面，结合我对深化博物馆免费开放全面提升博物馆公共文化服务水平的一些思考和认识，谈几点意见，供大家参考。

一、博物馆免费开放的意义和成效

博物馆是人类收藏历史记忆凭证和熔铸新文化的殿堂，担负着保护、研究和展示人类及人类环境遗存，推动人类文明发展的重要职能。推进博物馆、纪念馆向全社会免费开放，是党中央、国务院着眼于满足人民群众日益增长的精神文化需求，更好地保障人民基本文化权益，建设中国特色社会主义公共文化服务体系，所作出的一项重大决策。

在党中央和国务院的高度重视下，2008年1月中宣部、财政部、文化部和国家文物局联合印发《全国博物馆、纪念馆向社会免费开放工作的通知》，文化文物部门归口管理的公共博物馆1804个分三批实现了向社会免费开放，顺利完成了2008年政府工作报告中提出的"具有公益性质的博物馆、纪念馆和全国爱国主义教育示范基地，今明两年实现全部向社会免费开放"的目标，占文化文物部门博物馆的75.67%。考虑到文物安全和管理，文物建筑及遗址类博物馆暂不向社会免费开放，但也制定了向青少年和低收入群体减免票款的措施。为支持免费开放工作，中央财政四年补助资金累计投入达80多亿元。

在中国这样一个人口第一大国，能够在全国范围内实施博物馆免费开放，无疑是世界博物馆发展史上的伟大壮举，是人民群众的共同期盼，也是对全国博物馆的一次前所未有的重大考验。全国博物馆积极发挥公共服务的基本职能，加强管理，改善服务，更加贴近实际、贴近生活、贴近群众，对实现文化遗产保护成果惠及民生，丰富公众文化生活发挥了积极作用，受到全社会的广泛欢迎，为促进经济社会发展做出了重要贡献。

（一）博物馆社会效益显著。博物馆免费开放，受到了全社会的普遍欢迎，增强了博物馆的社会亲和力和认同感。博物馆年观众比免费开放前平均增加50%，其中国家一级博物馆平均每馆观众数量由2008年的74.2万人次上升到2010年的121.3万人次。免费开放后观众结构呈多元化趋势。在以机关、学生、部队、旅游团队为主体的同时，社区居民、低收入群体、老人、外来务工人员和残疾人等观众群体明显增加。内蒙古博物院2011年度接待观众人数为142万人，其中青少年观众数为70万人，占总参观人数的一半之多。博物馆免费开放体现了党和国家加强公共文化服务体系建设，更好地保障人民基本文化权益的决心和效果。

（二）博物馆发展活力明显增强。免费开放后，博物馆职能发生显著变化，服务公众被提到了博物馆工作首要的和中心的位置，博物馆逐渐实现了从重点照顾物向重点服务人的转变，以人为本精神更加彰显。博物馆的爱国主义教育基地普遍设立，博物馆与学校教育教学交流与合作的广度和深度显著增强，纳入国民教育体系的各项工作稳步推进，博物馆的社会教育功能更加彰显。同时博物馆也成为公众休闲娱乐和参观旅游的优先选择场所。博物馆积极改进管理和服务，提升展示传播水平。此次由中国博物馆协会组织的博物馆免费开放最佳实践做法推介活动，从展示推广、未成年人教育、讲解导览、宣传推广、文化产品推广、旅游推广、社区文化促进、网站服务、管理创新、社会参与十个方面，梳理和总结博物馆在社会公共文化服务中的亮点和创新点，评选和表彰一批在博物馆开放服务表现突出的先进单位，号召全行业共同学习借鉴，将有利于推进博物馆深化免费开放，加强改革创新，更好地突出公益属性、强化服务功能、增强发展活力。

（三）博物馆管理质量显著提高。为推动免费开放工作向纵深发展，2008年国家文物局建立以展示教育和社会服务为重点的博物馆质量评价体系，公布了国家一、二、三级博物馆分别为83个、171个、288个，约占全国博物馆总数的1/6；在此基础上与财政部共同确定上海博物馆等8个博物馆为首批中央地方共建国家级博物馆，通过中央财政加大投入，逐步创建一批国际一流博物馆，增强对本区域中小博物馆的辐射带动作用。2010年起连续对一级博物馆开展运行评估，引导博物馆办馆水平的提升。博物馆评估定级工作的开展，为打破博物馆单纯依照行政隶属关系划分等级身份的传统格局，引导博物馆创新管理体制，引进竞争、激励机制，促进博物馆的改革和发展，起到了重要的推动作用。

免费开放深刻改变了博物馆的生存和发展环境，深刻改变了博物馆人的意识和观念，在以全面免费开放和努力纳入国民教育体系为契机的发展新阶段，围绕博物馆"更突出公益、更全面开放、更讲究科学"的方向，不断提升博物馆的专业化、社会化水平，已经成为全国博物馆界的共识和自觉追求。

二、博物馆事业面临的机遇和挑战

当前，是我国全面建设小康社会的关键时期。改革开放，工业化、城市化和信息化的加快推进，给经济发展和社会进步注入了强劲的生机和活力，也给认知领域带来了巨大的变化，为新时期文化的大发展大繁荣创造了必要和可能。党和政府从实现科学发展和促进人的全面发展的战略高度，大力推动社会主义先进文化建设，党的十七届六中全会提出了"努力建设社会主义文化强国"战略目标，指出要"大力发展公益性文化事业，保障人民基本文化权益"，"加强文化馆、博物馆、图书馆、美术馆、科技馆、纪念馆、工人文化宫、青少年宫等公共文化服务设施和爱国主义教育示范基地建设并完善向社会免费开放服务"。博物馆作为公共文化服务体系的重要组成部分，得到了前所未有的关注和支持。

进入新世纪以来，是我国博物馆快速发展的时期，平均每年都有一百个新的博物馆诞生。2010年底，全国博物馆总数为3415个，其中文物部门所属的国有博物馆2384个，非文物部门所属的行业性博物馆575个，民办博物馆456个。博物馆数量迅速增加，结构更加多元化。绝大多数省级博物馆都已完成新建和扩建工程，并有一大批市级博物馆雨后春笋般发展起来；各行各业都注重收集保护本行业的历史文化资源，行业博物馆建设力度大大加强；社会投资开始进入文化遗产领域，民办博物馆迅速成长。从博物馆种类看，发展主流从传统的综合、社会历史和革命史等类型，拓展到艺术、科技、民族、民俗、生态、遗址、自然、地矿等领域的专题博物馆类型。我国已经形成以国家级博物馆为龙头、省级博物馆和重点行业博物馆为骨干，国有博物馆为主体、民办博物馆为补充，类别多样化、举办主体多元化的博物馆体系。

与此同时，我们也必须清醒地认识到，博物馆在快速发展中也出现了一些不容忽视的新情况和新问题，博物馆的专业化品质、社会服务能力、管理水平与时代赋予博物馆的使命尚有不小的距离。主要包括：

（一）办馆质量亟待提高。当前我国已进入博物馆建设的又一高潮期，不少城市先后提出建设"博物馆之城"的口号，但随之而来的问题是一些地方博物馆建设存在求多求洋、重建筑轻功能、重硬件轻软件、重建设轻管理的问题；另一方面，现有博物馆基础设施条件差、历史欠账多的情况十分普遍，多数中西部尤其是西部中小博物馆经费仅能维持日常运行，缺少发展后劲；在管理服务方面，许多博物馆满足于政府提供的财政支持，满足于现有的基本陈列和基本服务，忧患意识、机遇意识、改革意识和发展意识不强，公众文化服务层次较低。

（二）陈列展览水平有待提升。目前博物馆陈列展览中存在一些不容忽视的问题：许多博物馆特别是中小博物馆基本陈列更换周期长，办展质量不高，教育服务项目和文化产品单一，使博物馆所能提供的公共文化服务品种、数量和质量不能适应人民群众文化生活的需求，教育内容和方式缺乏感染力和吸引力；一些陈列展览规划缺乏论证，定位不准，追求大制作，形式与内容脱节，滥用技术手段，喧宾夺主，分散了观众对文物展品丰富内涵和展览主题思想的注意力，也造成了不必要的浪费。

（三）传统管理模式难以适应可持续发展需要。博物馆既要通过基本陈列、公益性展览、免费讲解等形式保障人民群众基本文化权益，又要充分依托馆藏资源和展览等开发形式多样的相关文化服务产品，以满足人民群众多样化、多层次、多方面的精神需求，扩大馆藏文物信息的传播渠道和文化影响力。但目前博物馆旧的管理模式色彩依然比较浓厚，行政部门对博物馆统得过死、过细的现象仍然不同程度地存在，博物馆的事业法人地位有待完善；博物馆机构配置行政化、管理机关化、守摊子、完全依赖财政拨款的现象还相当普遍，严重影响了博物馆自主决策、监督、激励等功能的充分发挥，削弱了博物馆自我造血、自我壮大的能力。

（四）人才队伍难以适应发展的需要。目前，我国博物馆存在人才结构性缺乏的现象，全国文化文物系统博物馆在编人员59900余人，其中具有中级及以上专业技术职称的人员仅7.8%，且现有专业人员主要集中在文博专业领域，行政管理、经营管理、文物保护技师等人才严重缺乏，许多博物馆甚至成为安置人员的场所，无专业化可言，与发达国家博物馆机构中专家云集、类似高等院校和科研院所的情况形成鲜明对比。

如何根据免费开放后的新形势，重新思考博物馆的定位、职能及相关的各项工作，作出及时恰当的调整，提高博物馆运行的专业化、社会化、现代化水平，使博物馆得以健康发展，将成为巩固和发展博物馆免费开放成果的关键所在。

三、深化博物馆免费开放，以改革促进博物馆科学发展

要认真学习领会党的十七届六中全会《决定》的精神，站在深入贯彻落实科学发展观、推动社会主义文化大发展大繁荣的战略和全局高度，正确认识博物馆事业发展面临的形势，及时总结经验，不断改进工作，增强责任感和使命感，主动适应我国经济社会和文

2013
中国
文物年鉴

化发展需要，推动博物馆事业在新的历史起点上科学发展，在与社会的互动中不断提高服务能力和水平，在和谐社会建设中发挥更大作用。

（一）完善机制，建立现代博物馆制度。着眼于突出公益属性、强化服务功能、增强发展活力，完善博物馆目标管理和绩效管理，确立科学的考核评价和激励机制，规范博物馆办馆行为。制定博物馆公共文化服务指标体系和绩效考核办法，坚持把人民群众满意作为评价最高标准，把群众评价、专家评价统一起来，形成科学的评价标准。深化博物馆评估定级，完善博物馆基本标准，建立博物馆质量综合评价体系，通过绩效考评实施优胜劣汰。创新博物馆运行机制，动员社会各方面力量支持博物馆建设，探索建立博物馆理事会或董事会，吸纳有代表性的社会人士、专业人士、基层群众参与管理，健全社会支持和监督博物馆发展的长效机制。

（二）强化教育职能，提高展示服务水平。将社会主义核心价值体系贯穿到展览内容的各方面，把教育理念渗透于陈列展览工作全过程，强化学术研究对陈列展览的支撑，把专业性和知识性、学术性和趣味性、科学性和观赏性有机结合起来。现代科技手段的运用要有利于突出实物展品的内涵和魅力，避免花费巨大、牵强附会的场景制作。推广"指南针计划进校园"的成功经验，深化与教育机构合作，建立长期有效的馆校联系制度，将博物馆教育纳入中小学历史、艺术、科学、自然、思想道德等课程和教学计划，通过博物馆的参与式、体验式教学活动达到传道、授业、解惑的目的。加强博物馆青少年服务部门建设，培养专家型讲解员和辅导员队伍，提高对青少年服务的质量。充分运用信息技术等现代科技手段，通过数字博物馆、远程教育网络，使博物馆文化成果惠及更多民众。通过流动博物馆等方式，使博物馆成为社区文化中心。大力开展博物馆文化旅游，寓教于乐。

（三）实施人才强馆战略，建设高素质博物馆人才队伍。明确博物馆知识密集型文化教育机构的属性和定位，强化博物馆从业人员任职学历标准、专业背景和品行要求，严把博物馆从业人员入口关。制定馆长任职资格标准，促进馆长专业化。完善培养培训体系，以中青年为重点，造就一批优秀的博物馆管理经营、建筑规划、藏品修复、文物鉴定、陈列展示设计、教育传播、文化创意、国际交流合作等急需紧缺专门人才和学科专业领军人才。以地市县级博物馆和民族地区博物馆为重点，提高基层博物馆从业人员整体素质。省级以上博物馆实施高层次人才引进计划，为博物馆集聚具国内一流乃至具有国际影响的学科领军人才。加强职业道德建设，使博物馆工作者能够坚持自己的理想和职业操守。

（四）开发文化产品，拓展博物馆文化传播功能。围绕提供更加多样化的博物馆文化服务，探索公益性单位参与文化创意产业发展的新方式，建立富有活力的博物馆文化产品生产经营机制。博物馆文化产品要突破文物复、仿制品的局限，以博物馆文化创意为核心，以市场为导向，开发多层次的，特别是实用性强、价位低的纪念品，让观众乐于把博物馆记忆带回家，并增强博物馆自身造血功能。要充分运用政府扶持文化创意产业资金和财税优惠政策，建立以省级综合博物馆和国家一级博物馆为中心的博物馆文化产品开发网络，培育博物馆文化产品研发示范项目。鼓励在条件成熟的地区建设博物馆文化产品交易中心、创意园区和生产基地，形成产业聚集，增强博物馆文化产品在文化产业和消费体系中的竞争力。

（五）加强资源整合，优化博物馆体系。结合"十二五"规划实施，发挥政策指导和资源配置的作用，引导博物馆合理定位，克服同质化倾向，在不同层次、不同领域办出特色，提升水平。加强标志国家及地方文明形象的重点博物馆建设。鼓励发展艺术、科技等专题类博物馆，特别是填补空白的各类博物馆，避免千馆一面和重复建设。不提倡县县建博物馆，有条件的县可以根据本地资源优势，结合重大考古发现和文物保护需求，建设遗址博物馆；地市级中心城市重点建设特色性博物馆；省一级城市重点建设综合性博物馆，省会城市博物馆和省级博物馆要各有侧重，形成特色鲜明、布局合理的博物馆体系。不断充实藏品体系，提高保护、研究和利用水平。

全面免费开放是我国博物馆事业发展的一次重大变革。全国博物馆一定要以深化免费开放为契机，按照面向现代化、面向世界、面向未来的要求，适应全面建设小康社会、建设具有中国特色的社会主义文化的需要，坚持"三贴近"的基本原则，坚持改革创新，突出公益属性、强化服务功能、增强发展活力，致力于传承中华文明，传播科学知识，促进经济社会发展，提高人民生活品质，为中华民族伟大复兴和人类文明进步作出更大贡献。

文化部副部长、国家文物局局长励小捷在2012年度文物保护项目经费管理工作布置会上的讲话

（2012年5月29日）

今天专门就文物保护项目的经费管理工作召开专题会议，很有必要。今年文保项目经费预算申报和审批进度不理想，形势还比较严峻，而且事关重大。这既是眼下急迫的问题，又涉及一个长远的问题；既是一个局部的问题，又涉及整体的问题。

刚才，从各个省的发言来看，大家对这个问题都重视，知道这个事事关大局。大家谈了一下各地的做法，特别是有针对性地提出了一些意见和建议，谈得都很好。国家文物局对这个问题高度重视，

日前召开局务会议进行了专题研究。

在大家发言的基础上，针对着目前存在的问题，我讲两个问题。第一，我们面临的是一个什么问题。第二，如何解决好当前的问题。

第一个问题，先谈一点认识。我们现在面临的是一个什么问题？是不是突然一下子钱多了，用不了了？我们文物保护工作长期面临的经费投入不足、需求过大的矛盾是不是解决了？我认为不是。具体解释这个事，我从三个层面来说。

一是近年来，主要是"十一五"以来，文物保护经费确实是每一年都得到了较大幅度的增长。但这个增长是在以往投入严重不足，文物保护经费基数较小的情况下的增长，带有还欠账的性质。中央财政拨的文保资金"十一五"比"十五"增加了五倍，"十二五"的第一年就相当于"十一五"的总额，由此也可以看出经费基数小，长期不能满足需要。

二是目前文物保护经费的增长与我们承担的文物保护工作的繁重任务和工作领域的扩大相比，仍然不能满足需要。经过文物普查，全国不可移动文物达到近77万处，第七批国保的评审还没有报国务院批准，但大体的概念已经有了，基本上接近翻番，再加上近几年来文化遗产事业的拓展，比如以前没有的大遗址的保护以及革命文物和20世纪的工业遗产等，还涉及水下考古，这都是新的领域。承担起这么重的文物保护任务，需要经费投入长期的大幅度的增长。

三是文物的修缮包括可移动和不可移动的文物，它与一般基本建设项目相比，定额和取费标准都相对较高，这就是特殊性。加之原材料、能源、人工都在上涨。所以，同样多的钱，就干不了那么多的事了。

所以，应该这样评价我们目前文保事业的形势，随着文保经费连续较大幅度的增加，目前可以基本解决国保单位紧迫和重点的问题，但还远远满足不了文物保护工作和文化遗

2013
中国
文物年鉴

产事业普遍和长远的需求。投入和需求的矛盾将在今后较长时期内存在。

那么，为什么又出现了项目预算安排不理想的问题呢？我觉得，浅层次上来说，是因为前期经费不足，人手不够，而且做项目、报项目、审项目的时间又很紧等问题。深层次上来说，我觉得是我们的思想观念、工作方式、职能定位、制度安排与快速发展的文保事业不适应的问题。长期以来，我们一直在经费很少、项目很小的情况下过日子，我们现在的制度和机构设置适合那种情况，现在不一样了，我觉得这是一个深层次的矛盾。

这一矛盾具体表现在预算管理上，可以用两句话来概括，一句话就是项目准备不足，没有形成有效需求。第二句话，项目论证审批周期过长。项目准备不足表现为，数量不足，质量不高，结构不优。总体上进库的数量就少；质量不高就是做的不合规，不合法；结构不优就是受要钱的驱动，造成了哪些项目大，要钱多，我向哪些项目着手，有哪些项目可以发展产业带来收入，我就做哪个项目。这种投资饥饿和产业推动有时候影响到我们在项目准备上忽视了对文物本体的保护。

在项目论证和审批方面，首先应该说，项目的审批必须遵循有关制度和秩序，不能乱来。但是目前也存在一些问题，主要是作为各级文物保护行政主管部门，职能转变不到位。我们都很忙，忙的是具体项目审批。再一个就是市场开放度不够，包括准入门槛太高，所以反过来就会影响我们，这就是建筑单位、设计单位、规划单位急缺的原因。门就没有敞开，没有充分利用市场资源满足我们的需求。

那么，上述这种不适应的状况，不仅表现在项目准备和经费管理上，也多多少少表现在我们文物工作的方方面面。因此，我们总的工作基调应该是：稳中求进，创新提升。

第二个问题，如何解决今年的包括今后的项目预算管理问题。具体讲三个小问题。

先说第一个小题，搞好项目预算管理必须坚持原则，把国家加大投入的资金管好用好。今年全国人大对专项资金的制度建设有明确规定，要求充分体现分配科学，流程清晰，责任明确，便于监管。文物保护经费是专项转移支付经费，专项转移支付经费的特点就是要服务于上级政府的特定目标，专款专用是基本特征。资金接受者须按规定用途使用资金。今年还有一个特点，财政部已经把文物保护经费作为重点监管对象。

首先要坚持贯彻文物工作方针，服务文化遗产事业大局的原则。其次，要坚持国家项目管理的程序和法律法规的原则。第三，要坚持实事求是、厉行节约、如实申报的原则。第四，要坚持加强廉政建设，规范管理和流程，堵塞漏洞，立足防范的原则。在这四个原则上，头脑必须要清楚，不能变通，也不能萝卜快了不洗泥，不然的话，无异于饮鸩止渴。

第二个小问题就是要采取的一些举措。由于任务繁重，时间紧迫，我们解决今年如期完成项目申报和预算审批的工作必须采取一些特殊的措施。这都是经过局务会研究的，有这么几点：

第一，已申报的方案，要求相关业务司抓紧审核批复，并与财务上相衔接，为预算控制数的审核留出必要的时间。

第二，9个专业方案审批下放的省，具体就是北京、河北、山西、四川、云南、陕西、河南、浙江、上海已经报国家文物局备案的项目，按一定比例给予安排。但是有些还没有备案的，包括这几个省的，得抓紧备案。审批权下放的这几个省里，有的已经组织具有资质的机构进行了预算审核，和国家文物局批准的专家组进行了预算审核的根据你们报的情况正常进行安排。

第三，对中央领导有明确批示的项目，如涉台、水下、承德避暑山庄、嘉峪关关城保护等，还有中央和国务院确定要重点给予支持的地区如涉藏、涉疆项目，还有支援五省藏区的项目，应加快经费安排。

第四，按照预算管理办法，对符合特批条件的项目，抓紧审核，批复预算。包括近两三年内要走申遗程序的项目，重大考古发现项目，已列入第七批国保单位的抢救性保护项目。

第五，抓紧与有关部委沟通，按照文物保护项目的特殊性，争取加大前期经费安排比例。当然，财政文保资金的使用范围的扩大和有关比例的提高问题，我们也想做进一步的商讨。

以上五条，是国家局在审批预算时间节点临近，而一些地方项目方案尚未完善的特殊情况下采取的特殊措施。

那么说了国家局采取的措施，要办的事，地方文物局应该怎么办，我觉得有四点要强调：

第一，要高度重视。虽然今天是一个专业会，但一半以上的省局的主要领导都到了。局长要亲自把这个事抓在手上，主管副局长要全力以赴做这个事。跟种庄稼一样，今年不撒籽，到时候就没有收成。

其次，想尽办法充实人手。人手少是各省局普遍存在的问题。当然我们也有人才培训措施，但远水解不了近渴。今年没多少时间了，所以必须先把局系统内的，甭管是考古所的，文研中心的还是博物馆的，能帮上忙的，调过来组织班子做。文化厅也应该给一些人力支持，责无旁贷。

再一个就是找钱的问题，刚才我说了，要争取提高文保项目的前期费用，但是，还有个时间差问题，所以做这些项目的前期费用你们还是要自己想办法先垫付。

第四，培训。这里的培训不是说办个学院或者搞个长期班。就是今天开会的方式，你们回去就开会，以会代训。把直接具体操作的事面对一线人员讲清楚，哪些可以列入预算，哪些不能列入预算，哪些变通地列入预算，都讲清楚。

同时，从今年开始，我们要把项目准备、项目申报的质量和效率结合项目的执行情况纳入国家局考核评估的内容。也就是说你今年做得这些项目既符合时间要求，又符合质量要求，那么我就把它作为审核你明年预算的依据之一。做得好的可以考虑进入下放审批权的范围。由于工作原因，做得不好的，考虑核减明年的项目规模。当然我说的是一个原则，具体办法，由办公室、文保、博物馆等几个业务司室一起制定。

第三个问题，从根本上加强改进项目经费管理的一些思考。这里我也讲四点。

第一，项目经费管理工作要与文物保护工作大局更加紧密地结合，进一步增强对项目经费工作的指导性。项目经费，特别是中央财政转移支付的项目经费是有鲜明的导向性的，要符合全党全国的工作大局，符合文化遗产的大政方针，符合文物保护的需求。那么反过来说，从项目经费的如何安排就可以看出全国文物工作劲往哪里使，重点在哪。用这一标准反观我们目前的项目经费安排工作，存在着偏散、被动等问题，带有一些随意性、盲目性。我们在做项目预算准备工作的时候它一定是和这一年的整体工作相联系，明年的项目预算管理工作本应在今年就启动，而不是三月份通知下去的时候，还是云里雾里，也不知道上面想做什么，几条线，几个点，或者几大块。布置全国的文物保护工作，既要在方方面面当中突出重点，又要把这些重点工作体现到时段上。在项目申报前，国家局和各省之间应通过不同方式做好沟通工作，这样也可以增强工作的计划性。

第二，引入第三方制定技术方案和协助审批预算方案，简化审批环节，提高审批效率。在资金量巨大、任务繁重的情况下，必须通过市场竞争机制，引进中介机构承担规划技术方案和预算审核工作。在我们文物系统，目前并不是没有开放市场，但是开放度还是不够，这也是现实存在的问题。比如门槛过高，有些重点国保项目必须是一级资质的，有些一般的项目可以降低一点准入门槛，因为目前我们的确存在可用力量不足的问题。这都是需要认真考虑，加以改进的地方。当然，也不能绝对化，个别的项目如古漆器、古青铜器的修复，全国能做的就那么几家，也可以采取邀标等方式。我在这里要强调的是，坚持对市场开放的原则和态度必须坚定，因为市场经济的最大优势，就是社会有什么需求，市场就可以提供你需要的产品和服务，这就是规律，你大门不打开，也就没人做。你只要市场打开了，就会逐渐形成这种满足你需求的局面。还有一个问题，就是我们各个文物部门或多或少有一些自己的队伍，所以长期以来在资金不足、项目不多的情况下让自己的人办也顺理成章。但是，目前资金量大幅度增加，项目已经很多的情况下，如果还固守着肥水不流外人田，甚至指令只有谁谁做的方案才能批准，这样的话就会影响我们整个文物事业的发展。我也不是有意的去动谁的"奶酪"，可是一旦固守的这些潜规则影响了我们的工作大局，影响了我们的事业发展，那必须要改变，要改进。

第三，加强基础工作，加快有关标准和定额的制定。国家对项目经费的管理有严格的制度。比如项目法人责任制、招投标制、合同管理制、预决算审核制等等，这些制度的实施推进须有标准和定额作支撑。文物系统定额标准不完善的问题已经成为制约文物项目经费管理的瓶颈之一。没有规矩，难成方圆，我们的基础工作还是要做的。文物工作有其特殊复杂性，不能套用其他行业的标准，必须用自己的标准。北方定额现在已经有了，南方定额抓紧启动制定。这还只是古建，其他的领域我也建议再选择几个类型，也着手组织班子，研究制定有关标准。

市场放开之后，又能做到对它的有效制约，怎么制约，就两条：第一，政府制定标准，也就是市场规则。第二，对市场主体进行绩效考核和监督。这是政府要发挥作用的地方。有了这两条，市场的环节你可以放开了，没有这两条，只靠市场，那政府就缺位了，这两点是相辅相成的。刚才我说的不只是国家局，省里也要把制度、标准、定额的制定和如何监管列入议程。

第四，加强人才培养工作，开展多种形式的学习培训工作。加强人才培养工作，不但在加强项目预算管理上感受到了压力，方方面面等都受到了人才短缺的严重制约。长期来讲，短期培训当然也是很重要的，要有正规的人才培养的院校基础。再一个，在全国要形成若干个新体制的，培养文物修复亟需的高级蓝领职业学校，或者叫高级职业培训学院。在制度安排和制度设计上，努力让文物修复师这样一个职业名称进入劳动人事的管理体系。

同志们，我相信在我们的共同努力下，今年的预算经费工作一定能保质保量的如期完成。各地文物工作的资源禀赋、干部力量、机构设置差别很大，要从各自的实际出发。改革创新的具体措施，要经过必要的研究、论证、试点，取得经验之后再逐步推开。

文化部副部长、国家文物局局长励小捷
在贯彻全国文物工作会议精神座谈会上的讲话

（2012年7月10日）

我就文物系统贯彻全国文物工作会议精神，做好今年下半年的重点工作，强调几点意见。

一、关于全国文物工作会议精神的传达贯彻

各级文物行政部门、各地文博单位要把学习宣传、贯彻落实全国文物工作会议精神作为当前和今后一个时期的中心任务切实抓紧抓好，在全系统迅速掀起学习贯彻的热潮，进一步凝聚共识、统一思想。国家文物局很快印发《关于深入学习贯彻全国文物工作会议精神的通知》。各地文物部门要按照通知要求，立即组织领导班子成员和全体干部职工学习全国文物工作会议精神，尽快制订方案，抓好贯彻落实，特别要向党委、政府做好汇报，适时召开有关会议，研究出台具体措施，把有关精神部署传达到基层，落实到实际工作当中。国家文物局机关各司室要在学习贯彻会议精神上"走在前、做表率"，加快研究制定会议提出的有关政策举措和工作要求的具体落实意见，做好局内的任务分解，主动跟进、主动协调、主动督查、主动服务。各有关文博单位和行业组织要结合各自业务工作落实会议要求，充分发挥决策智囊、协调平台和行业自律作用。

二、关于对面临形势和工作把握的几点看法

改革开放以来特别是党的十六大以来，中国特色社会主义伟大事业正在波澜壮阔地向前发展。在这样一个时代背景下，我国文物事业发展已实现历史性跨越，站在一个新的历史起点上，正处于历史上最好的发展时期。同时，我们必须清醒地认识到，新时期文物工作是在我国加速工业化、信息化、城镇化的历程中进行的，是在历史欠账较多、基础工作薄弱的情况下进行的，我国文物事业的发展与经济社会发展水平相比、与世界文明古国应有地位相比、与党和人民对文物工作的新期待相比，还不完全适应，具体表现为：

一是面对文物保护与城乡建设之间长期存在的矛盾，我们的执法能力还不完全适应。第三次全国文物普查发现消失的四万处不可移动文物中，有一半以上是由于各类建设行为毁掉的。50万元最高限额的行政处罚制止不了房地产开发的利益冲动。一些政府主导的开发项目与文物保护发生冲突时，同级文物部门很无奈。

二是面对文物工作领域不断扩大、工作任务日益繁重的新形势，我们的工作方式还不完全适应。第三次全国文物普查登记的不可移动文物比第二次全国文物普查增长两倍多，达到近77万处；第七批"国保"待国务院核定公布后，全国重点文物保护单位总数将接近翻番，达到4000处以上。近年来文物保护投入连年大幅度增长，2011年中央财政文物保护经费投入超过了"十一五"的总和。这对于长期过惯苦日子的文物系统来说是大好事。可是，这么大的事业盘子，这么大的经费规模，使得文物部门批项目、审方案的传统工作方

2013
中国
文物年鉴

式显得很不适应，上上下下只能把主要精力放在报项目、批经费上，夜以继日，不堪重负。这就影响到许多我们该做的事情没有精力去做，即使是项目安排也难以避免出现整体性不强、失之于散的问题。

三是面对人民群众精神文化需求日益增长、对文物的社会关注度越来越高的新情况，我们的宏观管理还不完全适应。由管系统内到管全社会，是文物工作面临的一个新挑战。文物流通领域的乱象丛生，鉴定评估的管理缺失，文物景点的规范经营和民办博物馆的扶持发展等，都是需要从宏观上研究解决的新问题。

四是面对党和国家对文物保护利用、传承发展的新要求，我们的人才队伍建设还不完全适应。目前国家文物局的编制仍是上世纪八十年代初的水平，全国各级文物行政部门总数约为7000人，管理着近77万处不可移动文物；全国3000多万件馆藏文物中，有病害的占到近一半，而全国从事这一行当的修复人员仅有2000人；不可移动文物中彩绘、壁画和石质文物修复人员更为短缺。

面对上述种种不适应的突出问题，要求我们必须以科学发展观为指导，围绕建设文化遗产强国的目标，按照党中央、国务院对文物工作的部署和要求，遵循文物工作的规律，在总体把握上更加注重更新观念，更加注重转变职能，更加注重制度设计，更加注重加强管理。当前，特别要做好以下几件事情：

一是进一步明确中央与地方的事权关系。在原有试点基础上，适当扩大地方审批项目的权限和范围，调动地方的积极性，同时明确各级地方政府的责任。

二是进一步开放市场。通过招投标的方式，引入第三方包括市场主体、社会机构和专家团队共同参与规划、技术方案、预算、评估的制定与审核，充分利用社会力量和市场资源提高项目工作的质量与效率。在这些基础工作基本到位后，要实行项目申报和审批的时限管理。

三是进一步健全文物博物馆行业标准体系，完善督查考评机制。引入第三方，政府需要制定技术标准和程序规范。尽管文物工作的特殊性增加了这项工作的困难，但我们已经有了一定的基础，必须下决心做下去。与此同时，还要完善督查考评机制，检查项目执行、经费使用情况，对项目绩效进行考核评估。这样，抓住两头，放开中间，就能够使我们的工作更主动更自如，就能够以更多的精力抓好全局工作的指导。

四是进一步完善社会文物管理、鼓励社会参与、文博人才培养等方面的一系列制度与政策，切实加强现有法律法规的执行。

以上几件事情，并不是半年内就能够完成的，但越是利长远、打基础的工作就越要尽快着手去做，同时也要搞好整体谋划，区别轻重难易，有步骤地展开。

三、关于下半年的重点任务

今年上半年，我们办好了两件大事：一是配合全国人大常委会圆满完成文物保护法执法检查工作；二是筹备召开了全国文物工作会议。办成了一件"喜事"：元上都遗址"申遗"成功。回应了"两项社会关切"：一是联合有关部门，研究出台规范引导文物流通、加强对文物鉴定类广播电视节目管理的文件；二是表彰全国文物系统先进典型，修订公布文博职业道德准则。各项工作进展顺利，总体态势良好。

做好下半年的工作，就是要深入贯彻党的十七届六中全会精神和全国文物工作会议的部署，继续落实好国家文物局2012年工作要点确定的各项重点任务。

一是全面启动国有可移动文物普查。按照国务院统一部署，建立领导机构，完善工作机制，培训专业队伍，搞好动员部署，为我国首次国有可移动文物普查开好头、起好步。

这次普查是对文博基础工作和能力建设的一次全面考验，各地文物部门务必高度重视，精心组织实施。

二是联系有关部门，筹备召开《文物保护法》颁布30周年暨修订10周年座谈会，研究落实全国人大常委会在文物保护法执法检查中提出的重要意见和建议，推动有关法律法规的修订完善。

三是继续做好文物安全防范工作。与有关部门联合发布《关于加强和改进文物安全工作的指导意见》。在十八大前开展文物安全隐患排查整治专项行动。召开全国文物安全工作部际联席会议第三次会议。

四是报请国务院核定公布第七批全国重点文物保护单位。做好第三次全国文物普查成果转化和利用工作，督促、检查各地抓紧公布不可移动文物名录，推动各地核定公布文物保护单位。

五是扎实推进文物保护重点工程，召开文物保护工程会议。完成南海水下考古基地建设、水下考古工作船设计建造的前期工作，开工建设西沙工作站。启动第二批国家考古遗址公园立项工作。8月上旬，专题研究部署全国文物系统对口支援西藏和四川、云南、甘肃、青海四省藏区文物保护工作。

六是更新公布《中国世界文化遗产预备名单》，召开世界文化遗产工作会议，承办国际古迹遗址理事会顾问委员会会议和科学理事会会议。组织哈尼梯田"申遗"项目的国际专家考察评估。督促落实好大运河、丝绸之路"申遗"点段的保护管理工作。

七是组织开展全国文博人才队伍建设专题调研，摸清人才状况，明确基本需求，拓宽培养渠道，搞活用人机制，纳入职业大典，开辟成长通道。完成县级文物行政部门负责人、行政执法人员和安全监管人员年度培训任务。深化与中国科学院战略合作关系，落实文物科技合作项目。与有关部门合作修订颁布《博物馆建筑设计规范》，加快博物馆建设标准编制工作。

八是落实有关文件部署，抓好社会文物流通领域管理和职业道德建设。规范文物拍卖标的审核，建立文物拍卖企业诚信档案。配合做好文物鉴定类广播电视节目监督管理。会商有关部门，出台规范古玩旧货市场管理的政策措施。发挥行业协会作用，完善宣传、监督措施，切实践行文博职业道德准则。要高度重视文物工作的正面宣传，持续不断地宣传文物工作的新进展、文物促进旅游等产业的新贡献、文博系统先进模范人物的感人事迹，为文物事业营造良好舆论氛围。要把提高公民文物保护意识和文物鉴赏能力作为公民素质教育的一项内容，并与爱国主义教育、传统文化教育紧密结合起来，充分发挥文物资源的教育功能。

九是召开文物外事工作座谈会。落实中土文化年中的文物交流项目。推进援柬二期茶胶寺保护修复工程，推动缅甸文物保护合作项目签署。举办赴港文物展览和两岸文物交流20周年纪念活动。

十是加强预算安排、执行工作，提高文保项目管理水平。确保2012年项目、方案报批的进度和质量，切实提高预算执行力。坚持预算决策与行政决策相结合的原则，研究提出2013年项目预算的倾斜领域和重点。会同财政部修订印发《国家重点文物保护专项经费管理办法》。出台北方古建筑维修工程定额标准，启动南方古建筑维修工程定额标准制定。

在完成好上述重点任务的同时，还要提前考虑2013年工作的谋篇布局，设计好下一步工作思路和总体安排，凝心聚力，扎实工作，以实际行动迎接党的十八大胜利召开。

文化部副部长、国家文物局局长励小捷就贯彻全国文物工作会议精神答记者问

（2012年7月13日）

全国文物工作会议日前在北京召开，这是在贯彻党的十七届六中全会精神、喜迎十八大的关键时刻召开的重要会议。文化部副部长、国家文物局局长励小捷就贯彻落实全国文物工作会议精神，接受了中国文物报记者的专访。

记者： 党的十六大以来的十年，既是我国发展史上极不平凡的十年，也是我国文物事业快速发展的十年。您认为，十年来我国文物工作取得了哪些新进展？

励小捷： 十年来，我国社会生产力快速发展，综合国力大幅提升，现代化建设取得重大进步，这一切都为文物事业的快速进展奠定了物质基础和社会条件。

十年来，以胡锦涛同志为总书记的党中央把文物工作作为弘扬中华民族优秀传统文化、发展社会主义先进文化的重要内容，摆上更加重要的位置，颁布一系列法律法规，出台一系列政策措施，推动文物事业取得了显著成绩，初步建立了比较完备的文物保护制度，初步形成了适合我国国情的文物保护管理体制机制，走出了中国特色文物事业发展道路。全国文物系统认真贯彻中央决策部署，在提升文物保护能力、抢救保护重要文物、促进经济社会发展、让人民群众共享文物保护成果等方面，取得了令人鼓舞的重大成就。截至2011年，我国登记的不可移动文物达到近77万处；博物馆达到3415个，其中免费开放博物馆1804个，年接待观众5.2亿人次；全国馆藏文物达到3018.5万件（套）；文物保护投入大幅增长，2012年全国公共财政文物支出预算安排221.5亿元，其中中央财政预算安排110亿元。我们基本实现了《国务院关于加强文化遗产保护的通知》确立的第一个阶段性目标，即"初步建立比较完备的文化遗产保护制度，文化遗产保护状况得到明显改善"。总之，新时期文物事业具备了加速发展的社会基础和有利条件。

记者： 2012年全国文物工作会议是时隔10年召开的推动文物工作的重要会议。请您谈谈对这次会议的总体印象？

励小捷： 这次全国文物工作会议是在我国全面建设小康社会、加快推进社会主义现代化建设的关键时期，在深化文化体制改革、推动社会主义文化大发展大繁荣的重要阶段，在推动文物事业加速发展的关键时刻召开的重要会议。我认为，这次会议具有四大特点。

一是规格高。中共中央政治局常委李长春，中共中央政治局委员、国务委员刘延东，全国人大常委会副委员长路甬祥，全国政协副主席郑万通等中央领导同志亲切会见了会议代表。李长春同志作出了重要指示，刘延东同志出席会议并发表主旨讲话；各省、自治区、直辖市人民政府和新疆生产建设兵团、各计划单列市人民政府的负责同志，以及省级

文物行政部门的主要负责同志，中央和国家机关近40个部门的负责同志参加会议，参会负责同志的规模规格都是历届会议最高的。

二是主题鲜明。坚持中国特色文物事业发展道路，全面推进文物保护利用和传承发展，努力为文化遗产强国建设作贡献，既是中央领导同志重要讲话的鲜明主题，也是这次全国文物工作会议的突出亮点。

三是任务明确。李长春同志深刻阐述了文物工作的重要性和紧迫性，明确要求努力开创文物事业发展的新局面。刘延东同志对做好新时期文物工作作了"6个进一步"的全面部署，强调要进一步落实文物保护责任，切实把文物工作摆到更加突出位置；进一步推进文物保护重点工作，切实提高文物安全防范能力；进一步发挥文物资源优势，更多更好地服务社会、促进发展、惠及民生；进一步完善政策法规体系，努力营造有利于文物事业科学发展的良好环境；进一步健全机构和队伍，全面加强能力建设；进一步增强全民文物保护意识，宣传引导全社会共同参与文物保护。

四是意义重大。中央领导同志对破解事关文物事业长远发展的能力提升、队伍建设、合理利用等深层次问题和重点任务提出了明确要求，对推动文物工作创新发展具有重大指导意义。

记者： 当前，扎实推进文化遗产强国建设，文物工作还存在哪些亟待解决的突出问题？需要采取哪些针对性措施？

励小捷： 在客观评价文物事业发展的显著成就的基础上，我们必须清醒地认识到，新时期文物工作是在我国加速工业化、信息化、城镇化的历程中进行的，是在历史欠账较多、基础工作依然薄弱的情况下进行的。我国文物事业发展与经济社会发展水平相比、与世界文明古国应有地位相比、与党和人民对文物工作的新期待相比，还不完全适应，具体表现为：一是面对文物保护与城乡建设之间长期存在的矛盾，我们的执法能力还不完全适应；二是面对文物工作领域不断扩大、工作任务日益繁重的新形势，我们的工作方式还不完全适应；三是面对人民群众精神文化需求日益增长、文物工作的社会关注度越来越高的新情况，我们的宏观管理还不完全适应；四是面对党和国家对文物保护利用、传承发展的新要求，我们的人才队伍建设还不完全适应。面对上述种种不适应的突出问题，要求我们必须以科学发展观为指导，围绕建设文化遗产强国的目标，按照党中央、国务院对文物工作的部署和要求，遵循文物工作的规律，在文物工作的总体把握上更加注重更新观念，更加注重转变职能，更加注重制度设计，更加注重加强管理。

记者： 下一步，文物系统如何把深入贯彻落实党的十七届六中全会精神与全国文物工作会议精神有机结合起来，有力推动文物事业的创新发展？

励小捷： 召开全国文物工作会议，就是贯彻落实党的十七届六中全会精神的具体举措。要切实用党的十七届六中全会精神和全国文物工作会议精神统一思想，推动发展。

一是要努力实现"六个结合"，要把文物抢救性保护与预防性保护结合起来，要把博物馆建设的数量增长与质量提升结合起来，要把文物保护利用与经济社会发展结合起来，要把文物保护与建设社会主义核心价值体系结合起来，要把文物保护与保障人民基本文化权益结合起来，要把文物保护与提高中华优秀传统文化国际影响力结合起来，加强文物保护能力建设，保护、传承、利用、管理好祖国优秀文化遗产。

二是要大力推进"四项转变"，推动文物行政部门由"办文物事业"向"管文物事业"、由微观管理向宏观管理、由部门管理向行业管理、由重管理向管理服务并重转变，

2013
中国
文物年鉴

强化政策调节、公共服务、社会管理的功能，加快政府职能转变，提高依法行政的能力和水平。

三是要建立健全文物安全长效机制，完善文物督察制度，确保安全有效地传承中华文明；完善项目管理和资金管理机制，建立健全文物博物馆领域面向社会开放的工作机制，积极鼓励、大力支持社会力量和社会资金参与文物保护利用。

四是要加强社会文物管理，集中出台有关文件，规范文物流通秩序，引导民间文物收藏行为；加强作风建设，表彰宣传文物工作先进典型，修订职业道德准则，强化行业自律，恪尽职业操守，增强社会责任感，树立行业良好形象。

文化部副部长、国家文物局局长励小捷 在第四次全国文化文物援藏工作会议上的讲话

(2012年8月7日)

今天，我们汇聚雪域高原，召开第四次全国文化文物援藏工作会议，主要任务是贯彻落实党的十七届六中全会和中央第五次西藏工作座谈会精神，回顾成就、交流经验，动员部署新一轮文化文物援藏工作。对此，少华同志将作重要讲话，我们一定要认真学习贯彻。下面，我就文物系统对口支援西藏工作，讲几点意见。

一、充分认识做好西藏文物工作的重大意义，切实增强文物援藏工作的责任感和紧迫感

中央始终高度重视西藏工作。2010年以来，先后召开了第五次西藏工作座谈会、西部大开发工作会议和对口支援西藏工作座谈会，进一步明确了当前和今后一个时期西藏工作的指导思想、主要任务和工作要求，对推进西藏实现跨越式发展和长治久安作出战略部署。

今年7月下旬，中共中央政治局常委李长春同志在西藏考察调研时，高度评价西藏文物工作在维护祖国统一和民族团结中的积极作用，要求大力加强藏族优秀民族文化的传承保护和创新发展，努力把西藏建设成为中华民族特色文化保护地。文物系统要进一步认识援藏工作的重要性，切实把思想和行动统一到中央的决策部署上来。

（一）加强文物援藏工作，是贯彻落实中央第五次西藏工作座谈会精神的重要举措。中央召开第五次西藏工作座谈会，全面总结了西藏工作的成绩和经验，深刻分析西藏工作面临的形势和任务，研究部署对口支援西藏工作。西藏文物是中华文化的一颗璀璨明珠，也是世界文化的一份宝贵财富。广泛动员全国力量做好新时期文物援藏工作，全面推进西藏文物保护利用和传承发展，筑牢西藏各族人民和睦相处、和衷共济、和谐发展的文化基础，既是落实中央援藏战略整体部署、实现西藏跨越式发展和长治久安的重要内容，更是文物系统特别是承担援藏任务省市文物部门和文博单位的重要职责。

（二）加强文物援藏工作，是增进民族团结、维护国家统一的历史责任。长期共同在西藏这块神奇美丽土地上劳动、生息、繁衍的各族人民，与祖国内地有着密切的文化渊源。西藏的大量文物，真实记录了西藏的历史变迁，充分诠释了西藏和内地之间的血肉关系，无可辩驳地说明中央政府一直行使着对西藏的主权，毋庸置疑地证明自古以来西藏就是中国领土不可分割的一部分。加强文物援藏工作，保护西藏文物资源，充分展示西藏各族人民与内地友好交往、相互融合的丰富史实，有利于巩固中华民族大家庭血脉相连、血浓于水的深厚情感，有利于增进西藏人民对伟大祖国的认同、对中华民族的认同和对中华文化的认同，有利于引导西藏人民树立正确的历史观、文化观，教育各民族群众从思想上抵御分裂主义，从行动上维护祖国统一。

（三）加强文物援藏工作，是落实中央兴藏富民战略、共享保护成果的积极行动。目前，西藏有不可移动文物达4277处，其中：世界文化遗产1项，全国重点文物保护单位35处；馆藏文物20万件（套）。这些文化遗产是西藏各族人民热爱西藏、建设西藏、共同缔造中华文明的真实写照和历史见证，是西藏经济社会发展重要的独特资源。加强西藏文物保护，充分挖掘西藏文物资源中蕴含的综合价值，不仅有利于民族优秀文化的传承保护，而且有利于发挥西藏文物资源的比较优势，促进西藏文化、旅游等相关产业的发展，为西藏与全国同步实现全面建设小康社会目标发挥积极作用。

二、认真落实中央援藏部署，文物援藏工作取得良好成效

2006年第三次全国文化文物援藏工作会议以来，特别是2010年中央第五次西藏工作座谈会以来，在党中央、国务院的高度重视下，在西藏自治区和各对口支援省市党委政府的坚强领导下，全国文物系统发扬"一盘棋"精神，17个支援省市文物部门和故宫博物院、中国国家博物馆、中国文化遗产研究院、中国文物交流中心等单位精心组织、迅速行动，西藏自治区各受援文物部门和文博单位积极沟通、主动对接，文物援藏工作取得了显著成绩。

（一）援藏工作机制初步建立。2011年，国家文物局成为中央西藏工作协调小组经济社会发展组成员单位。国家文物局加强了文物援藏工作的组织协调。各支援省市文物部门积极落实各项援藏工作任务。北京、江苏、湖北、中国文化遗产研究院分别与西藏文物部门签订了文物援藏协议。自治区文物局建立了统一指挥、分层负责、精干高效的领导机构和工作机制，主动开展受援对接，全力做好服务保障工作，为落实援藏任务创造了有利条件。

（二）经费投入力度明显加大。"十五"以来，中央安排西藏文物维修保护专项经费9.5亿元，实施25处重点文物保护工程。2006年以来，国家文物局另行安排西藏文物保护补助资金近亿元，其中，国家重点文物保护专项资金6300万元，文物抢救性保护设施建设专项资金近700万元，博物馆免费开放专项资金1200万元，大遗址保护专项资金300万。各对口支援省市文物部门累计落实援藏文物保护资金近8000万元，其中，上海2200万元、江苏2030万元、北京1200万元、湖北800万、辽宁340万元、陕西263万元、广东160万元、湖南90万、重庆42万元。西藏各级地方财政安排资金上亿元，对各级文物保护单位进行维修保护。

（三）西藏重点文物保护工程持续开展。布达拉宫、罗布林卡、萨迦寺三大重点文物保护工程胜利竣工。大昭寺、扎什伦布寺等22处"十一五"文物保护规划项目中16处竣工验收，6处正在实施。北京、河北、浙江、山东、河南、四川、陕西等省市文物部门，以及故宫博物院、中国文化遗产研究院等承担了大量的文物保护维修援藏任务。其中，中国文化遗产研究院承担了布达拉宫等21项保护维修项目，陕西省承担了桑耶寺等16项保护维修项目。2011年，山南地区敏竹林寺保护维修工程正式开工，标志着西藏"十二五"重点文物保护工程进入全面实施阶段。在国家文物局和辽宁、湖南、四川、陕西等文物部门及中国社会科学院的帮助下，2011年，西藏全面完成第三次全国文物普查工作，新发现不可移动文物3013处。中国文物信息咨询中心支持西藏初步建立了馆藏珍贵文物数据库。

（四）博物馆建设和公共文化服务能力得到加强。西藏博物馆被列入首批国家一级博物馆和全国首批免费开放博物馆名单，每年免费接待观众15万人次。布达拉宫雪城和珍宝馆、林芝藏东南文化遗产博物馆等6个中小型专题馆陆续建成开放。上海博物馆承担日

喀则宗山博物馆对口援助任务。2011年，中国文物交流中心、湖北省文物局和西藏文物局联合举办了西藏文物展览。2012年7月，海外回归西藏文物展在拉萨开幕。在中国文物交流中心的支持下，相继赴美国、德国、日本举办西藏文物展览。"拥抱吉祥——西藏珍宝展""西藏艺术大展"先后在香港、台北故宫博物院成功举办。

（五）智力援助初见成效。2006年以来，国家文物局先后举办文物保护工程、文博管理干部、文物进出境责任鉴定员等培训班，为西藏培训各类文物保护人员共450名。中国文化遗产研究院连续举办9期培训班，为西藏培养24名壁画修复等文物保护技术骨干。北京、辽宁、上海文物部门和中央有关文博单位先后安排13批援藏干部。其中，2名援藏干部荣获"全国民族团结进步模范个人"和"首都民族团结进步先进个人"，北京市文物局文物处荣获"全国民族团结进步模范集体"。西藏文物部门多次安排文博干部到北京、浙江、陕西等文博机构交流学习。陕西省考古研究院在托林寺、青藏铁路西藏段等联合考古中为西藏培养了一支考古队伍。各对口支援单位通过重点文物保护工程的"传、帮、带"的方式，做到"援助一个项目、带出一支队伍、培养一批人才"。

（六）惠及民生的作用日益凸显。在文物援藏工作中，文物部门积极鼓励和吸纳当地能工巧匠广泛参与，既有利于传承民族传统技艺、确保工程质量，又可"以工代赈"，创造就业机会，增加民众收入。在布达拉宫维修高峰时期每天上工的农牧民达3000人，罗布林卡达1000人。萨迦寺维修工程共有4.5万人次参与，雇用农牧民机械设备3200多台次，为农牧民创收900万元。藏族民工打着"阿嘎土"的欢乐劳动场面，几乎在每一处西藏文物维修工地都能看到。2011年，全区参与文物保护工程的农牧民达5万多人次，现金收入5300万元。布达拉宫、大昭寺、罗布林卡、扎什伦布寺等文化遗产地成为西藏旅游名片。2010年，全区接待游客和朝佛群众88万人次。

2013
中国
文物年鉴

文物援藏工作成绩的取得，离不开党中央、国务院的正确领导，离不开文化部的精心指导和统筹安排，离不开中央有关部门的大力支持，离不开各对口支援省市党委、政府及文物部门和相关文博单位的无私援助，离不开西藏自治区党委、政府及各级文物部门的共同努力。在此，我代表国家文物局表示衷心的感谢！

三、加大文物援藏工作力度，推进各项重点任务完成

国家文物局经与国家发改委、财政部等部门沟通协商，积极争取，已经落实"十二五"期间中央文物保护专项援藏资金近10亿元，计划开展40处重要文物保护单位修缮和4个地市博物馆建设，并在项目资金投入上多渠道继续给予倾斜。

今年7月11日，国家文物局专题召开了全国文物援藏工作项目对接会议，西藏文物部门、17个对口支援省市文物部门、国家文物局机关各部门和各直属单位参加了会议，经研究梳理，国家文物局确定了文物保护扶持项目30个，各对口支援省市文物部门也初步确立了一批文物援藏项目。援藏项目是支持西藏文物事业快速发展的重要支撑和有力抓手。根据西藏文物工作的需求，在文物援藏工作中，要突出抓好以下几个方面：

一是以实施重点文物保护工程为抓手，抢救保护一批重要文物。"十二五"期间，西藏文物部门和各对口支援单位要全面完成扎什伦布寺等6处"十一五"重点文物保护工程，基本完成全国重点文物保护单位中寺庙类建筑的维修保护。要根据国家"十二五"支持西藏经济社会发展建设项目规划方案和西藏文物保护规划，重点开展藏王墓等10处"国保"单位和小恩达遗址等8处自治区级文物保护单位的保护维修项目。西藏文物部门要做好文物保护状况调查、维修方案编制和项目储备工作。中国文化遗产研究院要完成大昭寺和哲蚌

寺壁画修复工程及大昭寺保护规划编制项目。北京市文物部门要做好援助拉萨市4处红色遗迹保护与展示项目。河北、上海、广东、湖南、重庆、陕西文物部门要完成日喀则萨迦寺文物保护规划编制项目、日喀则"江洛康萨"文物保护利用项目、林芝地区红色遗迹维修保护工程、山南地区庄园建筑调查项目、芒康县邦达仓保护维修设计项目、山南地区文物保护维修工程。

二是以博物馆建设和陈列展览为载体,不断完善公共文化服务功能。国家文物局已将西藏自治区博物馆建设纳入"十二五"时期地市级博物馆建设规划,重点做好西藏博物馆陈列展览质量提升项目,以及山南、林芝、昌都、那曲和阿里地区博物馆建设及陈列展览工程,支持西藏赴内地举办"西藏瑰宝"文物展和境外文物展览。黑龙江、湖北、重庆等各对口支援省市文物部门要根据受援地区博物馆建设实际,援助做好陈列展览、信息化建设和文物书籍出版等工作。

三是以培养人才队伍为重点,努力提升西藏文物保护能力和水平。国家文物局、各对口支援省市文物部门将在已有基础上,继续加大西藏文博人才培养力度,重点组织开展文博管理干部培训、全区各地市分管专员(市长)及文物局长培训,做好文物保护规划、壁画修复、古建筑勘察设计和文物进出境鉴定等专业人才培训,注重对当地传统匠人的培训和传统工艺的传承,支持有关高等院校开展西藏在职文博干部学历教育。"十二五"期间,全国文物系统将为西藏培训文博管理干部和专业技术人员500名,完成西藏自治区市县级文物部门负责人和博物馆馆长培训工作。各对口支援省市文物部门和相关文博单位要通过交流任职、在职培训、考察学习、重点工程实施等方式,进一步拓宽人才援藏渠道。国家文物局和各对口支援省市文物部门要继续做好援藏干部的选派工作,要切实做到政治上关心、工作上支持、生活上帮助、家庭上关照援藏人员。

四是以改善基础条件为着力点,筑牢西藏文物事业发展根基。各对口支援省市文物部门和单位要根据受援地区文物工作实际,有针对性地开展西藏文物保护设施设备援助。国家文物局将重点支持西藏加快19处"国保"单位寺庙管理委员会的业务用房建设,联合西藏自治区政府组建国家文物进出境审核西藏管理处。北京、辽宁、吉林、湖北、重庆、陕西等省市文物部门将在经费保障、安防设施、办公设施设备、巡察车辆等方面加强对受援单位的援助和建设,切实改善西藏基层文物部门和文博单位的基础条件,提升硬件保障水平。

四、切实加强组织领导,确保文物援藏工作有序开展

文物系统要认真贯彻落实党中央、国务院关于做好西藏工作的决策部署,加强协作、有序推进,进一步落实援助项目。在此,我提几点要求:

(一)国家文物局机关和直属单位要"走在前、做表率",加强统筹协调。国家文物局机关各司室要按照中央的部署和要求,将文物援藏工作放在突出位置,加强宏观指导、组织协调和督促检查;各直属单位要加强平台搭建和技术服务。要积极会商发改、财政等部门,落实文物援藏项目和资金,研究制定支持西藏文物事业发展的倾斜政策和措施。要按照各自分工和援藏项目规划,加快西藏文物保护项目及方案的编制和报审,推进西藏文物保护工程实施,从整体上提升西藏文物保护管理水平。

(二)各对口支援和受援单位要加强对接,畅通工作机制。各支援单位要以这次会议为契机,深入调查研究,加紧考察;需要面对面协商的,加紧协商。要进一步梳理援助项目,特别是要积极争取把文物援藏项目纳入各省市援藏规划和经费预算,力争提出一批

符合西藏文物工作实际的援助项目。各对口支援省市文物部门要尽快建立援藏工作领导小组，支援方和受援方要尽快完善联络协调机制、信息交流机制、服务保障机制。各对口支援省市文物部门和文博单位要用真情、出实招、办实事，做到项目明确、责任明晰、机构健全、经费和人员到位。西藏各受援文物部门要发挥好主体作用，紧紧抓住、切实用好这一机遇，主动联系、密切对接、不等不靠，积极开展项目前期工作。

（三）要进一步强化项目管理，切实提高资金使用效益。各对口支援和受援单位要认真做好项目基础工作，搞好项目设计论证，严格执行投资规划、项目预算、政府采购、招投标、竣工验收等项目管理制度，加强全程监管。要始终把工程质量作为文物援藏工作的生命线，从规模、标准、投资、安消防等方面进行重点专项检查，确保施工安全和工程质量。要继续完善专家定期检查制度，加大技术咨询和专业指导力度，选派精兵强将充实文物保护第一线，从各个环节加强对工程的监督检查。要坚持进度服从质量，按照《文物保护法》及相关行业标准的要求，严格把关、认真验收。要坚持"阳光援建"，健全援藏专项资金管理使用办法，建立目标管理责任制和绩效考核机制，加快项目资金拨付进度，力争让每一笔资金都能发挥最大效益，确保援建工作经得起实践和历史检验，成为廉洁工程。

（四）要进一步关注民生，确保文物援藏工作成果惠及西藏人民。文物援藏既是文化工作，也是政治工作，更是民心工作。要坚持以人为本，提高文物安全防范能力，完善博物馆公共文化服务体系，维护西藏各族人民的基本文化权益，让当地人民群众真正得到实惠，共享文物援藏工作成果。国家文物局要做好文物援藏宣传工作，大力宣传西藏文物工作的重要成果，展现西藏文物工作者的精神风貌。

衷心祝愿西藏文物事业长足发展，雪域奇葩更加璀璨！扎西德勒！

坚定信心　扎实推进
努力开创田野文物安全新局面
——文化部副部长、国家文物局局长励小捷
在田野文物安全现场会上的讲话

(2012年9月9日)

2013
中国
文物年鉴

今天，我们在长沙召开田野文物安全现场会，主要任务是贯彻落实全国文物工作会议精神，交流长沙市和有关地方的先进经验，进一步加强田野文物安全工作。刚才，长沙市、锡林郭勒盟、洛阳市、宝鸡市政府负责同志分别介绍了本地区的做法和经验，随州市和望城县文物局负责同志汇报了操作办法。这六个发言，特色鲜明，内容丰富，具有较强的针对性和可操作性。概括起来，有四个共同特点，一是政府重视、责任落实，二是依靠群众、群防群治，三是措施到位、保障有力，四是部门联动、形成合力。这些重要经验，各地，特别是田野文物集中的地区，要认真学习借鉴。我们这次会议，得到了湖南省政府和长沙市政府的大力支持，他们为这次会议的顺利举行提供了各方面的条件。在此，我代表国家文物局和与会同志，表示衷心感谢。

文物安全工作，是各级政府的法定责任，是文物行政部门的首要任务，也是衡量文物工作整体水平的重要标志。在文物安全的各项工作中，占不可移动文物总量46.59%的古遗址、古墓葬、石窟寺及石刻的安全保护，有着特别重要的地位。此类文物多处于田野乡村，点多、面广，是文物犯罪分子觊觎的首要目标，安全保护的任务重、难度大，引起了社会各界的广泛关注，成为长期困扰文物事业发展的重要问题。这正是我们专题召开一次田野文物安全现场会的基本考虑。下面，我围绕这个问题讲几点意见。

一、领导重视，多措并举，田野文物安全工作取得显著成绩

近年来，在党中央、国务院的正确领导下，在各级党委、政府的重视和支持下，在社会各方面积极关注和参与下，经过不懈努力，田野文物安全工作取得了显著成绩，主要表现在以下方面：

（一）国家持续加大领导力度

党中央、国务院高度重视田野文物安全，李长春、刘延东同志多次做出重要批示，要求采取有效措施遏制日益猖獗的盗窃、盗掘田野文物犯罪活动。目前，我国政府已经和美国等15个国家签署了关于防止盗窃、盗掘和非法进出境文物的政府间双边协定，通过国际合作打击文物走私。2009年，国务院批复国家文物局成立督察司，专门负责文物行政执法督察和安全保卫督察，协助配合查处文物犯罪重大案件。2010年，国务院批准建立全国文物安全工作部际联席会议制度，负责统筹协调全国文物安全工作，研究制定打击文物犯

罪、加强文物安全的政策措施，协调解决文物安全工作的重大问题。2011年，为加强水下文物安全管理，联席会议成员单位增加至16个部委。针对文物安全领域突出问题，联席会议形成了《关于加强和改进文物安全工作的指导意见》，会签后将正式印发。

（二）地方政府切实履行管理责任

地方各级政府采取切实措施加强文物安全。十几个省级政府批准建立了文物安全工作厅（局）际联席会议制度。江苏省、山西省政府将文物安全纳入政府考核体系。河南省政府专门下发《关于加强田野文物保护的通知》。河北省、湖北省政府专门召开电视电话会议，安排部署打击文物犯罪专项行动。湖南长沙、河南洛阳等地强化政府职责，出台不可移动文物安全管理办法，逐处落实文物安全责任与经费保障，使市、县、乡、村四级田野文物防护体系进一步完善。

（三）打击文物违法犯罪向纵深推进

2010～2011年度，公安部、国家文物局以打击盗掘古墓葬为重点，在重点省份连续部署打击文物犯罪专项行动。两年来，侦破各类文物案件1097起，打掉犯罪团伙281个，抓获犯罪嫌疑人1849人，追缴文物7000余件（套）。依托陕西省公安厅刑侦局设立"全国文物犯罪信息中心"，开通运行了"全国文物犯罪信息管理系统"。10余个省份公安机关和文物部门建立了联合长效机制，陕西、河北两省公安厅和河南省洛阳市公安局组建了打击文物犯罪专门机构。重拳出击后，一些地区文物犯罪高发势头得到遏制。全国文物工作会议后，国家文物局、公安部迅速落实会议精神，印发《打击和防范文物犯罪联合长效工作机制》，将打击、防范文物犯罪列入公安机关常态化重点打击范围。针对水下文物安全和文物走私问题，国家文物局近期分别会同国家海洋局、海关总署，部署开展了"我国管辖海域内文化遗产联合执法专项行动"和"2012打击文物走私专项行动"。

（四）田野文物监管得到加强

2010年以来，国家文物局下发《关于加强田野文物保护工作的紧急通知》，出台《文物安全案件督察督办管理规定》《文物保护单位执法巡查办法》《文物安全与行政执法信息上报与公告办法》等规范性文件，推动各地调整田野文物管护策略，加大安全检查与执法巡查力度。仅今年上半年，各级文物行政部门就开展执法巡查69521次，安全检查93495次，督促整改安全隐患3268项。各地从实际出发创新工作方法，河南省公安厅、文物局联合印发《田野文物安全十条措施》，陕西省文物局组织开展了4个月的不间断夜间田野文物巡查，成功遏制20多起田野文物犯罪案件，长沙市建立、实施了文物保护员日查、乡镇联络员周查、县区巡护员月查、市级督查员抽查的文物安全四级巡查体系。

（五）基层管理机构队伍得到充实

截至2011年末，全国已建立县级以上专门文物行政机构848个，各级文物保护管理机构2735个。山西、陕西、河南、新疆大力推动文物行政执法机构建设。浙江省成立了文物监察总队，各市县文化市场综合执法机构全部增挂文物监察支队、大队牌子。湖南长沙和陕西西安、咸阳、宝鸡等地创新执法模式，组成文物公安联合执法办公室。河北、山西、河南、陕西等省份持续推进全国重点文物保护单位和省级文物保护单位专门保护机构建设，河南省孟津县在10多个乡镇全部设置了乡镇文物管理站。新疆阿克苏地区设立专司文物安全的阿克苏公安局龟兹分局，河南全省设立12个专门文物公安派出所。

（六）文物保护员制度渐趋完善

群防群治工作深入开展，文物保护员队伍不断壮大，河南、陕西等省文物保护员均已

2013
中国
文物年鉴

超过5000人。各地不断完善文物保护员管理制度：《山东省文物保护条例》明确由县级政府为没有保护机构的文物保护单位聘请1至3名文物保护员，费用在文物保护经费中列支。山西省政府出台《文物保护员管理办法》，由省财政每年拨付300万元专款，为未设立保护机构的360处省级以上文物保护单位配备818名文物保护员。陕西省文物局2012年保护员经费达到500万元。河南省、湖北省建立文物保护员登记备案制度。北京市实施文物安全监督员"千人上岗工程"。

（七）科技应用发展迅速

国家逐年加大对文物安全防范设施建设的保障力度，国家文物局积极指导各地开展田野文物安防技术实验和应用，内蒙古、河南、湖北、湖南、陕西、甘肃、新疆等地建立了一批古遗址、古墓葬、石窟寺安防设施，地下拾音报警系统、防盗掘智能化震动监控系统、红外热成像等先进技术得到应用，基层文物工作者形象地称之为"草原神灯""电子守陵人"，有效震慑了文物犯罪分子。2011年，国家文物局在山西部署开展"一键报警"试点工程，重点提升文博单位、文物保护员的应急报警、快速反应与紧急救助能力。河北省政府日前部署，由省市两级财政安排资金5000余万元，两年之内，在全省43处规模大、价值高、安全隐患突出的古墓葬建成安防系统，以实现田野文物安全形势的根本好转。

上述各项工作，无不凝聚着文物系统和各有关部门同志的艰辛和努力、心血和智慧。特别是战斗在保护田野文物第一线的同志，面对凶残的职业犯罪分子，甚至有时要面对生死考验。2010年秋，河北省沙河市文物保护员白三录，为保护封峦寺宋代石碑，赤手空拳与4名文物盗窃分子搏斗，身负重伤，用自己的鲜血保护了文物免遭损失。2011年冬，长沙汉王陵的保护员不为犯罪分子重金利诱，冒着生命危险打入盗墓团伙内部，周旋两个月，配合公安机关抓获了犯罪团伙。这就是优秀一线田野文物保护工作者表现出的英雄气概和崇高境界。长期以来，公安、海关等执法机关负责打击文物犯罪的同志，新闻媒体为田野文物安全大声疾呼的同志，以维护文物安全为己任，努力工作，无私奉献，为文物事业发展做出了巨大贡献。在这里，我谨代表国家文物局，向同志们表示衷心的感谢和崇高的敬意！

二、认清形势，坚定信心，着力完善文物安全薄弱环节

在看到成绩的同时，我们也要对当前田野文物安全形势有客观、清醒的认识。据统计，2006到2011年，全国重点文物保护单位共发生各类文物安全案件242起，其中盗窃、盗掘案件139起，占57.4%。今年上半年，国家文物局接报文物安全案件143起，其中古遗址、古墓葬被盗掘案件91起，占63.6%。从发案率来看，田野文物仍然是当前犯罪侵害的首要对象，盗掘古遗址、古墓葬，盗窃田野石刻，仍然是威胁文物安全的首要因素。

（一）文物犯罪的发展演变和当前特点

新中国成立至20世纪70年代初期，由于中央人民政府及时颁布禁止珍贵文物出口，禁止盗卖、破坏文物古迹，加强文物管理的一系列法规性文件，迅速遏制了文物流失局面，文物犯罪活动得到有效控制。70年代中期，个别地区出现以挖掘古墓为"副业"的"挖坟取宝"、倒买倒卖情况。80年代初，在利益驱使下，盗窃文博单位、盗掘古遗址古墓葬等文物犯罪活动短时期内由局部地区蔓延全国，群体性盗掘案件高发，博物馆被盗大案频发，文物走私案高企。

针对上述情况，国家出台《文物保护法》，增列专款建设文物库房，改善文物安全防护条件，博物馆被盗案逐步减少，但盗掘古墓葬的犯罪仍然蔓延。

1987年，国务院印发《关于打击盗掘和走私文物活动的通告》，掀起打击文物犯罪第一波高潮。1991年，全国人大常委会发布了《关于惩治盗掘古文化遗址古墓葬犯罪的补充规定》，确立了盗掘古遗址、古墓葬即构成犯罪的原则。同年，中共中央办公厅、国务院办公厅转发《公安部、国家文物局关于严厉打击盗掘古墓葬犯罪活动的意见》，开展了面向文物犯罪的第二轮"严打"。在持续打击的震慑下，90年代中后期，群体性盗墓风潮基本得到遏制，但盗窃田野石刻案件发案率仍然有所攀升。

进入21世纪，随着我国市场经济的快速发展，人财物流动的进一步加快，受高额暴利驱动，以文物为侵害目标的盗掘、盗窃、倒卖、走私等犯罪活动呈现出新的发展趋势：一是犯罪形式转变为组织周密、分工细化的团伙作案，形成了集盗窃盗掘、运输、窝藏、销赃、走私为一体的，以职业化、集团化、智能化为特点的地下文物犯罪网络；二是文物犯罪侵害目标的等级越来越高，重要省保单位、全国重点文物保护单位越来越成为犯罪侵害的对象，文物犯罪大案要案时有发生；三是随着国内文物"收藏热""投资热"不断升温，地下文物交易十分活跃，一定程度上刺激了文物犯罪滋生蔓延；四是犯罪分子气焰嚣张，暴力抗法打伤文物巡查人员，在盗墓现场与公安干警持械对峙，甚至公然袭警劫走同伙，社会影响极其恶劣。

综上所述，虽然连续开展的专项行动取得显著成绩，但打击文物犯罪难度更大，形势不容乐观。盗墓犯罪古已有之，短时期内难以打绝，我们必须做好长期作战的准备。

（二）田野文物安全工作存在的主要薄弱环节

实事求是地讲，打击文物犯罪客观上存在着许多困难，但主观上我们的文物安全保护工作也有很大差距。

一是地方政府主体责任尚需强化。《文物保护法》明确规定，地方各级人民政府负责本行政区域内的文物保护工作，但是，有的地方政府没有把文物保护工作纳入经济社会发展规划，没有纳入政府目标考核体系，不能正确处理文物保护与经济建设的关系，对于影响和毁坏文物的行为制止不力，文物保护意识淡漠，甚至认为破旧的文物没价值，不如拆了旧的建新的。在机构和投入上，目前全国已核定公布各级文物保护单位7万余处，但截至2011年底仅建立文物保护管理机构2735个。大多数田野文物因不具备展示、开放条件，无法直接产生经济效益，一些当地政府对投入行政资源不积极，机构、人员和保护经费难以落实。

二是文物保护员队伍建设遇到一些困难。一方面，目前国保单位文物保护员主要集中于文物建筑，守护古遗址、古墓葬、石窟寺等田野文物的，只占总人数21.7%，在比例分布上严重不平衡。另一方面，由于缺少固定的经费渠道，文物保护员的利益保障机制难以落实，装备缺欠，缺乏必要的技能培训。同时，伴随着城市化进程，农村人口加速流动，一些农村地区青壮年外出打工，只有老人、妇女和儿童留守，文物保护员的来源也成为现实问题。

三是安全防范技术应用基础薄弱。与博物馆安防相比，田野文物的安防技术本世纪初才开始实验，近年来才进入实施阶段，技术应用的种类有限，有些技术还不成熟。即便是目前种类不多的、比较成熟的技术，由于受到投入的限制，也没有普遍应用到田野文物保护上，造成大量案件不能被及时发现，或时过境迁缺乏侦查条件。

四是以文物安全为中心的工作机制尚待完善。正确认识文物安全工作，需要增强贯彻文物工作方针特别是"保护为主、抢救第一"的自觉性，把安全作为文物保护各项工作的基础和前提，作为衡量工作好坏的及格线。但当前工作中，文物安全仍未被摆到应有的位置，尚未赋予文物安全"一票否决权"，尚未建立文物安全工作与文物保护项目、经费安排、评比奖励活动相挂钩的机制，显得措施单一，手段有限。总之，尚未形成思想统一、多措并举抓文物安全的整体合力。

以上这些问题，在今后工作中，必须切实加以解决。

三、夯实基础，突出重点，全面提升田野文物安全工作水平

《国务院关于加强文化遗产保护的通知》明确要求，到2015年，全国要基本形成较为完善的文化遗产保护体系，具有历史、文化和科学价值的文化遗产得到全面有效保护。今后一个时期，各级文物行政部门要把田野文物安全摆到文物安全工作的首要位置，着力加强对基层和农村地区文物安全工作的组织领导，抓好各项工作的落实。

（一）强化政府责任，健全文物安全责任体系

各级人民政府是文物保护的责任主体，一个地区的文物安全形势能否控制得住，充分反映出当地政府文物保护工作是否到位。各地政府要充分认识文物犯罪行为的危害性和文物犯罪形势的严峻性，切实加强对文物安全工作的领导和组织协调，强化属地政府的文物安全责任，从纵向、横向、覆盖率与保障措施多个维度，完整构建文物安全责任体系。

从纵向来讲，要施行文物安全层级责任管理，市、县、乡镇各级政府直至行政村，肩负有文物保护职责的各部门、各单位，要逐级签订《文物安全责任书》，促使各地区、各部门、各单位负责人切实担负起领导责任。

从横向来讲，要比照全国文物安全工作部际联席会议制度的模式，建立健全各部门联合执法机制，明确各部门法定职责，加强协调配合，切实形成合力。

从覆盖率来讲，要逐处明确不可移动文物的法定安全责任人，与之签订文物安全责任状，明确奖惩措施，建立文物安全责任人与安全责任状逐级登记、备案制度，落实责任追究。

从保障措施来讲，首先是考核机制，在文物资源特别丰富的地区，要推动将文物安全纳入政府绩效考核指标体系，建立文物安全责任追究机制。其次是经费保障机制，要根据属地管理原则，将田野文物安全经费纳入文物保护专项经费，列入地方财政预算。

（二）坚持常抓不懈，促进打击、防范文物犯罪常态化

一方面，要以公安部、国家文物局印发《打击和防范文物犯罪联合长效工作机制》为契机，尽快建立省、市、县三级打击和防范文物犯罪联合工作机制，设立日常协调机构，明确重大文物案件联合督察督办制度，针对文物犯罪职业化、高复发性特点，适时部署开展专项打击，对文物犯罪活动露头就打，毫不手软，让犯罪分子望而却步，使文物安全得到保障。本次参会的省市，都是田野文物资源比较丰富地区，希望积极推动当地公安机关成立打击文物犯罪专门机构。

另一方面，要建立文物安全监管的常态化工作机制。安全监管虽是基础性工作，但要不断有阶段性成果。要继续深入研究文物安全监管工作的特点，在实施好联席会议、执法巡查、安全检查、督察督办、公示公告等制度的基础上，进一步探索符合文物安全监管工作规律、有利于促进工作经常化的新举措。国家文物局将从本次会议开始，建立文物安全年度会议制度，每年集中研究解决一个突出问题，持之以恒抓好安全工作。各级文物部门也要从实际出发，建立常态机制，形成工作抓手。特别是在田野文物巡查与管护策略上，要形成制度，坚持不懈。

2013 中国 文物年鉴

（三）充实机构人员，壮大文物安全保护队伍

"人"永远是安全防范工作的第一要素。机构不健全、人员少，是当前文物工作面临的普遍性问题。要解决田野文物安全问题，必须以"处处有人管、事事有人抓"为目标，完整构建人防体系。

首先，各级文物行政部门要明确设立安全执法专门处（科）室或专职人员，切实履行安全管理职责。省级文物行政管理部门，要尽快建立负责文物安全与执法工作的专门处室；市、县两级文物行政部门，至少要明确有专人负责文物安全工作。文物资源丰富的地区，要继续推动设立专门文物行政执法机构。同时，要充分发挥乡镇综合文化站的作用，通过签订责任书等形式，明确乡镇文化专干的文物保护责任，构建基层、农村文物安全网格化管理格局。

其次，要继续推动文物保护单位专门机构建设。各地区要以国保、省保为重点，继续推动设立专门保护管理机构，并列入文物执法督察、安全检查的重要内容，持之以恒加以推动。尤其是文物埋藏丰富、有重大安全隐患的国省两级文物保护单位，要抓紧设立。已经设立专门机构的，要依法健全安全保卫组织，建立安全保卫制度，配备安全保卫人员，装备必要的防卫器械，完整构筑安全防线。

第三，要大力推进文物保护员队伍建设。一是要提高文物保护员设置的覆盖率，暂时没有条件设立专门机构的文物保护单位，要全部设置文物保护员；未公布为文物保护单位的不可移动文物，要逐处指定专人负责。二是要研究建立新型的文物保护员制度，将群众守护文物安全的义务劳动，转变为政府给予适当报酬或者补贴的有偿劳动，或政府买单的"公益性岗位"。三是要明确文物保护员安全职责，建立完善监督管理制度，权责匹配、进出有序，使之成为基层文物保护工作的重要力量。

（四）加强科技应用，切实提升安全保障水平

针对有些田野文物地处偏远，人迹罕至的特点和文物犯罪手段趋向集团化、暴力化、智能化的现象，在重视人防、物防的同时，要大力加强科学技术在田野文物安全领域的应用，努力改变人防为主、防范措施简单落后的现状。

一是深入实施"文物平安工程"。近年来，中央和各地财政加大了对文物安全防范设施的保障力度，各地的积极性也很高，但上报的安防项目，更多集中于文物建筑，未能体现对田野文物的倾斜。要从"风险性原则"出发，加大对安全防范设施项目的引导，集中精力开展具有被盗风险性的帝王陵寝、古墓群、窑址、石窟寺等安防设施建设。"十二五"期间，前六批国保中的重要田野文物，凡是已成立专门保护管理机构的，要争取基本建立视频监控和适用的入侵探测、自动报警及巡更系统。省级文物行政部门也要在本级文物保护专项经费中，明确列支安全经费，解决一批重要田野文物的安防设施问题。

二是研究建立文物安全预警监测平台，重点提升各级文物行政部门的安全监管能力。目前国家文物局已启动平台的可行性论证与部分试点工作，初步设想是建设一个"文物安全管理基础信息库"，搭建一个"虚拟专网"，建设"文物安全与执法管理信息系统""文博单位动态即时监督系统""文物安全公众监督系统"三个应用系统。我们也鼓励各地先行先试，共同厘清需求，明确建设思路，尽早推动实施。

三是大力推进科技创新。近年来，国家文物局推动开展了多种类型探测、报警技术在田野文物安全领域的应用，但距离实际需求还远远不够。要大力鼓励文物安全领域的科技创新，以开放的态度，与高等院校、科研机构和高科技企业协同作战，研发更多符合文物

行业需要的适用、专用产品，国家文物局将从项目上支持各地开展应用试点工作。

（五）建立奖惩机制，发挥行政资源引导作用

国家文物局要把经费安排、先进评比与文物安全工作情况挂钩，建立奖惩机制。对成绩突出的地方，在经费、项目安排与先进评比上要给予倾斜。对于安全管理不到位、措施不落实，导致发生重大安全事故或严重违法案件的，要减少经费投入，在各项评比中予以"一票否决"。根据国家文物事业发展"十二五"规划有关要求，国家文物局已着手启动"全国文物安全综合管理实验区"建设前期工作，在全国树立一批文物安全工作典型，起到示范引领作用。各地也要结合本地区工作实际，建立奖惩机制，用这个指挥棒，调动各部门各单位向文物安全工作投入行政资源的主动性。

（六）着眼制度建设，促进安全管理制度化、规范化

规章制度和标准规范的不健全是当前制约田野文物安全工作的关键性因素，在一定程度上造成了工作缺少系统性和规范性。国家文物局将着力完善田野文物安全管理领域规章制度，加大标准规范建设力度。具体来说，要研究制定《不可移动文物安全管理办法》，研究制定强制性行业标准《文物保护单位风险等级和安全防护级别的规定》，协调有关部门尽早颁布国家标准《博物馆和文物保护单位安全防范系统要求》。在推动文物保护法律法规修订工作中，对文物安全管理工作，对古遗址、古墓葬、石窟寺及石刻的安全保护工作，进一步加以强化。各地要加强地方法规建设，把文物安全特别是不可移动文物安全工作的各个环节，纳入制度化的管理轨道。

本次参会的16个省、自治区，50个地市，都是田野文物资源丰富，安全管理任务艰巨的地区。希望参加会议的两级文物行政部门负责同志，认真落实本次会议精神，尽早行动，真抓实干，为全国文物系统做出表率。

四、彻查隐患，抓紧整改，确保十八大前文物系统安全稳定

中秋、国庆双节将至，党的十八大即将召开。与往年比较，今年"十一"假期安全工作呈现三个特点：一是与党的十八大召开时间相临近，这一特殊的时间节点，加重了做好文物安全工作在政治上的敏感性；二是两节相连、八天长假，方便群众旅游出行的政策措施陆续出台，势必促进假日旅游的较大增长，增加了做好文物安全工作的艰巨性；三是今年各地极端天气频发，气象、地质灾害等各种不可控因素，增加了做好文物安全工作的复杂性。

针对上述情况，为确保全国文博系统的安全与稳定，7月下旬，国家文物局在全国范围部署开展了"2012文物安全隐患排查整治专项行动"，要求各级文物行政部门和文物、博物馆单位，从8月15日到10月15日，集中两个月的时间全面排查整治隐患，预防和遏制文物安全事故发生。8月初，再次下发通知，将文物、博物馆单位防洪涝灾害和博物馆文物展览与保管设施设备情况，列入专项行动重点内容。目前，专项行动已进入第二阶段即"排查整治阶段"的关键期，各地要特别抓好以下四方面工作：

（一）全面落实工作任务

各级文物行政部门和文物、博物馆单位要增强政治意识和责任意识，严格落实各项要求，务求实效。各级文物行政部门主要负责同志和文物、博物馆单位主要负责人要高度重视、亲自组织、现场督导，一级抓一级、层层抓落实。要严格按照专项行动实施方案的"五个一"要求，及时动员培训，全面开展排查，全力整治隐患，认真组织演练，提升设备性能，增强整体安全防范能力。

（二）彻底排查安全隐患

要将文物保护单位和其他不可移动文物，博物馆、纪念馆等文物收藏单位，文物保护工程施工工地、考古发掘工地，全面纳入排查整治范围，重点排查整治文物博物馆单位防火、防盗、防洪涝灾害和文物展览、保管设施安全状况，做到横向到边、纵向到底，避免遗留死角和盲区。对排查出的安全隐患，要立即进行整改，对重大安全隐患要挂牌督办。

（三）严防气象地震地质等自然灾害

目前，雨季尚未结束，文物、博物馆单位预防洪涝等气象、地震、地质灾害仍然是当前一项重要任务。各级文物行政部门和各文物、博物馆单位要切实增强防灾减灾意识，密切关注灾害预警信息，制定、完善专项应急预案，明确各类灾害排险措施，提前准备救灾物资，从实战出发组织演练，做到"有备无患"。遭遇极端气象条件，要在人员安全的前提下，将文物损失降低到最低程度。

（四）高度重视观众安全

中秋、国庆期间，各文物开放单位在认真做好游客接待工作的同时，要根据自身接待能力和观众容量，合理安排参观游览活动，采取有效的疏导分流措施，切实控制好高峰时期观众总量，保证良好的参观秩序，严防拥堵、踩踏等事件发生，确保人员和文物的安全。

本次专项行动结束后，国家文物局将对各省实施情况进行评估考核，并公开通报考核结果。对于不按要求开展专项行动的、虚应故事走过场的、虚报迟报工作情况的要给予通报批评。专项行动期间，凡发生全国重点文物保护单位火灾、被盗事故以及馆藏珍贵文物被盗、损毁案件且情节严重的，将向当地省级人民政府通报。

保护世界遗产　促进可持续发展

——文化部副部长、国家文物局局长励小捷在全国世界文化遗产工作会议上的讲话

（2012年11月17日）

2013
中国
文物年鉴

在党的十八大刚刚胜利闭幕，全党、全国人民满怀喜悦迈向全面建成小康社会新征程之际，国家文物局在京召开全国世界文化遗产工作会议，有关部委、相关省级文物行政部门、遗产地保护管理机构和专业机构的代表共聚一堂，学习贯彻党的十八大精神，隆重庆祝《保护世界文化和自然遗产公约》40周年，在全面回顾、总结"十一五"工作的基础上，进一步研究部署"十二五"和今后一段时期我国世界文化遗产工作。

在此，我代表文化部、国家文物局向出席会议的各位代表和新闻媒体的朋友们表示热烈的欢迎，向长期以来辛勤工作在世界文化遗产保护一线的工作人员和支持、参与保护工作的各界人士致以衷心的感谢！

今天，我主要讲三方面内容。

一、我国世界文化遗产事业的发展

1972年11月16日，联合国教科文组织通过了《保护世界文化和自然遗产公约》，开启了影响深远的世界遗产事业。40年来，世界遗产以集体保护和传承全人类共有遗产为宗旨，逐渐形成了一整套较为成熟的遗产保护管理的科学体系，有力地促进了各缔约国的遗产保护和相关的国际合作，推动了遗产保护理念在全世界的广泛传播，使一大批珍贵遗产免遭自然和人为损害，得到了各国政府和民众的支持。保护世界遗产，已经成为推动文明对话与交流，维护文化和生态多样性，促进世界和平、进步与发展的浩荡潮流。

我国于1985年加入公约以来，世界遗产事业发展迅速，目前已有世界遗产43项，其中文化遗产30项，文化和自然混合遗产4项。保护世界文化遗产，不仅是弘扬中华文化、建设中华民族共有精神家园的重要内容，也是造福人类的千秋功业。多年来，国家文物局一直高度重视和积极推进世界文化遗产保护工作，并于2006年12月召开了首次世界文化遗产工作会议，明确提出世界文化遗产的保护是文物工作的重中之重，世界一流的遗产要有世界一流的保护、管理和服务。各级文物部门和遗产地按照国家部署，积极推进世界文化遗产的申报、保护、管理和服务工作，取得了令人瞩目的成绩。

（一）申遗项目连获成功。在世界遗产申报要求日益严苛的形势下，我国连续10年成功申报世界文化遗产，涉及文化景观、乡土建筑、历史城区、考古遗址、历史建筑群等多种类型，分布于10个省、自治区、直辖市和澳门特别行政区。其中6个省、自治区和澳门特别行政区实现了世界文化遗产零的突破，促进了我国世界文化遗产在品类和地域上的协调发展。我们通过深入研究和耐心沟通，以国际化语言来阐释中国的传统宇宙观、价值观和

审美观，使"天地之中"、西湖十景这样东方色彩强烈的文化元素，在长期以西方文化语境为主流的国际组织中，赢得了理解和尊重。

（二）基础工作得到加强。长城、大运河遗产资源调查和认定工作全面完成。调查认定分布于15个省、自治区、直辖市的长城遗产43721处，历代长城总长度21196.18千米，认定8省市大运河河道和遗产点1154项，及时开展了相关的"四有"基础工作。2/3以上的世界文化遗产地启动了保护规划编制和修订工作。在特区政府和各利益相关方的多轮协商和共同努力下，澳门历史城区保护规划编制工作有效推进。国家文物局会同中编办等有关部门，多次组织世界文化遗产调研工作，开展了遗产地经济、社区和可持续发展等重大课题研究，对相关的保护管理体制和发展模式等提出了重要的政策建议。

（三）保护状况不断改善。在中央财政的支持下，故宫、山海关和西藏地区等重大文物保护工程的实施，极大地改善了文化遗产的保护状况。承德避暑山庄及周围寺庙、嘉峪关文化遗产保护工程全面展开。大足石刻千手观音造像、高句丽壁画等抢救性保护工程组织开展了多学科、跨领域的联合攻关，在关键技术上取得了重大突破。都江堰等遗产地在遭受严重自然灾害后，迅速展开文物抢救保护工作，得到了社会各界和国际组织的高度评价。各地实施的环境整治工程有效改善了世界遗产的环境景观。南京市投资40多亿元，完成了明孝陵周边整治工程，兑现了申遗时的国际承诺，提升了城市文化品位。北京市投资3.2亿元，修建了八达岭过境路，极大地优化了遗产区环境。

（四）监测工作初具规模。国家文物局多次召开世界文化遗产监测工作会议，根据亚太地区世界遗产第二轮定期报告工作要求，组织完成了回顾性突出普遍价值声明、基础信息填报、地图提交等工作，并指导各遗产地进一步明确监测需求，理清工作思路，完善档案信息。同时，组织专家开展监测巡视，积极推进相关的试点工作。敦煌莫高窟、苏州古典园林、杭州西湖等遗产地开展的监测预警工作在保护管理中发挥了重要作用。目前，我国世界文化遗产监测管理已初步形成了国家、省、遗产地三级监测和两级巡视的工作机制。

（五）管理机制不断创新。我们充分借鉴世界遗产的工作规则，颁布了《世界文化遗产申报项目审核管理规定》，更新《中国世界文化遗产预备名单》，严格按照国际标准和程序来遴选预备名单和申遗项目，实现与国际接轨。进一步深化有关国家、主管部门、地方政府和利益相关者之间的遗产保护合作机制。国家文物局与有关部门密切合作，在长城资源调查等工作中充分利用空间信息等科技手段，极大地丰富了工作成果。由文化部、国家文物局牵头，13个相关部委和8个省市人民政府组成了大运河保护和申遗省部际会商小组，通过会商机制凝聚工作共识，共同协调解决重大问题，发挥了重要作用。大运河沿线35个城市建立了联合申遗工作机构，共同签署了《关于保护大运河遗产的联合协定》。国家文物局和哈萨克斯坦、吉尔吉斯斯坦主管部门共同设立了部长级协调委员会及其工作组、秘书处，协调推进中、哈、吉三国"丝绸之路：起始段和天山廊道的路网"申报项目，为我国跨国申遗合作积累了实践经验。

（六）服务发展作用显现。世界文化遗产地的服务水平有所提高。敦煌研究院从预约、展览、游线、讲解、流量控制等多方面做好游客服务工作，被世界遗产委员会作为世界遗产旅游管理的最佳案例。世界文化遗产在带动旅游等相关产业、促进当地经济社会发展方面的作用进一步增强。如平遥县旅游业对于世界文化遗产的依赖度高达93.67%，曲阜"三孔"遗产保护与带动旅游收入的投入产出比超过了1：100。世界文化遗产保护、整治工程和相关产业的发展，不仅改善了居民的居住环境，也增加了就业岗位和收入。仅2008年世界遗产带动的承德市相关产业就新增就业岗位超过3万个，皖南古村落农民年纯收入中旅游业收入占到75%以上。世界文化遗产日益成为当地经济社会发展不可或缺的推动力。

（七）国际合作走向深入。我国与联合国教科文组织、国际古迹遗址理事会、国际文化财产保护与修复研究中心等国际组织和有关国家建立了密切的合作关系。国家文物局多次举办高规格的国际研讨会，阐释我国世界文化遗产的保护理念和申报项目的突出普遍价值，并形成了关于东亚地区文物建筑和彩画保护的《北京文件》《北京备忘录》和《世界遗产地可持续性旅游发展准则》等具有重要影响力的国际文件。故宫、龙门石窟等多处遗产地开展的国际合作成果丰硕。今年，我们又成功举办了2012年国际古迹遗址理事会顾问委员会和执行委员会会议，中央政治局委员、国务委员刘延东同志亲自出席了开幕式并做重要讲话，进一步扩大了我国在国际文化遗产保护领域中的影响力和话语权。

二、世界文化遗产事业的机遇和挑战

"十二五"以来，随着我国文化建设掀起前所未有的新高潮，文化遗产保护的重要作用日益凸显，我国世界文化遗产事业迎来了历史性的发展机遇，进入了一个发展的"战略机遇期"。

从国家层面看，党中央、国务院高度重视文化遗产保护，做出了一系列推动文物工作发展的重大决策。去年10月，党的十七届六中全会做出了深化文化体制改革、推动社会主义文化大发展大繁荣的战略部署。今年7月召开的全国文物工作会议明确提出了坚持中国特色文物事业发展道路、建设文化遗产强国的战略目标，全面部署了新时期文物工作的基本要求和重点任务。党的十八大再次提出了加强文化遗产保护的工作任务。这就为文物事业特别是世界文化遗产工作营造了前所未有的良好发展环境。

从地方层面看，各地申报和保护世界文化遗产的积极性持续高涨。越来越多的地方将申报世界文化遗产作为加强文化遗产保护、带动当地文化建设和经济社会发展的重要机遇，作为惠及广大人民群众的民生工程、民心工程，列入地方党委、政府的施政纲要和工作规划，下决心解决了一批长期困扰遗产保护的老大难问题，极大地提升了当地的文化遗产保护水平。

从国际环境看，国际组织对中国文化遗产的保护模式给予了充分认可。我们在学习借鉴世界遗产保护体系的同时，也在积极探索一条具有中国特色的文化遗产保护道路，在某些方面甚至达到了世界先进水平，赢得了国际同行的肯定和赞誉。国际古迹遗址理事会有关人士曾多次表示，中国文化遗产事业发展如此之快，工作开展如此之好，现在应该是全世界学习中国的时候了。

从工作基础看，我们在世界文化遗产工作中积累了丰富的实践经验。经过多年的不懈努力，我们已经掌握了世界文化遗产申报和保护管理的相关要求，形成了一整套行之有效的工作机制，并在实践中培养、造就了一批热爱世界遗产工作、熟悉世界遗产规则、精通世界遗产业务的专家队伍，成为推动世界文化遗产事业发展的中坚力量。

从保障措施看，世界文化遗产的机构建设和经费投入进一步加强。国家文物局设立了世界文化遗产司，在中国文化遗产研究院设立了中国世界文化遗产监测中心。多处遗产地也设立了监测中心，加强了相关的人员配置。经费投入大幅增长。2011年仅中央投入的遗

2013 中国 文物年鉴

产保护和环境整治资金就达12.1亿元，比2010年净增长10倍，为世界文化遗产保护提供了有力的经费支持。

与此同时，随着事业的发展和国内外形势的变化，世界文化遗产工作中也出现了一些新情况、新问题，面临着新的挑战。

一是联合申报项目增多。在限额制的影响下，跨地区甚至跨国的联合申报项目越来越多。这种"打捆"申报方式虽然能够充分利用申报名额，提高申报效率，但也加大了协调工作难度，对相关地区、部门之间的沟通协商提出了很高的要求。特别是联合申报项目的每一个遗产点都必须完全符合世界遗产申报的要求，增加了项目"一损俱损"的风险。

二是申报条件更加苛刻。世界遗产委员会对于世界遗产申报项目的审核日益严格，并对没有世界遗产或世界遗产数量少的国家倾斜，而对于中国这样的世界遗产大国的申报条件则极为苛刻。小到一张图纸、一个单词的微细瑕疵，都有可能成为阻碍申报的理由。由于我国已不是世界遗产委员会的委员国，当前的申遗形势尤其严峻。

三是保护机制尚需完善。文化景观、文化线路、活化遗产等新型文化遗产与传统范畴的文物相比，其构成要素和文化价值更加丰富、复杂，难以完全适用原有的文物保护体制。如西湖十景的保护就无法套用文物保护方法。民众参与遗产保护和分享保护成果的力度明显不足，需要探索更加有效的保障和激励机制。

四是安全形势仍然严峻。由于历史欠账原因，世界文化遗产的重大病害和险情隐患尚未消除，部分遗产地尚未完成安防、消防和防雷等工程，防范自然灾害和人为破坏的压力很大。个别遗产地的安全意识淡薄，管理流于形式，安全工作存在严重漏洞，发生了多起文物被盗、被毁案件，必须引起我们的高度警惕。

五是监测管理水平不高。一些遗产地对于监测工作的意义和作用认识不足，甚至认为监测发现的问题会妨碍遗产地的发展建设，在监测工作上不愿投入。监测手段单一、范围有限，信息化程度较低，难以充分发挥及时预警和服务保护管理的重要作用。

六是能力建设亟待加强。遗产地保护管理机构层级偏低、能力偏弱，在县一级表现得尤为突出。由于管理机构的自身条件限制，人员队伍总量不足，专业结构不合理，也难以培养和吸引高层次专业人才和复合型人才，对世界文化遗产工作的长远发展造成了不利影响。

总的来看，我国世界文化遗产事业经过20多年的发展，已经具备了较好的工作基础，当前的形势尤其令人鼓舞，为加快发展创造了极为有利的条件。同时，我们也必须正视当前存在的问题和挑战，有针对性地采取措施，改进工作，变被动为主动，化压力为动力，为世界文化遗产事业开创更加广阔的局面。

三、提升保护管理水平，实现可持续发展

在庆祝《世界遗产公约》40周年之际，我们也必须认真思考，如何为人类的遗产保护事业勾画出更加清晰的发展与未来。联合国教科文组织将《世界遗产公约》40周年庆祝活动的主题定为"世界遗产与可持续发展：当地社区的作用"，表明可持续发展仍然是世界遗产走向未来的基石。

可持续发展目标的实现，必须以完善的保护管理为前提。今年7月，国务院领导同志作出重要批示："要在继续做好申遗的同时，把工作重点放到遗产保护的基础性工作和提升管理水平上。"这就为世界文化遗产事业的发展指明了方向。

在"十二五"和今后一段时期，我们要坚持以可持续发展为目标，以改革为动力，以遗产保护和监测管理为抓手，重点做好以下七个方面的工作。

（一）夯实保护基础工作。在"十二五"时期基本完成世界文化遗产地基础数据库建设和病害调查，准确掌握和科学评估保护现状。在此基础上，全面启动世界文化遗产保护规划的编制和修订工作，统筹考虑遗产保护管理的多方面需求，确保规划的权威性和可操作性。国家文物局和各省级文物部门要将保护规划作为世界文化遗产重大项目立项、审批和经费安排的主要依据，加强规划实施情况的跟踪考评和专项督查。

世界文化遗产本体保护要按照"最小干预"原则，以日常巡查养护和岁修等"小修小补"为主。只有做好这些文物保护最基础又是最重要的工作，做到及时发现，随时修补，才能以最小代价控制和消除险情，防止小病拖成大病。确实存在严重险情的，要按照保护规划要求，组织实施抢救性文物保护工程。在"十二五"时期重点推进长城、明清皇家建筑、石窟寺保护维修工作，全面完成承德避暑山庄及周围寺庙、嘉峪关等文物保护工程，基本消除世界文化遗产的重大险情。

在世界文化遗产地坚持最严格的安全防范制度，把文物安全作为时刻不能放松的高压线，做到不留情面，不留死角，不留隐患。在"十二五"期间基本完成世界文化遗产地安防、消防和防雷设施建设。坚持人防、物防、技防相结合，以人为首要因素。强化全员安全意识，将文物安全作为所有保护管理人员的共同责任，使安全链条上的每个环节都能发挥出100%的作用。坚持协同作战，发挥地方政府和有关职能部门的关键作用，加强各方面的协调配合，使文物安全工作成为遗产地优先保障的平安工程。

（二）建设监测预警体系。国家文物局已经组织编制了《中国世界文化遗产监测预警体系建设规划》和监测指标，将在本次会议上进行讨论。在"十二五"期间要制定相关的制度规范，完成工程技术研发和信息系统建设，培养专业人才队伍，初步建成中国世界文化遗产监测预警的框架体系；增强世界文化遗产保护管理的预见性和科学性，实现遗产地的信息化、规范化、精细化和智能化管理。

各地要将监测工作作为加强世界文化遗产保护管理的重要抓手，根据本地区的实际情况，进一步明确世界文化遗产监测在近期和远期的主要目标和工作任务，按照量力而行、先易后难、重点推进、分步实施的原则，找准监测工作的需求和重点，积极开展监测工作试点。中国世界文化遗产监测中心要组织研发世界文化遗产监测的动态信息和预警系统以及相关的技术标准、规范，协调遗产地开展试点工作，并提供技术指导和专业咨询，充分发挥国家中心和总平台的重要作用。

（三）完善管理工作机制。适应世界文化遗产发展的新形势，探索建立跨区域、跨部门的文化遗产保护协作机制。通过协商制定专项保护法规和规划，规范遗产保护、监测、展示、标识等技术要求，设立会商协调机构，协调统一各地区、各部门的保护行动，促进文化遗产特别是长城、大运河、丝绸之路等涉及地域广阔的超大型遗产的整体保护。

完善活化遗产的利用和维护机制。对于仍在使用的运河遗产、古民居、古村落、历史城镇等，要兼顾其保护要求和使用功能，在不影响遗产价值和景观风貌的前提下，允许对内部装饰等非核心要素作出适度改变。通过文化遗产的功能延续和更新利用，维系与当地民众生产生活和文化情感的密切联系，保持文化遗产持续发展演进的活力。

建立社会参与遗产保护管理的长效机制。在世界文化遗产重大事项的论证和决策过程中，充分听取各方利益相关者尤其是当地社区和民众的意见。引导和发挥好社区组织和群众性保护团体的积极作用，通过村规民约和社区管理，实现民众在文化遗产保护方面的自我约束、自觉参与和自主管理。

建立公平合理的收益分配和补偿机制。世界文化遗产的门票、旅游等经营收入，应当反哺于遗产保护和改善当地民众的居住、交通、基础设施状况。对因遗产保护受到发展限制的民众予以合理的经济补偿，并通过特许经营、贴息贷款、技能培训等方式，优先保障其参与旅游经营等权利，使民众从中受益，成为遗产保护的坚定支持者和强大后盾。

（四）提升展示服务水平。构建以世界文化遗产突出普遍价值为核心的遗产展示和标识系统，通过多层次、多角度、多空间的展示方式，将遗产本体、文化背景和环境风貌展示融为一体，准确、清晰地阐释遗产的价值和文化内涵。充分利用数字影像、虚拟实景体验等新技术手段，采取"虚实结合"的办法，增强遗产展示的体验性、参与性和趣味性，为公众提供愉悦的精神享受。

增强公众服务意识，贯彻以人为本的服务理念。针对不同群体的文化需求特点，提供个性化、差异化的公共文化服务产品。坚持文化遗产保护的公益性原则，保障全体公众平等、便利地分享文化遗产资源，不允许在遗产区内设立仅供少数人享用和牟利的特权场所。扶持当地传统的手工业和商业经营活动，挖掘和保护非物质文化遗产资源，发展具有地方特色的文化产业和文化产品，维护世界文化遗产的原生环境和文化氛围，带动和促进遗产地的经济发展和民生改善。

（五）提高申报工作质量。国家文物局今天将公布更新的《中国世界文化遗产预备名单》，进一步优化预备名单项目的价值、类型和地域分布，并建立警示和除名制度，实行动态管理。重点支持大运河、丝绸之路等在世界范围内具有重大影响的申报项目，彰显中华文化为人类文明所做出的杰出贡献，展现我国政府保护文化遗产的决心和成效，带动沿线地区文化遗产保护工作的全面发展。

坚持专家咨询制度。充分发挥中国古迹遗址保护协会、中国世界文化遗产专家委员会等专业机构和专家的咨询作用，为世界文化遗产申报项目的评估、审核和保护管理提供有力的智力支持。

（六）加强国际对话交流。既按国际规则办事，又增加我国话语权。要准确把握国际组织关于世界文化遗产申报和保护管理的工作程序、要求和发展趋势，并在我国的工作实践中灵活运用，实现与国际接轨。善于利用申报上游协助（ICOMOS等专业机构对缔约国申遗项目的前期准备工作提供指导）、文本预审、重大项目备案等国际规则，借助国际组织的专业资源优势，为我国世界文化遗产工作提供重要的咨询意见。

同时，充分利用国际会议、专家考察等方式，与国际同行进行平等的对话交流，既充满自信又轻松自如地从专业角度阐释我国世界文化遗产的价值、特色和保护理念、方法，增进国际组织对中国文化遗产和保护实践的理解与认同。积极参与国际组织关于世界遗产的重大理论研究和规则修订工作，在世界遗产领域发出中国声音，推介中国经验，维护中国权益，树立负责任的遗产大国形象，为世界遗产事业发展做出中国的贡献。

（七）推进保护能力建设。在坚持属地管理，落实地方人民政府保护管理职责的同时，加强国家和省级文物行政部门对世界文化遗产的指导、巡视和督查工作。鼓励地方政府适当提升世界文化遗产保护管理机构的层级，或者采取与职能部门共建共管等方式，利用各自的资源优势，在政策、资金、人才、技术等方面对世界文化遗产予以重点倾斜，增强其保护管理的协调力和执行力。

高度重视人才队伍建设，建立科学的人才使用和激励机制。各遗产地要注重挖掘内部潜力，充分信任和放手使用专业技术人员，在政策、待遇、保障等方面明确向一线的专业人员倾斜。用好用活现有人才，适当引进急需人才，优化人员结构，多渠道推进人才队伍建设。同时，中国世界文化遗产监测中心、各省级文物行政部门和遗产地要加大对专业人员的培训力度，并与遗产地的重点工作和重大文物保护项目紧密结合起来，使其在实践中提高专业技能，增长知识才干，迅速成长为业务骨干和学术带头人。

40年前，《世界遗产公约》开创了保护人类遗产、谋求可持续发展的伟大事业。今天，中国作为世界遗产大国，正在走出一条传承历史文化，促进经济发展，改善人民生活的科学发展之路！我们各级文物部门、各遗产地的同志们，都要以党的十八大精神为指引，紧紧抓住当前的历史机遇，保护好、利用好、发展好我国的世界文化遗产，为守护中华民族的文化根基，推动人类社会的可持续发展做出新的贡献！

锐意进取　开拓创新
在新形势下全面推进文物保护工程事业发展

——文化部副部长、国家文物局局长励小捷
在第五次全国文物保护工程会上的讲话

（2012年12月19日）

2013
中国
文物年鉴

今天，我们相聚古城太原，召开两年一次的全国文物保护工程会，系统总结"十二五"开局两年来我国文物保护工程的经验成就，全面谋划未来一段时期我国文物保护工程的发展蓝图。

2012年是我国文化遗产事业发展进程中具有里程碑意义的一年。这一年不仅是《保护世界文化和自然遗产公约》颁布40周年、《文物保护法》颁布30周年，而且召开了对我们事业产生重大影响的全国文物工作会议。这次工程会的召开，又恰逢党的十八大胜利闭幕、全党全国掀起学习贯彻党的十八大精神高潮之际，必将对推动我国文化遗产事业的科学发展产生重要影响。下面，我就贯彻十八大精神，全面提升文物保护工程管理水平，谈几点意见：

一、认清形势发展，注重更新管理观念

当前，我国文化遗产事业进入一个全新的发展时期。文化遗产事业的保护对象不断增加，保护范围不断扩大，保护任务日益加重，国家对文物保护经费的投入也在连年大幅度增长，文化遗产事业迎来了历史性的发展机遇。同时，随着我国工业化、信息化、城镇化、国际化进程不断推进，文化遗产保护也面临着前所未有的挑战和压力。文物保护工程的价值作用、外围环境、自身发展也相应发生了很大变化。这些都对新时期文物保护工程管理提出了新的更高要求。对此，我们应有清醒认识，自觉更新管理观念，及时调整保护思路。

（一）进一步认识文物保护工程的价值作用。如何认识文物保护工程的定位、价值和作用，直接影响着我们文物保护工作的决策思路和管理水平。文物保护工程是保护我国优秀文化遗产和悠久灿烂文明的主要手段，对于促进优秀传统文化传承体系和社会主义文化强国建设，对于展示我国文化遗产保护实力和文化影响力，具有极为重要的意义和不可替代的作用。近年来，我们实施的一批重点文物保护工程，如：以西藏"十一五""十二五"重点文物保护工程为代表的援藏文物保护工程，以延安革命旧址、井冈山革命旧址等为代表的革命文物保护工程，以西安片区、洛阳片区和丝绸之路新疆段等为代表的大遗址保护工程，涉台文物保护工程，四川震后文物抢救保护工程，元以前早期建筑保护工程，援柬涉外文物保护工程等，深受广大群众和各族人民的拥护，得到国内

外专家学者的肯定。各级文物行政管理部门要结合十八大精神的学习，站在历史和民族的高度，进一步提高对文物保护工程重要性的认识和思考，自觉地将文物保护工程的实施与促进优秀传统文化传承体系建设联系起来，与服务文化大发展大繁荣大局联系起来，进一步增强围绕大局、服务大局的自觉性，增强推动文物保护工程改革发展的紧迫性，努力实现文物保护工程与时代齐发展、和社会共进步。

（二）进一步认识与文物保护工程密切相关的各种重要关系。当前，中央对文物保护利用、传承发展提出了一系列新的要求，我们要深刻学习、认真领会。文物保护工程已不仅仅限于文物部门和工程项目，而是涉及方方面面。要全面认识并处理好抢救保护与合理利用、保护利用与传承发展、依法保护与科学保护、政府主导与社会参与、文物系统与其他部门及地方之间的重要关系。这些关系直接影响和制约文物保护工程的实施。必须统筹协调，做到各种关系相互结合，逐步建立遵守文物保护政策法规、遵循文物工作自身规律，保护利用统筹兼顾、并重共赢，政府为主、社会参与、部门指导、各方配合，融入经济社会、促进自身发展的文物保护机制，有效推动文物保护工程顺利开展。

（三）进一步认识文物保护工程自身的变化。近年来，随着文化遗产保护事业的不断发展，文物保护工程也发生着多方面的变化。工程规模不断扩大，复杂程度不断加深，质量技术标准不断提高，保护内容不断丰富，保护方法不断改进，保护要求日益严格，广大人民群众对文物保护工程的关注程度和社会参与程度也越来越高。这些都对工程管理提出了新的更高要求，成为各级文物行政管理部门必须面对的现实任务。需要对我们的保护思路、管理理念及时调整，对我们的管理方法、监督措施及时改革，才能跟上文物保护工程事业自身的发展需要，才能使我们的保护工作实现较为彻底的改观。

二、加强宏观管理，注重职能转变

十八大报告明确提出，要"推动政府职能向创造良好发展环境、提供优质公共服务、维护社会公平正义转变"，要"深化审批制度改革，继续简政放权"。推动职能转变，加强宏观管理，不仅是十八大对我们提出的要求，也是我们当前自身工作发展的内在要求。随着改革开放的不断推进，随着社会环境的不断变化，加快政府职能转变，推动文物行政管理部门由"办文物事业"向"管文物事业"、由微观管理向宏观管理、由部门管理向行业管理、由偏重管理向管理服务并重转变，强化政策调节、社会管理、公共服务的功能，已经成为必然选择。

随着文化遗产事业的不断发展，不可移动文物和文物保护单位的数量急剧增加，我们现行的文物保护工程管理模式存在的问题日益凸现，审批程序繁琐、周期过长、效率不高等现象十分明显。各级文物管理部门夜以继日，不堪重负，许多该做的事情却没有精力去做。作为政府管理部门，我们需要加强宏观指导、政策引导、法规规范、执法督察和搭建平台。要简化工程方案审批程序，提高审批效率；要综合运用法律、行政、经济、科技等手段提高工程管理效能，大力提升工程管理水平；要完善工程检查、评估和监管机制，重点检查重大工程项目是否科学合理、保护资金使用是否规范有效、工程质量是否安全合格、工程管理举措是否落实到位；要转变保护管理思路，加强预防性保护，落实文物保护管理单位的主体责任，加强日常管理、巡护、监测和保养，由被动维修转为主动保护，由事后抢险转为提前预防。

为此，今年我局文物保护与考古司启动了文物保护工程方案审批方式改革的研究工作。改革的主要思路，是坚持"责权统一"的原则，探索将文物保护工程方案审批分为行政审批与技术审批两个层次，引进第三方独立审核机制，进一步明确中央与地方各自的事权关系，行政审批与技术审批的权责关系。相关成果和初步思路将在这次工程会上提出来，供大家讨论、提出意见。这次审批方式的改革，是从微观管理到宏观管理的转变，是从政事不分到责权明确的转变，是从关注个案的审批到重视全局布设的转变。我们的最终目的，不仅要实现文物保护工程管理模式的改革，而且要把这项改革的成果扩大到文物工作的其他方面，按照十八大的有关要求，坚持改革创新，不断提高文物管理工作的整体水平。各地也要逐步转变观念，提高工程管理中的服务意识，创新管理方式，提高管理效能，努力为行业发展创造良好环境。

三、完善体制机制，注重制度标准建设

十八大报告提出，要"构建系统完备、科学规范、运行有效的制度体系，使各方面制度更加成熟更加定型"。文物保护工程是一项科学保护工作，需要遵从科学规律。同时也是一项管理工作，必须坚持依法保护。目前，我国文物保护工程的保护管理法律法规体系虽已初步建立，但还不够完善。要实现真正的职能转变，完善体制机制，必须进一步加强与文物保护工程有关的各项制度标准建设，规范管理程序，落实管理责任。

（一）及时完善现有法律规章，出台配套管理制度。《文物保护法》《文物保护工程管理办法》等法律法规，与文物保护工程管理模式、审批方式改革关系密切。由于制定时间较长，一些法规内容、管理程序已经滞后于快速发展的文物保护工程实践，需尽快启动相关法规制度的修订工作，对其不够科学完善的地方、不适应保护工程实践的内容，进行必要的修改、调整，将改革思路体现出来，以促进审批改革工作开展，实现管理方式的转变。

审批改革工作的开展，需要研究、制定多方面的配套管理制度。在工程管理方面，对目前相对薄弱的立项、检查、验收这三个重要环节，需要进一步明确相关管理程序和办法。在资金投入方面，要进一步完善保护经费保障体系建设，在坚持中央政府投入为主的同时，地方也要切实履行责任，加大对文物保护经费的投入。在社会参与方面，针对保护资金投入渠道不断丰富等新情况，研究落实社会力量、普通民众参与文物保护工程的政策措施，研究制定鼓励社会力量进入文物保护工程领域的相关规定，鼓励引导更多社会资金投入保护工作。

（二）尽快制定保护工程相关技术标准规范。文物保护工程的改革、发展，离不开相关技术标准规范的制定。特别是引入第三方独立审核机制后，更加需要制定完善的技术标准加以规范和制约。标准规范的制定，离不开对工程实践经验的总结，离不开文物保护理论的发展，离不开专业人才的培养。这些工作不是短时间内就能完成的，但我们已经有了一定的基础，必须下决心做下去。要结合文物保护工程的实施，从已经具有一定工作基础的工程定额、工程资料搜集整理、竣工报告编辑出版等着手，逐步积累经验，总结提炼，形成相应规范，并将规范范围逐步推广到工程各个主要环节。在这里要特别提出的是，各地也要结合地方工程实际情况，探索具有区域特色、符合地方实际、科学合理的地方工程标准、规范，为制定区域性、全国性的标准规范摸索经验、奠定基础。

四、着眼工程质量，注重加强工程管理

文物保护工程肩负的任务十分特殊，所保护的不是普通的房屋建筑，而是全民族历史悠久、传承有序的珍贵文化遗产，责任重大。如果不抓好工程质量这个前提，就上马大量的保护工程项目，将会导致保护性破坏，产生灾难性后果。如果片面追求经济效益，忽视文物保护工程的社会效益、公益属性，将会产生恶劣影响。有的涉藏、少数民族、民居村落等文物保护工程，稍有不慎，处理不当，工程质量问题就可能会演变成政治问题、民族问题、宗教问题。因此，我们必须真正以对国家、对历史、对人民高度负责的精神，切实抓好工程管理，切实重视工程质量，严守文物维修质量第一的宗旨，精心施工，妥善保护，使文化遗产得到永续传承。

要进一步加大工程检查、监管力度，加强工程组织管理，强化质量意识、安全意识，大力提升工程管理的水平和效率，确保工程质量和文物安全；要进一步规范工程资质、资格管理，强化对资质单位的工程质量管理要求，提高全行业的质量意识和整体水平，营造公平、有序、规范的文物保护工程市场环境；要进一步重视工程实施中的人才培养和标准规范制定工作，在提高工程水平和质量的同时，将人才培养和标准规范制定工作与工程实践有机结合起来；要进一步加强工程经费监督管理，让每一个文物保护工程项目在成为精品工程的同时，也成为健康工程、阳光工程。最后，要进一步抓好重大文物保护工程的实施，大力提升工程管理综合能力。重大文物保护工程是保护文物、成果惠民、传承文化的重要载体，是带动文物事业发展、发挥文物价值作用的重要举措，是提升工程管理水平、带动整个文物保护工程行业发展的重要途径。要紧紧围绕"十二五"时期确立的任务和目标，继续启动和实施一批关系全局、意义深远、具有示范效应和引领作用的重大文物保护工程、样板工程，为传承文明、服务社会、促进发展做出重要贡献！

回顾过去，我们的文物保护工程工作走过了一段辉煌历程，取得了令人瞩目的成就；展望未来，在全面建设社会主义文化强国的新征程中，将继续肩负着光荣而艰巨的历史使命。让我们全面贯彻落实十八大精神，紧紧抓住事业发展的重要战略机遇期，深入贯彻落实科学发展观，始终坚持文物工作方针，继往开来，改革创新，为我国文化遗产事业再上新台阶、为社会主义文化大发展大繁荣、为建设社会主义文化强国做出更大贡献！

学习贯彻十八大精神
扎实推进文物事业科学精神
——文化部副部长、国家文物局局长励小捷
在2012年全国文物局长会议上的工作报告

（2012年12月25日）

2012年全国文物局长会议是在全党全国贯彻落实党的十八大精神，开启全面建成小康社会伟大进程的新形势下召开的一次重要会议。会议的主要任务是：学习贯彻党的十八大精神，以邓小平理论、"三个代表"重要思想、科学发展观为指导，总结工作，谋划未来，在新的历史起点上扎实推进文物事业科学发展。

现在，我代表国家文物局讲几点意见。

一、抓主抓重，稳健务实，全面完成2012年工作任务

2012年，极不平凡，令人振奋。党的十八大，为党和国家各项事业发展绘制了宏伟蓝图，指明了前进方向。党和国家对文物工作更加重视和支持，胡锦涛主席视察援柬吴哥古迹茶胶寺保护修复工程，致信祝贺中国国家博物馆建馆100周年。十八大刚刚胜利闭幕，以习近平同志为总书记的新一届中央领导集体就前往中国国家博物馆参观《复兴之路》展览，宣示了实现中华民族伟大复兴"百年梦想"的决心和信心，这是对广大文博工作者最大的鼓励和鞭策。

这一年，全国文物系统认真贯彻党的十七届六中全会精神，紧紧把握稳中求进的工作总基调，按照文物事业"十二五"发展规划的部署，不铺新摊子，保持连续性，抓主抓重、稳健务实、改革创新、狠抓落实，着力提高工作质量和效益，全面完成各项工作任务，推进了文物事业加快发展的良好态势。

（一）进一步做好事关全局的重点工作

我们筹备召开了时隔十年再次召开的全国文物工作会议，李长春、刘延东等中央领导同志接见会议代表并发表重要讲话，会议提出了全面加强文物保护利用和传承发展、加快推进文化遗产强国建设的历史任务。各地、各部门贯彻落实全国文物工作会议精神，对文物工作更加重视，加大政策支持。北京、甘肃、重庆、四川、山东、广东等省（市）人民政府召开文物工作会议，政府主要领导同志讲话，从全局高度对文物工作提出新的要求，帮助解决经费和编制上的实际问题。

2012年上半年，我们配合全国人大常委会开展了《文物保护法》执法检查。吴邦国委员长作出批示：要求督促支持各级政府和有关国家机关依法履行职责，改进工作，加强管理，推动我国文物事业全面发展。执法检查组重点对10个省（区、市）开展了实地检查，

委托21个省（区、市）人大常委会对本行政区域《文物保护法》的实施情况进行了执法检查。对检查中发现的问题，国家文物局和各有关部门进行认真整改，并将初步成果向人大常委会作了报告。

全国人大常委会组织的执法检查和国务院召开的全国文物工作会议这两件大事，乘贯彻六中全会精神、建设文化强国的东风，促进各地、各部门进一步形成了重视文物工作、加强文物工作的喜人形势，给全国文物系统以极大的鼓舞，成为2012年全国文物工作的一个鲜明亮点。

在文物部门特别是老专家的积极呼吁下，旅游开发中文物保护问题得到温家宝总理的重视。总理三次批示，要求文物、旅游等部门提出改进意见。目前，文件已完成起草并征求了部门意见，国务院即将印发。这个文件就文物保护单位的管理体制、旅游收入部分用于文物保护、文物保护单位用于旅游开发的审批和文物景点的游客承载量等问题，提出了明确的意见，是一个很有针对性的、管用的文件。这充分体现了国务院对文物工作的高度重视和大力支持。

在紧紧抓住基础性、全局性大事的同时，我们努力适应形势的发展变化，积极破解文物事业发展中的体制机制障碍和不平衡、不协调、不可持续的问题。国家文物局在调查研究的基础上，本着转变职能、加强管理的思路，从2012年下半年开始，组织开展了文博人才队伍建设、文物保护工程审批制度改革、绩效考评、文物行业标准体系建设等四项课题研究，取得了阶段性成果。急需人才培养的工作方案已经形成；项目审批有关文件在第五次文物保护工程会上讨论通过；绩效考核和标准体系建设的研究成果2013年3月可以完成。

针对社会关注的文物市场"乱象"，我们积极会同有关部门，制定了关于加强文物拍卖标的审核、文物鉴定类广播电视节目、古玩旧货市场文物经营活动管理等文件。及时叫停"十大名楼"联合申遗，妥善应对"遇真宫"抬升等网上舆论事件，履行社会管理职能的能力得到明显加强。

（二）进一步改善不可移动文物保护状况

第三次全国文物普查成果转化取得重要进展，21个省（区、市）公布了100%、3个省公布了90%的不可移动文物名录。部分省（区、市）公布了一批省、市、县级文物保护单位。希望没有完成任务的省份进一步加大工作进度，确保完成。第七批全国重点文物保护单位推荐名单上报国务院审核。会同住房和城乡建设部开展历史文化名城名镇名村保护检查工作，提出城镇化进程中加强文物保护的措施。

——文物保护重点工程进展顺利。玉树灾后文物抢救保护工程基本完成；承德避暑山庄及周围寺庙、嘉峪关长城、山西南部早期建筑、应县木塔、涉台文物以及西藏、新疆等地区重点文物保护工程继续推进；山西彩塑壁画和中央苏区革命旧址保护工程启动实施。

——世界文化遗产工作再获佳绩。元上都遗址成功列入《世界遗产名录》。更新《中国世界文化遗产预备名单》，28个省（区、市）和香港特别行政区的45项遗产入选。确定大运河和丝绸之路首批申遗名单。成立中国、哈萨克斯坦、吉尔吉斯斯坦丝绸之路协调委员会，签署三国联合申遗及协调保护管理协议。完成红河哈尼梯田的环境整治和国际专家的现场评估。完成长城资源调查并公布结果。

——考古及大遗址保护积极推进。配合南水北调、西气东输等重大基本建设中的考古发掘和文物保护成效显著，三峡工程消落区抢救性考古发掘项目陆续实施。中华文明探源、早期秦文化研究等重点课题相关考古工作不断深入，考古学术水平不断提高。实施40

2013
中国
文物年鉴

余项大遗址考古项目。以"六片、四线、一圈"为重点、150处大遗址为支撑的大遗址保护格局初步形成并展开。西安成立汉长安城国家大遗址保护特区领导小组和管委会，湖南里耶古城、铜官窑国家考古遗址公园建成开放，大遗址保护综合效益逐步显现。

——水下文物保护取得新成效。组建国家文物局水下文化遗产保护中心。南海基地建设完成可研报告编制，选址已纳入海南先行先试区总体规划。我国第一艘水下考古工作船开工建造。完成"南海I号"考古发掘和文物保护方案制定。

（三）进一步提升博物馆建设和社会服务水平

——博物馆建设势头良好。全国博物馆总数达到3589个，其中国有博物馆3054个，民办博物馆535个。天津、河北、湖南、湖北等省（区、市）博物馆新馆及改扩建工程进展顺利。122个地市级博物馆纳入《全国地市级公共文化设施建设规划》，项目建设进展顺利。

——博物馆行业管理更趋规范。17家博物馆入选国家一级博物馆，全国一级博物馆总数达到100家。制订博物馆管理制度，完成国家一级博物馆运行评估。印发《民办博物馆章程示范文本》，总结推广国有博物馆对口帮扶民办博物馆试点经验。文物进出境管理、珍贵文物征集工作不断规范。

——可移动文物普查工作准备就绪。国务院印发《关于开展第一次全国可移动文物普查的通知》，制定了普查工作的实施方案，成立了领导小组和工作机构。陕西省、北京朝阳区、山东青岛市、中国人民解放军和武警部队等可移动文物普查试点取得积极成效。

——免费开放不断深化，社会服务不断拓宽。博物馆展陈数量显著增加，展陈水平明显提高，"元代青花瓷器特展""佛光里的神秘西藏"等一批优秀展览受到社会好评。推广博物馆免费开放十项最佳实践和全国最具创新力博物馆的做法，带动了博物馆展陈和管理水平提升。举办博物馆及相关产品与技术博览会、博物馆文化产品创意设计推介活动，在加快文化产业发展、满足多层次文化需求方面进行了积极尝试。

（四）进一步增强文物安全防范能力

——构建文物安全长效机制。强化部际协作，联合印发《关于加强和改进文物安全工作的指导意见》。深入推行文物安全公示公告制度，对重大文物案件和安全事故进行通报，对文物行政执法和安全监管情况进行公示。与公安部共同建立打击和防范文物犯罪联合长效工作机制。

——加强安全监管和设施建设。开展文物安全隐患排查整治专项行动，检查不可移动文物18.3万处、博物馆2329个，整改安全隐患2万余处。推进文物平安工程，启动255项文物安全设施建设工程，开展文物安全执法动态监管试点，全面部署田野文物安全防范工作。

——加强联合执法。与海关总署在13个省份开展打击文物走私专项行动，与国家海洋局在11个省份开展文化遗产联合执法巡航专项行动。推动全国文物犯罪信息中心与公安部DNA数据库进行对接，为防范打击文物犯罪提供技术支持。不断完善督察机制，制定《文物行政执法巡查档案范本》。国家文物局全年直接督办文物行政违法案件78起。

（五）进一步推进人才、科技和对外交流工作

——开展各类人才培训，理清队伍建设的总体思路。在全国范围开展文博人才队伍建设调研，研究《文物事业中长期人才需求规划》和《文博人才培养教育教学体系》。加强文博管理人才培训，完成六期共654名县级文物行政部门负责人和五期基层文物安全管理干部、文物行政执法人员的培训班。加强专业技术人才培训，举办新任考古领队、考古发掘项目电子审批系统、文物进出境责任鉴定员、可移动文物普查等培训班；加强技能人才培

2013
中国
文物年鉴

养，举办泥塑彩绘保护、近现代文物保护修复、出水文物保护、西藏壁画修复等培训班。

——促进文物保护与科技应用的融合。完成五项国家科技计划项目立项、两项国家科技计划项目验收，启动文物保护科技领域技术路线图预研究。推进与中科院的科技战略合作，组建文物保护领域物联网建设技术创新联盟。考古发掘现场移动实验室荣获国家科技进步二等奖。推进"指南针计划"专项实施，与上海市政府共建国家"指南针计划"专项青少年基地，与中国科协开展中国古代发明创造国家名录认定工作，举办"惠世天工"展览。

——对外交流合作持续拓展。政府间交流与合作更加深化，与墨西哥、哥伦比亚两国政府签署关于防止盗窃、盗掘和非法进出境文化财产的双边协定，签订双边协定的国家已达15个；与苏格兰文物局实施清东陵数字保存项目，与丹麦、摩洛哥、阿富汗文化部门签署合作协议；继续推进柬埔寨茶胶寺保护修复工程、肯尼亚考古项目等援外工程。与国际组织的合作更加密切，成功举办国际古迹遗址理事会顾问委员会和执行委员会会议，共享国际社会文化遗产保护经验，我国在国际文化遗产领域的话语权进一步增强；积极参与关于打击文化财产非法贩运的国际会议。文物出入境展览更加丰富，全年举办进出境展览76个，"华夏瑰宝展"成为中土文化年的一大亮点。与台港澳的交流与合作更加活跃，开展海峡两岸文物交流20年纪念活动，举办两岸文博专业人员交流研习活动，在台湾高雄市举办的"青州佛教造像展"观众突破70万人次，有力促进了两岸四地的文化认同。

（六）进一步夯实文物工作保障条件

——转变职能的改革深入推进。采取有力措施，优化文物保护工程审批程序，压缩审批时限，提高办事效率；扩大省级审批方案试点。地方文物部门积极跟进，山西省文物局将涉及文物工作的行政审批由18项调减为9项。引入第三方机构，参与中央财政文物保护专项资金预算控制额度核审和重大项目绩效考评。中国文化遗产研究院组建北京国文琰文物保护发展有限公司。推进政务信息化建设。向海南省博物馆调拨1000余件文物。完成国家文物局直属事业单位的清理规范工作。

——文物法制和标准体系建设不断加强。公布施行《大运河遗产保护管理办法》，印发《大运河遗产展示与标识系统设计指导意见》。推进《博物馆条例》立法进程和《水下文物保护管理条例》修订。开展文物保护标准体系和文物安消防标准体系研究。修订《博物馆和文物保护单位安全防范系统技术要求》《全国博物馆评估办法》和《博物馆评估标准》。国家标准由6项增至12项，行业标准由33项增至47项。36项国家标准和40项行业标准正在编制之中。

——文物保护经费实现较大幅度递增。在国家发改委、财政部等部门的大力支持下，中央财政文物保护专项资金达到128亿元，比2011年增长30%；其中全国重点文物保护单位维修保护41亿元，博物馆免费开放30亿元，抢救性保护性设施建设10亿元。专项经费加大了对大遗址、申遗等项目的支持力度，对西藏、新疆等边疆、少数民族及贫困地区给予了更有力支持。地方文物保护经费投入也继续大幅增加，北京市由1.5亿元跃升至10亿元。湖南省投入各项文物保护资金6亿元，启动省级以上重点文物保护项目42个。陕西省全年安排文物安全经费6700万元。

——宣传工作主动性明显提高。"文化遗产日"郑州主场城市活动、"5·18国际博物馆日"南宁主场城市活动、文化遗产保护无锡论坛影响广泛，以文博宣传活动为主轴的4月至6月全国性"文化遗产宣传季"品牌效应初步显现。文物知识宣传普及工程试点工作取得实效。围绕主题主线开展的"保护发展·成就辉煌"和文物系统先进典型等正面宣传收到良好的社会效果。

一年来，我们与有关部委的协作更加紧密，连续出台一系列加强文物保护的措施规定，进一步形成齐抓共管的工作格局。国家文物局的工作得到各地的全力支持，与海南、广西、江苏、福建、吉林等省（区）签署文物博物馆工作合作协议，推进了局省合作深度。文博系统的各行业协会和社会组织发挥了桥梁纽带作用，中央有关文博单位起到了骨干引领作用，国家文物局各直属单位坚持围绕中心、服务大局，在重点工作落实中发挥了不可替代的重要作用。

回顾2012年的工作成绩，令人鼓舞。这些成绩是在多年来奠定的良好基础上取得的，是各级文物部门开拓创新、真抓实干的结果，靠的是党中央、国务院的坚强领导，靠的是社会各界的通力支持，靠的是广大文物工作者的担当奉献，靠的是老领导老专家的真诚关心。在此，我谨代表国家文物局一并致以诚挚的感谢和崇高的敬意！

我们必须清醒看到，文物事业的发展既面临着难得的机遇，又面临着严峻的挑战。在文物家底基本廓清、文物总量大幅度增长的新格局下，我们担负的文物保护任务十分之繁重；在加快推进工业化、城镇化的形势下，我们承受的文物保护压力十分之巨大；在人民群众要求共享文物保护利用成果的新期待下，我们肩负的文物利用与传承的责任十分之重大。在工作中仍然存在着制度体系还不完善、宏观管理还不到位、服务意识不够强、工作效率比较低等问题。对这些新情况、新问题、新矛盾，我们要深入研究，长期关注，积极探索，努力把握在改革开放时代文物工作的规律。对于工作中存在的问题，我们要高度重视、认真解决。

二、稳中求进，开拓创新，扎实做好2013年的重点工作

2013年是全面贯彻落实十八大精神的开局之年，是实施"十二五"规划承前启后的关键一年，是为全面建成小康社会奠定坚实基础的重要一年。中央经济工作会议深刻分析了国际国内形势，提出了2013年经济工作的总体要求和主要任务，我们要结合文物工作实际认真落实。文物工作的基本思路是：以推动科学发展为主题，以转变管理方式、提升工作质量为主线，稳中求进，开拓创新，突出重点，扎实开局，为推动文化强国建设、实现经济社会发展目标作出新的贡献。

（一）抓实抓好重大项目，提升文物保护能力

文物保护重大项目是文物事业的重要支撑。重大项目花了我们大量精力，体现了我们工作的重要成果。要加强重大项目的管理，抓好项目储备、项目构成、项目审批、项目实施、项目检查和绩效评估等几个方面。第五次文物保护工程会刚刚开过，其他几个方面已作布置，我重点强调一下项目构成和项目检查评估问题。项目构成属于宏观管理范畴，是结构调整问题，具有整体性、稳定性、导向性。在项目构成的安排上，要考虑项目自身价值、濒危程度、利用空间等因素，还要考虑项目单位的执行能力以及不同地区、不同类型项目之间的兼顾平衡等问题。目前，财政部与国家文物局在文物保护专项使用上有一个大的切块。要在此基础上结合多年的经验，发现和把握规律，形成一个规范，有一个相对稳定的结构比例，每年根据情况变化作些调整。这样就能够增强项目工作的整体性和主动性，更好地发挥重大项目的导向作用和社会效益，也能够使国家局和地方局的工作进一步协调，提高地方项目前期准备的实效性，减少"跑部进京"现象。不仅文物保护项目，包括博物馆项目、安全项目等大宗投入都有一个构成问题，要进一步研究规范。项目检查和绩效评估是目前项目管理的一个薄弱环节，主要是因为有些文

物保护项目周期较长而主管部门人手偏少。但无论如何，有布置没检查、有立项无结项都是不允许的。要制定一个多层次多形式、公平公正、简便易行的项目检查评估办法，评估结果要与项目资金安排挂钩。

要在文物维修保护、安消防设施达标、科技创新等领域实施一批关系全局、带动性强的重大项目。开展古村落、官式建筑样板工程和文物安全防护典范工程试点。开展山西南部早期建筑及彩塑壁画、涉台文物、重要石窟寺、重要革命旧址等文物保护工程和西藏、新疆重点文物保护工程。完成南水北调工程田野文物考古与保护工作，公布第二批国家考古遗址公园名单。水下考古工作船建造、国家水下文化遗产保护南海基地及西沙工作站建设取得实质性进展。力争红河哈尼梯田文化景观申遗成功，开展大运河和丝绸之路申遗项目的保护和环境整治工作，发布《中国世界文化遗产监测预警体系建设规划》。继续推进文博风险单位安防设施达标建设，建成一批古遗址、古墓葬、石窟寺防盗报警设施和古建筑防火、防雷设施。

（二）提高文物利用水平，丰富人民精神文化生活

我们要高度重视并认真做好文物资源合理利用、传承弘扬这篇大文章。与文物资源的数量质量相比，与各级政府财政的投入相比，我们这篇文章才刚刚破题，还有大量工作要做。推动文物保护利用与经济社会协调发展、互利共赢。规范引导依托文物资源发展旅游产业，提供公共服务，丰富博物馆文化产品。推进文物保护工程与工业化、信息化、城镇化、农业现代化进程有机结合，积极探索工业遗产、乡土建筑的保护利用方式。以大遗址保护和国家考古遗址公园建设为引领，通过政府主导、部门协作、社会参与、市场运作的方式，积极探索提升地域文化和民族文化层次、提高公民素质、优化城乡环境、改善人民生活的新模式。

继续深化博物馆免费开放，积极制定实施博物馆改革规划，创新管理体制和运行机制，改进服务方式，增强内生活力，提高运营效率，实现发展模式由封闭型向开放型转变。发挥中央地方共建国家级博物馆和国家一级博物馆的示范和帮扶作用，提高展陈质量和管理水平；公布第二批国家二级、三级博物馆名单；开展促进民办博物馆发展专题调研。推进博物馆文化与学校教育、国民教育的有机结合。

构建全面多元的对外文物交流合作机制。继续做好援助柬埔寨、肯尼亚、缅甸、摩洛哥等文物保护项目；争取与欧盟有关国家签署防止盗窃、盗掘和非法进出境文化财产的双边协定；推出一批具有中国内涵、国际表达的对外文物展览。深化与台港澳地区的文物交流与合作，积极推动海峡两岸商签文物交流协议，举办两岸四地古迹活化再利用研讨会。

（三）全面开展第一次全国可移动文物普查，廓清文物家底和保存状况

文物工作属于资源依托型的工作，资源数量、保存状况是决定文物工作需求和发展方向的刚性依据。

全面开展第一次全国可移动文物普查是2013年工作的重中之重。这次普查，就是要全面掌握各类国有单位收藏保管可移动文物的总体情况，建立国有可移动文物登录机制，建立国有可移动文物管理服务信息平台，为科学管理、服务社会奠定基础。我们将报请国务院召开全国可移动文物普查领导小组第一次会议和全国电视电话会议。积极会同有关部门建立普查经费保障机制，建立运行普查信息登录和数据管理平台，摸清收藏保管有可移动文物的国有单位的分布状况。要充分利用馆藏文物已有数据，下工夫摸清文物系统外国有可移动文物的情况。对这项工作，各地务必高度重视，精心组织实施，在人财物上予以优

先保障，为我国首次国有可移动文物普查开好头、起好步。同时，继续做好不可移动文物"三普"成果转化利用工作，结合国务院核定公布第七批全国重点文物保护单位名单，推动各地核定公布相应级别的文物保护单位。

（四）加强人才培养、科技创新，筑牢文物事业发展根基

人才和科技，是文物事业发展的两大基石，是能力建设的核心，其基础性、战略性和决定性作用十分突出。

要制定《文博人才工作中长期规划纲要》，初步形成文博人才培养的教育体系、教学框架。搭建技能型人才培养平台，与相关高等院校、高职院校、科研基地联合培养文物修复、规划编制等急需人才。研究建立科学合理的文博职业制度，搭建人才成长通道。配合人力资源和社会保障部修订《中华人民共和国职业分类大典》中与文物行业相关的内容，研究建立文物修复师职业资格制度。紧紧围绕需求，继续办好文物行政和业务培训班。

深化文物保护科技领域技术路线图研究；继续推进中华文明探源工程、指南针计划等国家级重大科技项目；实施文物保护关键技术提升计划、基础研究推进计划、科技成果推广计划；重点支持文物风险预控、传统工艺科学化、保护修复专有装备和保护材料效果评价研究；着力开展先进适用技术成果的规模化应用；以973、科技支撑、文化科技创新工程等国家科技计划为载体，促进区域创新联盟、技术创新联盟和科研基地建设；深化文博单位与中国科学院系统、高等院校的协同创新，构建以需求为导向的创新研发链条，提升科技创新效率。

（五）推进改革创新，构建科学发展的体制机制

要以解决问题、推动发展为重点，逐步形成系统完备、科学规范、运行有效的制度体系。落实全国人大常委会建议，开展文物保护法修订前期研究。贯彻落实《国务院关于进一步做好旅游等开发建设活动中文物保护工作的意见》，明确责任，分解任务，制定措施，会同有关部门开展检查督导。按照中央部署，稳步推进文物系统事业单位分类改革。以文物宣传主题策划和品牌建设为载体，开展内容丰富、形式多样的文物法制和文博知识宣传普及活动。与主流媒体结合，重点搞一两个有影响力的文物宣传项目。

扎实推进标准制、修订工作。启动编制《文物保护工程设计方案编写规范》《博物馆陈列工程施工规范》《博物馆突发事件应急预案编制规范》《文物保护项目预算编制与控制数审核标准》等13个行业标准；修订文物保护工程北方定额标准。标准制定体系庞大，任务繁重，一定要以工作急需为重，要严格程序、反复论证，但不能没有时限、久拖不果。地方和有关单位要重视这项工作，结合实践多制定些地方标准或技术规范。

深化行政管理体制改革。着力推进转变职能、简政放权。按照责权相统一的原则，建立文物保护工程行政审批与技术核审相分离、分层次的审核制度，形成第三方机构独立承担技术核审工作机制。开展全覆盖的工作绩效考评，建立经费使用绩效考评制度、项目绩效考评制度，推动将重点工程质量和专项资金使用绩效纳入文物保护责任目标，把各项重点工作的落实纳入干部考核体系。绩效考评是对各项工作的一致要求，必须做到统一效能，防止重复交叉、标准不一。

切实履行社会文物管理职能。加强文物流通领域管理，配合有关部门开展文物拍卖市场治理。密切关注文物复仿制生产领域中的问题，配合有关部门加强监管，形成行业自律。研究制定社会力量和社会资本参与文物保护利用的优惠政策和具体措施，研究对非公有制文博单位人员评定职称、申报项目的政策。研究系统外文物保护单位和个人产权文物

2013
中国
文物年鉴

保护单位的保护、维修与管理使用政策。对于社会广泛关注的重大项目规划和法规规章，要依法进行公示，接受人民群众监督。

（六）改进工作作风，推动工作落实

新一届中央政治局强调责任担当，强调不辱使命，强调实干兴邦，提出改进工作作风、密切联系群众的八项规定，在党内外、国内外引起强烈反响和普遍好评。国家文物局召开党组中心组扩大会议，专题学习中央八项规定，在综合各司室意见的基础上，形成了《中共国家文物局党组关于落实〈十八届中央政治局关于改进工作作风、密切联系群众的八项规定〉的实施意见》。会议印发了这个文件，希望同志们提出意见并监督执行。

贯彻落实中央规定，领导机关和领导干部要率先垂范，要以作风建设为抓手，着力加强局司两级领导班子建设；要从文物工作的实际出发，把改进作风与转变职能、改善服务结合起来，扎扎实实解决一些地方和基层反映强烈、迫切需要解决的问题。比如，会议多是各地反映较大的一个问题。这次规定，全年请地方局主要领导参加的会议就两次，一次年末的局长会议，一次年中的局长座谈会。此外的会议再请局长参加必须经我批准，请副局长参加须经分管副局长批准；还决定尽快开通视频会议系统。各地文物部门、文博单位也要制定具体办法，认真贯彻落实中央规定精神；以好的作风保证繁重任务的完成，以好的作风促进领导班子和干部队伍建设。

三、全面落实科学发展观，整体谋划2020年文物事业发展的目标

布置了新一年的工作，再放开视野，讲一讲文物工作中长期的事情。

党的十八大，明确把科学发展观确立为全党必须长期坚持的指导思想。我们学习贯彻十八大精神，就是要以科学发展观为指导，努力实现在我国进入全面建成小康社会决定性阶段文物事业的科学发展，研究探索中国特色文物事业发展道路、理论和制度，全面开创文物工作新局面。

——更加自觉地坚持以发展为第一要义。改革开放三十多年来，从以经济建设为中心到更加注重发展的质量与效益，一脉相承。在中国特色社会主义伟大事业的实践中，发展的内涵不断丰富，发展的领域不断拓宽，发展的目标不断完善，但始终都没有离开发展这条主线。文物是不可再生的资源，我们不能生产文物，但以文物保护、利用和传承为己任的文物工作，同样要以发展为第一要义。这是因为，文物资源的规模在扩大，文物保护的标准在提高，人民群众的需求在增长。形势的发展、事业的开拓、人民的期待，都要求我们以发展为主题。对于文物工作来说，保护是发展的前提，利用是发展的动力，管理是发展的保障，传承是发展的目的，都是发展的有机组成部分，都是文物事业发展的主体。当然，讲发展也包括利用文物资源发展旅游和相关产业产品，但要以文物保护为前提，不能搞产业化和市场化。

——更加自觉地坚持以人为本的核心立场。文物工作要以服务人民为根本宗旨，实现文物保护利用成果由人民共享，保障人民文化权益，促进人的全面发展。要坚持文物事业的公益属性，尽可能地为人民群众提供均等、便利、全覆盖的文物博物馆公共服务。要维护文物资源共享的代际公平，关注当代人的民生需求，保护后代人的利用权利，在文物保护利用中传承文明，建设中华民族共有精神家园。

——更加自觉地坚持全面协调可持续发展的基本要求。科学发展观的全面、协调、可持续发展的基本要求，对于文物工作具有重要的指导性和突出的针对性。所谓"全面"，就是要全面贯彻和有效执行《文物保护法》，有法可依、有法必依、执法必严、违法必

究；就是要全面理解和执行"保护为主、抢救第一、合理利用、加强管理"的文物工作方针，处理好保护与利用的关系。所谓"协调"，就是要努力做到体制机制与履行职责相协调、机构队伍与事业发展相协调、经费保障与文物保护需求相协调，着力解决文物事业发展中不平衡、不协调、不可持续的问题。所谓"可持续"，就是要实现好文物的可持续保护、文物的可持续利用和文物工作保障条件的可持续发展。

——更加自觉地坚持统筹兼顾的根本方法。正确认识和妥善处理文物事业和文物工作中的各种关系，包括协调好文物工作与经济社会发展的关系，文物系统与全社会的关系，国家局与地方局、国家文物局与中央其他部门的关系，宏观管理与微观管理、加强管理与改进服务的关系等。善于统筹使用紧缺资源，适度整合分散资源，兼顾各方面的利益诉求，兼顾各领域的发展需要，充分调动各方面积极性，增强工作的系统性、整体性和协同性。

党的十八大提出了全面建成小康社会的奋斗目标，并就此作出了战略部署。我们学习贯彻十八大精神，就是要围绕2020年这个时间节点，按照建设社会主义文化强国战略任务的要求，深刻分析文物事业发展面临的新形势，整体谋划2020年文物事业发展的目标任务。

我们需要研究对接十八大提出的到2020年全面建成小康社会的总体目标，思考谋划到2020年文物事业发展的目标任务。在全国文物工作会议上，刘延东同志提出：要加快建设与我国深厚文化底蕴和丰富文物资源相匹配、与中国特色社会主义事业总布局相适应、与建设文化强国目标相衔接的文化遗产强国。这一目标与党的十七届六中全会提出的建设文化强国目标的时间节点，都是到本世纪中叶，到2020年要为实现这一目标打下更加坚实的基础。那么这个更加坚实的基础应该是什么样的？我们应该分几个方面进行描述？这里，我们对2020年文物事业的发展目标作出一个初步概述，希望同志们充分讨论、深入研究。到2020年的目标是：文物资源状况全面廓清，文物安全防护设施基本达标，各级文物保护单位、馆藏文物得到科学管理和有效保护；法律制度和标准规范更加健全，人才队伍建设全面提升，科技支撑作用显著增强，经费投入增长机制不断完善；国有、民办有机结合，综合、专题门类优化，面向城乡、服务国民教育的博物馆体系基本完备；文物工作服务社会、惠及民生的作用充分发挥，为提高国家文化软实力、建设文化强国作出更大贡献。

实现2020年文物事业发展目标，要做哪些事情？我们可以就着力构建以下几个体系进行深入研究。

——文物保护与安全体系。坚持依法保护和科学保护，遵循文物保护规律，保护文物的真实性和完整性，保护文物的自然环境和人文环境。建立文物保护的长效机制，推进抢救性保护与预防性保护、文物保护规划与经济社会发展规划和城乡建设规划的有机结合。建成科学规范的文物保护项目管理制度，形成多类型、多渠道的文物展示利用制度，提高文物保护项目的质量和水平。应用高新技术，推广共性技术和关键技术，挖掘、改良和传承文物保护的传统工艺技术，突破文物保护的重大技术瓶颈。

文物督察制度基本建立，文物安全工作格局趋于完善，文物执法能力全面加强，文物违法犯罪案件和安全事故高发势头得到有效遏制。健全文物安全责任与防控机制，实行责任追究；建立文物防灾减灾机制，文物博物馆单位安全设施基本达标；建成文物安全与违法预警监管平台，加强日常执法巡查，提升监管效能；发挥全国文物安全工作部际联席会议制度作用，加强联合执法。

——社会服务体系。拓展文物利用传承途径，发挥文物资源的多重价值。挖掘、阐发和展示文物资源的丰富内涵，使之成为鼓舞人民前进的精神力量，为建设社会主义核心价值体系、全面提高公民思想道德素质作贡献。以保障和改善民生为重点，发展文物旅游及相关文化产业，提高人民生活质量，为推动经济社会发展作贡献。共建共享文物保护利用成果，深化博物馆免费开放，规范提升文物保护单位开放服务工作，丰富人民精神文化生活，为完善公共文化服务体系、构建优秀文化传承体系作贡献。积极配合国家外交大局，实施中华文明展示工程，推动中华文化走出去，为增强文化整体实力和竞争力作贡献。加强水下文化遗产考古和保护，维护国家海洋权益，助力海洋强国建设。

——法制、人才和经费保障体系。坚持用制度管权管事管人，基本实现文物保护利用的有法可依，实现制度构建与法律实施的协调发展。适应文物资源分布和类型特点，加强重点领域立法。提高文物部门依法行政能力，强化文物法律实施力度。推进行政管理体制改革，完善项目管理、资金管理、行业管理、社会文物管理制度，扩大政务公开，接受社会监督。健全文物保护技术标准、工作标准和基础标准，有效发挥标准在基础管理、工程实施和科技应用中的规范引领作用。

加快建设结构优化、素质过硬的文博人才队伍，做到人才多层次、培养有平台、使用有政策、成长有渠道。造就一批熟悉文物工作、懂经营善管理的复合型人才，一批善于运用现代科技手段保护利用文物的科技型人才，一批掌握传统工艺技术、具有操作经验的技能型人才，一批文博知识扎实、综合素质高、创新能力强的研究型人才。实施紧缺人才培养计划，扶持资助优秀中青年人才主持重大课题、领衔重点项目、实施重点工程，注重培养领军人才、修复人才、公共服务人才。健全文博机构资质准入制度、文博从业人员资格评价制度。推进文博专业培训在内容和方式上与重大项目、重点工程相衔接，促进文博高等教育和职业教育在学科建设、专业设置、课程设计上与文物事业需求相结合。

完善财政保障机制，将文物保护经费纳入公共财政预算项目，保证公共财政对文物保护投入的增长幅度高于财政经常性收入增长幅度，提高文物保护支出占公共财政支出的比重。完善投入方式，提高资金使用效益。研究支持非国有文物维修保护和民办博物馆发展的政策，鼓励各类文博机构提供公共文化服务。拓宽文物事业资金投入渠道，支持社会组织、机构、个人捐赠和参与兴办公益性文物事业，引入市场机制多渠道开发文博行业的文化创意产品和服务。

构建以上体系，既要借鉴国际先进经验，也要总结地方成功做法，同时又是开放的、与时俱进的。这既是任重道远的目标，也是现在需要着手开展的工作。我们准备从2013年初开始，把有关课题任务下达国家文物局各司室进行研究论证，再综合优化，上半年要完成2020年文物事业发展目标构建的任务。各地要支持这项工作，同时安排好本地区的目标研究工作。

同志们，在全面建成小康社会的新征程上，我们的责任更大、担子更重。我们必须进一步增强忧患意识、创新意识、宗旨意识和使命意识，以开拓进取的精神、昂扬向上的干劲和稳健务实的作风，以倍加坚定的自信、倍加深刻的警醒、倍加顽强的努力，讲实话、干实事，敢作为、勇担当，全面落实2013年各项工作任务，奋力谱写文物工作的新篇章。

2013
中国
文物年鉴

<<< 重要公文

国务院关于开展第一次全国可移动文物普查的通知

国发〔2012〕54号

各省、自治区、直辖市人民政府，国务院各部委、各直属机构：

为提高我国文化遗产保护管理水平，促进社会主义文化大发展大繁荣，建设社会主义文化强国，根据《国家"十二五"时期文化改革发展规划纲要》，国务院决定从2012年开始开展第一次全国可移动文物普查。现将有关事项通知如下：

一、目的和意义

种类丰富、数量庞大、价值突出的可移动文物是中华民族文化的实物见证。可移动文物普查是继第三次全国文物普查（不可移动文物部分）之后在文化遗产领域开展的国情国力调查，是确保国家文化安全、保障人民群众基本文化权益的重要措施，是健全国家文物保护体系的重要基础工作。可移动文物普查是通过国家统一组织、由专业部门采用现代信息手段集中调查统计的方式，对可移动文物进行调查、认定和登记，掌握可移动文物现状等基本信息，为科学制定保护政策和规划提供依据。开展可移动文物普查，将有利于掌握和科学评价我国文物资源情况和价值，健全文物登录备案机制和文物保护体系，加大文物保护力度、扩大保护范围，保障文物安全，并将进一步促进文物资源整合利用，丰富公共文化服务内容，有效发挥文物在国民经济和社会发展总体布局中的积极作用。

二、范围和内容

此次普查的范围是我国境内（不包括港澳台地区，下同）各级国家机关、事业单位、国有企业和国有控股企业、中国人民解放军和武警部队等各类国有单位所收藏保管的国有可移动文物，包括普查前已经认定和在普查中新认定的国有可移动文物。普查统计国有可移动文物数量、类型、分布和收藏保管等基本信息。县级以上地方各级人民政府要根据普查结果，编制普查报告，建立普查档案和本行政区域内的国有可移动文物名录，并进一步加大保护管理力度。

三、时间和安排

此次普查从2012年10月开始，到2016年12月结束，分三个阶段进行。普查标准时点为2013年12月31日。2012年9月至12月为普查第一阶段，主要任务是制定标准和规范，开发软件，开展培训、试点工作；2013年1月至2015年12月为普查第二阶段，主要任务是以县域为基本单元，开展调查、文物认定、信息采集和审核；2016年1月至2016年12月为普查第三阶段，主要任务是进行调查资料的整理、汇总、数据库建设和公布普查成果。

四、组织和实施

为加强对普查工作的组织领导，国务院决定成立第一次全国可移动文物普查领导小

2013
中国
文物年鉴

组，负责普查工作的组织和领导，协调解决重大问题。领导小组办公室设在文物局，负责普查工作的日常组织和具体协调。各有关部门要各司其职、通力协作，广泛动员和组织本系统国有单位积极参加并认真配合地方政府普查工作。县级以上地方各级人民政府要按照国务院的统一部署，设立相应的普查领导小组及其办公室，认真做好本行政区域文物普查的组织实施工作。各国有单位要按照属地管理原则，在单位所在地的县级普查机构完成本单位可移动文物的普查登记。

五、经费保障

此次普查所需经费由中央和地方分别负担，并分别列入中央和地方相应年度的财政预算。

六、资料填报和管理

凡在我国境内收藏保管国有可移动文物的单位，都必须按照《中华人民共和国文物保护法》《中华人民共和国统计法》的有关规定和此次普查的具体要求，按时、如实、完整地填报普查信息，配合普查机构开展普查工作。任何地方、部门、单位和个人都不得虚报、瞒报、拒报、迟报，不得伪造、篡改普查资料。各级普查机构要通过实物调查认真核查普查信息，确保普查质量。普查机构及其工作人员要妥善保存普查数据和资料，对普查中涉及的国家秘密，必须履行保密义务。

中国人民解放军、武警部队可移动文物普查由总政治部按照本通知精神自行组织开展，普查成果统一汇总后报送国务院第一次全国可移动文物普查领导小组办公室。

附件：国务院第一次全国可移动文物普查领导小组人员名单

2012年10月1日

附件

国务院第一次全国可移动文物普查领导小组人员名单

组　长：刘延东　国务委员
副组长：蔡　武　文化部部长
　　　　江小涓　国务院副秘书长
　　　　励小捷　文物局局长
成　员：李忠杰　中央党史研究室副主任
　　　　朱之鑫　发展改革委副主任
　　　　杜玉波　教育部副部长
　　　　姜　力　民政部副部长
　　　　张少春　财政部副部长
　　　　汪　民　国土资源部副部长
　　　　杨志今　文化部副部长
　　　　金　琦　人民银行行长助理
　　　　孟建民　国资委副主任
　　　　李　强　统计局副局长
　　　　蒋坚永　宗教局副局长

李明华　档案局副局长
宋新潮　文物局副局长
禹　光　总政治部宣传部副部长
徐延豪　中国科协书记处书记
领导小组办公室主任由文物局局长励小捷兼任。

国务院关于进一步做好旅游等
开发建设活动中文物保护工作的意见

国发〔2012〕63号

各省、自治区、直辖市人民政府，国务院各部委、各直属机构：

我国是历史悠久的文明古国，拥有极其丰富的文物资源。各类文物既是中华民族优秀传统文化的重要载体，也是旅游业可持续发展的重要基础。国家高度重视在旅游等开发建设活动中的文物保护工作，采取了一系列措施，既确保了文物安全，又有效利用了文物资源。但是也存在有的地方违法转让、抵押国有不可移动文物，将国有不可移动文物作为企业资产经营，过度开发利用文物资源、导致文物破坏或损毁，甚至擅自拆除文物古迹和历史文化街区、村镇以及历史建筑等问题。为进一步做好旅游等开发建设活动中的文物保护工作，现提出以下意见：

一、严格执行文物保护法律法规。国有不可移动文物不得转让、抵押，不得作为企业资产经营。文物古迹和历史建筑应当尽可能实施原址保护，不得擅自拆除、迁移。对于历史文化街区、村镇，要逐步改善基础设施、公共服务设施和居住环境，不得擅自拆除。国有不可移动文物已经全部毁坏的，不得擅自在原址重建、复建。辟为参观游览场所的国有文物保护单位，所在地人民政府应当依法设立专门机构负责管理，不得将文物保护单位管理机构作为企业的下属机构或交由企业管理。国有其他文物也要按照文物保护法律法规严格管理，不得赠与、出租或者出售给其他单位、个人，也不得抵押或作为企业资产经营。

二、严格履行涉及文物的旅游等开发建设活动审批。要加强各级文物保护单位的规划编制工作，提高规划的科学性。各地编制旅游等开发建设规划要符合城乡规划，并与文物保护单位的规划相衔接，坚持文物保护优先，把文物安全放在首位。旅游等开发建设项目要严格履行基本建设审批程序。在文物保护单位和历史文化街区、村镇以及历史建筑的保护范围和建设控制地带内实施建设工程的，要事先依法征得文物行政部门同意，报城乡规划部门批准；未经文物行政部门同意的，不得立项，更不得开工建设。

三、合理确定文物景区游客承载标准。文物、旅游等部门要立足文物安全，科学评估文物资源状况和游客流量，合理确定文物旅游景区的游客承载标准，并向社会公布。对于古遗址、古建筑、石窟寺等易受损害的文物资源，要通过预约参观、错峰参观等方式调节

2013
中国
文物年鉴

旅游旺季的游客人数，防止背离文物旅游景区实际、片面追求游客规模。要定期对利用古遗址、古建筑、石窟寺等易受损害的文物资源开展旅游等开发情况进行安全评估，对可能造成文物资源破坏的要及时采取保护措施，确保文物安全。

四、加大对文物保护的投入。各级人民政府要将文物保护经费列入本级财政预算，保证财政拨款随着财政收入增长而增加。要切实保障文物保护单位的日常维护经费和文物保护的抢救性投入。要加大基础建设投入，改善文物本体及其环境状况，加强文物保护基础设施和安全设施建设。国有文物保护单位的事业性收入应当专门用于文物保护。鼓励社会力量采取捐赠、设立文物保护社会基金等方式参与文物保护。文物旅游景区经营性收入要优先用于文物保护，具体比例由地方人民政府确定。文物保护单位管理机构要加强资金管理，严格遵守财务制度，提高资金使用效益。

五、加强文物旅游的指导和监管。旅游、文物等部门要把依法保护文物、确保文物安全列入旅游景区质量标准管理体系。对文物保护与安全管理规定不落实，造成文物破坏、损毁的，要依照相关规定处理并通报批评，涉嫌违法的要依法追究相关单位和人员责任。要建立文物旅游突发事件应急预警机制、巡视检查制度、专家咨询制度，定期组织评估文物保护与旅游发展状况并向社会公布，促进文物保护和文物资源的合理利用。

六、切实落实文物保护责任。县级以上地方人民政府及其文物行政部门是文物保护的第一责任人。地方各级人民政府要切实加强对文物保护工作的领导，把文物保护事业纳入本级国民经济和社会发展规划，加强文物保护机构队伍建设，定期解决文物保护面临的问题。国务院每两年组织开展一次文物保护法律法规落实情况检查，对领导不力、玩忽职守、决策失误，造成文物破坏损毁的，要严肃追究责任。

七、认真履行文物保护职责。进一步发挥全国文物安全工作部际联席会议制度的作用，对各地在旅游等开发建设活动中文物保护情况进行督导。文物行政部门要加强对文物保护的监督管理，统筹协调和指导文物保护工作，履行文物行政执法督察职责；旅游部门要在发展旅游中切实落实文物保护的相关规定；发展改革部门要加大对文物保护设施的投入，把好文物旅游基本建设项目立项审批关；财政部门要加大文物保护经费的投入，加强经费使用的监督管理；国土资源部门要加强对国有不可移动文物、考古遗址等重点文物保护用地及规划的监管；城乡规划、文物部门要加强对历史文化名城和历史文化街区、村镇以及历史建筑的保护；公安部门要加强对损毁文物特别是国家保护的珍贵文物或损毁全国重点文物保护单位、省级文物保护单位的违法犯罪活动的查处力度。

八、依法纠正违法违规行为。各地要对本行政区域内旅游等开发建设活动中涉及文物古迹和历史文化街区、村镇以及历史建筑等的保护情况进行一次检查，全面摸清有关情况，依法纠正违法违规行为。

（一）对于将国有不可移动文物转让、抵押的，要限期改正，予以回购、终止抵押。对于将国有不可移动文物作为企业资产经营的，要限期将其从企业资产中剥离；暂不具备剥离条件的，可以设定过渡期，并由省级人民政府向国务院报告。

（二）对于游客接待量超过承载量，造成文物破坏或可能造成文物安全隐患的，要限期改正。

（三）对于擅自拆除文物古迹和历史文化街区、村镇以及历史建筑的，由县级以上地方人民政府或其城乡规划、文物等部门依法定职权责令停止违法行为、限期恢复原状或者采取其他补救措施。历史文化街区、村镇遭到严重破坏的，由批准机关撤销历史文化街区、村镇称号。

（四）对于将文物保护单位管理机构作为企业的下属机构或交由企业管理的，要从企业中分离，恢复文物保护单位管理机构的事业单位性质，交由文物行政部门管理。

（五）对于把历史文化街区、村镇整体出让给企业管理经营的，要予以纠正。暂不具备条件的，应当由省级人民政府向国务院说明情况。

在检查工作中，对涉嫌违法的行为，要依法追究相关单位和人员的法律责任。检查结束后，各省、自治区、直辖市人民政府要在2013年5月底前将检查情况上报国务院。国务院将组织督查组对各地检查情况进行督导。

2012年12月19日

大运河遗产保护管理办法

中华人民共和国文化部令第54号

《大运河遗产保护管理办法》已经2012年7月27日文化部部务会议审议通过，现予公布，自2012年10月1日起施行。

部长　蔡武
二〇一二年八月十四日

第一条　为加强对大运河遗产的保护，规范大运河遗产的利用行为，促进大运河沿线经济社会全面协调可持续发展，根据《中华人民共和国文物保护法》，制定本办法。

第二条　本办法所称大运河遗产，包括隋唐运河、京杭大运河、浙东运河的水工遗存，各类伴生历史遗存、历史街区村镇，以及相关联的环境景观等。

近代以来兴建的大运河水工设施，凡具有文化代表性和突出价值的，属于本办法所称的大运河遗产。

第三条　大运河遗产保护实行统一规划、分级负责、分段管理，坚持真实性、完整性、延续性原则，依照国家有关法律、行政法规和本办法的规定执行。

第四条　国家设立的大运河保护和申遗省部际会商小组，协调大运河遗产保护中的重大事项，会商解决重大问题。

国务院文物主管部门主管大运河遗产的整体保护工作，并与国务院国土、环保、交通、水利等主管部门合作，依法在各自的职责范围内开展相关工作。

大运河沿线县级以上地方人民政府文物主管部门，负责本行政区域内的大运河遗产保护工作，依法与其他相关主管部门合作开展工作，并将大运河遗产保护经费纳入本级财政预算。

第五条　国家鼓励公民、法人和其他组织参与大运河遗产保护。

公民、法人和其他组织可以通过捐赠等方式设立大运河遗产保护基金，用于大运河遗产保护。大运河遗产保护基金的募集、使用和管理，依照国家有关法律、行政法规的规定执行。

国务院文物主管部门、大运河沿线县级以上地方人民政府文物主管部门，应当对在大运河遗产保护中作出突出贡献的组织或者个人给予奖励。

第六条 大运河沿线省级人民政府文物主管部门应当组织调查本行政区域内的大运河遗产。

属于大运河遗产的不可移动文物，县级以上地方文物主管部门应当依法予以认定，并报同级人民政府核定公布为文物保护单位。大运河遗产中具有重大历史、艺术、科学价值的不可移动文物，应当确定为全国重点文物保护单位，报国务院核定公布。

第七条 国家实行大运河遗产保护规划制度。大运河遗产保护规划由总体规划、省级规划和市级规划构成。

大运河遗产保护总体规划，由国务院文物主管部门会同国务院有关部门制订，经大运河保护和申遗省部际会商小组审定后报国务院批准公布。大运河遗产保护总体规划应当与国家水利、航运、环境等规划相协调。

大运河遗产保护省级规划和市级规划，分别由省级和市级文物主管部门会同同级有关部门制订，报省级和市级人民政府批准公布，并报上级文物主管部门备案。

第八条 大运河遗产保护规划应当明确大运河遗产的构成、保护标准和保护重点，分类制定保护措施。

在大运河遗产保护规划划定的保护范围和建设控制地带内进行工程建设，应当遵守《中华人民共和国文物保护法》的有关规定，并实行建设项目遗产影响评价制度。建设项目遗产影响评价制度由国务院文物主管部门制定。

除防洪、航道疏浚、水工设施维护、输水河道工程外，任何单位或者个人不得在大运河遗产保护规划划定的保护范围内进行破坏大运河遗产本体的工程建设。

第九条 大运河沿线县级以上地方人民政府文物主管部门，应当建立大运河遗产所在地标识系统，并向公众提供真实、完整的大运河遗产信息。

第十条 将大运河遗产所在地辟为参观游览区，必须保障公众和大运河遗产的安全。

在参观游览区内设置服务项目，必须符合大运河遗产保护规划的要求。

大运河遗产参观游览区保护、展示、利用功能突出，示范意义显著的，可以公布为大运河遗产公园。

第十一条 大运河遗产跨行政区域边界的，其毗邻的县级以上地方人民政府文物主管部门应当定期召开协调会议，研究解决大运河遗产保护中的重大问题。

第十二条 国家实行大运河遗产监测巡视制度，由国务院文物主管部门组织实施，定期发布监测巡视报告。

大运河遗产监测由国家、省级和市级监测系统构成，包括日常监测、定期监测和反应性监测；大运河遗产巡视由国家和省级巡视系统构成，包括定期巡视和不定期巡视。

第十三条 因保护和管理不善，致使真实性、完整性和延续性受到损害的大运河遗产，由国务院文物主管部门列入《大运河遗产保护警示名单》予以公布。

列入《大运河遗产保护警示名单》的遗产所在地保护机构，必须对保护和管理工作中存在的问题制订并公布整改措施，限期改进保护管理工作。

第十四条 违反本办法规定，造成大运河遗产损害、构成犯罪的，依法追究刑事责

2013
中国
文物年鉴

任；尚不构成犯罪的，由主管机关依法给予处罚。

有关行政机关不履行法定职责的，由上级行政机关责令改正，通报批评；对负有责任的主管人员和其他直接责任人员，由主管机关依法处理。

第十五条 本办法自2012年10月1日起施行。

人力资源和社会保障部、国家文物局关于表彰全国文物系统先进集体和先进工作者的决定

人社部发〔2012〕42号

各省、自治区、直辖市及新疆生产建设兵团人力资源社会保障厅（局）、文物局（文化厅），福建省公务员局，国家文物局各直属单位：

党的十七大以来，在党中央、国务院的正确领导下，全国文物系统干部职工高举中国特色社会主义伟大旗帜，以邓小平理论和"三个代表"重要思想为指导，深入贯彻落实科学发展观，坚持党和国家文物工作方针，依法履行文物保护职责，推动文化遗产事业科学发展，取得令人瞩目的成就，涌现出一批先进集体和先进工作者。

为表彰先进、树立典型、弘扬正气，激励全国文物系统广大干部职工充分发挥积极性和创造性，不断开创文化遗产事业发展的新局面，人力资源社会保障部、国家文物局决定，授予北京市延庆县八达岭特区办事处等50个单位"全国文物系统先进集体"荣誉称号，授予廖静文等30名同志"全国文物系统先进工作者"荣誉称号。被授予"全国文物系统先进工作者"荣誉称号的同志，享受省部级先进工作者和劳动模范待遇。希望受表彰的先进集体和先进工作者珍惜荣誉、戒骄戒躁、再接再厉，再立新功。

全国文物系统各单位和广大干部职工要以受到表彰的先进集体和先进工作者为榜样，更加紧密地团结在以胡锦涛同志为总书记的党中央周围，深入贯彻落实科学发展观，坚定信心、振奋精神、锐意进取、无私奉献，立足本职岗位，争创优异成绩，为建设文化遗产强国做出新的更大贡献。

附件：1. 全国文物系统先进集体名单（50个）
　　　2. 全国文物系统先进工作者名单（30名）

人力资源和社会保障部
国家文物局
二〇一二年七月四日

附件1:

全国文物系统先进集体名单（50个）

北京市	延庆县八达岭特区办事处	湖北省	湖北省钟祥市显陵管理处
	孔庙和国子监博物馆		荆州文物保护中心
天津市	西青区文物保护所	湖南省	湖南省文物考古研究所
河北省	承德市文物局	广东省	广东省文物鉴定站
	黄骅市博物馆		广东革命历史博物馆
山西省	太原市文物局	广西壮族自治区	百色起义纪念馆
内蒙古自治区	阿拉善右旗文物管理所	海南省	海南省博物馆
	呼伦贝尔民族博物院	重庆市	北碚区文化广电新闻出版局
辽宁省	朝阳市牛河梁遗址管理处		巫山县文物管理所（巫山博物馆）
	铁岭市博物馆	四川省	汶川县文化体育局
吉林省	吉林省博物院		安岳县文物管理局
	四平市文物管理委员会办公室	贵州省	黄平县文物局
黑龙江省	黑龙江省博物馆	云南省	大理市文物保护管理所
上海市	中国共产党第一次全国代表大会会址纪念馆	西藏自治区	山南地区文物局
			布达拉宫管理处
江苏省	扬州市文物局	陕西省	西安碑林博物馆
	张家港市文物局		延安市文物局（延安革命纪念地管理局）
浙江省	余姚市河姆渡遗址博物馆	甘肃省	甘肃省文物保护维修研究所
	嘉兴市文物局		庆城县博物馆
安徽省	安徽省文物考古研究所	青海省	青海省果洛藏族自治州文化体育局文化艺术科
	寿县文物管理局		
福建省	闽西革命历史博物馆	宁夏回族自治区	宁夏回族自治区固原博物馆
江西省	井冈山革命博物馆	新疆维吾尔自治区	新疆维吾尔自治区文物古迹保护中心
山东省	青岛市文物局		新疆吐鲁番地区文物管理局
	山东博物馆	新疆生产建设兵团	新疆生产建设兵团农三师图木舒克市文物管理局
河南省	河南省文物考古研究所		
	洛阳市文物管理局		

附件2：

全国文物系统先进工作者名单（30名）

北京市	廖静文（女）	徐悲鸿纪念馆馆长
天津市	梅鹏云	天津市文化遗产保护中心主任
河北省	谷同伟	河北省博物馆馆长
山西省	张庆捷	山西省考古研究所党支部书记兼副所长
辽宁省	李向东	辽宁省文物考古研究所所长
吉林省	李 强	延边朝鲜族自治州文物管理委员会办公室主任
黑龙江省	张凤礼	大庆市博物馆馆长
上海市	宋浩杰	上海市徐汇区文化局副局长
浙江省	刘 斌	浙江省文物考古研究所副所长
安徽省	蔡文静（女）	固镇县文物管理局局长
福建省	林跃先	闽清县博物馆馆长
江西省	詹祥生	婺源博物馆馆长
山东省	孙美荣（女）	济宁市文物局局长
河南省	赵新海	巩义市文物和旅游局局长
湖北省	刘 钢	潜江市文化旅游局党委副书记
湖南省	何 强	湖南省文物局副局长
广东省	张建雄	鸦片战争博物馆馆长
广西壮族自治区	周 海	桂林甑皮岩遗址博物馆馆长
海南省	张健平	海口市博物馆馆长兼海口市五公祠管理处负责人
重庆市	黎方银	大足石刻研究院院长
四川省	谢 辉	成都武侯祠博物馆馆长
贵州省	龙 虎（布依族）	何应钦故居管理所所长
云南省	包震德	蒙自市文物管理所所长
西藏自治区	拥忠达瓦（藏族）	昌都地区文物局局长
陕西省	田亚岐	陕西省考古研究院秦汉研究室主任
甘肃省	李宁民	天水市博物馆馆长
青海省	索南旦周（藏族）	玉树藏族自治州文物管理所科员
宁夏回族自治区	王金铎	固原市原州区文物管理所所长
新疆维吾尔自治区	梁 涛	新疆维吾尔自治区文物古迹保护中心主任
中国文化遗产研究院	詹长法	文物修复与培训中心主任

国家广播电影电视总局、国家文物局
关于加强对文物鉴定类广播电视节目
管理的通知

广发〔2012〕54号

各省、自治区、直辖市广播影视局、文物局（文化厅），新疆生产建设兵团广播电视局，中央三台、中国教育电视台：

近年来，各地电台电视台开办了一批文物鉴定类广播电视节目，为弘扬传承我国优秀传统文化发挥了积极作用。但也有个别节目过分关注文物经济价值，宣扬错误投资收藏理念，存在过度娱乐化现象。为确保广播电视节目更好地传播文物知识、树立文物保护观念、正确引导文物收藏，根据《中华人民共和国文物保护法》《广播电视管理条例》等相关规定，现就进一步加强文物鉴定类广播电视节目的规范和管理提出如下要求：

一、各级广播影视行政部门、文物行政部门及各广播电视播出机构，要坚持以社会主义核心价值体系引领文物鉴定类广播电视节目的制作和播出，把社会效益放在首位，重点宣传文物的历史价值、科学价值和艺术价值，宣传文物保护法律法规，引导广大民众树立正确的收藏观，为弘扬我国优秀传统文化、保护文物资源、促进文物市场健康有序发展营造良好的舆论氛围。

二、文物鉴定类广播电视节目的内容必须符合《中华人民共和国文物保护法》及相关法规的规定。节目中出现的用于鉴定的文物必须为文物收藏单位收藏的以及公民、法人和其他组织以合法方式取得的文物；节目中出现的用于鉴定的文物必须为法律规定允许买卖的文物；文物鉴定类广播电视节目不得从事文物的商业经营活动，不得利用文物鉴定类广播电视节目开展模拟交易、广告推销等文物商业经营活动。

三、文物鉴定类广播电视节目要坚持正确导向，科学展示文物鉴定的复杂过程，明确提示投资文物收藏的风险，文物估价要提供市场依据。

四、文物鉴定类广播电视节目中的专家必须是省级文物部门审核通过的专家库成员。各省级文物行政部门要建立适应文物类电视节目需求的专家库，节目中出现的文物需提前由专家审核，对文物的鉴定须由专家作出，提高文物鉴定类广播电视节目的权威性，确保节目中出现的文物合法合规、文物鉴定程序严谨科学。

五、文物鉴定类广播电视节目要内容真实。不得编造文物流传故事、诱导"持宝人"杜撰虚假收藏故事，不得在节目中由演员扮演"持宝人"，不得暗示或要求专家修改文物评估结果、高估文物市场价格。节目制作机构要提前对节目中出现的文物持有者、嘉宾的身份信息进行审核，确保节目中所展示相关信息的真实性。

六、各文物收藏单位要充分发挥馆藏文物资源优势，积极参与电视节目制作。各文博单位、文物商店、拍卖公司等具有合法文物收藏和交易资质的机构，要为文物鉴定类广播电视节目在文物遴选、估价、文物法律法规和专业知识等方面提供帮助。

2013
中国
文物年鉴

七、自本通知发布之日起，各级广播电视机构要对照相关规定，对已开办的文物鉴定类广播电视节目进行全面检查。各省级广播电视行政管理部门要加强对文物鉴定类广播电视节目的管理，同省级文物行政部门建立沟通协调工作机制，加强交流合作，互通管理信息，共同规范管理好文物鉴定类广播电视节目。

特此通知。

国家广播电影电视总局
国家文物局
二〇一二年七月四日

国家文物局、公安部、海关总署、国家工商总局关于进一步加强文物经营活动管理工作的通知

文物博发〔2012〕8号

2013
中国
文物年鉴

各省、自治区、直辖市文物局（文化厅），公安厅（局），海关总署广东分署、各直属海关，工商行政管理局：

《中华人民共和国文物保护法》及《中华人民共和国文物保护法实施条例》明确规定，文物属于限制流通的特殊商品，文物流通实行归口管理、许可经营的制度，符合《中华人民共和国文物保护法》第五十条规定的文物可以依法流通，国务院文物行政部门或省、自治区、直辖市人民政府文物行政部门批准设立的文物拍卖企业、文物商店可以依法从事文物的商业经营活动。近年来，各地不断出现古玩城、古董店、艺术品市场、收藏市场等古玩旧货市场，其中夹带文物经营活动。这些市场在满足群众日益增长、多样化的收藏需求方面发挥了一定的积极作用，但也存在着未取得文物经营许可、买卖出土文物等违法违规问题，引起了社会各界的广泛关注。为进一步加强古玩旧货市场中文物经营活动的管理工作，促进文物市场的健康发展，国家文物局、公安部、海关总署、国家工商总局现就有关事项通知如下：

一、充分认识加强古玩旧货市场中文物经营活动管理工作的重要意义

文物是不可再生的文化资源，保护文物是全社会的共同责任。加强古玩旧货市场中文物经营活动的管理工作，对于遏制文物违法犯罪活动，确保国有文物安全，保护消费者合法权益，促进文物市场的健康发展都具有十分重要的意义。各地文物、公安、海关、工商等部门要统一认识，从保护我国文化遗产、建设文化强国、维护市场秩序和群众利益的大局出发，高度重视古玩旧货市场中文物经营活动存在的问题，切实依法加强管理。要坚持严格管理与积极引导并举，规范秩序和促进发展并重，努力营造主体合法、经营有序、守信自律、健康繁荣的文物经营活动秩序。

二、加强古玩旧货市场中文物经营活动管理工作的主要任务和目标

（一）开展对古玩旧货市场中有关商户的文物经营资质审批工作。文物行政部门依照相关法律法规确立的文物商店审批条件和程序，对古玩旧货市场中经营文物的商户进行审批。

（二）建立古玩旧货市场中文物经营活动日常监管制度。文物、工商等部门依法对古玩旧货市场中文物经营活动进行检查，对其中未经许可开展的文物经营行为进行查处。文物行政部门依法对经批准设立的文物商店销售的文物进行审核，并对买卖国家禁止买卖的文物的行为进行处罚。

（三）加强对古玩旧货市场中文物经营活动的引导。文物行政部门督促市场主办单位组织其中的文物商店，按照有关规定对珍贵文物的购买销售作出如实记录，并集中报文物行政部门备案。

（四）建立多部门联合执法机制。整顿、规范古玩旧货市场中的文物经营活动。发现在古玩旧货市场中买卖盗窃、盗掘和走私文物等违法犯罪线索，移交公安或海关部门立案侦查。

（五）加强人员培训和法律宣传。文物行政部门有计划地开展针对古玩旧货市场管理人员和经营人员的培训，进一步提高其专业知识和法律意识。同时，联合相关部门在全社会深入宣传文物保护及相关法律法规，营造健康的文物市场整体环境。

通过上述规范引导措施，切实达到加强古玩旧货市场中文物经营活动管理、促进文物市场健康发展的目的，使古玩旧货市场真正成为推动文化产业发展和社会主义文化大发展大繁荣的积极力量。

三、加强古玩旧货市场中文物经营活动管理有关工作的时间安排

今明两年，加强古玩旧货市场中文物经营活动管理工作大致分为两个阶段：第一阶段，自本通知下发之日起至2012年12月底，重点推进古玩旧货市场中从事文物经营商户的资质审批工作；第二阶段，从2013年1月至2013年6月，全面完成本通知提出的各项任务。各地区要按照本通知的要求，分阶段认真做好检查总结工作，并向省、自治区、直辖市政府和国家文物局及有关部局汇报加强古玩旧货市场中文物经营活动管理工作的有关情况。

四、加强古玩旧货市场中文物经营活动管理工作的组织领导

加强古玩旧货市场中文物经营活动管理工作时间紧、任务重，各地文物、公安、海关、工商等部门要切实加强领导，建立起分工明确、密切协作的联合工作机制，认真制订工作方案，落实工作责任，明确时间要求，统一步调，协调动作，积极稳妥地推进本地区加强古玩旧货市场中文物经营活动管理的各项工作任务。

国家文物局
公安部
海关总署
国家工商总局
二〇一二年七月三十一日

关于加强和改进文物安全工作的指导意见

文物督发 [2012] 7号

各省、自治区、直辖市外事、发展改革、科技、公安、财政、国土资源、环境保护、住房城乡建设、文化、工商行政管理、旅游、宗教、法制、气象、文物主管部门，海关广东分署、各直属海关：

文物安全关系文化遗产事业科学发展全局，关系国家文化安全大局，关系人民群众基本文化权益。在党中央、国务院高度重视和全社会关心支持下，经过各地区、各部门的长期共同努力，文物安全工作取得一定成效。但是，当前一些地区盗窃、盗掘、盗捞、走私文物的犯罪活动突出，文物保护单位火灾事故多发，博物馆安全案件出现反弹，破坏不可移动文物的违法案件时有发生，文物安全形势依然严峻，总体处于案件、事故多发期。为全面贯彻落实全国文物工作会议精神，进一步加强和改进文物安全工作，提出以下意见：

一、指导思想和主要目标

（一）指导思想。坚持以邓小平理论、"三个代表"重要思想和科学发展观为指导，严格执行《中华人民共和国文物保护法》等法律法规，坚持"安全第一、预防为主；属地管理，单位负责；打防结合、综合治理"，健全文物安全责任体系，夯实文物安全基础条件，解决文物安全突出问题，坚决遏制文物安全事故和违法犯罪案件多发势头，促进文物安全形势稳定向好发展，为推动社会主义文化大发展大繁荣、建设社会主义文化强国提供坚强保障。

（二）主要目标。到2015年，"政府主导、部门协作、单位负责、社会参与、打防结合、综合治理"的文物安全工作格局基本形成，文物安全法规与标准规范体系初步构建，风险突出的文物、博物馆单位安全防范设施基本达标，重大文物违法犯罪案件与火灾事故得到有效遏制，人民群众满意度显著提高。

二、健全文物安全责任体系

（三）坚持"属地管理"。将地方各级人民政府依法落实文物保护管理职责作为确保文物安全的立足点，夯实安全基础。推动地方政府加强对文物安全工作的组织领导，依法设置文物保护机构，充实文物执法力量，建设安全防范设施，保障文物安全投入。在文物资源丰富的地区，推动各级人民政府将文物安全纳入政府绩效评估指标体系，建立管理目标责任制。

（四）坚持"谁主管谁负责"。将各部门依法落实文物保护法定职责作为文物安全的重要保障，形成长效机制。公安、国土、环境保护、住房城乡建设、海关、工商、旅游、宗教部门和其他有关国家机关，要依法认真履行所承担的文物保护职责，维护文物管理秩序。各级文物行政部门要严格履行文物安全监管职责，加强安全检查和行政执法督察，对辖区内文物、博物馆单位实施严格的监督管理。

（五）坚持"单位负责"。将文物、博物馆单位依法落实文物安全主体责任作为促进文物安全形势好转的着力点，实现重心下移。文物收藏单位、不可移动文物使用单位（或使用人、所有人）是文物安全责任主体，其法定代表人或者使用人、所有人是本单位文物

2013
中国
文物年鉴

安全第一责任人。各单位要全面落实治安、消防等各项安全管理要求,全员实施安全岗位责任制,逐级签订安全目标责任书。

(六)坚持"责任追究"。落实《国务院关于加强文化遗产保护的通知》(国发[2005]42号)要求,建立文物安全责任追究制度。严厉追究因决策失误、玩忽职守、失职渎职造成文物破坏、被盗或流失的责任人的法律责任;因执法不力造成文物受到破坏的,要追究有关执法机关和责任人的责任。

三、完善文物安全防控体系

(七)健全机构队伍。各级文物行政部门应建立健全安全监管与执法机构,配置专职人员,完善执法装备与设施。公安机关应根据需要,在重要文物、博物馆单位设立派出所、警务室。文物、博物馆单位应依法设置安全保卫部门,按比例配备专职安全保卫人员,配置防卫器械,技防、消防控制室操作人员必须持证上岗。距离公安消防队较远、被列为全国重点文物保护单位的古建筑群的管理单位,应建立单位专职消防队;其他文物、博物馆单位应根据需要,建立志愿消防队等多种形式的消防组织。

(八)加强源头管控。行政审批部门要严格按照文物保护法律法规办事,涉及文物保护事项的基本建设项目,须依法在项目批准前征求文物部门意见。文物部门要严格执行安全管理相关法律法规,博物馆安防、消防、防雷设施未经公安机关、气象部门依法审核验收的,省级文物行政部门不得核准设立;博物馆安全条件不达标的,一律不得对外开放。

(九)强化末端守护。完善对不可移动文物特别是尚未核定公布为文物保护单位的不可移动文物的安全管理,加强对基层和农村地区文物安全工作的组织领导,建立文物安全末端守护机制。各级文物行政部门要通过签订文物安全责任书等形式,逐处落实不可移动文物的保护机构或保护管理责任人,明确具体保护措施,并公告施行。积极发挥乡镇综合文化站作用,大力发展群众文物保护员队伍,完善"县""乡""村"三级文物安全保护网络。

(十)增强防范能力。在文物资源富集地区,试点创建"文物安全综合管理实验区",加强示范引领。开展"文物、博物馆单位安全管理综合达标",实施量化考核,全面提升文物、博物馆单位安全管理水平。持续完善文物保护单位安全防范设施,重点建设全国重点文物保护单位中古墓葬、古遗址等防盗设施和文物建筑的消防、防雷设施,试点开展重点海域水下文物安全防范工作。各地要制定、实施本地区文物安全防范设施建设规划,切实提升防范能力和水平。

(十一)治理安全隐患。各级文物行政部门要坚持预防为主,以隐患排查整治为重点,认真开展安全检查与巡查,建立文物安全隐患挂牌督办、跟踪治理和逐项整改销号制度,重大隐患及时向当地政府报告。文物、公安、旅游、宗教、气象等部门要建立联合安全检查工作机制,大力推进综合治理。国土、气象、文物部门要建立文物防灾减灾预警联动机制,提升重大地质、气象灾害预警与应急处置能力。公安机关要加强重要文物、博物馆单位周边巡逻防控,必要时开展专项整治,维护文物单位周边治安秩序。

四、严厉打击文物违法犯罪

(十二)坚决查处违法案件。各级文物行政部门要常态化开展执法巡查,督察各地落实文物保护法和相关法规情况,督促整改违法违规行为。充分发挥各部门的职能作用,集中力量联合处置文物行政违法突发事件,查处违法行为。对涉及多行业、多部门或跨区域破坏文物的违法行为,由牵头部门组织联合专项执法督察。

（十三）严肃处理安全事故。各级文物行政部门要督促文物、博物馆单位严格落实突发事件报告制度，按照"原因不查清不放过、责任者得不到处理不放过、整改措施不落实不放过、教训不吸取不放过"的原则，依法调查处理文物安全责任事故，及时查明原因，弥补漏洞，完善措施，举一反三改进安全工作。

（十四）严厉打击文物犯罪。公安、海关、工商、文物等部门要加强协调配合，始终保持对盗窃、盗掘、倒卖、走私文物违法犯罪活动的高压态势，建立严打、严防、严管、严治的长效工作机制，适时开展打击文物犯罪专项行动。公安部、海关总署、国家文物局建立"联合防范和打击文物犯罪工作机制"，对重大文物犯罪案件和重大走私文物案件进行联合督办；各级公安机关要建立"重大文物案件快侦快破机制"，坚决避免案件积压和文物流失。公安、海洋、文物部门要严厉打击盗捞、破坏水下文物违法犯罪活动，确保水下文物安全。

五、组织协调与监督保障

（十五）加强统筹协调。进一步发挥全国文物安全工作部际联席会议制度作用，统筹协调指导文物安全工作，研究解决重大问题，提出政策建议和工作思路。有关部门要按照职能分工，加强协调，密切配合，共同推进。各地要逐级建立相应的工作协调机制，各级文物部门要充分发挥职能作用，确保联席会议制度取得实效。

（十六）完善管理制度。在文物保护法律法规框架下，制订完善文物保护单位、博物馆安全管理与文物建筑消防安全管理规章，配套出台监督检查制度、隐患整改制度、应急处置制度、责任追究制度等专门规定。制订完善文物、博物馆安全技术防范和消防、防雷技术标准，完善文物安全管理标准，形成较为完备的文物安全标准规范体系。

（十七）加大投入力度。探索建立中央、地方、单位共同承担的文物安全多渠道投入机制。中央财政进一步加大对全国重点文物保护单位安全防范设施投入和免费开放博物馆经费的支持和保障力度。地方各级政府要在文物保护经费中，保障文物安全与行政执法合理支出。国有文物、博物馆单位要依法使用事业收入，留足用好安全巡查、设备运行、安全检测、演练培训等安全经费。

（十八）提高科技应用。坚持技术适用、经济合理、切实可行的原则，积极推进科技手段在文物安全防范领域的应用，提升防盗、防火、防雷、防破坏技术能力。试点建设文物安全与行政执法监控预警系统。充分发挥"全国文物安全工作部际联席会议办公室文物犯罪信息中心"职能作用，建好、用好"全国文物犯罪信息管理系统"，推进信息共享，为防范和打击文物犯罪提供信息和技术支持。

（十九）注重宣传培训。深入开展文物行业职业道德教育和典型案例警示教育，加强"心防"。积极开展文物行政执法人员培训，提高执法能力和执法水平。积极开展文物、博物馆单位全员安全培训，确保一线人员熟练掌握安全知识和技能。面向公安、海关等部门一线执法人员培训文物知识，提高执法监管能力。多种形式宣传文物保护法律法规和先进典型，宣传打击文物违法犯罪成果，提高全社会文物保护意识，引导群众关心支持和积极参与文物保护工作。

（二十）主动接受监督。坚持信息公开，深入推行文物安全公示公告制度，对重大文物案件和安全事故进行通报，对文物行政执法和安全监管情况进行公示，主动接受社会、舆论和公众监督。建立、完善舆情收集机制和举报奖励制度，及时核查处置媒体曝光和群众举报的文物安全案件、事故、隐患，督促落实整改，推进群防群治。

国家文物局
文化部
外交部
国家发展和改革委员会
科学技术部
公安部
财政部
国土资源部
环境保护部
住房和城乡建设部
海关总署
国家工商行政管理总局
国家旅游局
国家宗教事务局
国务院法制办公室
中国气象局
二〇一二年十一月十五日

国家文物局2012年重点工作计划

2012年是《文物保护法》颁布30周年，是实施文物博物馆事业发展"十二五"规划承上启下的重要一年。要深入学习贯彻党的十七届六中全会精神，把握好稳中求进的总基调，紧扣科学发展主题，贯彻文物工作方针，践行传承文明、服务社会、惠及民生宗旨，以夯实基础、提高质量、强化能力为着力点，扎实推进文物博物馆各项重点工作。

一、开展文物保护法执法检查，筹备全国文物工作会议

1. 牵头配合全国人大常委会开展文物保护法执法检查。以解决问题、推动发展为目标，切实履行文物保护责任，加强文物保护管理工作。

2. 筹备全国文物工作会议。按照《中共中央关于深化文化体制改革　推动社会主义文化大发展大繁荣若干重大问题的决定》的部署，结合文物工作实际，深化保障措施和政策问题调研，提出推动文化遗产事业科学发展的建议。

二、加强文物法制建设、安全监管和行政执法，夯实文物安全基础工作

3. 召开《文物保护法》颁布30周年、修订10周年座谈会。推进《博物馆条例》《文物认定评估管理条例》立法进程，研究修订《水下文物保护管理条例》，起草世界文化遗产保护管理专项法规，积极推动建立博物馆从业人员准入和人员资质资格制度。

4. 完善全国文物安全工作部际联席会议制度。开展文物行政执法专项督察。全面实施文物安全与执法督察信息上报与公告制度。

2013
中国
文物年鉴

5．开展"文物安全综合管理实验区"试点工作。推动实施博物馆风险等级达标、田野文物和水下文物安防设施建设工程。

6．建立巡查机制，开展我国管辖海域内文化遗产联合执法专项行动。

三、推动重点文物保护工作，开展世界文化遗产监测

7．报请国务院核定公布第七批全国重点文物保护单位，完善全国重点文物保护单位保护管理基础工作。

8．指导、督促各地及时公布普查登记的不可移动文物名录，适时核定公布文物保护单位，加强各类不可移动文物的保护与管理。

9．做好西藏重点文物、山西南部早期建筑、涉台文物和承德避暑山庄及周围寺庙、嘉峪关、大足石刻等重点保护工程。

10．完成长城量测和数据公布，更新中国世界文化遗产预备名单，重点推动元上都、哈尼梯田、大运河、丝绸之路等项目申报世界文化遗产。

11．召开世界文化遗产工作会议，组织编制世界文化遗产监测预警体系建设总体规划，开展世界文化遗产监测试点和信息系统开发。

12．组织《保护世界文化和自然遗产公约》诞生40周年纪念活动，承办国际古迹遗址理事会有关会议。

13．加强历史文化名城名镇名村名街保护管理工作。

四、做好考古和大遗址保护工作，推进国家考古遗址公园建设

14．组织开展考古发掘资质资格评审，做好南水北调等重大基本建设工程中的各项考古工作。

15．推进南海基地、西沙工作站建设，建造水下考古研究船。

16．开展海南、广东、福建、浙江、山东、辽宁等重点海域水下文物专项调查，组织实施宁波小白礁沉船遗址水下考古发掘。做好"南海I号""南澳I号"水下考古和出水文物保护工作。

17．推进西安、洛阳、荆州、成都、郑州、曲阜片区大遗址保护和汉长安城、扬州城、老司城、牛河梁等国家考古遗址公园建设。

五、启动国有可移动文物普查，深化博物馆免费开放

18．完成国有可移动文物普查试点，做好前期准备，推进普查工作全面启动。

19．针对免费开放以来博物馆工作的创新实践和难点问题，组织实地调研，制订博物馆免费开放绩效考评办法和博物馆开放服务工作指南。

20．出台中央地方共建国家级博物馆运行评估办法，开展中央地方共建国家级博物馆运行评估；组织国家一级博物馆运行评估，开展新增国家一级博物馆的评估认定。

21．进一步完善对口帮扶民办博物馆工作，探索民办博物馆法人治理结构，继续规范和支持民办博物馆发展；编制生态博物馆建设指南，推进生态（社区）博物馆示范点建设。

六、强化市场监管，规范社会文物管理

22．开展文物拍卖标的网上申报审核试点。研究和推进古玩旧货市场的规范管理。

23．完善和推广文物进出境审核信息系统，做好流失海外中国文物调查与追索工作。举办"文物进出境管理60周年成果展"。

七、着力科技创新，提高文物保护科技水平

24．与中国科学院建立战略合作关系，推动合作项目落地；做好遗址博物馆预防性保

护与古代建筑传统工艺科学研究等国家科技计划项目立项与组织实施工作。

25．推进"中华文明探源工程"和"指南针计划"专项。

26．加强文物保护技术标准委员会建设，完善行业标准体系；推进数字博物馆项目研究，加快行业信息化进程。

八、加强人才队伍建设，拓展文物宣传领域

27．面向基层和关键岗位，开展县级文物行政部门负责人和文物博物馆管理干部、专业人员培训，抓好文物行政执法人员轮训和安全监管人员培训。

28．会同人力资源和社会保障部开展"全国文物系统先进集体、先进工作者"评选表彰。

29．建立健全定期新闻发布和重要事件新闻发布制度；组织协调"国际古迹遗址日""5·18国际博物馆日"和"中国文化遗产日"活动，办好2012年"文化遗产日"郑州主场城市活动。

30．开展文物保护法规、文化遗产保护成就宣传，推动实施文化遗产知识宣传普及工程。

九、扩大对外交流合作，提升国际影响力

31．加强政府间的交流与合作，与瑞士等发达国家商签打击文物走私协定，与墨西哥、柬埔寨等发展中国家签署双边协定。

32．推进援助柬埔寨二期茶胶寺等援外文物保护工程，积极推动我国与蒙古国、缅甸等国家开展的有关文物保护合作项目。

33．实施中华文明展示工程，策划并推出一批主题鲜明、具有代表性的境外文物展览；实施中土文化年文物交流项目。

34．积极参与文化遗产领域的国际事务，深化与有关国际组织和民间机构的合作。

35．加大与台港澳地区交流与合作力度，开展赴台港澳文物展览，落实与港澳签署的合作协议，举办两岸文物交流20周年纪念活动。

十、践行宗旨，依法行政，全面推进文物系统党的建设和作风建设

36．改进服务方式，提高服务水平，推行政务公开、党务分开、信息公开。严格依法办事，自觉接受监督。

37．按照中央关于深化文化体制改革、分类推进事业单位改革的要求，积极争取有利于文化遗产事业发展的改革措施、体制机制，稳步推进直属事业单位改革。

38．加强对文物保护专项经费使用和重点工程质量的监督检查。

39．认真学习贯彻党的十七届六中全会和十八大精神，推动创先争优活动经常化，做好党员轮训和党务干部培训工作。贯彻落实《关于实行党风廉政建设责任制的规定》，扎实推进局系统反腐倡廉工作，加强行业作风建设，增强社会责任感。

40．做好领导干部选拔任用工作，深化司处级领导职位竞争上岗工作。加大干部交流与深入基层锻炼的力度。

41．做好局机关搬迁和后勤保障工作。

国家文物局政府信息公开工作 2011年度报告

一、概述

国家文物局把全面落实国务院《关于加强法治政府建设的意见》作为2011年重点工作之一，努力改进服务方式，提高服务水平，推行政务公开、信息公开。2011年，在做好政府信息公开各项日常性工作的同时，针对社会热点，主动发布相关信息，有力保障了公民、法人和其他组织根据《中华人民共和国政府信息公开条例》（以下简称《条例》）依法获取文物博物馆领域各类政府信息的权利。

二、主动公开政府信息情况

（一）公开的主要内容

自2011年1月1日至12月31日，国家文物局主动公开政府信息1263条，依照事务类别分为：政策法规135条，机关政务6条，预算财务15条，调研宣传18条，保护工程274条，考古发掘251条，世界遗产230条，博物馆管理43条，保护科技104条，社会文物116条，交流合作2条，教育培训14条，执法督察12条，安全监管29条，人事信息14条。

（二）公开形式

1. 政府门户网站。设立政府信息公开栏目，及时发布政府信息；公民、法人和社会组织通过"政府信息依申请公开"栏目，向国家文物局提出信息公开申请，并查阅信息公开申请处理的状态；为方便公众查阅机关主动公开政府信息，实现主动公开信息全文检索功能。

2011年通过国家文物局政府信息公开专栏查阅政府信息的有1455万人次，比2010年度政府网站的2051万人次减少了29%，日均访问量达到3.99万人次。

2. 新闻发布会和其他媒体。2011年度国家文物局多次组织中央和地方新闻媒体围绕第三次全国文物普查、考古和大遗址保护、博物馆免费开放等重点工作进行广泛宣传报道，配合国家文物局相关部门和地方文物部门召集媒体新闻发布会、通气会13次。

三、依申请公开政府信息情况

2011年国家文物局收到依申请公开政府信息申请9件，其中受理8件，并在法定时限内回复申请人；其中1件因不属于国家文物局工作职责，已告知申请人不予受理。申请内容主要集中在文物保护单位保护工程审批方面的信息。

四、政府信息公开的收费及减免情况

2011年度国家文物局对依申请公开的政府信息没有收费。

五、因政府信息公开申请行政复议、提起行政诉讼的情况

国家文物局2011年收到因政府信息公开申请行政复议事项1件，已办结。未接收到有关政府信息公开事务的行政诉讼。

六、政府信息公开工作存在的主要问题及改进情况

2011年国家文物局政府信息公开工作稳步推进取得一定成效，但与新时期新形势新需求相比还存在较大差距。2012年，我们将进一步加大政府信息公开工作力度，规范相关制

2013
中国
文物年鉴

度，努力把政府信息公开工作提升到新的水平，主要从以下两个方面推进工作：

（一）加强政府信息公开基础保障工作

2012年，国家文物局网站将着重开展政府门户网站及政府信息公开提升工作，进一步提高网站信息公开的时效性和准确性。

（二）加强政府信息公开工作制度化、规范化建设

在总结依申请公开信息工作现有程序的基础上，完善相关制度和工作流程，加大涉及人民群众切身利益的信息公开力度，提高行政许可事项的主动公开率，切实提升信息公开工作规范化水平。

本年度报告根据《中华人民共和国政府信息公开条例》第三十一条、第三十二条有关规定和2011年度国家文物局政府信息公开情况编制。

本年度报告中所列数据的统计期限自2011年1月1日起至2011年12月31日止。本年度报告的电子版可在国家文物局政府门户网站（www.sach.gov.cn）下载。如对本年度报告有任何疑问，请与国家文物局办公室秘书处联系（地址：北京市朝阳门北大街10号，邮编100029；电话：010-59881572，电子邮箱：mishuchu @sach.gov.cn）。

2013
中国
文物年鉴

国家文物局关于公布第五批文物保护工程勘察设计甲级、监理甲级、施工一级资质单位名单的通知

文物保函〔2012〕61号

各省、自治区、直辖市文物局（文化厅）：

根据《中华人民共和国文物保护法》《中华人民共和国文物保护法实施条例》和《文物保护工程管理办法》《文物保护工程勘察设计资质管理办法》《文物保护工程施工资质管理办法》《文物保护工程监理资质管理办法》（试行）的有关规定，经专家评审并公示后，我局决定授予有关单位文物保护工程勘察设计甲级、监理甲级、施工一级资质，现予公布（有关单位名单附后）。请你局（厅）根据国家有关规定加强相关管理工作。

特此通知。

国家文物局
二〇一二年一月二十九日

附件：1. 文物保护工程勘察设计甲级资质单位名单
2. 增加业务范围的勘察设计甲级资质单位名单
3. 文物保护工程施工一级资质单位名单
4. 增加业务范围的施工一级资质单位名单

5. 文物保护工程监理甲级资质单位名单
6. 增加业务范围的监理甲级资质单位名单

2013
中国
文物年鉴

附件1:

文物保护工程勘察设计甲级资质单位名单（共11家）

1. 建设综合勘察研究设计院有限公司
   业务范围：石窟寺和石刻保护、近现代文物建筑维修保护
2. 哈尔滨工业大学城市规划设计研究院
   业务范围：古建筑维修保护、近现代文物建筑维修保护、文物保护规划编制
3. 辽宁省文物考古研究所
   业务范围：古文化遗址保护、古墓葬保护
4. 福建博物院文物保护中心
   业务范围：古文化遗址保护、古墓葬保护、古建筑维修保护、近现代文物建筑维修保护、石窟寺和石刻保护
5. 福建省建研勘察设计院
   业务范围：文物岩土、加固、平移，近现代文物建筑维修保护
6. 洛阳古代艺术博物馆
   业务范围：壁画保护
7. 湖南省文物考古研究所
   业务范围：古文化遗址保护、古墓葬保护、古建筑维修保护、近现代文物建筑维修保护、文物保护规划编制
8. 重庆中国三峡博物馆
   业务范围：古建筑维修保护、近现代文物建筑维修保护
9. 咸阳市古建园林设计研究院
   业务范围：古建筑维修保护、近现代文物建筑维修保护
10. 兰州大学
    业务范围：古文化遗址保护、石窟寺和石刻保护、文物保护规划编制
11. 解放军理工大学军队营区文化遗产保护研究中心
    业务范围：古建筑维修保护、近现代文物建筑维修保护、文物保护规划编制（以上限军队营区）

附件2:

增加业务范围的勘察设计甲级资质单位名单（共8家）

1. 辽宁省文物保护中心
   增加的业务范围：文物保护规划编制
2. 苏州市计成文物建筑研究设计院有限公司
   增加的业务范围：文物保护规划编制
3. 福州市规划设计研究院

增加的业务范围：古建筑维修保护、近现代文物建筑维修保护

4．南阳市古代建筑保护研究所

增加的业务范围：近现代文物建筑维修保护、石刻保护

5．重庆文化遗产保护中心（重庆市文物考古所）

增加的业务范围：古文化遗址保护、古墓葬保护、古建筑维修保护

6．陕西省古建设计研究所

增加的业务范围：古文化遗址保护、古墓葬保护

7．中铁西北科学研究院有限公司

增加的业务范围：古文化遗址保护、古墓葬保护、石窟寺保护

8．新疆维吾尔自治区文物古迹保护中心

增加的业务范围：石窟寺和石刻保护、文物保护规划编制

附件3：

文物保护工程施工一级资质单位名单（共24家）

1．北京韩建集团有限公司

业务范围：古建筑维修保护、近现代文物建筑维修保护

2．哈尔滨兰格装饰有限公司

业务范围：古建筑维修保护、近现代文物建筑维修保护

3．扬州市古宸古典建筑工程有限公司

业务范围：古建筑维修保护

4．宁波江南建设有限公司

业务范围：古建筑维修保护

5．永嘉县楠溪江建筑工程有限公司

业务范围：古建筑维修保护

6．浙江省东阳木雕古建园林工程有限公司

业务范围：古建筑维修保护

7．福建省建筑科学研究院技术开发部

业务范围：文物建筑加固、平移，近现代文物建筑维修保护

8．福建景翔建设工程有限公司

业务范围：古建筑维修保护、近现代文物建筑维修保护

9．福建省泉州市古建筑工程公司

业务范围：古建筑维修保护、近现代文物建筑维修保护

10．江西昇平园林仿古建筑工程有限公司

业务范围：古建筑维修保护、近现代文物建筑维修保护

11．河南宏昌古建园林有限公司

业务范围：古建筑维修保护、近现代文物建筑维修保护

12．河南华磊园林工程有限公司

业务范围：古建筑维修保护、近现代文物建筑维修保护

13．河南裕达古建园林有限公司

2013 中国 文物年鉴

业务范围：古建筑维修保护

14. 洛阳古代艺术博物馆
业务范围：壁画保护

15. 湖北殷祖古建园林工程有限公司
业务范围：古建筑维修保护

16. 湖南省文保古建工程施工有限责任公司
业务范围：古建筑维修保护、近现代文物建筑维修保护

17. 衡阳市南岳朱雀古建筑有限公司
业务范围：古建筑维修保护、近现代文物建筑维修保护

18. 梅州市建筑工程有限公司
业务范围：古建筑维修保护、近现代文物建筑维修保护

19. 重庆巴人文物建筑工程有限公司
业务范围：古建筑维修保护、近现代文物建筑维修保护

20. 重庆大明古建筑园林工程有限公司
业务范围：古建筑维修保护

21. 重庆市园林建筑工程（集团）有限公司
业务范围：古建筑维修保护

22. 贵州保利文物古建有限公司
业务范围：古建筑维修保护、近现代文物建筑维修保护

23. 贵州弘筑园林古建装饰工程有限公司
业务范围：古建筑维修保护

24. 玉树州民族文化遗产保护有限公司
业务范围：古建筑维修保护、近现代文物建筑维修保护（以上限玉树地区）

附件4：

增加业务范围的施工一级资质单位名单（共5家）

1. 湖南省弘古建筑有限公司
增加的业务范围：古文化遗址保护、古墓葬保护

2. 江门市南秀古建筑石雕园林工程有限公司
增加的业务范围：古建筑维修保护、近现代文物建筑维修保护

3. 成都市宏泰建筑有限责任公司
增加的业务范围：古文化遗址保护、古墓葬保护

4. 西藏轩辕文物古建筑保护工程有限公司
增加的业务范围：古文化遗址保护、古墓葬保护、近现代文物建筑维修保护

5. 甘肃中铁地质灾害防治技术工程有限公司
增加的业务范围：古文化遗址保护、古墓葬保护

附件5：

文物保护工程监理甲级资质单位名单（共4家）

1. 赤峰长城文物古建筑工程监理有限责任公司
   业务范围：古建筑维修保护
2. 安徽省中灏工程咨询有限公司
   业务范围：古文化遗址保护、古墓葬保护、古建筑维修保护、近现代文物建筑维修保护
3. 重庆渝海建设监理公司
   业务范围：古建筑维修保护、近现代文物建筑维修保护
4. 北京文信时空文化发展有限公司
   业务范围：古文化遗址保护、古墓葬保护、古建筑维修保护、近现代文物建筑维修保护、石窟寺和石刻保护

附件6：

增加业务范围的监理甲级资质单位名单（共1家）

1. 浙江省古典建筑工程监理有限公司
   业务范围：石窟寺和石刻保护

国家文物局《文物安全与行政执法信息上报及公告办法》

文物督发 [2012] 1号

各省、自治区、直辖市文物局（文化厅）：

《文物安全与行政执法信息上报及公告办法》已于2012年2月15日经国家文物局第2次局务会议审议通过，现予发布，请遵照执行。

特此通知。

国家文物局
二〇一二年二月十五日

第一条 为加强文物安全监管，推进文物行政执法，及时汇总和公告全国文物安全与行政执法工作以及文物案件情况，依据《中华人民共和国文物保护法》等法律、法规和文

件，制订本办法。

第二条 本办法所称文物案件包括文物安全案件和文物行政违法案件。

国家文物局按本办法规定对文物案件进行公告。

第三条 县级以上文物行政部门按本办法规定上报文物安全与行政执法工作情况和文物案件信息，确保报送信息及时准确。

第四条 文物、博物馆单位应当在知道文物案件发生后2小时内，向主管的文物行政部门报告已掌握的案件情况。

有下列情形之一的，县级以上文物行政部门应当在接到报告2小时内，向同级人民政府和上级文物行政部门报告。省级文物行政部门应当在接到报告2小时内通过电话或者传真形式报告国家文物局督察司，并在3日内正式行文报国家文物局：

（一）世界文化遗产地、全国重点文物保护单位和省级文物保护单位发生的文物案件；

（二）核定、公布为三级以上风险单位的博物馆、纪念馆等文物收藏单位发生的文物案件；

（三）尚未核定公布为三级以上风险单位的博物馆、纪念馆和其他文物收藏单位发生的一级文物丢失或者损毁案件；

（四）其他重大文物案件。

第五条 文物安全案件报告主要包括以下内容：

（一）涉案文物、博物馆单位名称、级别、保护机构和保护管理现状；

（二）发案时间、地点、经过，文物损失和人员伤亡情况；

（三）涉案可移动文物名称、数量、级别和受损情况；

（四）案件原因分析及处理结果；

（五）案发现场和文物受损等图片资料；

（六）其他情况。

第六条 文物行政违法案件报告主要包括以下内容：

（一）涉案文物、博物馆单位名称、级别、保护机构和保护管理现状；

（二）违法相对人名称、违法性质；

（三）违法行为发生的时间、地点和违法事实；

（四）违法行为对文物造成的损失；

（五）违法行为的调查处理情况；

（六）案发现场、文物受损等图片资料；

（七）其他情况。

第七条 省级文物行政部门每半年向国家文物局报送《文物安全与行政执法工作情况统计表》《文物安全案件统计表》和《文物行政违法案件统计表》。上半年于当年6月15日前报送，下半年于当年12月15日前报送。

省级文物行政部门同时报送各项报表的书面和电子文本，电子文本通过国家文物局"文物安全与行政执法管理信息系统"报送。

第八条 国家文物局按以下形式实施公告：

（一）专项通报：不定期对重大文物案件处理情况进行通报。

（二）年中通报：每年6月30日前，通报上半年全国文物安全与行政执法工作情况。

（三）年度通报：每年12月31日前，通报本年度全国文物安全与行政执法工作情况。

第九条 国家文物局实施的专项通报、年中通报和年度通报印发各省级文物行政部门，印送全国文物安全工作部际联席会议各成员单位，并按有关规定进行信息公开。

第十条 对于下列行为，国家文物局进行通报批评，情节严重的，向当地人民政府通报或者提出行政处理建议：

（一）不按本办法规定的时限、内容、形式和要求报送文物案件和各项统计报表的；

（二）对国家文物局通报的文物案件负有调查处理责任的文物行政部门或者文物、博物馆单位，不按通报要求认真调查处理，不按时限要求报送调查处理结果的。

（三）对国家文物局督察、督办的文物安全与行政执法工作事项，无正当理由不予落实或者不及时报告落实结果的。

第十一条 省级文物行政部门根据本办法，制定本省行政区域内的文物安全与行政执法信息上报与公告办法。

第十二条 本办法自印发之日起施行。

国家文物局关于规范文物出入境展览审批工作的通知

文物博函〔2012〕583号

各省、自治区、直辖市文物局（文化厅）：

近年来，各地积极贯彻落实国家文物局发布的《文物出国（境）展览管理规定》和《文物入境展览管理暂行规定》，文物出入境展览水平和质量不断提高。为进一步加强文物出入境展览管理，促进文物出入境展览交流的专业化、科学化，现就规范文物出入境展览审批有关事项通知如下：

一、加强策划展览能力建设，制订科学的展览大纲。博物馆等文物出入境展览举办单位，要坚持以我为主、为我所用的原则，加强与境外合作博物馆沟通协作，充分做好展览前期准备特别是展览大纲研究编制，强调展览的思想性、学术性。要积极组织我方专家主动参与展览选题、内容设计、形式设计和图录编制以及有关学术研讨、宣传推广各项活动的方案拟订及论证，充分体现我方最新研究成果，科学、准确传播中华文化和人类优秀文明成果，更好地满足公众多元化的精神文化需求。

二、科学遴选文物展品，确保文物展品安全。博物馆等文物出入境展览举办单位，要坚持文物安全第一的原则，从符合博物馆标准的角度，加强评估论证，强化安全措施，确保文物展品安全。一级文物中的孤品和易损品，未定级文物、未在国内正式展出过或未在国内报刊公开发表的文物和其他保存状况差不适宜出境展览的文物，以及处于休眠养护期的文物，一律不得出境展览。要避免选用博物馆基本陈列（含原状陈列）中的文物特别是核心文物出境展览，切实维护基本陈列（含原状陈列）的完整性。

三、完善交流机制，确定合适的合作办展主体。博物馆等文物出入境展览举办单位，要加强境外合作办展博物馆资格和条件的评估论证。鼓励深化与境外知名博物馆直接合作办展，积极创造条件逐步实现互换展览。加强出境展览中拟同场展出除我方文物之外的中国文物展品以及入境展览中拟包含的非文博机构或私人的文物展品的真实性和来源合法性的评估论证，确保展览符合博物馆标准。

四、完善申报材料，严格按规定履行审批手续。博物馆等文物出入境展览举办单位，要编制严谨规范的展览项目申报文本，并附展览方案和展览大纲。省级文物行政部门要严把文物出入境展览项目初审关，对拟举办的文物出入境展览组织专家评估论证，重点针对展览方案和展览大纲、文物清单、安全保障、境外合作单位资质、展览协议草案、文物保险估价等提出明确意见，上报文件中应附专家评估论证意见。要严格遵循展览审批时限，确保做到出境展览项目实施前6个月、入境展览项目实施前3个月上报国家文物局审批。今后凡不按规定时限申请许可的出入境展览项目，国家文物局原则上不予受理。

五、加强资料收集，及时建立完善的档案。博物馆等文物出入境展览举办单位应加强展览全过程相关资料的系统收集，建立完备的展览档案，展览结束后要及时全面总结，并于展览结束之日起两个月内，将展览结项备案表、结项报告及相关音像资料报省级文物行政部门审核后报国家文物局备案。今后凡不按规定及时办理文物出入境展览结项备案的，国家文物局将暂停审批其新的文物出入境展览项目。

特此通知。

国家文物局
二〇一二年三月十二日

国家文物局关于加强春季文物消防安全工作的通知

文物督函〔2012〕600号

各省、自治区、直辖市文物局（文化厅）：

当前正值春耕时节、五一来临，农事活动频繁，旅游人员增加，野外用火增多，各地气温迅速回升，部分地区持续干旱，文物、博物馆单位处于火灾多发、易发期。为加强文物、博物馆单位消防工作，预防火灾事故发生，现将有关事项通知如下：

一、增强防火意识，切实履行安全职责

各级文物行政部门和各文物、博物馆单位要全面贯彻落实《国务院关于加强和改进消防工作的意见》（国发〔2011〕46号）和2012年4月16日召开的全国森林草原防火工作电视电话会议精神，切实增强安全责任意识和火灾风险意识，将消防工作与业务工作同部署、同检查、同考核，全面加强和改进文物、博物馆单位消防安全工作。特别是云南、四川等持续干旱的地区要高度警惕，做好各项火灾防范和应对工作。

二、坚持以防为主，推进隐患排查整治

各级文物行政部门和文物博物馆单位要严格按照《文物消防安全检查操作规程（试

行）》要求，对文物建筑、博物馆、文物保护工程工地和其他文物开放单位等重点防火单位，全面进行火灾隐患排查工作。加强源头管控，重点排查和治理易燃可燃物品存放、用火用电用油用气、燃香烧纸吸烟、燃放烟花爆竹等火灾诱因。规范管理环节，重点核查消防安全岗位责任落实、消防安全制度执行和消防设施器材配备检测保养等情况。要实施"网格化"管理，做到排查全面具体、整治干净彻底，确保万无一失。

三、强化基础工作，增强火灾防范能力

全面提升预防和扑灭初起火灾的能力，加强人防、物防和技防建设，做到组织健全、人员到位、经费保障、设备有效。要健全和完善灭火应急救援预案，有针对性地开展灭火应急救援演练，提高应急处置水平。要增强火灾预警能力，及时掌握和分析评估本单位及其周边环境存在的火灾风险，尤其是遇到重大节假日、举办重大活动、出现气候持久干燥等可导致火灾危险增加的情况，要提前行动，事先做好应急预案。

四、落实主体责任，严格实施责任追究

各文物、博物馆单位要落实消防安全主体责任，做到职责明确、制度健全、检查到位、整改有效、措施得力。要建立健全消防工作考核评价体系和责任追究机制，对于消防安全检查不力、监管不严、隐患不除、失职渎职的，要进行通报并追究相关责任人责任。发生文物火灾事故的，要依法依纪追究单位负责人、实际控制人等有关人员的责任。触犯法律的，要依法追究相关责任人的法律责任。

国家文物局

二〇一二年四月二十日

国家文物局2012年度拟批准增加第一类文物拍卖经营资质拍卖企业名单公示

2012年5月，国家文物局组织召开了专家评审会，对24家申报增加第一类文物拍卖经营资质的文物拍卖企业进行了集中评审。经审核，现将拟批准第一类文物拍卖经营资质的11家拍卖企业予以公示：

北京远方国际拍卖有限公司、北京瑞平国际拍卖行有限公司、北京嘉德在线拍卖有限公司、北京富比富国际拍卖有限公司、北京泰和嘉成拍卖有限公司、北京传是国际拍卖有限责任公司、上海博古斋拍卖有限公司、江苏淮海拍卖有限公司、南京正大拍卖有限公司、河南省豫呈祥拍卖有限责任公司、海南泰达拍卖有限公司。

如有异议，请于公示之日起7日内向国家文物局相关部门反映。

联系电话：国家文物局社会文物处 010-59881633

国家文物局直属机关纪委办公室 010-59881652

国家文物局

二〇一二年五月十六日

国家文物局关于发布《第二批禁止出国（境）展览文物目录（书画类）》的通知

文物博函 [2012] 1345号

各省、自治区、直辖市文物局（文化厅）：

　　为加强我国珍贵文物出境展览的管理，切实保证文物安全，2002年，我局公布了首批禁止出境展览的64组一级文物名单。近年来，随着对外文化交流的扩大，文物出境展览也日益增多，一定程度上加大了文物遭受损害的可能性，对文物安全构成了潜在威胁。为适应文物出境展览的新形势和新要求，切实保证珍贵文物尤其是一级文物中的孤品和易损品安全，我局现发布《第二批禁止出境展览文物目录（书画类）》，其中37件（组）一级文物自即日起禁止出境展出。

　　附件：第二批禁止出境展览文物目录（书画类）

国家文物局
二〇一二年六月十一日

附件：

第二批禁止出境展览文物目录（书画类）

序号	名称	时代	收藏单位
书法作品			
1	陆机《平复帖》卷	西晋	故宫博物院
2	王珣《伯远帖》卷	东晋	故宫博物院
3	冯承素摹王羲之《兰亭序》卷	唐	故宫博物院
4	欧阳询《梦奠帖》卷	唐	辽宁省博物馆
5	国诠书《善见律》卷	唐	故宫博物院
6	怀素《苦笋帖》卷	唐	上海博物馆
7	杜牧《张好好诗》卷	唐	故宫博物院
8	唐人《摹王羲之一门书翰》卷	唐	辽宁省博物馆
9	杨凝式《神仙起居法帖》卷	五代	故宫博物院
10	林逋《自书诗》卷	北宋	故宫博物院
11	蔡襄《自书诗》卷	北宋	故宫博物院
12	文彦博《三帖卷》	北宋	故宫博物院
13	韩琦《行楷信札卷》	北宋	贵州省博物馆
14	王安石《楞严经旨要》卷	北宋	上海博物馆
15	黄庭坚《诸上座》卷	北宋	故宫博物院

2013
中国
文物年鉴

序号	名称	时代	收藏单位
16	米芾《苕溪诗》卷	北宋	故宫博物院
17	赵佶《草书千字文》卷	北宋	辽宁省博物馆
绘画作品			
18	展子虔《游春图》卷	隋	故宫博物院
19	韩滉《五牛图》卷	唐	故宫博物院
20	周昉《挥扇仕女图》卷	唐	故宫博物院
21	孙位《高逸图》卷	唐	上海博物馆
22	王齐翰《勘书图》卷	五代	南京大学
23	周文矩《重屏会棋图》卷	五代	故宫博物院
24	胡瓌《卓歇图》卷	五代	故宫博物院
25	顾闳中《韩熙载夜宴图》卷	五代	故宫博物院
26	卫贤《高士图》轴	五代	故宫博物院
27	董源《山口待渡图》卷	五代	辽宁省博物馆
28	黄筌《写生珍禽图》卷	五代	故宫博物院
29	王诜《渔村小雪图》卷	北宋	故宫博物院
30	梁师闵《芦汀密雪图》卷	北宋	故宫博物院
31	祁序《江山牧放图》卷	北宋	故宫博物院
32	李公麟《摹韦偃牧放图》卷	北宋	故宫博物院
33	张择端《清明上河图》卷	北宋	故宫博物院
34	王希孟《千里江山图》卷	北宋	故宫博物院
35	马和之《后赤壁赋图》卷	南宋	故宫博物院
36	赵伯骕《万松金阙图》卷	南宋	故宫博物院
37	宋人摹阎立本《步辇图》卷	宋代	故宫博物院

国家文物局关于进一步做好文物拍卖标的审核工作的意见

文物博函〔2012〕1484号

各省、自治区、直辖市文物局（文化厅）：

　　为切实加强对文物拍卖经营活动的管理，促进文物拍卖市场健康发展，针对当前文物拍卖中存在的知假拍假、虚假宣传、超范围经营等突出问题，现就进一步做好文物拍卖标的（以下简称标的）审核工作通知如下：

一、进一步提高对标的审核管理工作的认识

标的审核工作既是文物拍卖管理工作的关键环节，又是法律赋予文物行政部门的一项执法职能。加强标的审核工作，对落实文物保护责任，规范文物流通秩序，满足人民群众收藏鉴赏需要，促进文化产业健康发展具有十分重要的意义。各级文物行政部门要高度重视拍卖标的审核工作，进一步提高认识，健全工作机制，充实管理队伍，落实审核责任，切实把标的审核管理工作抓实抓好。

二、加强文物拍卖经营资质查验工作

文物拍卖经营资质的合法、有效是开展标的审核工作的前提。省级文物行政主管部门在受理标的审核申报时，应依据拍卖经营资质年审情况，及时开展对文物拍卖企业（以下简称企业）拍卖经营资质的查验。各级文物行政部门积极配合工商、公安部门，对未经许可擅自从事文物拍卖经营等违法活动的企业进行查处。

三、根据有关规定，下列标的不得上拍

（一）出土（水）文物、以出土（水）文物名义进行宣传的；

（二）被盗窃、盗掘、走私的文物或明确属于历史上被非法掠夺的中国流失文物；

（三）依照法律应当移交文物行政部门的文物，包括国家各级执法部门在查处违法犯罪活动中依法没收、追缴的文物；

（四）国有文物收藏单位及其他国家机关、部队和国有企业、事业单位等收藏、保管的文物；

（五）国有不可移动文物的附属构件；

（六）国有文物商店收存的珍贵文物；

（七）涉嫌损害国家利益或有可能产生不良社会影响的；

（八）其他法律法规规定不得流通的文物。

四、强化拍卖专业人员征集鉴定责任

标的报审材料中，须有本企业文物拍卖专业人员（含已考取《文物拍卖企业专业人员资格证书》的人员）标的征集鉴定意见。对出具虚假征集鉴定意见、造成不良社会影响的，取消其专业人员资格。

五、健全标的审核制度

省级文物行政部门作为文物拍卖标的的审核主体，应完善审核工作制度，建立标的审核专家库并报国家文物局备案。每类标的须经两名以上专家审核并意见一致的，方可报审。报送国家文物局的备案材料中，须包括审核意见及审核专家名单。

六、严格标的报审管理

企业须整场报审文物拍卖会标的，包括含有文物的拍卖会标的，不得少报、假报或以艺术品名义报审含有文物的拍卖会标的。企业应配合文物行政部门开展实物审核（或复核）工作。

省级文物行政部门受理企业标的的审核申请后，须于20个工作日内将审核意见报国家文物局备案。国家文物局网站将即时公告备案收文确认信息。如有不同意见，国家文物局将于5个工作日内以书面形式反馈。国家文物局同意备案材料后，省级文物行政部门方可办理批复文件。

七、规范拍卖图录管理

企业须在所有拍卖图录显著位置刊登相关批复文件。拍卖图录文字严禁使用"罕见""仅存""国宝"等诱导性词语。不得擅自更改标的定名。

八、建立企业诚信档案

企业违反上述规定，国家文物局将视情节轻重，给予责令整改、暂停直至撤销其文物拍卖经营资质的处罚，并记入企业诚信档案。国家文物局结合行业管理，将企业诚信档案作为企业年审和增加文物经营范围的考评依据。

本意见自发布之日起实施。

国家文物局

二〇一二年七月二日

国家文物局关于深入学习贯彻全国文物工作会议精神的通知

各省、自治区、直辖市文物局（文化厅），各计划单列市文物局（文化局），新疆生产建设兵团文化局，机关各司室，各直属单位：

在全国上下深入贯彻党的十七届六中全会精神、迎接党的十八大胜利召开之际，全国文物工作会议于2012年7月10日在北京木召开。中共中央政治局常委李长春同志会见与会代表并发表重要讲话，中共中央政治局委员、国务委员刘延东同志出席会议并作重要讲话。会议系统总结了党的十六大以来文物事业取得的成就和经验，全面分析了文物工作面临的新形势，明确提出了全面推进文物保护利用和传承发展、努力建设文化遗产强国的目标任务。

为深入学习贯彻全国文物工作会议精神，现就有关要求通知如下：

一、统一思想，充分认识学习贯彻全国文物工作会议精神的重要意义

全国文物工作会议是在我国全面建设小康社会、加快推进社会主义现代化建设的关键时期，在深化文化体制改革、推动社会主义文化大发展大繁荣的重要阶段，在推动文物事业加速发展的关键时刻召开的重要会议。会议提出了建设文化遗产强国的发展目标，部署了新时期文物工作的总体要求和重点任务。

这次会议的部署和要求，对于积极推进我国文物资源的保护利用、传承发展，努力建设文化遗产强国，弘扬中华优秀传统文化，建设中华民族共有精神家园具有重大意义。贯彻落实好会议精神，关键在于准确把握会议提出的新要求、新任务、新举措，把思想和行动统一到中央的决策部署上来，统一到建设文化遗产强国的理论创新和实践创新上来，统一到新时期文物工作目标任务的全面完成上来。

二、深刻领会，全面把握全国文物工作会议精神实质

各级文物行政部门、各地文博单位要迅速掀起学习贯彻全国文物工作会议精神的热潮，进一步凝聚共识、统一思想。

要深刻领会中央领导同志在全国文物工作会议上的重要讲话精神，进一步提高对

2013 中国 文物年鉴

文物工作重要性的认识。充分发挥文物工作在继承弘扬中华民族优秀传统文化、建设中华民族共有精神家园，满足人民群众日益增长的精神文化需求、不断提高全民族的思想道德素质和科学文化素质，增强国家文化软实力、展示国家良好形象、维护世界文化多样性等方面的重要作用，始终把文物工作放到党和国家工作全局中来认识、来谋划、来推动。

要深刻领会中央领导同志在全国文物工作会议上的重要讲话精神，全面总结文物工作的宝贵经验。坚持以邓小平理论和"三个代表"重要思想为指导，全面贯彻落实科学发展观；坚持"保护为主、抢救第一、合理利用、加强管理"的文物工作方针，正确处理保护与利用的关系，始终把保护作为前提和基础，在保护中利用，在传承中发展；坚持文物事业的公益属性，发挥政府的主导作用，正确处理事业与产业的关系，始终把社会效益放在首位，努力做到社会效益与经济效益有机统一；坚持服务社会、惠及民生，始终把"文物保护人人参与、保护成果人人共享"作为文物工作的出发点和落脚点；坚持改革创新，做好全局谋划、制度安排，以重点突破带动整体推进，不断深化理论创新、体制创新、科技创新。

要深刻领会中央领导同志在全国文物工作会议上的重要讲话精神，准确把握我国文物事业发展面临的新形势、新机遇、新挑战，进一步增强做好文物工作的紧迫感、责任感。以科学发展为主题，以改革创新为动力，坚持文物保护与经济社会发展相结合，依法保护与科学保护相结合，有效保护与合理利用相结合，政府主导与社会参与相结合，既要注重有效保护、夯实基础，又要注意合理利用、发挥效益，在保护利用中实现传承发展。

要深刻领会中央领导同志在全国文物工作会议上的重要讲话精神，进一步明确文物工作的主要任务。正确处理保护与利用、保护与发展的关系，在保护的前提下充分利用，在充分利用中促进保护、推动发展。进一步落实文物保护责任，切实把文物工作摆到更加突出位置；进一步推进文物保护重点工作，切实提高文物安全防范能力；进一步发挥文物资源优势，更多更好地服务社会、促进发展、惠及民生；进一步完善政策法规体系，努力营造有利于文物事业科学发展的良好环境；进一步健全机构和队伍，全面加强能力建设；进一步增强全民文物保护意识，引导全社会共同参与文物保护，以高度的文化自觉和文化自信，切实肩负起建设文化遗产强国的历史责任。

三、统筹推进，努力把会议精神落到实处

各级文物行政部门、各地文博单位要把学习宣传、贯彻落实全国文物工作会议精神作为当前和今后一个时期的中心任务切实抓紧抓好。要围绕建设文化遗产强国目标，统筹谋划、科学布局，加紧制定和完善有利于文物事业科学发展的各项政策措施。深入调查研究，不断总结实践经验，认真研究解决文物事业发展中的重大问题、突出问题，切实把会议精神和领导讲话精神转化为指导工作的思路，推动发展的举措。要围绕"十二五"规划目标任务，紧密结合工作实际，进一步明确当前和今后文物事业发展的工作思路和具体办法，以点带面，整体推进，切实把"十二五"时期各项文物工作任务落到实处，以重大项目促保护、促利用、促发展。要围绕能力建设和质量提升，深化改革，转变职能，更加注重制度设计，更加注重加强管理，进一步理顺工作体制机制，完善相关法律法规，切实提高各级文物行政部门和文物博物馆单位的整体能力和服务水平。国家文物局机关要在学习贯彻会议精神上"走在前、做表率"，在宏观指导上发挥中枢作用，在决策落实上发挥引领作用，加快制定有关政策举措，做好任务分解落实，主动跟进、主动协调、主动督查、主动服务。各有关文博单位和行业组织要充分挖掘智力资源优势，发挥决策智囊、协调平

2013
中国
文物年鉴

台和行业自律作用。

请各省级文物行政部门、各直属单位于7月31日前将学习贯彻全国文物工作会议精神的工作方案报送我局，于9月30日前将学习贯彻情况报告我局。

国家文物局

二〇一二年七月十六日

国家文物局关于印发2011年度全国博物馆名录的通知

文物博发〔2012〕11号

各省、自治区、直辖市文物局（文化厅）：

依据《博物馆管理办法》，我局对各省（区、市）文物行政部门报送备案的2011年度博物馆年检材料完成了审核工作。全国核准备案博物馆3589家，其中国有博物馆3054家（文物行政部门管理的国有博物馆2473家，其他行业性国有博物馆581家），民办博物馆535家。

为服务社会公众，现将其中专业化程度较高、功能比较完善、社会作用比较明显的3089家博物馆编制成2011年度全国博物馆名录予以发布，包括国有博物馆2706家（文物行政部门管理的国有博物馆2206家、其他行业性国有博物馆500家），民办博物馆383家。

特此通知。

附件：2011年度全国博物馆名录（略）

国家文物局

二〇一二年九月十八日

国家文物局关于更换考古发掘资质证书的通知

办保函〔2012〕795号

各省、自治区、直辖市文物局（文化厅）：

根据《中华人民共和国文物保护法》和《考古发掘管理办法》的有关规定，我局拟组织开展到期考古发掘资质证书更换工作。现将具体事项通知如下：

一、此次更换范围为2007年颁发的考古发掘资质证书。请相关考古发掘资质单位提交

2013 中国 文物年鉴

以下材料：

  （一）考古发掘资质证书的正本及副本（原件）

  （二）考古发掘资质单位情况统计表（见附件）

  （三）在职人员的考古发掘领队证书复印件（至少4位领队）

  二、请你局（厅）对本省（自治区、直辖市）辖区内的各有关单位申报材料汇总、审核后报送我局。纸质文本请寄送至国家文物局文物保护与考古司考古处，电子文本请发至考古处电子邮箱。

  三、受理申报材料的截止日期为2012年10月25日。

  地址：北京市东城区朝阳门北大街10号

     国家文物局文物保护与考古司考古处

  邮编：100020

  联系人及电话：王铮 010-59881643

  传真：010-59881703

  电子邮箱：kaoguchu@sach.gov.cn

  特此通知。

  附件：考古发掘单位情况统计表（略）

国家文物局

二〇一二年九月二十九日

2013
中国
文物年鉴

国家文物局关于印发更新的
《中国世界文化遗产预备名单》的通知

文物保函 [2012] 2037号

各有关省、自治区、直辖市文物局（文化厅）：

  为加强世界文化遗产申报工作，按照联合国教科文组织《保护世界文化与自然遗产公约》及其《操作指南》的要求，我局组织开展了《中国世界文化遗产预备名单》（以下简称《预备名单》）更新工作，经组织专业机构和有关专家对各地提交的申报项目进行专业评估，最终形成了重新确定的《预备名单》。现将更新的《预备名单》（附件1）予以印发，并就有关工作事宜通知如下：

  一、请你局（厅）督促指导有关地方人民政府和文物主管部门，依照《文物保护法》等文物保护相关法律法规，并参照《世界文化遗产保护管理办法》的有关规定，加强对辖区内列入《预备名单》的文化遗产（以下简称预备名单项目）的研究、保护和管理。深入开展预备名单项目的突出普遍价值和对比分析研究，完善保护管理法规、规划，提升预备名单项目展示水平，改善环境景观，健全保护管理机构，加大经费投入，严格控制保护范围（遗产区）和建设控制地带（缓冲区）内的建设活动，维护预备名单项目的真实性和完整性，为世界文化遗产申报奠定扎实的基础。

二、对《预备名单》实施动态管理。预备名单项目如因保护管理不善，致使遗产价值受到损害，我局将酌情予以警示，或将其从《预备名单》中除名。

三、请你局（厅）组织有关单位，按照联合国教科文组织确定的格式和要求，填写《预备名单提交表格》（附件2），于2012年12月31日前将中、英文表格报送至我局。涉及一个省级行政区域内多个市、县的预备名单项目，由省级文物行政部门协调有关市或县人民政府统一组织填报表格；涉及多个省（自治区、直辖市）的预备名单项目，由各有关省级文物行政部门进行协商，统一组织填报表格。上述表格的电子文件及表格填写的说明及范例可从国家文物局网站http:///www.sach.gov.cn下载。

四、联系人及联系方式

国家文物局文物保护与考古司世界遗产处　佟薇、叶思茂

电话：010-56792083、56792076

传真：010-56792108

电子邮箱：sacheach@yahoo.com.cn

中国古迹遗址保护协会秘书处　马永红、解立

电话及传真：010-84633309、84639925

电子邮箱：icomoschina@yahoo.com.cn

特此通知。

附件1：中国世界文化遗产预备名单

附件2：预备名单提交表格（略）

国家文物局

二〇一二年十月二十二日

附件1：

中国世界文化遗产预备名单（2012年9月更新）

1. 北京中轴线（含北海）（北京市）
2. 大运河（北京市、天津市、河北省、江苏省、浙江省、安徽省、山东省、河南省）
3. 中国白酒老作坊：杏花村汾酒老作坊（山西省汾阳市）、成都水井街酒坊（四川省成都市）、泸州老窖作坊群（四川省泸州市）、古蔺县郎酒老作坊（四川省泸州市）、剑南春酒坊及遗址（四川省绵竹市）、宜宾五粮液老作坊（四川省宜宾市）、红楼梦糟房头老作坊（四川省宜宾市）、射洪县泰安作坊（四川省射洪县）
4. 辽代木构建筑：应县木塔（山西应县）、义县奉国寺大雄殿（辽宁义县）
5. 关圣文化建筑群（山西省运城市）
6. 山陕古民居：丁村古建筑群（山西省襄汾县）、党家村古建筑群（陕西省韩城市）
7. 阴山岩刻（内蒙古自治区巴彦淖尔市）

8. 辽代上京城和祖陵遗址（内蒙古自治区赤峰市）

9. 红山文化遗址：牛河梁遗址（辽宁省朝阳市）、红山后遗址、魏家窝铺遗址（内蒙古自治区赤峰市）

10. 中国明清城墙：兴城城墙（辽宁省兴城市）、南京城墙（江苏省南京市）、临海台州府城墙（浙江省临海市）、寿县城墙（安徽省寿县）、凤阳明中都皇城城墙（安徽省凤阳县）、荆州城墙（湖北省荆州市）、襄阳城墙（湖北省襄阳市）、西安城墙（陕西省西安市）

11. 侵华日军第七三一部队旧址（黑龙江省哈尔滨市）

12. 金上京遗址（黑龙江省哈尔滨市）

13. 扬州瘦西湖及盐商园林文化景观（江苏省扬州市）

14. 无锡惠山祠堂群（江苏省无锡市）

15. 江南水乡古镇：甪直（江苏省苏州市）、周庄（江苏省昆山市）、千灯（江苏省昆山市）、锦溪（江苏省昆山市）、沙溪（江苏省太仓市）、同里（江苏省吴江市）、乌镇（浙江省桐乡市）、西塘（浙江省嘉善县）、南浔（浙江省湖州市）、新市（浙江省德清县）

16. 丝绸之路（河南省、陕西省、甘肃省、青海省、宁夏回族自治区、新疆维吾尔自治区）；海上丝绸之路（江苏省南京市、扬州市，浙江省宁波市，福建省泉州市、福州市、漳州市，山东省蓬莱市，广东省广州市，广西壮族自治区北海市）

17. 良渚遗址（浙江省杭州市）

18. 青瓷窑遗址（浙江省慈溪市、龙泉市）

19. 闽浙木拱廊桥（浙江省泰顺县、景宁县、庆元县，福建省寿宁县、周宁县、屏南县、政和县）

20. 鼓浪屿（福建省厦门市）

21. 三坊七巷（福建省福州市）

22. 闽南红砖建筑（福建省厦门市、南安市）

23. 赣南围屋（江西省赣州市）

24. "明清皇家陵寝"扩展项目：潞简王墓（河南省新乡市）

25. 黄石矿冶工业遗产（湖北省黄石市）

26. 土司遗址：唐崖土司遗址（湖北省咸丰县）、容美土司遗址（湖北省鹤峰县）、老司城遗址（湖南省永顺县）、海龙屯遗址（贵州省遵义市）

27. 凤凰区域性防御体系（湖南省凤凰县）

28. 侗族村寨（湖南省通道侗族自治县、绥宁县，广西壮族自治区三江县，贵州省黎平县、榕江县、从江县）

29. 南越国遗迹（广东省广州市）

30. 灵渠（广西壮族自治区兴安县）

31. 花山岩画文化景观（广西壮族自治区崇左市）

32. 白鹤梁题刻（重庆市涪陵区）

33. 钓鱼城遗址（重庆市合川区）

34. 蜀道：金牛道广元段（四川省广元市）

35. 古蜀文明遗址：金沙遗址、古蜀船棺合葬墓（四川省成都市），三星堆遗址（四

2013 中国 文物年鉴

川省广汉市）

36．藏羌碉楼与村寨（四川省甘孜藏族自治州、阿坝藏族羌族自治州）

37．苗族村寨（贵州省台江县、剑河县、榕江县、丛江县、雷山县、锦屏县）

38．万山汞矿遗址（贵州省铜仁市）

39．哈尼梯田（云南省元阳县）

40．普洱景迈山古茶园（云南省澜沧拉祜族自治县）

41．芒康盐井古盐田（西藏自治区芒康县）

42．统万城（陕西省靖边县）

43．西夏陵（宁夏回族自治区银川市）

44．坎儿井（新疆维吾尔自治区吐鲁番地区）

45．志莲净苑与南莲园池（香港特别行政区）

国家文物局关于印发《大运河遗产展示与标识系统设计指导意见》的通知

文物保函［2012］1993号

各有关省（直辖市）文物局：

为做好大运河遗产展示与标识工作，进一步统一、规范大运河各遗产河道和遗产点的遗产标志、解说牌及安全警示牌设置，我局委托浙江省古建筑设计研究院编制了《大运河遗产展示与标识系统设计指导意见》（以下简称《指导意见》），并经专家评审通过，现予印发。《指导意见》及相关研究报告、大运河遗产标志的电子版可在国家文物局政府网站http://www.sach.gov.cn"通知公告"栏下载。

请你局尽快将该指导意见转发各有关市县文物主管部门，并指导有关市县参照有关内容，抓紧做好大运河各遗产河道和遗产点展示与标识系统的设计和建设工作。

特此通知。

附件：大运河遗产展示与标识系统设计指导意见（略）

国家文物局

二〇一二年十月二十二日

国家文物局迁址公告

国家文物局自2012年10月29日起迁入新址办公。现将有关情况公告如下：

一、通讯地址

北京市东城区北河沿大街83号

邮编：100009

二、联系电话

值班室：010-56792211

010-56792130（传真）

特此公告。

国家文物局办公室

二〇一二年十月二十五日

国家文物局《民办博物馆章程示范文本》

文物博函［2012］2051号

各省、自治区、直辖市文物局（文化厅）：

为促进民办博物馆科学发展，根据《民办非企业单位登记管理暂行条例》和《博物馆管理办法》等法律法规，国家文物局制定《民办博物馆章程示范文本》，现予印发。请结合实际参考执行。

特此通知。

国家文物局

二〇一二年十一月五日

〈说　明〉

一、根据《民办非企业单位登记管理暂行条例》和《博物馆管理办法》《民办非企业单位（法人）章程示范文本》等法律法规，制定此章程示范文本。

二、此文本旨在为民办博物馆制定章程提供范例。

三、民办博物馆制定的章程，应当包括章程示范文本中所列全部条款，可以根据实际情况作适当补充。

四、［　］内文字为基本要求。

第一章 总则

第一条 本博物馆的名称是＿＿＿＿＿＿＿＿＿＿＿＿＿＿。

［名称应当符合《博物馆管理办法》和《民办非企业单位名称管理暂行规定》的规定］

第二条 本博物馆的性质是＿＿＿＿＿＿＿＿＿＿＿＿＿。

［必须载明：利用或主要利用非国有文物、标本、资料、资金等资产，自愿举办、从事社会教育和文化服务活动的非营利性社会组织］

第三条 本博物馆的宗旨与使命是＿＿＿＿＿＿＿＿＿＿＿。

［必须载明：遵守宪法、法律、法规和国家政策，遵守社会道德风尚；遵守博物馆行业道德规范；博物馆设立的目的（为了教育、研究、欣赏的目的，收藏、保护、研究、展示人类和自然环境的见证物，为经济社会及人的可持续发展服务）］

第四条 本博物馆的业务范围：

（一）藏品收藏：＿＿＿＿＿＿＿＿＿＿＿＿＿＿＿＿；

（二）陈列展览：＿＿＿＿＿＿＿＿＿＿＿＿＿＿＿＿；

（三）学术研究：＿＿＿＿＿＿＿＿＿＿＿＿＿＿＿＿；

（四）社会教育：＿＿＿＿＿＿＿＿＿＿＿＿＿＿＿＿；

…………。

［必须具体明确，与省级文物行政部门确认的业务范围一致］

第五条 本博物馆的登记管理机关是＿＿＿＿＿＿＿＿＿＿；本博物馆的业务主管单位是＿＿＿＿＿＿＿＿＿＿。

本博物馆按照《博物馆管理办法》《民办非企业单位登记管理暂行条例》的规定，自觉接受业务主管单位、登记管理机关组织的年度检查。

［业务主管单位为省级文物行政部门］

第六条 本博物馆的住所地是＿＿＿＿＿＿＿＿＿＿＿＿。

［如：××省（自治区、直辖市）××市（区、县）］

第七条 本章程中的各项条款与法律、法规、规章不符的，以法律、法规、规章的规定为准。

本章程对博物馆及其举办者、理事、监事、馆长、职工具有约束力。

第二章 举办者

第八条 本博物馆的举办者是＿＿＿＿＿＿＿＿＿＿＿＿。

本博物馆由举办者提供开办藏品：＿＿＿件（套）；提供开办资金：＿＿＿元。

第九条 举办者应当依法办理藏品财产权的转移手续，并将开办资金足额存入博物馆在银行开设的账户。

［开办藏品、资金应符合有关法律法规的规定；如为多个提供者，应分别载明每位提供者提供的藏品、资金细目］

第十条 博物馆成立后，应当向举办者签发接受出资证明书。

出资证明书应当载明下列事项：（一）博物馆名称；（二）博物馆成立日期；（三）博物馆注册藏品、资金；（四）举办者的名称、提供的藏品、资金和出资日期；（五）出资证明书的编号和核发日期。

出资证明书由博物馆盖章。

第十一条 举办者享有下列权利:

（一）了解本博物馆经营状况和财务状况;

（二）推荐理事和监事人选;

（三）有权查阅理事会会议记录和本博物馆财务会计报告;

（四）可以依法以举办者名字命名博物馆馆舍;

…………。

第十二条 举办者履行以下义务:

（一）遵守法律、行政法规及博物馆章程;

（二）协助理事会足额保障博物馆运营经费;

（三）不得滥用举办者权利损害博物馆法人独立地位和利益;

（四）在博物馆办理登记注册手续后，不得抽回所提供的藏品、资金等资产;

（五）不得要求分红;

…………。

第三章 法人治理

第十三条 理事会是本博物馆的决策机构，成员为＿＿人。其中代表性社会人士理事不低于理事会成员的三分之一。

理事由博物馆举办者（包括出资者）、职工代表（由全体职工推举产生）以及有关单位（业务主管单位）推选产生。

［理事会成员为3～25人的单数;有关单位主要指省级文物行政部门］

第十四条 理事每届任期＿＿＿年，任期届满，连选可以连任。

［理事任期3年或4年］

第十五条 理事无工作报酬。

第十六条 理事应恪尽职守，每年理事会会议出席率不得低于75%。

第十七条 理事会行使下列事项的决定权:

（一）修改章程;

（二）博物馆中长期发展规划和年度计划;

（三）博物馆收藏、展览、科研、教育的方针政策;

（四）增加开办资金的方案;

（五）年度财务预算、决算方案;

（六）增加藏品的方案;

（七）处置藏品的方案;

（八）聘任或解聘馆长和其提名聘任或者解聘的本博物馆副馆长及财务负责人;

（九）罢免、增补理事;

（十）内部机构的设置;

（十一）制定内部管理制度;

（十二）从业人员的工资报酬;

（十三）本博物馆的分立、合并或终止；

············。

第十八条　理事会每年召开＿＿次会议［至少两次］。有下列情形之一，应当召开理事会会议：

（一）理事长认为必要时；

（二）1/3以上理事联名提议时。

第十九条　理事会设理事长1名，副理事长1～2名。理事长、副理事长由理事会以全体理事的过半数选举产生或罢免。

第二十条　副理事长协助理事长工作，理事长不能行使职权时，由理事长指定的副理事长代其行使职权。

第二十一条　召开理事会会议，应于会议召开10日前将会议的时间、地点、内容等通知全体理事。理事因故不能出席，可以书面委托其他理事代为出席理事会，委托书必须载明授权范围。

第二十二条　理事会会议应由1/2以上的理事出席方可举行。理事会会议实行1人1票制。理事会作出决议，必须经全体理事的过半数通过。

下列重要事项的决议，须经全体理事的2/3以上通过方为有效：

（一）章程的修改；

（二）本博物馆的分立、合并或终止；

（三）处置藏品；

（四）聘任或解聘博物馆馆长；

（五）罢免、增补理事；

············。

第二十三条　理事会会议应当制作会议记录。形成决议的，应当当场制作会议纪要，并由出席会议的理事审阅、签名。理事会决议违反法律、法规或章程规定致使本博物馆遭受损失的，参与决议的理事应当承担责任。但经证明在表决时反对并记载于会议记录的，该理事可免除责任。

理事会记录由理事长指定的人员存档保管。

第二十四条　理事长行使下列职权：

（一）召集和主持理事会会议；

（二）检查理事会决议的实施情况；

（三）法律、法规和本博物馆章程规定的其他职权。

第二十五条　本博物馆设立馆长，馆长对理事会负责，并行使下列职权：

（一）主持博物馆的日常工作，组织实施理事会的决议；

（二）组织实施博物馆年度工作计划；

（三）拟订博物馆内部机构设置的方案；

（四）拟订内部管理制度；

（五）提请聘任或解聘副馆长和财务负责人；

（六）聘任或解聘内设机构负责人，组建高效稳定的员工队伍；

············。

馆长列席理事会会议。

2013
中国
文物年鉴

第二十六条 本博物馆设立监事会，其成员为___人。

监事任期与理事任期相同，任期届满，可以连选连任。

［监事会成员人数为不得少于3人的单数，并推选1名召集人。人数较少的民办博物馆可不设监事会，但必须设1～2名监事］

第二十七条 监事无工作报酬。

第二十八条 监事在举办者（包括出资者）、本博物馆职工或有关单位推荐的人员中产生或更换。监事会中的职工代表由博物馆全体职工推举产生。

理事、馆长及财务负责人，不得兼任监事。

［有关单位主要指省级文物行政部门］

第二十九条 监事会或监事行使下列职权：

（一）检查博物馆财务；

（二）对理事、馆长执行博物馆职务的行为进行监督，对违反法律、行政法规、博物馆章程或者理事会决议的理事、馆长提出罢免的建议；

（三）当理事、馆长的行为损害博物馆的利益时，要求其予以纠正；

（四）提议召开临时理事会会议，在理事长不履行本章程规定时召集和主持理事会会议；

（五）向理事会会议提出提案；

…………。

监事列席理事会会议。

第三十条 监事会会议实行1人1票制。监事会决议须经全体监事过半数表决通过，方为有效。

…………。

第三十一条 本博物馆的法定代表人为_____。

［法定代表人为理事长或馆长］

第三十二条 有下列情形之一的，不得担任法定代表人：

（一）无民事行为能力或者限制民事行为能力的；

（二）担任因违法被撤销登记的民办博物馆的法定代表人，自该博物馆被撤销登记之日起未逾3年的；

（三）非中国内地居民的；

（四）法律、法规规定不得担任法定代表人的其他情形。

第三十三条 本博物馆根据业务建设、管理运行需要设置内部机构，内部机构的名称及其职能如下：

（一）_____。职能：_____；

（二）_____。职能：_____；

（三）_____。职能：_____；

…………。

第三十四条 本博物馆设置学术委员会作为业务咨询指导机构，学术委员会委员由理事会聘任。除本馆专家外，应不断扩大学术委员会馆外专家比例。

第三十五条 学术委员会主要行使以下职责：

（一）指导本馆业务工作长远规划和年度计划的拟定；

（二）指导重要藏品征集、借用；

（三）指导重要陈列展览举办和引进；

（四）指导藏品处置意见的拟定；

（五）指导重点课题研究及成果推广；

…………。

第三十六条　本博物馆根据业务建设、管理运行需要选聘专业工作人员和招募义务工作人员。

本博物馆劳动用工、社会保险制度按国家法律、法规及国务院劳动保障行政部门的有关规定执行。

第三十七条　本博物馆理事、监事、馆长、专业工作人员，以及义务工作人员，不得从事违背博物馆行业道德规范的任何活动。

第四章　藏品管理

第三十八条　本博物馆为践行博物馆使命和服务于观众，以有限收藏为原则，制定收藏政策、标准和规划并向社会公告，健全具有自身特色的藏品体系。

所征集藏品的主要类别如下：

（一）＿＿＿＿＿＿＿＿＿＿＿＿＿＿＿＿＿＿＿；

（二）＿＿＿＿＿＿＿＿＿＿＿＿＿＿＿＿＿＿＿；

（三）＿＿＿＿＿＿＿＿＿＿＿＿＿＿＿＿＿＿＿；

…………。

第三十九条　藏品征集方式包括：

（一）购买；

（二）接受捐赠；

（三）依法交换；

（四）法律、行政法规规定的其他合法方式。

第四十条　本博物馆不征集有充分理由证明其涉及非法来源的文物和标本作为藏品。

第四十一条　征集的藏品属于博物馆所有，任何单位和个人不得非法侵占、私分和挪用。

第四十二条　本博物馆应按照公共信托的要求，为藏品提供恰当的存放和保管的场所，对藏品进行恰当的保护、利用和管理。

第四十三条　本博物馆根据专业标准对藏品信息进行完整记录，建立健全藏品账目档案。藏品总账、档案及时报主管的文物行政部门备案，并以适当方式向社会发布。

第四十四条　本博物馆为藏品创造和保持适宜的安全控制措施，防范人为或自然因素对藏品安全的威胁。

使用藏品时，以藏品安全为前提；当利用与安全不能兼顾时，以服从安全为原则。

第四十五条　本博物馆的法定代表人对藏品安全负责。法定代表人、藏品管理人员离任前，必须办理藏品移交手续。

第四十六条　本博物馆应维护和壮大藏品体系。只有为提高藏品质量或改进藏品组合之目的，在符合以下条件时，才可考虑依法注销藏品：

（一）与博物馆的发展目标或收藏政策不符；

（二）与博物馆收藏标准不符：

①多余或重复且无需用于研究之目的；

②破损严重或其恶化程度超出博物馆的保护能力范围；

③与其他馆藏藏品相比，品质极为低劣；

④获得的方式不正当或非法；

⑤该藏品为赝品。

第四十七条 注销藏品，必须由本博物馆学术委员会评估该物品的意义、特点（可更新或不可更新）、法律身份以及明确此行为是否会对博物馆及公共信托造成损害，经理事会决议通过，报省级文物行政部门批准后方可执行。

第四十八条 对已注销的藏品，可依法捐赠、移交、交换、出售、返还或销毁。

注销藏品优先转让给其他博物馆。

本博物馆举办者、理事、监事、馆长、职工或其家庭成员不得以直接或间接的方式获得注销的藏品。

有关注销决定、注销藏品和处理方式的全部记录必须被永久妥善保存。

第四十九条 从对已注销藏品的处置中获得的资金或其他形式的补偿应当仅用于馆藏的收购和直接保护。如用于博物馆运营之目的，则是不可接受的。

第五十条 本博物馆努力推动分享知识、藏品信息和藏品。

本博物馆应基于藏品及相关学术研究举办符合专业标准的陈列展览和特别活动，清晰地诠释博物馆的教育目标、理念与思想；并保证陈列展览等传播活动中呈现的信息完整、准确、科学，符合学术研究、社会信仰的普遍要求。

第五十一条 本博物馆保证每年向公众开放__个月以上（不得少于8个月）；并特别关注未成年人等有特殊需求的人群。

本博物馆积极促进与其他博物馆、教育科研机构及社区的交流合作。

第五章　财务管理

第五十二条 本博物馆经费来源：

（一）开办资金；

（二）政府资助；

（三）在业务范围内开展服务活动的收入；

（四）利息；

（五）捐赠；

（六）其他合法收入。

第五十三条 创收活动不得与博物馆性质和宗旨相冲突，必须保证对相关工作项目（陈列、活动）的内容及完整性的控制，不能有损于博物馆标准和观众。

第五十四条 本博物馆的资产任何单位、个人不得非法侵占、私分和挪用。

本博物馆资产用于章程规定的业务范围和事业发展，盈余不得分红。

第五十五条 执行国家规定的会计制度，依法进行会计核算，建立健全内部会计监督制度，保证会计资料合法、真实、准确、完整。

接受税务、会计主管部门依法实施的税务监督和会计监督。

第五十六条　本博物馆配备具有专业资格的会计人员。会计不得兼出纳。会计人员调动工作或离职时，必须与接管人员办清交接手续。

第五十七条　本博物馆换届或更换法定代表人之前必须进行财务审计。

第六章　终止的特殊情形

第五十八条　本博物馆以永久性为目标，非因下列情形之一的，不得终止：

（一）完成章程规定宗旨和使命的；

（二）发生分立、合并的；

…………。

第五十九条　博物馆终止，应当在理事会表决通过后15日内，报省级文物行政部门审查同意。

第六十条　博物馆办理注销登记前，应当在登记管理机关、省级文物行政部门和有关机关的指导下成立清算组织，清理资产和债权债务，完成清算工作。

第六十一条　博物馆终止，藏品原则上出让由其他博物馆接收。接受捐赠的藏品交由其他博物馆收藏时，应告知捐赠人。

其他剩余财产，应当按照有关法律、法规的规定处理。清算期间，不进行清算以外的活动。

第六十二条　本博物馆应当自完成清算之日起15日内，向登记管理机关办理注销登记。

第六十三条　本博物馆自登记管理机关发出注销登记证明文件之日起，即为终止。

第七章　附则

第六十四条　本章程经×年×月×日理事会表决通过。

第六十五条　本章程的解释权属理事会。

第六十六条　本章程自登记管理机关核准之日起生效。

本章程的修改，须经理事会表决通过后15日内，报省级文物行政部门审查同意，自省级文物行政部门审查同意之日起30日内，报登记管理机关核准。

国家文物局关于发布第二批国家一级博物馆名单的通知

文物博函〔2012〕2237号

各省、自治区、直辖市文物局（文化厅）：

为充分反映近年来博物馆事业进步成果，进一步健全博物馆质量评价体系，根据《全

2013
中国
文物年鉴

国博物馆评估办法》，国家文物局于2012年7月至11月组织开展了第二批国家一级博物馆评估工作。经博物馆自评申报、省（自治区、直辖市）博物馆评估委员评估推荐、全国博物馆评估委员会综合评审以及公示，国家文物局核定中国国家博物馆等17家博物馆为第二批国家一级博物馆。

　　附件：第二批国家一级博物馆名单

国家文物局

二〇一二年十一月十五日

附件：

第二批国家一级博物馆名单

（按行政区划排列，共17家）

中国国家博物馆	中国丝绸博物馆	四川博物院
中国农业博物馆	宁波博物馆	成都金沙遗址博物馆
吉林省博物院	山东博物馆	西安博物院
黑龙江省博物馆	深圳博物馆	甘肃省博物馆
上海科技馆	海南省博物馆	宁夏回族自治区博物馆
浙江自然博物馆	重庆红岩革命历史博物馆	

国家文物局关于2010~2011年度
《文物拍卖许可证》年审工作的补充通知

文物博函〔2012〕2066号

各有关省、自治区、直辖市文物局（文化厅）：

　　按照《文物拍卖企业资质年审管理办法》要求，国家文物局组织开展了2010至2011年度《文物拍卖许可证》年审工作，并对经省级文物行政部门初审的企业报审材料进行了复核。经复核发现，部分企业未提交年审材料，部分报审企业文物拍卖专业人员或（及）举办文物拍卖会活动场次不符合相关要求。为保证年审工作顺利开展，现就有关要求补充通知如下：

　　一、因故未按要求报送年审材料的企业（附件1），应于2012年12月31日前补交年审材料。逾期不报送年审材料的，将吊销其《文物拍卖许可证》。

　　二、文物拍卖专业人员不符合相关要求的企业（附件2），应于2012年12月31日前补交补聘人员材料或已聘人员补充材料。逾期未补交的，将暂停其《文物拍卖许可证》。

　　三、年审期内未独立举办文物拍卖会的企业（附件3），可于2012年12月31日前提交

2012年1～6月举办文物拍卖会有关材料。2012年1～6月仍未举办文物拍卖会的，将暂停其《文物拍卖许可证》。

四、以上补报材料，由企业所在地省级文物行政部门汇总后统一以邮政特快专递方式在规定期限内寄至北京市东城区五四大街29号233办公室夏纲收；邮编100009；电话010-64009570、15801265124。

特此通知。

附件：1．未报送年审材料企业名单（略）

2．文物拍卖专业人员不符合相关要求企业名单（略）

3．年审期内未独立举办文物拍卖会企业名单（略）

国家文物局

二〇一二年十一月十九日

国家文物局关于在全国文物系统认真学习贯彻党的十八大精神的通知

文物人函〔2012〕2149号

各省、自治区、直辖市文物局（文化厅）：

党的十八大是在我国进入全面建成小康社会决定性阶段召开的一次十分重要的会议。大会批准了胡锦涛同志代表十七届中央委员会所作的报告，批准了中央纪律检查委员会工作报告，审议通过了《中国共产党章程（修正案）》，选举产生了新一届中央委员会和中央纪律检查委员会。这是一次高举旗帜的大会、继往开来的大会、团结奋进的大会，在我们党和国家的发展进程中具有重大历史意义。各地文物行政部门要按照党中央的统一部署，把认真学习、深刻领会、全面贯彻党的十八大精神作为当前和今后一个时期的首要政治任务抓紧抓好。现就有关工作通知如下。

一、充分认识学习贯彻党的十八大精神的重大意义

胡锦涛同志所作的报告，回顾总结了过去五年的工作和党的十六大以来的奋斗历程及取得的历史性成就，确立了科学发展观的历史地位，提出了全面建成小康社会和全面深化改革开放的目标，对新的时代条件下推进中国特色社会主义事业做出了全面部署，是我们党团结带领全国各族人民夺取中国特色社会主义新胜利的政治宣言和行动纲领，是马克思主义的纲领性文献。

各地文物行政部门在推动文物事业发展中发挥着重要作用，在学习宣传贯彻党的十八大精神中肩负着重要责任，各地文物行政部门的广大党员干部必须认清肩负的责任和使命，以更高标准、更严要求和更加奋发有为的精神状态学习贯彻党的十八大精神，以自身学习的成果带动学习贯彻活动的深入开展。

2013
中国
文物年鉴

二、全面准确地领会把握党的十八大精神

各地文物行政部门要组织党员干部紧紧围绕党的十八大主题，认真学习党的十八大报告和新修改的党章，迅速兴起学习贯彻党的十八大精神的热潮。要在全面正确地领会过去五年的工作和党的十六大以来的奋斗历程及取得的辉煌成就基础上，重点做好以下三个方面的学习。

一是全面准确地领会把握对中国特色社会主义的新阐述。充分认识中国特色社会主义是当代中国发展进步的旗帜，只有走中国特色社会主义道路才能发展中国，才能全面建成小康社会、加强推进社会主义现代化建设、实现中华民族的伟大复兴。充分认识建设中国特色社会主义，总依据是社会主义初级阶段，总布局是"五位一体"，总任务是实现社会主义现代化和中华民族的伟大复兴，基本要求是必须坚持人民主体地位、必须坚持解放和发展社会生产力、必须坚持推进改革开放、必须坚持维护社会公平正义、必须坚持走共同富裕的道路、必须坚持促进社会和谐、必须坚持和平发展、必须坚持党的领导。

二是全面准确地领会把握对科学发展观新的历史论断。深刻理解科学发展观是中国特色社会主义理论体系的新成果，开辟了当代马克思主义发展新境界，是中国共产党集体智慧的结晶，是指导党和国家全部工作的强大思想武器，是党必须长期坚持的指导思想。深刻认识科学发展观的第一要义是发展、核心是以人为本、基本要求是全面协调可持续、根本方法是统筹兼顾，把科学发展观贯彻到文物事业发展的全过程，体现在党的建设各个方面。

三是全面准确地领会把握全面建成小康社会和全面深化改革开放的新要求。在党的十六大、十七大确立的全面建设小康社会目标的基础上，深刻领会并努力实现新的要求：经济持续健康发展，人民民主不断扩大，文化软实力显著增强，人民生活水平全面提高，资源节约型、环境友好型社会建设取得重大进展。全面把握我国社会主义经济建设、政治建设、文化建设、社会建设、生态文明建设的总体部署，加快完善社会主义市场经济体制和加快转变经济发展方式，坚持走中国特色社会主义政治发展道路和推进政治体制改革，扎实推进社会主义文化强国建设，在改善民生和创新管理中加强社会建设，大力推进生态文明建设。

三、联系实际切实抓好党的十八大精神的贯彻落实

各地文物行政部门要以高度的政治自觉和责任意识，紧密联系工作实际，把用党的十八大精神武装头脑、推动工作作为学习贯彻的出发点和落脚点，作为衡量学习贯彻成效的重要标准。

一是以党的十八大精神武装广大党员干部的头脑。要引导广大党员干部毫不动摇地以邓小平理论、三个代表重要思想、科学发展观为指导，坚定不移地沿着中国特色社会主义道路前进，解放思想，改革开放，凝聚力量，攻坚克难，为实现全面建成小康社会目标贡献智慧和力量，坚决贯彻执行中央的决策部署，切实做到讲政治、顾大局、守纪律。

二是以科学发展观指导各项文物工作。要以党的十八大精神为指导，认真总结文物工作的实践经验，全面系统地把握科学发展观的历史地位和精神实质，发挥科学发展观对文物工作的指导作用，坚定不移地走全面协调可持续的发展之路。

三是以改革创新精神推动解决工作中的突出问题。要把改革创新贯彻到文物工作的各个环节，改变束缚文物工作科学发展的做法和规定、制约文物工作科学发展的体制机制障碍，进一步破解难题、创新观念，真正把十八大报告的新思想新论断新要求转化为管根本、管长远的制度、机制。要更加注重更新观念、更加注重转变职能、更加注重制度设计、更加注重加强管理，认真检查不适应不符合科学发展观要求的突出问题，以改革创新的精神提出解决问题的具体办法和措施。要围绕年度重点工作，按照年初工作计划，认真

梳理各项工作，合理安排，以点代面，确保今年重点工作及各项工作保质保量完成。

四是积极营造学习贯彻党的十八大精神的舆论氛围。各地文物行政部门要做好文物系统党的十八大精神学习的宣传报道工作。充分发挥新闻媒体的舆论宣传作用，鼓励党员干部结合实际工作撰写各类文章，并向相关报刊媒体投稿；要结合实际，制定学习贯彻十八大精神活动的宣传报道方案，通过所属的网站、刊物，做好学习贯彻活动的宣传报道工作，并做好本部门学习动态和心得体会的报送工作；《中国文物报》、国家文物局网站等媒体已开设专版、专栏，对全国文物部门学习贯彻十八大精神的活动情况，进行集中报道和宣传。

请各省、自治区、直辖市文物局（文化厅）在向上级部门报送学习贯彻情况的同时，抄报国家文物局。

国家文物局

二〇一二年十一月二十七日

国家文物局关于"2012文物安全隐患排查整治专项行动"工作情况的通报

文物督函〔2012〕2208号

各省、自治区、直辖市文物局（文化厅）：

为迎接党的十八大胜利召开，贯彻落实全国文物工作会议精神，2012年8月15日至10月15日，国家文物局在全国范围部署开展了"2012文物安全隐患排查整治专项行动"（以下简称专项行动）。各地高度重视，认真组织，迅速行动，全面查找和整治安全隐患，切实强化安全措施，有效预防和避免了重特大文物安全事故的发生，确保了中秋、国庆双节期间和十八大前后全系统安全稳定，专项行动取得显著成效。现通报如下：

一、安排部署情况

国家文物局将专项行动列为下半年度重点工作，制定《"2012文物安全隐患排查整治专项行动"实施方案》，就预防和遏制文物安全事故进行了周密部署。针对洪涝灾害和博物馆藏品安全，将文物、博物馆单位防洪涝灾害和博物馆文物展览与保管设施设备安全情况，增加列入专项行动重点内容，进行排查整治。

专项行动期间，国家文物局召开田野文物安全现场会，文化部副部长、国家文物局局长励小捷就加强田野文物安全工作作出了全面部署，对深入开展专项行动提出了明确具体要求。励小捷局长、童明康副局长分别带队，赴广东、湖南和河南、安徽等省份，检查指导专项行动开展情况。

各地文物部门高度重视，将专项行动作为迎接党的十八大的重要举措，精心组织安排，扎实落实工作任务。河北、山西、吉林、安徽、福建、山东、河南、湖南、广西、四川、贵州、陕西、宁夏、青海、新疆等省（自治区），召开专题动员部署会议，成立领导小组，并由局领导带队分组到辖区内进行督导检查，确保专项行动落到实处。专项行动结束后，各地认真总结，除辽宁和海南两省外，各省（自治区、直辖市）均按要求上报了总结报告。

二、排查整治情况

全国各级文物行政部门和各文物博物馆单位，迅速行动，全面开展安全隐患排查整治，取得了显著成效。

一是排查范围广泛。专项行动期间，共排查不可移动文物188105处，约占全国不可移动文物总数的25%；其中，排查全国重点文物保护单位2268处，约占国保总数96%；排查省级文物保护单位11255处，市、县级文物保护单位48627处。排查博物馆2499座，占博物馆总数的70%以上。

二是查找各类隐患。专项行动中，各地按照横向到边、纵向到底的原则，查找发现不可移动文物安全隐患26191项，其中全国重点文物保护单位1191项，省级文物保护单位3609项，市县级文物保护单位10216项。查找发现博物馆等安全隐患1999项，其中文物展厅1017项，文物库房982项。

三是加大整治力度。针对排查发现的安全隐患，各地及时采取整改措施，排除安全风险。已整改不可移动文物安全隐患20139项，整改率77%。其中，整改全国重点文物保护单位安全隐患1033项，整改率87%；整改省级文物保护单位安全隐患2962项，整改率82%；整改市、县级文物保护单位安全隐患7863项，整改率77%。整改博物馆等文物收藏单位安全隐患1337项，整改率为67%。对不能立即整改的安全隐患，各地文物、博物馆单位增加人力、物力，采取死看硬守措施，确保了专项行动期间文物安全。

四是强化安全措施。各地在排查整治安全隐患的基础上，强化安全措施，健全规章制度，增加值守力量，完善设施设备，细化应急预案，全面增强安全防范能力。如，河北省、市两级财政投入5500万元，在全省43处安全隐患较为突出的田野古墓葬建设安全技术防范系统；山东省、市两级文物部门签订《党的十八大期间文物安全工作责任书》，明确安全责任；陕西省文物局和省消防总队联合举行"陕西文物系统灭火救援综合演习"，增强防火应急能力。

三、下一阶段工作要求

隐患排查整治是文物安全工作的重要内容，必须坚持长抓不懈。下一阶段，各地要在全面总结专项行动成果的基础上，结合学习、贯彻党的十八大精神，落实国家文物局等16部门联合印发的《关于加强和改进文物安全工作的指导意见》（文物督发〔2012〕7号）各项要求，重点做好以下工作：

（一）彻底整治隐患。对在本次专项行动中，尚未整改的文物安全隐患，各文物、博物馆单位要按照"单位负责"原则，落实文物安全主体责任，克服"等""靠""要"心理，制定并落实整改措施。确属本单位无力解决的问题，要及时向当地政府和上级主管部门报告，争取政策、经费、技术支持，确保安全隐患得到彻底整改。

（二）强化常态监管。各地文物行政部门要按照"属地管理"原则，严格履行监管责任，对专项行动中尚未整改的重大安全隐患，实施挂牌督办，确保整改实效。要将专项行动中安全隐患排查整治程序方法和经验措施，提炼升华成常态化的规章制度，引入精细化、网格化等先进安全管理理念和方式，加大日常巡检排查力度，实现常态监管、关口前移、责任落实。

（三）增强防范能力。专项行动再次证明，充分认识并有效排除安全风险是确保文物安全的关键。各地要进一步强化风险意识，增强风险分析预警能力，逐处分析文物、博物馆单位主要安全风险，有针对性的逐一落实人力防范、实体防范和技术防范措施，落实安全责任体系，构建风险防控体系，强化组织协调与监督保障措施，确保文物安全。

国家文物局

二〇一二年十二月二日

国家文物局关于建立国际博物馆日活动中国主场城市申办机制的通知

文物博函〔2012〕2214号

各省、自治区、直辖市文物局（文化厅）：

国际博物馆日是由国际博物馆协会于1977年发起并创立，旨在促进全球博物馆事业的健康发展，吸引社会公众对博物馆事业的了解、参与和关注的活动日。国家文物局自1998年开始部署各地开展国际博物馆日宣传活动，自2009年开始主办主场城市活动，为搭建公众与博物馆沟通与交流的平台，扩大博物馆的社会影响力发挥了积极作用。为进一步推动社会各界对博物馆事业的关注，优选博物馆日主场城市，使主场城市活动制度化、常态化，国家文物局决定建立国际博物馆日活动中国主场城市申办机制。具体方案如下：

一、活动组织

（一）主承办单位

主办：国家文物局、省级人民政府

承办：中国博物馆协会、省级文物行政部门、地市级（含地市级）以上城市人民政府

（二）机构设置

1. 博物馆日主场活动组织委员会作为主场活动的领导机构。组委会主任、副主任由国家文物局和主场城市所在省份党政领导同志担任，委员由中央、国务院有关部委、国家文物局有关部门领导及主场城市所在省、市有关领导同志担任。

2. 活动组委会下设办公室负责活动筹划及组织。具体工作由国家文物局博物馆与社会文物司、中国博物馆协会、主场城市所在省（区、市）文物行政部门、主场城市共同承担。

二、活动内容

主场城市活动内容主要包括，一个全国性展览、一个全国性学术研讨会以及相关展演、宣传、讲座、咨询服务等公众参与活动。活动内容应整合全国资源，充分体现博物馆日主场活动的全国性和示范性。同时，可结合当年国际博物馆日主题和举办城市特点有所侧重，兼顾主场城市所在地域的鲜明特色。

各省级文物部门负责向博物馆日主场活动组织委员会报送本省博物馆日活动计划、推荐优秀活动项目。博物馆日主场活动组织委员会负责从全国范围内遴选优秀活动参加主场活动。主场城市负责具体组织实施。

2013

中国
文物年鉴

三、申办办法

（一）申办资格

申办城市应为全国范围内地市级（含地市级）以上城市，并拥有国家一级博物馆。

（二）申办条件

1. 申办城市具有良好的博物馆事业发展基础；

2. 有举办大型文化活动的场所、经验和经济条件；

3. 交通、通讯便利；

4. 对博物馆日活动主题的解读到位；

5. 主场城市活动设计既体现全国性，又兼顾鲜明地域特色。

（三）申办程序

申办工作于每年9月启动。申办城市人民政府于10月底前，书面征求所在地省级人民政府同意后，通过省级文物行政部门向国家文物局提出申办下一年度主场活动的申请。申办材料应围绕申办条件所列要求展开陈述。

（四）评审程序

根据申报情况和活动的侧重点及主题，由国家文物局组织专家经考察、评审等必要程序后，在本年度12月底前确定并公布下一年度的主场城市。

四、经费安排

活动经费由主场城市负责筹措，国家文物局可给予适当补助。经费须全部用于活动中，不得挪作他用。经费预算及收支计划由活动组委会审定。

对于热心给予活动帮助的个人或团体，活动组委会可给予相应的精神鼓励。

特此通知。

国家文物局

二〇一二年十二月五日

国家文物局关于加强博物馆陈列展览工作的意见

文物博函 [2012] 2254号

各省、市、自治区文物局（文化厅）：

陈列展览是博物馆向社会奉献的最重要的精神文化产品，是博物馆开展社会教育和公共服务、实现社会职能的主要载体和手段。为深入贯彻党的十八大精神和全国文物工作会议精神，充分发挥博物馆在建设优秀传统文化传承体系、弘扬中华优秀传统文化、丰富人民精神文化生活中的重要作用，现就进一步做好博物馆陈列展览工作，提高展示服务水平提出如下意见：

一、坚持公益属性。博物馆举办陈列展览，要始终坚持社会效益第一的原则，积极培育和践行社会主义核心价值观，普及科学知识，弘扬科学精神，清晰地诠释博物馆的教育目标、理念与思想，着眼于中华文明和整个人类文明的发展，反映人类最美好的目标理想和价值追求。行业类博物馆和民办博物馆的陈列展览要面向广大公众，从较为单一的行业发展历史、企业文化、个人收藏展示提炼升华为表现中华文明和人类文明相关领域的共同成果和价值共识。

二、突出科学品质。深入挖掘文物、标本的丰富内涵，反映最新研究成果，增加文化含量，创造导向正确、主题突出并有丰富语境、观点和故事的陈列展览，避免缺乏价值观的所谓"精品文物展"。陈列展览应充分体现博物馆通过实物反映真实历史的特征，坚持以文物、标本原件为主；使用必要的复制品、仿制品和辅助展品的，应符合学术要求，并予明示。纪念类、行业类博物馆和民办博物馆要进一步明确收藏政策，不断充实藏品体系。

三、强化教育功能。紧密结合素质教育，与教育部门特别是中、小学校完善联系机制，丰富面向或配合学校教育的陈列展览，以博物馆之长补学校教育之不足，真正使博物馆成为学校教育的"第二课堂"。常设陈列应特别清晰地标识适合未成年人认知、欣赏的重点文物、标本，充实符合青少年认知习惯的文字说明。有条件的地方，可建立专门面向未成年人的博物馆（儿童博物馆）或教育类博物馆，增加面向学生的陈列展览项目。见证历史的陈列展览在弘扬爱国主义的同时，应更加重视体现文物、标本的美学价值和审美教育作用，强调对人的审美能力的培养和训练。

四、规范设计制作。建立健全博物馆陈列展览设计制作行业资格资质认证制度，提高专业化水平。努力实现形式设计与内容设计和谐统一，突出文物、标本主角地位和观赏性，突出陈列展览的真实性和知识性。科学运用具有较高艺术水准的辅助展品和声、光、电等现代科技手段；避免与文物、标本及展览内涵无关的花费超常、牵强附会的设计制作；杜绝无历史和科学事实依据的虚拟场景、蜡像或幻影成像等形式；杜绝不必要的装饰性设计和刻意文化符号叠加。

五、提高策展能力。博物馆要不断完善基本陈列和展览，确保陈列展览与博物馆使命相一致。借鉴国内外先进经验，创新运行机制，探索实行策展人制度。发扬学术民主、艺术民主，适应社会文化生活的新特点和人民群众的新期待，强化陈列展览策划的观众导向原则，把知识性、趣味性和观赏性有机结合起来，增强陈列展览的表现力、吸引力、感染力。同时，要促进馆际交流与合作，支持省级博物馆特别是中央地方共建国家级博物馆发挥示范引领和辐射带动作用，整合区域藏品、展览、人才、技术、资金等资源，策划优秀展览项目巡回展出，弥补中小型博物馆展览资源的不足。

六、加强专业指导。省级文物行政部门要加大对行业类博物馆和民办博物馆陈列展览的业务指导力度，依据《博物馆管理办法》，做好新建立行业类博物馆和民办博物馆陈列展览大纲的评估论证，确保展陈内容符合时代要求和先进的价值导向，尽可能体现中华文化特色。积极推动打破管理体制上的壁垒，充分发挥省级（含）以上博物馆、国家一级博物馆的人才和技术优势，实施对口帮扶行业类博物馆和民办博物馆陈列展览提升计划，完善常设陈列，培养人才队伍，提升专业化水平。

各地要根据本意见，抓紧制定具体措施和办法。国家文物局将适时对各地贯彻落实的情况进行督查。

国家文物局

二〇一二年十二月十三日

2013
中国
文物年鉴

国家文物局关于进一步规范考古遗址公园建设暨启动第二批国家考古遗址公园评定工作的通知

文物保函 [2012] 2285号

各省、自治区、直辖市文物局（文化厅）：

为进一步推动大遗址保护工作，国家文物局于2009年提出"建设国家考古遗址公园"的大遗址保护理念，并印发《国家考古遗址公园管理办法（试行）》，旨在通过国家考古遗址公园建设与管理，使大遗址保护更好地融入地方区域经济社会发展。此后，各级地方政府积极响应，纷纷启动相关工作，取得了一定的成绩，初步建成了一批具有全国性示范意义的国家考古遗址公园，发挥了大遗址保护的社会效益，有力地推动了区域经济社会的协调发展。2010年，国家文物局评定第一批12处国家考古遗址公园，并同意23处遗址立项建设国家考古遗址公园。

与此同时，各地在考古遗址公园建设的过程中，也存在考古与研究不足、定位不清、急于求成、重建设轻保护、重建设轻运营等问题。新时期新形势下，为进一步规范考古遗址公园建设，推进大遗址保护工作健康发展，特将有关事宜通知如下：

一、进一步加强考古遗址公园建设可行性研究

考古遗址公园是考古遗址保护展示的有效方式之一，但并非适用于所有的考古遗址。考古遗址公园建设启动之前，应充分评估考古遗址的区位条件、资源条件等，进行必要性与可行性论证。地方政府作为考古遗址公园的建设与运营的责任主体，应从实际出发，实事求是，牢固树立保护意识，充分考虑自身财力状况、遗址所具备条件等因素，审慎开展考古遗址公园建设。

二、进一步强化考古遗址公园建设科学性

考古遗址公园依托于考古遗址，其建设应基于考古遗址的发现、保存和保护情况。应进一步明确考古工作是考古遗址公园建设的重要组成部分，充分认识考古工作的基础性作用，全面贯彻保护为主、考古先行的工作思路，并坚持将考古和保护工作贯穿于考古遗址公园建设的始终。应进一步加强考古研究工作，为保护展示提供依据，并用以推动展示体系的改善和展示水平的提升。

三、进一步明确考古遗址公园建设内容

考古遗址公园不同于与考古遗址相关的主题公园，其核心内容应是考古遗址的保护展示及其价值的阐释。考古遗址公园建设不宜偏重各类建设项目，应根据遗址保护展示的需求，通过编制考古遗址公园规划等手段，合理布设相关设施，多在遗址价值阐释上下工夫，注重通过合理的功能布局和恰当的景观设计，营造既符合遗址保护又充分阐释遗址价值的公园场景。各类设施应尽量弱化建筑设计，以满足最低功能需求为限，不宜过于铺张、豪华。

四、进一步规范考古遗址公园建设过程

考古遗址公园建设是一个长期、动态的过程，涉及文物保护和经济社会生活的方方面面。考古遗址公园建设应严格执行文物保护相关法律法规的有关规定，符合遗址保护规划的相关要求，依据经核准的考古遗址公园规划；涉及用地性质调整、基础设施建设、居民搬迁的，还应符合相关法律法规的规定，并按程序报有关部门批准。考古遗址公园建设还应为今后长期、持续的考古工作预留空间。

五、进一步探索考古遗址公园运营模式

运营是关系到考古遗址公园成败的关键性因素。地方政府作为考古遗址公园运营的责任主体，应坚持考古遗址公园的公益性，将其作为公共文化服务体系的重要组成部分，以社会效益为主，不以营利为目的，必要时通过财政平衡等手段维持其运营。同时，考古遗址公园运营应注重文化产品的开发，延长文化产业链，扩大文化消费总量，增强自身造血功能，进而反哺遗址保护。

六、启动第二批国家考古遗址公园评定工作

经研究，国家文物局决定启动第二批国家考古遗址公园评定工作。请有关单位根据《国家考古遗址公园管理办法（试行）》的有关要求，提交相关申报材料。申报国家考古遗址公园立项的，须同时提交考古遗址公园建设可行性研究报告。申请国家考古遗址公园评定的，须提交经国家文物局核准的考古遗址公园规划。

申报材料的受理时间截至2013年5月31日。

材料请寄至：

北京市东城区北河沿大街83号，邮编：100009

国家文物局文物保护与考古司考古处

联系人：张凌、王彬

联系电话：010-56792087、56792077

传真：010-56792133

电子邮箱：kaoguchu@sach.gov.cn

专此通知。

附件：1. 申报材料要求（略）

2. 国家考古遗址公园规划编制要求（试行）

国家文物局

二〇一二年十二月二十四日

附件2：

国家考古遗址公园规划编制要求（试行）

第一章 总则

第一条 为规范国家考古遗址公园规划（以下简称规划）的内容和深度，制定本要求。

第二条 规划适用于确需建设国家考古遗址公园（以下简称遗址公园）的大遗址。规划必须以文物保护规划为依据，符合文物保护规划中展示规划的原则和要求，是遗址公园建设与管理的技术性文件。

第三条 规划应在科学保护遗址的基础上，充分、准确阐释遗址的价值，评估相关社会、经济和环境条件，确定遗址公园的定位、建设目标、内容等。

第四条 规划须遵守文物保护的法律法规和相关行业技术规范，并与地方国民经济与社会发展规划、土地利用总体规划等相关规划相协调。

第五条 规划编制工作需由具有文物保护工程勘察设计（规划类）甲级资质单位，或城乡规划、建筑工程设计、风景园林工程设计等相关甲级资质单位，与在该遗址从事过考古工作的考古发掘资质单位共同完成。

第六条 规划成果主要包括规划说明、规划图纸及附件。

第二章 规划说明

第七条 规划说明应在科学评估的基础上说明规划的原则、目标和思路，对各项规划内容进行阐述，文字表达应准确、清晰、科学、规范，并与规划图纸保持一致。一般应包括如下内容：

（一）概述；

（二）资源条件与现状分析；

（三）总体设计；

（四）专项规划；

（五）节点设计；

（六）投资估算。

第八条 概述内容包括：

（一）遗址概况：应包括遗址名称、位置、时代、性质、范围、遗存构成和历史沿革等；

（二）编制依据：应包括有关法律与行政法规、部门规章与规范性文件、技术标准和规范、考古与科研成果以及相关规划等；

（三）规划范围：应说明规划范围和面积、遗址公园范围和面积；

（四）规划目标：应明确遗址公园定位及建设目标；

（五）规划原则：应围绕规划目标，从考古、保护、研究、利用、管理等不同层面提出具有针对性的原则。

第九条 资源条件与现状分析内容包括：

（一）文物资源：明确遗址的价值与价值载体，评估价值载体的保存、保护状况及利用条件，以及遗址公园范围内其他文物资源条件。

（二）区位条件：评估遗址公园与所在区域的城乡区位关系、外部交通条件等情况。

（三）社会条件：评估遗址公园所在区域的社会经济条件、人文资源条件、地方政府政策与资金支持、土地利用现状、土地权属管理等情况。

（四）环境条件：评估遗址公园所处区域的自然资源、生态环境、景观风貌、场地内建设现状、基础设施条件与公共卫生条件等。

（五）考古和科研条件：评估考古工作历史、现状、研究成果，以及现有考古工作计划和遗址公园建设之间的关系。

（六）管理条件：评估遗址保护规划实施、管理运营体制机制、相关保护与管理设施建设、开放展示与游客服务等情况。

（七）相关规划分析：分析遗址公园规划与文物保护规划的关系，分析遗址公园所在区域的国民经济与社会发展规划、土地利用总体规划、城市总体规划等涉及遗址公园规划范围的建设、管理要求和规定。

第十条 总体设计内容包括：

（一）阐释与展示体系规划

包括阐释与展示策划、阐释与展示结构等内容。

1．阐释与展示策划：应在文物保护规划中已有展示原则和内容的基础上，根据资源条件与现状分析构建价值阐释框架，确定阐释与展示的对象、定位、主题、内容、方法等。

2．阐释与展示结构：应根据阐释与展示策划，构建展示空间关系，包括展示分区、展示流线、重要节点等。

（二）遗址公园总体布局

包括功能分区、交通组织、设施分布等内容。

1．功能分区：一般应包括遗址展示区、管理服务区、预留区等，并可酌情细化。规划区域内具有重要自然、人文社会资源的，可划定专门的相关资源展示区。相关资源展示区应符合相关行业规划保护要求，并与遗址展示区相协调。其中：

1）遗址展示区：是以遗址展示为主要功能的区域，仅限于空间位置、形制和内涵基本明确的遗迹分布区域。

2）管理服务区：是集中建设管理运营、公共服务等设施为主的区域，一般应置于遗址保护范围之外。

3）预留区：是考古工作不充分或暂不具备展示条件的区域。预留区内以原状保护为主，不得开展干扰遗址本体及景观环境的建设项目。

2．交通组织：应坚持最小干预原则，根据阐释与展示结构，合理体现遗址整体布局并组织交通系统，保证遗址展示区的可达性和遗址公园服务质量。应严格控制遗址公园内入口、集散广场与停车场的规模，妥善处理新建路网与遗址的关系。遗址公园内道路不宜过宽，铺装材质应慎用柏油等现代材料，避免过于现代化和人工化。

1）应进行行出入口设计，确定游人主、次和专用出入口，及出入口内外集散广场与停车场的位置、布局与规模要求。

2）路网设计应优先考虑遗址布局和道路体系，并根据各分区的活动内容、游人容量和管理需要确定具体路线、分类分级、交通设施配备，明确道路形制与铺装特色等。

3）主要道路应具有引导游览的作用，易于识别方向。游人大量集中地区的园路要做到明显、通畅、便于集散。

3．设施分布：应以满足最低功能需求为原则，严格控制设施数量和规模，淡化设计，确保遗址本体和周边环境的真实性和完整性。应落实策划阶段所需展陈、标识、管理设施，并结合游客需求合理配置公共服务设施，合理确定各类设施的数量、规模与位置。

1）展陈设施：可包括现场保护展示设施、遗址博物馆或陈列馆、考古工作站等。应根据实际保护展示需求及文物保护规划要求，合理选择展示方式并设置展示建构筑物等展示设施；设施建筑风格应简洁，与遗址本体和周边环境相协调；重要节点的展示方式应因地制宜；遗址博物馆或陈列馆、考古工作站、遗迹现场展示等建构筑物应严格控制体量，根据功能需求科学测算具体的建筑技术经济指标。

2）标识设施：包括标识牌、解说牌等。应根据相关规划中的阐释与展示体系要求，配合展示方式组织与展陈设施设置，明确标识系统的阐释内容、标识位置、方式与样式等。标识样式应具有可辨识性，并与环境相协调。

3）管理设施：可包括遗址公园管理中心、管理用房、安全防护设施等。管理设施应结合遗址博物馆或陈列馆等展陈设施、公共服务设施统筹考虑，严格控制设施数量和规模。应根据遗址公园管理需要，合理确定管理设施的功能、位置、体量、建筑风格等。

4）公共服务设施：可包括游客服务中心、商亭、厕所、观景亭、停车场、换乘点、垃圾桶、座椅等。应根据游客容量、遗址公园建设规模和服务需求，以满足最低功能需求为原则，确定公共服务设施的种类、数量、位置与规模等。

（三）总体景观控制

包括景观空间布局、建构筑物风貌控制、公共环境塑造等。

1．景观空间布局：应从总体上把握、提炼符合遗址演变规律的景观特征，以及遗址周边自然资源特色，防止过度人工化，并区别于一般城市公园。应按照遗迹的分布特征规划遗址公园整体空间架构。

2．建构筑物风貌控制：应提出建构筑物的风格、体量、规模、立面及建筑语汇等控制要求。

3．公共环境塑造：应提出必要的环境设施的控制要求和设计原则，以及遗址公园整体氛围、游客秩序、园内各类经营行为的控制要求。

第十一条 专项规划内容包括：

根据公园具体情况，制定必要的专项规划内容，可包括考古与研究实施方案、管理运营规划、基础设施规划、竖向规划、综合防灾规划等，专项规划内容应遵循文物保护规划的原则和要求，尽量减少对遗址本体和周边环境的影响，并符合相关专业法规、标准及规范。

（一）考古与研究实施方案

考古与研究实施方案应以遗址公园为主要工作区域，明确遗址公园规划范围内的考古工作目标、任务、研究课题等。

（二）管理运营规划

包括遗址公园管理架构、遗址公园运营模式、宣传教育计划。

1．遗址公园管理架构：应在与遗址公园所在地相关行政管理部门充分沟通的基础上，制定遗址公园运营管理的目标、战略和架构，明确遗址公园管理机构的设置、人员、制度等构想。

2．遗址公园运营模式：应明确运营主体和运营机制，进行游客与市场分析，对遗址公园建设、运营维护资金来源与回报（社会、经济综合效益）提出保障建议。

3．宣传培训计划：应明确宣传教育的目标、资源、主题等；制定工作人员的专业培训方案，明确培训方式和团队建设目标等。

（三）基础设施规划

如遗址公园范围较大、建设情况复杂并对原有基础设施管网改造较多，应根据实际情况补充道路建设、电力电讯、给排水等基础设施专项规划。各专项规划应符合相应技术标准和规范，以满足最低功能需求为原则，尽量减少基础设施改造对遗址本体和周边环境的影响。基础设施管线应避开考古遗迹，主要设施应避免影响景观。

2013 中国 文物年鉴

（四）竖向规划

应根据遗址埋藏深度、遗址保护要求、遗址公园场地自然状况、建设特点和使用需求等，在尽量保持原有地形地貌的情况下，标明场地控制点标高、排水坡度、坡向等，测算土方平衡等。

（五）综合防灾规划

遗址安全防范情况复杂的，应根据实际灾害因素制定综合防灾规划，包括防洪、防震、防火、防盗、防雷规划等。并根据主要灾害因素，按照相关标准合理确定灾害防治和避险的标准，提出防治措施及应急预案。

第十二条 节点设计内容：

（一）应在总体设计的指导下，科学选择遗址公园重要节点进行概念性方案设计。节点选择应包括遗址公园主要遗址展示节点、景观节点、主要出入口、重要交通节点、重要设施等。

（二）节点概念性设计应包括节点总平面设计、三维形象示意、建设控制要求等。

第十三条 投资估算内容：

根据规划内容，提出遗址公园相关项目实施的投资估算。

第三章 规划图纸

第十四条 规划图纸与内容：

（一）区位图：标明遗址公园所在地在国家、省、市等不同行政辖区的位置、所涉及的行政区划关系。

（二）遗址公园范围图：在标准地形地图上划定遗址公园范围及规划范围，明确边界和坐标点。

（三）遗存分布图：根据最新考古工作成果，标明遗址的各类遗存分布情况及其与遗址公园规划范围的关系。

（四）文物资源分析图：分类或分级表达文物资源保存、保护和利用现状，可通过系列图纸表达。遗址公园范围内如有其他文物资源的，可绘制相关文物资源分析图。

（五）区位条件分析图：标明遗址公园的外部交通条件、周边环境情况、周边基础设施分布等，可通过系列图纸表达。

（六）社会条件分析图：标明遗址公园所处区域周边相关社会资源分布、现状及与遗址间的空间关系。

（七）环境条件分析图：标明遗址公园所处区域周边自然资源分布，地貌特征，以及建筑、道路、植被等环境要素。

（八）土地利用现状图：标明规划范围内的土地利用现状，提供现状用地平衡表。

（九）考古和科研条件分析图：标明已开展考古工作的区域、历次考古工作成果、待开展考古工作的区域和实施计划。

（十）管理条件分析图：标明遗址现行保护区划范围、已实施的各类规划措施、现有管理和展示设施分布与规模、开放展示区域与游客服务设施等，可通过系列图纸表达。

（十一）相关规划分析图：标明本区域涉及的其他相关规划以及涉及遗址公园的相关要求、计划实施的建设项目情况等。

（十二）阐释与展示规划图：根据展示与阐释体系规划，表达阐释与展示结构，标明展示分区、展示流线及重要节点分布。

（十三）总平面图：在准确标识考古遗址现状的基础上清晰表达遗址公园规划范围内的主要规划内容，如主要展示对象、道路交通、设施分布等。

（十四）功能分区图：标明遗址公园的遗址展示区、管理服务区、预留区等功能分区的位置、范围、面积。

（十五）展示与标识系统设计图：标明遗址公园展示流线、各类展示方式组织与分布、博物馆等展示设施分布、各类标识分布与样式，可通过系列图纸表达。

（十六）交通组织规划图：在准确表达各类遗迹的基础上，标明遗址公园的主、次及专用出入口位置，停车场、出入口内外集散广场范围及规模，各级道路分布及交通设施配备。

（十七）设施分布图：标明各类设施的位置与规模。

（十八）景观空间布局图：表达景观文化特征及自然资源特色分析过程，标明遗址公园整体空间架构。

（十九）建构筑物风貌控制图：从风格、体量、规模、立面及建筑语汇等方面表达建构筑物景观风貌控制，可以图片示意。

（二十）公共环境景观示意图：通过景观示意图表达对重要环境设施（标识设施、雕塑小品、环卫设施、广告等）、夜景照明、绿化景观的控制要求和设计原则。

（二十一）专项规划图：根据遗址公园规划具体情况，可单独绘制考古与研究实施方案图、管理运营规划图、基础设施规划图、竖向规划图、综合防灾规划图等专项规划图纸，图纸要求应符合相关专业标准及规范。

（二十二）节点设计图：绘制节点总平面图、三维形象示意总图，图纸应清晰表达节点设计的全部内容，遗址展示节点应注明遗址本体保护与展示措施及建设控制要求。

（二十三）鸟瞰图及表达设计意向的三维示意图：遗址公园全景鸟瞰图；重要节点鸟瞰或人视效果图；展示设施、配套设施等建筑的形象示意图；雕塑小品、环卫设施等的形象示意图。

第十五条 规划图纸绘制要求：

（一）规划总平面图应根据实际面积决定可操作的比例尺度，原则上应在不小于1∶1000精度地形图基础上绘制，总平面图比例尺为1∶500～1∶2000。

（二）节点设计平面图比例尺为1∶100～1∶500。

（三）规划图纸中需标注图名、比例尺、指北针、图例、规划单位名称、绘制时间。

第四章　附件

第十六条 规划附件一般包括：

（一）以往考古与研究成果。

（二）地方政府关于遗址公园立项、建设与管理的相关文件或要求。

（三）保护规划摘要内容，已实施的保护工程及竣工报告，所在地土地利用、城乡建设、重大基础设施建设等相关规划的有关要求和规定等内容；已批复公布的遗址文物保护规划总图，并标注遗址公园规划范围、分区与文物保护区划的关系，文物保护措施图、展示规划图。

关于落实国务院通知精神
认真做好第一次全国可移动文物
普查的通知

文物普查发〔2012〕14号

各省、自治区、直辖市文物局（文化厅），新疆生产建设兵团文物局：

2012年10月8日，国务院发布了《关于开展第一次全国可移动文物普查工作的通知》（国发〔2012〕54号，以下简称《通知》）。为全面贯彻落实《通知》，切实推进第一次全国可移动文物普查工作，现将有关工作安排通知如下：

一、认真学习《通知》，提高思想认识。第一次全国可移动文物普查是我国首次针对可移动文物开展的普查，是继针对不可移动文物开展的第三次全国文物普查之后，在我国文化遗产领域进行的又一重大国情国力调查项目，体现了党中央、国务院对文物工作的高度重视。各省（区、市）要组织本地区各级文物部门认真学习《通知》，将《通知》精神传达到各个基层文博单位，使广大文物工作者都能深入理解第一次全国可移动文物普查的重大意义和文物部门承担的重要职责，统一思想，明确任务，全力投入到第一次全国可移动文物普查工作。

二、加强组织领导，建立工作机构。国务院已经成立第一次全国可移动文物普查领导小组，负责普查工作的组织领导，协调解决重大问题。各省（区、市）文物行政部门要按照《通知》要求，及时报请同级人民政府成立相应的第一次全国可移动文物普查领导小组及办公室，同时督促本省（自治区、直辖市，以下简称本省）各市（地、州）、县（区）人民政府成立相应的文物普查工作机构，督促文物收藏比较集中的部门和重要文物收藏单位成立普查工作机构。

三、加强基础工作，制订实施方案。各省（区、市）文物行政部门要加强本省国有单位文物收藏管理情况调研，依据《第一次全国可移动文物普查实施方案》，制定本省第一次全国可移动文物普查实施方案、宣传方案、培训方案。要掌握本省国有单位分布及国有可移动文物收藏的主要情况，制定本省可移动文物普查的程序和操作规程，建立可移动文物认定专家库。同时，督促各文博单位进一步做好文物清库登记，加快推进文物档案及其数字化建设。县级以上地方各级人民政府要根据普查结果，编制普查报告，建立普查档案和本行政区域内的国有可移动文物名录，并进一步加大保护管理力度。

四、编制经费预算，确保保障到位。按照《通知》"此次普查所需经费由中央和地方分别承担，并分别列入中央和地方相应年度的财政预算"的要求，各省（区、市）人民政府应将普查工作的工作经费纳入各地本级财政预算。文物行政部门要积极争取支持，主动协调有关部门，根据普查的实际需要，提出文物普查的经费需求。各部门、各单位涉及的普查工作经费从本部门、本单位预算和经费中适当安排。

五、开展专业培训，提高普查水平。本次普查实施标准化管理。全国普查工作严格按照国务院普查领导小组办公室制定的标准规范执行，利用现代信息技术，采用"统一平

2013
中国
文物年鉴

台、联网直报，分级审核、动态管理"的方式进行普查登记。各级普查机构要编制培训方案，切实做好人员培训。特别是要加强基层单位文物认定和信息登录人员的统一培训，全面提升业务能力，准确掌握普查操作规程和技术标准。国家文物局将于近期组织开展对全国普查业务骨干和师资的集中培训。

六、加强宣传动员，争取社会支持。要制定普查宣传方案，举办各种宣传活动，充分利用各类媒体，集中宣传普查意义，促进各地区、各部门将可移动文物普查与地方精神建设、行业作风建设有机结合，通过宣传教育使社会各界和广大群众了解和参与普查工作。要通过建立普查赞助计划、组建普查志愿者队伍等方式，积极吸收社会资金、技术、人才支持普查工作，扩大普查社会影响，加大文物保护宣传。

请各省（区、市）文物行政部门于2013年3月1日前将普查实施方案（要包含本省可移动文物认定程序和操作规程，并另附宣传方案、培训方案）、普查机构及联系方式、专家库名单报国家文物局。

联系人及电话：国家文物局博物馆与社会文物司 曹明成、何晓雷，010-56792104、56792099。

特此通知。

第一次全国可移动文物普查工作办公室
二〇一二年十二月十四日

中国文物、博物馆工作者职业道德准则

为加强文物、博物馆行业作风和职业道德建设，特制定本准则。

一、忠诚文物事业。以保护文化遗产、弘扬中华文化为己任；以奉献社会、服务人民为宗旨。

二、严格依法履责。坚决贯彻文物工作方针，坚定执行《中华人民共和国文物保护法》，勇于同文物违法犯罪行为作斗争。

三、追求科学精神。尊重知识，尊重人才，遵循规律，求真务实，改革创新。

四、恪尽职业操守。不收藏文物，不买卖文物，不违规占用文物及资料，不以文物、博物馆职业身份牟取私利。

五、树立文明新风。自觉遵纪守法，践行社会公德，艰苦奋斗，甘于奉献。

中国文物学会、中国博物馆协会2012年7月4日修订

综
述

篇

概　述

2012年是极不平凡、令人振奋的一年，党的十八大为党和国家各项事业发展绘制了宏伟蓝图，指明了前进方向。党和国家对文物工作更加重视和支持，胡锦涛主席视察援柬吴哥古迹茶胶寺保护修复工程，致信祝贺中国国家博物馆建馆100周年；以习近平同志为总书记的新一届中央领导集体，前往中国国家博物馆参观"复兴之路"展览，宣示了实现中华民族伟大复兴"百年梦想"的决心和信心，这是对广大文博工作者最大的鼓励和鞭策。

全国文物系统认真贯彻党中央、国务院的决策部署，紧紧把握稳中求进的工作总基调，按照文物事业"十二五"发展规划的部署，不铺新摊子，保持连续性，抓主抓重，稳健务实，改革创新，狠抓落实，着力提高工作质量和效益，全面完成各项工作任务，推进了文物事业加快发展的良好态势。

一、进一步做好事关全局的重点工作

4～5月，配合全国人大常委会开展了《文物保护法》执法检查。这次执法检查是1982年《文物保护法》颁布实施以来，由全国人大常委会在全国范围内组织开展的第一次执法检查。吴邦国委员长作出批示：要求督促支持各级政府和有关国家机关依法履行职责，改进工作，加强管理，推动我国文物事业全面发展。执法检查组重点对10个省（区、市）开展了实地检查，委托21个省（区、市）人大常委会进行了执法检查。对检查中发现的问题，国家文物局和各有关部门进行认真整改，并将初步成果报送全国人大常委会。

7月，筹备召开了时隔十年再次召开的全国文物工作会议。李长春、刘延东等中央领导同志会见会议代表并发表重要讲话，会议提出了全面加强文物保护利用和传承发展、加快推进文化遗产强国建设的历史任务。各地、各部门贯彻落实全国文物工作会议精神，对文物工作更加重视，加大政策支持。北京、甘肃、重庆、四川、山东、广东等省（市）人民政府召开文物工作会议，政府主要领导同志讲话，从全局高度对文物工作提出新要求，帮助解决在经费和编制上的实际问题。

全国人大常委会组织的执法检查和国务院召开的全国文物工作会议这两件大事，乘贯彻六中全会精神、建设文化强国的东风，促进各地、各部门进一步形成了重视文物工作、加强文物工作的喜人形势，给全国文物系统以极大的鼓舞，成为2012年全国文物工作的一个鲜明亮点。

在紧紧抓住基础性、全局性大事的同时，国家文物局努力适应文物事业发展的新形势，积极破解体制机制障碍和不平衡、不协调、不可持续的问题。12月，国务院印发了《关于进一步做好旅游等开发建设活动中文物保护工作的意见》（国发［2012］63号），对文物保护单位管理体制、旅游收入部分用于文物保护、文物保护单位用于旅游开发的审批和文物景点的游客承载量等问题，提出了明确意见。这是一个很有针对性的管用文件，充分体现了国务院对文物工作的高度重视和大力支持。针对社会关注的文物市场"乱象"，国家文物局会同有关部门，制定了关于加强文物拍卖标的审核、文物鉴定类广播电视节目、古玩旧货市场文物经营活动管理等文件。

国家文物局在调查研究的基础上，本着转变职能、加强管理的思路，从下半年开始，组织开展了文博人才队伍建设、文物保护工程审批制度改革、重点工作和重点项目绩效考

2013
中国
文物年鉴

评、文物行业标准体系建设等四项课题研究，取得了阶段性成果。急需人才培养的工作方案已经形成，文物保护项目审批改革相关文件在第五次文物保护工程会上讨论通过。

二、进一步改善不可移动文物保护状况

第三次全国文物普查成果转化取得重要进展，21个省（区、市）公布了100%、3个省公布了90%的不可移动文物名录。部分省（区、市）公布了一批省、市、县级文物保护单位。第七批全国重点文物保护单位推荐名单上报国务院审核。会同住房和城乡建设部开展历史文化名城名镇名村保护检查工作，提出城镇化进程中加强文物保护的措施。

——文物保护重点工程进展顺利。玉树灾后文物抢救保护工程基本完成；承德避暑山庄及周围寺庙、嘉峪关长城、山西南部早期建筑、应县木塔、涉台文物、西藏、新疆等重点文物工程继续推进；山西彩塑壁画和中央苏区革命旧址保护工程启动实施。

——世界文化遗产工作再获佳绩。元上都遗址成功列入《世界遗产名录》。更新《中国世界文化遗产预备名单》，28个省（区、市）和香港特别行政区的45项遗产入选。确定大运河和丝绸之路首批申遗名单。成立中国、哈萨克斯坦、吉尔吉斯斯坦丝绸之路协调委员会，签署三国联合申遗及协调保护管理协议。完成红河哈尼梯田的环境整治和国际专家的现场评估。完成长城资源调查并公布结果。

——考古及大遗址保护积极推进。配合南水北调、西气东输等重大基本建设中的考古发掘和文物保护成效显著，三峡工程消落区抢救性考古发掘项目陆续实施。中华文明探源、早期秦文化研究等重点课题相关考古工作不断深入，考古学术水平不断提高。实施40余项大遗址考古项目。以"六片、四线、一圈"为重点、150处大遗址为支撑的大遗址保护格局初步形成并展开。西安成立汉长安城国家大遗址保护特区领导小组和管委会，湖南里耶古城、铜官窑国家考古遗址公园建成开放，大遗址保护综合效益逐步显现。

——水下文物保护取得新成效。组建国家文物局水下文化遗产保护中心。南海基地建设完成可研报告编制，选址已纳入海南先行先试区总体规划。我国第一艘水下考古工作船开工建造。完成"南海I号"考古发掘和文物保护方案制定。

三、进一步提升博物馆建设和社会服务水平

——博物馆建设势头良好。全国博物馆总数达到3589个，其中，国有博物馆3054个，民办博物馆535个。天津、河北、湖南、湖北等省（区、市）博物馆新馆及改扩建工程进展顺利。122个地市级博物馆纳入《全国地市级公共文化设施建设规划》，项目建设有序推进。

——博物馆行业管理更趋规范。17家博物馆入选国家一级博物馆，全国一级博物馆总数达到100家。制订博物馆管理制度，完成国家一级博物馆运行评估。印发《民办博物馆章程示范文本》，总结推广国有博物馆对口帮扶民办博物馆试点经验。文物进出境管理、珍贵文物征集工作不断规范。

——可移动文物普查工作准备就绪。国务院印发《关于开展第一次全国可移动文物普查的通知》，制定了普查工作的实施方案，成立了领导小组和工作机构。陕西省、北京朝阳区、山东青岛市、中国人民解放军和武警部队等可移动文物普查试点取得积极成效。

——免费开放不断深化，社会服务不断拓宽。博物馆展陈数量显著增加，展陈水平明显提高，"元代青花瓷器特展""佛光里的神秘西藏"等一批优秀展览受到社会好评。推广博物馆免费开放十项最佳实践和全国最具创新力博物馆的做法，带动了博物馆展陈和管理水平提升。举办博物馆及相关产品与技术博览会、博物馆文化产品创意设计推介活动，在加快文化产业发展、满足多层次文化需求方面进行了积极尝试。

四、进一步增强文物安全防范能力

——构建文物安全长效机制。强化部际协作，联合印发《关于加强和改进文物安全工作的指导意见》。深入推行文物安全公示公告制度，对重大文物案件和安全事故进行通报，对文物行政执法和安全监管情况进行公示。与公安部共同建立打击和防范文物犯罪联合长效工作机制。

——加强安全监管和设施建设。开展文物安全隐患排查整治专项行动，检查不可移动文物18.3万处、博物馆2329个，整改安全隐患2万余处。推进文物平安工程，启动255项文物安全设施建设工程，开展文物安全执法动态监管试点，全面部署田野文物安全防范工作。

——加强联合执法。与海关总署在13个省份开展打击文物走私专项行动；与国家海洋局在11个省份开展文化遗产联合执法巡航专项行动。推动全国文物犯罪信息中心与公安部DNA数据库进行对接，为防范打击文物犯罪提供技术支持。不断完善督察机制，制定《文物行政执法巡查档案范本》。国家文物局全年接报行政违法案件317起、文物安全案件306起，直接督办文物行政违法案件78起。

五、进一步推进人才、科技和对外交流工作

——开展各类人才培训，理清队伍建设的总体思路。开展全国范围的文博人才队伍建设调研，研究《文物事业中长期人才需求规划》和《文博人才培养教育教学体系》。加强文博管理人才培训，完成六期654名县级文物行政部门负责人和五期基层文物安全管理干部、文物行政执法人员的培训班；加强专业技术人才培训，举办新任考古领队、考古发掘项目电子审批系统、文物进出境责任鉴定员、可移动文物普查等培训班；加强技能人才培养，举办泥塑彩绘保护、近现代文物保护修复、出水文物保护、西藏壁画修复等培训班。

——促进文物保护与科技应用的融合。完成5项国家科技计划项目立项、2项国家科技计划项目验收，启动文物保护科技领域技术路线图预研究。推进与中科院的科技战略合作，组建文物保护领域物联网建设技术创新联盟。考古发掘现场移动实验室荣获国家科技进步二等奖。推进"指南针计划"专项实施，与上海市政府共建国家"指南针计划"专项青少年基地。与中国科协开展中国古代发明创造国家名录认定工作，举办"惠世天工"展览。

——对外交流合作持续拓展。政府间交流与合作更加深化，与墨西哥、哥伦比亚两国政府签署关于防止盗窃、盗掘和非法进出境文化财产的双边协定，签定双边协定的国家已达15个；与苏格兰文物局实施清东陵数字保存项目；与丹麦、摩洛哥、阿富汗文化部门签署合作协议；继续推进柬埔寨茶胶寺保护修复工程、肯尼亚考古项目等援外工程。与国际组织的合作更加密切，成功举办国际古迹遗址理事会顾问委员会和执行委员会会议，共享国际社会文化遗产保护经验，我国在国际文化遗产领域的话语权进一步增强；积极参与关于打击文化财产非法贩运的国际会议。文物出入境展览更加丰富，全年举办进出境展览76个，"华夏瑰宝展"成为中土文化年的一大亮点。与台港澳的交流与合作更加活跃，开展海峡两岸文物交流20年纪念活动，举办两岸文博专业人员交流研习活动，在台湾高雄市举办的"青州佛教造像展"观众突破70万人次，有力促进了两岸四地的文化认同。

2013
中国
文物年鉴

六、进一步夯实文物工作保障条件

——转变职能的改革深入推进。采取有力措施，优化文物保护工程审批程序，压缩审批时限，提高办事效率；扩大省级审批方案试点。地方文物部门积极跟进，山西省文物局将涉及文物工作的行政审批由18项调减为9项。引入第三方机构，参与中央财政文物保护专项资金预算控制额度核审和重大项目绩效考评。中国文化遗产研究院组建北京国文琰文物保护发展有限公司。推进政务信息化建设。向海南省博物馆调拨1000余件文物。完成国家文物局直属事业单位的清理规范工作。

——文物法制和标准体系建设不断加强。公布施行《大运河遗产保护管理办法》，印发《大运河遗产展示与标识系统设计指导意见》。推进《博物馆条例》立法进程和《水下文物保护管理条例》修订。开展文物保护标准体系和文物安消防标准体系研究。修订《博物馆和文物保护单位安全防范系统技术要求》《全国博物馆评估办法》和《博物馆评估标准》。国家标准由6项增至12项，行业标准由33项增至47项，还有36项国家标准和40项行业标准正在编制之中。

——文物保护经费实现较大幅度递增。在国家发改委、财政部等部门的大力支持下，中央财政文物保护专项资金达到128亿元，比2011年增长30%，其中，全国重点文物保护单位维修保护41亿元，博物馆免费开放30亿元，抢救性保护性设施建设10亿元；专项经费加大了对大遗址、申遗等项目的支持力度，对西藏和新疆等边疆、少数民族及贫困地区给予了更有力支持。地方文物保护经费投入也继续大幅增加，北京市由1.5亿元跃升至10亿元；湖南省投入各项文物保护资金6亿元，启动省级以上重点文物保护项目42个；陕西省全年安排文物安全经费6700万元。

——宣传工作主动性明显提高。及时叫停"十大名楼"联合申遗，妥善应对"遇真宫"抬升等网上舆论事件，履行社会管理职能得到明显加强。"文化遗产日"郑州主场城市活动、"5·18博物馆日"南宁主场城市活动、"文化遗产保护无锡论坛"影响广泛，以文博宣传活动为主轴的4月至6月全国性"文化遗产宣传季"品牌效应初步显现。文物知识宣传普及工程试点工作取得实效。围绕主题主线，开展"保护发展·成就辉煌"、文物系统先进典型等正面宣传，收到良好的社会效果。

重要事件

【全国文物工作会议】

1. 全国文物工作会议在北京召开

7月10日，全国文物工作会议在北京人民大会堂隆重召开。这次会议是国务院时隔十年再次召开的重要会议，是文物工作中的一件大事。全国文物工作会议议程分为两个阶段：第一阶段，中共中央政治局常委李长春，中共中央政治局委员、国务委员刘延东，全国人大常委会副委员长路甬祥，全国政协副主席郑万通等中央领导同志会见全国文物工作会议代表、全国文物系统先进集体代表和先进工作者并合影留念。李长春同志作重要指示，文化部部长蔡武主持会见活动。第二阶段，召开全国文物工作会议。刘延东，蔡武，国务院副秘书长江小涓，中宣部副部长翟卫华，国家发展和改革委员会副主任穆虹，公安部副部长张新枫，财政部副部长张少春，人力资源和社会保障部副部长杨志明，文化部副部长、国家文物局局长励小捷在主席台就座，江小涓主持会议。会议议程共三项：一是表彰全国文物系统50个先进集体和30位先进工作者，会议宣读了《关于表彰全国文物系统先进集体和先进工作者的决定》，向全国文物系统先进集体和先进工作者代表颁发了奖牌或奖章；二是国家文物局、公安部、财政部、北京市和西藏自治区的负责同志作简要工作汇报；三是国务院领导同志发表重要讲话。

全国文物工作会议主题是：深入贯彻落实党的十七届六中全会精神，总结党的十六大以来文物工作的创新实践和成功经验，分析当前文物工作的新形势新任务，研究部署新时期推动文物事业发展的政策措施，为努力建设文化遗产强国作出更大贡献，以优异成绩迎接党的十八大胜利召开。

李长春强调，做好文物工作，对于继承和弘扬中华民族优秀传统文化、建设中华民族共有精神家园，对于满足人民群众日益增长的精神文化需求、提高全民族思想道德素质和科学文化素质，对于展示良好国家形象、增强我国文化软实力、维护世界文化多样性，都具有十分重要的意义。各级党委政府要进一步增强文化自觉，把文物工作摆上重要议事日程，予以大力支持和积极推动；广大文物工作者要进一步增强责任感和紧迫感，扎实工作、开拓创新，不断提高文物保护、利用、管理水平，在新的历史起点上努力开创新局面。能不能把文物工作方针落到实处，能不能切实开创文物工作新局面，是省委书记省长、市委书记市长有没有文化的重要标志。

刘延东同志发表了题为《继往开来 改革创新 全面推进文物保护利用和传承发展》的重要讲话。讲话充分肯定党的十六大以来文物工作取得的显著成就，为全面推进文物工作奠定了坚实基础，主要体现在五个方面：各级党委政府文物保护意识明显提高，文物保护责任进一步落实；文物保护基础工作得到加强，文物事业可持续发展能力不断提升；文物保护利用水平不断提高，服务社会、惠及民生的作用日益凸显；博物馆免费开放、改善服务，文化建设的社会效益得以实现；对外文物交流与合作更加广泛，中华文化影响力不断提升。我国初步建立起较为完备的文物保护法律制度，初步建立起政府主导、社会参与，与社会主义市场经济体制相适应的文物保护体制和文物保护体系，保护文物日益成为全社会的自觉行动，成功走出了一条中国特色文物事业发展道路。会议总结了文物事业快速发展的基本经验，即"五个坚持"：一是必须坚持高举中国特色社会主义伟大旗帜，全面贯彻落实科学发展观，始终把文物工作放到党和国家工作全局中来认识、来谋划、来推动，这是文物工作的指导思想；二是必须坚持文物工作方针，正确处理保护与利用的关系，始终把保护作为前提和基础，在保护中利用，在传承中发展，这是文物工作的根本要求；三是必须坚持文物事业的公益属性，发挥政府的主导作用，正确处理文物事业与文化产业的关系，始终把社会效益放在首位，这是文物工作的根本性质；四是必须坚持服务社会、惠及民生，始终把"文物保护人人参与、保护成果人人共享"作为文物工作的出发点和落脚点，这是文物工作的根本目的；五是坚持改革创新，做好全局谋划、制度安排，以重点突破带动整体推进，不断深化理论创新、体制创新、科技创新，这是文物工作的根本动力。"五个坚持"既是对文物工作规律的深刻把握，也是对今后文物工作一以贯之的基本要求，要在实践中不断丰富发展。会议部署了新时期文物工作的重点任务，就是"六个进一步"：进一步落实文物保护责任，切实把文物工作摆到更加突出的位置；进一步推进文物保护重点工作，切实提高文物安全防范能力；进一步发挥文物资源优势，更多更好地服务社会、促进发展、惠及民

2013
中国
文物年鉴

生；进一步完善政策法规体系，努力营造有利于文物事业科学发展的良好环境；进一步健全机构和队伍，全面加强能力建设；进一步增强全民文物保护意识，宣传引导全社会共同参与文物保护。

各省（区、市）、计划单列市人民政府和新疆生产建设兵团负责同志，省级文物行政部门主要负责同志，中央和国家机关有关部门负责同志，全国文物系统先进集体代表和先进工作者，在京有关文博单位负责同志，部分文物博物馆专家等出席会议。

2．贯彻全国文物工作会议精神座谈会在北京召开

7月10日下午，国家文物局召开贯彻全国文物工作会议精神座谈会，学习贯彻中央领导同志的重要讲话和全国文物工作会议精神，再动员、再部署，全面完成"十二五"规划各项目标任务。文化部部长蔡武出席会议并发表讲话，文化部副部长、国家文物局局长励小捷主持会议，国家文物局副局长董保华、童明康、顾玉才、宋新潮出席会议。中央和国家机关有关部门，国家文物局机关各部门和各直属单位，各省、自治区、直辖市和各计划单列市、新疆生产建设兵团的文物部门，在京中央有关文博单位的负责同志，以及部分文博专家参加了会议。会议议程共三项：一是住房和城乡建设部、国家旅游局、河南省文物局、重庆市文物局、新疆维吾尔自治区文物局、浙江省文物局、中国文化遗产研究院等7个单位和国家文物局原顾问谢辰生交流了学习全国文物工作会议精神的初步体会及贯彻思路；二是蔡武部长发表讲话；三是励小捷局长作会议总结，布置2012年下半年重点工作。

3．各地学习贯彻全国文物工作会议精神

7月16日，国家文物局印发《关于深入学习贯彻全国文物工作会议精神的通知》，要求各省级文物部门、各直属单位制订学习贯彻全国文物工作会议精神工作方案，认真抓好学习贯彻工作。7月30日，国家文物局印发《国家文物局关于落实全国文物工作会议部署重点任务的分工方案》。8月，国家文物局启动文博人才队伍建设、文物保护利用、文物保护法修订前期研究的专题调研。各省级文物部门相继召开传达学习全国文物工作会议精神座谈会。北京、甘肃、重庆、四川、山东、广东等省（市）人民政府召开文物工作会议。

【全国人大常委会开展《中华人民共和国文物保护法》执法检查】

2012年全国人大常委会《中华人民共和国文物保护法》（以下简称《文物保护法》）执法检查，是自1982年《文物保护法》颁布实施以来，由全国人大常委会在全国范围内组织开展的第一次执法检查。吴邦国委员长对这次执法检查工作十分重视，作出重要批示：全面贯彻落实文物保护法，是继承和弘扬中华民族优秀传统文化、推动社会主义文化大发展大繁荣的必然要求。全国人大常委会这次在全国范围内开展文物保护法执法检查，主要目的就是在党的十七大和十七届六中全会精神指导下，督促、支持各级政府和有关国家机关依法履行职责，改进工作，加强管理，推动我国文物保护事业全面发展。希望检查组精心准备，扎实工作，组织开展好这次执法检查，圆满完成工作任务，为建设中华民族共有精神家园做出积极贡献。

4月5日，全国人大常委会执法检查组召开第一次全体会议，听取国家文物局、住房和城乡建设部、海关总署、国家工商总局、国家发改委、财政部、国土资源部、环境保护部、国家旅游局、国家宗教事务局等国务院有关部门的情况汇报，部署相关工作。王兆国副委员长出席会议并作重要讲话。会议明确，这次执法检查的重点是文物安全情况，处理

文物保护与经济建设、社会发展关系情况，文物流通领域管理情况，执法能力建设和配套法规制定情况，以及进一步修改完善法律的意见和建议。

全国人大常委会《文物保护法》执法检查组由路甬祥副委员长任组长，韩启德、周铁农、李建国、严隽琪副委员长以及白克明同志任副组长。执法检查组分为5个小组，成员包括28位全国人大常委会委员和全国人大教科文卫委员会委员、全国人大法律委员会委员以及21位全国人大代表。

4月至5月，全国人大常委会开展《文物保护法》执法检查。执法检查组重点对北京、河北、浙江、江西、山东、河南、湖北、四川、甘肃、新疆10个省（区、市）进行实地检查，授权委托21个省（区、市）人大常委会对本行政区域文物保护法实施情况进行执法检查。

6月26日，第十一届全国人民代表大会常务委员会第二十七次会议听取路甬祥副委员长所作的执法检查报告，提出审议意见。执法检查报告指出，30年来，贯彻实施《文物保护法》取得的主要成效是：文物法制宣传教育不断深入；政府文物保护责任逐步落实；综合执法能力不断加强；文物保护状况明显改善；文物保护在服务经济社会发展、惠及民生方面的积极作用日益凸显；配套法规规章逐步健全。贯彻实施《文物保护法》中存在的主要问题是：对文物保护的认识有待进一步提高，文物安全形势依然严峻；文物执法能力需要进一步增强；文物流通领域亟须加强监管；文物专业人才匮乏，文物保护科技水平有待提升；文物保护的法律法规有待进一步完善。对进一步贯彻实施《文物保护法》提出六项建议：依法履行职责，切实保障文物安全；健全完善管理体制，加强文物保护能力建设；健全监管制度，规范引导文物流通秩序；加强专业人才队伍建设，提升文物保护科技水平；促进合理利用，努力使文物保护成果更好更多地惠及民众；进一步完善文物保护法律制度。随着我国经济社会快速发展，现行《文物保护法》在一些方面已同文物工作实际不相适应，建议将其列入全国人大常委会立法规划，在调查研究基础上及时修改完善。

按照国务院要求，国家文物局会同中央国家机关有关部门及各级文物部门逐项对照落实全国人大常委会执法检查报告和审议意见，整改工作取得初步成效。文化部、国家文物局会同有关部门，按照《关于请研究处理〈全国人民代表大会常务委员会执法检查组关于检查《中华人民共和国文物保护法》实施情况的报告〉及审议意见的函》的要求，将《关于落实全国人大常委会文物保护法执法检查报告及审议意见的报告》上报国务院，并将经国务院办公厅转报全国人大常委会办公厅。国家文物局启动《文物保护法》修订前期调研工作。

【第一次全国可移动文物普查启动】

印发《通知》。10月8日，国务院印发《关于开展第一次全国可移动文物普查的通知》（国发〔2012〕54号），决定从2012年10月到2016年12月开展第一次全国可移动文物普查。普查范围是我国境内（不包括港澳台地区）各级国家机关、事业单位、国有企业和国有控股企业、中国人民解放军和武警部队等各类国有单位所收藏保管的国有可移动文物，包括普查前已经认定和在普查中新认定的国有可移动文物。

成立普查机构。国务院成立第一次全国可移动文物普查领导小组，负责普查工作的组织和领导，协调解决重大问题。国务委员刘延东任组长；文化部部长蔡武、国务院副秘书长江小涓、国家文物局局长励小捷任副组长。中央党史研究室、发展改革委、教育部、民政部、财政部、国土资源部、文化部、人民银行、国资委、统计局、宗教局、档案局、文物局、总政治部、中国科协负责同志任成员。领导小组办公室设在文物局，负责普查工作的日常组织和具体协调。县级以上地方各级人民政府要按照国务院的统一部署，设立相应的普查领导小组及其办公室，认真做好本行政区域文物普查的组织实施工作。各国有单位要按照属地管理原则，在单位所在地的县级普查机构完成本单位可移动文物的普查登记。

编制普查实施方案、经费预算和标准规范，开发信息采集软件。11月13日，在郑州召开全国可移动文物普查实施方案（草案）研讨会，各省文物局负责同志及试点单位50余人参加。初步完成普查培训教材编制。

完成普查试点。陕西省、北京市朝阳区、山东省青岛市、中国人民解放军武警部队普查试点工作推进有力，为全面启动第一次全国可移动文物普查积累经验。

加强工作沟通。与教育部、文化部、财政部、宗教局、档案局、统计局等单位进行调研沟通，就可移动文物普查范围、经费保障、组织模式和协调机制等方面达成共识。

党建工作

国家文物局直属机关党委以党的十七届六中全会精神为指导，在推动重点工作完成的过程中深化创先争优活动，扎实有效地开展基层组织建设年活动；以学习贯彻党的十八大精神为主题，贯彻落实国家文物局直属机关第五届党代会的工作部署为主线，深入开展坚定理想信念教育活动，加强党员和党务干部队伍建设，不断加强学习型党组织建设，为文物工作科学发展提供政治保障。

【选举十八大代表】

严格按照中央的部署和要求，认真完成国家文物局系统党的十八大代表选举工作。文化部副部长、国家文物局局长励小捷被选举为党的十八大代表。

【学习贯彻十八大精神】

召开学习贯彻十八大精神动员部署 会、举办党的十八大理论学习班、组织对不同层面的人员专访、印发有关文件、召开十八大精神经验交流会等活动，兴起学习宣传贯彻十八大精神的热潮。

【创先争优活动】

召开文物局机关各党支部书记、直属单位党组织负责人、青年代表、民主党派人士参加的创先争优群众评议会，推动创先争优活动的深入开展。通过举办创先争优座谈会、《任质斌传》出版发行座谈会、组织团员青年深入文博一线调研、广泛开展主题党日实践活动等，努力把创先争优活动融入到岗位职责和实际工作中，转化为争创一流业绩的精神动力。2012年文物局系统有1个单位、15名同志被文化部直属机关党委评为先进基层党组织和优秀党员、优秀党务工作者。

【基层组织建设】

以"强组织、增活力，创先争优迎接十八大"为主题，召开国家文物局系统基层组织建设年动员会，制定《关于在创先争优活动中开展基层组织建设年的实施意见》，深入开展文物局基层党支部情况的调查摸底。依据先进党支部"五个好"的标准，结合文物局直

2013
中国
文物年鉴

属单位基层党组织的实际，制定了机关、事业单位、企业三类党支部定级参考标准，按照"好、较好、一般"的档次，组织开展分类定级工作。文物局系统35个支部（不含离退休支部）中，3个为"好"、32个为"较好"；并制定整改措施，有计划、有步骤、有针对性地开展晋位升级工作。

【和谐单位建设】

举办2012年文物局机关迎新春联谊会，营造欢乐祥和的工作氛围。组织文物局机关、服务中心职工开展春季植树活动，提高对生态文明建设的认识。举办文物局系统第七届运动会，倡导文明健康的生活方式；支持篮球队、足球队等定期开展活动，增强机关职工的强身健体意识。

法制建设

【召开纪念《文物保护法》颁布30周年暨修订10周年座谈会】

12月11日，全国人大教科文卫委员会、国务院法制办公室、文化部和国家文物局在北京人民大会堂联合召开"纪念《中华人民共和国文物保护法》颁布实施30周年暨修订10周年座谈会"。会议议程共七项：一是全国人大常委会委员、教科文卫委员会主任委员白克明主持会议并致辞，介绍《文物保护法》的发展历程。二是文化部副部长、国家文物局局长励小捷介绍《文物保护法》实施情况和落实全国人大常委会《文物保护法》执法检查报告的有关情况，提出下一步文物法制建设的初步思路。三是地方文物部门代表——北京市文物局局长孔繁峙、河北省文物局副局长李恩佳、浙江省文化厅巡视员鲍贤伦、新疆维吾尔自治区文物局副局长艾尼江·克依木简要汇报《文物保护法》的贯彻实施情况。四是专家代表谢辰生同志就《文物保护法》贯彻实施提出建议。五是文化部部长蔡武就结合贯彻落实十八大精神做好新时期文物工作发表意见建议。六是国务院法制办公室副主任袁曙宏介绍文物法制建设情况、存在问题，提出加强新时期法制建设的意见建议。七是全国人大常委会副委员长路甬祥就进一步依法做好文物工作，推动文物事业科学发展发表重要讲话。与会代表从不同侧面回顾了《文物保护法》颁布实施以来的成就、经验及问题，对进一步贯彻实施《文物保护法》提出了意见建议。

全国人大常委会副委员长路甬祥出席会议并发表主旨讲话，全国人大常委会委员、教科文卫委员会主任委员白克明主持会议。文化部部长蔡武，全国人大法律委员会副主任委员刘锡荣，全国人大教科文卫委副主任委员刘永治、刘振起、任茂东、吴恒，全国人大法制工作委员会副主任信春鹰，国务院法制办公室副主任袁曙宏，文化部副部长、国家文物局局长励小捷，故宫博物院院长单霁翔，国家文物局副局长董保华、顾玉才出席会议；31个省、自治区、直辖市文物部门的负责同志，长期关注支持文物工作、为我国文物事业做出突出贡献的专家学者代表，中央有关文博单位的负责同志，国家文物局机关各司室、各直属单位的负责同志参加会议；邀请中央主要新闻媒体记者列席会议，会议规模达到100余人。

【立法工作】

公布施行《大运河遗产保护管理办法》。7月，《大运河遗产保护管理办法》由文化部部务会议审议通过，并于10月1日正式施行。《办法》明确了大运河遗产的范围、保护主体及责任，确立了大运河遗产保护规划制度、建设项目遗产影响评价制度，为大运河遗产的保护管理工作提供了有力的法制保障。

推进《博物馆条例》立法进程。国家文物局与国务院法制办开展了专题调研和会商研究，召开了研讨会，进一步完善了《博物馆条例》相关内容。

推进《水下文物保护管理条例》修订研究工作。按照立法规划和年度重点工作安排，国家文物局与相关部委进行会商研究，就《条例》修订中的重点问题达成初步共识。研究起草《水下文物保护管理条例（修订建议稿）》。

【行政审批制度改革】

按照国务院第六轮行政审批制度改革要求和工作部署，对涉及文物工作的行政审批项目进行了逐项研究论证，取消"没收、追缴文物中一般文物投入流通审批"，下放"境外机构和团体拍摄文物审批"和"拍卖企业拍卖的文物审核"。

【全国人大建议和全国政协提案办理】

国家文物局全年负责办理完成全国人大建议议案72件、全国政协提案89件，总共161件。10月12日，国家文物局荣获政协十一届全国委员会的提案先进承办单位，其中国家文物局承办的"关于加大荆州古城墙保护和申报世界文化遗产工作力度的提案""关于立项建立国家文物安全与违法预警系统的提案"被评为优秀提案。

【《文物保护法》研究】

为做好《文物保护法》修订的前期准备工作，分别委托中国文化遗产研究院、北京市文物局开展了《文物保护法》实施情况评估和《地下文物保护立法研究》项目，委托文物出版社编辑出版了《文物保护法研究》专辑。

2013
中国
文物年鉴

宣传工作

【完善新闻宣传工作机制】

健全新闻发布机制，增强对外口径的权威性和实效性。围绕重点工作、重大活动、重要文件出台，全年组织新闻发布、新闻通气、领导访谈20多次。举办全国文物宣传工作培训班，提高文物宣传干部队伍的能力建设。

【重要节庆和纪念活动宣传】

以文物、博物馆宣传活动为主轴的4月至6月全国性"文化遗产宣传季"品牌效应初步显现。为迎接党的十八大召开，开展了"保护发展·成就辉煌"主题宣传。组织了"文化遗产日"郑州主场城市活动、"文化遗产保护无锡论坛"、"5·18国际博物馆日"南宁主场活动、世界遗产公约颁布40周年、《文物保护法》颁布30周年暨修订10周年、海峡两岸文物交流20年、文物进出境管理60年系列宣传活动，扩大影响力，积聚正能量。

【重点工作宣传】

围绕元上都遗址成功申遗、我国管辖海域内水下文化遗产保护联合执法、"指南针计划"阶段性成果、田野文物安全现场会、国际古迹遗址理事会顾委会和执委会会议等重点工作，开展了深入系统的宣传报道，多角度、全方位反映文物博物馆工作成就，取得良好社会反响。

【舆情研判与应对】

国家文物局联合人民舆情监测室，改版升级文物舆情监测平台，实现舆情监测常态化、反应处置快捷化，妥善处理"维修性拆除"、圆明园流失文物境外拍卖、"十大名楼"联合申遗、武当山遇真宫抬升等舆情热点，履行社会管理职能得到明显加强。

【文物知识宣传普及工程试点】

扩大文物知识宣传普及工程试点，试点县域由2个增加至7个。召开试点县工作经验交流会，建立试点工作协调机制，推动绩效评估和经验推广。

执法督察

【健全工作机制】

制定文物执法巡查范本和编制要求，印发《文物安全与行政执法信息上报及公告办法》，将安全检查和执法巡查统计指标从省级文物行政部门延伸至市县级文物行政部门，将案件上报指标从重点关注国保、一级风险单位延伸至不可移动文物点和文物收藏单位，进一步推动安全检查、执法巡查与案件上报工作制度化、规范化。

【联合执法】

国家文物局和公安部联合印发《关于建立打击和防范文物犯罪联合长效工作机制的通知》，对"2011打击文物犯罪专项行动"中20个先进集体、100名先进个人和8个组织协调先进单位予以通报表扬，在新疆乌鲁木齐联合举办"常态化防范打击文物犯罪研修班"，推动全国文物犯罪信息中心与公安部DNA数据库对接，联合挂牌督办"四川眉山12·19系列石刻被盗案"等一批重大案件。截至2012年底，14个省份的公安、文物部门建立打防文物犯罪长效工作机制，河北、河南、湖南、湖北、浙江、陕西、贵州等建立省级文物安全工作联席会议制度，陕西、湖北开展省内打击文物犯罪专项行动。

国家文物局、国家海洋局共同部署"2012年度我国管辖海域内文化遗产联合执法专项行动"。目前，沿海11个省份均已建立了文物、海监联合执法工作机制，积极开展海上执法巡查工作，共派出船舶巡航180余艘次，航行20余万海里，制止和查处了一批涉嫌破坏水下文化遗产的违法行为。联合培训文物和海监执法人员近600名。与海监部门联合制止菲律宾籍考古船在我国黄岩岛海域开展非法活动。

国家文物局、国家宗教局等10部门，联合印发《关于处理涉及佛教寺庙、道教宫观管理有关问题的意见》，对宗教活动场所依法落实文物保护措施、确保文物安全提出了明确要求。

国家文物局、海关总署联合印发《关于联合开展打击文物走私专项行动的通知》，在全国13个省市、17个海关开展打击文物走私专项行动，为研究建立打击走私文物长效机制奠定了基础。

【督办文物行政违法案件】

国家文物局全年直接督察督办行政违法案件78起，其中73起整改到位、处罚到位。涉及世界文化遗产和全国重点文物保护单位的文物行政违法案件共34起，占督办案件总数50%。2012年违法案件中，违法性质主要集中在建设行为破坏文物本体及其环境风貌，并以法人违法为主。坚持国家督察、属地管理的原则，积极推动地方文物部门依法执法，取

2013
中国
文物年鉴

得了良好效果。坚持舆论监督、主动公开的原则，定期将督察督办情况向社会公告。组织2012年度文物行政处罚案卷评查工作，"以查代促、以查带训"。

针对文物保护单位违规经营及过度旅游开发等媒体关注的热点问题，重点开展了"四大佛教名山上市"的调查分析和全国重点文物保护单位经营管理情况的统计分析，为开展后续工作提供了数据支撑。

文物安全

【印发《关于加强和改进文物安全工作的指导意见》】
9月，全国文物安全工作部际联席会议16个成员单位联合印发《关于加强和改进文物安全工作的指导意见》，明确文物安全工作的指导思想和主要目标，从健全文物安全责任体系、完善文物安全防控体系、严厉打击文物违法犯罪、强化组织协调与监督保障等方面，对加强和改进文物安全工作提出全面系统的要求。

召开全国文物安全部际联席会议联络员会议，研究贯彻落实《意见》的措施。赴西藏、湖北等地开展文物安全专项调研，形成调研报告；刘延东同志对调研报告给予充分肯定，做出重要批示。湖北省委根据调研报告建议，责成省委组织部研究将文物安全纳入领导干部考核指标。

【召开田野文物安全现场会】
针对威胁文物安全的突出问题，9月9日在湖南长沙召开了"田野文物安全现场会"，明确要求把田野文物安全摆到文物安全工作的首要位置，全面部署加强田野文物安全保护。

【文物安全隐患排查整治专项行动与防汛救灾】
部署"2012文物安全隐患排查整治专项行动"，共检查18.3万处不可移动文物和2329家博物馆，整改安全隐患2万余项，有效预防和避免了重特大文物安全事故的发生，确保了中秋、国庆双节期间特别是十八大前后文物系统安全稳定。

针对洪涝灾害异常偏重情况，国家文物局指导各地加强防洪减灾工作，汇总分析全国受灾情况，提出构建"文物防灾减灾体系"的工作建议。

【文物安全防范】
继续开展以卫星遥感、地理信息、地面接收和物联网技术为主的文物安全监测和违法预警系统的研究开发工作，基本形成以"一库一网三应用"为核心内容的总体设想，完成执法监管和预警系统建模和软件的初期研发工作，启动"文物安全预警平台"前期工作。开展"全国重点文物保护单位安全情况调查"，初步完成"全国重点文物保护单位安全管理数据库"搭建。组织山西全省国保单位"一键报警"系统应用试点，提升一线安全巡查人员应急处置能力。委托安徽省文物局启动博物馆远程监管组网试点。

积极推进"文物平安工程"。基于风险性原则，指导各地加强古遗址、古墓葬、石窟寺防盗报警设施和古建筑防火、防雷设施建设，全年审批国保单位安全保护工程立项、方案255项，较好完成项目储备与初排任务。承德避暑山庄及周围寺庙、陕西周秦汉唐帝王陵等重大安全保护工程进展顺利。试点开展工地检查。起草完成《文物安全防范设施方案审批管理改革研究报告》。

2013
中国
文物年鉴

【文物行业安防、消防标准体系研究】

会同公安部制定的国家标准《博物馆和文物保护单位安全防范系统技术要求》（GB/T16571-2012）颁布施行，分类规范古遗址、古墓葬、古建筑、石窟寺安防工程设计要求。会同中国气象局联合制定的强制性行业标准《文物建筑防雷技术规范》通过审查，《文物建筑消防工程技术要求》完成起草。

文物保护维修

【文物保护工程规范化管理】

开展文物保护工程项目审批制度改革课题研究，深化文物保护工程项目审批制度改革。坚持"责权统一"的原则，探索将文物保护工程方案技术性审核交由第三方机构独立承担，重点抓好文物保护工程的前期立项、工程检查、竣工验收等工作。推动制定《文物保护工程竣工验收管理办法》；完成文物保护工程北方定额标准编制，委托山西省开展试点工作；启动文物保护工程南方定额标准编制。

12月19日，在山西太原召开第五次全国文物保护工程会，提出今后做好文物保护工程管理的总体思路——"一个目标，两个转变，六个创新"，即以全面提升文物保护工程质量为目标，实现从"办文物事业"向"管文物事业"转变、从事务性管理模式向宏观管理模式转变，不断加强法规体系建设、管理制度建设、重大工程项目管理、人才队伍培养、经费保障管理和研究应用的创新。

【重大文物保护工程】

加强对山西南部早期建筑、应县木塔、涉台文物、西藏文物保护、青海玉树震后文物保护等重大文物保护工程的管理、检查和指导。陆续启动山西彩塑壁画、中央苏区革命旧址等重大文物保护工程。在工程实施中，注重对文物保护工程资料的收集整理，建立了山西南部部分早期建筑维修信息三维数据库，制作了20余个建筑模型，编写出版了部分竣工工程报告；注重加强人才培养，委托山西省文物局会同中国文化遗产研究院举办了彩塑保护修复技术人员培训班；注重加强文物保护工程的前期方案储备和工地检查工作。

涉外文物保护工程——援柬吴哥古迹二期茶胶寺修复工程进展顺利。完成了茶胶寺修复工程第二阶段方案、施工图组织设计审批。4月，国家主席胡锦涛视察了茶胶寺保护修复工程工地，对取得的工作成绩给予充分肯定。

【基础工作】

做好第三次全国文物普查的后续保护工作。督促各地按照《关于做好第三次全国文物普查后续文物保护工作的通知》要求，陆续公布了一批不可移动文物名录和相应级别的文物保护单位。全国21个省（区、市）的公布率达到100%。北京、辽宁、江苏、安徽等省（市）研发了普查数据库、电子地图及管理信息系统，为普查文物点的数字化管理、综合查询和数据应用提供了新平台。推进《中国文物古迹保护准则》修订工作，起草完成了该《准则》修订稿。

推动第七批全国重点文物保护单位名单报批工作。经与中央宣传部、中央统战部、中央党史研究室、中央文献研究室、发展改革委、财政部、住房和城乡建设部、国家宗教局等部门会商，将各有关部门和各省级人民政府取得一致意见的第七批全国重点文物保护单位推荐名单正式上报国务院核定。

【历史文化名城名镇名村保护管理】

国家文物局会同住房和城乡建设部加强历史文化名城名镇名村保护的制度建设。联合印发了《历史文化名城名镇名村保护规划编制要求》，编制完成了《历史文化名城名镇名村保护规划编制审批办法》。

国家文物局会同住房和城乡建设部编制了《关于国家历史文化名城保护工作检查情况的报告》，并正式上报国务院。针对检查中发现的问题，会同住房和城乡建设部联合印发了《关于国家历史文化名城保护工作检查情况的通报》和《关于对聊城等国家历史文化名城保护不力城市予以通报批评的通知》。

国家文物局会同住房和城乡建设部开展了国家历史文化名城申报的考察工作，对提出申请的库车、伊宁和泰州3座城市提出考察意见并上报国务院。库车、伊宁先后被国务院公布为国家历史文化名城，国家历史文化名城总数达到119个。

大遗址保护

国家文物局全年批准米兰遗址、扬州城遗址、赵邯郸故城遗址、平粮台古城遗址、姜女石遗址、藏王墓、临安城遗址、喇家遗址、秦咸阳城遗址、大窑龙泉窑、自安山城遗址、阿房宫遗址、良渚遗址等重要遗址的保护规划；批准了牛河梁遗址、老司城遗址、大明宫遗址、北庭故城遗址、燕下都遗址、铜绿山古铜矿遗址、喇家遗址、统万城遗址、合浦汉墓群、鲁国故城遗址、大汶口遗址、可乐遗址、靖江王陵、凤凰山山城、天马曲村遗址、邺城遗址、城阳城址、扬州城遗址、苏巴什佛寺遗址、泥河湾遗址、汉魏洛阳城遗址、鸿山墓群、邛窑十方堂遗址、隋唐洛阳城遗址、南越王宫署遗址等重要遗址保护工程；批准了西汉渭、延、义、康陵，以及容美土司遗址、纪山楚墓群、半坡遗址等重要遗址保护规划立项。

3月至4月，国家文物局与国家开发银行就申报世界文化遗产项目、考古遗址公园建设、历史文化街区的保护和传统民居村落的保护等融资方式多元化、合作机制开展进行了专题调研，达成初步共识。

6月，国家考古遗址公园联盟第二届联席会议在北京举行，发布《国家考古遗址公园联盟圆明园宣言》。

11月，国家文物局召开"大遗址保护工程检查办法专家研讨会"。国家文物局委托中国文物信息咨询中心开展大遗址保护工程检查制度设计预研究。

12月，国家文物局组织专家先后赴江苏、山东两省检查重要大遗址保护项目的进展情况。国家文物局印发《关于进一步规范考古遗址公园建设暨启动第二批国家考古遗址公园评定工作的通知》《国家考古遗址公园规划编制要求》，进一步加强考古遗址公园建设可行性研究，进一步明确考古遗址公园建设内容，进一步规范考古遗址公园建设过程，进一步探索考古遗址公园运营模式；启动第二批国家考古遗址公园的申报工作。

世界文化遗产保护

【世界文化遗产申报】

6月29日，在俄罗斯圣彼得堡举行的联合国教科文组织世界遗产委员会第36届会议上，元上都遗址被列入《世界遗产名录》，成为我国第30处世界文化遗产，保持了我国连续10年成功申报世界文化遗产的良好势头。截至2012年，我国世界遗产总数达到43项，居世界第三位。

1月，经国务院批准，红河哈尼梯田文化景观申报世界遗产文本正式提交联合国教科文组织世界遗产中心，并经确认合格。9月，世界遗产委员会国际咨询机构——国际古迹遗址理事会专家完成对红河哈尼梯田文化景观的现场评估考察工作。

【大运河保护与申遗】

国家文物局编制完成《大运河遗产保护与管理总体规划》，经国务院领导同志审阅同意，由大运河保护和申遗省部际会商小组公布实施；督促各省、市完成大运河省级、地市级保护规划的公布实施工作，形成国家、省、地市三级大运河保护规划体系。

3月，召开大运河保护和申遗省部际会商小组第四次会议，研究部署2012年重点工作任务。由大运河沿线35个城市组成的大运河保护与申遗城市联盟在江苏扬州共同签署了《关于保护大运河遗产的联合协定》，进一步强化大运河保护的跨区域合作机制。

8月，国家文物局与中国进出口银行签署《关于金融支持大运河保护和申报世界文化遗产的合作协议》，为大运河保护和申遗项目探索信贷资金支持方式。

9月，国家文物局编制大运河申报世界遗产文本，并报送世界遗产中心预审。

10月，国家文物局印发《大运河遗产展示与标识系统设计指导意见》，编制了《中国大运河遗产监测与档案系统建设方案》，有力指导了各地的保护与申遗工作。

【丝绸之路跨国系列申遗】

5月15日，中国、哈萨克斯坦、吉尔吉斯斯坦的三国丝绸之路跨国系列申遗协调委员会第一次会议召开，签署《"丝绸之路：起始段和天山廊道的路网"跨国系列申报世界遗产及协调保护管理的协议》，决定力争2014年成功申报世界遗产。三国丝绸之路申遗预审文本如期在9月底前报送世界遗产中心。

2月28日，国家文物局召开丝绸之路申遗工作推进会，部署2012年丝绸之路申遗相关工作，印发《关于推进丝绸之路申遗工作的通知》及《丝绸之路申报世界文化遗产工作要求》等文件。我国丝绸之路首批申遗的22处遗产点均编制管理规划或保护规划，为各遗产点的保护管理提供法律依据。

12月25日，丝绸之路沿线河南、陕西、甘肃、宁夏、青海和新疆6个省、自治区文物局负责人签署《关于保护丝绸之路遗产的联合协定》，作为加强国内丝绸之路遗产协调保护管理的基础文件。

【更新《中国世界文化遗产预备名单》】

11月，参照世界遗产申报工作程序，国家文物局更新公布了《中国世界文化遗产预备名单》，涉及28个省、自治区、直辖市以及香港特别行政区的45个项目，为今后申遗工作奠定良好基础。

【召开全国世界文化遗产工作会议】

11月17日，国家文物局召开全国世界文化遗产工作会议，系统总结2006年以来世界文

2013
中国
文物年鉴

化遗产工作进展，部署"十二五"和今后一个时期的世界文化遗产工作。

【世界文化遗产监测】

编制完成《中国世界文化遗产监测预警体系建设规划》，并印发各省征求意见；批复同意10处遗产地的监测工作方案，积极推进相关的监测试点工作。11月，国家文物局印发《关于加强世界文化遗产监测能力建设的通知》。

国家文物局组织完成第二轮世界文化遗产定期报告，将12处世界文化遗产点的回顾性地图提交至世界遗产中心，完成丽江古城、布达拉宫历史建筑群、澳门历史城区3处世界遗产保护状况报告。

【世界文化遗产保护工程】

长城保护工程取得重大进展。在长城资源调查工作的基础上，经过各省申报、专家审核、各省复核和专家委员会集体评审的严格程序，国家文物局完成了全国长城认定工作。6月5日，国家文物局在北京居庸关长城举办"长城长 中华魂"——长城保护宣传暨长城资源调查和认定成果发布活动，认定分布于15个省、自治区、直辖市的长城遗产43721处，长城总长度为21196.18千米。国家文物局对全国长城保护维修和"四有"基础工作进行了深入调研，草拟相关的指导意见。

承德避暑山庄及周围寺庙、嘉峪关长城、高句丽壁画、大足石刻千手观音造像等重大保护工程有序推进。2月，承德避暑山庄及周围寺庙文化遗产保护工程协调会召开。4月，国家文物局组织召开承德保护工程领导小组第二次会议，对保护工程提出明确要求。

考古工作

【基本建设工程中考古和文物保护】

国家文物局研究审议《长江三峡重庆库区消落区地下文物保护（2011～2014年）实施规划》，并对三峡后续文物保护工作提出指导意见；全年批准实施17项长江三峡消落区考古发掘项目；委托中国文物信息咨询中心开展三峡考古验收工作。

南水北调东、中线一期工程文物保护工作进展顺利，中线干渠京石段、河北段、河南段文物保护工作全部完成，东线江苏段完成田野阶段的文物保护工作，东线山东段和丹江口库区文物保护工作进展顺利，累计完成考古发掘面积近167万平方米，占总工作量的98.8%。国家文物局指导开展南水北调工程文物保护项目验收和总结，启动《中国南水北调工程·文物卷》的编撰工作。国务院南水北调办和国家文物局联合赴山东、江苏和湖北对南水北调东线一期工程文物保护工作进行了专项检查。

国家文物局与发改、能源部门进一步加强沟通协调，确保西气东输三线、区域原油管网等大型建设工程中文物保护工作的开展，实现文化遗产保护和能源建设工程的双赢双利、和谐发展。

【考古研究】

国家文物局全年共批准各地612项考古发掘项目。结合世界文化遗产申报、大遗址保护展示、古建维修保护、学术研究开展100余项主动性考古工作。其中，浙江良渚、山东曲阜鲁故城、河南隋唐洛阳城、汉魏洛阳城、黎阳仓、湖北容美土司、湖南老司城、四川三星堆、重庆老鼓楼、贵州海龙屯、陕西石峁、新疆阿敦乔鲁等遗址荣获重要考古发现，有力推动了文物保护工作的开展和相关课题研究的深入。

加强考古报告出版、考古成果宣传。国家文物局全年共批准辽宁、山东、河南等十省37部考古发掘报告出版计划。4月，河南郑州老奶奶庙旧石器时代遗址、福建漳平奇和洞遗址等10个项目被列入"2011年度全国十大考古新发现"。国家文物局出版《2011中国重要考古发现》。

【考古管理】

规范考古管理。国家文物局印发《关于大遗址考古工作的指导意见》和《大遗址考古工作要求》，积极推动大遗址考古工作的开展和工作质量的提高。国家文物局组织对河北、江苏、山东、河南、江西、贵州、新疆等考古工地以及肯尼亚拉穆群岛地区陆上、水下考古发掘项目进行检查，指导考古和保护工作。组织全国考古发掘资质证书年审和到期证书更换工作。完成考古发掘项目电子审批系统（2.0版）改版升级工作。

开展合作考古。国家文物局全年共受理中外合作考古研究项目7项，其中甘肃磨沟遗址出土动物骨骼标本出境检测分析项目、河南和新疆出土动物骨骼标本出境检测分析项目以及北京大学考古文博学院、吉林大学边疆考古研究中心外国留学生参加田野考古实习项目获得批复。

【水下考古】

水下文化遗产保护机构建设取得重要突破。6月13日，中编办正式批复同意在中国文化遗产研究院加挂国家文物局水下文化遗产保护中心牌子，负责组织实施全国水下文化遗产调查、发掘、研究和保护等工作。

重要水下考古项目进展顺利。国家文物局水下文化遗产保护中心、广东省文物考古研究所、广东省博物馆、广东海上丝绸之路博物馆等联合开展的"南海I号"考古发掘与文物保护预研究项目顺利完成。国家文物局水下文化遗产保护中心联合广东省文物考古研究所制定了"南海I号"考古发掘和文物保护方案，为下一阶段考古和保护工作奠定基础。结合南海执法巡航任务，组织开展西沙珊瑚岛I号水下沉船调查工作，初步掌握了珊瑚岛水下遗迹的性质、年代、分布范围，为下一阶段西沙水下专项调查工作的开展提供了重要资料。"南澳I号"沉船水下考古项目完成水下考古工作，进一步摸清了沉船遗址的分布情况与船体结构，出水文物6千余件，并专门设置了钢结构保护框，对遗址主体进行临时性保护。"小白礁I号"沉船水下考古工作共发掘面积160平方米，出水文物134件，完成了对船体基本保存状况的全面记录和评估，为船体发掘和现场保护提供了依据。平潭海域（以海坛海峡为核心）水下考古调查项目完成目标区域8平方千米的系统探测，为研究制订整个海坛海峡的系统探测工作方案提供了重要参考数据。此外，鄱阳湖、丹江口库区内水水下考古调查工作取得了重要发现，内水水下文化遗产保护工作有序推进。国家文物局协调外交、总参、海军等有关部门，做好"中俄合作旅顺俄罗斯沉船调查项目"收尾工作，为中俄双方外长级会谈顺利进行提供保障。

考古工作船完成详细设计、建造招标工作，并于10月24日举行了建造合同签约仪式，进入建造阶段。完成了船载专业设备的采购工作。国家水下文化遗产保护南海基地建设项目向国家发展和改革委员会提交立项报告，西沙工作站建设项目完成可研报告并获国家文物局批准，与西南中沙办事处签署共建协议。

【考古工作会议和学术研讨会】

4月，国家文物局在浙江杭州召开全国考古工作会，研究部署下一阶段重点工作。5

月，考古学学科建设发展研讨会在北京召开。国家文物局召开了"蒙古族源与元朝帝陵综合研究"项目专家咨询会和西藏考古工作座谈会，研究、推动相关边疆民族地区考古研究工作开展。11月，中国考古学会第十五次年会在河北石家庄举行，本次年会以"环渤海考古"为主题。北京大学考古专业设立60周年、山东大学考古专业设立40周年、吉林大学考古学科创建40周年、河南省考古研究所成立60周年、山西省考古研究所成立60周年等一系列学术庆典相继举办，早期丝绸之路暨早期秦文化国际学术研讨会、凌家滩文化论坛、第二届黄淮七省考古论坛、中国社会科学院考古学论坛等学术会议先后召开，增进了学术交流，推动了相关研究的深入。

博物馆建设

【博物馆年检备案】

建立运行博物馆年检管理信息系统，完成2011年度全国博物馆年检备案。核准备案博物馆3589家，其中国有博物馆3054家（文物行政部门管理的国有博物馆2473家、其他国有博物馆581家），民办博物馆535家。

印发《全国博物馆名录》，公布专业化程度较高博物馆3089家，其中国有博物馆2706家（文物行政部门管理的国有博物馆2206家、其他国有博物馆500家），民办博物馆383家。

【博物馆管理制度】

印发《民办博物馆章程示范文本》，对民办博物馆的法人治理、藏品管理、财务管理、终止的特殊情形等通过章程形式加以规范。

印发《关于规范文物出入境展览审批工作的通知》，从加强陈列大纲编制、科学遴选展品、确定合适的境外合作办展主体、完善申报材料、加强验收总结建档等方面进行规范。

印发《第二批禁止出国（境）展览文物目录（书画类）》，首次确定了37件禁止出境的书画作品。

修订《全国博物馆评估办法》和《博物馆评估标准》及《博物馆评估申请书》，完善博物馆质量评价体系。

印发《关于加强博物馆陈列展览工作的意见》，提出坚持公益属性、突出科学品质、强化教育功能、规范设计制作、提高策展能力、加强专业指导的意见。

【博物馆质量评估】

建立运行全国博物馆评估管理系统，包含一级博物馆定级评估、运行评估以及二三级博物馆定级备案三个子系统，实现博物馆在线申报、全国博物馆评估委员会专家通讯评估。

新增第二批国家一级博物馆。新增中国国家博物馆、宁夏回族自治区博物馆等17个一级博物馆，全国一级博物馆已达100个，在地域上覆盖了全国30个省、自治区、直辖市，在题材上包括了历史、艺术、科学等各种类型的博物馆。

完成2010年度国家一级博物馆运行评估。2010年度国家一级博物馆平均得分为65分（满分100分），与2008、2009年度运行评估比较，得分在60分以上的比例从62.7%提高到

80.5%。上海博物馆、南京博物院、故宫博物院总分位居前三。

【深化博物馆免费开放】

开展2011年度博物馆免费开放最佳实践做法推介活动。包括最佳展示推广（陕西历史博物馆）、最佳未成年人教育（内蒙古博物院）、最佳讲解导览（苏州博物馆）、最佳宣传推广（浙江省博物馆）、最佳文化产品推广（国家博物馆）、最佳旅游推广（重庆红岩革命历史博物馆）、最佳社区文化促进（四川博物院）、最佳网站服务（浙江自然博物馆）、最佳管理创新（湖南省博物馆）和最佳社会参与（上海博物馆）。

在广西民族博物馆举办"传承文化　强国惠民——全国博物馆、纪念馆免费开放成果展"。该展览系统梳理免费开放新形势下博物馆文化服务的亮点和创新点，有效带动全国博物馆对博物馆开放服务理论和实践的积极探索，促进了博物馆工作水平的提升。

【"5·18国际博物馆日"南宁主场城市活动】

5月18日，国家文物局、广西壮族自治区人民政府联合举办"5·18国际博物馆日"南宁主场城市活动，表彰博物馆免费开放最佳实践做法和2012年全国最具创新力博物馆（上海博物馆、中山故居纪念馆），播放首个国际博物馆日宣传片《变革中的博物馆》，召开博物馆免费开放最佳实践做法研讨会，中国博物馆协会发布2010年度一级博物馆运行评估结果。

【博物馆文化产品开发】

开展博物馆文化产品创意设计推介活动。该活动共收到345件设计作品，其中博物馆投稿173件、博物馆文化产品开发企业投稿81件、设计师个人投稿91件，评出金奖作品1件、银奖作品2件、铜奖作品5件、优秀奖作品20件和提名奖作品17件。在2012博物馆及相关产品与技术博览会设立了"全国博物馆文化产品创意设计展示推广区"，45件获奖作品集中亮相。

举办2012博物馆及相关产品与技术博览会。博览会以"科技进步、文化创意与博物馆发展"为主题，展览总面积13000平方米，参展单位共191家。其中国内各类博物馆49家，英国泰特现代艺术馆、希腊雅典新卫城博物馆、法国蓬皮杜文化中心、伊朗国家博物馆等国外文化机构10家，从事博物馆文化产品设计开发、博物馆高科技产品研发、文物修复、运输、陈列展览设计等博物馆相关产业的文化企业132家。全国人大常委会副委员长路甬祥宣布博览会开幕，国家文物局局长励小捷以及北京市副市长、市委宣传部部长鲁炜在开幕式上讲话。文化部部长蔡武、中国科学技术协会副主席、书记处书记程东红，国家文物局副局长、中国博物馆协会理事长宋新潮等出席开幕式。为期三天的"博博会"共吸引了来自海内外的文博界专业人士和热心市民2万多人参观。

【民办博物馆发展】

完成国有博物馆对口帮扶民办博物馆试点工作。顺利完成"山西博物院帮扶广灵剪纸艺术博物馆展示服务提升""上海博物馆帮扶上海琉璃艺术博物馆藏品保管提升"和"成都武侯祠博物馆帮扶成都华通博物馆展示服务提升"三个试点项目。

8月28日，国家文物局在上海举办全国国有博物馆对口帮扶民办博物馆试点总结暨经验推广会，积极推动民办博物馆与国有博物馆在合作中相互借鉴、共同进步，在竞争中优势互补、相互促进，共同开创博物馆事业新局面。

10月，在宁波举办为期一周的民办博物馆馆长培训班，28个省份的35名博物馆馆长参加。该培训班是继首期成都民办博物馆馆长培训班后的第二期集中培训活动。

社会文物管理

【文物市场监管】

印发《关于进一步做好文物拍卖标的审核工作的意见》，首次明确文物拍卖专业人员的征集鉴定责任，强化文物拍卖企业的诚信意识，进一步完善省级文物行政部门标的审核程序，加强对文物拍卖经营活动的管理。

联合公安、海关、工商等部门印发《关于进一步加强文物经营活动管理工作的通知》，强化文物购销经营资质审批、日常监管和联合执法制度，健全古玩旧货市场监管体制。

会同广电部门印发《关于加强对文物鉴定类广播电视节目管理的通知》，引导广播电视节目树立正确的宣传导向，坚决抵制文物投机炒作和违法违规行为，为文物市场健康有序发展营造良好的舆论氛围。

完成文物拍卖经营资质审批69起，其中批复同意45起、不批准9起、暂不批准并进行调查处理15起。截至12月，全国共有文物拍卖企业354家。

完成2012年度文物拍卖企业第一类文物拍卖经营资质审批工作。其中10省（市）24家企业申报增加第一类文物拍卖经营资质；11家企业增加第一类文物拍卖经营资质。截至12月，全国共有第一类文物拍卖经营资质企业117家。

举行2012年度文物拍卖企业专业人员资格考试工作，共有825人报考，157人通过195门次的考试。

【文物进出境审核管理】

加强文物进出境管理，加强机构建设。2月23～25日，国家文物局在浙江宁波召开全国文物进出境管理工作会议，研究部署今后的文物进出境工作重点。4月24日，举办国家文物进出境审核山西管理处授牌仪式。

12月11日，国家文物局和海关总署共同举办"中国文物进出境管理60年成果展"，文化部蔡武部长，国家文物局励小捷局长、顾玉才副局长，海关总署于广洲署长、鲁培军副署长出席开幕式。

完成文物进出境审核信息管理系统验收工作，为2013年该系统试点运行奠定良好基础。

【国家重点珍贵文物征集及海外流失文物追索】

促成日本堀内先生向我国捐赠粟特石椁，并顺利入藏国家博物馆。

完成西周贾伯壶征集并入藏中国文字博物馆。

【国家文物鉴定委员会与文物鉴定】

启动国家文物鉴定委员会秘书处建设工作。

完成国家机关事务管理局保存的34件藏品鉴定、移交工作，接收其中24件文物及5件新（仿）工艺品，并移交国家博物馆收藏。完成西藏博物馆拟征集珊瑚耳坠、大明永乐款金刚铃杵等6件海外回归文物的鉴定、评估工作。完成公安部拟追索在西班牙的中国文物、局外事部门转来的境外机构拟收购中国文物等鉴定、评估工作。完成我驻日使馆提供的《描金藏经》等文物的鉴定评估工作。

协助指导部分省文物鉴定委员会开展涉案文物司法鉴定。

2013
中国
文物年鉴

指导中国文物信息咨询中心完成向海南省博物馆调拨陶瓷文物1213件。

文物科技与信息化建设

【与中国科学院建立战略合作关系】

5月22日，文化部副部长、国家文物局局长励小捷与中国科学院院长白春礼签署《科技战略合作协议》，从国家层面进一步推动文物界和科技界的协同创新，并成立领导小组和联合工作组。

6月21日，国家文物局宋新潮副局长、中国科学院潘教峰副秘书长主持召开第一次工作会议，讨论通过2012年合作工作计划。

10月23日，国家文物局与科技部、中国科学院联合召开"文物保护与科技融合战略研讨会"。推动中科院上海高等研究院与敦煌研究院成立"文物保护联合实验室"；建立文物保护领域物联网建设技术创新联盟。

【国家重大科技计划项目】

"遗址博物馆预防性保护关键技术与古代建筑传统工艺科学化研究"等7个项目成为"国家科技支撑计划项目"入库项目，其中6个项目已启动实施。

《石质文物保护关键技术研究》项目及其6个课题通过科技部结项验收，取得显著科研成果。据统计，该项目已申请国家专利9项，其中1项已获得专利授权；完成自主知识产权新装置和软件系统5项；培养研究生43名；发表学术论文37篇。

【中华文明探源工程】

"中华文明探源工程及相关文物保护技术研究（2010～2012）"项目课题完成结项工作，初步提出符合中华文明特质的文明标准、丰富世界文明史研究的理论与方法，总结中华文明主要特征的历史渊源，初步揭示中华文明起源与早期发展历程，形成了一批新技术、新装置、新材料及实施工艺，对相关成果进行了应用示范。

【指南针计划——中国古代发明创造的价值挖掘与展示专项】

2月16日，国家文物局与上海市人民政府举行"国家指南针计划专项青少年基地"签约仪式，为推动我国优秀传统文化的传承与弘扬搭建重要平台。7月5日，在浙江省博物馆举办"惠世天工——中国古代发明创造文物展"展览，加强专项阶段性成果宣传与普及。

【可移动文物保护】

组织召开全国可移动文物科技保护工作会议，研究部署"十二五"可移动文物保护的工作思路和工作重点。完善管理制度，修改完善《可移动文物修复管理办法》。依托科研基地的科研力量，组织开展了青铜器、陶质彩绘文物保护修复方案编制培训班，提高保护修复方案的编制水平。推广可移动文物修复技术与研究成果，组织编制《文物保护修复简明手册》，出版《铁质文物保护修复手册》《敦煌南湖乡林场出土东汉铜牛车保护修复报告》。

【文物保护标准化建设】

完成文物保护技术标准委员会换届工作，召开"全国文物保护标准化技术委员会年会"。

顶层策划开展文物保护标准体系框架研究工作；继续推动国家标准、行业标准的制修订工作，累计发布国家标准6项、行业标准47项，另有82项标准正在编制中。加强文物保护技术标准宣传工作，举办石质文物保护标准培训班。

联合国家标准管理委员会开展国际标准化组织文化遗产保护技术委员会的筹建调研工作，与欧洲文物保护标准化技术委员会、意大利文化遗产部、国际文物保护与修复研究中心（ICCROM）等机构进行沟通协商。

【信息化建设】

加强数字博物馆建设规划研究，开展"数字博物馆元数据规范研究"课题，研究元数据规范的通用性、开放性和标准化。组织科研项目管理信息系统研发，充分利用信息技术和网络技术手段，优化管理流程，提高管理绩效。

对外交流与合作

【政府间交流与合作】

中国与墨西哥、哥伦比亚两国政府签署关于防止盗窃、盗掘和非法进出境文化财产的双边协定，与中国签订双边协定的国家已达15个。

与苏格兰文物局实施清东陵数字保存项目，与丹麦、摩洛哥、阿富汗文化部门签署合作协议。继续推进柬埔寨茶胶寺保护修复工程、肯尼亚考古项目等援外工程。

【与国际组织的交流与合作】

世界文化遗产领域的交流与合作。6月，出席在俄罗斯圣彼得堡举行的联合国教科文组织第36届世界遗产委员会会议，"元上都遗址"被列入《世界遗产名录》。积极推进大运河、丝绸之路及红河哈尼梯田的申遗工作，获得了世界遗产中心及相关专家的肯定。10月27日～11月1日，2012年国际古迹遗址理事会顾问委员会和执行委员会会议、科学理事会会议和科学研讨会在北京成功召开，共享国际社会文化遗产保护经验，我国在国际文化遗产领域的话语权进一步增强。来自国际古迹遗址理事会52个国家委员会、20个国际科学委员会的100名国际专家出席会议。中央政治局委员、国务委员刘延东同志出席顾问委员会会议开幕式并致辞。在亚太地区世界遗产第二轮定期报告工作中，向世界遗产中心提交了12处世界文化遗产的回顾性地图信息；重新确定《中国世界文化遗产预备名单》并提交世界遗产中心。

成功举办国际博物馆协会亚太地区联盟（ICOM-ASPAC）2012年武汉大会。大会由国家文物局、湖北省人民政府、国际博协亚太地区联盟主办，中国博物馆协会、湖北省文化厅、湖北省文物局协办，湖北省博物馆承办，是继1989、2002和2010年之后，我国第四次举办国际博协亚太地区联盟的重要会议。文化部副部长、国家文物局局长励小捷，国际博协中国国家委员会主席、国家文物局副局长宋新潮，湖北省人民政府副省长郭有明，国际博协主席汉斯·马丁·辛兹等出席大会开幕式。9月23～27日，24个国家和地区的130位代表参会，以"多学科视域下的博物馆：包容与协作"为主题进行学术交流。会议期间还举行了亚太地区联盟工作会议，宋新潮全票当选国际博协亚太地区联盟新一任主席。

保护文化财产免遭贩运工作。联合文物流出国，积极推动联合国教科文组织保护文化

2013
中国
文物年鉴

财产免遭贩运工作。联合国教科文组织1970年《关于禁止和防止非法进出口文化财产和非法转让其所有权的方法的公约》第二届缔约国大会于6月20～21日在联合国教科文组织总部召开，积极支持秘鲁提出的关于建立公约的监督机制并对公约的某些条款做出修正等一揽子建议，并以协商一致方式通过了该项决议以及缔约国议事规则。对1970年公约而言，该规则的通过具有里程碑意义，克服了公约缺少履行监督机制的先天缺陷，并为今后对公约做出实质性改革奠定了基础。该规则主要内容包括：每两年召开一次公约缔约国会议；成立专门监督公约实施的"附属机构"，该机构由18个缔约国构成，每届任期为4年，不得连任，每两年更换其中半数国家。第一届理事依据地理平衡原则，由六组缔约国每组选举3个国家进入该机构，同时以抽签方式决定其中任期为两年的9个国家。下届公约缔约国会议于2014年召开。

水下文物保护领域的交流与合作。虽然我国尚未加入《保护水下文化遗产公约》，但为掌握水下文物保护技术以及理论研究、法律规范的前沿动态以及第一手资料，参与了联合国教科文组织的相关水下文物保护国际会议。6月，参加联合国教科文组织在柬埔寨举办的亚太地区水下文物保护国际会议。会议讨论通过了《保护水下文化遗产亚太地区行动建议》。此外，以观察员身份参加了水下公约科学委员会会议和缔约国会议。

【与港澳台的交流与合作】

文物展览情况。2012年，共举办13项赴港澳文物展览和10项赴台展览，有力促进两岸四地的文化认同。其中，为庆祝香港回归15周年而举办的"一统天下：秦始皇帝的永恒国度"展览，截至12月参观人数已超过30万人，在香港民众中引起了强烈反响。在台北故宫博物院举办的"商王武丁与后妇好——殷商盛世文化艺术特展"和"赫赫宗周——西周文化特展"是国家文物局2012年度赴台重点展览项目，被列入国台办2012年对台重点交流项目。"商王武丁与后妇好——殷商盛世文化艺术特展"将藏于台北的与"武丁"有关的文物同大陆收藏的"妇好"文物合璧展出，成为两岸再次合璧推出的又一精品力作。"赫赫宗周——西周文化特展"展品几乎囊括了陕西出土西周文物中最具代表性的重量级国宝。在台湾高雄市举办的"青州佛教造像展"观众突破70万人次。

学术交流和人员交往情况。内地与港澳地区的学术和人员交流除互派代表团进行学术考察和座谈、参加论坛及研讨会等形式外，着重进行了与港澳青少年的相关交流与教育工作。澳门文物大使协会会长致函文化部副部长、国家文物局长励小捷，励小捷回函勉励澳门文物大使协会以更加积极的态度参与祖国文化遗产保护，鼓励两地青年志愿者通过经验交流实现共同成长、共同进步。顾玉才副局长专门接待了来访的澳门大使代表团一行，并就澳门文物大使们关心的文化遗产相关问题进行座谈。对台文物学术交流项目精彩纷呈。在学术交流方面，国家文物局与台湾沈春池文教基金会合作，在广东省博物馆举办主题为"文化遗产的法制与管理"的第四届海峡两岸论坛。在人员交流方面，国家文物局共举办三次赴台交流研习活动，围绕"博物馆的公务服务与管理""文化遗产与创意产业""实务经营研习"三个主题，共选派近90名大陆博物馆专业人员赴台交流研习。举办两期"2012两岸博物馆社会教育培训班"，增进了海峡两岸博物馆管理人员的交流与学习。

成功举办海峡两岸文物交流20年纪念活动。1992年大陆文物展览"兵马俑及金缕玉衣展览"首次成功赴台展出，随后两岸共同倡议组织实施了长江三峡文物保护考察活动，掀开了两岸文物交流合作的新纪元。10月30日～11月6日，国家文物局与海峡两岸关系协会、沈春池文教基金会在湖北、重庆举办共同主办"海峡两岸文物交流20年纪念活动"。纪念活动以"加强两岸文物交流 携手传承中华文明"为主题,秉持"回顾、合作、传承"的宗旨。文化部副部长、国家文物局局长、中华文物交流协会会长励小捷,中央台湾事务办公室主任助理、海协会副会长李亚飞,国家文物局副局长、中华文物交流协会副会长顾玉才,中华两岸经贸投资文化教育协会理事长张京育,台北故宫博物院副院长何传馨,沈春池文教基金会副董事长严隽泰等两岸嘉宾,两岸中青年文物保护专家学者、部分参加过1993年三峡考察团的两岸老团员、积极支持两岸文物交流的两岸人士以及湖北、重庆当地政府领导、文博系统人员200余人参加了活动。纪念活动包括座谈会、回顾展、"重走三峡"文物保护考察,并出版了回顾展图录和纪念文集。

举办与港澳工作组会议。11月18~24日,国家文物局副局长顾玉才等一行8人组成的代表团访问香港、澳门,分别与香港、澳门方面举行年度工作组会议,对双方上一年度开展的交流与合作项目和取得的成果进行全面核查并制定下一年度的具体目标和工作计划。12月,国家文物局与香港民政事务局、澳门社会文化司分别签署深化文化遗产领域交流与合作的协定,以推进内地与港澳在文化遗产保护、人员培训与交流、打击文物走私等方面合作的制度化、常态化。

【文物进出境展览】

全年各地博物馆申报进出境展览81个(含港澳台26个)。其中出境展56个(含港澳台19个),分别前往台湾9个、香港6个、澳门4个,日本9个、韩国8个、新加坡1个、泰国1个、英国1个、法国2个、荷兰1个、丹麦1个、德国1个、瑞士1个、瑞典1个、西班牙1个、意大利1个、美国5个、墨西哥1个、罗马尼亚1个、土耳其1个;入境展25个(含港澳台8个),分别来自台湾5个、香港2个、澳门1个、日本2个、韩国2个、荷兰2个、意大利2个、英国4个、新西兰1个、美国2个、墨西哥1个、俄罗斯1个。国家文物局共批复同意76个进出境展览,"华夏瑰宝展"成为"2012年土耳其中国文化年"的一大亮点。

廉政建设

国家文物局直属机关纪委认真落实中纪委关于预防和惩治腐败体系建设工作部署,努力构建适应文物局工作实际的教育、制度、监督并重的惩治和预防腐败体系,不断纯洁干部职工思想,提高党性修养,为文物事业科学发展提供坚强保障。

【落实党风廉政规定】

各单位(部门)主要领导严格执行廉洁自律的各项规定,做到大事要事、大额资金开支等事项由领导班子集体研究、集体把关、集体决定,营造既能充分发挥民主,又能有效实现集中的良好氛围。

国家文物局认真贯彻执行《党政领导干部选拔任用工作条例》,最大限度保障竞岗人的知情权、参与权、监督权。在大额资金审批方面,对文物保护专项经费中大额资金实行严格管理、规范管理、细化管理,重大经费支出都由局务会议专题研究审批。严禁领导干部插手干预工程招标和各种评审活动,并引进第三方进行工程技术方案审核,减少对项目预算的人为干预。

2013
中国
文物年鉴

【廉政建设的监督监察】

国家文物局系统纪检部门积极做好干部选拔任用、行政许可项目、局机关办公楼装修工程、文物保护工程施工资格资质评定以及水下文物考古船等方面的监督、监察工作，做到全过程参与，使廉洁自律的各项规定和监督制约机制真正落实到权力运行的具体环节上。

【反腐倡廉思想教育活动】

国家文物局、人力资源和社会保障部联合表彰全国文物系统先进集体、优秀个人，充分发挥先进典型、优秀事迹的教育引导作用。组织干部职工集中观看电影《忠诚与背叛》《苏联亡党亡国二十年祭》和话剧《红岩魂》，引导党员干部树立正确的人生观、价值观、权力观。将中央国家机关工委十七大以来审批司局级干部党纪处分案件材料印发给司局级领导干部，进行警示教育，增强反腐倡廉的自觉性。

【党风廉政建设举措】

国家文物局直属机关党委修订《中国文物博物馆工作者职业道德准则》，要求文博工作者在严格依法履责、恪尽职业操守、树立文明新风的等方面发挥模范带头作用。通过《中国文物报》在全国范围内开展文博行业精神表述语活动，凝练文博精神，构筑文博共识，促进文博工作者践行社会主义核心价值体系，提升道德素质和精神境界。

【纪检干部队伍建设】

为贯彻落实中纪委相关文件要求，结合国家文物局系统实际，出台制订《加强和改进纪检监察组织建设的意见》，对纪检监察组织的机构设置、职责任务、工作机制、领导班子和队伍建设等方面做出具体规定。

2013
中国
文物年鉴

人才队伍建设

【开展文博人才队伍建设调研】

为深入贯彻党的十七届六中全会精神，落实全国文物工作会议部署，破解制约文物事业发展的紧迫问题，9～10月，国家文物局组织开展了文物博物馆人才队伍建设专题调研。在向31个省、自治区、直辖市文物部门和相关高等院校、科研院所发出调查问卷的基础上，实地考察了河南、陕西、重庆等12个重点省份，就加强新时期文博机构建设、构建高素质人才队伍作了系统研究，形成《关于文物博物馆人才队伍建设的调研报告》。

【在职人员培训】

文物管理人才培训。2012年在中央文化管理干部学院完成六期全国县级文物行政部门负责人培训班，培训学员654人。举办第三期西藏地区文博管理干部培训班，培训藏族学员60名。7月31日～8月3日，全国文物宣传工作培训班在山东省海阳市举办，来自全国各省市自治区的70余人参加培训。这是国家文物局首次组织针对文物宣传部门负责人的培训班。

专业技术人才培训。完成泥塑彩绘保护、近现代文物保护修复、出水文物保护、西藏壁画保护修复等培训班，培养了170名文物保护修复的急需人才。

基层文物行政执法人员培训。全年培训文物行政执法人员600人。印发《"十二五"文物行政执法人员培训指南》，为开展执法培训和编制教材提供重要依据。针对边疆和西部地区安全管理基础较为薄弱的青海、重庆、吉林、贵州、广西五省市区，分别举办"文物安全管理培训班",培训基层文物安全管理业务骨干近600人。

考古人才培训。国家文物局为1家单位(无锡市文化遗产保护和考古研究所)颁发考古发掘资质证书,为48人颁发考古发掘领队证书。国家文物局分别在山东章丘和陕西西安组织开办田野考古培训班和新任领队岗前培训班,推广《田野考古工作规程》和新的考古、保护技术手段,提高一线人员综合素质和工作水平;先后在吉林长春、湖南长沙、四川成都举办考古发掘项目电子审批系统(2.0版)培训班,先后共组织400余名在职领队人员和省级文物部门业务负责同志学习系统操作程序、考古及文物保护前沿理论方法。

文物进出境责任鉴定员考核、培训。1月5～6日,举办了文物进出境责任鉴定员资格考试,共有25人符合报名条件,共有7人通过8门次考试,其中3人次书画类考试合格,5人次金属器类考试合格。7月9日,为进一步提高文物进出境审核鉴定工作水平,举办文物进出境责任鉴定员碑帖类文物鉴定培训班,参训学员约40人。为加强边疆地区文物进出境管理工作,分别于7月和10月举办西藏、新疆地区文物进出境责任鉴定员培训班,参训学员共约80人,组织西藏班责任鉴定员考试和新疆班结业测试。为进一步提高海关执法人员查缉文物走私的专业技能,国家文物局与海关总署于8月在天津武清联合举办玉器鉴定培训班,共有40余名海关学员参加了培训。

【文博高级职称评审】

按照人事部《专业技术资格评定试行办法》的有关规定并报局党组会议研究决定,对文物博物馆、古建工程和文物编辑出版三个高级职称评审委员会进行调整并完成2012年度高级职称评审工作。

中国文物报社李政、崔波、孙秀丽,文物出版社张玮、郑彤、杨新改取得编审任职资格;文物出版社赵磊、梁秋卉、杨冠华、欧阳爱国、许海意、李媛媛、秦彧取得副编审任职资格。

中国文化遗产研究院张纪平取得古建高级工程师任职资格。

北京鲁迅博物馆姜异新、中国文化遗产研究院郑军、天津博物馆白文源、云南省文物考古研究所闵锐、云南省博物馆沐蕊取得文物博物馆系列研究馆员任职资格;中国文物交流中心周明、民族文化宫王毅、民族文化宫博物馆罗吉华取得文物博物馆系列副研究馆员任职资格。

【职业分类大典修订】

按照人力资源和社会保障部的要求,积极做好修订国家职业分类大典中与文物行业相关内容,充分征求了机关部门和相关单位意见和建议,并邀请专家进行了论证,使职业分类大典充分体现文博事业的发展需要,具有较强的指导作用。

人事工作

【机构编制】

6月,根据《关于中国文化遗产研究院加挂国家文物局水下文化遗产保护中心牌子的批复》(中央编办复字〔2012〕119号),中央编办批复同意中国文化遗产研究院加挂国家文物局水下文化遗产保护中心牌子。中国文化遗产研究院(国家文物局水下文化遗产保护中心)财政补助事业编制由131名增加到137名,北京鲁迅博物馆财政补助事业编制由85名减少到79名。

10月，组建国家文物局第一次全国可移动文物普查工作办公室，在全国可移动文物普查工作领导小组下负责普查具体工作。国家文物局副局长宋新潮兼任国家文物局第一次全国可移动文物普查工作办公室主任。国家文物局博物馆与社会文物司（科技司）司长段勇，国家文物局办公室（外事联络司）副主任王莉兼任国家文物局第一次全国可移动文物普查工作办公室副主任。

10月，对《国家文物局内设机构、主要职责和人员编制实施方案》（文物人发〔2011〕11号）中文物保护与考古司（世界文化遗产司）的内设机构职责进行调整：资源管理处不再加挂"水下文化遗产保护处"牌子，其"管理全国水下文化遗产保护工作，提出水下文化遗产保护专业人员培训计划"职责调整至考古处。

【干部管理】

1月，国家文物局党组任命何洪为北京鲁迅博物馆副馆长，免去其北京新文化运动纪念馆副馆长职务；任命安来顺为北京新文化运动纪念馆副馆长，免去其国际友谊博物馆副馆长职务；任命彭常新为中国文物报社社长、党总支副书记，免去其中国文物报社副社长、党总支书记职务；任命张健为中国文物报社党总支书记、副社长，免去其国际友谊博物馆馆长职务；免去解冰的中国文物报社社长、党总支副书记职务。

4月，国家文物局党组任命李游为国家文物局机关服务中心（局）主任（局长）；任命陈培军为国家文物局政策法规司副司长，免去其国家文物局政策法规司政策研究处处长职务；任命彭冰冰为国家文物局人事司副司长，免去其国家文物局人事司副巡视员和人事处处长职务；任命刘高潮为国家文物局机关服务中心（局）副主任（副局长），免去其国家文物局办公室（外事联络司）财务处（审计处）处长职务；免去王好的国家文物局办公室（外事联络司）巡视员职务。

5月，任命刘浩为国家文物局人事司副巡视员、人事处处长，免去其国家文物局办公室（外事联络司）副巡视员、秘书处处长职务；同意文物出版社社长助理、文物印刷厂厂长刘殿林享受副局级待遇。

7月，调葛明家到国家文物局机关工作，任国家文物局办公室（外事联络司）财务处（审计处）处长；免去黄元的国家文物局直属机关党委副书记职务。

8月，任命王勇强为中国文物报社副社长；免去张健的中国文物报社党总支书记、副社长职务；任命闫亚林为国家文物局办公室（外事联络司）副主任，免去其国家文物局文物保护与考古司（世界文化遗产司）考古处处长职务；任命张喆为国家文物局办公室（外事联络司）秘书处处长；任命邓超为国家文物局督察司安全监管处处长；任命刘洋为国家文物局文物保护与考古司（世界文化遗产司）文物保护处处长。

9月，任命岳志勇为国家文物局政策法规司政策研究处处长。

10月，任命许言为中国文化遗产研究院副院长，免去其国家文物局文物保护与考古司（世界文化遗产司）副司长职务；任命李游为北京文博大厦物业管理公司董事长（法人代表）；任命刘洋为国家文物局文物保护与考古司（世界文化遗产司）资源管理处处长，免去其国家文物局文物保护与考古司（世界文化遗产司）文物保护处处长职务。

12月，任命张自成为文物出版社社长、法人代表；谭平为文物出版社副社长，免去其国家文物局博物馆与社会文物司（科技司）副巡视员、社会文物处处长职务；任命张广然为文物出版社副总编辑；免去张全国的文物出版社社长、党委副书记职务；免去张昌倬的

2013
中国
文物年鉴

文物出版社副总编辑职务；免去殷稼的中国文物交流中心党支部书记职务；同意提名刘曙光任北京国文琰文物保护发展有限公司董事长、法定代表人；许言任北京国文琰文物保护发展有限公司董事、总经理；李游任北京国文琰文物保护发展有限公司董事；任命丁军军为国家文物局人事司离退休干部处处长；免去张秋萍的国家文物局人事司离退休干部处处长职务。

【收入分配制度改革】

7月，国家文物局印发《关于〈中国文化遗产研究院绩效工资考核分配办法（试行）〉的批复》，原则同意《中国文化遗产研究院绩效工资考核分配办法（试行）》，并从批复之日起执行。

【非时政类报刊出版单位体制改革】

1月，经请示中宣部非时政类报刊出版单位体制改革工作联席会议办公室批复同意中国文物报社转制为企业。12月，中央编办批复同意中国文物报社不再列入事业单位序列，核销经费自理事业编制30名。

【表彰奖励】

全国文物系统先进集体和先进工作者表彰。6月，人力资源和社会保障部、国家文物局授予北京市延庆县八达岭特区办事处等50个单位"全国文物系统先进集体"荣誉称号，授予廖静文等30名同志"全国文物系统先进工作者"荣誉称号。被授予"全国文物系统先进工作者"荣誉称号的同志，享受省部级先进工作者和劳动模范待遇。在7月召开的全国文物工作会议上，中共中央政治局常委李长春同志会见受表彰的先进集体和先进工作者代表，中共中央政治局委员、国务委员刘延东出席表彰大会并为先进集体和先进工作者代表颁发奖牌和证书。全国人大常委会副委员长路甬祥、全国政协副主席郑万通参加会见。

全国文物系统先进集体名单。北京市：延庆县八达岭特区办事处、孔庙和国子监博物馆；天津市：西青区文物保护所；河北省：承德市文物局、黄骅市博物馆；山西省：太原市文物局；内蒙古自治区：阿拉善右旗文物管理所、呼伦贝尔民族博物院；辽宁省：朝阳市牛河梁遗址管理处、铁岭市博物馆；吉林省：吉林省博物院、四平市文物管理委员会办公室；黑龙江省：黑龙江省博物馆；上海市：中国共产党第一次全国代表大会会址纪念馆；江苏省：扬州市文物局、张家港市文物局；浙江省：余姚市河姆渡遗址博物馆、嘉兴市文物局；安徽省：安徽省文物考古研究所、寿县文物管理局；福建省：闽西革命历史博物馆；江西省：井冈山革命博物馆；山东省：青岛市文物局、山东博物馆；河南省：河南省文物考古研究所、洛阳市文物管理局；湖北省：湖北省钟祥市显陵管理处、荆州文物保护中心；湖南省：湖南省文物考古研究所；广东省：广东省文物鉴定站、广东革命历史博物馆；广西壮族自治区：百色起义纪念馆；海南省：海南省博物馆；重庆市：北碚区文化广电新闻出版局、巫山县文物管理所（巫山博物馆）；四川省：汶川县文化体育局、安岳县文物管理局；贵州省：黄平县文物局；云南省：大理市文物保护管理所；西藏自治区：山南地区文物局、布达拉宫管理处；陕西省：西安碑林博物馆、延安市文物局（延安革命纪念地管理局）；甘肃省：甘肃省文物保护维修研究所、庆城县博物馆；青海省：青海省果洛藏族自治州文化体育局文化艺术科；宁夏回族自治区：宁夏回族自治区固原博物馆；新疆维吾尔自治区：新疆维吾尔自治区文物古迹保护中心、新疆吐鲁番地区文物管理局；新疆生产建设兵团：新疆生产建设兵团农三师图木舒克市文物管理局。

全国文物系统先进集体名单。北京市：廖静文（女）；天津市：梅鹏云；河北省：谷同伟；山西省：张庆捷；辽宁省：李向东；吉林省：李强；黑龙江省：张凤礼；上海市：宋浩杰；浙江省：刘斌；安徽省：蔡文静（女）；福建省：林跃先；江西省：詹祥生；山东省：孙美荣（女）；河南省：赵新海；湖北省：刘钢；湖南省：何强；广东省：张建雄；广西壮族自治区：周海；海南省：张健平；重庆市：黎方银；四川省：谢辉；贵州省：龙虎（布依族）；云南省：包震德；西藏自治区：拥忠达瓦（藏族）；陕西省：田亚岐；甘肃省：李宁民；青海省：索南旦周（藏族）；宁夏回族自治区：王金铎；新疆维吾尔自治区：梁涛；中国文化遗产研究院：詹长法。

【社团管理】

五家局属社会组织完成换届工作。

2月16日，中国古代铜鼓研究会召开会议代表大会，覃溥当选会长。

6月13日，中国文物学会召开第七次会议代表大会，单霁翔当选会长。

9月22日，中国文物保护基金会召开第四次会员代表大会，张柏当选新一届理事会理事长。

9月25日，中国紫禁城学会召开第四次会员代表大会，郑欣淼再次当选会长。

10月22日，中国长城学会召开换届大会，许嘉璐再次当选会长。

完成国家文物局主管的17家社会组织2011年年度检查材料的初审工作。

【扶贫工作】

11月，根据《关于做好新一轮中央、国家机关和有关单位定点扶贫工作的通知》（国开办发〔2012〕78号），确定国家文物局新一轮定点帮扶的国家扶贫开发工作重点县为河南省淮阳县。

分述篇

北京鲁迅博物馆

【概述】

北京鲁迅博物馆位于北京市西城区阜成门内。博物馆内的鲁迅旧居为鲁迅1924年至1926年居住之所。1936年10月鲁迅逝世，中共中央发出《告全国同胞书》，提出建立各种纪念设施。1945年10月郭沫若在《新华日报》发表文章，建议建立鲁迅博物馆。1949年1月北平解放，北平市军管会文化接管委员会文物部开始筹备鲁迅旧居的恢复工作。1952年2月文化部文物局正式接管鲁迅旧居，并对旧居进行了修缮。1954年初，文化部决定在鲁迅旧居的东侧筹建鲁迅博物馆。1955年9月文化部审定建馆方案。1956年7月博物馆工程竣工，9月预展，并于10月19日鲁迅逝世20周年纪念日正式开馆。1975年10月28日鲁迅之子周海婴上书毛泽东主席，提出加强鲁迅研究等建议，11月1日毛泽东在周海婴的原信上作了指示："我赞成周海婴同志的意见，请将周信印发政治局，并讨论一次，作出决定，立即实行。"12月，文化部文物管理局根据毛主席的指示精神，决定扩建鲁迅博物馆，增设鲁迅研究室。1993年在馆内兴建新陈列厅、地下文物库房和配套设施，1996年10月鲁迅博物馆重新开放。

北京鲁迅博物馆是中国人民为了纪念和学习中华民族的思想文化巨人鲁迅先生而建立的社会科学类人物博物馆，是中央国家机关思想教育基地、北京市爱国主义教育基地。

截至2012年，该馆共有藏品、图书等81763件（套）。其中，文物藏品17301件（套），包括一级藏品700件（套），未定级藏品16601件（套），主要为鲁迅文物、鲁迅亲属文物、鲁迅同时代人的文物；一般藏品9617件（套），主要包含文化名人的手稿、照片、生平史料以及藏书、藏画等藏品；新、旧图书54845册，主要包含鲁迅著译版本、鲁迅研究著作、新旧期刊、社科图书等。

该馆行政管理机构设置：办公室（服务中心）、人事保卫处（党委办公室）、资产财务处、研究室（鲁迅研究中心）、文物资料保管部（信息中心）、陈列展览部、社会教育部。

【业务建设】

（一）鲁迅研究工作

1. 学术研讨会

1月5日，北京鲁迅博物馆与现代出版社合作召开青年学者民国文林的"民国人物系列作品"研讨会；8月8～9日召开"国家社科基金重大项目'《鲁迅手稿全集》整理与研究'"投标研讨会；8月16日召开"国家社科基金重大项目'《鲁迅手稿全集》整理与研究'"投标子项目负责人课题论证会；11月23日举办纪念台静农诞辰110周年书画展及研讨会；11月24日举办纪念胡风诞辰110周年学术研讨会。

2. 研究项目

北京鲁迅博物馆参加竞标的基础研究课题"《鲁迅手稿全集》文献整理与研究"（A

卷）经全国哲学社会科学规划领导小组批准，被立为2012年度（第三批）国家社会科学基金重大项目。副研究馆员葛涛博士独立承担的国家社科基金2008年度一般项目《"网络鲁迅"研究》通过了全国哲学与社会科学规划办公室组织的专家匿名评审，获得了验收合格证书（证书编号20120733）。

3．期刊发行

完成了《鲁迅研究月刊》的编辑、出版和发行工作。积极做好合作办学工作，与青岛大学合办的研究生培训班进行网上授课、课业评析和论文指导，2012年毕业学生一名。

（二）文物资料保管及信息工作

1．文物征集

全年共征集文物资料659件（套）。完成了周海婴藏鲁迅签名题赠许广平著译版本二十册的接收入库工作。

2．文物资料的整理、保护与开发

5月21日，"意境情怀·李岚清篆刻书法素描艺术展"开幕式暨《漆艺篆刻》新书首发式在首都博物馆隆重举行，开幕式上，李岚清向北京鲁迅博物馆赠送了他创作的鲁迅素描像。2012年还完成了鲁迅藏碑拓、美术品及馆藏美术品近两万件的扫描工作。与天津美术学院联合出版《怒吼——北京鲁迅博物馆藏抗战版画展图录》。与中央编译出版社、北京金哈达文化有限公司合作，编辑出版《鲁迅著作初版精选集》二十二种二十三册。

3．网络平台建设

加强网络平台建设、内部设备维护工作，为局域网安全稳定运行提供保障，全年共发布信息总计115篇。其中动态新闻94篇、学术研讨7篇、创作园地14篇。还举办了网络优秀作品评奖活动。

（三）鲁迅生平展示及社会教育工作

1．陈列展览

2012年，北京鲁迅博物馆在陈列展览方面做了大量工作。共举办了14个不同类型和规模的展览，受到了观众和媒体的广泛关注，提高了鲁迅博物馆的社会效益。

5月，"文化名人的爱国情怀"主题展览在山东曲阜孔子研究院展出；同月，"为了中华的崛起——文化名人的爱国情怀"主题巡展在泰州举行。

5月和10月，"鲁迅的读书生活展"分别在营口鲅鱼圈图书馆和安徽省博物馆举办。

6月，"鲁迅的艺术世界：鲁迅博物馆馆藏文物展"在天水市博物馆举办。

9月，与宋庆龄故居、徐悲鸿纪念馆等8家馆舍于法国巴黎中国文化中心联合举办了"中华名人展"。

11月13～22日，在印度新德里"鲁迅文化周"期间举办"鲁迅生平展"。

12月，"人间鲁迅"展在福州林则徐纪念馆展出。

4～12月，鲁迅博物馆先后举办的临时展览有"鲁迅在北京""鲁迅的读书生活""鲁迅的艺术世界""王小波生平展""'西子墨韵'——国画名家优秀作品展""纪念台静农诞辰110周年书画展"等。

2．社会教育

2012年，北京鲁迅博物馆共开放286天，接待观众40000余人。

开展系列教育活动，构建特色鲜明的博物馆文化。接待西城老龄委组织的18批次约800人参加的"清明纪念鲁迅月"活动。

　　开辟馆内社会大课堂，探索未成年人教育新模式。组织清明节纪念鲁迅系列活动，将"三味书屋"互动学习室与"清明时节诵鲁迅"活动有机结合，组织北京市宏庙小学等6所中小学学生走进三味书屋，和鲁迅做"同学"。

　　开展"鲁博志愿者项目研究计划"。认真做好青年志愿者培训工作，先后培训了来自北京师范大学、外交学院、对外经贸大学、中央财经大学等十所高校的志愿者280余人。

　　圆满完成"港澳大学生内地文化实践活动"接待工作。2012年，由文化部主办的第八届"港澳大学生内地文化实践活动"继续在鲁迅博物馆举办，来自港澳的5名大学生进行了实习活动。

　　坚持送文化下乡，继续开展"走近鲁迅"馆校牵手校园行系列活动。4月在房山区昊天学校举行了"走近鲁迅"展览房山站开幕式；12月4日与西城区委宣传部联合举办"鲁迅与西城——纪念鲁迅进京100周年"展览开幕式，并在西城区159中学、鲁迅中学等地进行巡展。

　　积极探索文化产品开发新思路。鲁迅博物馆策划设计的《鲁迅藏北中国民间玩具集》《鲁迅藏南中国民间玩具集》两种文化产品完成制作，为"鲁迅收藏"系列文化产品的持续开发开创了良好局面。

中国文物信息咨询中心

【概述】

2012年，在国家文物局党组的正确领导下，中国文物信息咨询中心（以下简称信息中心）认真组织学习党的十八大会议精神，紧密围绕国家文物事业"十二五"发展规划，不断创新思路，积极进取，勤奋工作，廉洁自律，在全体职工的共同努力下，圆满完成了全年各项工作。

【内部建设】

（一）加强思想政治学习，推进党风廉政建设

信息中心党总支根据国家文物局直属机关党委工作部署，认真组织全体职工继续深入实践科学发展观，学习贯彻党的十八大会议精神，及时传达《励小捷同志在传达党的十八大精神会议上的讲话》精神，结合单位实际情况，号召全体党员职工解放思想，实事求是，客观分析单位发展中存在的问题，理清思路，调整方向，不断推进文物信息咨询事业向前发展。

抓好党建工作，组织全体党员和入党积极分子赴延安实地参观学习，接受革命传统教育。严格按照党章规定程序，发展6名预备党员。及时向中层以上干部传达中央纪委有关文件精神，组织开展《党员领导干部廉洁从政若干准则》《四项监督制度》学习问答，教育党员干部要清清白白做人、踏踏实实做事。

开展党团和工会活动。组织主题团日活动，召开团支部扩大会议，邀请青年同志为中心建设献言献策；举办新春联欢会和中秋联谊会，丰富了职工的文化生活，增强了单位的凝聚力和向心力；参加国家文物局系统运动会，并取得了局系统第三名的好成绩。通过上述工作，信息中心第一党支部被评为全国文化系统创先争优优秀党支部，有1名同志获得了全国文化系统创先争优优秀党务工作者称号。

（二）严格执行预决算制度

根据国家文物局对中心2012年预算批复要求，按照"编制预算要科学合理，执行预算要尽力而为"的原则，认真制定预算执行工作方案，对重点项目和工作的经费使用情况进行详细分析，实行统一监督、管理，建立了有效的预算执行审计、监督和考核机制。执行预算100%，完成了年度计划目标。

（三）健全完善内部制度

2012年，通过查找漏洞，听取群众建议，结合实际情况，制定修订了《中国文物信息咨询中心专业技术岗位晋升管理办法》《中国文物信息咨询中心管理岗位晋升管理办法》等5个管理制度和《中国文物信息咨询中心技术性服务项目管理办法（试行）》等2个财务办法。实行将职工工作表现、实际贡献与绩效工资相挂钩；加强岗位聘任管理；增强财务管理力度。做到用制度管权、管事、管人，增加了工作的透明度和处事的公平、公正，调动了职工的工作积极性，提高了工作效率。

2013
中国
文物年鉴

（四）严格按照国家规定，做好人才评聘引进

推进单位建设，离不开人才队伍建设。根据业务发展需要，按照国家规定，完成2012年度职称报送和评审工作。有2名同志获得初级职称任职资格，10名同志获得中级职称任职资格，推荐1名同志参加了高级职称任职资格评审。同时，在国家文物局领导关怀和人事司的大力支持下争取到2名京外调干指标，解决了技术骨干的实际生活困难，稳定了职工情绪，充实了人才队伍。

【完成国家文物局委托工作】

受国家文物局委托，全年保质保量完成了八大类工作。

（一）政务服务

维护国家文物局和数据中心机房、政府网站、OA系统、电子政务短信服务平台、财务专网等系统正常运行，全年故障率小于1%；协助局机关新办公大楼网络及机房建设，完成全部终端接入测试，保障了局机关搬迁后内、外网的正常工作。

（二）文物工程方案和行证许可

全年组织专家完成审核文物保护工程方案、遗产监测方案、文物保护单位保护规划、行政许可、考古发掘项目等1015项，比2011年增加20%，为十年来首次突破1000大关，有力保障了重大文物保护工程的顺利实施。

（三）文物保护工程验收、大遗址遥感监测

开展世界遗产地验收工作。组织了开平碉楼之安庐楼、居安楼、铭石楼、龙胜楼的修缮工程竣工验收。

先后赴郑州商代遗址、隋唐洛阳城遗址、北庭故城遗址等12处重要大遗址进行2012年度遥感监测实地调查，完成监测工作踏查报告12份，及时提供被监测遗址的保护和管理现状。

（四）科研项目、行政管理项目

开展科研项目11个。完成"规范整理全国重点文物保护单位基础资料"课题；编制完成"文物统计指标体系研究"项目指标体系（初稿）；完成"三普"项目收尾，在广州、成都、济南召开会议，推动各地普查数据后期应用，整理普查档案入藏中央档案馆；完成"南水北调工程文物保护效果评价"课题；完成"国家文物局重点工作重大项目绩效考评机制建设研究"课题；受国家文物局委托，修订《国有可移动文物普查项目建议书》及《总体实施方案》；完成编写《博物馆综合管理服务信息系统建设前期研究报告》；编制完成中国与哥伦比亚政府双边协定的附件《中国的文化遗产清单》；编制完成中国与瑞士政府双边协定附件《禁止和防止进口的中国文物清单释例》和《第二批禁止出境展览的文物目录》；完成全国民族民俗文物数据统计分析、全国文物系统馆藏古籍善本数据统计分析；开展《全国文物行业机构、队伍状况调查表》数据整理和分析，参与撰写《关于文物博物馆人才队伍建设的调研报告》。

开展行政管理项目6项。编制完成《文物拍卖管理规定（修订稿）》；编制完成《文物进出境责任鉴定员资格考试民族文物类考试大纲》；编制《国家文物局公文智能交换管理系统设计方案》和《国家文物局电子政务收文管理系统设计方案》；拟定《国家文物局政府门户网站系统三级等级保护建设方案》；出版2010、2011年度《中国文物年鉴》，编制完成2012年度《中国文物年鉴》。

（五）支撑系统运行

继续做好文物安全与行政执法管理信息系统技术维护；完成新版考古发掘电子审批

系统部署；国家文物进出境管理平台测试与运行；全国博物馆综合管理平台（含博物馆年检、一级博物馆运行评估、博物馆定级评估三个子系统）和科技基础资源调查系统建设。

（六）策划研发平台

为配合全国可移动文物普查前期准备，投入大量精力自主设计研发了普查信息采集软件，该软件已在"各省可移动文物普查办公室主任第一次会议暨第一次培训班"上下发给各地使用。

提前做好筹划，研究编制了普查总体技术解决方案，设计研发了普查信息登录平台和工作管理平台测试版。

开展普查试点软件培训、技术指导等工作。

（七）文化遗产宣传

受国家文物局委托，主办"第四届全国青少年文化遗产知识大赛"；独家摄制的电视片《变革中的博物馆》于博物馆日期间在中央电视台《新闻联播》节目以及广西电视台、南宁电视台播出，优酷视频等网站进行了转播；自主摄制的电视片《国门法眼》在中央电视台播出；"5·18国际博物馆日"期间，参与承办的"全国博物馆、纪念馆免费开放成果展"和"蓬勃发展的中国博物馆事业"两个主题展览得到了励小捷局长、宋新潮副局长的充分肯定；在10月28日"2012博物馆及相关产品与技术博览会"上，信息中心承办的中心展区和主办的"全国博物馆文化产品创意设计展示推广区"有20000余人参观，中央电视台、北京电视台以及人民日报、光明日报、中国文化报、中国文物报等多家媒体对活动情况给予了报道。

（八）社会文物人员考试、拍卖企业标的审核

完成2012年度西藏地区责任鉴定员考试考务工作；参与2011、2012年度文物拍卖专业人员考试考务工作；组织专家对147家拍卖企业报送的90213件（套）标的进行审核备案。

【国家文物基础数据库】

在原始数据基础上，对1660275件馆藏珍贵文物数据按省份和级别进行了整理；新增各类影像资料素材850小时、数字视频资料3TB；为确保数据库安全，建设完成数据中心核心NAS存储体系，及时更新了在海南、新疆等地的备份数据。

【专业咨询服务】

（一）文物保护咨询

支持地方文物保护工作，积极参与开展第二批国家考古遗址公园文物影响评估工作，开始进行3处大遗址申报国家考古遗址公园立项的评估工作；组织专家赴新疆开展文保项目前期咨询评审和工程验收工作。

（二）提供网络、网站管理服务

为文物出版社、新文化纪念馆、中国文化遗产研究院、机关服务中心、四川省博物院、中国古迹遗址保护协会等兄弟单位提供网站托管和维护服务。为中国文化遗产研究院机房改造及内网综合布线项目、交流中心OA系统开发提供专项服务。

（三）提供技术服务

为7个省（市）部署了不可移动文物信息服务系统；承担承德市文物局规划建设避暑山庄及周围寺庙数字博物馆建设，编制《承德市文化遗产信息化建设规划》；完成《三峡数字博物馆建设可行性研究报告》，已通过论证并在重庆立项；完成《成都市城市发展轴线文态建设规划设计》；受国家海洋局宣传教育中心委托，完成全国馆藏海洋文物研究等。

2013
中国
文物年鉴

文物出版社

【出版概况】

2012年，文物出版社共出版图书305种，其中新书269种，重印书36种。出版《文物》12期，《书法丛刊》6期。如《明蓟镇长城——1981～1987年考古报告系列（全九卷）》《仰观集——古文物的欣赏与鉴别》《天津博物馆精品系列图集（全五卷）》《秦始皇帝陵出土一号青铜马车》《北魏佛教造像史研究》《河湟藏珍（全三卷）》《2011中国重要考古发现》《博物趣吧丛书（全五卷）》《陕西历史博物馆学术文库丛书（全三卷）》等，涉及考古报告、课题研究、图录、大众通俗读物等精品图书陆续面市，为广大读者提供了新鲜丰富的精神食粮。

【年度精品】

2012年出版的《牛河梁——红山文化遗址发掘报告（1983～2003年度）（全三册）》全面收录了1983～2003年间对重要的红山文化晚期遗址——牛河梁遗址的第一地点"女神庙"及山台遗址试掘的资料，以及经正式考古发掘的第二、三、五和十六地点的发掘资料，并配有丰富、精美的图片。文物出版社与众志美术出版社合作出版的《中国古玉研究论文集续集》、与中华历史文化名楼协会合作出版的《中华历史文化名楼》丛书、自主策划的普及读物《博物趣吧》丛书等都实现了经济效益和社会效益双丰收。

【重大出版项目】

2012年文物出版社组织完成了多种重要图书出版项目，国家重大出版工程项目《中国美术分类全集》于2012年全部完成，文物出版社承担了其中《中国青铜器全集》《中国法书全集》《中国竹木牙角器全集》合计55卷，约占总数的30%。中宣部和新闻出版总署特别举办了表彰大会，文物出版社负责该项目的八名责任编辑被授予"特别贡献奖"。此外，根据国家文物局科技司的要求，组织《"十一五"文化遗产保护领域国家科技支撑计划重点项目》丛书的出版规划，与来自清华大学、中国文化遗产研究院、中国科技大学以及西安文物保护中心的作者及作者代表就出版项目确定目标规划。文物出版社与西安碑林博物馆、陕西文化产业投资控股（集团）有限公司就《开成石经》一书出版事宜进行会谈，经多方磋商，达成出版意向。

【获奖情况】

2012年，《长安新出墓志》获得第27届全国优秀古籍图书奖一等奖，《古代碑帖译注》与《说笔》被评为"2011年度全行业优秀畅销品种"。在第三届"紫禁城杯"优秀古籍图书评选中，《第三次全国文物普查百大新发现》《足迹：考古随感录》《河西走廊史前考古调

2013
中国
文物年鉴

查报告》被评为"十佳图书"，《运城盆地东部聚落考古调查与研究》《百工千慧——中国文物保护科学和技术成果展》《义县奉国寺》被评为"优秀图书"。

【业务往来】

为了进一步了解国内出版行业政策、动向，文物出版社积极参加行业内组织的政策法规研究讨论活动，争取代表文博出版领域的话语权，参加了社科院组织的"行业标准课题项目会议"，中国出版协会古籍出版工作委员会组织的，得到新闻出版总署（国家版权局）法规司、版权管理司等部门高度关注的"古籍整理作品版权保护——《著作权法》修改草案座谈会"和新闻出版总署出版管理司召开的"加强学术著作出版规范座谈会"；参加了新闻出版总署举办的"书号实名申领信息系统（二期）培训班"，并组织全社编辑进行培训。为了加强系统内单位之间的交流，文物出版社组织人员赴固安武装部举办赠书仪式；赴承德市文物局举办赠书仪式并就26个修复项目的出版计划达成初步合作意向。

【机构及人员】

文物出版社下设中心及部室14个，现有在职职工113人，管理人员45人，占全社总人数40%，专业人员68人，占60%；获得高级职称人员18人，占16%，副高职称人员20人，占18%，中级职称人员20人，占18%。2012年新进职工2人。

【海内外交流】

在国家新闻出版事业"走出去"旗帜的引领下，文物出版社始终坚持文物特色，面对海外市场迎难而上，通过国家政策的支持，以国际书展、学术交流为渠道组织考察国外出版市场，向海内外读者推荐传播中华传统优秀文化遗产的出版物，在图书进出口和版权贸易业务中站稳脚跟，争取扩大。文物出版社组织人员参加了2012年亚洲研究年会暨亚洲图书馆会展、英国伦敦书展"市场焦点"中国主宾国活动、第19届北京国际图书博览会、意大利"两宫藏藏传佛教及藏族文物珍品展"学术研讨会、台湾"第十三届祖国大陆图书展览"、"中意合作古代壁画保护与研究学术研讨会"、中国博协城市博物馆专业委员会第四届学术年会等活动。此外，出版社与美国东方瞭望公司总裁李肯特先生、中国区业务总监湛惠平女士进行业务洽谈，就《文物》月刊英文版等合作达成初步意向。根据国家文物局办公室文件要求，向中国文物交流中心提交了20年来文物出版社对台交流活动的相关资料。

2013
中国
文物年鉴

中国文化遗产研究院（国家文物局水下文化遗产保护中心）

【概述】

2012年，中国文化遗产研究院在册职工144人，其中具有研究生以上学历者82人（博士29人、硕士53人），具有高级专业技术职称资格者65人（正高级16人、副高级49人），19人享受国务院政府特殊津贴，1人入选人力资源和社会保障部等七部委联合评选的"百千万工程"人选，1人被人力资源和社会保障部和国家文物局评为全国文物系统先进工作者。

中国文化遗产研究院（国家文物局水下文化遗产保护中心）下设二级机构13个，即：办公室（人事处、党委办公室）、科研与综合业务处、预算财务处、总工程师办公室（总修复师办公室）、文物研究所（古文献研究室）、文物保护工程与规划所（中国世界文化遗产监测中心）、文物修复与培训中心、国家水下文化遗产保护工作协调小组秘书处、装备与设备部、水下考古学研究所、出水文物保护研究所、图书馆、服务中心（安全保卫处）。

【重要专项和科研课题】

1. 水下文化遗产保护装备采购和基地建设

2012年，我国第一艘考古研究船正式进入建造阶段，预计2013年底建造完成。考古研究船排水量为860吨，基本满足我国沿海近海海域（在海况允许下，可至西沙海域）考古发掘需要。此外，个人潜水装备、安全潜水支援装备（如空气压缩机、水下喇叭）、水下摄影及摄像系统配件（如防水壳、镜头罩、摄影灯）等水下考古装备的采购工作正式启动。

国家水下文化遗产保护南海基地建设已通过专家评审并向国家发改委提交了立项报告；西沙工作站建设方案已报海南省发改委和三沙市政府；国家水下遗产保护宁波基地已于本年度开工建设，该项目预计2013年建成，2014年投入使用。

2. "南澳I号"发掘工作

2012年度，"南澳Ⅰ号"沉船水下考古发掘工作利用水下探方框架、潜水钟、RTK技术、新型抽沙工具、水下灯阵等新技术、新方法，取得了重大成果：基本摸清沉船船体结构情况，基本清理完毕船货，并对出水文物进行现场保护处理，同时开展沉船遗址的原址保护。2012年工作共打捞出水各类材质文物5805件，铜钱1906枚；确认沉船为南北走向，船体分为25个舱，残长2485厘米，最宽处750厘米。"南澳Ⅰ号"水下考古发掘项目是举全国水下之力开展的具有长远影响力的重大项目，相关工作的开展不仅带动了广东省、国家文物局水下文化遗产保护中心水下工作能力的提升，对提升我国水下考古工作的组织水平和发掘技术也有显著推动作用。

3. 《中华人民共和国水下文物保护管理条例》修订工作

2012年，在国家文物局相关司室的直接指导下，在系统总结相关各省现有水下文化遗产保护管理现状和存在问题、充分吸纳国内外相关法律法规和国际公约内容的基础上，已完成第8版条例修订稿。条例修订稿目前的版本共47条，体现了国家文物局拟定的修订思路，在水下文物定义与权利方面有所调整，在部门协调、管理体制完善方面有较大创新。

4. 水下考古与调查探摸

平潭海域（以海坛海峡为核心）水下考古调查完成项目划定2012年探测目标区域的系统扫侧任务；青岛市水下文物重点调查工作、辽宁丹东大鹿岛水下文化遗产调查项目、西沙珊瑚岛I号水下沉船调查、"小白礁Ⅰ号"沉船遗址2012年度水下考古发掘、江西鄱阳湖水域水下文化遗产调查项目各有突破。

5. 大遗址保护行动跟踪研究

2011年10月12日，国家社会科学基金重大项目（第一批）立项正式公布，中国文化遗产研究院申报的"大遗址保护行动跟踪研究"获准立项，课题首席专家为柴晓明研究馆员。

2012年，课题组数次赴大遗址点进行实地调研，组织大遗址基础数据收集与汇总，进行大遗址基础数据框架结构设计，与意大利专家进行大遗址课题研究方法与组织实施策略研究，调整大遗址课题研究总体结构，组织大遗址配套基本科研业务课题"大遗址保护行动跟踪预研究"的结项报告与"大遗址保护国际比较研究"。初步完成两个案例调研报告——隋唐洛阳城遗址和牛河梁遗址，对大遗址保护行动的描述方式与评价方法进行探索。

6. 长城资源调查

国家文物局委托中国文化遗产研究院长城项目组开展长城认定材料的审核工作。长城项目组组织有关专家对十五个省（自治区、直辖市）提交的43721条调查数据进行了逐一、反复地核对、汇总和统计。认定了包括墙体、壕堑、单体建筑、关堡及相关设施共计43721处长城遗存，总长度为21196.18千米。"秦汉及其他时代长城专题数据生产与长度量测"项目顺利结项。此外，为加强长城保护工作，中国文化遗产研究院还拟定起草《关于长城保护维修工作的指导意见》《关于长城"四有"基础工作的指导意见》以及"十二五"期间长城保护维修重点段落建议清单。

7. 国家科技支撑计划石质文物保护关键技术研究

无损或微损检测技术在石窟保护中的应用研究方面，本年度主要开展高光谱数据的收集及整理，红外热像室内外实验，通过对云冈石窟石质文物进行检测、分析，并与实验室模拟分析数据相互印证，成功研发了高光谱石质文物风化程度成像分析、微损钻芯取样、裂隙图像识别与处理、现场原位荧光和实验室荧光校准、近红外光谱原位分析等新技术和新设备，研究建立了适用于石窟文物监测分析的系统性无损或微损探测技术及操作规范。

南京阿育王塔出土文物保护技术研究方面，本年度负责报恩寺遗址地宫出土的鎏金银器、玻璃器的保护技术研究，于9月顺利通过国家文物局组织的课题财务及课题结题验收，并于10月顺利通过科技部的财务及项目验收。

8. 自然基金项目——溶胶凝胶法制备负载缓蚀剂的有机无机杂化涂层材料及其在铁质文物保护中的应用研究

2012年，课题组完成主体研究工作，合成了负载钨酸钠缓蚀剂的纳米二氧化硅粒子，制备了有机无机杂化材料，测试了涂层的物理性能，并针对文物样品开展了试验。

9. 贵州民族村落文化景观综合调查及保护研究

该课题系中国文化遗产研究院援助贵州的公益项目，以中国文化遗产研究院的青年力量为主体，旨在通过广泛调查贵州不同民族村落文化景观保护现状及相关研究成果，选定某苗族村落为重点对象，调查该村落文化景观的构成及其核心要素，构建资料信息数据库，为后期保护相关工作提出初步框架及建议。3～12月，院团支部先后四次组织青年深入现场调研，先后考察了多处以苗族村寨为主的村寨，如望坝革家寨、枫香革家寨、地扪侗寨、控拜苗寨、塘都革寨、朗德上寨、榕江大利侗寨等。通过考察和召开现场工作会议，完成了中国文化遗产研究院民族村寨保护项目的遴选工作，选定了黄平塘都革寨作为本课题重点调查对象。

【重要工程项目】

1．援助柬埔寨吴哥古迹茶胶寺保护修复工程

2012年初，中国文化遗产研究院正式启动茶胶寺保护修复第一阶段工程的施工。工作队已经完成了施工场地的布置和临时设施的建设工作，包括办公与展示用房和临时工棚的搭建、施工通道的铺设、施工用水和机具设备的配置、施工与防护脚手架的搭建等。现在工作队正开展茶胶寺南内塔门、二层台西南角和角楼的维修工程，施工内容包括对建筑变形部位的解体、建筑结构的加固、残损石构件的修补、拆落石构件的归安和对散落构件的拼对等。

2．大足千手观音造像抢救性保护修复工程项目

2012年，工程按照方案要求从造像上部本体开始对表面不稳定金箔揭取后进行实验室处理，采取滴注加固材料的方法对金箔下的风化砂岩进行加固；对传统髹漆贴金工艺在修复中的应用效果进行跟踪；使用X光探伤、三维扫描技术对修复效果及修复过程中的信息进行留取；通过建立大悲阁微环境监测工作站对千手观音保存环境进行动态检测。已完成25平方米的本体的金箔处理、风化岩体加固等修复工作。

3．大运河遗产保护与管理总体规划与申遗文本编制

2012年，中国大运河申报世界文化遗产文本与管理规划编制工作进入攻坚阶段。3月29日，在扬州举行的全国大运河保护和申遗工作会上，向大运河沿线各省市印发由中国文化遗产研究院起草的《中国大运河遗产监测和档案系统建设工作方案》；6月15日，经专家组论证，初步确定了大运河申报世界遗产首批点段名单；8月24日，国家文物局组织召开专家会，对申遗文本初稿进行专家咨询；9月24日，申遗文本预审稿上报国家文物局，并经教科文组织全国委员会报送巴黎世界遗产中心；9月26日，"2012中国·扬州世界运河名城博览会暨世界运河大会"在扬州举行，刘曙光院长出席会议并做主旨报告《整体保护、片段申遗——对大运河遗产真实性与完整性的几点认识》，获得与会国内外代表的高度评价；11月，世界遗产中心对大运河预审文本给出正式意见，大运河申遗文本的格式与内容初步审查合格。

4．重庆潼南大佛保养修复工程

潼南大佛本体保护修复工程于2012年完成全部工作。中国文化遗产研究院在工程实施前对大佛本体进行了系统勘察，经过论证形成了对修复操作具有指导意义的现状评估与对策研究报告；借鉴川渝地区具有地方特色的造像形制，对大佛发髻等部位的修复进行审慎论证；采用灌浆、加固、回贴的方法，对大佛胎体严重风化的泥岩夹薄层状砂岩进行了加固；在研究大佛胎体制作、地仗制作、不同时期的贴金工艺等基础上，对传统髹漆、贴金工艺进行了发掘与应用；采取了控制部分裂隙水源、设置脚部周边排湿通道的方法，减小渗水对本体的侵蚀，疏通毛细水的扩散路径。

2013
中国
文物年鉴

5．高句丽墓葬壁画原址保护工程

圆满完成合同约定的2012年设计任务，水害治理工程设计得到国家文物局的批复同意。通过对地帐层加固材料的结石体基本物理力学性能测试分析，经过大量室内灌浆材料筛选试验，初步筛选出一种适合高句丽墓葬壁画地仗层加固的石灰质材料。针对高句丽壁画的病害特点，研发了复合微乳液配方，并多次在三室墓、五盔坟5号墓、角砥墓等壁画墓开展老化变色树脂、烟熏、污渍等现场清洗试验，取得较为满意的效果。

6．西藏壁画保护项目

受西藏自治区文物局委托，中国文化遗产研究院承担西藏大昭寺和哲蚌寺壁画保护修复工程。2012年，工程组完成了大昭寺北向转经廊内侧西端壁画60平方米、北向转经廊内侧东端壁画90平方米以及外侧转经廊底部及地面防渗水工程。2012年，工程组在哲蚌寺措钦大殿内转经道搭建了三层工作平台，揭取了内转经道西壁内墙错位变形、空鼓壁画20平方米，完成了内转经道西壁内墙、北壁内墙及外墙143平方米粉化、起甲、裂隙、空鼓壁画的修复。项目组按计划顺利完成内转经道西壁内墙错位变形、空鼓壁画揭取以及剩余内转经道原位壁画的保护修复工作。

7．应县木塔底部三层结构加固设计与研究

2012年，该研究在现状评估分析、结构稳定性研究、安全监测评估等方面取得了比较突出的成果，而且提出比较科学合理加固设计。此次的研究及设计成果，是应县木塔保护史上开展得最深入、最全面的保护研究工作，为应县木塔下一步加固保护工作提供了有力的技术支撑。

8．国家考古遗址公园建设总体规划编制工作

国家考古遗址公园规划项目是继中国文化遗产研究院协助国家文物局编制《国家考古遗址公园管理办法（试行）》及《国家考古遗址公园规划编制要求（试行）》后，与各大遗址管理方洽商的规划实践项目，对逐步落实国家考古遗址公园建设、储备重要大遗址保护展示工程具有重要意义。目前，郑韩故城、赵王城、元中都、辽上京、金牛山考古遗址公园建设总体规划已和地方明确了委托意向，除郑韩故城已签订了委托合同外，其余项目也逐步进入中国文化遗产研究院立项程序，并已基本完成了前期调研与评估。

9．承德避暑山庄及周围寺庙石质文物科技保护

完成承德安远庙、溥仁寺、须弥福寿之庙、普陀宗乘之庙、永佑寺等5个寺庙内石质文物的勘查、研究、试验等工作，已经编制完成安远庙和溥仁寺石质文物的科技保护方案，并通过了国家文物局审批。

10．云南红河哈尼梯田申遗文本编制

2012年是哈尼梯田申报世界文化遗产的关键阶段。中国文化遗产研究院多次与国家文物局领导、中国建筑设计研究院历史所、清华大学等合作单位专家深入前方现场配合整改工作。项目组在遗产区界桩设计、布点，梯田景观视域分析，与菲律宾、印尼梯田对比分析的补充研究等方面开展工作，并于9月10～13日向ICOMOS现场考察专家石川干子教授进行了"红河哈尼梯田世界遗产突出普遍价值"汇报。项目组的工作得到了国家文物局相关领导的好评，并获得了国际专家的认可。

11．哈尔滨圣索菲亚教堂建筑修缮

2012年，项目组根据2011年的前期勘察结果制定相应的维修设计方案。建筑结构专项组以"最少干预"为原则，制定必要的建筑维修、有针对性的结构加固、可逆隐蔽的抗震

设计对策；壁画保护专项组立足于充分的材料检测结果，以教堂原有壁画材料为主，采取现状保护、加固为主的方法，针对局部壁画缺失部位进行有依据的"可识别性"修复保护设计；外墙砖保护专项组立足于充分的保护材料对比实验，制定有效保护加固措施，提高外墙砖的环境抗污染性能，延缓砖材料使用寿命；建筑设备组则以不干扰文物原貌为原则进行整改设计。

12．山东定陶汉墓保护

山东省定陶县灵圣湖遗址西汉大墓位于定陶县马集镇大李家村西北约2000米处。墓葬墓圹呈正方形，边长约28.3米，出土"黄肠题凑"形制保存完整，边长约23米，用木材量超过2200立方米。是目前已出土的"黄肠题凑"中形制规模最大的一座。定陶汉墓目前处于低于地表下11米的深坑中，地下水、自然降水和土壤中毛细水的综合作用导致汉墓的保护处理和长期保存面临巨大的挑战。鉴于题凑墙体已出现下部糟朽加剧、上部干燥开裂的现状，因此开展对定陶汉墓的治水、防水、脱水工作是定陶汉墓黄肠题凑保护最核心和最具难度的问题。

【人才培训】

1．西藏壁画修复技术人员培训

根据中国文化遗产研究院与美国友人普利兹克先生（Thomas Pritzker）去年签署的五年合作计划，中国文化遗产研究院在2012年举办了西藏壁画文物保护修复技术人员培训班，来自西藏的16名学员参加了学习。该培训得到了国家文物局、西藏自治区文物局的高度重视。培训资金由普利兹克先生提供，教学和实习组织由中国文化遗产研究院和西藏文物局承担。本次培训为期5个月，国家文物局局长励小捷出席了3月15日的开学典礼，并与8月15日在拉萨参加了培训班的结业仪式。

2．山西南部泥塑彩绘保护修复技术培训

山西南部彩绘泥塑保护修复工程结合由山西省文物局与中国文化遗产研究院合作培养彩塑修复人才的计划，以福胜寺的修复技术与方案为示范，招收并考试选拔出山西省内本领域中符合要求的学员19人，进行历时5个月的彩绘泥塑保护修复专业培训。培训内容包括理论知识学习和在山西新绛县福胜寺进行彩绘泥塑的病害调查及现场修复试验。

3．全国考古领队岗前培训

此次培训旨在加强考古发掘现场保护意识，掌握考古发掘现场保护技术，提高考古领队现场保护和决策水平，加大考古现场保护技术在考古发掘中的力度。来自全国19个省、自治区、直辖市和4个研究院所、6所高校的48名获得考古发掘领队资格的学员参加了本期培训。

4．彩绘泥塑文物保护修复技术培训

全国彩绘泥塑保护修复技术培训班共招生14人，为期5个月，按照理论与实践相结合的形式组织课程，同时注重相关环节的教学及实践，注重保护修复技术和博物馆技术能力的培养。

5．现代分析技术在文物保护中的应用培训

现代分析技术在文物保护中的应用培训班为来自全国13个省市的14名学员就无机质文物保护中应用的X射线衍射、X射线荧光、扫描电镜—能谱、显微激光共聚焦拉曼光谱以及金相显微镜等仪器的使用及数据解析进行培训，是全国首个以培养分析检测人员为目的的培训项目。

6．出水文物保护修复技术培训

出水文物保护修复技术培训班为沿海各省16名学员开展出水文物的保护修复实践课的教学工作，于12月结业。

7．湖南近现代有机类文物保护修复培训

该培训与湖南韶山毛泽东同志纪念馆合作，主要针对近现代游记类文物保护修复进行培训，修复处理33件（套）纺织品文物、14幅新画、8幅民国时期字画、12本近现代书籍。

【其他业务】

1．院藏珍贵古籍及文物资料抢救保护

该项目是院图书馆承担的财政部项目，在顺利完成为期三年的一期工作后，2012年开展二期工作。项目的成果之一《中国文化遗产研究院藏西域文献遗珍》（中华书局出版）一书荣获《中国文物报》评选的"2011年度全国文化遗产十佳图书"和中国出版协会评选的"2011年度全国优秀古籍图书奖"二等奖。

2．中肯合作拉穆群岛考古项目监理

根据2005年《中华人民共和国国家文物局和肯尼亚共和国国家遗产部关于在拉穆群岛开展合作考古的协议》，北京大学和国家博物馆于2012年继续开展拉穆群岛考古项目。中国文化遗产研究院作为本项目监理单位，选派乔梁和王元林赴肯尼亚针对本年度考古发掘的进度、质量、经费、安全等开展了现场考古监理工作，取得了预期成果。考古工作分别于2012年7月15日～9月20日、2012年11月25日～2013年1月30日开展，在肯尼亚马林迪市周边地区发掘遗址2处、试掘1处，共计9个发掘区，分别位于马林迪市区和马林迪市北郊的曼布鲁伊村、姆加纳黑瑞村。9个地点共布设了探方47个，计划发掘面积800平方米，实际发掘面积为965平方米。

3．肩水金关汉简整理

《肩水金关汉简》一书是中国文化遗产研究院与甘肃省文物考古研究所、甘肃省简帛研究中心等单位合作进行的一个研究项目，计划出版六卷，共18本。2011年该书已出版了第一卷。2012年，古文献研究室组织十余名专家学者对金关简进行校读，并派专人赴上海中西书局出版社对第二卷包含的2600枚简牍的图版和释文进行核校。本书于2012年底由上海中西书局出版。

4．辽上京考古遗址公园规划

辽上京遗址是首批全国重点文物保护单位，"十一五"期间100项国家重要大遗址专项之一，同时位列中国申报世界文化遗产预备名单。但是，加速发展的城市化进程已经严重威胁到遗址的保存及保护，目前林东镇的城市建设已经从东、西、北三面对上京城形成包围之势。当地政府高度重视文化建设，其中文化产业园项目的建设已经启动，但产业园与遗址保护的对接仍然存疑。

5．院藏毕古列维奇油画保护修复

该项目保护修复对象为院藏的俄国画家毕古列维奇在二十世纪三四十年代作于北京的风景油画。目前已完成了第一期10幅作品的修复工作，并在中国文化遗产研究院举办了"中国文化遗产研究院藏毕古列维奇绘画作品油画保护修复展"。

6．出版《新疆博物馆新获文书研究》

本书作为"新疆出土文献的保护与研究"项目的成果集，图文并茂地反映了新疆博物馆在2009年征集的一批纸质文书，包括高昌国及唐代汉语文书、近代汉语文书、8～9世纪胡语（于阗、梵文、粟特）文书以及近代维吾尔语文书共约117组。除此之外，还包括一组研究文章及一篇对该批纸质文物的科技检测报告。本书于2012年底由中华书局出版。

■ 【国际合作与交流】

2月22～23日，"中意文化遗产保护的共同使命与经验交流——2012年度学术研讨会"在中国文化遗产研究院举行。会议期间，来自中国文化遗产研究院与意大利高级文物保护修复研究院（即原罗马修复中心）的20余位专家就遗迹（遗址）风险监测与防范、水下遗产保护与修复、露天石质文物的保护及人才培养等方面进行了专题交流。国家文物局副局长童明康、意大利驻华大使严农祺出席开幕式并致辞。

2月23日，中国文化遗产研究院与意大利高级文物保护修复研究院签署了《关于文化遗产保护合作的谅解备忘录》。根据谅解备忘录规定，双方将重点在文化遗产保护研究人员、师资力量以及科研资料等领域开展合作，并共同参加由欧盟委员会或文化遗产保护领域的其他机构或基金会发起的项目。

3月21～22日，应刘曙光院长邀请，诺贝尔化学奖获得者理查德·恩斯特（Richard Ernst）教授访问中国文化遗产研究院并做学术报告。文物修复与培训中心分析测试部承担了报告会的组织工作。来自故宫博物院、国家博物馆、中国文化遗产研究院、清华大学、北京科技大学等研究机构和高校的研究人员共约70人参加了报告会。理查德·恩斯特教授为中国文化遗产研究院西藏壁画文物保护修复技术人员培训班及彩绘泥塑文物保护修复技术培训班的学员作了"西藏绘画保护"专题报告。

10月24日，中国文化遗产研究院举办了聘请王睦教授（Dr.Mayke Wagner）为客座研究员的聘任仪式。国家文物局副局长童明康，德国驻华使馆文化参赞Dr.Hardy Boeckle，国家文物局办公室（外事联络司）主任、中德文化遗产保护联合工作组组长朱晓东等共同出席并见证了聘任仪式。

2012年，博洛尼亚大学管理系卢卡·赞（Luca Zan）教授先后三次来中国文化遗产研究院进行课题相关研究工作。对"大遗址保护行动跟踪研究"各子课题的数据需求和调研计划等内容进行了评述，并从方法论的角度对课题研究的开展进行指导，另外他还就意大利遗址管理方面的政策和庞贝古城的管理体制方面与课题组成员进行了讨论。

4月16～22日，为开展中国文化遗产研究院与瑞士苏黎世大学无机化学研究所合作的"中国瑞士科学技术合作计划项目"，瑞士苏黎世大学Heinz Berke教授和瑞士高等理工大学Reto Glaus博士来中国文化遗产研究院开展合作交流与课题研究。

7月22～29日，台湾中央研究院历史语言研究所藏振华博士与台湾中华水下考古学会秘书长黄汉勇等一行6人来中国文化遗产研究院及水下考古宁波基地、广东"南澳I号"工地现场以及海南博物馆等参观访问。

1月8～16日，为进一步研究国外世界遗产运河的保护管理情况、吸取国外遗产运河申报世界遗产的经验和教训，高质量地完成《中国大运河申报世界文化遗产文本与保护管理规划》的编制工作，大运河申遗文本项目调研组一行7人赴荷兰、法国，对"辛格尔运河以内的阿姆斯特丹17世纪环形运河区""米迪运河"等多处世界文化遗产进行深入调研。

4月18～21日，中国文化遗产研究院王晶受国家文物局派遣，作为中国代表，以观察员身份在巴黎联合国教科文组织总部参加了《保护水下文化遗产公约》科学与技术咨询委员会第三次会议；9月24～26日，王晶参加了2001年联合国教科文组织《〈保护水下文化遗产公约〉操作指南》修订工作组会议。

为制定"丝路霓裳——中亚东部公元前十世纪至公元前后的服饰对话"中德合作项目具体工作计划，为项目启动做好充分准备，合作的三方于2012年4月22～27日在柏林组织召开了项目全体成员单位第一次工作会议。

5月12～17日，中国文化遗产研究院范伊然参加了柬埔寨亚洲水下考古会议。会议讨论了2001年《水下文化遗产保护公约》以及水下文化遗产保护面临的地区挑战、科学性水下考古的发展和加入该公约的法律实际问题等，对我国了解亚太地区的水下考古发展情况、进一步明确中国水下文化遗产发展方向有较大助益。

10月10～21日，大运河申遗文本项目考察组一行5人赴美国、加拿大，重点对世界文化遗产"里多运河（Rideau Canal）"、运河遗产"伊利运河（Erie Canalway）"及世界遗产地"黄石国家公园（Yellowstone National Park）"三处遗产进行深入考察。同时，考察组与遗产管理机构和申遗文本编制者进行了座谈，就运河类世界文化遗产的申报、保护管理、阐释等方面进行了交流和沟通。

11月6～12日，中国文化遗产研究院王金华、查群、崔明、张晓彤一行4人赴韩国首尔参加了"第四届中日韩建筑文化遗产保护国际研讨会"并作发言。

【党群工作】

1. 贯彻学习党的十八大精神

2012年，中国文化遗产研究院根据上级党委有关部署和要求，结合中国文化遗产研究院实际，制定《中国文化遗产研究院学习贯彻党的十八大精神工作方案》，按照会前、会中、会后分阶段、分层次开展工作。组织全院党员干部收听收看十八大开幕式、闭幕式以及新领导集体与媒体见面会；召开院全体党员干部大会，及时传达十八大精神，组织观看十八大报告起草组专家、国务院发展研究中心宏观经济研究部部长余斌所作的专题辅导报告录像；召开专题理论学习会议，结合中国文化遗产研究院"十二五"事业发展规划和正在推进的事业单位绩效工资改革，为中国文化遗产研究院未来发展和谋划布局认真思考，献言建策，撰写学习体会和有关理论认识文章；发挥院内外各种媒体的作用，在中国文化遗产研究院网站开辟学习贯彻十八大会议精神专栏，全过程、全方位地宣传报道十八大精神，特别是中国文化遗产研究院贯彻落实情况。坚持规定动作做到位，自选动作有特色，紧密结合中国文化遗产研究院工作实际，加强理论武装，把全院广大党员干部职工的思想和行动统一到十八大精神上来，推进新形势下的文化遗产事业科学发展。

2. 深化完善创新争优活动

2012年，中国文化遗产研究院制定了《关于对基层党组织和党员开展创先争优活动情况进行群众评议工作方案》，广泛动员群众参与对基层党组织和党员开展创先争优活动情况评议；总结成绩、查找不足，提出今后的努力方向，并根据各支部党员评议情况，向局直属机关党委报送了《中国文化遗产研究院关于对基层党组织和党员开展创先争优活动情况进行群众评议的报告》，进一步推动了创先争优活动的深入开展；制定了《关于在创先争优活动中开展基层组织建设年实施方案》，完成了党支部分类定级工作；召开专题会议，贯彻落实局直属机关党委七次扩大会议精神，总结院党建工作，明确今后工作重点；开展推荐全国文化文物系统先进基层党支部、优秀共产党员和优秀党务工作者活动。

2013 中国文物年鉴

7月，中国文化遗产研究院孙延忠、乔云飞两位同志分别获得全国文化文物系统创先争优活动"优秀共产党员"和"优秀党务工作者"荣誉称号。

3．开展主题党日活动

中国文化遗产研究院党委组织全院党员干部赴内蒙古自治区正蓝旗和多伦县开展了以"深入开展创先争优　迎接党的十八大"为主题的党日活动。在这次活动中，同志们参观考察了世界文化遗产元上都遗址及博物馆，瞻仰了多伦县革命烈士陵园。

4．加强党风廉政建设

2012年，中国文化遗产研究院召开由全院党员参加的党风廉政建设工作会议，传达国家文物局党风廉政工作会议精神，学习贯彻胡锦涛总书记在第十七届中央纪委第七次全体会议上的讲话精神，并结合中国文化遗产研究院实际，提出进一步落实中国文化遗产研究院党风廉政建设工作的具体措施和要求。

5．加强工、青、妇组织工作

中国文化遗产研究院组织开展春季义务植树活动，加强职工们的相互了解与沟通，提升单位凝聚力、增强干部职工环保意识；组织参加局系统职工运动会，既展示了干部职工个人风采，也充分体现了中国文化遗产研究院干部职工朝气蓬勃、昂扬向上的精神风貌。

【学术成果】

2012年，全院共发表各类论文138篇。中国文化遗产研究院正式出版著作13部。共获得专利授权7项。《中国文化遗产研究院藏西域文献遗珍》获2011年度全国文化遗产十佳图书。岳阳张谷英古民居群"当大门"修缮工程获2011年度全国十大文物维修工程。

2013
中国
文物年鉴

中国文物报社

【概述】

2012年，中国文物报社领导班子认真学习邓小平理论和"三个代表"重要思想，实践科学发展观，学习贯彻党的十八大精神，结合国家文物局年度工作重点和全国文博系统全年工作计划，带领全社职工扎实勤奋开展文物事业宣传工作，努力推进报社各项工作稳步向前发展，较为圆满地完成了各项业务工作和党风廉政建设责任目标。

【党的建设、职工队伍建设】

（一）深入学习贯彻党的十八大精神，努力开创报社发展新局面

党的十八大是在全面建设小康社会关键时期和深化改革开放、加快转变经济发展方式攻坚时期召开的一次十分重要的大会。

中国文物报社在国家文物局党组的要求和带领下，组建了报社学习十八大精神领导小组，拟定了学习计划，力求学深学透、融会贯通、着力用党的十八大精神统一全社职工思想、凝聚力量。在安排报纸、杂志版面内容时结合文物工作实际，深入解读十八大提出的重大理论观点、重大方针政策、重大工作部署，增强舆论引导能力。精心策划、精心组织系列新闻宣传，集中报道党的十八大以来全国文物系统广大党员干部在学习贯彻党的十八大精神过程中解决实际问题的新成效、新进展。

按照"走基层、转作风、改文风"活动要求，报社组织采编人员深入基层一线，推出一批来自基层的生动鲜活的报道。注重运用微博等新媒体手段，调动网民参与积极性，增强网络宣传的实效性和影响力。

（二）加强基层党建工作，整合结构

积极开展创先争优等多项活动，加强基层党支部建设。2012年，报社发展两名优秀同志加入党组织，组织全体党员和先进积极分子到井冈山进行革命传统再教育，组织报社退休老同志开展了秋游活动，使老同志们感受到了单位的温暖。

对中国文物报社"定位"问题进行了首次大规模问卷调查，范围涉及全国各主要文博单位和各地文物行政部门，取得较好效果。

通过职称评聘和岗位竞聘，调整报社人员结构，为报社转企改制工作做好准备。报社领导班子严格按照有关政策、规定以及工作岗位职责的要求对相关岗位和人员进行了调整，通过社内公开竞聘和全员考核的方式，有三位同志应聘到部门正职岗位工作、三位同志应聘到部门副职岗位工作（试用期一年）。在专业技术职称申报和评审工作方面，有三位同志获得了正高级专业技术职务任职资格；三位同志通过了报社中级职称资格评审，取得中级职称。在专业技术岗位结构调整方面，报社本年度共有近20人（次）的岗位进行了调整晋级，相对保持了报社专业技术岗位结构的稳定，优化了岗位结构，为报社转企改制

做好人员准备。

■【中国文物报】

坚持"当好党和国家文物工作的喉舌"这一办报宗旨，围绕中心，服务大局，努力做到大事要闻不遗漏，重要节点现亮点，较好地完成了全年百余期《中国文物报》的采编工作。

2012年，中国文物报社充分利用行业媒体资源优势，在"新闻"版块及时报道国家文物局部署安排的重点工作，全面反映全国全行业工作动态，尽量做到内容、区域均衡，展示出全行业新闻信息量最大最及时平台的行业信息媒体风采。在"遗产保护""文物考古""博物馆""收藏鉴赏"专业版块，通过聚焦专业焦点、热点，适时推出试点深度报道，及时发布专业走向、学术研究动态，成为业内外了解专业发展最新趋势的最权威全面的行业园地。

——精心策划"两会"报道。撰写"两会"现场特写、人物专访、专题综述等文章，全方位报道关心文物保护的人大代表、政协委员的建言献策。

——深入报道全国人大《文物保护法》执法检查工作。报纸编辑部派出5位记者全程跟访，历时两个月，遍及十个省区，对此次执法检查工作做了及时、综合、深度的报道。

——扎实做好"文化遗产日"的宣传工作。从遗产日口号征集评选推介颁奖，到遗产日专刊策划撰写编排、主场城市活动聚焦、全国各地活动综合性报道，"文化遗产日"的报道体现了持续性、公众性、参与性、综合性、节庆性。

——积极报道世界文化遗产的申报工作。

——全面报道全国文物工作会议。通过多种方式及时对会议情况和各地学习体会作出报道，彰显文物工作会议产生的正能量。

——宣传学习党的十八大精神。《中国文物报》从2012年7月初开始，开设十八大专栏，每期刊发一篇专文，持续四个多月，全面介绍文博行业学习党的十八大精神的情况，并编辑十八大特刊，宣传力度空前。

■【文物天地】

2012年，《文物天地》月刊遵循办刊宗旨，忠实传达国家文物局的声音，及时报道国家文物局及各地文博单位的活动，特别是社会文物管理方面的政策和动向，坚持以学术视角宣传文物艺术品和传统文化，解读市场现象。

（一）关注国家文物局的重大活动，传达国家文物局的声音

2012年"两会"期间，有关文物市场的话题甚多。月刊通过选题策划，详细了解"两会"期间代表和委员有关涉及文物流通领域内的各种话题，开辟了"社会文物工作动态"栏目，刊发国家文物局有关社会文物的政策和法规，尽可能及时全面准确地传达管理部门发布的信息。

（二）关注重大考古发现和博物馆的重要陈列展览

考古发现是月刊的特色，也是社会关注的热点。《文物天地》对每年的全国十大考古新发现都予以即时刊布，对大型博物馆的重要陈列展览、小型博物馆的特色展览以及各馆馆藏珍品的推介予以持续关注，如"走近中国古代玉器艺术"系列报道以及对上海博物馆举办元青花大展、美国藏中国书画大展的相关报道。

（三）以学术角度，观察文物艺术品市场

杂志始终以冷静和理性的态度看待喧嚣的市场，在热闹中引导读者冷思考，《以财富的眼光看石头》《艺术品投资的风险分析》等文章在社会上产生了一定影响。

（四）从学术角度，引导文物艺术收藏

2012年策划了金银器、汉代玉器、龙泉窑青瓷、汝窑、茶具、佛像等专题。这些专题的稿件作者以专家学者为主，内容受到收藏界和学术界的普遍认可。

（五）重点关注文物收藏界的精英人物

人物专栏是刊物的特色。2012年刊发了王连起先生纪念徐邦达先生的专稿、张忠义回忆罗哲文先生关心民间收藏的文章以及赵启斌先生为陈之佛逝世五十周年写的专稿。

【中国文化遗产】

2012年，《中国文化遗产》双月刊推出了"三普更新中国文物格局"，从记者的角度、三普人的角度、文物行政管理者的角度，对第三次文物普查工作所取得的成果进行了全面的梳理。第36届世界遗产委员会大会上，中国的元上都遗址作为新的世界文化遗产申报项目被审议通过，《中国文化遗产》为此推出了"元上都"专题，介绍了元上都的突出性普遍价值。同时杂志在考古科普内容上做了新的尝试，对已经进行了十年的国家课题"中华文明探源工程"集中介绍，内容涉及多个研究课题，基本上由课题的主要参与者们亲自执笔完成。

2012年是《保护文化遗产和世界遗产公约》通过40周年，联合国教科文组织及各缔约国启动了一系列的纪念活动。为此，双月刊推出"世界遗产：人和遗产关系变革"特刊。阐述了世界遗产与可持续发展的理念，选取了一些世界遗产地保护和管理的典型案例，阐述了世界遗产对当地民众生活、环境、收入等方面带来的影响。

【文物工作】

2012年，《文物工作》按照编辑方案规范地完成了全年12期的编辑工作。《文物工作》牢牢把握作为国家文物局机关刊物这一明确定位，着重突出其宏观指导性和政策性，在内容上密切配合国家文物局的有关工作，尽可能地做到全面、及时刊登有关领导的讲话，有关会议内容，以及最新出台的有关文物工作的方针政策、法律法规，介绍文物保护工作和博物馆工作方面的先进经验。

【中国文物信息网】

加强网站和新媒体建设，进一步明确了中国文物信息网行业门户网站定位。2012年再次做了新的改版，解决了原网站技术架构落后、互动功能缺失等问题，增强了行业资讯、行业数据库等功能，大大提高了网站的服务能力和水平；加强内容建设和服务改进，及时反映国家文物方针、政策，及时发布国家文物局重要新闻以及文博行业的重要信息，及时上传中国文物报的内容，上传主流媒体有关文化遗产的新闻、评论、报道等，成为业内外人士了解文物事业和中国文物报社的重要窗口。

2013
中国
文物年鉴

【承办评选相关活动】

2011年度全国十大考古新发现评选和宣传

报社作为主办方，一直致力于完善评选程序，通过评选传达国家文物局的考古工作理念，促进公众对于考古成果、考古发掘工作及文物现场保护的理解，同时更加注重对公众的宣传和普及。2011年度全国十大考古新发现为河南郑州老奶奶庙旧石器时代遗址，福建漳平奇和洞遗址，浙江余杭玉架山史前聚落遗址，内蒙古通辽哈民史前聚落遗址，四川宜宾石柱地遗址，湖北随州叶家山西周早期曾侯墓地，辽宁建昌东大杖子战国墓地，江苏盱眙大云山江都王陵，山西大同云冈石窟窟顶北魏辽金佛教寺院遗址，山东京杭大运河七级码头、土桥闸与南旺分水枢纽遗址。

博物馆免费开放最佳做法评选

报社与中国博物馆协会共同完成2011年度博物馆免费开放最佳做法评选工作。共收到符合申报要求的131个博物馆的203个申报项目，覆盖了30个省（区、市）。经过初评和终评两个阶段，本着公平、公正的原则，通过实名评分，评选出了2011年度博物馆免费开放十个最佳做法项目，即最佳展示推广：陕西历史博物馆；最佳未成年人教育：内蒙古博物院；最佳讲解导览：苏州博物馆；最佳宣传推广：浙江省博物馆；最佳文化产品推广：中国国家博物馆；最佳旅游推广：重庆红岩革命历史博物馆；最佳社区文化促进：四川博物院；最佳网站服务：浙江自然博物馆；最佳管理创新：湖南省博物馆；最佳社会参与：上海博物馆。

2012年度文化遗产十佳图书评选推介

《第三次全国文物普查百大新发现》等10种图书被评为2011年度文化遗产十佳图书，《回望大明：走近万历朝》等10种图书被评为2011年度文化遗产优秀图书。

（一）十佳图书

1．《第三次全国文物普查百大新发现》（国家文物局编，文物出版社2011年11月出版）

2．《足迹：考古随感录》（严文明著，文物出版社2011年8月出版）

3．《中国文化遗产研究院藏西域文献遗珍》（中国文化遗产研究院编，赫俊红主编，中华书局2011年9月出版）

4．《北京文物建筑大系》（共10册）（北京市文物局、《北京文物建筑大系》编委会编，北京出版集团公司、北京美术摄影出版社2011年6月出版）

5．《敦煌学和科技史》（王进玉著，敦煌研究院编，甘肃教育出版社2011年4月出版）

6．《福建连江定海湾沉船考古》（赵嘉斌、吴春明主编，中国国家博物馆水下考古学研究中心、厦门大学海洋考古学研究中心、福建博物院考古研究所、福州市文物考古工作队、连江县博物馆编著，科学出版社2011年5月出版）

7．《文博余话》（马自树著，紫禁城出版社2011年6月出版）

8．《河西走廊史前考古调查报告》（甘肃省文物考古研究所、北京大学考古文博学院编著，文物出版社2011年8月出版）

9．《中国科学考古学的兴起：1928～1949年历史语言研究所考古史》（陈洪波著，广西师范大学出版社2011年8月出版）

10．《地上地下的秘密（儿童版）》（赵荣主编，陕西出版集团、陕西旅游出版社

2011年12月出版）

（二）优秀图书

1. 《回望大明：走近万历朝》（北京市昌平区十三陵特区办事处、首都博物馆编著，北京出版集团公司、北京美术摄影出版社2011年8月出版）

2. 《运城盆地东部聚落考古调查与研究》（中国国家博物馆田野考古研究中心、山西省考古研究所、运城市文物保护研究所编著，文物出版社2011年11月出版）

3. 《铁质文物保护技术》（马清林、沈大娲、永昕群主编，科学出版社2011年12月出版）

4. 《陕西历史博物馆藏唐墓壁画保护修复研究报告》（陕西历史博物馆编，陕西出版集团、三秦出版社2011年6月出版）

5. 《中国画像石棺全集》（高文主编，山西出版传媒集团三晋出版社2011年10月出版）

6. 《走进浙江省博物馆系列丛书》（共5册）（浙江省博物馆编，中国摄影出版社2011年11月出版）

7. 《帝国主义、艺术与文物返还》（［美］约翰·亨利·梅里曼编，国家文物局博物馆与社会文物司（科技司）译，译林出版社2011年12月出版）

8. 《百工千慧——中国文物保护科学和技术成果展》（国家文物局、首都博物馆编，文物出版社2011年4月出版）

9. 《唐墓壁画珍品》（陕西历史博物馆编，陕西出版集团、三秦出版社2011年6月出版）

10. 《义县奉国寺》（辽宁省文物保护中心、义县文物保管所编著，文物出版社2011年8月出版）

文物执法督察案卷评查

2012年度全国文物行政处罚案卷评查工作旨在提升地方文物行政部门执法能力，规范文物行政处罚行为，提高文物行政处罚案卷的质量，进一步推动行政执法工作的规范化建设。活动于6月4日启动，共收到来自18个省（区、市）的48份合格案卷。通过初评、复评、实地复核和终评四个阶段，评出了年度十佳案卷和优秀单项案卷。

（一）十佳案卷

1. 浙江省上虞市卧龙天香华庭置业有限公司未经文物行政部门同意擅自在上虞市市级文物保护单位晾网山青瓷窑址的建设控制地带内进行建设工程案
   制作单位：浙江省上虞市文化广电新闻出版局

2. 浙江省宁波江东慈甬拆迁工程有限公司涉嫌擅自拆除市级文物保护单位南门袁氏居宅建筑群部分建筑（袁氏宗祠、袁氏家庵）案
   制作单位：浙江省宁波市海曙区文化广电新闻出版局

3. 湖南省郴州市临武县土地开发整理中心未经相应文物行政部门同意，擅自在市级文物保护单位渡头古城遗址保护范围内进行违法建设工程，破坏文物保护单位的历史风貌案
   制作单位：湖南省郴州市文物事业管理处

4. 河南省郑州鸿兴置业有限公司未经河南省人民政府批准擅自拆除郑州市文物保护单位郑州纺织工业基地本体案

2013
中国
文物年鉴

制作单位：河南省郑州市文物稽查大队

5. 河南省亚星置业集团有限公司未经考古调查、勘探擅自进行施工致使古文化遗迹被破坏案
制作单位：河南省郑州市文物稽查大队

6. 江苏省中交一公司桥隧工程有限公司在施工过程中发现地下文物未立即停止施工并及时向当地文物行政部门报告，继续施工造成严重后果案
制作单位：江苏省盱眙县文物局

7. 重庆市丰都远通航运发展有限公司擅自在市级文物保护单位狮子堡墓群保护范围内建设施工案
制作单位：重庆市文化市场行政执法总队

8. 天津市狗不理集团股份有限公司擅自修缮区级文物保护单位张绍曾旧居案
制作单位：天津市文化市场行政执法总队

9. 陕西省西安医学院第二附属医院未进行考古调查、勘探擅自施工案
制作单位：陕西省西安市文物局

10. 北京市嵩祝名院文化有限责任公司未经批准擅自在市级文物保护单位嵩祝寺及智珠寺进行建设工程案
制作单位：北京市文物局文物监察执法队

（二）优秀案卷
◆ 文书制作
1. 中国联合网络通信有限公司衡山分公司涉嫌在省级文物保护单位毛泽东考察湖南农民运动旧址——康王庙保护范围和建设控制地带内违法建设案
制作单位：湖南省衡山县文物管理局

2. 浙江省杭州市上城区市政园林管理所损坏保护规划确定保护的建筑物和设施案
制作单位：浙江省杭州市园林文物局

3. 沈国华擅自修缮广州市级文物保护单位中山七路旧当铺、明显改变文物案
制作单位：广东省广州市文化市场综合行政执法总队

◆ 取证程序
1. 淮阴水利建设有限公司擅自在考古发掘区域内继续施工案
制作单位：江苏省淮安市淮安区文物局

2. 陕西省西安市中医院擅自迁移、拆除不可移动文物案
制作单位：陕西省西安市文物局

◆ 询问笔录
1. 河南省洛阳市瀍河回族区杨文办事处马沟村民委员会未经文物行政部门同意，擅自在全国重点文物保护单位邙山陵墓群的建设控制地带进行建设工程案
制作单位：河南省洛阳市文化市场综合执法支队

2. 江苏省徐州基桩工程公司擅自在省级文物保护单位刘志洲山宋金交战战场遗址、刘志洲山石刻范围图和市级文物保护单位连云港石穴岩画保护范围内进行建设工程案
制作单位：江苏省连云港市文化广电新闻出版局

3. 重庆市潼南县公路开发有限公司擅自在县级文物保护单位唐宋遂宁县城遗址保护

范围内建设施工案

制作单位：重庆市文化市场行政执法总队

4. 上海市锦江青年会宾馆有限公司擅自改变市级文物保护单位八仙桥基督教青年会大楼用途案

制作单位：上海市文化市场行政执法总队

◆ **证据链条**

1. 上海凯成动迁有限公司未经批准擅自拆除登记不可移动文物北站区公所旧址案

制作单位：上海市闸北区文化市场行政执法大队

2. 北京富恒房地产开发有限公司擅自拆除不可移动文物北总部胡同12、24、26号院的文物建筑案

制作单位：北京市东城区文化委员会行政执法队

◆ **处罚措施**

上海胜强房地产联合发展有限公司擅自修缮市级文物保护单位泰安路115弄3号住宅，明显改变文物原状案

制作单位：上海市长宁区文化市场行政执法大队

◆ **执法能动**

1. 江苏省中铁十四局集团有限公司擅自在考古发掘区内继续施工案

制作单位：江苏省仪征市文化广电新闻出版局

2. 山西省灵石县静升村委会擅自在全国重点文物保护单位王家大院建设控制地带内进行建设工程案

制作单位：山西省晋中市文物局

◆ **整改落实**

1. 浙江省杭州嘉恒土石方工程有限公司在建设工程施工中发现文物未及时向文物行政部门报告案

制作单位：浙江省杭州市余杭区文化广电新闻出版局

2. 天津市粤鸿和（天津）餐饮管理有限公司未经许可擅自对区级文物保护单位龚心湛旧居施工案

制作单位：天津市文化市场行政执法总队

3. 湖北省阳新县省级文物保护单位半壁山古炮台遗址违法建筑被拆除案

制作单位：湖北省阳新县文物管理局

◆ **执法效率**

1. 天津市海河安居建设发展有限公司擅自拆除区级文物保护单位太古洋行和拆除不可移动文物福利公司旧址案

制作单位：天津市文化市场行政执法总队

2. 河南省三门峡市华创房地产开发有限公司未经考古调查、勘探擅自施工破坏古墓葬案

制作单位：河南省三门峡市文化新闻出版局

◆ **执法效果**

1. 山东省东岳化工有限公司未经批准擅自在省级文物保护单位唐山遗址的保护范围内进行山东东岳集团综合生活区工程项目建设案

制作单位：山东省淄博市文物事业管理局

2. 陕西省凤翔县美能天然气有限公司未经批准在全国重点文物保护单位秦都雍城遗址保护范围和建设控制地带内擅自施工案

   制作单位：陕西省宝鸡市文物旅游局

3. 新疆维吾尔自治区阿勒泰地区富蕴县县级文物保护单位海子口墓群遭破坏案

   制作单位：新疆维吾尔自治区阿勒泰地区富蕴县文物局

◆ **执法进步**

1. 新疆维吾尔自治区昌吉市努尔加水库管理处未经文物部门同意擅自在不可移动文物努尔加古墓群保护范围内违法施工案

   制作单位：新疆维吾尔自治区昌吉回族自治州文物局

2. 贵州省凯里市省级文物保护单位孙应鳌（孙文恭）祠保护范围和建设控制地带内违法施工案

   制作单位：贵州省黔东南州文化综合执法支队

3. 中国电信敖汉分公司破坏燕长城陈杖子段案

   制作单位：内蒙古自治区赤峰市文化局

4. 杨磊破坏宁夏回族自治区文物保护单位沙嘴古城址案

   制作单位：宁夏回族自治区文化市场行政执法总队

【其他相关业务活动】

配合国家文物局举办宣传工作培训班。协助政法司新闻宣传处在山东省海阳市举办了首次全国文物宣传工作培训班。此次培训班旨在加强文物部门宣传能力建设，提升文物宣传工作水平，更好地为文物事业发展加油鼓劲。国家文物局党组副书记、副局长董保华为大家作了《努力做好新时期文物宣传工作》的主题讲座。来自各省、自治区、直辖市和计划单列市文物部门从事宣传工作的负责同志及出席2012年中国文物报社通联会的代表参加了培训。

完成三期红楼橱窗展示宣传工作。受国家文物局政策法规司委托，报社承担了红楼橱窗的展示宣传工作。根据政策法规司新闻宣传处的工作安排，2012年完成了"中国文化遗产展""文化遗产日特别展""十七大以来文物事业成就展"三次主题展示。

报社自办和与有关文博单位合办了"博物馆与新媒体"学术研讨会、"博物馆展陈新材料运用"研讨会和"博物馆改造与展览提升高端论坛"等活动。报社组织召开的"博物馆与新媒体"学术研讨会在山西省大同市举行，来自全国20多个省、市的50余家博物馆的百余名博物馆人参加了会议，提交论文近60篇。本次研讨会是中国博物馆界研究和融合新媒体技术的一次有益尝试，与会代表从新媒体技术在博物馆中的应用，博物馆如何在新媒体时代为观众提供更具感染力、互动性更强的参观体验，如何通过新媒体的传播力量构建良好的社会形象，如何抓住发展新技术带来的机遇、更加主动地应对新形势带来的挑战等方面进行了研讨和案例展示。

开展《博物馆十大陈列精品评选章程》起草制订工作。受国家文物局博物馆与社会文物司委托，报社起草制订了《博物馆十大陈列精品评选章程》，针对原《评选办法》中与实际情况不相适应的地方进行了改进，并借鉴了其他行业的评优制度。新《章程》将体现主管单位和主办单位的权威性，发挥"以奖促建"行业管理的职能，以科学化、民主化为要求，以相关领域的最新研究为基础，以规范化的制度作保障，以求更好地发挥博物馆的公共文化服务功能。

为配合国家文物局无锡论坛的召开，完成了"中国世界文化遗产进社区"（中英文）展览前言和内容的编写，为配合ICOMOS顾问委员会会议在北京的召开，编辑出版了《中国文化遗产特刊》（英文版），刊登了国内12处世界文化遗产在保护管理上的典型案例，对30处世界文化遗产和混合遗产的价值要素与基本信息进行介绍。完成了"庆祝世界遗产公约四十年　中国世界文化遗产图片展"的内容编写、制作及展出任务，受到文物局领导及参会外宾们的好评。

受国家文物局博物馆与社会文物司委托，报社承担了文物拍卖专业人员资格考试题库建设和考试试卷命题及印制工作。考试于11月24～25日在北京举行，参加考试人数超过了800人，创历史新高。

此外，报社还配合国家文物局政策法规司完成了2012年"文化遗产日"主场城市口号征集工作、文化遗产普及工程试点县总结会的筹备工作、文化遗产宣传普及指标体系建设制定以及宣传普及工程调研等工作，配合国家文物局博物馆与社会文物司完成了"中华文明探源工程"科普宣传周等活动。

中国文物交流中心

【概述】

2012年，中国文物交流中心在国家文物局的正确领导下，坚持以"科学发展观"为统领，围绕建设"国际知名、行业领先、工作规范、服务一流、形象良好的文物交流专业机构和文物外事服务机构"的奋斗目标，进一步解放思想，创新实践，科学筹划，团结奋进，为促进中华文化"走出去"，提高中华文化的国际影响力发挥了重要作用。

2012年是中国文物交流中心实施"十二五"发展规划的关键之年。全体职工深入学习贯彻党的十八大精神和全国文物工作会议精神，认真落实国家文物局关于加强文物安全工作的指示，总结经验，吸取教训，在爱岗敬业、团结干事的良好氛围中完成了各项工作任务，向"十二五"规划目标顺利迈进。

【文物展览】

2012年，中国文物交流中心以文物展览为载体，积极推动中华文化"走出去"。全年举办出境文物展览13项，涉及美国、意大利、英国、日本、土耳其和香港、台湾地区（表1）。展览为配合外交工作，宣传中国文化遗产保护成果，提高中华文化国际影响力发挥了积极作用。

表1　2012年中国文物交流中心举办出境文物展览列表

序号	展览名称	展出国家（地区）	展览时间	展出地点	观众人数（万人次）
1	康熙大帝与太阳王路易十四特展	台湾	2011.10.3～2012.1.3	台北故宫博物院	12
2	环珠江口史前石拍展（衣服的起源——树皮衣展览）	香港	2011.8.4～2012.1.4	香港中文大学中国考古艺术研究中心文物馆	0.3
3	丝绸之路	意大利	2011.10.21～2012.2.29	罗马国立博物馆戴克里先浴场遗址展场	4
4	孙文、梅屋庄吉与长崎	日本	2011.10.1～2012.3.25	长崎县历史文化博物馆	3.6739
5	从努尔哈赤到溥仪——公元1559～1967	意大利	2011.10.29～2012.5.13	特拉维索卡萨德·卡拉雷兹博物馆	12
6	龙行香港	香港	2012.2.10～2013.1.27	香港中文大学中国考古艺术研究中心文物馆	

2013
中国
文物年鉴

序号	展览名称	展出国家（地区）	展览时间	展出地点	观众人数（万人次）
7	中国汉代地下珍宝展	英国	2012.5.5～11.11	剑桥大学菲茨威廉博物馆	12
8	来自黄土高原的考古发现展	美国	2012.6.16～10.21	佛朗辛·克拉克艺术中心	4.7398
9	千年重光——山东青州龙兴寺佛教造像展	台湾	2012.7.14～9.30	台湾高雄佛光山佛陀纪念馆	71.9588
10	中华大文明展	日本	2012.10.10～2013.9.16	东京国立博物馆、神户市立博物馆、名古屋市博物馆和九州国立博物馆	
11	商王武丁与后妇好——殷商盛世文化艺术特展	台湾	2012.10.20～2013.2.19	台北故宫博物院	
12	两宫藏藏传佛教及藏族文物珍品展	意大利	2012.10～2013.3	特拉维索市卡萨德—卡拉雷兹博物馆	
13	华夏瑰宝展	土耳其	2012.11～2013.9	伊斯坦布尔老皇宫博物馆	

【交流合作】

中国文物交流中心按照"十二五"规划确立的"国际知名、行业领先、工作规范、服务一流、形象良好的文物交流专业机构和文物外事机构，以及国内外文博机构可依赖、可信赖的合作伙伴"的建设目标，注重加强与国内外文博单位的沟通联系与人员往来，建立多层次、宽领域、全方位的交流合作机制，巩固和发展良好的合作关系。

配合国家文化外交大局，广泛建立国际联系，拓展合作渠道，促进人员互访、专业培训与展览领域的合作，发挥了文物对外交流的平台作用。

（一）国际交流与合作

与我驻中、东欧国家等国使馆文化处联系，达成与驻在国举办外展合作意向；赴阿根廷、秘鲁、罗马尼亚等国进行项目接洽、展场考察等工作；与新加坡新闻通讯与艺术部、肯尼亚国家博物馆等机构建立沟通机制；推进与南非迪宗博物馆联盟举办来华"南非瑰宝展"，与摩洛哥合建茶博物馆并举办中国茶文化展览项目。

在国家文物局的具体指导下，与意大利特拉维索博物馆、日本长崎孔子庙等建立中长期文物交流合作机制，签订五年期展览项目协议，设立长期展览基地，发挥对外文化宣传窗口的作用。

此外，中心还与美国、英国、马来西亚、泰国、韩国、日本等国文博机构在合作办展、文物修复及人员培训等多方面达成共识。

（二）对台交流与合作

推动两岸文博机构深入合作，促进文化交流。配合中央对台工作大局，积极主动地把展览项目引入到台湾中南部，与台湾高雄佛光山签订五年期展览项目协议，建立中长期文物交流合作机制。受国家文物局委托，组织接待"2012台湾文博专业人士文化考察团"赴新疆考察交流，派员赴台参加由中华文化交流协会、沈春池文教基金会合作举办的"2012第二期两岸文博专业人员研习交流活动"。

承办"海峡两岸文物交流20年纪念活动"，该活动是国家文物局年度重点工作，也是中央台办重点对台交流项目，经过一年的筹备，于10月30日～11月6日在重庆、湖北举办，来自中央台办、国家文物局、重庆市、湖北省以及中华两岸经贸投资文化教育协会、台北故宫等机构的两岸嘉宾100余人出席活动。纪念活动包括组织两岸文博人士重走三峡、举办"两岸文物交流20年回顾展览"、召开座谈会、出版纪念文集等。中央电视台、人民日报、新华社及重庆、湖北当地的媒体进行了跟踪报道和系列访谈。此后，"两岸文物交流20年回顾展览"应邀到中国闽台缘博物馆展出。

（三）国内交流合作

发挥平台作用和资源优势，加强与国内文博单位的交流，促进资源共享，推动实质性双边和多边合作。

11月8日在四川组织召开"2012年中国博物馆协会展览交流专业委员会年会"，来自全国各省、自治区、直辖市的70余家博物馆代表参会，会议就出入境展览法规建设、馆际交流、展览交流社会化资源整合等方面进行了深入探讨。

合理利用社会资源，拓宽合作渠道。与合众文博文化公司共同开发了中国文物展览交流网，加强博物馆馆际展览交流平台体系建设，进一步推动国内博物馆区域合作；协助中国中医科学院中国医史文献研究所编纂《中医历史画册》一书；与北京歌华文化发展集团在国家对外文化贸易基地（北京）开展"北京国际文化贸易服务中心"项目合作，为中华文化走出去、国外优秀文化引进来提供平台和通道服务；与陕西文化产业投资控股（集团）有限公司、四川博物院巴蜀文创产品研发中心等单位，就文物复制品和创意衍生品的开发、营销达成合作意向。

【外事服务】

中国文物交流中心与国家文物局通过协议形式完善了项目任务委托机制、规范了工作流程，提高了委托事项科学化管理水平。秉持"外事无小事"的原则，组织完成出入境展览初审、外事接待、出境团组护照签证、翻译、外事礼品以及外事会议活动承办等工作事项，为对外文物交流提供保障服务。

（一）出境及来华文物展览初审

2012年，完成国家文物局委托涉外展览项目（含港澳台）初审72项，组织展览项目专家论证会和函审17次，均出具了审核意见。

（二）来华团组接待

2012年，共接待来访团组9个80人次，包括应国家文物局邀请来华访问的菲律宾、南非、哈萨克斯坦、吉尔吉斯斯坦、斯里兰卡、摩洛哥、津巴布韦等国家，以及美国盖蒂项目工作组、国际古迹遗址理事会等国际组织的文物代表团。通过热情、周到地接待，密切了双方的关系，为以后开展多方面的合作打下了基础。

（三）出境团组服务

为国家文物局系统办理出国（境）团组152个，办理签证476人次。其中，办理赴台湾团组19个，办理通行证159人次。同时，承担文件翻译、口译共计73项，并提供外事礼品服务。

（四）其他外事服务

中心承办了"驻外文化参赞文物交流会""国家文物局因公出国人员审批管理工作会议暨护照签证专办员培训班""2010～2011年文物外事工作汇报会""丝绸之路"协调委员会第一次会议和"驻华使节走近世界文化遗产活动"等多项工作任务。

【学术研究】

发挥中心专家资源平台作用，对展览项目进行论证并提供学术支撑，以确保项目实施的可行性、完整性、科学性。组织学术考察与调研，举办展览学术讲座，编辑出版学术论文集，在拓展展览宣传广度的同时，提高展览学术研究的深度。

受国家文物局委托，承担修订《文物出境展览管理规定》工作项目，撰写《出境展览研究报告》，制定《文物出境展览协议书范本》，撰写了《展览协议研究报告》，多次组织召开座谈会征求文博专家对《文物出境展览管理规定》《文物出境展览协议书范本》的意见。为规范文物出境展览点交记录，草拟了《文物交流展览文物点交记录》范本，向文标委申报立项。

为提高赴土耳其"华夏瑰宝展"学术水平，扩大宣传，根据展品图录编辑出版了《华夏瑰宝展》一书，策划并编印《中国博物馆馆际交流展览信息（2012）》及《2011年年刊》。

作为"海峡两岸文物交流20年纪念活动"的重要组成部分，编辑出版《承前启后 温故知新：海峡两岸文物交流20年回顾展览图录》和《海峡两岸文物交流20年纪念文集》。

鼓励职工开展学术研究，发表了多篇学术文章。

【基础建设】

注重加强思想建设、队伍建设、制度建设等基础工作，以提高思想凝聚力、业务工作能力和中心影响力。积极拓展业务职能，建立健全与国际接轨的文物交流工作机制和规章制度，为构建依法合规、高素质高效率的文物交流机构提供组织支持、人才支撑和制度保障。

（一）思想政治建设

领导班子率先垂范、以身作则，带头坚持政治理论学习，全体职工政治理论素养得到提高，思想凝聚力得到加强。

发挥党组织战斗堡垒作用和共产党员的先锋模范作用，深入推进创先争优和"基层组织建设年"活动，殷稼、张玉亭分别被评为全国文化文物系统优秀党务工作者和优秀共产党员。加强入党积极分子培训教育，发展预备党员2名。组织全体党员及职工赴湖南韶山红色革命纪念地开展主题党日活动，在"五四"青年节组织团员开展爱国主义主题教育活动，参加文化部团委、国家文物局团委组织的"文化青年走基层"实践活动。

（二）组织及人才建设

发挥领导班子集体领导作用。认真执行集体领导下的分工负责制，主要领导以身作则，班子成员团结共事。全年召开中心主任办公会23次、中心办公会24次。

2012年共招聘4名新员工，与全体职工签订聘用合同。完成编外人员的档案审核、统一管理工作。完善中心职工职称评审工作，7名同志分别被确定专业技术任职资格。落实编内外人员同工同酬、多劳多得的薪酬管理制度，形成以人为本、分配公平、平等竞争的管理理念。

科学制定职工业务学习计划，除开展定期的政治理论学习外，2012年共举办9场讲座和培训。

学习贯彻中共中央政治局关于改进工作作风密切联系群众的八项规定，教育党员干部守纪律、讲正气、转作风，做反腐倡廉的表率。将廉政学习与政治学习相结合，将素质教育与道德教育相结合，不断强化党员干部的清正做人、清廉办事意识。人员招聘坚持公开、公正、公平和择优录取的方针，防止任人唯亲。完成各展览的文物包装运输服务、机票综合服务以及两岸文物交流20年纪念活动、赴台文物展览等项目的公开招标，保证公平竞争，防止以权谋私。聘请法律顾问，强化法制观念，提高依法办事能力。

（三）制度建设

落实2012中心"制度建设年"各项目标，组织建立、修订并颁布施行了十余项规章制度，努力提高经营管理规范化水平。

为吸取文物安全事故教训，进一步明确安全责任，强化文物安全管理，建立文物包装运输服务商招标制度、文物展览紧急预案制度以及文物安全事故上报制度，并起草了相关安全规定。

（四）财务管理与效能建设

建立中心办公自动化系统，提高公文运转水平。每季度、年度终了，向中心办公会提交财务分析报告，用以指导中心决策。坚持财务收支状况每季度公开制度。加强国家文物局外事礼品管理和固定资产盘点登记，保障资产安全与资源配置合理。

根据2012年重点工作计划，完善预算编制程序，科学、有序安排财政经费支出。实行用款额度到账通知，建立财政预算执行节点提醒制度，每月通报项目预算执行情况，科学安排预算执行进度，保证项目预算执行率，2012年度中央财政部门预算执行率达到100%。

（五）文化生活

组织开展了植树造林、运动会、第三届全体职工摄影比赛等多种文化活动，活跃气氛、增进感情、促进团结。

北京新文化运动纪念馆

【概述】

北京新文化运动纪念馆位于北京市东城区五四大街29号，是依托原北京大学红楼而建立的全国唯一一家集研究、收藏、展示五四新文化运动历史的旧址类博物馆。红楼建成于1918年，是北京大学旧址，是二十世纪初中国新文化运动的营垒、五四爱国运动的策源地、中国共产党早期活动的重要场所，是中国近代史上具有重要意义的见证地之一。1961年红楼被国务院公布为第一批全国重点文物保护单位。2002年对社会开放后，纪念馆先后被命名为北京市爱国主义教育基地、第一批全国百家红色旅游经典景区、北京市廉政教育基地，成为为公众服务，对广大青少年进行爱国主义教育的重要场所。

自2009年4月22日重新开馆后，为突出旧址类博物馆特色，北京新文化运动纪念馆确立以旧址复原为主、陈列展览为辅的原则，恢复了图书馆主任室、登录室、第二阅览室、第十四书库以及新潮杂志社、学生大教室、红楼大门等七处旧址；举办"新时代的先声——新文化运动陈列"和蔡元培、陈独秀专题展，凸显五四新文化运动时期的红楼历史氛围，使观众通过旧址原状的再现和展品展示，在特定的历史氛围中感受红楼的魅力，获得更多的知识和信息。

2012年，北京新文化运动纪念馆积极贯彻落实党的十八大精神，坚持服务于党和国家的中心工作的大局意识，坚持贴近群众、贴近生活、贴近实际的工作作风，坚持提升收藏研究、陈列展示、宣传教育功能的任务目标，科学筹划各项业务工作，努力为社会主义核心价值体系建设、传播优秀传统文化、弘扬"爱国、进步、民主、科学"的五四精神做出新贡献。

【展览】

2012年度北京新文化运动纪念馆共举办各类展览13个，其中原创展览"新时代的先声——五四新文化运动展览""胡适文物图片展"和"品味经典·感受大师——中国新文学作家与作品展"在全国多个省市和近百所学校展览，为公众奉上一道道丰盛的文化大餐。

（一）巡展

2月18日～3月18日，"品味经典·感受大师——中国新文学作家与作品展"在福建省厦门市陈嘉庚纪念馆展出。

4月19日～6月19日，"品味经典·感受大师——中国新文学作家与作品展"在福建省晋江市博物馆展出。

4月27日～5月27日，"新时代的先声——五四新文化运动展览"在浙江省嘉兴南湖革命纪念馆展出。

6月18～27日，"胡适文物图片展"在北京大学图书馆展出。

2013
中国
文物年鉴

北京新文化运动纪念馆与厦门市教育局共同举办"博物大观·文化校园"活动。活动中，"品味经典·感受大师——中国新文学作家与作品展"于3月20日~7月20日在厦门80余所中学巡回展出，并结合展览开展征文活动，出版了《品味经典·感受大师——厦门市中学生优秀作文选》。

9月10~19日，"胡适文物图片展"在清华大学人文社科图书馆展出。

10月1日~12月14日，"新时代的先声——五四新文化运动展"和"回眸胡适"展览在重庆市位于李子坝抗战遗址公园的红岩联线文化展示中心展出。

11月1~30日，"回眸胡适"展览在台湾台中文化创意产业园区展出。

（二）临时展览

5月16日~6月8日，举办"名士风骨·遗芳撷英——北京新文化运动纪念馆馆藏文物展"，共展出馆藏精品55件（套），其中一级品29件。

7月11日~9月10日，北京新文化运动纪念馆和福建省厦门市陈嘉庚纪念馆共同举办的"走进嘉庚建筑"摄影展在红楼展出。

9月19~28日，北京新文化运动纪念馆举办的"纸上云烟·近现代名人手迹展"在红楼展出。展览共展出收藏家韩斗先生珍藏的160余件展品，集中展示近现代中国一百多位文化名人的珍贵手迹。

10月11~25日，北京新文化运动纪念馆举办的"千秋史画——梁又铭画展"在红楼展出。展览展出了台湾画家梁又铭画作，包括国画42幅、水彩画14幅、画册2册以及部分文献资料。画展以梁又铭抗战时期创作的作品为主，展现正面战场中国空军的抗战史实。

2012年12月25日~2013年2月24日，北京新文化运动纪念馆和福建省晋江市博物馆共同举办了"贴得人间喜气来——晋江市博物馆藏中国年画展"，展出了国内民间木版年画珍品110幅，体现了不同年画产地尤其是福建闽南地区年画的独特艺术风格。

【宣传教育和共建活动】

2012年度北京新文化运动纪念馆充分发挥精神文明建设和爱国主义教育的窗口作用，积极配合中国共产主义青年团建团90周年宣传工作，并结合"五四"和中国共产党的纪念日举办丰富多彩的宣传教育活动。全年共接待在京500余家企事业单位开展共建活动。

4月18日，北京市东区邮电局、北京热力集团在北京新文化运动纪念馆举办"共走红色之旅·铭记时代使命"纪念建团九十周年主题团日活动暨共青团共建启动仪式。

5月4日，共青团北京市委员会、共青团东城区委员会、北新桥街道团工委和中油阳光物业管理有限公司团委在北京新文化运动纪念馆开展"谱写青春华章·展现阳光风采"纪念建团九十周年、五四运动九十三周年主题团日活动。

5月18日，配合"5·18国际博物馆日"主题"处于世界变革中的博物馆：新挑战、新启示"，北京新文化运动纪念馆联合北京市第六十五中学、北京市第十一中学、北京景山中学等学校开展"让历史铭刻心中"主题征文活动。活动期间，各所学校学生踊跃投稿。5月19日，北京新文化运动纪念馆举行颁奖仪式，为获奖学生和学校颁发奖品和证书。

5月，北京新文化运动纪念馆配合北京市文物局举办主题为"博物馆寻宝游"的"5·18国际博物馆日"系列宣传活动。

7月9日，北京大学党委、纪委委员在北京新文化运动纪念馆开展"红楼起航"学习教育活动。

2013
中国
文物年鉴

10月17日，全国民航团委在北京新文化运动纪念馆开展"民航青年爱国主义教育基地揭牌仪式"。

北京新文化运动纪念馆与北京市第六十五中学合作开展"小小讲解员"志愿活动，对学生进行培训和辅导，由他们担任志愿讲解员，为东城区部分学生提供参观讲解服务。11月6日当天，第六十五中学在北京新文化运动纪念馆举行少先队建队活动，在参观红楼时，学生志愿讲解员为参加建队活动的学生们进行了讲解。

【参观人数】

2012年度，北京新文化运动纪念馆各类展览和宣传教育活动共接待观众32万余人次，其中学生观众约占50%。

【藏品征集】

2012年度北京新文化运动纪念馆共征集藏品105件（套），征集艺术品5件（套）。包括胡适"关于国际局势问题"致蒋介石的信函、顾颉刚信札、唐德刚致周策纵信札、进德会入会一览等有价值的藏品。截至2012年底，北京新文化运动纪念馆藏品总计4000余件（套），其中国家一级文物59件（套）、二级文物198件（套）、三级文物931件（套）。

【学术研究和出版】

——2012年度，北京新文化运动纪念馆继续加强学术研究，并努力将学术成果惠及公众。

出版《北大红楼历史沿革考论》，全书共计30余万字，是第一本关于北大红楼的研究专著。

出版《北京新文化运动纪念馆十年文集》和《我们这十年》图册，以庆祝北京新文化运动纪念馆建馆十周年。

10月1日，在重庆李子坝抗战遗址公园的红岩联线文化展示中心做题为"胡适的人际世界"的专题讲座。

10月11日，举办"梁又铭的艺术创作"座谈会。

10月18日，举办"如何欣赏中国画"学术讲座，由梁又铭之子梁政均主讲。

11月1日，在台中文化创意产业园区做题为"以物见情——从文物看胡适与友人的交往"的专题讲座。

2012年度，北京新文化运动纪念馆共有6人在各类报刊发表或向研讨会提交学术论文合计14篇。

——北京新文化运动纪念馆是中国博物馆协会社会教育专业委员会的挂靠单位，2012年围绕博物馆社会教育工作的发展与实践开展了一系列工作。

9月14日，由中国博物馆协会社会教育专业委员会主办、黑龙江省博物馆承办的"中国博物馆协会社会教育专业委员会学术研讨会暨2012年会"在黑龙江省哈尔滨市开幕。国家文物局博物馆与社会文物司司长、中国博物馆协会副理事长段勇以及40余位社会教育专委会委员和50余位来自全国各地的博物馆代表参加了会议。

12月10～14日，由中国博物馆协会和广东省文物局主办，中国博物馆协会社会教育专业委员会、广东省博物馆和广州西汉南越王博物馆承办的"中国博物馆教育培训研讨会"

2013
中国
文物年鉴

在广州举办。研讨会由国家文物局副局长宋新潮、美国史密森博物馆的教育专家进行授课，在博物馆教育的使命、教育战略、教育实践活动案例、教育评量、儿童教育等方面进行了重点讨论。全国共有80余位博物馆馆长和社教部门领导参加此次研讨会。

【合作与交流】

5月，相关工作人员赴台湾参加"两岸文博专业人员交流研习活动"。

6月，相关工作人员赴挪威参加国际博物馆协会文学专业委员会2012年年会。

10月，组织工作团赴亚美尼亚参加国际博物馆协会教育与文化活动委员会2012年年会，并代表中国博物馆协会社会教育专业委员会向大会提交2012年度工作报告。

4月、6月和12月，分别组织相关工作人员赴法国参加国际博物馆协会第122次、123次、124次执委会会议，第76次咨询委员会会议和2012年年会。

【网站建设】

2012年北京新文化运动纪念馆网站正常运行，新增信息28条。

【表彰】

中央国家机关团工委命名北京新文化运动纪念馆业务部为2011～2012年度中央国家机关青年文明。

北京新文化运动纪念馆获得北京地区博物馆第六次学术会议最佳组织奖，陈翔获得个人学术二等奖。

文化部授予郭俊英全国文化文物系统优秀党务工作者称号。

文化部授予高嵩巍全国文化文物系统优秀共产党员称号。

北京市

【概述】

2012年，北京市文博系统着力"人文北京"和"中国特色世界城市"建设，积极推动首都建设社会主义文化示范区工作：完成了《北京市地下文物保护管理办法》立项论证报告修改工作，颁布实施了《北京市人民政府关于加强地下文物保护的通知》；设立了"文物及历史文化保护区专项资金"；香山永安寺等一批文物修缮工程全面展开；北京中轴线（含北海）被正式列入更新后的《中国世界文化遗产预备名单》。截至12月底，北京市共有注册博物馆165座，对外开放博物馆152座，首都博物馆联盟在"人文北京"及传统节日宣传活动中的影响力不断提高，为首都博物馆行业的交流、合作提供了崭新的平台；承担了全国第一次可移动文物普查的试点工作，并启动了全市可移动文物普查的前期工作。对全市文物保护单位开展执法巡查1800余次、安全检查近2000次，对全国重点文物保护单位制发检查记录单190份，发现隐患103项并责令整改。全年共举办215场拍卖会，实现成交额近220亿元；6家拍卖企业晋升一类文物拍卖资质，使全市具有一类文物拍卖资质的拍卖企业达到42家；举办"2012北京·中国文物国际博览会"，累计现场和意向成交额达到3.8亿元。印发《北京市文物局"十二五"时期文化遗产保护科学与学术研究规划（2011～2015）》等指导性文件，成立了6个学术专业委员会，科研学术工作有序开展。

【法规建设】

2012年，北京市文物局完成了《北京市地下文物保护管理办法》立项论证报告修改工作，颁布实施了《北京市人民政府关于加强地下文物保护的通知》；制定了依法行政工作计划，修订出版了《文物工作手册》，组织学习《合同法》《大运河遗产管理保护办法》并进行测评；深入开展行政许可案卷评查，规范行政审批。

【执法督察和安全保卫】

2012年，北京市文物安全执法人员针对全国重点文物保护单位制发检查记录单190份，发现隐患103项，责令整改103项；对全国重点文物保护单位、北京市级文物保护单位开展执法检查1800余次，安全检查近2000次。

2012年，北京市文物局系统20多个基层单位引入GPS定位技术，实现对各单位巡逻警卫人员履职情况的实时监督；针对局属单位监控系统设备的老化损耗等情况，投资630余万元建立了"市文物局系统视频监控系统"，提高了文物安全工作效率；针对"7·21"特大自然灾害对安全技防设施的破坏情况，投入约5000万元开展安全技防抢险工程，使技防设施设备的功能得到迅速恢复。

2012年，北京市文物局接到文物举报、信访、上级督办事项101件，经调查核实存在严重违法行为的有6件，罚款140万元；配合公安机关鉴定涉案文物26次、160余件。举办北

2013 中国 文物年鉴

京市文物行政执法人员培训班，对考试合格者进行执法证年审注册；组织区县文委执法人员进行"文物保护单位安全管理工作综合达标要求"课题的调研，使全市文物执法队伍基本素质普遍提高。

3月14日，市文物局组织有关区县文物部门召开专题会议，部署各区对危改和开发区域内涉及的文物建筑和传统建筑进行专项检查工作，要求各区县在开发建设中切实加强不可移动文物和传统建筑保护管理工作，督促建设单位落实好文物原址保护和修缮措施，协调处理好建设与保护之间的关系。

4月12日，市文物局文物监察执法队对宁郡王府、清陆军部和海军部旧址发出第二次隐患整改通知书，同时对国立蒙藏学校旧址、拈花寺进行复查。

4月24日，市文物局文物监察执法队会同部分新闻媒体对东、西城区开发、建设区域内的文物保护单位安全状况和整改情况进行了复查，除个别文物单位（如谢叠山祠）的管理单位没有按要求整改外，其他单位都进行了不同程度的整改。

6月25日，市文物局文物监察执法队会同西城区文化委员会和部分媒体对广济寺进行执法检查，针对广济寺后院西厢房保护范围内违章建筑物给管理使用单位中国佛教协会制发了《限期整改通知书》，要求其3个月内拆除违章建筑物。

8月22日，市文物局文物监察执法队对国立蒙藏学校旧址、拈花寺等全市文物安全隐患严重的单位开展重点跟踪督查，对未按要求整改的单位提出了下一步整改要求，并将督查情况通过新闻媒体进行曝光。

10月23～24日，市政府督查室、市防火委、市文物局联合检查组对万寿寺东路、国立蒙藏学校旧址、清陆军部和海军部旧址、崇礼住宅等全国重点文物保护单位存在的安全隐患开展督查，发现不同程度的安全隐患12处，督促管理使用单位在十八大召开之前彻底整治安全隐患，对暂时不具备彻底整治条件的，要求必须采取有效防范措施，确保十八大期间文物安全。

12月19日，市文物局召开"2012年全市文物安全与执法工作总结会"，传达了国家文物局等14部委联合发布的《关于加强和改进文物安全工作的指导意见》；通报了2012年度全国文物行政处罚案卷评查结果，北京市两个案卷分别被评为十佳和优秀案卷；认真总结和分析了2012年全市文物安全与执法工作，对2013年文物安全与执法重点工作进行了部署。

【不可移动文物的保护和管理】

（一）文物修缮

2012年，设立了"文物及历史文化保护区专项资金"，会同市财政局联合印发了《关于进一步做好文物及历史文化保护区专项资金使用和管理工作的通知》，制定了"百项文物保护修缮计划"并全面启动相关工作。

2012年，明十三陵裕陵、怀柔区河防口长城、大高玄殿乾元阁等一批列入"市政府折子"的重点工程已完成；颐和园德和园等修缮工程全面完工；北京中轴线沿街文物立面保养项目基本完成；北京城城墙遗址、永定门瓮城及箭楼等北京名城标志性历史建筑景观修复工程已开始着手前期筹备工作。

（二）文物保护基础工作

2012年，完成了第三次全国文物普查资料整理工作，初步编制完成文物普查工作报告；组织召开第三次全国文物普查总结及后续工作会，通报了普查工作成果；《新编名胜古迹词典》编制工作顺利推进；长城资源调查成果整理和发布工作圆满完成，颐和园和周口店北京人遗址监测预警方案立项；首钢、焦化厂等工业遗产调查工作顺利完成。

3月1日，北京市16个区县同时启动"千名文物安全监督员上岗工程"和"普查登记文物挂牌工程"。继各级文物保护单位设立标志之后，北京市又为属于普查登记文物范围的文物建筑设立保护标志，明确保护身份。

4月12日，"颐和园世界文化遗产监测中心"在颐和园文昌院揭牌成立，标志着颐和园的遗产保护工作向着科学化、数字化迈出新的一步。

6月9日，"文化遗产日"主会场活动在永定门广场举办，活动以"你好，中轴——市民寄语北京中轴"和第二批"中轴线保护推广使者"评选活动为主题，举办了《我与中轴线》和《聚焦中轴线》两本书的发行仪式，并宣布启动北京市第八批市级文物保护单位保护标志和历史文化保护区胡同说明牌安装工程。

7月6日，启动第九批保护范围和建设控制地带划定工作，本次划定工作范围为市政府新公布的第八批北京市文物保护单位，由北京市规划院和北京市古代建筑研究所承担。

12月31日，"世界文化遗产——周口店遗址监测中心"揭牌仪式在周口店遗址举行。随后，国家文物局副局长童明康带领相关人员就遗址安全防范工作进行检查，详细了解了环境整治及猿人洞保护性发掘情况。

（三）区县文物保护工作

2012年，东城区明城墙遗址西段抢险、欧美同学会修缮等工程基本完工；西城区参与完成中轴线西侧北海、宋庆龄故居、醇亲王北府、火德真君庙等19处文物保护单位外立面修缮、整治工作；朝阳区东岳庙西路、东路的古建修缮和配套工程建设进展顺利，善各庄关帝庙、十八里店双龙寺、日坛等5处古建修缮工程完成项目评审；海淀区开展六郎庄文物保护、齐白石墓迁移等一批保护工程；丰台区共申报宛平城南城墙修缮工程、南苑兵营司令部修缮工程等项目22项，批复12项；石景山区完成崇兴庵修缮、承恩寺壁画保护等一批文物保护工程；门头沟完成对爨底下村、灵水村、琉璃渠村等3处国家历史文化名村保护的检查工作；顺义区对在"7·21"特大自然灾害中受损的开元寺等多处文物古建进行抢险修缮；通州区对运河核心区内的文物进行有限整合，恢复老街区、老胡同原貌，通州区真武庙修缮工程已基本完工并通过验收；房山区在"7·21"特大自然灾害过后积极开展文物抢险修缮，使险情得到有效控制；怀柔区对箭扣段长城进行抢险修缮，完成河防口西段长城抢险加固修缮工程；昌平区肖村关帝庙等10个项目已完成评审，沙河巩华城修缮工程等5个项目正在评审；大兴区团河行宫修复工程有序推进，德寿寺遗址考古发掘工作圆满完成；平谷区完成熊儿寨长城、临泉寺、将军关城垣抢险修缮工程；密云县启动黄岩口长城段、曹家路戏楼等多项抢险修缮工程；延庆县灵照寺石碑保护工程、吕祖庙修缮工程等项目顺利竣工；十三陵特区启动居庸关城隍庙等11项文物保护修缮工作，明裕陵修缮主体工程已完工；八达岭特区稳步推进未开放段长城的修复工作，南7楼至南16楼修复工程正按计划推进。

（四）大遗址保护

2012年，全面推进"六处大遗址"保护与展示工作，积极开展圆明园、周口店考古遗址公园建设工作，启动周口店遗址公园规划编制工作；积极推进琉璃河、团河行宫、金陵等遗址的保护规划和考古遗址公园规划编制工作。

1月9日，北京市委常委会审议中轴线"申遗"相关工作，会议听取了市文物局关于前期工作进展、保护规划、"申遗"文本编制和今后重点工作的汇报。审定了中轴线申报范围、总体计划与近期重点工作，要求市文物局继续组织完善中轴线申报名称，深入挖掘中轴线历史文化内涵，按计划推进申报等工作。

2月24日，联合国教科文组织总干事班德林先生考察了北京中轴线的永定门、正阳门，班德林先生表示中轴线"申遗"工作应加快进度，并对天坛及先农坛保护环境的整治计划表示关注。

5月24～25日，国际遗址理事会专家对北京市申报世界文化遗产预备名单的北京中轴线、北海进行实地考察评估工作，对申报世界遗产基本情况、保护措施、管理状况、遗产价值、展示利用、真实性、完整性等进行全面考察。

6月27日，全国政协副主席罗富和、文史和学习委员会主任陈福今等一行20余人在北京调研大运河保护申遗工作。调研组视察了东城区玉河故道、澄清中闸（东不压桥）、上闸（万宁桥）、朝阳区平津上闸、北运河通州段，并举行座谈会听取北京市有关方面汇报大运河保护与申遗工作开展情况。

9月6日，根据大运河申遗省部际会商小组的统一部署，公布经国家文物局和市政府批准的大运河北京段保护规划。该规划按照大运河遗产保护规划编制的有关要求及《全国重点文物保护单位保护规划编制要求》，对大运河北京段进行了详细调查，划定了大运河遗产保护范围和建设控制地带，为今后进一步加强北京地区大运河遗产保护和推动申遗工作奠定了基础。

11月17日，国家文物局召开"全国世界文化遗产工作会议"，正式公布更新后的《中国世界文化遗产预备名单》，包括我国28个省、自治区、直辖市及香港特别行政区的45项文化遗产，其中北京中轴线（含北海）正式列入预备名单。

【考古发掘】

2012年，共完成国家大型工程地下文物保护工程7项，考古勘探工程64项，总勘探面积780万平方米，考古发掘33项，总发掘面积3万余平方米，清理古墓葬515座，出土文物1000余件。完成地下文物调查报告9个，出版专著11部，发表学术论文和考古发掘简报42篇。在丽泽金融商务区园区规划绿地工程、通州区北苑商务区工程等考古发掘中取得了丰富的成果。

【博物馆与可移动文物】

2012年，新注册登记西藏文化博物馆、中国传媒大学博物馆及北京奥运博物馆三家博物馆，截至12月底，北京市共有注册博物馆165座，对外开放博物馆152座。国家美术馆、徐悲鸿纪念馆、周口店北京人遗址博物馆等一批新建、改扩建工程进展顺利。

2012年，依法开展北京地区博物馆年检工作；区县博物馆馆藏珍贵文物的数据库建设工作顺利推进；按照国务院关于开展全国第一次可移动文物普查工作的要求，启动全市可移动文物普查前期工作；完成《如此江山亭清集诗序卷》等一批重要文物的征集工作；完成《博物馆常用英语》及博物馆陈列展览、社会教育两方面业务工作规范的编写工作。

1月18日，"中国古代建筑展"在北京古代建筑博物馆开幕。展览陈列面积2700平方米，展出各类文物展品近800件（套），从中国古建发展历程、中国古建营造技艺、中国古建类型欣赏、中国古代城市规划四个方面，通过文物、图片、模型及多媒体，形象展示了中国古代建筑的历史文化风貌。

4月18日，"时空穿越——红山文化出土玉器精品展"在北京艺术博物馆开幕，展览分"闪石为主，兼及其他""仿生突出，动物崇拜""几何造型，抽象莫测""玉以通神，器以载礼"等六个部分，以104套（107件）展品较为全面展示红山文化玉器独特的文化内涵。

5月16日，首都博物馆和北京电视台联合推出的"'假'如这样——真'假'藏品对比展"在首都博物馆开幕，展品全部为瓷器，以釉彩为切入点，分青花、五彩、单色釉三部分，采取仿制品与首都博物馆的40余件（套）藏品相对比的方式展出，揭开仿制品的庐山真面目。

5月18日，以"北京博物馆100年——从馆舍天地走向大千世界"为主题的"5·18国际博物馆日"主题活动在国家博物馆圆满举行，推出北京地区博物馆电子地图查询系统、启动"百名志愿者讲北京——魅力北京、百场讲述""百家博物馆进社区"等活动，举办2012年北京收藏交流大会。

5月18日，荟萃故宫博物院、北京艺术博物馆、明十三陵定陵博物馆等北京市多家博物馆精品的"阅古赏珍——北京明清文物精品展"在首都博物馆开幕，展览以明清时期文物精品作为基本陈列，按陶瓷、佛造像、玉器、金银器、竹木牙角器和丝织品等划分七大单元，展出代表北京历史文化的精品文物共约300件。

6月12日，"北京的胡同四合院"展在首都博物馆开幕。展览以城市为背景，将胡同四合院的形成发展和北京人的生活作为主要展示内容，展出首都博物馆馆藏文物84组（件），外借文物46组（件），市档案馆馆藏档案实物160余件、数字化档案300余件、图片100余张，呈现北京胡同四合院的历史演变和百姓的生活状态。

8月17日，由北京市文物局主办、老舍纪念馆承办的"老舍胡絜青伉俪暨馆藏名人书画展"在首都博物馆开幕。展览首次集中展出老舍纪念馆馆藏的名家字画、老舍真迹等近百幅，还将"丹柿小院"还原到展厅中。

11月7日，由北京市文物局、辽宁省朝阳市文物局主办，北京辽金城垣博物馆、辽宁省朝阳市北塔博物馆共同承办的"大辽遗珍——辽代文物展"在北京辽金城垣博物馆开幕，共展出鎏金银塔、金银经塔两件国宝级文物及其他珍贵文物100件（套）。

12月6日，"中华牌楼展"在北京古代建筑博物馆开幕。展览采取故事与建筑相结合的方式，讲述牌楼深厚的历史文化内涵及象征意义，共涉及古今中外具有代表性的牌楼近百座，大部分图片为设计人员实地拍摄。

【社会文物管理】

2012年，北京市各拍卖企业共举办拍卖会215场，依法审核文物拍卖标的17万件（套），确定国家一级珍贵文物29件，撤拍禁止拍卖类文物318件，实现交易额近220亿元。15家企业新增文物拍卖经营资质，6家拍卖企业晋升一级文物拍卖资质，使全市具有一级文物拍卖资质的拍卖企业达到42家，占全国一级文物拍卖企业总数的37%。完成北京市2010~2011年度《文物拍卖许可证》年审的初审工作。文物进出境管理工作不断加强，全市进出境文物近2万件（套），海外回流文物数量显著回升。

2月28日，2012年北京市文物拍卖工作会议召开，会议总结了2011年度北京市文物拍卖工作。中国嘉德、北京翰海、中国保利等全市104家文物拍卖企业主要负责人参会。

2013
中国
文物年鉴

5月7日，"北京文物艺术品交易产业发展座谈会"召开，市委常委、宣传部长、副市长鲁炜和中国拍卖行业协会会长张延华等领导出席会议，收藏家代表及北京市110家文物拍卖企业和部分文物商店负责人、部分中央和北京市新闻媒体参加座谈。

6月，北京文物市场调研工作正式启动。本次调研对北京市文物拍卖市场、文物商店、旧货及古玩市场以及新兴的文物交易业等进行全方位的调查研究，对北京文物艺术品市场的发展现状、趋势及存在问题进行深入分析，为今后文物市场更为规范的管理提供决策依据。

9月19日，北京市文物局与北京市商务委员会和北京市工商行政管理局联合下发了《北京市工商行政管理局、北京市商务委员会、北京市文物局关于建立拍卖监管联席会议制度的通知》（京工商发〔2012〕102号），并在北京市工商行政管理局举行启动仪式。

【科技与信息】

2012年，成立了6个学术专业委员会，印发《北京市文物局"十二五"时期文化遗产保护科学与学术研究规划（2011～2015）》等科研工作指导性文件；《首都博物馆数字化博物馆建设与研究论文集》《钟铃文物探微》等4部书稿分别通过局科研成果和局青年科研成果出版项目评审，《古书画揭裱保护研究》《北京考古史》等5项课题分别获市科委、市社科规划办立项；《北京文物建筑大系》等3项科研成果分获北京市第十二届哲学社会科学优秀成果一、二等奖。

2012年，完成了北京市科学技术普及工作先进集体和个人评选工作，开展了2012年度北京市科普项目社会征集项目的申报工作和局系统科普统计工作；开展博物馆科普下基层活动，结合北京市百家科普基地对接百家社区的"双百对接"活动，深入学校、社区、农村等广泛开展科普活动20余次，受益人数1万余人次；组织首都博物馆、北京文博交流馆等单位的7个科普互动项目参加"北京科技周"主会场活动。

【文博教育与培训】

3月20～23日，举办藏品保管人员文物知识培训班，设置"中国古钱币知识与古钱币辨伪""历代瓷器鉴定""明清玉器鉴定""现代科技在文物鉴定中的应用"四个专题，主要串讲历代器物发展特点，教授简单的辨伪知识。

5月21～22日，举办"文物安全与执法"培训班，围绕文物安全巡视检查和文物执法方面的具体要求、巡查方法、执法程序、巡查和执法技巧、注意事项等进行授课。

5月22～28日，第二期新疆和田地区文物局赴京培训班开班，邀请和田地区一线维吾尔族看护员一行15人来京学习。

8月6～10日，在首都师范大学举办2012年度中青年干部能力提高班，重点围绕学习贯彻市十一次党代会精神、结合当前应对"7·21"特大自然灾害文物抢险善后及文博事业发展实际，开展有针对性的培训。

8月15日，"北京市2012年度古建技师研修班"在孔庙和国子监博物馆开班，8月15日～9月12日期间的每周三、周五授课，此次研修班是北京乃至全国首次举办的同类研修班，旨在调动北京市古建修缮施工人员学习的积极性，提高古建修缮施工人员的专业技术水平。

8月22～30日，在首都师范大学举办新任职干部培训班，重点围绕社会主义核心价值体系建设、领导者素质与能力、文化建设等方面开展。

11月20～22日，举办主题为"文物与科技"的第十届北京地区博物馆科普（文博科技）培训班，邀请故宫博物院、中国文化遗产研究院等机构的专家围绕"现代科学技术对古代文物的研究""文物保护与科学技术"等内容进行专题讲座，并组织参培人员赴故宫博物院文保科技实验室与首都博物馆文物保护修复中心进行现场观摩。

【文博宣传与出版】

2012年，以"5·18国际博物馆日""文化遗产日"等重要文博事件为重点，共举办各类新闻发布会、组织媒体记者集体采访活动54次，接待国内外记者采访42次；向北京市委、市政府和国家文物局等相关单位报送重要信息350条，被采用202条；北京文博网共发布文字170余万字，信息1200条，新赠专题6个；市文物局官方微博发布信息1100余条。

2012年，《军都山墓地：葫芦沟与西梁垙》《军都山墓地：玉皇庙》荣获北京市第十二届哲学社会科学优秀成果一等奖，《北京文物建筑大系》（共10册）和《北京文物地图集》荣获二等奖。

【对外交流与合作】

2012年，北京市文物局因公出国（境）及赴港澳的团组共38批，实际出访128人次，赴台湾团组13批69人次。首都博物馆在台湾推出的"智慧华严——北京首都博物馆佛教文物珍藏展"，彰显了两岸人民同根同文、血浓于水的情感纽带，促进了两岸同胞的文化认同；周口店北京人遗址博物馆与韩国石壮里博物馆共同举办"'北京人'在韩国"展览，推动了中韩两国间的文化交流活动；哥斯达黎加圣何塞市中国牌楼建设项目，体现了北京与圣何塞两市的友好交流和发展。

【其他】

3月21日，召开第三次全国文物普查总结及后续工作会，通报了第三次全国文物普查工作成果，为各区县普查队伍和参与文物普查工作的单位颁发荣誉证书，并对文物普查后续工作提出了要求。

4月19～22日，组织首都博物馆、北京文博交流馆、北京市古代钱币展览馆、北京古玩城有限公司等9个单位赴台北参加"2012海峡两岸文化创意产业展"，实现交易额303.74万元人民币。

5月25日，北京市文物局、首都博物馆联盟和房山区委、区政府联合在位于房山区琉璃河镇的北京西周燕都遗址博物馆举行活动，纪念北京建城3057年。活动以"敬德保民　坤厚鼎盛"为主题，先后推出"堇鼎回展""历史文化游""燕国历史文化展""科普教育基地互动平台展示""文博大讲堂"和"燕风新韵书画笔会"六项系列活动。

7月21日，特大暴雨使全市163处不可移动文物遭受不同程度的损失，其中全国重点文物保护单位16处、市级文物保护单位27处、区县级文物保护单位60处、普查登记项目60处，受损面积约21万平方米，经济损失约8.5亿元（包括基础设施、服务设施等）。市文物局立即成立灾后文物修复工作领导小组和抢险工作队，深入现场进行实地考察和抢险指导工作，并采取了一系列措施组织实施灾后文物抢修工作。

8月24日，首都博物馆、韩国国立民俗博物馆共同主办的"朝鲜王朝时代的生活"展在首都博物馆开幕。展览按照韩国传统人生礼俗，分"弄璋之庆——分享拥有孩子的喜悦""切磋琢磨——学习学问修养德行""百年佳约——相约共度百年"等六部分，展出韩国国立民俗博物馆所收藏的80件（套）韩国朝鲜王朝时期民俗文物，较完整地勾勒了朝鲜王朝时代人们的一生。

9月9日，"第三届北京孔庙国子监国学文化节"开幕，期间先后推出"祭孔大典""大成礼乐文艺展演""明清进士书画艺术展""孔庙国子监藏御制匾额精品展""国学圣地赏国艺——金丝楠文化主题精品展"以及"国子监大讲堂之道德讲堂"等11项文化活动。

10月22日，"北京第一届讲解员大赛"决赛在首都博物馆举行，进入决赛圈的中国抗日战争纪念馆、中国妇女儿童博物馆、中国航空博物馆、首都博物馆、中国电影博物馆、北京汽车博物馆等23家博物馆的40名选手分别进行了讲解展示以及知识问答环节的比赛。经过激烈的角逐，首都博物馆刘蕊等10人获得"十佳讲解员"荣誉称号；北京汽车博物馆佟彤等30人获得"优秀讲解员"荣誉称号。

10月28日～11月1日，"2012年国际古迹遗址理事会顾问委员会和执行委员会会议"在北京召开，来自56个国家的112名代表出席了会议，国务委员刘延东，文化部部长蔡武，国家文物局副局长童明康，北京市委常委、宣传部部长、副市长鲁炜等领导出席了开幕式。期间举办了科学理事会会议、世界遗产申报培训等活动，与会代表对颐和园、八达岭长城、北京中轴线等进行了考察。

10月28日，主题为"科技进步、文化创意与博物馆发展"的"2012博物馆及相关产品与技术博览会"在全国农业展览馆开幕，国内外59家博物馆、132家相关企业参展，其中包括来自韩国、美国、英国、希腊等国的文化机构和博物馆。

12月8日，"2012北京·中国文物国际博览会"在全国农业展览馆新馆举行。此次博览会以"历史传承文化、收藏贤聚北京"为主题，分文物商店展区、拍卖公司展区、海外藏家展区等六大展区，参展商120余户。

2013
中国
文物年鉴

天津市

【概述】

2012年，在中共天津市委、市政府的正确领导下，天津市文物局坚持以邓小平理论和"三个代表"重要思想为指导，深入贯彻落实科学发展观，认真贯彻落实国家文化遗产保护方针，文物博物馆事业取得了显著的成绩。天津市历史上规模最大、标准最高、投入最多的标志性文化设施——天津文化中心建成并投入使用。天津市第三次全国文物普查工作圆满完成。大运河遗产保护和申遗工作扎实推进。公共博物馆、纪念馆举办公益特色展览约60场，接待观众410余万人次。天津博物馆荣获"全国文明单位"称号。周恩来邓颖超纪念馆荣获"全国文化体制改革工作先进单位"称号。天津市西青区文物保护所荣获"全国文物系统先进集体"称号，元明清天妃宫遗址博物馆馆长、天津市文化遗产保护中心主任梅鹏云荣获"全国文物系统先进工作者"称号。

【执法督察与安全保卫】

5月15日~6月5日，天津市文化市场行政执法总队联合区县文化市场行政执法大队依照国家文物局《文物保护单位执法巡查办法》的有关规定，对宝坻、蓟县、宁河、西青、津南、静海及滨海新区等7个区县市级以上文物保护单位进行执法巡查，检查国家重点文物保护单位2处、天津市文物保护单位15处、尚未公布为文保单位的不可移动文物1处，有力促进了市级以上文物保护单位的日常保护和管理，推进了文物执法工作的展开。

8月17日，天津市文物局、天津市海洋局以及中国海监天津市总队、天津市文化市场行政执法总队、天津市文化遗产保护中心，在天津中心渔港码头正式启动了"天津市管辖海域文化遗产联合执法行动"。该行动对是否存在破坏水下文物的违法违规行为进行了重点巡查，对水下遗产保护现状进行了直观了解。

9月，天津市文化市场行政执法总队对天津华峰铭筑建筑装饰工程有限公司未取得文物保护工程资质证书擅自修缮天津市文物保护单位原伪满洲国领事馆一案进行了立案查处。11月9日，天津市文化市场行政执法总队责令该公司改正违法行为，并给予该公司罚款8万元的行政处罚，保护了天津市原伪满洲国领事馆的原有风貌，对擅自进行文物修缮的违法行为起到了规范和震慑作用。

【不可移动文物的保护和管理】

（一）概况

2012年，天津市共有国家重点文物保护单位15处，省（直辖市）级文物保护单位113处。按照国务院的统一部署，在天津市委、市政府的领导下，在各有关部门的大力支持下，全市各级文物普查机构高度重视、周密安排、扎实工作，圆满完成了第三次全国文物普查工作。此次普查共调查登记不可移动文物2082处，其中复查929处、新发现1153处，新发现占普查总量的55.4%。文物总量由第二次全国文物普查时的1282处增加了800处。天津市工业遗产、长城、大运河、水下文物专项调查工作取得显著成果。

（二）全国重点文物保护单位

2012年，蓟县文物保管所对独乐寺观音阁内部进行日常监控，包括温湿度、生物影响、光线影响、风雨影响等。为确保文物安全，蓟县文物保管所进行了独乐寺管线入地工程、院内照明工程、远红外报警系统更换工程，同时加强消防安全教育，组织在岗职工进行实战消防安全演练。

6月，梁启超旧居修缮工程完工，恢复对外开放。梁启超旧居建筑主体已近百年，修缮之前楼顶多处漏雨，墙体碱蚀脱落，地板塌陷，外檐风化严重。本次修缮始于2011年8月，按照"修旧如故"的原则进行，根据历史照片和梁氏后人的回忆恢复了围墙和院落的布局，既确保工程质量，又最大限度保留和恢复历史信息。

（三）世界文化遗产

1. 世界文化遗产项目的申报、评审

在大运河保护和申遗省部际会商小组第四次会议召开之后，天津市召开大运河保护和申遗工作领导小组第二次（扩大）会议。会议强调，市大运河保护和申遗工作领导小组成员单位和大运河沿线各相关区县要加强组织领导，建立健全组织机构。按照文物"属地管理"的原则，大运河沿线各相关区县要承担起大运河遗产保护、管理、展示、利用和监测的重要职责，强化督促检查，全面落实责任制。大运河沿线各相关区县于2012年6月底前基本完成倒计时工作方案，建立健全大运河保护和申遗工作领导小组，明确各责任单位的工作职责，确定各项任务目标、时间节点和进度要求。

2. 世界文化遗产保护管理情况

2012年，黄崖关长城景区对旅游基础设施进行改造，安装LED液晶显示屏，增设便民座椅，完善服务标识、购票标识，增设窗口对讲器等；实施供水设施改造工程，增加供水管网的长度，增大供水量；实施绿美工程，对八卦城及太平寨主要景点栽植观赏性树木，铺设草皮，摆放各种花卉；实施生态停车场改造项目，对现有停车场改造扩大，周围栽植树木及花卉；对景区部分危险路段安装防护栏，加宽加长游步道。

【考古发掘】

1. 大沽炮台遗址考古勘探

4～5月，完成大沽炮台遗址考古勘探，发现炮台基址、墙体、古道路等5处遗迹。

2. 张湾明代沉船考古勘探与发掘

4～6月，完成北辰区双街镇张湾沉船考古勘探、发掘。考古勘探面积10000平方米，发掘明代沉船3艘，出土遗物600余件。此次考古发掘邀请国内权威的文物保护专家、测绘专家、水利专家、文史专家等参与到工作中来，为出土木船进行本体保护、三维测绘、全景漫游航拍、沉船原因分析等工作。

3. 蓟县东五百户唐代墓葬勘探与发掘

5月，进行蓟县东五百户唐代墓葬勘探、发掘工作，勘探面积约200平方米。发掘唐代砖室墓2座。随葬品出土了1块白瓷片和1枚银簪。

4．塘廊高速公路天津段一期工程文物调查

6月，进行塘廊高速公路天津段一期工程文物调查，共发现西蛇麻港遗址、大田庄遗址、学郝铺遗址、盆罐庄遗址、王良庄遗址、田庄坨遗址、田庄坨墓地和赵本庄墓地8处古代遗址和墓地。

5．南港工业园区填海工程建设用地物探扫侧

7～8月，完成天津南港工业园区填海工程建设用地（海域部分）物探扫侧工作。利用旁侧声呐、浅地层剖面仪、DGPS（差分全球定位系统）以及Garmin GpsMap 2008海图定位导航仪等科技手段完成二期物探面积26.8平方千米，汇总2011年一期物探工作成果，编制《天津南港工业园区填海工程建设用地（海域部分）文物调查评估报告》。

6．液化天然气（LNG）项目天津段考古调查

10月，启动天津液化天然气（LNG）项目天津段文物保护前期考古调查工作，计划调查管线长度351千米，跨越7个区县。

【博物馆与可移动文物保护】

（一）博物馆

1．天津文化中心的建成与天津博物馆新馆、天津美术馆的对外开放

天津文化中心是天津市委、市政府适应天津经济社会快速发展，体现城市发展定位，进一步完善城市文化功能，充分利用和整合现有文化资源，满足人民群众日益增长的文化需求而规划建设的工程。天津文化中心总占地面积90公顷，总建筑面积约100万平方米，包括天津博物馆、天津美术馆、天津图书馆、天津大剧院、阳光乐园、市民广场、交通枢纽、基础设施及景观配套工程。天津文化中心于2009年9月动工兴建，2012年5月19日面向社会开放。

作为天津文化中心的文博场馆，天津博物馆新馆、天津美术馆在公共文化服务体系建设中发挥着重要的作用。天津博物馆新馆设计融合了穿越时空隧道、连接未来之窗的理念，新颖独特，是天津地区集收藏、保护、研究、陈列、教育为一体的大型公益性文化机构和对外文化交流的窗口。天津美术馆建筑简洁大方，极富现代气息，设施完善，提供常设性和临时性展览空间，可同时举办多个高质量、高规格的国内外大型艺术展览及活动，为观众营造文化休闲的艺术氛围。

2．博物馆建设

2月底，三条石历史博物馆暨福聚兴机器旧址展览布展工作完成，基本陈列为"三条石地区机器、铸铁业变迁史陈列""福聚兴机器厂旧址复原陈列"。

5月9日，三条石历史博物馆暨福聚兴机器厂旧址落架大修工程竣工仪式举行。

5月20日，觉悟社纪念馆闭馆准备修缮。馆内开始整理内务、清撤展品、拍摄资料、整理文物档案。

6月初，天津天后宫开始进行整体修缮工程。

6月25日，2011年8月启动修缮工作的天津梁启超纪念馆举行开馆仪式。

6月28日，元明清天妃宫遗址博物馆改扩建方案设计专家论证会召开。

7月4日，觉悟社纪念馆将展品和相关物品搬入女星社院落安置。施工方工作人员进入现场，修缮工程正式开工。

12月3日，天津天后宫经过半年的修缮重新对外开放。

12月20日，觉悟社纪念馆修缮布展完成，重新对外开放。

2012年，天津自然博物馆完成新馆外檐改造工程，对新馆展陈大纲不断深化与完善。

3．博物馆间的交流与合作

3月26日，"魅力·智慧——美国人眼中的周恩来"展览在上海陈云故居暨青浦革命历史纪念馆开幕。

4月28日，天津博物馆参加浙江省博物馆举办的"浙派集英——明代浙派绘画珍品特展"，选送文物2件。

5月18日，"魅力·智慧——美国人眼中的周恩来"展览在南京梅园新村纪念馆开幕。

6月21日，沈阳"九·一八"历史博物馆与平津战役纪念馆联合举办的"二战序幕 抗战起点——'九·一八'事变史实展"在平津战役纪念馆展出。

8月12日，广东省的梁启超纪念馆在提升改造期间到天津梁启超纪念馆进行考察交流。

11月5日，天津博物馆参加苏州博物馆举办的"石田大穰——吴门画派之沈周特展"，选送文物3件。

12月31日，天津博物馆原创展览"俗世雅趣——天津民间艺术展"赴海南省博物馆展出。

4．重要展览

1月16日，天津杨柳青木版年画博物馆举办"赏年画、观民俗——龙年画龙 五福临门"展览。

1月19日，"钟馗王——中国著名画家漓江雨书画展"在李叔同故居纪念馆开幕。

2月12日，"天津市首届中国历代碑刻拓本收藏展"在天津文庙博物馆开幕。

2月18日，"魅力·智慧——美国人眼中的周恩来"展览在周恩来邓颖超纪念馆开幕。

3月5日，"踏寻雷锋足迹"展览在平津战役纪念馆展出。该展览展出后，受到广泛好评，被评为2012年度天津市最受市民欢迎的精神文明建设项目。

3月29日，"回顾历史 追忆伟人——周恩来邓颖超遗物特展"在周恩来邓颖超纪念馆开幕。

4月25日，天津杨柳青木版年画博物馆举办"水墨情怀——木版水印画展"。

5月19日，天津博物馆新馆、天津美术馆建成开馆。天津博物馆"天津人文的由来""中华百年看天津""耀世奇珍——馆藏文物精品陈列"，天津美术馆"天津近代书画作品展""面向现代——馆藏20世纪上半叶中国画展""中国当代美术名家捐赠展"等展览对外开放。

6月1日，天津鼓楼博物馆举办"法国——菲利普·伽酥先生油画作品展"。

8月1日，"前辈的身影——老一辈革命家精神风范展"在平津战役纪念馆展出。

9月28日，第二届全国非物质文化遗产展示会在天津美术馆开幕。

9月30日，天津博物馆展出"聚赏珍玉——中国古代玉器陈列""青蓝雅静——馆藏明清青花瓷器陈列""寄情画境——馆藏明清绘画陈列"等8个文物艺术品主题展览。同日，纪念弘一大师圆寂七十周年系列活动之"弘裔书韵——李莉娟女士弘体书法展"在李叔同故居纪念馆开幕。

10月，为纪念梁思成先生发现独乐寺80周年，蓟县文物保管所联合天津大学建筑学院举办"发现独乐寺80周年"图片展，国庆节期间在独乐寺展出。

12月20日，由天津市委宣传部、新华社天津分社主办的"高举伟大旗帜，奔向美好未来——宣传贯彻党的十八大精神大型图片展"在天津博物馆开幕。

（二）可移动文物保护

2012年度接收文物691件（套），征集藏品127件（套），修复藏品1174件（套）。

天津博物馆完成400余件（套）新馆上展文物的保护、修复、拓印等工作，完成库房搬迁前的文物核对工作，继续进行文物信息数字化建设，进一步完善了藏品数据库系统。

塘沽博物馆完善馆内可移动文物档案信息，按照藏品的入馆年份、征集来源等类项，进一步对藏品及登记表进行核查、分类、整理，涉及藏品4000余件，使塘沽博物馆藏品管理工作更加有序。

【社会文物管理】

2012年审核拍卖标的物品13917件，撤拍33件；文物商店售前审核671件，确定不允许销售46件；审核出境文物及文物复仿制品2515件，经审核禁止出境的文物23件，审核临时进境文物75件；受天津海关委托，现场鉴定疑似文物2488件，经鉴定禁止出境文物261件。

【科技与信息】

2012年，天津博物馆文保部主任马金香承担省部级项目"天津博物馆馆藏文物三维数字化工程及应用"及"有机质文物的绿色环保防虫防腐技术开发与示范"；天津文博院罗漫承担省部级项目"文博英语翻译问题的处理方法研究及其在天津文博系统的应用"。

【文博教育与培训】

1. "名师教室"工程稳步推进

天津市文博系统"名师教室"工程是天津市文化广播影视局（天津市文物局）贯彻落实"文化强市"战略和"人才兴文"战略，加强文博系统优秀青年人才培养的举措。该工程由天津文博院组织实施。

6月11日，"名师教室"第二期开学典礼暨第一期结业仪式在天津文化中心成功举办，标志着"名师教室"第一期培养任务的圆满完成和新一轮文博人才培养工作的正式启动。11月13日、14日，天津文博院举办第二期"名师教室"讲座，北京航空航天大学战略问题研究中心的张文木教授讲授《中东动荡与世界变局》，南开大学历史学院的孙立群教授讲授《漫谈历代王朝的治乱兴衰》。

2. 举办"第二期文物保护工程专业技术人员培训班"

由天津市文物局主办、天津市文物管理中心承办的"第二期文物保护工程专业技术人员培训班"于2012年4月举办。天津市具有文物保护工程勘察设计、施工、监理资质单位的法人、项目负责人及主要专业技术人员参加培训。培训邀请了北京、河南及天津的相关专家为学员授课，提升了文物保护工程专业技术人员业务水平。

3. 举办"天津市文物收藏单位藏品管理人员培训班"

由天津市文物局主办、天津市文物管理中心等单位承办的"天津市文物收藏单位藏品管理人员培训班"于2012年4月在天津文庙博物馆举办。培训班邀请北京及天津的相关专家授课。培训对于加强天津市文物收藏单位的藏品管理人员队伍建设，提升文物保护管理工作的规范化和科学化管理起到推动作用。

4. 举办"天津市区县、行业及民办博物馆馆长培训班"

由天津市文物局主办、天津市文物管理中心承办的"天津市区县、行业及民办博物馆

2013 中国 文物年鉴

馆长培训班"于2012年8月举办。天津市35名区县、行业及民办博物馆馆长参加培训。培训邀请北京及天津市的相关专家为学员授课，提升了行业博物馆、民办博物馆法人治理、藏品保护、研究、展示和服务能力及水平。

5. 举办"文物管理人员专业知识培训班"

为做好文物保护管理工作，确保国有不可移动文物安全，由天津市文物局主办、天津市文物管理中心承办的"文物管理人员专业知识培训班"于2012年11月举行。培训班邀请中国文化遗产研究院、天津大学及天津市文化遗产保护中心的专家授课，天津市各区县文物行政部门主管领导、文保所所长及文博干部参加培训。培训使学员们树立了文物安全意识，加强了对文化遗产保护的认识，对提高文物保护工作水平起到推动作用。

【文博宣传与出版】

（一）文博宣传

1月27日，为丰富群众业余文化生活，由天津市文物局主办、天津市文物管理中心等承办的"津门谈古"文博系列公益讲座，在天津文庙博物馆举办。讲座邀请著名专家、学者进行文化遗产、博物馆知识、文物鉴赏、民俗文化等相关讲座。首场于正月初五（1月27日）开讲，由著名民俗专家罗澍伟先生讲授"龙年吉祥——春节风俗漫话"。"津门谈古"全年共进行12讲，包括著名书画鉴定专家刘光启讲授"书画鉴定漫谈"，南开大学历史学院教授刘毅讲授"蓟县清代皇子园寝"等。

5月16日，在"5·18国际博物馆日"即将到来之际，由天津市文物局主办、天津市文物管理中心承办的"走进博物馆——公共博物馆发展简史图片展"在滨海新区塘沽博物馆举行。该展览通过数百幅精美图片，介绍了国内外80余家著名的博物馆和珍贵馆藏文物（标本）80多件，使观众了解世界公共博物馆的发展进程，让更多的朋友通过参观这个展览热爱博物馆。

6月9日，在"文化遗产日"之际，由天津市文物局主办、天津市文物管理中心承办的"文化遗产日"宣传活动在天津梁启超纪念馆前举行。活动推出"文物知识法规问答漫画""春华秋实·天津市第三次全国文物普查成果七所联展"等展览，举办"知文物保护法，爱家乡文化遗产"文博知识有奖竞答，举办"文化遗产与文化繁荣"书法笔会、"画笔下的文化遗产"现场写生等，邀请天津市知名文物鉴定专家为人们现场鉴宝，并提供文物法规和文物保护咨询。同日，元明清天妃宫遗址博物馆举办"走进考古现场　揭秘运河古船——张湾明代古沉船发掘公众开放周"的"文化遗产日"系列活动，活动包括室内考古发掘观摩、出土文物展示、发掘过程图片展览介绍，以及有关大运河的专家讲座等系列文化活动。

7月8日，天津美术馆"美术讲坛"系列活动正式开始。该活动邀请美术界学者进行讲座，帮助美术爱好者解读展览和展品的艺术创作之美。首讲由天津美院教授何延喆讲授"萧朗先生花鸟画欣赏"。"美术讲坛"2012年共举办9讲，包括中央美术学院教授袁宝林讲授"百年天津名家书画"、南开大学东方艺术系教授陈聿东讲授"中西绘画欣赏漫谈"等。

7月21日，天津博物馆"天博讲堂"系列活动正式开始。该活动邀请文博界专家学者以讲座的形式向人们普及历史、艺术知识。首讲为天津博物馆研究馆员、器物部副主任刘渤的"从五大名窑说起——'馆藏文物精品陈列'之瓷器赏析"。"天博讲堂"2012年共举办19讲，包括国家文物局考古发掘领队姜佰国讲授"天津考古"，天津市民间文艺家协会主席、天津博物馆研究馆员崔锦讲授"天津的民间艺术"等。

9月27日，"第六届中国·天津妈祖文化旅游节"在天后宫戏楼前海河亲水平台开幕。开幕

2013
中国
文物年鉴

式由"万世敬颂""慈航普度""福佑四方"及"天海安澜"四大板块组成。开幕式前,在古文化街天后宫宫前广场举行了主题为"同谒妈祖情 四海一家亲"的"天津天后祭拜大典"活动;开幕式后,天津、台湾皇会15道会600余人的表演队伍进行全长1600米的踩街表演。

9月28日,天津市"第二届国学文化节"活动在天津文庙举办。该活动旨在弘扬中国传统文化,促进文化大发展大繁荣,丰富公众的精神文化生活,打造天津市独特的传统文化传播品牌。2012年的活动设置"礼乐日——文化圣地兴礼乐""养生日——太极展演谈养生""育才日——开笔启蒙论育才""孝德日——成人礼仪扬孝德"等6个主题日,通过讲座、主题活动等,为人们献上了文化盛宴。

(二)学术研究与出版

《天津博物馆》(中、英文),《天津博物馆》编辑委员会编,伦敦出版(香港)有限公司、天津人民美术出版社2012年3月出版。

《天津博物馆精品系列图集》(5册),天津博物馆编,文物出版社2012年4月出版。

《古玉研究》,白文源著,广陵书社2012年6月出版。

《天津博物馆论丛2011》,天津博物馆编,天津人民出版社2012年4月出版。

《集玉存珍》,白文源主编,文物出版社2012年8月出版。

《我和我的展览》,黄克力著,天津人民出版社2012年9月出版。

《天津市明长城资源调查报告》,天津市文物局、天津市文化遗产保护中心、天津市明长城资源测量队编著,文物出版社2012年11月出版。

【机构及人员】

2012年,天津市文物行业机构(包括博物馆、文物保护管理机构、文物商店)共计29个,其中文物系统博物馆20座、文物保护机构8个,文物商店1家,从业人员总计918人。

【对外交流与合作】

2月10日,由俄罗斯卫国战争纪念馆、平津战役纪念馆联合主办的"战火中的莫斯科"展览在平津战役纪念馆开幕。

4月28日,周恩来邓颖超纪念馆馆长康金凤赴美国参加美国博物馆协会2012年年会暨博览会。

5月24日,天津自然博物馆接待环球健康与教育基金会中国区代表及南非动物标本制作专家Cecil Corringham先生,就当今国际动物标本先进制作技术与养护、自然类博物馆如何科学布展等事项进行了交流,并达成合作意向。

7月24日,非物质文化遗产天津杨柳青木版年画项目国家级代表性传承人王文达、市级非物质文化遗产代表性传承人杨学敏代表天津杨柳青木版年画博物馆赴韩国参加"韩国丽水世博会天津周",展示杨柳青木版年画技艺。

9月18日,作为"2012非洲文化聚焦"系列活动重点项目,"多彩坦桑·挺嘎挺嘎画展"在天津美术馆开幕。

9月,平津战役纪念馆与俄罗斯卫国战争纪念馆联合主办的"天津抗战纪实"展览俄罗斯卫国战争纪念馆开幕。

11月21日,应中华人民共和国外交部邀请,天津博物馆馆长白文源作为专家组成员赴埃及、土耳其等我驻外使领馆执行文物鉴定、考察任务。

河北省

【概述】

2012年，河北省文物局认真落实2011年11月河北省政府与国家文物局签署的《关于共同推进河北文物博物馆事业发展的合作框架协议》，积极谋划项目，加强沟通联系，努力争取各方支持。国家文物局批复文物保护方案、规划和立项150项，国家支持资金5.77亿元，实施了一大批文物保护、考古发掘、安全防范、博物馆建设展示等项目。

重点工作进展。按照河北省政府要求，组织编制了《河北省文物保护项目总体方案》《河北省田野文物安全技术防范系统建设项目总体方案》《泥河湾遗址群和涿鹿黄帝城保护利用方案》，并于9月3日由省政府常务会议审议通过，之后由省政府办公厅予以印发。省政府常务会专题研究文物保护方案，在河北省文物保护工作历史上尚属首次。

——河北省文物保护项目总体方案明确了"十二五"时期全省文物保护项目的基本思路、目标任务，详细阐述了项目概况、工作步骤和保障措施，有利于提前谋划，做好项目储备，加强项目管理。

——泥河湾遗址群和涿鹿黄帝城保护利用工作以实施东方人类探源工程和中华文明起源工程为核心内容，省政府成立了指挥机构和办事机构，省文物局会同有关科研机构和高等院校组建了课题组，省科技厅完成省内立项；泥河湾研究中心和马圈沟遗址博物馆项目建议书在抓紧编制，河北师范大学建立了泥河湾考古研究院，张家口市和阳原县积极推进建设项目、道路升级改造和环境绿化征地等工作。

【执法督察与安全保卫】

4月16～20日，全国人大文物保护法执法检查组检查河北省贯彻实施《文物保护法》情况，检查组对河北省贯彻实施文物保护法情况给予了充分肯定。为贯彻落实全国人大有关精神，5月29～30日，河北省人大常委会文物保护执法检查组就贯彻实施文物保护"一法一办法"情况对石家庄、邢台等市进行专题执法检查，督导文物执法工作。

实施田野文物安全技术防范系统建设项目。由省、市两级财政投入5500余万元，涉及全省9个设区市33个县（市）的42处文物保护单位。截至2012年底，已完成项目方案论证和设备采购招标，建成后的安防系统将与当地公安警务平台实现互联互通，做到早发现、早预防、早制止，有效打击文物犯罪，实现田野文物安全形势根本好转。

田野文物安防项目是2012年全省文物系统的一件大事，依照《河北省田野文物安全技术防范系统建设项目总体方案》，研究制订了《河北省田野文物安全技术防范系统建设项目工作方案》；成立了由省文物局、公安厅、财政厅和相关设区市文物（文广新）局有关负责同志和人员组成的河北省田野文物安全技术防范系统建设项目工作组。9月18日，省政府召开河北省田野文物安全技术防范系统建设项目调度会，会上提出了有关要求，明确了时间表。根

2013
中国
文物年鉴

据工作进展，省文物局适时组织召开了安防设计方案评审会、全省田野文物安全技术防范系统建设工作调度会，对设计方案进行评审，协调解决项目推进中遇到的问题。

组织开展河北省管辖海域内文化遗产联合执法行动。7～8月，为贯彻落实国家文物局、国家海洋局有关精神，加强水下文化遗产联合执法工作，保证水下文化遗产安全，省文物局会同省海洋局海监总队对秦皇岛、唐山、沧州市有关县（市、区）进行了管辖海域内文化遗产联合执法专项行动，建立了联合工作机制。唐山市文物、海监部门对已发现的沉船海域进行了重点执法巡查，对疑似文化遗产点采取了相应措施。

组织开展"2012文物安全隐患排查整治专项行动"。根据国家文物局统一安排部署，8月15日～10月15日，全省集中开展了为期两个月的"2012文物安全隐患排查整治专项行动"。各级文物部门开展拉网式排查，全省各级文物部门共检查博物馆和文物点12649个，排查出安全隐患955项，绝大多数安全隐患已整改。

严格执行文物法律法规，依法查处文物行政违法案件，对相关责任单位和人员进行严肃处理。盗掘全国重点文物保护单位蔚县南安寺塔地宫132件文物的王某、刘某和郑某等11人被张家口市检察院以盗掘古文化遗址罪提起公诉。

抓好方案设计评审。2012年，上报国保单位安防工程设计方案和世界文化遗产地安防、消防、防雷工程设计方案58个。组织专家对各单位上报的45个全国重点文物保护单位的消防、防雷工程设计方案进行评审，并逐一批复。上报国家文物局申请立项的安防、消防、防雷项目90项，其中42项获国家文物局批准。

【不可移动文物保护和管理】

（一）概况

河北省拥有全国重点文物保护单位168处，省级以上文物保护单位930处。

1. 全国重点文物保护单位保护规划的编制和公布情况

文物保护规划编制启动总数量26个；文物保护规划编制完成总数17个；重点文物保护工程开工总数22个；重点文物保护工程竣工总数25个。

《承德避暑山庄及周围寺庙文物保护总体规划》《中国大运河河北段遗产保护规划》《燕下都遗址保护总体规划》和《泥河湾遗址群总体保护规划纲要》经国家文物局同意并由河北省政府批准公布实施。

北戴河秦行宫遗址、元中都遗址、赵邯郸故城、中山古城遗址总体保护规划已经国家文物局批复同意。梳妆楼元墓保护规划已经上报国家文物局，献县汉墓群、黄骅海丰镇遗址、藁城台西遗址、满城张柔墓、景县封氏墓群、磁县磁州窑遗址、邯郸赵王陵墓群保护规划已经国家文物局批复立项，并拨付经费。编制完成了磁县北朝墓群、刘伶醉酒窖池的保护规划，并经过专家初审，其中，刘伶醉窖池、磁县北朝墓群保护规划正修改完善；邢国墓地、邢台东先贤遗址、会州城遗址、沽源小宏城遗址、磁州窑遗址、平泉会州城遗址、大名府故城遗址等保护规划正在编制中。组织编制《河北省明长城总体保护规划》取得了实质性进展，已完成"河北省明长城概述""省段遗产价值陈述""遗存清单""保护管理现状简况""研究现状""规划基础资料汇编"以及图纸拼接等编制工作。

2. 重要文物保护工程投入经费及重大工程项目情况

承德避暑山庄及周围寺庙文化遗产保护工程进展顺利。截至2012年底，共编制完成方案81项，其中68项通过国家文物局及相关部门审批，已到位国家文物保护专项资金4亿多元，累计开工63项。安远庙古建筑保护修缮工程、溥仁寺安防和消防工程等19项工程完工。

清东陵和清西陵文物保护工程全面启动。清东陵、清西陵文物保护工程作为国家明清皇家建筑保护工程的重要项目全面启动，截至2012年底，已到位国家文物保护专项资金1.3亿元。清西陵泰东陵文物保护工程开工，完成了慕东陵、泰妃园寝、行宫等维修保护工程方案的报批；清东陵完成了裕陵、惠陵、昭西陵、孝陵石桥等保护维修工程方案的报批。启动清东陵景陵大碑楼修复工程，完成备料；裕陵、孝陵主神道石桥修缮工程已获国家局批准，准备实施。

实施一批长城保护项目。积极推进省内代表性长城段落的保护工作，易县紫荆关长城一期保护工程已完工，二期工程正在实施中。山海关长城二期保护工程（老龙头至靖边楼段）、迁西青山关段长城、卢龙桃林口关城、抚宁板厂峪义院口长城、涞源乌龙沟段长城、万全右卫城长城等设计方案已得到国家文物局批准。

实施早期文物建筑保护工程。组织实施了蔚县灵岩寺、真武庙以及涿州双塔、衡水庆林寺塔、灵寿幽居寺塔、曲阳修德寺塔等保护工程。灵寿幽居寺塔（唐）、曲阳修德寺塔（宋）保护工程主体完工，组织了省级技术验收；涞水庆化寺塔、西岗塔以及衡水宝云塔、响堂山石窟乐寺塔等保护方案已获批准，准备开工；赞皇治平寺石塔、蔚县南安寺塔等保护项目已经批准立项，方案抓紧编制中。开展了曲阳北岳庙等古代壁画修复工作。

实施历史文化名城名镇名村濒危传统建筑保护工程。重点实施鸡鸣驿城内文物建筑以及正定隆兴寺、蔚县西古堡等文物保护修缮项目。鸡鸣驿城墙整体加固保护项目已经完工。同时组织专业机构对鸡鸣驿城内文物建筑进行全面勘察，进一步明确具体维修保护对象，制定了鸡鸣驿城内文物建筑修缮方案并已通过审批，积极着手鸡鸣驿城内文物修缮工程的开工准备工作。

2012～2013年，计划完成名城、名镇名村部分全国重点文物保护单位、省级文物保护单位、濒危历史建筑抢修，完成名城、名镇名村重要文物保护单位周边地带环境整治。积极推进蔚县古建筑保护工程，华严寺、西古堡董家会馆方案已批准，即将开工，常平仓立项已获批准，方案即将完成；张家口堡内建筑文昌阁、协标署修缮工程已完工，财政厅旧址方案正在修改中。正定隆兴寺方丈院保护工程、城墙角楼及部分城墙维修工程即将开工，隆兴寺整体保护、寺内壁画保护、石质文物保护、正定文庙大成殿等一批保护工程立项已获批准，方案正在编制中。一批文物保护工程得到验收。

配合省住房和城乡建设厅制定了《河北省历史文化名城名镇名村、古树名木和风景名胜资源保护工程实施方案》，经省政府同意，印发各地和相关部门。组织开展传统村落调查工作，整治历史文化名城名镇名村重要文物保护单位周边地带环境。

（二）大遗址保护

积极推进赵王城遗址、元中都遗址、泥河湾遗址国家考古遗址公园建设。已委托有资质的单位编制考古遗址公园规划和可行性研究报告。

推进泥河湾东方人类探源工程和黄帝城中华文明起源工程。河北省委、省政府主要领导对泥河湾遗址的保护工作高度重视，多次作出重要批示。河北省人民政府办公厅印发了《关于印发泥河湾遗址群保护利用方案和涿鹿黄帝城保护利用方案的通知》《关于公布泥河湾遗址群保护范围和建设控制地带的通知》，批准了《河北省泥河湾东方人类探源工程工作方案》；泥河湾东方人类探源工程科研课题已经由省科技厅立项，泥河湾研究中心、泥河湾遗址博物馆方案正在加紧编制；黄帝城的文物调查工作正式启动。9月16日，阳原县政府与清华大学设计研究院签订了编制《泥河湾国家考古遗址公园规划》《国家考古遗址公园建设项目计划书》《国家考古遗址公园建设文物影响评估报告》协议。

大遗址保护工程。实施了燕下都遗址老姆台、邺城遗址三台和元中都遗址中心大殿等保护工程。元中都中心大殿保护工程推进100米，清除了延伸至元中都宫城的道路，铺设了宫城南门—宫城中心大殿—宫城西南角楼游览线路；燕下都实施了老姆台、小平台等保护工程，对部分台基设置了围栏；邺城遗址完成了三台夯土加固工程及佛寺遗址的保护工作；泥河湾遗址群小长梁遗址、邺城遗址三台、满城汉墓防渗工程已经国家文物局批复同意，正在进行施工前期准备工作；清理了赵王城龙台建筑基址的违章建筑设施，基址上的土地租用问题得以解决。组织专家对大遗址保护工程进行检查。

【世界文化遗产】

河北拥有3项世界文化遗产，包括长城、承德避暑山庄及周围寺庙、清东陵和清西陵。

积极推进大运河保护和申遗工作。6月7日，召开河北省大运河保护和申遗市厅际会商小组会议，审议通过了《大运河保护和申遗2012～2013年行动计划》。积极协调当地政府和相关部门做好大运河遗产点及河道的环境整治等工作。大运河重要遗产点加固维修工程完工。马厂炮台及军营遗址、连镇谢家坝遗址、华家口夯土坝、红庙金门闸遗址维修工程已经完成。

为加强对世界文化遗产的管理，组织开展清东陵、清西陵管理体制调研。3～5月，省政府特邀咨询孙士彬组织调研组到有关省市世界文化遗产地考察，形成了清东、西陵管理体制改革调研报告。5月13日，省政府张庆伟省长专门听取清东陵、清西陵管理体制改革情况汇报。

【考古发掘】

（一）概况

全省全年文物考古发掘面积20375平方米，发掘项目主要有曲阳田庄古墓、内丘邢窑遗址、邺城遗址佛像埋葬坑、张北元中都遗址、张北早期长城、阳原侯家窑遗址和照坡遗址以及部分配合工程建设文物保护项目等。其中，邺城北吴庄造像坑考古发掘入选第十二届"中国社会科学院考古学论坛——2012年中国考古新发现"；曲阳田庄发现一座大型晚唐至五代时期古墓，墓葬规模巨大、结构复杂、全国罕见；在内丘邢窑遗址发现北朝至隋唐时期窑炉遗址11座，出土窑炉烧制工具及各类残片约20万件。

（二）重要考古项目

1. 邺城北吴庄造像坑考古发掘

1月10～24日，邺城考古队对邺城遗址北吴庄佛造像坑进行了抢救性发掘，出土各类佛造像2895件（块）。埋藏坑出土造像数量多，造型精美，大多彩绘完整并贴有金箔，多数带题记，纪年明确，是我国佛教考古最重要的发现之一。

2. 内丘邢窑遗址发掘

该遗址是在内丘县粮贸大厦办公和生活区域拆迁过程中发现的，5～10月，由河北省文物考古研究所进行发掘，布方面积1200平方米，出土瓷器和窑具残片数以十万计，完整和可复原器物超过千件。发现了北朝—隋代时期完整的窑炉及窑前工作坑，其中，一个工作间、五座连体窑并列的隋代窑炉遗迹现象为国内仅见。瓷器除发现"官""翰林""盈""昌"款外，还发现有"上""高"等新款瓷器和三彩陶器残片，填补了邢窑遗址研究的空白。

3. 曲阳田庄古墓发掘

该墓近年屡遭盗掘，经国家文物局批准，河北省文物局委派省文物研究所和曲阳县文物部门组成的考古队，自2011年5月开始对田庄古墓进行抢救性发掘，田庄墓葬南北长66米，封土直径34米，墓室总数达12个，规模宏大，结构复杂，形制独特，壁画精美，墓主身份显赫，墓葬内涵丰富，价值重大。根据墓葬形制、斗拱结构、壁画风格及出土的汉白玉构件、莲花纹瓦当、细白瓷器等推测，该墓时代约在中晚唐至五代宋初。地下结构由墓道、前庭、前甬道、前室、后甬道、后室组成中轴，侧室及耳室分列东西，目前发现墓室总数已达12个。墓葬中出土的汉白玉力士像和武官像造型生动，形象逼真，刻画传神，栩栩如生，体现了唐代曲阳石雕艺术的高超水准。墓葬尽管盗掘严重，但仍出土可复原碗、盘、钵、执壶等白瓷器30余件，有些为细白瓷，反映了定窑早期瓷器的烧造水平。墓葬结构完备，形制复杂，即有时代特征又显地方特色。如此规模宏大、形制特殊的砖室墓在全国极为罕见，河北省更属首次发现，考古发掘工作仍在有序进行。

4. 泥河湾遗址群侯家窑遗址、照坡遗址的发掘

侯家窑遗址的发掘，基本完成侯家窑、鱼嘴沟、大坡底三个地点的发掘工作，发掘50平方米，发现石制品、动物化石4000余件，弄清了泥河湾层和侯家窑层的关系。照坡遗址类似人工遗迹现象发掘工作尚在进行中。

5. 赵邯郸故城中赵王城西门及门阙的发掘

弄清了城门的结构以及城门、门阙和护城壕的位置关系。

6. 元中都中心大殿发掘

发掘被原道路占压部分，整个大殿得以全面揭露出来，为大殿保护工程提供了依据。并发现散水、道路等遗迹现象。

7. 京港澳高速公路石家庄——安阳段扩建工程考古发掘

东垣古城等项目的考古发掘工作以及正定新区会展中心、锦郑成品油管道、保定—呼和浩特成品油管道、天津—华北石化原油管道工程、陕京天然气四线管道、港京三线、京秦高速公路连接线等建设工程的调查发掘。

（三）加强考古发掘工作的管理

印发了加强考古发掘工作的通知，要求各相关单位勘探和发掘工作要严格履行申报和审批手续，杜绝不报和瞒报现象。组织专家对考古发掘工地进行检查、验收，规范考古发掘工作程序。

【博物馆与可移动文物保护】

（一）博物馆

1. 博物馆建设情况

2012年，全省纳入中央免费开放政策补贴的博物馆由46座增加到54座，举办陈列展览570多个，免费接待观众2400多万人次，进一步完善服务设施，提高服务质量，充分发挥社会教育功能。

河北省博物馆新馆主体建筑完工并完成内外装修，正在抓紧进行陈列布展。沧州和衡水等市级博物馆建设项目取得阶段性进展。

中国最大的旧石器专题博物馆——泥河湾博物馆，经过5年建设在张家口市阳原县正式开馆，这是我国第一个全面展示旧石器时代人类活动和完整揭示旧石器、新石器时代人类发展序列的博物馆。

唐山博物馆完成改扩建，正式开馆，建筑面积24000余平方米。基本陈列有以唐山皮影、评剧、乐亭大鼓为内容的"冀东三枝花""唐山历史"以及"馆藏艺术品"，同时还建有3000平方米的动态临时展厅、青少年实践厅、学术报告厅等相应的配套设施。

组织对河北省民办博物馆的调研，考察了承德、唐山、秦皇岛、沧州、衡水、石家庄、邢台等地相关民办博物馆，基本摸清本省民办博物馆的发展状况并形成调研报告。

2．博物馆间的交流与合作

河北省直有关文博单位配合故宫博物院"洁白恬静——故宫博物院藏定窑瓷器展"、北京艺术博物馆"中和之美——定窑陶瓷艺术展"以及省内阳原泥河湾博物馆、元中都博物馆等展览完成文物借展工作。

9月下旬，秦晋豫冀四省博物馆理论与实践研讨会在陕北革命圣地延安召开，包括河北省在内的四省共75家文博单位的100余位代表参加了会议，研讨会有力地促进了四省文博系统间的交流合作。提交大会的论文有94篇，河北省提交论文21篇，多数论文紧密联系当前促进文化大发展、大繁荣和文化惠民的大背景，围绕"从文化圣殿到民众乐园"这一主线各抒己见，反映了博物馆界对此的高度关注。

3．重要陈列展览

河北省博物院全年共举办展览14个，其中新增展览11个，包括"龙年说龙""大名历代碑拓书法美术摄影展""2012中国集邮'喜迎十八大　红色文化年'主题巡展"等；省民俗馆举办"巧手绝活——中国工艺美术大师瓷艺作品展""流光溢彩——河北当代景泰蓝作品展""鸟语花香——河北唐山彩瓷艺术展"；唐山博物馆举办"冀东三枝花""唐山历史"以及"馆藏艺术品"展。

（二）可移动文物保护

1．文物数量、等级等基本情况

河北有各类博物馆、纪念馆92座，公共馆藏文物90余万件。其中，一级品1275件、二级品12977件、三级品59252件，本年新增藏品数2230件（套）。

2．可移动文物保护修复基地建设情况

2012年鹿泉文物整理基地建设主体封顶，目前已接通水电，工程仍在建设中。该基地占地10600平方米，建筑面积7176.64平方米。

河北古代建筑构件标本室已收集了省内张家口、保定、邢台等地不同时期、不同区域、不同类型的代表性古代建筑构件、瓦件等百余件，并整修了库房，制作了简易展架，以集中展示。

河北省古建资料信息管理信息库正进行古建资料数据库硬件采购，即将进行安装调试、软件开发、资料电子化处理。

3．可移动文物保护技术和方法及其应用情况

争取国家重点科技保护项目8个，分别是唐山市清东陵库藏丝织品科技保护、保定市文物管理所库藏铁炮保护、丰宁满族博物馆馆藏铁质文物保护、承德县博物馆馆藏青铜器和铁质文物保护、兴隆县博物馆铁质文物保护、宽城满族自治县博物馆铁质文物保护、滦平县博物馆丝织品抢救性保护及铜铁器珍贵文物修复报告的出版、隆化县博物馆铁质文物

保护，保护经费共计443万元；编制完成南水北调出土陶瓷类和金属类文物保护方案以及承德县、宽城县、兴隆县等馆藏铁质文物保护修复方案；开展廊坊碑碣苑石质文物、武强木雕版、邯郸博物馆馆藏青铜器以及新乐、易县和燕下都文保所金属文物保护修复工作。本年修复藏品数635件（套），其中珍贵文物83件（套）。

【社会文物管理】

对河北玄元文化艺术品经销公司申请成立文物商店相关事宜进行现场考察，并予以行政许可。

依法做好涉案文物鉴定和文物执法工作。配合公安部门鉴定涉案文物27件，其中珍贵文物23件；鉴定出境文物270件，拍卖艺术品1413件。严格执行文物法律法规，依法查处文物行政违法案件，对相关责任单位和人员进行严肃处理。

【文博教育与培训】

10月，在世界遗产地清西陵举办全省文化、文物系统免费开放博物馆、纪念馆财会培训班；11月，举办全省文物统计会；12月，"2012年度河北省文博系统青铜器鉴定高级培训班"在涿州举办。

【文博宣传与出版】

（一）宣传活动的形式及效果

结合实施承德避暑山庄及周围寺庙、清东陵、清西陵等重大文物保护工程，推进泥河湾遗址保护利用、大运河保护与申遗等重点项目，由新华社、人民日报、光明日报、中国文物报、河北日报等主流媒体对相关工作进行持续深入报道和广泛宣传，扩大了文物保护共识。

利用"国际古迹遗址日"、"5·18国际博物馆日"、"文化遗产日"，省博物馆、省民俗馆等各级文博单位举办了一系列宣传展示活动，将优秀传统文化送进学校、社区和军营，在保定市曲阳县举行了"走进魅力曲阳 探秘千年古墓"公众考古活动，在邢台市内丘县举办了"相约和谐内丘 品读邢窑文化"活动，在张家口市阳原县举办泥河湾博物馆开馆仪式并"泥河湾文化保护与发展高层论坛"。遗产日当天，全省147处文物开放单位向公众减免费开放，使公众共享文化遗产保护成果，受到社会各界欢迎。

省文物局和省作家协会联合开展"河北作家历史文化遗产采写活动"，并在千年古县蔚县举行启动仪式。

（二）重要文献或图书出版情况

出版《中国定窑》、《中国出土壁画全集·河北卷》、《蓟镇长城考古调查报告（1981～1987）》（第一至八卷）、《元中都——1997～2003年发掘报告》（上、下册）、《晚清重臣——张人骏考略》、《燕赵古迹》、《穿越千年 走进考古——河北省公众考古的三次实践》、《河北民俗文化丛书》（全套10册）、《河北传统工艺珍品集》丛书（其中的三册）、《河北省国家级省级文物保护单位资料汇编》、《河北省文物局法律法规资料汇编》、《河北长城》（画册）、《龙年说龙》等图书。

已交付出版社的有《中国文物地图集·河北分册》（上下册）、《张家口早期长城资源调查报告》等。

2013
中国
文物年鉴

完成了《河北省明长城资源调查报告——保定市涞水、易县、阜平、唐县卷》，正在编写《河北省明长城资源调查报告——抚宁卷》。

【机构及人员】

全省文博机构总计249个，其中文物科研机构4个、文物保护管理机构164个、博物馆75个、文物商店3个、其他文物机构3个。2012年新增机构8个。

从业人员6858人，其中高级职称368人、中级职称675人。

河北省博物馆更名为"河北博物院"并批准升格为副厅级事业单位，新增83名事业编制。

河北省为水下考古重要省份，省文物研究所增设了水下考古研究室。

清东陵和清西陵分别成立了保护区管理委员会，为保定市委、市政府的正处级派出机构，提高了管理机构级别，整合了资源，将文物保护与区域行政管理相统一，便于加强对景区文化遗产保护、旅游和社会事务的统一协调管理。

5月，省公安厅、文化厅、文物局联合召开了"2011打击文物犯罪专项行动"电视电话总结表彰会议，授予10个单位全省公安机关"2011打击文物犯罪专项行动"先进集体，25名同志全省公安机关"2011打击文物犯罪专项行动"先进个人。

【对外交流与合作】

5月，省文物研究所徐海峰应邀赴韩参加了"东亚古代铁器文化研究"国际学术论坛，进行学术交流与考察活动。

10月，应韩国国立文化财研究所的邀请，河北省文物局副局长谢飞、省文物研究所所长韩立森赴韩国大田、首尔和庆州进行了为期5天的考察访问，与韩国文物部门进行了深入细致的交流。河北省文物研究所与韩国国立文化财研究所签订了《文化遗产保护及考古交流意向书》，为两所的交流合作搭起了框架。

11月，应日本同志社大学邀请，省文物研究所刘连强、王法岗同志赴日本京都参加"泥河湾盆地泥河湾层中发现的旧石器时代遗址"国际专题讨论会。

世界文化遗产清东陵首个对外合作项目——"清东陵数字保存项目"启动。根据国家文物局和苏格兰文物局有关协议，双方专家将利用三维扫描及数字摄影技术对清东陵的孝陵、景陵进行数字扫描，建立起三维立体精细数字模型。

【其他】

长城资源调查研究工作初见成效。完成河北省长城墙体、关堡、单体建筑及相关遗存等各类长城遗产认定表，并通过国家文物局的全面验收。

开展第三次全国文物普查后续工作。督促各地加强新发现文物的保护，报请当地政府公布不可移动文物名录，筛选重要新发现并公布为市县级文物保护单位，编制全省不可移动文物电子分布图，完善全省文物普查数据汇总系统，更新数据库地图。整理编撰河北省第三次全国文物普查重要新发现之古建筑和近现代文物相关书稿。

河北省文物局与敦煌研究院签订了合作建设"国家古代壁画保护工程技术研究中心河北工作站"协议书，并于11月1日在石家庄举行河北工作站揭牌仪式。

山西省

【概述】

2012年是山西文物保护工作落实领导重要批示、应对媒体广泛关注、保护经费大幅增长、重点工程全面推进、考古发掘成果丰硕、博物馆建设走向全覆盖、文物安全保障措施扎实推进的一年，也是山西文物系统全体干部职工齐心协力构建格局、实心实力推进工作的一年。

【法规建设】

文物安全方面，受国家文物局委托、由山西省文物局承担起草任务的《文物建筑消防管理规则》于2012年底完成了前期调研、资料汇总、文本编制、座谈研讨、专家评审论证和修改完善等工作，已提交国家文物局审核。由山西省文物局起草的《山西省文物建筑构件保护管理办法》经山西省人民政府法制办公室审查通过后已正式下发。

不可移动文物修缮方面，受国家文物局委托、由山西省文物局承担起草任务的《文物保护工程预算定额（北方地区）》形成初稿，正在修改完善。由山西省文物局起草的《关于加强文物保护工程招投标管理工作实施意见》《关于加强文物保护工程质量管理工作实施意见》《关于加强文物保护工程资质单位及从业人员管理工作实施意见》等规范性文件相继印发实施。

科技保护方面，由山西省文物局起草的《山西省文物保护科学和技术研究课题管理办法》和《山西省文物保护科学和技术研究课题评审程序暂行规定》印发实施。

执法检查情况，受全国人大常委会委托，5月25～27日，山西省人大常委会《文物保护法》执法检查组在吕梁进行执法检查，听取了贯彻落实《文物保护法》情况汇报，实地考察了文物保护单位，起草了执法检查情况报告并反馈了执法检查意见。

【文物保护经费】

2012年国家文物局安排山西省文物保护专项经费4.3亿元，较2011年增加2.6亿元。2012年山西省本级文物保护专项经费6240万元，较2011年翻一番。

【执法督查与安全保卫】

文物安全工作是文物工作的生命线。做好全省文物安全工作，是山西文物保护工作科学发展的前提，也是文物保护服务山西转型跨越发展的需要。

完成全国重点文物保护单位与公安部门联网一键报警工程。全省271处全国重点文物保护单位及23家等级博物馆安防水平得到进一步提升，文博单位的安全系数不断加大，为全国一键报警系统的建立提供了数据和经验。

加大全国重点文物保护单位和省级文物保护单位安全巡查力度。2012年，全省共检查

2013
中国
文物年鉴

文博单位3569余家，发现安全隐患652处，整改594条，下达安全隐患整改通知书125份。山西省文物局已连续六次被山西省政府评为"消防工作先进单位"。

协同实施"山西2012打击文物犯罪专项行动"。打掉文物盗窃团伙5个，破获文物犯罪案件127起，追回被盗文物和石器268件。山西省文物局被国家文物局和公安部通报表彰为组织协调先进单位。

加强文物安全行政执法工作。完成了阳泉市、太原市2012年度文物行政执法与安全工作效能考核；处置了大同市聘用企业参与云冈石窟管理的问题；查处了9起在文物保护单位保护范围内擅自进行工程建设的违法案件；督办了管理单位擅自对运城市盐湖区池神庙大殿实施彩绘的文物行政违法案件；组织报送《晋商村委会在国宝单位王家大院保护范围内违法施工的案卷》参加了国家文物局文物行政执法案卷评比获优秀奖；先后举办了"山西省文物安全管理培训班"和"2012年全国文物行政执法人员培训班（山西片区）"，共有350余人参加培训。

组织召开"山西省社会参与文物保护工作曲沃座谈会"。交流了曲沃县吸引企业家参与古建筑认领保护、广灵县构筑全社会参与文物保护"四包四防"末端防范安全体系和新绛县建立"四级文物安全责任制"的经验做法，为探索社会力量参与文物保护进行了有益尝试。

【不可移动文物的保护和管理】

（一）概况

在国家公布的第一至六批国保单位中，山西有271处，占全国总数的11.5%，数量居全国第一。在山西省政府公布的第一至四批428处省级文物保护单位中，古遗址107处，古墓葬53处，古建筑219处，石窟寺及石刻23处，近现代重要史迹及代表性建筑26处。2012年，山西省文物局编制了10处全国重点文物保护单位保护规划，报请山西省政府公布了20处全国重点文物保护单位保护规划，先后投入了3.08亿元用于33处文物保护单位的维修保护。

（二）古建筑及彩塑壁画保护

为落实国务委员刘延东同志对山西文物保护工作的重要批示，山西省文物局把古建筑及附属文物的保护作为2012年的一项重点工作来抓。

一是开展了古建筑系列核查工作。

山西共有各级文物保护单位5758处（国保271处、省保428处、市县保5059处），其中古建筑2871处。271处国保单位中有223处古建筑，除74处保存状况良好外，有46处急需抢救修缮，103处需要保养维护，占66.82%。428处省保单位中有218处古建筑，除57处保存良好外，有71处急需抢救修缮，90处需保养维护，占73.85%。5059处市县级文物保护单位中有古建筑2430处，除651处保存良好外，665处急需抢救修缮，1114处需要保养维护，占73.21%。（表1）

表1　山西省古建筑类文物保护单位保存现状表

保护级别	文物保护单位数量（处）	古建筑类文保单位数量（处）				需保养维护及抢救修缮的占总数比重
		总数	保存良好	需保养维护	需抢救修缮	
国保	271	223	74	103	46	66.82%
省保	428	218	57	90	71	73.85%
市县保	5059	2430	651	1114	665	73.21%
合计	5758	2871	782	1307	782	72.76%

在山西全省271处国保和428处省保单位中，现存塑像6920尊，需抢救修复的2909尊，占总量的42.04%；需保养维护的4011尊，占总量的57.96%。现存悬塑1671平方米，需抢救修复的312平方米，占总量的18.67%；需保养维护的1359平方米，占总量的81.33%。现存壁画13255平方米，需抢救修复的4342平方米，占总量的32.76%；需保养维护的8913平方米，占总量的67.24%。（表2）

表2　山西省彩塑壁画保存现状表（国保、省保）

类别	现存数	需保养维护		需抢救修复	
		数量	占比	数量	占比
彩塑（尊）	6920	4011	57.96%	2909	42.04%
悬塑（平方米）	1671	1359	81.33%	312	18.67%
壁画（平方米）	13255	8913	67.24%	4342	32.76%

在山西全省699处国保和省保单位中，267处文物保护单位设有专门保护管理机构，占38.20%，359处设有看护员看护，73处无人看管。其中，271处国保单位中，设立专门保护管理机构143处，占52.77%，设有看护员103处，无人看管25处。428处省保单位中，设立专门保护管理机构124处，占28.97%，设有看护员256处，48处无人看管。（表3）

表3　全省文物保护机构情况表（国保、省保）

保护级别	文物保护单位数量（处）				有保护机构占总数比重
	总数	有机构	有看护员	无人看管	
国保	271	143	103	25	52.77%
省保	428	124	256	48	28.97%
合计	699	267	359	73	38.20%

二是理清了古建筑保护思路。

在核查基础上向山西省政府上报了《关于进一步做好木结构古建筑保护工作的报告》，建议成立山西省古建筑保护领导组，提出了抓项目库建设、分片区保护、加快方案审批、开展人员培训等具体保护措施。

三是启动了壁画彩塑保护工程。

2012年山西省彩塑壁画"十二五"专项规划列入了国家文物保护专项规划；与中国文化遗产研究院联合举办了彩塑壁画保护修复培训班；部署了全省壁画彩塑损坏状况、产生原因、治理对策等前期调查工作。

（三）世界文化遗产保护及管理

山西现有世界文化遗产3处，分别是平遥古城、云冈石窟、五台山。2012年，应县木塔、解州关圣文化建筑群、丁村古建筑群和杏花村汾酒老作坊顺利列入中国世界遗产预备名单。

云冈石窟五华洞保护性窟檐建设及岩体抢救性加固保护工程于6月正式开工，壁画泥塑彩绘抢救性保护修复方案正按国家文物局意见修改。云冈石窟动态信息和监测预警系统设计、第3窟保护性窟檐建设工程比选优化、五华洞文物本体和微环境监测系统建设等方案已上报审批。窟顶考古发掘收尾、石窟现状调查与评估等工作已经结束。

五台山重点寺庙文物保护工程是山西省政府确定的五台山景区改造提升标杆工程，工程内容涉及文物本体维修、周边环境整治、基础设施改善等。2012年，山西省文物局组织省内外专家对五台山"10+4"个寺庙进行了现场踏勘，确定了文物维修及环境整治内容，有关寺庙的维修方案正在审批完善中。

《平遥城墙岩土工程监测设计方案》编制完成，并开始实施为期3年的监测。平遥城墙局部危险地段实施了抢险修缮。双林寺千佛殿以及大雄宝殿抢险修缮等工程设计方案编制完成并上报审批。双林寺、镇国寺及其彩塑壁画保护方案正在编制。

（四）山西南部早期建筑保护工程

2012年完成项目招投标20处、新开工项目15处、完成项目保护规划编制9处、批复项目维修方案17处、竣工验收完工项目6处。

（五）应县木塔保护

应县木塔保护规划获得批准，周边环境整治方案已上报国家文物局，木塔二、三层结构加固方案已进行评审，二到四层的屋面勾抿养护工程完工，木塔保护管理条例着手起草。

（六）长城和大遗址保护

山西境内明代长城调查报告已交付出版，现存战国以降8个时代长城资源已得到确认，偏头关、平型关关堡等修缮方案已报国家文物局。晋阳古城遗址保护规划及明太原城内重要文物点维修方案编制完成，西城墙遗址抢险加固及展示方案已报经国家文物局批复，重点区域勘探和考古发掘进展顺利。陶寺遗址保护规划已上报国家文物局审批，重点区域勘探和考古发掘已经完成。

【考古发掘】

（一）概况

2012年完成了云冈石窟窟顶考古发掘收尾工程；完成了晋阳古城局部考古勘探面积9000平方米，晋阳古城作坊区遗址考古发掘面积450平方米；完成了辽应州城及佛宫寺寺庙遗址考古勘探面积30万平方米，考古发掘面积1300平方米；完成了陶寺遗址手工业作坊区及宫殿区考古勘探6万平方米，城北夯土基址考古发掘面积580平方米；完成了国家文物局批准的绛县周家庄—崔村遗址、原平辛章遗址等7项主动考古发掘项目。

（二）重要考古发掘项目

1. 晋阳古城遗址考古

2月中旬到5月下旬，山西省考古研究所对晋阳古城遗址局部进行了小范围考古试掘，发现各类遗迹现象20余处，发掘灰坑17座、房址2组、石墙1组、仓储建筑1座，出土大量筒瓦、板瓦、瓦当、砖等建筑构件以及少量日用陶器、瓷器。

2. 应县佛宫寺及辽代应州城遗址考古

在对应县佛宫寺及辽代应州城遗址进行的考古发掘中，勘探出呈带状分布的砖质堆积遗迹和疑似辽代北城墙及护城河遗迹。

3. 蒲津渡与蒲州故城遗址考古

蒲州故城勘探工作主要是针对城内两条勘探带及钟楼遗迹展开，总勘探面积71500平方米，发现了护城河遗迹、外码头遗址和钟楼遗址夯土遗迹。

4. 陵川县西瑶泉村洞穴遗址调查与试掘

10月12日～11月10日，山西省考古研究所对陵川县附城镇西瑶泉村的洞穴遗址进行了为期10天的调查，发现了人类文化遗存、旧石器时代洞穴遗址和人类用火遗迹，收获遗物3000余件，包括石制品和化石等。

（三）重要考古发掘报告

山西省考古研究所围绕60周年所庆出版了《千耦其耘——山西省考古研究所六十年历程》《有实其积——纪念山西省考古研究所六十华诞文集》《三晋考古》《滹沱河上游先秦遗存调查报告》《绛县横水西周墓地青铜器科技研究》《侯马白店铸铜遗址》《屯留余吾墓地》《汾阳东龙观墓地》《山西碑碣》《〈山海经〉与仰韶文化》等10余部考古书籍和考古报告。

（四）重点工程建设中的文物保护

全年共完成涉及文物保护的省级重点工程建设考古勘探项目12个，勘探总面积39万平方米，完成发掘项目7个，发掘面积20553平方米，清理古遗址6处，古墓葬9处，发现灰坑235座、墓葬251座、陶窑5座、房址1座、堡址1座，出土各类遗物1410余件（套）。

（五）获奖考古发掘项目

云冈石窟窟顶寺院遗址发掘荣获"2011年度全国十大考古新发现"。翼城县大河口西周墓地考古项目在2012年全国考古工作会议上荣获2009～2010年度国家文物局"田野考古"一等奖。

【博物馆与可移动文物保护】

（一）博物馆

1. 博物馆建设与管理

博物馆建设进展顺利。太原、运城、大同、朔州4市新建博物馆开始陈列布展。忻州、晋中、临汾3市新馆建设取得新进展。以朔城区博物馆为代表的一批重点县级博物馆已建成使用或正加快建设。平顺县生态博物馆召开了项目建设培训暨推进会，明确了项目建设主体单位、项目建设支持单位、项目建设业务帮扶单位，完成了规划编制方案，部署了理事会人员组成、章程制订、机构组建、制度建设和认知体验中心布展等工作。

博物馆管理和质量提升工作有所加强。组织开展了第二批国家一级博物馆定级和国家一级博物馆2011年度运行评估工作，山西博物院和八路军太行纪念馆在全国一级博物馆年度评估中位居前列。山西博物院完成了帮扶广灵剪纸艺术博物馆陈列布展任务并通过验收。山西省民俗博物馆确立以"民俗文化与儒家文化"立馆并完成陈展大纲的编制。山西省艺术博物馆确立以"道文化"立馆并完成初设效果图的设计。

2. 博物馆交流与合作

引进了"禅意、闲趣、化境——丰子恺漫画展""海派名家书画展""翎羽飞花——陈之佛工笔花鸟画展""大千世界——张大千敦煌临摹作品展""傅抱石绘画作品展""宅兹中国——中国社会科学院考古研究所优秀成果展""绿叶增春——覃志刚、姜昆、徐沛东、郁钧剑四人书画联展""贾起家书法作品展"8个展览。

对外输出了"生死同乐——山西金代戏曲砖雕艺术展""傅山书画艺术展""晋国文物精华展""山西佛教雕塑艺术展"等6个展览。配合山西省台办全力做好关帝圣像赴台巡游展出前期准备工作。

对外参与了"来自黄土高原的考古发现"赴美国克拉克艺术中心展出及"中华大文明展"赴日本东晋国立博物馆展出的工作。国内参与了国家博物馆举办的"中国文物进出境管理60年成果展"、北京大学考古文博学院举办的"北大考古90年展"、浙江省博物馆举办的"惠世天工——中国古代发明创造文物展"等陈展项目。

3. 重要陈列展览

由山西省委宣传部、山西省文物局、八路军太行纪念馆与中共一大会址纪念馆共同主办的"光辉的历程——中共一大至十七大专题展"于10月19日在武乡县八路军太行纪念馆举行。展览紧紧围绕"光辉的历程"这一主题,以中共一大至十七大为布展主线,分17个部分,精选了360幅珍贵的历史图片,全景展示了中国共产党成立90多年来从南湖红船到八一枪声、从井冈号角到长征壮歌、从抗日烽烟到建国大业、从改革春风到小康蓝图所走过的岁月和取得的成就。

山西博物院自主推出了"灵趣龙世界""天山往事——新疆古代丝路文明展""'爱上博物馆'摄影展""发现霸国——山西省考古研究所60周年特展""姚奠中、张颔、林鹏书法作品展"5个原创性展览。八路军太行纪念馆与解放军总参谋部政治部退休干部赵勇田先生合作举办了"老八路镜头里的将帅风采"摄影展。

2012年,山西全省各级各类博物馆共举办各类展览近500个,接待观众约2500万人次,博物馆的公共服务能力显著提升,社会效益显著提高。

(二)可移动文物保护

根据山西省可移动文物数据库建设及馆藏文物数据库调查,全省共有可移动文物1212017件,其中一级文物8982件、二级文物11234件、三级文物40791件。在可移动文物技术保护设计、修复资质方面,山西有甲级可移动文物技术保护设计资质单位2家,乙级可移动文物技术保护设计资质单位4家,一级可移动文物修复资质单位3家,二级可移动文物修复资质单位4家。

【社会文物管理】

山西省文物鉴定站因机构性质等原因于2008年被国家文物局暂停了文物进出境审核资质,2011年同意恢复资质,2012年4月24日,国家文物局与山西省文物局在太原举行国家文物进出境审核山西管理处授牌仪式。

山西省文物鉴定站全年共开展司法鉴定38起,涉案文物2108件,包括青铜器25件、陶瓷412件、杂项1670件、玉器1件,其中1件定为二级文物、6件定为三级文物;调查确认被盗墓葬27次;审核鉴定文物拍卖标的3324件(套),其中361件(套)标的属受限制出境文物;配合文物收藏单位开展了文物征集鉴定和馆藏文物级别鉴定。

【文博科技与信息】

2012年山西省文物局先后投入了专项经费200万元启动省级文物保护科研工作,32个科研课题立项;成功组织申报国家文物局、山西省科技厅科研课题项目20个,总经费达到了400万元。

作为山西文物科技保护学术带头人之一,山西省文物局总工程师黄继忠完成了"石窟水分来源综合探查技术研究"和"石质文物保护关键技术研究"项目报告;完成了石窟渗水来源、凝结水综合探查技术研究报告;研发出石窟水分探查新装置3套;完成了专著初稿2部,专项报告4部,申报国家新型实用专利一项;启动了山西省科学技术发展计划项目"毛细水迁移机理在平遥古砖墙风化中的作用";合作或单独完成了学术研究论文4篇并在国家级核心刊物上发表。

【文博教育与培训】

举办全国文物行政执法人员（山西片区）培训班，全省212名文博管理干部参加了培训。举办山西省博物馆运行管理培训班，全省70余名博物馆馆长参加了培训。安排24名县级文物局长参加了全国县级文物行政部门负责人调训。选派2名革命纪念馆中层干部参加了国家文物局在南开大学举办的业务培训班。选派2名专业技术干部参加了人社部举办的"城市建设与文化遗产保护问题高级研修班"。

【文博宣传】

在"5·18国际博物馆日"举办了以"博物馆关爱山村儿童""爱上博物馆"主题摄影大赛等系列活动；在第七个"文化遗产日"期间举行了"保护文化遗产，留住城市根脉"大签名等系列活动；与山西晚报合作推出文化遗产展示工程，截至2012年底已出刊71期；在山西日报连续数期刊登了文化遗产专版。

【机构及人员】

山西文博系统现有在编职工4690名，其中省直431人，市县4259人。大学本科以上学历1486人，占32%，大专学历2275人，占49%。专业技术人员1964名，占42%，其中正高职称29名，省直单位有19名，占66%，副高职称194名，省直单位有77名，占40%。

2012年，太原市文物局荣获全国文物系统先进集体荣誉称号；山西省考古所张庆捷同志荣获全国文物系统先进个人荣誉称号；介休市市长王怀民同志荣获"薪火相传——中国文化遗产保护年度杰出人物"荣誉称号；山西省文物局授予张颔、柴泽俊"文博大家"荣誉称号。

内蒙古自治区

【概述】

2012年，自治区文化厅（文物局）以邓小平理论、"三个代表"重要思想和科学发展观为指导，认真学习、贯彻党的十七届六中全会精神和全国文物工作会议部署的重要任务。

2012年，自治区人大按照全国人大常委会的部署，在全区开展了贯彻、执行《文物保护法》和《内蒙古自治区文物保护条例》的执法检查工作。6月29日，在俄罗斯圣彼得堡召开的第36届世界遗产大会上，内蒙古自治区申报的元上都遗址顺利通过表决，被正式列入《世界遗产名录》，成为内蒙古自治区的第一个世界文化遗产。内蒙古自治区文物保护机构、队伍建设不断加强，全区文物保护经费不断增加，文物保护维修工作进展顺利。内蒙古自治区全面完成了本地区第三次全国文物普查、长城资源调查、第七批全国重点文物保护单位确定等工作。全区博物馆免费开放工作继续深入开展，同时被自治区政府列入"全区十大民心工程"。内蒙古自治区博物馆事业发展繁荣，打击文物犯罪专项行动取得新成果。全区文物保护管理机构、经费得以落实，保护基础工作得到加强，文物资源进一步查清，全区可移动文物普查工作开始顺利启动。

【法规建设】

2012年，自治区人大按照全国人大常委会的部署，在全区开展了贯彻、执行《文物保护法》和《内蒙古自治区文物保护条例》的执法检查工作。自治区文化厅（文物局）认真贯彻执行自治区人大通知，由主要负责人随自治区人大检查组进行检查、调研，并代表自治区人民政府向自治区人大汇报文物保护工作。

4月，自治区人大先后对锡林郭勒盟、呼伦贝尔市、赤峰市、鄂尔多斯市、巴彦淖尔市以及所属18个旗县区进行了重点抽查，实地查看了国家级、自治区级重点文物保护单位和博物馆、文物仓库、文物考古工地等43处，行程1万多千米，听取了相关盟市人民政府的汇报，并与相关监管部门和文物专家进行了座谈，交换了意见和建议。

9月，自治区人大向全国人大进行全面汇报，并向自治区人民政府提出建议，要求全区各级政府大力开展对"一法一条例"的学习和宣传，进一步加强全区文物保护管理机构和队伍建设，加大文物保护资金投入，强化政府责任，加强少数民族文化遗产保护工作。

在自治区党委政府领导下接待了全国政协长城保护视察组。全国政协视察组考察了呼和浩特秦代长城遗址和包头市、乌兰察布市等地的战国、秦汉长城以及金代界壕遗址。自治区近年来高度重视长城保护工作，认真宣传、贯彻邓小平同志"爱我中华，修我长城"的号召，与全区各级文化、文物部门签订《保护长城目标责任书》，对长城资源进行调查、维修和保护。视察组对自治区工作取得的成绩给予了肯定，并提出进一步加强长城保

2013
中国
文物年鉴

护工作的建议。

【执法督察与安全保卫】

在自治区文物局大力提倡下，锡林郭勒盟文物局发动牧区干部、群众，组建了"马背文物保护队"这一群众性保护文物的基层组织。"马背文物保护队"在内蒙古辽阔的草原地区进行巡查看护，既对保护文物有利、也对保护草原生态有利。2012年，国家文物局在全国田野文物安全保护工作会议上，对内蒙古组建"马背文物保护队"的做法给予了表扬，建议将该做法在边疆地区进行推广发展，并建议进一步规范和壮大群众保护队伍，为保护祖国边疆少数民族地区的文物遗产做出积极贡献。

8月5～15日，陪同国家文物局专家组赴元上都，对元上都"草原神灯"安防工程进行文物执法检查。对国家文物局在内蒙古的三个文物点（科尔沁奈曼旗陈国公主墓、科尔沁吐尔基山、乌兰察布市陈卜子古城）进行重点检查。

8月25～30日，根据自治区文化厅领导的批示，配合自治区公安厅及有关部门对鄂尔多斯杭锦旗浩绕柴达木嘎查——全国重点文物保护单位霍洛柴登城址被盗案件进行文物执法和文物鉴定工作。此案件影响大、涉及面广，抓获犯罪嫌疑人24名，缴获文物8400余件。

8月，根据国家文物局的要求，对包头市固阳秦长城、呼和浩特市大青山坡根底秦长城进行检查，根据现场抽查，基本按照整改要求进行了整改。

【不可移动文物的保护和管理】

（一）概况

2012年，自治区文物局在国家文物局大力支持下，开展了元上都遗址、辽上京遗址、红山文化遗址等一批重大文物保护工程，取得了显著的社会效益、生态效益。

据统计，内蒙古目前共拥有1处世界文化遗产（锡林郭勒盟元上都遗址），1座全国历史文化名城（呼和浩特市），还有2处全国历史文化名镇（赤峰市喀喇沁锦山镇、锡盟多伦镇）、2个全国历史文化名村（包头市美岱召村、五当召村）。有全国重点文物保护单位79处，自治区重点文物保护单位319处，盟市、旗县级重点文物保护单位700余处。全区还完成了遴选、上报国家文物局待批为第七批全国重点文物保护单位（内蒙古共计推荐待批70处）的工作。

（二）大遗址保护

1. 辽上京遗址位于内蒙古赤峰市巴林左旗，现为全国重点文物保护单位。为完成保护辽上京遗址的重大任务，在国家文物局的大力支持下，自治区文物局积极组织赤峰市、巴林左旗的文物、水利部门，在辽上京皇城南岸开展防洪大坝修建工程。经过科学论证、慎重考虑，文物部门又在辽上京汉城修建了防洪坝工程。

2. 2012年，在国家文物局经费的有力支持下，内蒙古文物局开展了以下长城保护工作：一是加强了对长城保护的投入和工作力度。在国家文物局的大力支持下，自治区文物局积极组织呼和浩特、包头、巴彦淖尔、兴安盟、呼伦贝尔、乌兰察布等地文物部门，开展了秦、汉、金、明时期长城的保护工程。在东起呼伦贝尔，西至阿拉善长达数千千米的长城沿线，自治区文物局对自治区境内自然破坏严重的典型长城区段进行了紧急维护和保护，组织专家制定了20个保护方案和规划，经报请国家文物局审定后，开展了重点长城区段维修、抢险加固工程。二是加强了对长城的研究工作。在国家文物局的大力支持下，自治区文物局组织开展了对区内长城的科学研究，包括运用遥感技术绘制精确的长城地图，拍摄地形地貌和长城周围的环境照片，出版内蒙古长城研究图集，组织专家编制《内蒙古长城保护总体规划》等工作。

3. 从2010～2012年，自治区文物局会同赤峰市政府和红山区文化文物等部门，正式开始申报红山文化遗址为世界遗产的工作，2012年，内蒙古赤峰市"红山文化遗址"被国家文物局列入我国申报世界遗产的《预备名单》。

在国家文物局大力支持下，赤峰市文物局委托中国文化文化遗产研究院、北京建筑工程学院，及时开展了《红山文化遗址保护规划》《二道井子遗址保护规划》等项目的编制工作。同时，积极开展建设国家考古遗址公园的建设论证、准备工作。

（三）全国重点文物保护单位

11月23日，中共中央政治局委员、自治区党委书记胡春华同志，在中共通辽市委、市人民政府《关于修复和复建僧格林沁亲王府的请示报告》上做出重要批示。批示高度评价了僧格林沁在中国近代史上所做出的重大贡献，对僧格林沁亲王府的维修保护、复建和建立专题博物馆、爱国主义教育基地，以及开展好申报、专家论证、考古、立项和落实经费等具体工作，均做出具体指示。

根据中央、自治区领导同志的重要批示，自治区局做出《内蒙古自治区文物局关于对修复和复建全国重点文物保护单位僧格林沁亲王府的批复》，原则同意《关于修复和复建僧格林沁亲王府的请示报告》以及《僧格林沁亲王府修复和复建方案》。

实施修复和复建工作，要由自治区文物考古部门提前开展考古勘探、发掘清理工作，以便摸清原有建筑基址和王府的整体布局。对此，自治区文物局已经做出具体安排。

（四）世界文化遗产

1. 世界文化遗产项目的申报、评审

自治区人民政府支持赤峰市政府和巴彦淖尔市政府，启动并开展了"辽代大遗址群""红山文化遗址群""阴山岩刻遗址群"申报世界文化遗产的工作。

2. 世界文化遗产保护管理情况

元上都遗址申遗成功后，自治区文物局在元上都遗址设立了文物保护工作站。正蓝旗、多伦县人民政府加强了对元上都遗址的保护、管理工作，制定了元上都遗址监测、防沙、治沙工作方案，设立了环境保护监测站，根据国家"京津风沙源治理工程整体方案"，开展围封转移、草蓄平衡等工作，进一步对元上都遗址保护区土地沙漠化现象进行了治理和改善。2012年金秋季节，元上都遗址周边草场植被盖度较围封前提高了15%，牧草平均高度增加了20厘米，亩产鲜草量提高了200公斤，元上都遗址周边草场沙漠化得到了有效控制，受到了当地干部和牧民群众的好评。经过治理，元上都遗址所在的浑善达克沙地南缘一带，现已形成长420千米、平均宽3千米，乔灌草木相结合的防护林体系，植被盖度达到70%以上，有效地阻止了浑善达克沙地的南移扩展，逐步实现元上都遗址保护的可持续发展。

【考古发掘】

（一）概况

2012年，内蒙古自治区考古研究所完成了元上都申报世界文化遗产的相关考古发掘工

2013
中国
文物年鉴

作，对元上都申遗的各项工作进行了考古资料的补充。同时，对全区进行了主动性考古发掘及抢救性考古发掘工作。

（二）2012年重大考古发现

8月，对被盗掘的杭锦旗霍洛柴登古城铸钱作坊遗址及窖藏进行抢救性发掘，发现制作钱范和铸币作坊遗址及窖藏，出土"货泉""大泉五十""小泉直一""货布""五铢"等，这种一条龙铸币储藏模式在国内考古发现中属罕见，对于研究我国汉及新莽时期的社会经济、军事尤其货币制度、冶铸技术等有重要意义。

7～10月，中国社会科学院考古研究所、内蒙古自治区文物考古研究所联合对辽上京皇城西山坡遗址进行了全面考古发掘，取得十分重要的收获。发现三座圆台形建筑基址，出土大量砖瓦块、瓦当、滴水等建筑构件以及泥塑佛教造像。本次发掘是新中国成立以来规模最大的一次辽代都城遗址的考古发掘，可以确认西山坡是一处辽代始建的佛教寺院遗址，位置重要、规模庞大，是当时辽上京城标志性建筑之一。本次考古新发现为研究辽代宗教、建筑、城市布局规划和兴建等提供了十分重要的实物资料。此考古项目被评为2012年全国十大考古新发现。

（三）重要考古项目

1．赤峰市红山区魏家窝铺环壕聚落遗址第四次考古发掘

7～10月，内蒙古文物考古研究所与吉林大学边疆考古研究中心组成联合考古队对该遗址进行考古发掘。揭露面积2600余平方米，揭露房址11座、灰坑18个、灶7个，出土陶、石、蚌器98件。魏家窝铺环壕聚落遗址初步展示了红山文化早、中期的文化面貌，部分具有明显中原特色的遗物反映出该地区与中原地区的文化互动关系，对于研究红山文化的形成与发展具有重要意义。

2．通辽市哈民聚落遗址2012年发掘概况

继2010、2011年之后，2012年对通辽市哈民遗址进行了第三次发掘。此次发掘面积1700平方米，清理房址11座、墓葬6座、灰坑18座、环壕2条，出土陶、骨、玉器等500余件，数量众多，种类丰富。遗址内烧灼、叠压的人骨及丰富的出土物为研究聚落考古、复原史前聚落面貌等提供了科学而真实的资料。

3．呼和浩特市赛罕区沟口子新石器遗址发掘

5～7月，为配合呼和浩特市赛罕区榆林镇到乌兰察布市兴和县运煤专线公路的建设，内蒙古文物考古研究所委托呼和浩特博物馆对沟口子遗址进行了考古发掘。发掘面积约500平方米，清理房址2座、灰坑6个、灰沟1条，西汉晚期墓葬1座，出土陶片、石器、烧土及碎石块等遗物。从遗物特征看，沟口子遗址的主体遗存是仰韶文化海生不浪类型。

4．和林盛乐古城墓葬发掘

4～12月，内蒙古自治区文物考古研究所、和林格尔县文物保护管理所为配合翔宇盛乐新城二期工程等建设，继续对和林格尔盛乐古城遗址及墓葬区进行考古发掘工作，发掘了古墓葬40余座，出土陶、铜、铁、玉器等各类遗物100余件，时代从战国至汉唐，为研究和林格尔盛乐古城历史沿革、文化分期等相关问题提供了一批翔实可靠的实物资料。

5．和林格尔鸡鸣驿遗址发掘

6～9月，为配合大准铁路增二线的建设，内蒙古文物考古研究所、和林文管所对鸡鸣驿遗址及墓葬进行了考古勘探与发掘，清理墓葬13座、灰坑6个、窑址2座、灰沟1条，所发现文化内涵丰富，包括北魏、隋唐、辽金等几个历史时段，为研究和林格尔鸡鸣驿地区的

历史沿革、经济和文化分期等相关问题提供了一批可靠的实物资料。

6. 集宁路元代古城遗址发掘

5～11月，对集宁路古城遗址进行考古发掘，共揭露面积10000余平方米，发现保存较好的房屋遗迹、火炉、窖穴等，出土大量的陶、瓷、金、银、铜、铁、玉、石、骨等各类器物，为研究当时居民的生活、生产状况以及建设考古遗址公园提供了翔实的资料。

7. 凉城县榆树沟元代遗址发掘

为配合大准铁路复线工程建设，内蒙古文物考古研究所、乌兰察布市博物馆、凉城县文管所于5～9月对榆树沟遗址进行发掘。此次发掘面积2200平方米，出土较完整的房址8座、灰坑42座、灰沟2条，出土陶器、瓷器、石器、铜器、铁器、骨器、泥塑、建筑构件等各类遗物120余件。此次考古发掘为进一步研究本地区元代的村落经济、生活和文化提供了较为重要的实物资料。

8. 和林格尔下脑亥遗址发掘

2012年对位于和林格尔县新店子乡下脑亥村的下脑亥遗址进行发掘，总面积450平方米，发掘灰坑23个、灰沟6条，出土有盆、罐、钵等陶器以及碗、盘、瓶等瓷器。通过对遗物的对比分析，认定该遗址属于汉代遗存。内蒙古师范大学参与了此次发掘工作。

（四）中蒙合作项目

6～8月，内蒙古文物考古研究所继续与蒙古国游牧文化研究国际学院合作，进行中蒙考古发掘合作项目。发掘蒙古国后杭爱省浩腾特苏木赫列克苏尔山谷附近的大型墓葬，并对前杭爱省、后杭爱省、巴彦洪格尔省的一些青铜时代和突厥、回鹘时期的遗址进行了调查和发掘，出土建筑构件等遗物。

【博物馆与可移动文物保护】

（一）博物馆

1. 可移动文物的保护、管理和研究

据2012年统计，全区经过自治区文化厅（文物局）、民政厅注册登记的博物馆总数为164家，其中国有博物馆120家、行业与民办博物馆44家。11月，按照国务院的统一部署在全区开展可移动文物普查工作，自治区人民政府正式向全区行文，转发《国务院关于开展可移动文物普查工作的通知》，成立内蒙古自治区可移动文物普查工作领导小组，办公室设在自治区文化厅（文物局）。

2. 重要陈列展览

内蒙古博物院首次采取油画与实物结合的方法展出了"匈奴与中原——文明的碰撞与交流"的展览，积极筹备了"丝绸瑰宝——草原丝绸之路文物精华展""征集聚萃——内蒙古博物院征集文物汇报展"，同时，在常设展览中，拟修改、新增"中国北方青铜器展""辽代文物展""蒙古民族通史展""院藏瓷器精品展"4个专题展。乌兰察布市博物馆展出了以"多元 融合 升华 辐射"为主题的展览，包头博物馆举办了"包头市2012年迎新春非物质文化遗产项目精品展"。

（二）可移动文物保护

1. 文物数量、登记等基本情况

全区文物总数50万件（套），其中一级文物1790件（套）、二级文物4052件（套）、三级6545件（套）。

2．可移动文物保护修复基地建设情况

内蒙古博物院馆藏文物三维数据采集及数据库建设取得了新的进展，2011年11月，在北京召开了"内蒙古博物院馆藏文物3D数据采集成果汇报会暨文物3D数据采集与建模标准研讨会"，与会的专家学者对三维数据采集成果进行了评审，一致认为内蒙古博物院馆藏文物三维数字化工作利用现代科学技术手段结合博物馆行业的自身特点，进行了非常有意义的探索和研究，取得了丰硕的成果，具有重要的示范及推广意义。

6月8日在京举办吐尔基山辽墓338件文物的三维数据交接仪式。6月20日在内蒙古博物院举行了馆藏文物三维数字成果验审会，吐尔基山辽墓338件文物的三维数据交接，并向与会人员演示了部分文物的数字成果，为内蒙古博物院数字化展厅、数字化流动博物馆（大篷车）打下了良好的基础。

3．可移动文物保护技术和方法及其应用情况

内蒙古博物院文物保护基地于2012年共修复院藏文物和部分盟市博物馆馆藏文物170件（套），为150件（套）纺织品及皮毛类文物制作了健康档案，对171件（套）皮毛、经卷类文物进行了消毒灭菌工作，对60件青铜器进行了基本信息采集和采样分析检验。完成616件馆藏一级文物的三维数据采集、实体模型及数据库管理系统建设工作。6～9月，内蒙古博物院与中国科学院古脊椎动物与古人类研究所组成联合考古队，先后对大窑遗址四道沟和东乌珠穆沁旗金斯太遗址进行了考古发掘。

【科技与信息】

（一）文博科技与信息发展情况

3～5月，内蒙古自治区文物保护中心依照内蒙古自治区文物局的指示，全面梳理、整合、审核、扩充自治区内国家重点文物保护单位维修、考古调查、考古发掘、报告出版、安防、保护规划编制、大遗址保护、长城保护、可移动文物保护等相关文物保护项目230余项，并最终完成符合条件的120项相关项目的申报工作，累计申请国家专项补助经费64972万元。

（二）文物保护规划编制工作

2012年，内蒙古文物保护中心参与编写的《赤峰市二道井子遗址保护规划》《红山与魏家窝铺——红山文化聚落遗址申报世界文化遗产预备名单》《内蒙古赤峰市红山遗址群保护规划》已通过自治区文物局专家组审议。

此外，《乌兰察布市九十九泉遗址保护规划》《赤峰市长城保护规划》《包头市麻池古城保护纲要》等规划文本亦在紧张的编制之中。

（三）文物影响价值评估工作

受国家文物局、国家文物信息咨询中心委托，内蒙古文物保护中心于2012年完成了《京新高速公路（G7）临河至白疙瘩段穿越居延遗址文物影响评估报告》，全面开展了京新高速公路工程建设对居延遗址的影响预测、分析与评估，并拟建了工程建设过程中的文物保护措施及监管体系，该评估报告已通过国家文物信息咨询中心审核。

（四）文物保护规划评估与审核工作

2012年，内蒙古文物保护中心先后参与了《赤峰市二道井子遗址保护规划》《赤峰市二道井子遗址展示馆设计方案》《内蒙古阿拉善地区（长城）烽火台保护工程方案》《红山与魏家窝铺——红山文化聚落遗址申报世界文化遗产预备名单》《内蒙古赤峰市红山遗址群保

护规划》等10余项文物保护规划、方案的评审工作，并提出了积极、可行的改进建议。

■【文博教育与培训】

按照国家文物局的部署，认真开展人才培训工作。以文化部管理干部学院、北京大学、吉林大学、内蒙古大学、赤峰学院等院校为依托开展内蒙古文物系统人才培养工作。7月31日～8月4日，按照国家文物局的部署，举办"全国文物行政执法人员（内蒙古片区）培训班"。11月举办了"2012年全区文物保护项目及经费申报工作培训班"。2012年，共培训各级文物保护管理、行政执法、文物保护、文博技术等方面人员200余人，完成国家文物局"全国文博人才培养工作调研课题"相关调查任务。

■【文博宣传与出版】

为加强全区文物保护战略规划建设，2012年编制完成《内蒙古自治区"十二五"文化事业发展规划》，经内蒙古自治区人民政府同意，在全区正式印发。2012年，自治区文物局完成全国重点文物保护单位保护规划、方案十余项。

为加强自治区蒙古民族历史文化遗产保护战略规划建设，2012年编制完成《关于开展蒙古族源与元代帝陵调查计划（2012～2022年）》，经中宣部、国家社会科学项目办公室同意立项。

2012年，内蒙古文物考古研究所共组织撰写《草原都城元上都》《揭开游牧文明的废墟》《内蒙古通辽哈民史前聚落遗址》《探索内蒙古科尔沁地区史前文明的重大考古新发现》《内蒙古库伦旗查干朝鲁台遗址的调查与初步认识》《内蒙古东部区配合基本建设考古新发现》《内蒙古地区蒙元城镇的分类研究》《内蒙古丰镇市双台山"大明洪武二十九年"石刻考释——兼论明代早期北边防御体的转变》《赵宝沟文化类型》《金龟山遗址一期遗存文化性质》《夏家店上层文化本源铜器考》《水泉墓地相关问题探讨》《北魏陶器装饰的匈奴遗风》《蒙古国境内的渤海考古学文化遗存》《刘秉忠——元上都的营建者》《成吉思汗画像》《元朝皇后》等学术论文17篇；出版了《浑河下游航空摄影考古报告》《赤峰上机房营子与西梁》等3部专著，编辑了《草原文物》期刊2期；编写了《2011年内蒙古自治区文物考古研究所考古发现综述》《内蒙古科左中旗哈民忙哈新石器时代遗址2011年的发掘》《内蒙古乌审旗郭家梁村北魏墓葬发掘简报》《凉城县水泉东周墓地发掘简报》《凉城县忻州窑子辽代墓葬清理简报》《包头市达茂旗百灵庙镇石人沟游牧文化调查简报》等各类发掘简报7篇。《中国文化报》整版刊发了《大力发展草原文物考古事业、切实加强民族文化遗产保护工作》，对宣传内蒙古文物考古事业具有重大意义。

■【对外交流与合作】

内蒙古博物院与中国军事博物馆合作引进"功勋与荣誉——军事博物馆馆藏证章、锦旗展"，引进河南博物院等四家联合举办的"匈奴与中原——文明的碰撞与交融"，新疆博物馆的"新疆古代服饰展"，湖南博物馆"马王堆汉墓"长沙国贵族生活特展。内蒙古博物院"成吉思汗——中国古代北方草原游牧文化展"在新疆博物馆展出，"辽代文物精品展"在大连现代博物馆展出，"黄金草原展"在湖北省博物馆展出。

2011年7月～2012年9月，内蒙古博物院与日本九州国立博物馆、西日本新闻社合作，相继在日本九州国立博物馆、静冈县立美术馆、大阪市立美术馆、东京艺术大学美术馆等地展出"辽代文物展"。内蒙古博物院在新加坡举行了"追寻逝去的王朝——中国内蒙古辽代考古研究三维数码文物展"。

【其他】

9月14日，向国家文物局上报了《关于加强文物、博物馆单位防洪灾害和博物馆文物展览与保管设施安全隐患排查整治工作的报告》，据统计，内蒙古有57处全国重点文物保护单位遭到严重洪水的灾害。

根据"用款必问效、问效必问责、问责效为先"的绩效管理理念和中央关于博物馆、纪念馆免费开放工作的指示精神，自治区文化厅（文物局）、自治区财政厅联合下发了《内蒙古自治区博物馆、纪念馆免费开放绩效考评方案》，全面开展博物馆、纪念馆免费开放绩效考评工作。

辽宁省

【概述】

2012年，在辽宁省委、省政府的正确领导下，在国家文物局的大力支持下，辽宁省文物系统按照辽宁省文化厅党组的决策部署，深入贯彻科学发展观，全面落实党的十七届四中、五中、六中全会精神，严格贯彻执行《中华人民共和国文物保护法》，坚持文物工作方针，紧紧围绕中心工作，群策群力，扎实奋进，圆满完成了年度工作任务，文物执法督察、不可移动文物的保护与管理、考古发掘、博物馆建设等各项工作均取得了显著成绩，为构建和谐辽宁、发展繁荣辽宁文化做出了积极贡献。

【执法督察与安全保卫】

全国人大和辽宁省人大文物执法调研组在辽宁省检查调研。2月，全国人大教科文卫委员会李树文副主任率领的执法调研组一行对辽宁省贯彻实施《文物保护法》情况进行了检查、指导、调研，历时12天。期间，先后听取了滕卫平副省长的工作汇报，检查了沈阳、朝阳、盘锦、大连的文物保护和执法工作，深入文博一线单位，征求意见，了解情况，指导工作。调研组对辽宁省近年来认真贯彻落实《文物保护法》所作的工作给予充分肯定，并对辽宁的文物法制建设工作提出了建设性意见。4月，辽宁省人大常委会受全国人大委托，专门成立了执法检查组，先后对锦州、葫芦岛、辽阳三个市《文物保护法》贯彻实施情况开展执法检查，历时一周。期间，省人大常委会李文科副主任及三名常委与教科文卫领导一同听取省文物执法工作汇报，并全程参与检查工作。省人大执法检查组深入基层，征求意见，了解情况，取得了圆满效果，达到了预期目的。

查处了一批文物违法、违规案件。调查处理了沈阳高台山遗址保护范围内违法取土、鞍山千山古建群违法建筑、朝阳黄花滩塔维修中擅自打开天宫、鞍山调军台汉墓群遭破坏等一批文物违法问题和案件。

完成了一批安防工程。实施了牛河梁遗址博物馆、朝阳市博物馆、姜女石遗址和博物馆安全技术防范工程并通过省级验收，进一步提升了文博系统的安全技术防范水平。编制完成了朝阳牛河梁遗址安全技术防范工程方案并上报国家文物局。

开展了辽宁省管辖海域内文化遗产联合执法行动。根据国家文物局、国家海洋局统一部署，9月18日，由省文物局和省海洋与渔业厅联合开展的辽宁省管辖海域内文化遗产联合执法专项行动在丹东东港启动。来自辽宁沿海六市一县的文物、海洋与渔业系统的领导与执法人员共计80余人参加了启动仪式。省文化厅副厅长、文物局局长丁辉出席仪式并讲话，丹东市政府副市长于梅致辞。此次执法行动重点检查了全国第二、三次文物普查中对辽宁省近海海域确定的重点区域。行动中，文物和海监两部门重点检查非法打捞、偷盗水下文物、非法进行水下考古、破坏水下文物等行为。海上联合执法共出动舰艇6艘、16艘

2013
中国
文物年鉴

（艇）次，投入经费近60多万元。来自辽宁日报、辽沈晚报、辽宁电视台等多家媒体的8名记者对此次联合执法进行了跟踪报道，取得了较好的社会反响。辽宁省管辖海域内文化遗产联合执法行动至9月底结束。

【不可移动文物的保护和管理】

（一）大遗址保护

全面推进牛河梁大遗址保护各项工作。完成了牛河梁遗址第一地点保护棚建设和设施设备调试、第二地点保护棚主体工程及遗址博物馆和管理研究中心建筑和展陈工程。完成了《牛河梁遗址第二、三、五地点保护展示工程设计方案》《牛河梁遗址第十三、十六地点保护工程方案》的论证和审批工作，启动了牛河梁遗址文物本体保护工程。

姜女石遗址保护工作有序进行。《姜女石遗址文物保护规划》通过了国家文物局评审。《姜女石考古遗址公园规划》已报送至国家文物局。启动了姜女石遗址临时展示棚建设工程，加强了遗址周边文物保护设施保护。

《凤凰山山城北门及南北瞭望台维修方案》通过了国家文物局评审。

（二）全国重点文物保护单位

全力推进兴城古城保护展示工程。编制完成了《兴城古城保护规划》，完成了论证和评审，得到国家文物局最终批复，现已进入修改和公布程序。推进了兴城城墙抢险工程的方案编制和报批工作，完成了城墙、牌坊、周家住宅等古城内重要文物建筑的维修保护工程。

开展了奉国寺、北镇庙、金牛山遗址、庙后山遗址、赫图阿拉故城、新乐遗址、西炮台遗址、银冈书院等20余处省级以上文物保护单位保护规划的编制和评审工作。编制、论证、审批、核准了中前所城维修、绥中金牛洞长城抢险加固、赫图阿拉故城部分建筑抢险、金牛山遗址C点洞穴抢险加固、山西会馆维修、元帅林抢险维修、圣经寺维修保护、清真寺维修保护、周家住宅部分建筑等30余项文物保护工程方案。实施了石台子山城、北镇庙、广济寺古建筑群、元帅林、大孤山古建筑群、明性寺等20余处省级以上文物保护单位的维修保护工程。

【考古发掘】

（一）概况

上报了庙后山、江官屯、燕州城、东大杖子4处遗址、墓地的发掘计划，获得国家文物局批准，相关发掘工作进展顺利。

开展了锦凌水库、铁大线安全改造工程、丹东民航机场改扩建工程等40余项大、中型基本建设过程中的文物保护工作，文物调查总里程1500余千米，调查总面积240平方千米，勘探总面积达10平方千米，既有效地保护了地下文物遗存，也有力地支持了地方经济建设。

开展了庙后山、东大杖子古墓群、燕州城山城等项目的考古勘探和发掘工作。

编辑出版了《查海——新石器时代聚落遗址发掘报告》《石台子山城》《岱海墓地》《朝阳隋唐墓葬发现与研究》4部考古发掘和专题研究报告。完成了喇嘛洞墓地、永陵南城址等5部考古发掘报告的编写任务，签订了出版合同。

（二）重要考古发掘项目

1. 东大杖子战国墓地

3～7月，辽宁省文物考古研究所对东大杖子战国墓群所在的大凌河上游地区进行了区域考古调查，发现青铜时期遗址点7处、汉代遗址点10处、辽金时期遗址点23处。

8～12月，对编号M36的大型土坑木椁墓进行了考古发掘。该墓葬平面呈圆角长方形，墓室内发现二椁一棺，墓内殉葬了大量的动物头骨。从墓葬形制、陶器组合、器物形态看，该墓的年代为战国晚期，属燕文化，同时也具有北方文化的特点。

2. 高句丽山城——燕州城

山城位于辽宁省灯塔市西大窑镇官屯村东南。从2009年开始，辽宁省文物考古研究所对该城址进行了连续考古发掘。共清理城墙120余米，发现城门址1处、排水涵洞2处、马面5座、马道5座。在城内发现高句丽至辽金时期房址多座，汉墓4座。出土辽、金、高句丽时期的遗物1000余件（套）。

2012年，对山城1号门址进行了补充发掘，基本弄清了其结构。重点清理了8号马面至1号门址之间倒塌的城墙，发现城墙有二次修筑的现象。城内发现了四座墓葬，凿岩为穴，为多人葬。这些发现为深入研究该城的建造及防御体系提供了重要的实物资料。

3. 庙后山遗址

7～10月，为配合庙后山遗址保护规划的实施，辽宁省文物考古研究所、中国科学院古脊椎动物与古人类研究所对庙后山遗址进行了考古发掘。此次发掘面积约为20平方米，发掘最深处约为3.6米。

地层自上而下共揭露出9层。发现疑似用火遗迹1处。出土了大量的遗物，主要为石制品及动物骨骼，其中石制品120件，种类有石核、石片、断块、刮削器、砍砸器。

4. 后山遗址

遗址位于沈阳市沈河区东陵路120号的沈阳农业大学后山果园和百草园处的黄土岗地上。8～9月，沈阳市文物考古研究所与吉林大学边疆考古研究中心联合对该遗址进行了发掘，发掘面积49平方米。通过发掘，确定本遗址自上而下共分7层，出土打制石器240余件。石器包括盘状石核、尖状器、砍砸器、刮削器等。

本次发掘发现4个旧石器文化层，年代从旧石器时代早期晚段到旧石器时代晚期，填补了沈阳地区以往没有确切层位旧石器发现的空白，对于认识中更新世至晚更新世时期沈阳地区乃至东北亚古人类迁徙、融合、旧石器文化的交流与演变、现代人类起源与发展等重大学术课题有着十分重要的意义。

【博物馆与可移动文物保护】

（一）博物馆

完成2011年度全省博物馆年检工作。根据《博物馆管理办法》有关规定，严格按照国家文物局《关于做好2011年度博物馆年检、备案工作的通知》中对年检对象、年检内容、年检材料、年检程序、年检标准、年检监督等内容的要求，积极应对网上填报、分类管理等新要求、新情况，圆满完成2011年度全省博物馆年检工作。全省共104家博物馆参加年检，经博物馆自检上报，各市文化局初审和省文物局审核，批准90家博物馆为年检合格单位、10家博物馆为年检基本合格单位，其中国有博物馆75家、民办博物馆25家。在75家国有博物馆中，归属文化文物系统管理的博物馆62家，行业博物馆13家。丹东海华珍奇馆等4家博物馆因年检材料不合格未通过2011年度博物馆年检。

公布实施了《辽宁省非国有博物馆设立审核暂行办法》。为进一步贯彻落实《文物保护法》和《博物馆管理办法》，做好全省非国有博物馆设立审核工作，从实际情况出发，参照国家相关的文物法律、法规，借鉴其他省市相关政策法规和成熟的经验，细化和规范非国有博物馆设立审核的申报程序、申报材料、资质审核、专家论证、日常管理等环节，制定了《辽宁省非国有博物馆设立审核暂行管理办法》。该办法的出台对规范管理非国有博物馆的设立审核将会发挥积极的推动作用。2012年，依照此办法批准设立了辽宁省华宝辽砚博物馆。

组织全省博物馆参与全国免费开放成果展。博物馆免费开放成果展是国家文物局总结免费开放经验、宣传免费开放成果、深化博物馆免费开放工作的一次重要宣传活动，也是2012年"5·18国际博物馆日"全国主会场活动的重要组成部分。辽宁省文物局组织省内各级各类博物馆、纪念馆积极参与此项展览，按照国家文物局的工作要求，对免费开放工作历程和情况进行全面梳理，认真搜集有关影像资料和实物展品。全省共有20余家博物馆、纪念馆上报"博物馆免费开放成果展"影像资料和实物展品100余份（件），充分展示了辽宁省在展示推广、未成年人教育、讲解导览、宣传推广、文化产品开发、旅游推广、社区文化促进、网站服务、管理创新、社会参与等方面取得的工作成果。

开展全省民办博物馆调研工作。为全面掌握辽宁省民办博物馆发展状况，摸清民办博物馆的发展优势和存在问题，科学制定民办博物馆发展对策，统筹安排全省博物馆工作，2012年初，启动了辽宁省民办博物馆调研工作。此次调研工作，选择具有代表性的民办博物馆为点、全省所有民办博物馆为面的工作范围，确定了抓住重点、了解全面的点面结合工作思路，采取了问卷式调查与实地考察相结合的调研方式。年初，下发了《关于开展民办博物馆调研的通知》，征求全省各民办博物馆对民办博物馆行业管理、民办博物馆的发展方向、民办博物馆生存与发展保障、文化文物部门对民办博物馆的专业指导、民办博物馆内部管理制度和藏品管理以及展示服务工作等方面的工作意见和建议。6～9月，先后对营口民俗博物馆、沈阳华夏饮食文化博物馆、年轮收藏馆、朝阳市德辅博物馆、西丰市鹿城博物馆等进行了实地调研。调研工作基本结束后形成了《辽宁省民办博物馆调研报告》。

（二）可移动文物保护

积极筹备第一次全国可移动文物普查工作。贯彻落实国务院下发的《国务院关于开展第一次全国可移动文物普查的通知》（国发〔2012〕54号），积极做好各项前期筹备工作。向辽宁省政府上报了《关于我省开展第一次全国可移动文物普查工作相关情况的报告》，按照上级领导批示和相关工作要求，代省政府初拟了《辽宁省人民政府关于开展第一次全国可移动文物普查的通知》，同时，参照《国务院第一次全国可移动文物普查领导小组人员名单》，提出了《辽宁省第一次全国可移动文物普查领导小组人员名单》。

完成可移动文物科技保护项目申报。为做好可移动文物保护项目的申报工作，多次与国家文物局进行汇报沟通，协调相关单位几次到北京向国家文物局有关部门和专家当面请教学习，指导相关资质单位编制完成并向国家文物局上报了《辽宁省博物馆馆藏文物预防性保护项目方案》《朝阳县博物馆馆藏石棺、石虎保护修复方案》《东大杖子墓地出土青铜器保护修复方案》《牛河梁遗址出土陶制文物保护修复方案》《五女山博物馆藏金属文物修复保护方案》《营口西炮台遗址室外大型铁质文物保护修复方案》《建平博物馆馆藏青铜器保护修复方案》7个可移动文物科技保护方案，其中4项方案获国家文物局批准。完成了2012年向国家申请可移动文物保护工程专项补助经费工作，申请项目8项，申请补助经费1625万元。

积极推进全省铁器文物保护工程。根据国家文物局可移动文物科技保护"十二五"规

2013
中国
文物年鉴

划重点项目申请的工作要求，向国家文物局捆绑申请实施全省铁器文物保护工程。针对辽宁省文物系统收藏单位馆藏铁器文物数量较多、易腐蚀的实际情况，开展了全省馆藏铁质文物调查统计工作，为全省馆藏铁器文物保护工作奠定了前期基础。同时，成立了辽宁省文物系统文物收藏单位馆藏铁器文物保护工程领导小组，为实施全省铁器文物保护工程提供了组织保障。此外，责成辽宁省文物考古研究所开展全省铁器文物保护工程方案的编制工作。

配合完成全国政协检查调研馆藏文物保护工作。积极配合全国政协"馆藏文物保存现状及发展情况调研组"的相关调研工作，形成《辽宁省博物馆事业发展有关情况的汇报》，全面总结和汇报了近年来辽宁省博物馆馆藏文物保护工作取得的主要成果，提出了馆藏文物保护方面存在的主要问题，并就如何解决这些问题以及如何加强馆藏文物保护工作提出了具体意见和建议。

【社会文物管理】

公布实施了《辽宁省文物藏品征集暂行办法》。在对全省文物征集情况进行充分调研的基础上，广泛征求各方意见，同时，借鉴兄弟省市有关情况，制定了《辽宁省文物藏品征集暂行办法》，自2012年4月起正式颁布实施。《办法》的出台，标志着辽宁省文物征集工作向科学化、制度化和规范化迈进，对于促进博物馆事业更好地发展具有积级的指导意义。

公布实施了《辽宁省文物鉴定机构管理办法（试行）》。为更好地发挥文物鉴定在文物工作中的重要作用，推进文物鉴定工作向规范化和制度化发展，制定了《辽宁省文物鉴定机构管理办法（试行）》。该办法的出台对于全省涉案文物鉴定、文物商店销售文物审核、文物藏品征集鉴定、馆藏文物定级、文物移交鉴定、社会文物认定、文物拍卖企业文物标的审核、参与文物鉴定类广播电视节目等工作的开展都具有重要的指导意义。

加强文物拍卖标的审核工作。严格审批程序，规范拍卖审核，依法对省内从事文物拍卖的企业进行监督管理，规范文物拍卖行为。2012年全年对全省10家从事文物拍卖企业的5次拍卖会、1489件拍卖标的进行了审核，批准同意举办拍卖会5场，同意上拍标的1428件。历次审核中，共发现61件标的不符合国家规定，依法责令拍卖企业撤拍。

完善了文物拍卖企业任职专家审核程序。着手规范从事文物拍卖企业任职专业人员资格审核，协调任职企业、原工作单位、各市文化局、省文物鉴定组等单位各司其责，严格审核，层层把关，确保在从事文物拍卖企业任职的专业人员满足具备文博系列高级职称、退休满一年以上以及非省市文物鉴定委员会委员、非省市文物商店工作人员、不从事文物拍卖标的审核和文物出入境审核等国家规定条件。

顺利完成涉案文物鉴定移交工作。经过多次沟通协商，11月中旬，沈阳市公安局将依法没收的涉案文物25件移交至辽宁省文化厅。此次移交的涉案文物以金铜佛造像为主，绝大多数为藏传佛教造像，部分文物工艺精湛，是少见的佛教造像珍品。经鉴定，其中有国家二级文物1件、国家三级文物3件、一般文物21件。辽宁省文化厅指定辽宁省博物馆对这批接收的移交文物进行收藏保管，并责成该馆按照《博物馆藏品管理办法》的有关规定，及时做好移交文物的入藏、登账、编目和建档等工作，确保文物藏品安全。

【科技与信息】

加强了可移动文物修复资质和可移动文物技术保护设计资质管理，对辽宁省1家具备甲级设计资质、2家具备乙级设计资、2家具备一级修复资质、6家具备二级修复资质的文博单位按要求进行了年检。

■【博物馆教育与培训】

6月中旬，为按时完成全省铁器保护修复方案编制工作，同时提升全省可移动文物保护修复水平，培养更多的专业人才，辽宁省文物局委托辽宁省文物考古研究所举办了"辽宁省铁质文物保护方案编制业务培训班"，全省相关文博单位30余人参加了学习培训。

■【文博宣传与出版】

举办第36个"5·18国际博物馆日"宣传纪念活动。按照国家文物局的统一部署，辽宁省文化厅、辽宁省文物局组织全省博物馆、纪念馆紧扣"处于世界变革中的博物馆：新挑战、新启示"的宣传主题，在5月18日前后，先后开展了丰富多彩、生动活泼的系列宣传活动。"5·18国际博物馆日"期间，全省共设立各种形式和不同规模的活动会场15个，各级各类博物馆、纪念馆共举办阵地展览132个，推出临时展览27个，制作各类宣传版面900余块，发放宣传单近10万份，全省举办各类讲座10余个，设置咨询服务台40余个，接待并解答各类咨询近万人次。据统计，仅5月18日当天，全省博物馆、纪念馆免费接待观众35万人次，参与各类活动的群众近百万人次。沈阳工业博物馆在"5·18国际博物馆日"当天隆重开馆，全国人大财经委副主任委员闻世震，国家文物局副局长顾玉才，辽宁省委书记、省人大常委会主任王珉，辽宁省委常委、沈阳市委书记曾维，辽宁省委常委、秘书长周忠轩，辽宁省政府副省长滕卫平等领导参加了开幕剪彩仪式，开馆当天接纳观众5000余人，成为2012年全省"5·18国际博物馆日"规模最大和最具影响力的活动之一。

■【机构与人数】

2012年全省共有文物机构130个，均为事业单位。其中文物保护管理机构60个、博物馆62个、文物科研机构3个、文物商店3个、其他文物机构2个。从业人员总数3642人。人员按职称分，文物保护管理机构有高级职称33人，中级职称185人；博物馆有高级职称218人，中级职称557人；文物科研机构有高级职称15人，中级职称21人；文物商店有高级职称2人，中级职称9人；其他文物机构有中级职称1人。

■【对外交流与合作】

辽宁省考古研究所继续与日本奈良文化财研究所联合开展朝阳隋唐墓葬整理，与美国匹兹堡大学联合开展大凌河流域田野考古调查均取得了阶段性成果。与日本奈良文化财研究所合作开展了魏晋时期都城遗迹调查研究，与韩国蔚山文化财研究所合作进行了学术考察与交流，均取得了一定成效。

辽宁省博物馆以展品支持的形式参与了赴美国纽约大都会博物馆举办的"忽必烈的时代——中国元代艺术展"和赴韩国京畿道博物馆举办的"辽宁古代文物展"，此外，赴台北历史博物馆成功举办了"齐白石书画展"，有效地扩大了中国传统文化的影响和两岸的文化交流合作。

为加强中俄两国文化交流与合作，大连旅顺博物馆于2012年6月访问俄罗斯，代表团成员与俄罗斯科学院俄罗斯历史研究所相关人员进行了会谈，双方讨论了研究领域、合作

2013
中国
文物年鉴

对象及双方的权力、义务和责任，确定双方将定期交换信息和文献，派员参加学术会、研讨会，帮助对方设立相关陈列等内容。最后，大连旅顺博物馆与俄罗斯科学院俄罗斯历史研究所正式签署了合作协议书，标志着双方之间的合作进一步深化。在圣彼得堡期间，代表团还与俄罗斯中央海军博物馆进行了会谈，并签署了合作意向书。

辽宁省文博单位与国外文博单位展开了多种交流合作。辽宁省博物馆引进举办了"江户名瓷——伊万里展"；沈阳故宫博物院在韩国举办"宫苑菁华——沈阳故宫艺术品展"，展出反映中国文化的瓷器、书法、绘画、服饰及皇家日用品等90件（套）；沈阳故宫博物院与台北故宫博物院等机构在台北共同举办"皇家风尚——清代宫廷与西方贵族珠宝特展"，展出展品461组（件），接待观众14万人次；辽宁省博物馆与中华世纪坛世界艺术馆联合在辽宁省博物馆举办"走向现代——英国美术300年展"，展出来自英国多家收藏机构的共80件展品；旅顺博物馆组织"沧桑巨变——大连城市发展图片展"赴韩国、日本进行友好交流巡展。

吉林省

【概述】

2012年，在省委、省政府的正确领导下，在国家文物局关怀指导下，吉林省文物工作者认真贯彻"保护为主、抢救第一、合理利用、加强管理"的文物工作方针，全面推动吉林文物事业又好又快发展。

【执法督察和安全保卫】

文物行政执法水平进一步提升。吉林省加强文物行政执法队伍建设，三级文物行政执法体系建设基本完成，培训文物执法人员150人，查处了1起特大文物盗窃案和2起文物违法案件。完善了文物行政执法程序，积累了文物行政执法的经验，文物行政执法能力有了很大提升。

文物安全保卫工作进一步加强。8月3～13日，吉林省文化厅（文物局）联合吉林省公安厅开展了吉林省文物安全保卫工作专项整治活动。检查省级以上文物保护单位18个、博物馆21家，发现安全隐患112处，及时整改安全隐患63处，为文物管理和博物馆事业的顺利发展提供了安全保障。

【不可移动文物的保护和管理】

（一）概况

吉林省共有全国重点文物保护单位33处，省级文物保护单位272处。2012年共投入文物保护经费1.0895亿元。

（二）世界文化遗产

1月，组织召开洞沟古墓群壁画原址保护工作会议，与会领导及专家指出了该项目的亮点、难点和下一步的工作要点，为项目顺利实施提供了良好条件。根据国家文物局的要求，有关单位对好太王碑、将军坟的变形监测项目方案进行了调整，将2011年度的工作报告和新方案报送了国家文物局。督促吉林大学边疆考古研究中心编制完成了《集安高句丽王城、王陵及贵族墓葬遗产监测试点工作方案》，该方案已得到国家文物局的批准。组织编制了《吉林省高句丽遗迹保护项目规划》，并通过了国家财政部和国家文物局的评审。

（三）文物保护规划

长城资源后续保护工作全面启动。3月，组织召开了全省长城保护工作会议，组织复核认定吉林省长城资源，科学总结长城资源调查工作，全面部署下一阶段长城保护工作任务，研究解决保护工作中存在的问题和困难。吉林省长城保护工作全面进入资料整理和成果转化阶段。指导编写完成《延边长城勘测项目方案》，启动《吉林省长城资源保护规划》和《吉林省长城资源调查报告》编制工作。

2013 中国 文物年鉴

【博物馆与可移动文物保护】

（一）博物馆

1. 博物馆间的交流与合作

吉林省博物院通过藏品借入、藏品借出、业务培训和指导、经验交流等方式促进博物馆馆际交流与合作，提升了在国内外博物馆界的知名度，增进相互了解，建立了稳定的合作关系，为今后的各项业务开展奠定了良好的基础。

吉林省自然博物馆与国内多家博物馆在藏品、展览等业务工作方面建立了良好的合作关系，尽己所能为其他博物馆提供各类业务帮助，实现了馆际间的互助和资源共享。4月，配合通化科技中心进行展览设计；10月，配合天津自然博物馆新馆建设，负责昆虫展示部分的展览设计；11月，为长白山保护区提供蝶类标本103种176件，丰富保护区蝶类标本资源；11月，为上海大学博物馆新馆展览"缪斯来了——世界著名大学博物馆概念展"提供展览资料和相关信息。

伪满皇宫博物院与淮安市博物馆联合举办了"翰墨飘香——淮安市博物馆藏明清书画精品展"，与日本民间友好团体"八月十五日会"联合举办了"日本百名漫画家笔下的8·15"作品展，与长春市外办联合举办了"美国风光文化展"，与颐和园管理处共同举办了"无双风月——乾隆颐和园生活艺术展"，这些陈列展览的展品既有精品文物，也有漫画及摄影精粹，不仅丰富了陈列展览体系和参观内容，也使陈列展览向多元化、专题化、高品质化迈进了一步。在引进精品陈列的同时，还赴日本举办了"维护和平·反对战争"展览；赴意大利举办了"从努尔哈赤到溥仪——公元1559～1967年"展览，该展览在意大利引起轰动并引发新一轮的溥仪热。与加拿大温哥华博物馆、马卡姆博物馆达成展览交流协议。参加了2012年国际博物馆高级管理人员研修班、美国博物馆协会2012年年会以及海峡两岸2012餐旅、博物馆、文化资产与观光发展国际研讨会；参加了中国博物馆协会纪念馆、考古与遗址博物馆、市场推广与公共关系、社教及志愿者等专业委员会工作会议，加深了国际与馆际间的交流合作。

2. 重要陈列展览

吉林省博物院"黑土军魂——东北抗日联军军史陈列"以提炼抗联精神为主线，以抗联军队的发展脉络为辅线，逻辑分明、重点突出，反映抗日联军史的真实情况。杨靖宇的饭桌、周保中的铁笔、汪雅臣的银挂件、少年营单刀等展品展现了抗联战士艰苦卓绝和永不屈服的精神。此展览展陈面积2200平方米，展线长690米，共分为六大部分十五个单元，展出文物1011件、照片523张。

吉林省博物院"古风神韵——走进神秘的萨满世界"展览于2012年12月18日～2013年1月10日举办，展品数量92件（套），展厅面积400平方米。展览以实物与文字说明相结合的形式介绍了萨满文化。

吉林省自然博物馆制作的"长白林海""蝴蝶谷""鸟之灵兽之趣""化石世界"等展览，充分再现了长白山生态和文化，很好地发挥了博物馆教育基地的作用。

伪满皇宫博物院赴日本举办的"维护和平·反对战争"展览、赴意大利举办的"从努尔哈赤到溥仪——公元1559～1967年"展览均收到了空前效果，观众反响十分强烈。

延边博物馆举办了"朝鲜族民俗展览"，重点展示朝鲜族几百年的历史和传统民俗文化，利用最新的展陈技术，通过实物陈列、艺术再现、多媒体展示等多种展览形式，将朝鲜族历史和民俗文化的基本面貌、重要特征通俗而生动地展现出来，让广大观众如身临其境般感受朝鲜族的风土人情、美风良俗，了解朝鲜族坎坷而艰辛的迁入历史以及共建美丽生活家园、吸收灿烂中华文化并融入中华民族大家庭的历史过程。

（二）可移动文物保护

1．文物数量、等级

吉林省现有馆藏文物40余万件，其中，一级文物601件、二级文物3605件、三级文物15941件。

2．可移动文物保护修复基地建设情况

吉林省文物科技保护中心建设逐步得到完善，2012年购置了一台国内最先进的基恩士三维超景深视频显微镜，迈出了以科技为主导的文物保护修复第一步。

3．可移动文物保护技术和方法及应用情况

吉林省博物院所有库房分区均安装恒温恒湿设备和空气净化装置，按藏品质地要求设置适宜于藏品保存的温湿度，监测和净化空气质量，并实行24小时控制。定期检查文物现状、进行养护工作，通过清洁通风、投药、控制温湿度、配置适宜装具等方式以及对藏品摆放提取等进行规范等手段，结合对金属器、纸制品等易腐蚀、易受损藏品给与定期保养、修复装裱等，取得良好的藏品养护效果。

伪满皇宫博物院规范了库房管理，对易碎藏品进行了加固保管。完成了文物库房的恒温恒湿改造，并按照文物管理要求，建立文物档案1764件，完成了院藏1007件瓷器的外包装囊匣的装配工作，为院藏23件较大文物订制了外护套，为外展场地更换库房和展区内的所有照明设施和展陈设施。

（三）社会文物管理

按照吉林省文化厅的安排，吉省省文物商店自2011年起由吉林省博物院代管。吉林省博物院从人力、物力、财力上给予吉林省文物商店全力支持。歇业18年的吉林省文物商店重新开业，待岗职工重新上班，营业收入稳步增长，职工平均工资每人每月达到4727元。在办好本店的前提下，2012年开办了吉林省文物商店第一分店。

（四）科技与信息

吉林省博物院展厅设置WIFI网络环境，利用二维码技术，移动手机导览定位、深化陈列的解读方式，开发了新媒体在博物馆中应用的新一代导览系统。简单、生动、富于个性化又贴近观众的导览系统，深化了展览内容解读，拓展和提升了展览效果，有效提升了教育传播功能，实现了观众把博物馆文化带回家的需求。

开通网上展馆，让实体陈列进入虚拟空间，延伸了博物馆服务。

【文博教育与培训】

2月24～25日，吉林省文物考古研究所承办了国家文物局考古发掘电子审批系统培训班。

3月5～9日，吉林省文物局在长春举办了"全省文化系统所属博物馆陈列展览设计培训班"，培训授课教师由吉林大学文学院博物馆专业的知名教授和省博物院陈列展览设计专家组成。通过培训，参训学员深入理解了陈列展览专业理论知识，全面熟悉了博物馆陈列展览的制作及工作流程，很好地掌握了陈列展览内容设计和大纲的编写以及形式设计和艺术效果、陈列展览制作和布展等相关技能。

6月10～14日，吉林省文物局联合吉林省公安厅，在长春组织了"博物馆安全保卫培

2013
中国
文物年鉴

训班"，参加人员为全省博物馆安全保卫负责人、各地区公安局经文保支队负责人。

7月16～18日，吉林省文物局承办国家文物局文物外事工作业务培训。参加培训人员为各省、自治区、直辖市文物局（文化厅）以及国家博物馆、故宫博物院、文化部恭亲王府管理中心和国家文物局各直属单位负责外事工作的同志，共60多人。

7月25～28日，组织召开文物保护工程勘察设计及施工资质培训班，共培训来自11家单位的114名员工。通过培训提高了参训人员的在文物保护工程设计施工中的文物保护理念和文物保护意识，提高了文物保护工程勘察设计和施工的专业技术水平。

8月24～27日，在大安市组织召开"田野考古的理论与实践"学术研讨会。本次研讨会的召开，促进了考古一线工作者对田野发掘理念的探索和技术的提高，促进了各省市特别是东北地区考古研究机构的合作，促进了吉林省田野考古实践与遗址保护研究基地的良性运转。9月23日，国家文物局副局长童明康视察了基地，并对吉林省文物局的工作给予了充分肯定，提出要把该基地建成省内外乃至全国具有影响的示范性培训基地。

【文博宣传与出版】

主办"文化遗产日"主场城市活动。6月9日是我国第七个"文化遗产日"，主题为"文化遗产与文化繁荣"。吉林省"文化遗产日"主场活动设在通化市，活动由吉林省文化厅、通化市人民政府共同主办，通化市文化新闻出版和体育局承办。该活动为期10天，陆续举办了非物质文化遗产生产性项目成果展示、文物保护、三普成果图片展和"保护文化遗产，守护精神家园"万人签名等10余项活动，向广大市民普及文化遗产保护知识，提高公众对文化遗产保护的认识。

2012年与中国文物报、中国文化报、新华网、中新社、中国新闻网、大公报、吉林日报、吉林电视台、长春电视台、新文化报、城市晚报、吉林网等媒体机构建立起良好的合作关系，形成了由点及面、由表及里的宣传声势，全年进行报纸宣传113篇、视频报道35次、音频报道25次、网络报道550篇。

出版了《吉林省博物馆协会第一届学术评奖文集（2008～2011）》《耕耘录：吉林省博物院学术文集2010～2011》《松辽风华——契丹女真人》《东风西渐 欧瓷惠中》《吉林省迎接党的十八大优秀中青年书画家作品集》《吉林省书画家六人展精品图集》《黑土军魂——东北抗日联军军史陈列图集》《解读伪满皇宫》《带你走进伪满皇宫》《图像档案解密伪满皇宫》《伪满洲国殖民统治机构图鉴》《溥仪研究》《末代皇帝溥仪在紫禁城》《关东英魂——东北人民抗日斗争故事》《东北人民抗日斗争歌谣》《张大光画集》等图书。在国家、省级等各级各类学术期刊杂志、报刊发表学术论文259篇，美术作品30余幅。

【机构及人员】

吉林省10个市（州）地区（含长白山管委会）、60个县（市、区）共有1400余人从事文博工作。文物保护管理机构48个，从业人数330人，其中高级职称42人、中级职称104人。各级各类博物馆105家，其中文化系统所属博物馆73家、行业博物馆20家、民办博物馆12家。文物商店1个，文物保护科技中心1个，文物信息咨询中心1个。从业人员918人，其中高级职称127人、中级职称190人；硕士研究生5人、本科生333人、专科生235人。

4月28日，吉林省第三次全国文物普查暨长城资源调查工作总结大会在四平召开。各市（州）、各县（市、区）文化（文物）局的主要领导，有关县（市、区）文物管理所负责人及各市（州）和县（市、区）的先进单位和先进个人代表共130余人参加会议。会议系统总结和科学评估了吉林省第三次全国文物普查及长城资源调查工作，全面部署调查成果的保护利用宣传等工作，提高了全省文物工作者对文物资源调查及后续工作的认识，推动全省文物工作跃上新台阶。会议授予吉林省文物考古研究所等23个单位为"吉林省第三次全国文物普查工作先进单位"称号；授予吉林大学边疆考古研究中心为"吉林省第三次全国文物普查工作特别贡献奖"称号；授予吉林省文物考古研究所等4个单位为"长城资源调查工作先进单位"称号；授予安文荣等69名同志为"吉林省第三次全国文物普查工作先进个人"称号；授予郑福君等3名同志为"吉林省第三次全国文物普查工作先进社会志愿者"称号；授予吴丽丹等14名同志为"长城资源调查工作先进个人"称号。

【对外交流与合作】

1．文物展览

出境展览3个："满族服饰"赴意大利展出；"维护和平·反对战争"赴日本展出；"从努尔哈赤到溥仪——公元1559～1967年"赴意大利展出。

引进交流展7个：上海历史博物馆的"东风西渐　欧瓷惠中——欧洲瓷器三百年艺术展"、中国人民革命军事博物馆的"名人名枪——中国人民革命军事博物馆枪械珍品特展"、贵州省博物馆的"霓裳银装——多彩贵州少数民族服饰展"、陕西汉阳陵博物馆的"微笑彩俑——汉景帝的地下王国·陕西汉阳陵文物特展"、新疆博物馆的"天山风情——新疆民俗文化精品展""镜鉴铅华　昭明古今——陕西历史博物馆馆藏铜镜特展"、四川博物院"巴蜀饮食文化特展"。

此外，2012年先后与辽宁省博物馆、黑龙江博物馆合作举办了"松辽风华——走进契丹女真人"展览，与首都博物馆等单位合办"大千世界——张大千艺术人生"展览。

2．重要来访与外访

吉林省博物院院长赵瑞军、书记赵聆实以及伪满皇宫博物院长李立夫等人赴意大利特拉维索市卡雷霍兹博物院参加"从努尔哈赤到溥仪——公元1559～1967年"文化交流展。7月初，吉林省自然博物馆书记李迎化等三人赴法国参加了由法国国家自然历史博物馆举办的博物馆学高级培训研讨会。

3．重要的涉外合作项目

2012年5月，吉林省博物院派代表参加在北京举办的"中国—加拿大文化对话"活动，并同加拿大博物馆协会及其博物馆、美术馆签订展览交流、学术交流、人员互访协议书。

【其他】

1．吉林省文物局与吉林省测绘局签署了战略合作框架协议

1月18日，吉林省文物局与吉林省测绘局签署了战略合作框架协议，双方将在文物保护领域进一步加强合作，全面构建战略合作伙伴关系。吉林省文化厅副厅长兼文物局局长翟利国，吉林省测绘局党组书记、局长张立民出席签署仪式并讲话，吉林省文化厅文物管理总监金旭东、吉林省测绘局副局长郭燕共同签署了合作协议。

近年来，随着国家对文物事业越来越重视，文物保护理念发生深刻变化，文物工作日益规范化、科学化，"测绘先行"已成为文物保护的基本理念和重要原则。将现代化的测绘技术全面应用于保护规划和方案编制、数据库建设、遗产监测

2013
中国
文物年鉴

管理等文物保护的各个领域，不仅是提高文物保护管理水平、推动文物事业可持续发展的战略需要，也是留存历史财富、传承文脉、发展公益事业的共同社会责任。

吉林省文物局与吉林省测绘局签署战略合作框架协议，是贯彻落实党的十七届六中全会和省委九届十二次全会精神的具体举措，是全国省级文物部门与测绘部门签订的第一份战略合作框架协议，开创了全省多部门合作发展文物事业的新局面。

2．国家文物局与吉林省政府签订《框架协议》

12月13日，国家文物局与吉林省政府在长春市南湖宾馆举行《国家文物局、吉林省人民政府合作加强吉林省文物博物馆工作框架协议》签字仪式。文化部副部长、国家文物局局长励小捷，副省长王化文出席仪式并分别代表国家文物局与省政府在《框架协议》文本上签字。

吉林省历史悠久，文物资源丰富，具有鲜明的边疆性、民族性和国际性的特点，是中国文化遗产宝库的重要组成部分，也是推动全省文明进步不可或缺的重要资源。近年来，在国家文物局的大力支持下，在省委、省政府的领导下，吉林省文物工作取得了长足的发展，大遗址保护、世界文化遗产申报与管理、考古遗址公园建设、田野考古人才培养、第三次全国文物普查、长城资源调查等工作取得了一系列令人鼓舞的成绩，文物保护状况明显改善，保护能力不断提升，服务意识日益提高，社会影响力逐渐加强。

此次《框架协议》是国家文物局与吉林省政府的第一次合作，也是共同推动社会主义文化强国建设的有力举措。《框架协议》签订后，国家文物局将在文物保护重大项目、博物馆发展、文物安全与执法建设等工作上给予吉林省资金和政策倾斜。

黑龙江省

【概述】

2012年是全面落实"十二五"规划的关键一年，也是贯彻落实党的十七届六中全会精神的重要一年，黑龙江省文物行政部门本着"保护为主、抢救第一、合理利用、加强管理"的文物工作方针，全面贯彻落实党的十七届六中全会提出的《中共中央关于深化文化体制改革推动社会主义文化大发展大繁荣若干重大问题的决定》，紧密结合黑龙江省委十届十八次会议确定的文化事业发展"八大工程"的重点任务，按照国家文物局工作安排和黑龙江省委、省政府的部署，重点工程有序展开，各项基础工作扎实推进，圆满完成了年初制定的各项工作目标。

【执法督察与安全保卫】

行政审批制度进一步规范。黑龙江省文物局配合黑龙江省政府法制办、省纪委开展行政审批制度检查、调研工作，使行政审批工作更加严谨和透明，全年共开展行政审批事项80余项。2012年7月召开了基建考古工作年中总结会，对基建考古工作中遇到的实际问题和困难提出了解决意见，对基建考古工作流程、厅基建考古办公室具体工作人员进行了调整。12月，召开了基建考古工作年终会议。

文物安全与行政执法工作得到加强。按照国家文物局要求，黑龙江省文物局对省内的省级以上文保单位进行巡查，完成了对齐齐哈尔市、佳木斯市、双鸭山市和肇东、肇源、阿城、五常、富锦、桦川、桦南、同江、抚远、饶河3个市10个县辖区内的省级以上文物保护单位的文物安全情况及保护标志碑的树立安装情况检查。同时，对第六次全国劳动代表大会会址（哈尔滨儿童电影院）遭破坏进行了文物执法督察，使其得到了相应保护。完成2012年文物执法信息上报，制定了黑龙江省"十二五"期间的文物行政执法培训计划。

文物安全设施建设逐步完善。经多方协调和争取，完成了渤海国上京龙泉府遗址、莫斯科商场旧址安技防工程；开展了侵华日军第七三一部队罪证旧址、颐园街一号以及哈尔滨文庙的安防技防项目的申报工作，均得到国家文物局批复。此外，黑龙江省各文博单位加强了安保力量，黑龙江省博物馆于4月成立"哈尔滨市保安服务总公司驻黑龙江省博物馆直属大队"，革命领袖视察黑龙江纪念馆建立了"革命领袖视察黑龙江纪念馆社会治安综合治理小组"。

按照国家文物局通知精神，4月份开展了文物保护法实施情况调研工作，向国家文物局提供黑龙江省贯彻落实《文物保护法》实施情况及相关立法建议。

【不可移动文物的保护和管理】

（一）概况

截至2012年底，黑龙江省共有不可移动文物10759处，其中全国重点文物保护单位29

处，省级文物保护单位192处，市、县级文物保护单位1030处，国家级历史文化名城1处（哈尔滨市），长城2处（牡丹江边墙、金界壕遗址黑龙江段），省级历史文化名城（区）5处（齐齐哈尔市、阿城区、呼兰区、依兰县、宁安市），中国历史文化名镇2处（海林市横道河子镇、黑河市爱辉镇），中国历史文化名街2处（哈尔滨市中央大街、齐齐哈尔市昂昂溪区罗西亚大街）。

2012年9月13日，黑龙江省政府批准公布《哈尔滨历史文化名城保护规划》（黑政建规〔2012〕6号），同日，又批准将齐齐哈尔市昂昂溪区罗西亚大街街区、建华区藏书楼街区、富拉尔基区和平路街区、龙沙区原第一机床厂四宿舍住宅区列为历史文化街区（黑政建规〔2012〕7号）。11月13日，黑龙江省政府批准并公布《黑龙江省金上京会宁府遗址保护规划》（黑政函〔2012〕127号）；11月22日，批准并公布《横道河子历史文化名镇保护规划》（黑政建规〔2012〕10号）。

（二）大遗址保护

渤海遗址保护工程基本完成。截至2012年底，文物本体保护工程、环境整治工程、遗址博物馆主体建设工程全部结束。除开展上述保护工程项目外，还启动了遗址保护规划修编、遗址公园规划编制等各项工作。

金上京会宁府遗址保护工作取得预期成效。金上京会宁府遗址和刘秀屯金代宫殿基址看护用房及围栏建设竣工并投入使用。金上京遗址保护规划获国家文物局批复，经最后修订上报省政府，于2012年11月出黑龙江省政府公布实施。为配合金上京遗址的保护规划制订工作，又组织黑龙江省考古研究所对金上京会宁府城址进行了初步的调查勘探，并选择在皇城内5号殿北部的宫殿区进行发掘，发掘工作取得突出成果，为开展遗址保护、建设考古遗址公园及申报世界文化遗产做了准备。2012年上半年完成了申遗文本制作上报工作，并组织了国家文物局专家组的现场考察，9月由国家文物局正式公布为申遗预备名单。

侵华日军第七三一部队旧址保护工作有序开展。2012年在国家文物局批复意见的基础上，继续开展保护规划修订工作，10月将最后修订稿上报国家文物局；指导当地开展遗址公园规划工作，并对规划初稿进行了论证，提出了原则意见；开展了遗址申遗工作，指导当地政府和遗址管理部门完成了申遗文本制作上报工作，通过了国家文物局初审和专家现场考察，9月由国家文物局正式公布为申遗预备名单。

（三）全国重点文物保护单位

中东铁路历史建筑保护工程取得重要进展。于2010年确定的哈齐客运专线工程涉及中东铁路历史建筑的五栋建筑的保护工作，具体实施方案为：安达车站铁路俄式小二楼、安达车站行包托运处和肇东车站老站舍整体迁移，姜家车站仓库旧址原地保护，姜家车站铁东区俄式房采取局部切割、西部正面后缩方式进行保护。经过两年的协调、准备，肇东车站老站舍平移工程于2012年10月23日正式启动，并于11月3日迁移至指定地点，顺利完成第一次预期迁移。为了节省工期、节约资金，在此次平移工作中对平移滑道下土体采用液氮冻结法工艺，填补了国内空白。其他历史建筑的平移工程准备工作有序进行。开展了中东铁路历史建筑群整体保护调研工作，着手开展整体保护规划编制立项工作。横道河子镇、昂昂溪中东铁路历史建筑群保护规划编制工作顺利进行。

边境要塞遗址保护工作顺利开展。2012年东宁要塞、虎头要塞遗址保护规划立项已获国家文物局批复，资金计划指标已经下达，规划编制工作顺利进行。启动胜山要塞遗址保护规划立项工作，并得到国家文物局批复。

2013
中国
文物年鉴

其他全国重点文物单位保护规划和保护工程积极推进，主要有哈尔滨文庙三座牌坊维修保护工程、昂昂溪遗址保护规划编制、金界壕遗址保护规划编制及部分保护项目工程立项及施工。此外，塔子城址、五排山城址、亚沟石刻等文保单位保护规划立项工作已获国家文物局批复，资金计划指标均已下达。

（四）文物保护基础工作

开展了黑龙江省级文物保护单位保护现状调研和文物保护项目排查摸底工作。通过排查，黑龙江省192个省保单位需抢救性维修的有108项，约占全部省保单位的56%。根据资金情况，决定从需要维修的108个项目中选出28项，力争在两三年内，逐步开展保护与维修工作。其中，宁安兴隆寺、阿城文庙保护工程已于2012年下半年开展。省级以上文物保护单位"四有"工作基本完善，经过三年统一安排，已全部完成省级以上文物保护单位保护标志加工树立工作。

开展了第六批省级文物保护单位申报推荐工作。通过各地上报、专家评审，重点围绕革命文化遗产、近现代重要史迹、重要古遗址开展遴选推荐工作，经申报单位申报、专家审查、分组研讨、投票表决、签署意见等程序，评审委员会对各地申报的730个项目进行了审查，初审通过453个项目。申报项目涵盖古遗址、古墓葬、古建筑、近现代重要史迹和代表性建筑4类，充分反映了黑龙江省文化遗产的实际特点。

开展了历史文化名城名镇的保护工作。与黑龙江省住建厅配合，开展了哈尔滨历史文化名城保护规划和横道河子历史文化名镇保护规划的论证调研工作。在住建部、国家文物局的统一部署下，配合住建部门开展了传统村落调查。

（五）文物保护工程管理

加强文物保护工程资质单位管理。2012年2月，国家文物局下发文物保函〔2012〕61号文件，确定黑龙江省首次增加文物保护工程勘察设计甲级、施工一级资质单位各一家，分别是哈尔滨工业大学城市规划设计研究院和哈尔滨兰格装饰有限公司。此外，黑龙江省也发展了一批资质单位。黑龙江固特建筑技术开发有限公司获批文物保护工程勘察设计乙级资质和文物保护工程二级施工资质，黑龙江正信建设工程管理有限公司获批文物保护工程乙级监理资质。7月20日，黑龙江省文物局举办了文物保护工程会议暨资质证书颁牌仪式。

成立黑龙江省文物保护工程指导组。为进一步提高文物保护规划、保护方案编制的科学性和可操作性，确保文物保护工程质量，规范工程管理，加强文物保护工程科学研究和指导，成立了黑龙江省文物保护规划、保护方案编制及文物保护工程指导组，全面规划和指导全省文物保护工程的开展。同时，调整充实了黑龙江省文博专家库，对文物事业发展提供了帮助。

【考古发掘】

（一）概况

2012年黑龙江省开展的考古发掘工作主要是配合基本建设进行的，基建考古项目批复71项，文物调查勘探竣工56项，进行中的项目15项，考古发掘项目7个，其中主动考古项目2个，考古发掘面积8000平方米。

（二）重要考古项目

配合大遗址保护积极开展了考古发掘工作。为配合金上京会宁府遗址保护规划制订和实施，开展了金上京城址考古发掘工作，主要是对皇城北侧中轴线上新发现的第五殿址选择局部建筑遗迹发掘揭露，已发掘面积2400平方米，发现大型方形磉墩和两排小型磉墩，出土了大量精美的龙纹瓦当滴水、绿釉瓦等建筑饰件。继续对渤海上京龙泉府宫城第一号宫殿址进行发掘整理，"御花园"址的钻探工作亦有新发现，相关报告编写工作已经展开。

配合基本建设开展的调查勘探和考古发掘工作成效显著。其中肇源大青山遗址发掘工作，共发掘清理房址12座、墓葬2座、灰坑194个、待确认的灶址8个。经过发掘和钻探，对大青山遗址的性质有了较为全面的了解，证明该遗址是一处多层遗址，在战国、秦汉、辽金、明清时期均有人类的活动，丰富了本地区的考古学材料，提供了大量的古代人类活动信息和实物标本，也让我们对这一地区古代人类活动状况有了较为清晰的了解。伊春桦阳遗址发掘工作，共发掘550平方米，出土遗物10000余件，在我国东北地区首次发现旧石器时代晚期至新石器时代早期完整地层剖面，为构建东北亚地区更新世晚期至全新世早期考古遗址的完整地层序列提供了重要资料。黑瞎子岛考古调查，2012年5~6月，在前哨—黑瞎子岛高速公路工程建设区域内发现2处文化遗存。其中1号遗址发现的夹砂陶、石器残件、石片等，根据文化特征，认定属于隋唐至辽金时期的多层遗址。2号遗址发现的石斧等，根据文化特征及附近发现的文化遗存，认定为汉魏至隋唐时期的遗址。

开展了大兴安岭岩画调查工作。自2011年以来，在黑龙江省大兴安岭地区7个县区局发现22处岩画，570余单幅，是目前黑龙江省发现炭画数量最多、区域最广、历史最久的岩画群，在黑龙江省岩画史上具有里程碑意义。2012年11月，黑龙江省文物局派出文物考古专家进行了部分现场考察，认为其具有重要的考古和历史研究价值，并与大兴安岭地委宣传部、文化局成立联合调查领导小组，组建了调查队伍，全面开展大兴安岭地区岩画调查工作并制定相应保护措施。

【博物馆与可移动文物保护】

（一）概况

近年来，黑龙江省博物馆事业发展迅速，截至2012年底，黑龙江省博物馆总数达到172座，其中文化系统博物馆96座、其他行业博物馆49座、民营博物馆27座。已有88家国有公益性博物馆、纪念馆及全国爱国主义教育基地纳入国家免费开放序列。先期开展全国第一次可移动文物普查工作，实施博物馆陈列展览精品工程建设，加速黑龙江省博物馆新馆、渤海遗址博物馆工程的前期建设，完成中共黑龙江历史陈列馆陈列布展工作。

（二）博物馆

1．可移动文物保护、管理和研究

文物征集。2012年，黑龙江省各博物馆结合馆藏和陈列展览需要开展了系统的文物征集工作。黑龙江省博物馆将黑龙江水系的淡水鱼类"三花五罗十八子"标本全部收藏到馆，拥有了实物版的"三花五罗十八子"；黑龙江省民族博物馆开展世居在黑龙江地区的赫哲、鄂伦春、鄂温克等少数民族生产、生活用具及工艺品征集工作，并将部分系列文物应用到新的陈列中；东北烈士纪念馆抢救性地开展破产企业北安枪械厂老机床和枪支征集；侵华日军虎头要塞遗址博物馆、七三一罪证遗址陈列馆开展侵华日军罪证遗物征集；金上京遗址博物馆开展金代文物征集，这些专题性文物征集工作的开展，不仅迅速扩大馆藏，且与博物馆性质相符，很多文物可以尽快填充到展览中，征集工作成效显著。

文物保护、管理与研究。按照国家文物局关于可移动文物普查的总体部署，2012年正式启动黑龙江省可移动文物普查工作，开展了对哈尔滨烈士陵园、朝鲜民族艺术馆、哈尔

2013
中国
文物年鉴

滨南岗区展馆、北安庆华工业遗址博物馆的文物定级工作，为全面开展普查工作奠定了基础。黑龙江省博物馆藏品库房配备14套具有国际一流水平的专业新型文物藏品柜和70余台新式专业温湿度仪器，改善了藏品保管条件。黑龙江省民族博物馆对部分馆藏毛皮藏品进行整理、消毒和加药工作。黑龙江省博物馆"俄文老档"的保护与再生工作取得阶段性成果，共加固馆藏俄文报刊数千件，装订旧报纸上万页。同时，组织专业人员对馆藏的3万余册珍贵外文期刊、书籍和近10万份报纸建立"户口簿"清单，进行馆藏藏品大清点工作。

2. 博物馆之间、博物馆与社会团体的交流与合作

1月6日，中国博协纪念馆专业委员会专题工作会议在黑龙江省黑河市召开。

2月5日，东北烈士纪念馆与黑龙江中共党史人物研究会联合举办周保中将军诞辰100周年座谈会和赵尚志将军殉国70周年座谈会，与会专家展示了近年有关东北抗日烈士的研究成果。

2月27日，革命领袖视察黑龙江纪念馆与黑龙江毛泽东书法研究会、黑龙江省红色收藏研究会联合举办了"纪念毛主席视察黑龙江62周年座谈会"。

3月12日~4月12日，黑龙江省博物馆"漫游寻龙记古生物化石展"赴厦门、福州展出。3月16日~4月17日，"海月星辉——邓散木艺术展"赴澳门民政总署画廊展出。6月2日~12月2日，黑龙江省博物馆馆藏一级品"斗浆图"参加浙江省博物馆"惠世天工——中国古代发明创造文物展"。

7月24日，东北三省博物馆联盟2012黑龙江年会暨"松辽风华——走近契丹、女真人"三省联展开幕，展览受到参观群众一致好评。

9月7~14日，黑龙江省民族博物馆与台湾中华河洛文化研究发展协会联合举办，台湾黑龙江协会、哈尔滨台湾同胞投资企业协会协办"中国盛世·河洛神迹"书画展。

12月20~23日，东北烈士纪念馆承办了中国博协陈列艺术委员会年会，与会专家在陈列艺术设计、制作行业标准、行业管理方面进行深入讨论和广泛交流，对提升和促进黑龙江省陈列艺术理念和水平具有重要意义。

12月26日，革命领袖视察黑龙江纪念馆与黑龙江毛泽东诗词书法协会、黑龙江红色收藏家协会联合举办了"纪念毛泽东同志诞辰119周年纪念座谈会"。

此外，2012年，中国军事博物馆、南京大屠杀遇难同胞纪念馆、沈阳"九一八"历史博物馆、中英街博物馆、上海陈云故居纪念馆、延安革命纪念馆、井冈山纪念馆、孔繁森纪念馆、江桥抗战纪念馆等单位先后赴黑龙江与省内各类博物馆考察交流。

3. 重要文物陈列展览

截至2012年，黑龙江省已有88座博物馆、纪念馆免费向社会开放。为配合免费开放后的新形势，黑龙江省文化厅组织全省各类博物馆加大宣传力度，努力发挥博物馆在公共文化服务体系建设中的宣传职能作用，举办特色陈列展览。一方面，深入挖掘馆藏文物资源或引进省外文物资源，举办丰富多彩的临时陈列展览，全省共举办临时展览155个。黑龙江省博物馆以"每月一星""中华传统民俗特展""咱们的博物馆——学生寒暑假特展""每月一县"四大品牌系列展览为主线，相继推出"黑龙江·山东妇女书法刻字作品交流展""微笑彩俑——汉景帝的地下王国""遨游三江——黑龙江'三花、五罗、十八子'特色鱼类展"等；黑龙江省民族博物馆深入挖掘文庙的传统文化内涵，举办"中国女红艺术奇葩——满族枕头顶刺绣艺术展""黑龙江省民族馆馆藏少数民族服饰展"；革命领袖视察黑龙江省纪念馆举办了"中央三代领导集体视察黑龙江图片展"。这些展览作为

博物馆基本陈列的补充，内容更加广泛，形式更加多样。另一方面，利用地缘文物优势推出"黑龙江传统渔猎文化陈列""阿城金上京历史陈列""瑷珲历史陈列""昂昂溪遗址陈列"和"江桥抗战历史陈列"等，以浓郁的地域特色受到了公众的好评。2012年，黑龙江省各级各类博物馆接待观众970万人次。

（三）可移动文物保护

截至2012年底，黑龙江省馆藏文物及自然标本超过35万件。三级以上文物18030件（套），其中一级品430件（套）、二级品1600件（套）、三级品16000件（套）。

1. 可移动文物保护修复基地建设

2012年，黑龙江省文化厅批准黑龙江省博物馆、黑龙江省民族博物馆可移动文物修复单位二级资质并报国家文物局复核备案。组织黑龙江省博物馆、黑龙江省民族博物馆进行可移动文物技术保护设计单位乙级资质申报工作。大庆市博物馆以收藏第四纪古生物化石为主，馆藏标本超过24万件，其第四纪古生物化石修复中心开创了集征集、保护、修复、展示于一体的文物保护新模式，2012年重点开展了东北第四纪古生物化石保护中心的科研和保护工作。

2. 可移动文物保护技术、方法及应用

黑龙江省博物馆修复东北野牛骨架、王氏水牛骨架等古生物化石8具；制作完成包括东北虎、黑龙江特色鱼在内的现生动物标本466件。大庆市博物馆专业技术人员修复并装架披毛犀、猛犸象古生物化石20余具。

【科技与信息】

3月13日，黑龙江省民族博物馆加入中国孔庙网，将黑龙江省民族博物馆各项活动的文字、影像及时上传，做到了信息共享。11月24日，东北烈士纪念馆加入黑龙江省委宣传部主办的"红色家园——黑龙江省爱国主义教育基地网上展馆"，展出纪念东北烈士内容。

【文博教育与培训】

3月和11月，黑龙江省博物馆分别举办了博物馆讲解员培训班，来自全省40所博物馆的100名学员参加培训，收到了良好的效果。5月，黑龙江省博物馆开办"龙博讲坛"，讲坛以"文物、博物"方面的宣传、展示和推广为重点，广泛吸纳相关领域特别是文博领域的专家讲授，面向广大观众实行免费讲座。

12月1日，由黑龙江省文物局主办、黑龙江省文物考古研究所承办的黑龙江省文物干部培训班开班。培训班为期5天，共有来自全省文博系统的56名人员参加。此次培训对提高学员的文物工作业务能力和田野考古发掘工作水平具有重要作用。

12月3～5日，作为国家级非遗项目赫哲族鱼皮制作责任单位，黑龙江省民族博物馆举办了黑龙江省非遗工作培训班并成立了项目保护组织。

按照国家文物局的统一部署，2012年共组织32名县级文物行政部门负责人参加全国县级文物行政部门负责人培训班，收到了良好效果。

【文博宣传与出版】

建立了黑龙江省文博宣传工作通讯员队伍。4月，黑龙江省文化厅下发了《关于建立全省文博宣传工作队伍的通知》（黑文发［2012］49号），建立了一支116人的文博宣传工作队伍。据不完全统计，截至2012年底，已在各类媒体刊发文物宣传信息数百篇，在国家文物局网站上发表各类信息100余篇，宣传稿件的数量与质量明显提高，宣传工作初显成效。9月3～4日，举办了黑龙江省文博宣传通讯员座谈会。座谈会总结了近年来全省的文博宣传工作，并对下一步的文博宣传工作提出了要求，表彰了10名优秀的宣传工作者。

举办了"5·18国际博物馆日"和"文化遗产日"系列活动。黑龙江文化厅组织全省各地各级文博单位，围绕两个节日的主题，开展了一系列宣传报道活动，全面展示了新时期新形势下全省文化遗产保护工作的发展情况和取得的成果，收到了较好的社会反响。5月18日，黑龙江省"5·18国际博物馆日"主场城市系列宣传活动在大庆市进行，宣传形式多样，内容生动活泼，引起了广泛关注。6月9日，黑龙江省"文化遗产日"主场城市系列宣传活动在黑河市展开。黑河市举办了第三次全国文物普查成果展、黑河市首届中国书画名家作品及民族民俗工艺品博览会、爱辉区新生乡岭上人博物馆改陈开馆揭牌仪式等活动。除主场城市的宣传活动之外，哈尔滨市、齐齐哈尔市、双鸭山市、铁力市、鸡西市、鹤岗市、虎林市、鸡东县等地区均开展了系列宣传活动，社会反响热烈。

出版了各类科研工作杂志和书籍。北方文物杂志社全年编辑出版四期刊物外，还开展了《黑龙江省文物志续志》的编写工作。同时，加强科研工作力度，《嫩江流域细石器的技术、功能与古环境研究》《黑龙江省中游两岸汉唐时期考古学文化格局与古代民族的变迁研究》首次作为考古项目获得黑龙江省哲学社会科学研究规划立项。黑龙江省博物馆编辑出版《黑龙江省博物馆馆藏精粹》，选录具有浓郁地域特色的馆藏珍品，展示黑龙江特有的边疆文化特征。

开展了各种宣传教育活动。2月，召开了黑龙江省第三次全国文物普查成果发布暨总结表彰会，向社会各界公布了黑龙江省"三普"的重要发现和成果。5月，由黑龙江省博物馆、共青团黑龙江省委和生活报共同举办的"黑龙江省博物馆第二届十佳志愿者评选活动"，表彰优秀志愿者及志愿者集体。黑龙江省民族博物馆充分利用馆舍哈尔滨文庙资源，与哈尔滨市松雷中学、剑桥中学、东方爱婴幼儿园联合举办了成人礼、开蒙礼活动，扩大了哈尔滨文庙的影响。此外，黑龙江省博物馆特开办了"2012暑期黑龙江省博物馆小小讲解员培训班"，近百名青少年成为"省博小小讲解员"，使博物馆真正成为中小学生的第二课堂。

【社会文物管理】

黑龙江省文化厅配合公检法和海关等部门组织文博专家开展司法鉴定，共鉴定文物和艺术品1000余件。

针对当前个别广播电视鉴宝类节目过分关注文物经济价值，宣扬错误投资收藏理念，存在过度娱乐化的现象，为加强对该类节目的规范管理，及时下发了《关于加强文化部门参加文物鉴定类广播电视节目管理的通知》（黑文发［2012］170号）文件监督检查，较好地规范了黑龙江省文物市场。

【机构及人员】

截至2012年底，黑龙江省有文物机构207个，其中文物保护管理机构93个、文物科研机构2个、博物馆104个、其他文物机构8个。从业人员2244人，其中专业技术人才1252人，正高级职称53人、副高级职称191人、中级职称501人。按照隶属关系分，省从业人员526

人、地市822人、县区896人。文化系统博物馆机构现有78个，从业人员1217人，其中专业技术人员617名，正高级职称人员21名、副高级职称人员111名、中级职称人员232名。

2月，黑龙江省文化厅被黑龙江省委、省政府评为"全省三年公路建设大决战"先进单位，黑龙江省文化厅副厅长王珍珍被评为先进个人。

7月，黑龙江省博物馆荣获由国家人力资源和社会保障部与国家文物局联合颁发的"全国文物系统先进集体"荣誉称号，大庆市博物馆张凤礼荣获"全国文物系统先进个人"荣誉称号。12月，由国家文物局鉴定委员会审核通过，全国第二批一级博物馆名单出炉，黑龙江省博物馆荣膺榜单第五名。

东北烈士纪念馆刘加量获全省劳动模范称号。黑龙江省博物馆荣获由共青团黑龙江省委员会、黑龙江省精神文明建设办公室等单位主办的"第五届黑龙江省青年志愿服务先进个人和集体表彰"活动中的"杰出青年志愿服务集体"荣誉称号。

为了鼓励先进，下发了《黑龙江省文化厅关于表彰全省文物征集工作先进集体的决定》（黑文发［2012］92号）对全省文物征集工作走在前列的9家文博单位进行了表彰。组织开展了黑龙江博物馆陈列展览精品评选工作。共评选出10个陈列展览精品奖，8个陈列展览单项奖，为促进黑龙江省各级各类博物馆制作贴近实际、贴近生活、贴近群众的陈列展览提供了平台，有效地推动了博物馆陈列展览精品创作。

【其他】

（一）积极推进黑龙江省博物馆新馆建设

2012年完成新馆陈列大纲的编写工作。新馆工程已完成地面以下主体结构、地上一层主体结构、二层底板混凝土浇注、碗区土建及钢结构制作，并做好越冬保温工程。

（二）完成中共黑龙江历史纪念馆建馆任务

积极响应黑龙江省委"依托东北抗联博物馆建设中共黑龙江历史纪念馆"的决策部署，黑龙江省文化厅组织东北烈士纪念馆克服时间紧、任务重的实际困难，扎实、高效地推进中共黑龙江历史纪念馆基础工程装修、陈列设计、布展施工等工作，高质量完成"红旗·黑土·丰碑"基本陈列，并于10月29日举行开馆仪式，受到社会各界好评。

上海市

【概述】

2012年是《国家文物博物馆事业发展"十二五"规划》和《上海文物事业发展"十二五"规划》全面实施之年,是建设社会主义文化强国承前启后的关键之年,又恰逢《文物保护法》颁布实施30周年。在国家文物局的指导下,在上海市委、市政府的领导下,上海文物工作深入贯彻"保护为主、抢救第一、合理利用、加强管理"的方针,着力加强博物馆公益性文化阵地建设,持续加大文物保护力度,不断规范文物市场运行秩序,取得了预期成效。

建设场馆,完善上海博物馆体系。2012年,上海文物局重点推进了一系列博物馆建设,包括体现上海文明起源的上海崧泽遗址博物馆、折射上海历史变迁的上海元代水闸遗址博物馆、体现近代艺术成就的中华艺术宫、立足当代艺术积累与突破的上海当代艺术博物馆以及凝聚世博会发展历史折射上海与世界融合的上海世博会博物馆等。其中中华艺术宫、上海当代艺术博物馆于2012年10月对外开放,上海元代水闸遗址博物馆于2012年底对外开放。

夯实基础,增强文物保护能力。一是推进地方文物立法工作。配合市人大开展《文物保护法》实施情况检查,为《上海市文物保护条例》立法做好基础工作。进行《上海市文物经营管理办法》修改立法调研。二是理顺全市文物保护的体制机制。经上海市编制委员会同意,上海市文物保护研究中心于2012年6月揭牌,年内正式成立运行。

多方协作,推进文物保护交流。一是文物援藏工作。认真贯彻第四次文化文物援藏工作会议精神,以"文化援藏、智力援藏"为宗旨,以帮助日喀则地区文物保护、博物馆建设为切入点,与西藏日喀则地区文化局初步商定"十二五"期间7大类18个援藏项目,援助资金总额超过1000万元。二是文化遗产保护协作。组织协调上海博物馆、南京大学、宁波考古研究所、山东大学、复旦大学和上海大学6家科研机构,共同开展松江广富林遗址大型考古发掘。

规范管理,提升全市博物馆质量。一是完成全市120家博物馆类场馆年检上报工作,并首次公布《上海市博物馆名单》。二是开展博物馆定级与运行评估。上海博物馆、中共一大会址纪念馆、上海鲁迅纪念馆通过国家一级博物馆运行评估,上海博物馆排名全国第一。完成第二批国家一级博物馆的复核工作,上海科技馆被公布为国家一级博物馆,上海韬奋纪念馆被确定为国家三级博物馆。

深化服务,紧抓"免费开放"与陈展精品。一是开展博物馆免费开放最佳做法评选,上海博物馆获得国家文物局评定的"最佳社会参与"奖,中共一大会址纪念馆等6家博物馆的9个项目获得市级奖励。二是开展上海市2011年度博物馆陈列展览精品奖评选,评选出"上海·红色之源——纪念中国共产党成立90周年文物史料展"等4个精品奖,"极地探索"等6个优秀奖以及4个组织奖。

扶持民办，探索长效促进机制。一是完成民办博物馆扶持资金的申请和评审。修订了《上海市民办（社会力量举办）博物馆扶持资金使用管理试行办法》，扩大范围、降低门槛、规范程序。本年度对31家民办博物馆的50个项目给予资助。二是按国家文物局要求，围绕促进民办博物馆持续健康发展，协调实施"上海博物馆对口帮扶上海琉璃艺术博物馆"项目，起草全国对口帮扶工作的管理办法及规划，承办全国"国有博物馆对口帮扶民办博物馆经验推广会议"。

【执法监督与安全保卫】

上海市文博系统牢固树立安全意识、责任意识，坚持安全第一，做到警钟长鸣，2012年全市未发生重大文物安全事故。

1. 健全联合执法长效机制

上海市文物局与上海市文化市场行政执法总队加强协作，加大对文保单位的执法巡查和消防检查，落实文物安全责任制，实行文物安全事故责任追究制度。和上海市海洋局建立上海管辖海域内文化遗产联合执法工作机制，由上海市文化市场行政执法总队、中国海监上海市总队具体负责联合执法工作，分别前往江亚南沙、九段沙、大小金山岛等重点海域开展水下文化遗产执法巡航。

2. 开展文物安全隐患整治专项行动

根据国家文物局的统一部署，上海市文物局会同公安、消防、文化执法总队等部门，对上海市1192处文物建筑及博物馆、纪念馆等文物收藏、展示机构进行安全大检查，发现安全隐患66处，及时落实整改措施，整改率达100%。

3. 开展上海市博物馆安全基础工作普查

2012年对77家博物馆、纪念馆进行安全检查92次，在博物馆安全检查的基础上，完成上海市第一批共五家博物馆的安全风险等级达标评估。初步建立上海市主要博物馆安全专职干部管理网络，逐步健全实时安全信息、安防设施检验情况及时上报制度等。

【不可移动文物的保护和管理】

（一）概况

截至2012年底，上海市共有19处全国重点文物保护单位、163处市级文物保护单位、438处区县级文物保护单位、811处登记不可移动文物以及8座国家级历史文化名镇、2条中国历史文化名街。

（二）巩固第三次全国文物普查成果

上海市第三次全国文物普查已于2011年底全部完成，共调查登录不可移动文物4422处，其中新发现1761处。在2012年"文化遗产日"期间，上海市文物局通过上海市文化广播影视管理局、上海市文物局官方网站，正式向社会公布4422处上海市不可移动文物名录。

2012年上海市文物局完成了90处新增市级文物保护单位的征询名单，将报请市政府正式公布并挂牌保护，确保普查成果纳入法律保障体系。

（三）不可移动文物的修缮

上海市文物局坚持文物抢救性保护与预防性保护有机结合的原则，2012年共完成9处全国文物保护单位、16处上海市文物保护单位的维修及环境整治工程，确保市级以上重点

2013
中国
文物年鉴

文物保护单位的重大文物险情排除率达到100%。

【考古发掘】

1. 广富林遗址的抢救性发掘

上海广富林遗址位于上海市西南的松江区方松街道，是上海地区重要的古文化遗址。遗址于1959年发现，后曾试掘。1999至2011年，上海博物馆考古研究部主持和组织了广富林遗址的多次考古发掘，获得了许多重要成果。因广富林遗址的发现而命名的"广富林文化"是研究太湖地区史前文明进程的重要成果。

近年来，松江城区扩展迅速，新城开发建设范围逐渐涉及广富林遗址保护区外南部区域。2012年，上海市文物局在松江新城建设工程开工前进行抢救性考古发掘，考古发掘面积为15000平方米，是上海自新中国成立以来年度发掘面积最大的一次，上海市文物局组织了上海博物馆、宁波市文物考古研究所、山东大学、南京大学、复旦大学和上海大学6家考古单位参加广富林遗址抢救性考古发掘工作。

广富林考古发掘过程中，已经发现了448个灰坑、216座水井、28条灰沟等不同形式的考古遗迹，这些遗迹分别属于新石器时代、周代、汉代、宋代、元代、明代、清代等不同时期，反映了广富林遗址源远流长的历史传承。

一些重要遗物被陆续发现，有广富林文化的生产工具石斧、石凿和石锛等，也有周代的生活用具，比如在一座周代的水井中出土了7件较为完整的陶瓷器，有原始瓷碗、黑陶罐等。其他比较精美的文物还有宋代及明清时期的各种瓷器。一座宋代水井中发现的龙首建筑构件是较为独特的一件遗物。龙首与板瓦混为一体，全长约60厘米，龙首张口吐舌，双目圆睁，须发飘逸，双角后卷，灵动而充满力度，是宋代陶塑艺术的精品。

2013
中国
文物年鉴

周代的青铜尊，是本次考古发掘至今为止最为重要的一件出土遗物。青铜尊基本完整，高24.4、口径22.5厘米，整体器型为敞口、高颈、扁圆腹、高圈足，腹部装饰以棘刺纹为主，两组变体云纹对称地分布于腹部两侧，口沿内壁上也对称地装饰有阴文的兽面纹。这件青铜尊是广富林遗址发掘出土的第三件青铜礼器，也是目前发现最为完整、体量最大的一件青铜礼器。青铜礼器是中国先秦文化中社会等级的重要象征，除了青铜礼器之外，以往广富林遗址考古中还出土了周代的卜甲、玉琮等重要遗物和祭祀坑等重要遗迹，青铜农具、工具和兵器也常有发现。考古证实，广富林遗址在周代可能是上海地区古文化的中心之一。

2. 青龙镇遗址考古发掘

青龙镇遗址位于上海市青浦区白鹤镇。青龙镇始建于唐天宝五年（746年），位于吴淞江下游的沪渎口，地理位置优越，航运条件发达，因此成为唐、宋时期东南沿海地区最重要的对外贸易港口之一。宋、元以后随着吴淞江的不断淤塞，青龙镇逐渐湮没。

2010和2011年上海博物馆考古部对青龙镇遗址进行了两次考古勘探和发掘，发现唐、宋时期房屋基址、水井、灰坑、铸造作坊、砖砌炉灶等建筑遗迹。2012年再次进行了发掘，发掘面积1100余平方米，共发现唐、宋时期建筑基址4处、灰坑25个、灰沟3条、水井22口、墓葬2座、手工作坊1处、砖砌炉灶1处，出土了唐、宋、元时期的瓷器、银、铜、铁、木器等文物近2000件。

2012年发掘的重要成果是初步确定一处范围较大、使用时间较长的唐代铸造作坊遗迹，为上海地区首次发现。在作坊废弃后，又在上面建造了房子、水井等生活设施。其中一眼水井工艺考究，井深4.38米，为上海目前已发现的数百口井中深度最深、做工最精致的一眼。井内出土了唐代的鹦鹉衔绶带铜镜、铁釜、铁提梁鼎、铁钩、银发簪、青釉瓷罐、木雕残片等多件器物。

青龙镇遗址还出土了大量来自越窑、长沙窑的碗、钵、罐、壶等日常生活用瓷，这些器物的集中发现，既是唐代青龙镇繁盛的真实写照，也再次证明了青龙镇作为上海最早的对外贸易港口，曾经十分兴盛。本次发掘还出土了两件唐代的瓷腰鼓，目前全国考古出土的较完整的唐代腰鼓仅有数件，而青龙镇一次就出土两件，具有重要意义。

【博物馆与可移动文物】

经上海市文物局统计，截至2012年底，全市共有博物馆109座，其中文物系统所属博物馆44座、非文物系统所属博物馆65座。全市各级各类博物馆馆藏文物总数超过100万件，馆藏珍贵文物145885件，其中一级文物842件、二级文物37890件、三级文物107153件。

1. 可移动文物的保护、管理和研究

上海博物馆承担"博物馆室内展陈照明环境调控技术成果示范"等5项国家文物局课题和市人才发展资金资助项目，结合前期已经开展的"馆藏文物保存环境监测技术成果集成示范"等课题，在国内有序推进研究成果示范应用工作。

上海鲁迅纪念馆主要围绕鲁迅墓修缮、馆藏油画修复以及藏品登记等重点开展工作。上海市历史博物馆加强对馆藏文物梳理。中共一大会址纪念馆进一步健全馆内文物鉴定组织。由鉴定委员会对博物馆20世纪50年代征集的馆藏文物参考品进行重新遴选和鉴定，新增文物530件。另外，从社会上通过各种渠道征集文物31件，进一步丰富了馆藏文物。

2. 上海元代水闸遗址博物馆开馆

2012年12月31日，上海首个遗址博物馆——上海元代水闸遗址博物馆正式对外开放。

上海元代水闸遗址位于上海市普陀区志丹路、延长西路交界处。遗址埋藏于地表以下7～12米深处，总占地面积约1500平方米，是国内已发掘规模最大、做工最好、保存最完整的元代水闸。遗址发现于2001年5月，历经多次发掘整理，于2006年完整揭露全貌，被评选为2006年"中国十大考古新发现"之一。它的发现在中国古代水利工程发展史上有极其重要的地位，为了解和复原古代水利建造的工程技术流程提供了直接的依据，对研究中国古代水利工程，特别是宋、元时期江南地区的水利工程、吴淞江流域的历史变迁、长三角地区的经济发展等都具有非常重要的价值。

上海元代水闸遗址博物馆建于遗址上方，是为保护、研究、展示上海元代水闸遗址而建。博物馆于2009年11月开工建设，于2012年12月31日开馆。博物馆建筑面积2300平方米，建筑设计凸显"水"的主题。建筑平面呈银锭形，两旁宽中间束腰，与水闸的平面相似；立体造型力求简洁，冠以现代化玻璃顶，自中间门架柱向两侧飞泻而下，以隐喻闸门激流之主题。上海元代水闸遗址博物馆是上海第一座遗址类博物馆，建成后将由上海市历史博物馆管理。博物馆从水闸的发现经过、历史背景、建造流程、水闸结构、工艺功用以及水闸背后的历史人物等多角度、全方位地向公众展示这一独特的文化遗产。

3. 上海市文物局加强对民办博物馆扶持力度

在2011年工作的基础上，在市委宣传部和市财政局的指导下，完成了对《上海市民办（社会力量举办）博物馆扶持资金使用管理试行办法》的修订，制定了民办非企业类；企业、事业单位、社会团体举办类；个人类三个大类的资助申请实施细则，更好地涵盖了企业、事业单位、社会团体及个人等各种社会力量举办博物馆的资金扶持，扩大了扶持资金的受惠范围，进一步规范了扶持资金的申请、评审程序。

8月17日启动了2012年度扶持资金的申请工作，经过申请受理、初审、实地检查、复核、专家评审等环节，确定了2012年度扶持资金资助项目名单，并向社会公示。共对31家民办（社会力量举办）博物馆的50个项目给予了资助，其中民办非企业类13家单位29个资助项目；企业、事业单位、社会团体举办类13家单位16个资助项目；个人类5家单位5个资助项目。

4．重要要陈列展览

6月26日"光辉的历程——中共一大至十七大"图片展在中共一大会址纪念馆开幕，展览历时半年，参观人数逾30万。

2012年12月4日～2013年1月3日，上海市文物局成功举办纪念上海被国务院命名为国家历史文化名城26周年暨"近代上海　风云际会——历史文化名城纪念特展"，该展览汇聚了上海历史博物馆及航海、汽车、消防、铁路、纺织、银行、电信、公安、天文等多家博物馆所藏的两百余件历史性藏品，展示上海从1943年开埠以来在市政建设、城市管理、工商业发展等方面的概况，引导公众回望上海城市的历史，共同珍惜城市的文化遗产。

4月29日～7月1日，上海博物馆举办"竹镂文心——竹刻艺术特展"。5月9日～8月12日，上海博物馆举办"金玉华年——陕西韩城出土周代芮国文物珍品展"。2012年10月19日～2013年1月20日，上海博物馆举办"幽蓝神采——元代青花瓷器特展"，集中向世人展示元代青花瓷器。2012年11月2日～2013年1月3日，上海博物馆举办"翰墨荟萃——美国收藏中国五代宋元书画珍品展"。2012年9月29日～2013年1月3日，"宝光璀璨——法贝热珠宝艺术展"在上海博物馆举办。2012年11月16日～2013年1月20日，上海博物馆举办"镜映乾坤——罗伊德·扣岑捐赠铜镜展"。美国知名收藏家扣岑先生捐赠给上海博物馆91件他多年收藏的珍贵铜镜，上海博物馆从中精选出59件商代到宋代的铜镜举办此次特展。

【社会文物管理】

1．文物进出境管理

根据国家文物进出境的相关规定，国家文物进出境审核上海管理处2012年办理私人旅客携带文物进出境审核手续，其中文物进境审核共计249人次，文物9383件；文物出境手续98人次，文物2671件；文物进境复出境70人次，文物2106件；复仿制品出境293件。

办理对外文物交流展览的进出境审核查验共7个，安徽博物院赴澳门举办的"云林宗脉——安徽博物院新安画派作品展"、上海市银行博物馆赴台湾举办的"汇通天下——从钱庄到现代银行"、上海中国航海博物馆赴荷兰举办的"中荷航海交流展"及与荷兰鹿特丹航海博物馆联合举办的"中荷航海交流展"入境展、苏州博物馆赴美举办的"苏州博物馆馆藏文物精品展"、苏州博物馆举办的"吴门画派之沈周大展"中部分日本和瑞士的展品、浙江省博物馆赴韩国举办的"浙江名宝展"。

对上海经营古典家具及仿古家具的公司进行物品出口前的审核查验工作，为五家经营古典家具及仿古家具的公司办理仿古家具出境审核手续14批，办理出境物品共计3756件。为海关、公安、工商等单位进行涉案文物鉴定10次，鉴定物品21376件。

2012年，国家文物进出境审核上海管理处还积极配合国家文物局筹备"中国文物进出境管理60年成果展"，协调上海博物馆等单位提供文物展品23件以及部分相关文献资料。

2. 民间收藏文物

2012年对上海市内举办的189场文物艺术品拍卖会的146000余件文物拍卖标的进行了审核，1077件禁止上拍的拍卖标的被撤拍，有效制止了国家规定的禁拍文物进入拍卖市场。

同时，加强对由文物主管部门批准的销售文物及旧工艺品的单位的监管，2012年审核上海文物商店申报销售的文物4000余件，其中371件珍贵文物由上海博物馆、上海市历史博物馆等优先收购，发挥了文物商店支持国有文物收藏单位征集文物的积极作用。

【科技与信息】

1. "上海市不可移动文物地理信息系统"建设

在第三次全国文物普查数据库基础上，上海市文物局大力推进2012年上海市政府重点工作之一——"上海市不可移动文物地理信息系统"建设。该系统包括五大子系统：一是不可移动文物档案管理子系统，包括上海市第三次全国文物普查的普查数据、"四有"工作信息（文物的保护范围、标志说明、记录档案、保管机构）、图纸、照片、影像等资料。二是不可移动文物单体模型浏览子系统，利用三维激光扫描、近景摄影测量等多种技术手段，获取并建立不可移动文物的点云数据，通过对文物单体模型的浏览、点云的量测，辅以精细场景视频的演示等，可方便文物单体的局部放大和研究，为后期的局部维护和修缮提供历史依据。三是不可移动文物地理信息子系统，依据权威和丰富的上海市地理信息平台，建立不可移动文物的二维和三维空间数据库，可多场景多视角地查询和浏览不可移动文物的外观、空间位置、分布情况、实际状态、保护范围、建设控制地带和周边自然环境情况等，使抽象的文物更加直观和形象。四是不可移动文物图纸管理子系统，建立文物本体的平、立、剖面图和总平面图，通过在线浏览和文本输出，为不可移动文物本体的修缮、保护提供精确的数据依据，为城市规划、建设和土地管理等提供辅助分析和决策。五是不可移动文物后台运维管理系统，可以及时发布管理信息，调整和完善不可移动文物的档案、模型、图纸、空间位置等信息，提高了管理部门日常管理和文物的效率和准确性。

2. 开展上海市古塔监测工作

上海市现存13座古塔，即金山的华严塔，松江的方塔、李塔、西林塔、秀道者塔、护珠塔，青浦的泖塔、万寿塔、青龙塔，嘉定的砖塔（2座）、法华塔，龙华镇的龙华塔。它们不仅具有极高的艺术价值，而且是研究我国古代建筑史、宗教史、地方史的珍贵实物资料，先后被列为上海市文物保护单位。2012年上海市文物局委托上海市测绘院浦东分院对上海现存的13座古塔进行测量。根据古塔的特点、现状，借鉴其他类似监测项目的测量经验，从理论分析、现有技术手段和可能的技术措施入手，于2012年完成对古塔的初步健康度检查，建立了平面和高程监测基准网，对古塔的倾斜度和垂直位移进行了监测，对13座古塔倾斜方向分布情况、高度分布情况进行了分析汇总。文物建筑勘察测绘工作的开展，既为上海文物保护工程提供了科学决策依据，又为文物建筑保护与研究提供了基础资料，而且充实了文物保护单位的四有档案。

3. 上海市历史博物馆利用数字技术推动业务创新

在数字化技术快速发展的条件下，历博结合馆内资源和业务实际，利用数字化技术推动业务创新。临时展览的360度全方位拍摄记录已成为常规工作。在新推的临时展览中也增设了多媒体、数字化互动，丰富陈列手段。逐步完善上海地面文物、保护建筑的卫星定位。资料室创刊号的数字扫描工作已基本完成。2012年历博利用馆藏老校刊和近代学校校歌策划开发了《海上校歌》《近代上海风云际会》手机应用软件。以公共服务为理念，以业务创新为入口，逐步推进博物馆数字化建设。

【文博教育与培训】

继续开展上海市文物保护工程职业资格培训工作，2012年6月，上海市文物局与上海市文化人才认证中心联合举办第五期上海市文物保护工程从业人员资格培训班，聘请具有丰富经验的专家、教师讲授文物保护理论、文物保护技术以及文物保护工程实践等课程，并安排了现场实践，力求理论和实际相结合。2012年共培训勘察设计、施工、监理从业人员500余人，为上海的文物保护工程打下了坚实的人才基础。

9月17～26日，上海市文物局举办了全市博物馆馆长培训班，全市32家博物馆的馆级负责人38人通过专题讲座、交流研讨、考察学习等形式，从博物馆安全管理、藏品管理、陈列展示、宣传教育等不同角度，促进参训人员创新理念、拓展思维、提升能力，强化了博物馆管理者的管理水平，以进一步推进本市博物馆能力建设、创新发展理念和运行模式的加强。

【文博宣传与出版】

文化遗产的保护需要广大社会公众的积极参与，上海市文物局利用"文化遗产日""5·18国际博物馆日""历史文化名城日"等节点，开展文化遗产保护的宣传。

组织全市博物馆、纪念馆、陈列馆等91家于5月18日（周五）、5月19日（周六）、5月20日（周日）三天集中对公众免费开放。经统计，有关各馆三天共接待免费参观观众约15.8万。选取国家文物局2011年公布的《全国博物馆名录》中的79家上海地区博物馆，将每家博物馆的定位特色、地理方位、公共交通、开放信息等内容制作成《文化上海·博物馆导览图》10万份，在全市主要博物馆场所免费派送。

"文化遗产日"期间，上海市文物局协调全市80处文物建筑在6月9日、10日免费开放，平时不具备对外开放条件的一些文物建筑也向市民打开大门。为集中展示上海历史文化遗产，为社会公众提供较为全面的上海市文物分布信息，市文物局精心编印、免费发放了首批各10万份《文化上海·文化遗产导览图》和《文化上海·重要名人故居导览图》，受到了市民的普遍欢迎。上海市文物局还组织了松江广富林考古现场公众开放日、外国友人考察上海历史建筑、苏州河老印象巡游等大型主题活动。其中，松江广富林考古现场向公众的首次开放引起了广大市民和海内外媒体的普遍关注。为了扩大社会影响，上海市文物局结合上海文化遗产保护的特点，找准公众和媒体的关注点，开展了全媒体的宣传普及活动，33家中央和上海新闻媒体，以及日本朝日新闻等海外媒体，对"文化遗产日"活动进行了系列报道。一系列宣传活动使上海的"文化遗产日"成为了让公众切身体验文化遗产、积极参与文化遗产保护、共享文化遗产保护成果的大众节日。据初步统计，在"文化遗产日""5·18国际博物馆日"两个节点，上海市文物局在各大媒体发布了7个整版的政府公告、16个专版（头版）的深度报道，以及数百篇新闻报道，免费发放了30万张导览图，产生了良好社会反响。

2012年，上海市文物局完成"上海市人物类博物馆调查"课题。中共一大会址纪念馆编辑出版了《中国共产党创建史研究》《上海·开天辟地》和《上海革命史资料与研究》三本专著。

上海鲁迅纪念馆成功申报国家社科基金重大项目"《鲁迅手稿全集》文献整理与研究"课题，并出版《赵家璧文集》第五卷（书信卷）。

【机构及人员】

上海市文化广播影视管理局（上海市文物局）所属6家机构包括文物保护管理及科研机构1家：上海市文物保护研究中心；博物馆4家：中共一大会址纪念馆、上海市历史博物馆、上海鲁迅纪念馆、上海世博会博物馆；文物商店1家：上海文物商店。

上海市文化广播影视管理局（上海市文物局）所属事业单位人员数量共计255名，其中大专以下44人、大专79人、大学本科107人、硕士21人、博士3人；初级职称98人、中级职称64人、副高级职称21人、正高级职称10人。

【对外交流与合作】

1. 上海世博会博物馆参展韩国2012年丽水世博会

5月12日～8月12日，上海世博会博物馆参展了以"生机勃勃的海洋与海岸"为主题的韩国2012年丽水世博会。此次参展是世博馆首次在国际舞台亮相推广，走出了"国际化"博物馆的成功一步；首次将世博与文博业务结合，除"世博展览"外还完成了园区调研、藏品征集、学术研讨等工作；首次尝试"上海参展"新模式，延续了后世博宣传效应，并为今后利用世博平台宣传上海城市形象奠定了基础；首次实践"文化走出去"战略，借世博国际文化交流大平台实现了与各参展国的对话，让世界看到了世博遗产在中国、在上海的有效传承。

2. "鲁迅与日本友人"展览赴日

5月12～17日，由上海市文物局、上海市人民对外友好协会和上海鲁迅纪念馆组成的"鲁迅与日本友人"展览代表团一行6人访问了日本东京，并在东京中国文化中心顺利举办了"鲁迅与日本友人"展览开幕式，展览取得圆满成功，并成功征集文物文献20余件。

2013
中国
文物年鉴

江苏省

【概述】

2012年，江苏文物工作围绕全省"八项工程"战略部署，服务经济社会发展大局，转变作风、提升形象，立足基础、突出重点，科学保护、合理利用，各方面工作取得新的成绩。扬州市文物局、张家港市文物局被人力资源和社会保障部、国家文物局联合表彰为全国文物系统先进集体。

【法规建设】

2月14日，《江苏省考古调查、勘探、发掘经费预算办法》经省文物局、省发改委、省财政厅、省物价局联合会签，正式颁布，并于3月14日起实施。《办法》参照国家文物局、国家计委、财政部1990年《考古调查、勘探、发掘经费预算定额管理办法》，结合考古工作形势变化和江苏实际，体现地域特色和时代特点。《办法》对适用范围、取费范围以及考古经费的编制单位、经费来源、审核程序等作出界定，明确考古调查、勘探、发掘的概念及各项工作的经费编制标准，提出普通勘探和重点勘探范围、面积的划定方法，特别增加"专业人员补贴费""资料整理及报告出版费"和"文物标本测试鉴定及多学科合作费"三个取费项目。

年初，江苏省发改委、省文物局联合印发《江苏省文物事业发展"十二五"规划》，明确"十二五"时期江苏文物事业发展的目标任务，省文物局对规划项目进行分解，并逐项编制预算，上报省政府。4月27日，省政府在苏州召开全省文物工作会议，会议印发《省政府关于进一步加强文物工作的若干意见》，成为指导今后一个阶段江苏文物工作的重要政策性文件。11月12日，省文物管理委员会全体（扩大）会议在南京召开，会议传达学习国务院召开的全国文物工作会议精神。曹卫星副省长出席上述两会并讲话。

将文物保护工作纳入省委法治城市创建考评指标和省政府依法行政考核指标，建立重要法制工作、重大决策先论证制度和后评估制度，对直接关系民生、对经济社会发展有较大影响的重大行政决策事项进行重点评估和论证，从制度上保障文物事业发展，属全国首创。

配合省政府与文化部、国家文物局签订加快江苏文化强省建设的合作协议。9月10日，文化部、国家文物局和江苏省人民政府关于加快江苏文化强省建设合作协议签字仪式在南京隆重举行，文化部部长蔡武，文化部副部长、国家文物局局长励小捷，江苏省人民政府省长李学勇分别代表合作三方签字并讲话，江苏省委书记罗志军会见蔡武部长一行。协议的签订，标志着央地共同推进江苏文化强省建设和文化遗产保护的机制已经确立。省文物局全过程参与协议文本的起草修改和会务筹备。

【执法督察与安全保卫】

服务基层，加大文物案件指导和督办力度。坚持法律依据，指导南京瞻园石狮被损赔

2013
中国
文物年鉴

偿案件，督办扬州谢安非法买卖国家禁止买卖文物案等28起重大文物违法案件，保护不可移动文物218处、可移动文物2027件。其中，谢安非法买卖国家禁止买卖文物案追缴非法买卖文物汉代青铜刀一把并罚款人民币200万元整，成为全国文化、文物行政执法对个人处罚力度最大、罚款数额最高、文物保护效果最好的案件，被文化部评为2012年全国文化市场"十大案件"。盱眙县金马高速公路施工破坏文物案获评国家文物局"十佳案卷"，江苏淮阴水利建设有限公司擅自在考古发掘区内继续施工案等三个案件被国家文物局评为"优秀案卷"。结合文物行政执法处罚案卷评比活动，在全国文物系统率先举办文物行政许可案卷评查，对不规范问题督促整改，促进文物行政管理规范化建设。

江浙沪联合培训机制运作良好，4月，江浙沪文物执法培训交流会议在上海召开，江苏省文物局作执法经验介绍，淮安市淮安区、盱眙县、常州市、扬州市、连云港市作大会交流。11月，由江苏省文物局组织，浙江省文物局、上海市文化执法总队、江苏省文物局联合开展文物行政执法及安全交叉检查，检查徐州、盐城、淮安、扬州、常州五市两区的文物行政管理和执法机构建设、博物馆安防建设等，共检查文博单位20余家。创新援疆方式，率先开展文物法制援疆工作，邀请新疆克州、伊犁州及部分市县、新疆生产建设兵团、阿勒泰地区等15家文物行政部门负责人来江苏交流学习，考察常州、扬州、淮安、南京等地文化遗产保护工作，将对口援疆工作与全省文物行政执法效能提升工作会议有机结合。常州市与新疆伊犁州结成对口单位，深化法制援疆工作。

建立部门合作机制，开展跨部门联合执法活动。将省公安厅纳入管辖海域内文化遗产联合执法专项行动，组织文物、海监、边防、公安等部门在启东吕四港出海巡航，开展水上文化遗产安全大检查。与南京海关建立联合打击文物违法犯罪工作机制、联席会议制度和疑似通关文物快速鉴定制度，防止珍贵文化遗产流失海外。联合公安机关查处淮安市淮安区金帝商业广场和淮安区荷湖星城小区未经考古勘探擅自施工等49个重大文物违法案件，抓获犯罪嫌疑人329名。联合公安、海洋、海关等部门构建多元文物保护行政执法部门协作机制，获得"2011～2012江苏省政府法制工作创新奖"，为全省科教文卫体系统唯一获奖单位。

加强沟通协调，开展全省博物馆安防达标工作。省文物局组织开展全省博物馆安全隐患排查专项行动，共检查文博单位78家。通过建立责任制、召开现场评审会、打造先进典型等方式，加快推进博物馆安防建设。全省博物馆安防方案通过28家，比上年增加40%；博物馆安防工程动工25家，完工并符合验收标准18家，比上年增加260%。常州市武进区博物馆争取政府配套资金800多万元，一次性整改达标。据初步统计，2012年，全省落实博物馆安防配套资金共5000余万元，解决博物馆安防资金长期短缺问题。

【不可移动文物保护和管理】

基础工作进一步夯实，全省第四至第六批省级以上文物保护单位保护范围和建设控制地带划定与公布工作全面完成。完成全省第一至六批省级以上文物保护单位记录档案续补卷接收和入库、第七批省级文物保护单位记录档案基础资料收集等工作。4月，国家文物局完成第七批全国重点文物保护单位推荐项目遴选工作，江苏122处文物点入选。实施区域性重点文物资源调查与保护工程，对苏北地区汉代城址和仪征地区真州复闸等展开调查。

文物保护工程管理日益加强，全省新批准公布文物保护工程资质单位17家，现有勘察设计资质单位44家，施工资质单位66家，监理资质单位10家。完成扬州匏庐等23个省级以上文物保护工程竣工验收工作。制定下发《江苏省文物保护工程方案编制要求（试行）》

《江苏省文物保护工程竣工验收管理办法（试行）》和《江苏省文物保护工程巡查管理办法（试行）》。第三届江苏省文物保护优秀工程评选共评出优秀设计奖4项、优秀工程奖6项、优秀组织奖5项、特别贡献奖2项。

世界文化遗产工作有序开展。实施第三批江苏省大运河沿线重点文物抢救工程，淮安洪泽湖大堤头坝、周桥大塘、高家堰、扬州茱萸湾古闸遗址、古邗沟（邗沟东道）、常州南市河河道、无锡清名桥街区伯渎港河棚、苏州宝带桥等7个项目入选。7月13日，在常州召开江苏省大运河沿线重点文物抢救保护工程阶段总结会暨第三批项目责任书签字仪式。6月，省政府批准省级大运河保护规划。11月，省政府召开大运河（江苏段）保护和申遗工作推进会，部署冲刺阶段运河保护和申遗工作，副省长曹卫星出席会议并讲话。会后组织赴大运河沿线8市进行实地考察，并召开汇报会。组织完成世界文化遗产预备项目申报文本编制与申报工作，配合国家文物局完成无锡惠山祠堂群等三个新申报项目的实地考察。扬州瘦西湖及盐商园林文化景观等6个项目入选我国世界文化遗产预备名单，数量列全国第二位。牵头组织"中国明清城墙""江南水乡古镇"等跨省联合申报项目。省文物局印发《关于进一步加强历史文化名城名镇名村管理工作的通知》，配合省住房和城乡建设厅完成全省传统村落调查，登记传统村落196个，推荐国家级传统村落53个。加强历史文化名城名镇名村保护规划管理，完成如皋申报省级历史文化名城专家论证及高淳申报国家历史文化名城相关工作。配合省人大完成制定历史文化名村保护条例工作调研。

完成全省第三次全国不可移动文物普查名录编撰等后续工作，将全省20007处不可移动文物点简要情况编集成册，印发全省各市、县（市、区），并上报国家文物局、国家普查办和中国文物信息中心。督促各地政府和文物行政部门依法公布第三次全国不可移动文物名录，无锡、徐州、常州、苏州、南通、盐城、镇江、泰州等市以及高淳、江阴、宜兴、金坛、溧阳、吴江、海安、如东、启东、如皋、海门、仪征、邗江、宝应、丹阳、扬中、句容、兴化、靖江、泰兴、姜堰等县（市）已依法以政府正式文件形式公布本地区第三次不可移动文物普查名录，其余地区也通过文件、报纸、网络等形式向社会公布部分或全部普查名录。各地还在普查点中遴选一批有重要价值的文物点申报和公布为各级文物保护单位。35个全省第三次全国文物普查先进集体和47名先进个人获得表彰。

科学开展大遗址保护和考古遗址公园建设，召开"江苏大遗址"保护规划编制工作座谈会，推进首批8个"江苏大遗址"保护规划编制工作，有7个江苏大遗址保护规划编制工作已经启动或完成。第二批江苏大遗址申报工作已经启动。南京市等地在大遗址保护与利用方面取得新的成绩。

开展文物保护单位开放定级工作。制订下发《江苏省省级以上文物保护单位开放管理办法（试行）》《江苏省文物保护单位开放等级评定办法（试行）》，推进文物保护单位开放工作的规范化、科学化和有序化。创新开展江苏文化遗产解读工程，选择扬州城区、高淳县、徐州市云龙区为试点单位，增加文物工作能见度，推动文化民生。

【考古发掘】

江苏省文物局、省发改委、省财政厅、省物价局联合下发《江苏省考古调查、勘探、发掘经费预算办法》，进一步规范考古经费管理，受到国家文物局肯定。田野考古和大遗址保护工作科学开展，全年经国家文物局批复的考古发掘项目达30项。江苏考古学文化谱系建立取得重大突破，位于苏南的"骆驼墩文化类型"和苏北的"顺山集文化"得到考古

2013
中国
文物年鉴

学术界论证认定，成为中国考古学新的文化类型。历时10年的南水北调工程考古发掘工作结束，出现以泗州城遗址考古为典型的一批重大成果。由南京博物院主持发掘的"江苏盱眙大云山江都王陵"获"2011年度全国十大考古新发现"。泰东河工程田野考古工作全面完成。省文物局、省水利厅、省南水北调办公室联合对南水北调工程及泰东河工程文物保护先进集体和先进个人进行表彰。

顺山集遗址将江苏文明史向前推进1500多年。顺山集遗址由南京博物院1962年调查时发现，2007年第三次全国文物普查时进行复查确认。遗址面积达17.5万平方米。2010年至2012年11月，南京博物院与泗洪县博物馆组成联合考古队，前后三次发掘总面积为2500平方米，共清理新石器时代墓葬92座、灰坑26座、房址5座、灶类遗址3座、大面积红烧土堆积及狗坑各1处，出土陶、石、玉、骨器等共计近400件。发现一个东西宽约230米、南北长约350米、周长近1000米、内侧面积达75000平方米的大型环壕。环壕内堆积有大量兽骨及鱼骨，并发现有碳化稻米，经碳十四测定，距今约8300～8100年，说明顺山集遗址是一处距今8000多年的史前大型环壕聚落遗址。顺山集文化表明，淮河与长江、黄河一样，也是中华文明的摇篮之一。该遗址发掘获中国社科院考古研究所"重大考古新发现"和"2012江苏十大文化新闻"称号。

【博物馆与可移动文物保护】

博物馆建设稳步推进，召开"县县有博物馆"工作推进会，全省县级博物馆建设出现新起色，22个未建博物馆的县（区）中已有18个县（区）启动建设。首次召开全省民办博物馆馆长座谈会，40多家民办博物馆馆长参加会议，探讨推进江苏民办博物馆发展之路。行业博物馆与民办博物馆建设出现良好发展势头，新批准设立江苏盆景博物馆等16家博物馆。向财政部、国家文物局上报南京博物院2011年中央地方共建国家级博物馆情况报告。拟会同民政部门下发的《江苏省博物馆审批设立管理办法》已起草完成。

博物馆免费开放工作取得新成绩，全省文化文物系统符合免费开放条件的博物馆免费开放率已达90%以上。全年确定全省馆藏文物巡回展览项目10个，共举办41场展览，其中在县级博物馆开展27场，参观人数达110余万，平均每场展览的观众近3万人。连云港市革命纪念馆承接的"铁血雄风——新四军在江苏抗战文物展"历时80天，接待观众7万余人次；江宁区博物馆承接的"多彩的生活——南京博物院院藏织绣小品展"等3个巡回展项目接待观众近7万人次。在国家文物局主办的"2011年度博物馆免费开放最佳做法评选"活动中，苏州博物馆获全国博物馆免费开放"最佳讲解导览奖"。

加强博物馆基础管理。完成2011年度博物馆年检工作，向国家文物局上报235座博物馆、纪念馆的年审材料，其中有185座博物馆被国家文物局评定为"专业化程度较高、功能比较完善、社会作用比较明显"。按照国务院统一部署，启动江苏省第一次全国可移动文物普查工作，省政府普查领导小组及省文物局普查办公室已经成立。开展全省县级博物馆展览展示与服务水平提升工程，确定常熟古琴艺术馆、宜兴市尹瘦石艺术馆、无锡乡镇企业博物馆、新四军四县抗敌总会纪念馆、沛县博物馆、新四军黄桥战役纪念馆6座博物馆（纪念馆）为2012年提升工程项目。

【社会文物管理】

文物拍卖管理及文物经营管理工作健康开展。完成2012年度文物拍卖企业第一类文物拍卖经营资质申报工作，全省新增文物拍卖资质单位2家，全省文物拍卖资质单位达24家。依法对54场文物拍卖标的进行审核，引导文物拍卖企业规范经营。完成2010～2011年度全省文物拍卖企业文物拍卖许可证年审工作。会同省公安厅、省工商局、南京海关联合转发国家文物局、公安部等部门《关于进一步加强文物经营活动管理工作的通知》，加强社会文物经营管理。

【科技与信息】

2012年，省级文物科研课题结项6个，《基本现代化背景下的江苏文物事业发展》等7个课题立项。成立文物科技保护专业协会。开展文物保护单位保护范围及建设控制指标研究，形成相关指标体系。继续开展全省文博优秀论文评选活动，出版《江苏省文博论文集2012》。"江苏省文物局""江苏文博信息网"等网站改版完成。结合南京博物院二期改扩建工程，实施江苏数字博物馆建设工程。

【文博教育与培训】

5月，省文物局在南京举办国家重点文物保护经费和大遗址保护经费申报管理培训班，国家文物局副局长顾玉才等领导到会授课。2012年，江苏争取中央财政下拨文物保护经费近4亿元。9月，在常州举办文物法制培训班和水下文化遗产保护培训班，提前完成国家文物局"十二五"规划要求的轮训任务。在盐城举办全省文物保护基层管理干部培训班，130多位文物基层主管部门干部参加培训。

【文博宣传与出版】

开展创先争优、"三解三促"等活动，加强政治理论学习，以十八大精神指导文物工作。转变机关作风，努力服务基层，确定高淳县漆桥镇漆桥村、泗洪县梅花镇赵庄村为省文物局"三解三促"对口联系点，帮助解决实际问题。6月9日，省文化厅、省文物局在高淳县漆桥村举行2012年"文化遗产日"宣传活动暨江苏省文化遗产解读工程、高淳县漆桥村古村落保护工程启动仪式，江苏省文化厅、江苏省文物局、南京市文物局、高淳县委县政府领导，来自全省13个省辖市文广新局（文物局）分管领导和负责同志以及高淳县相关职能部门、各乡镇负责同志与当地群众共1000余人参加启动仪式。省文化厅党组副书记、副厅长马宁出席仪式并为江苏省文化遗产解读工程和高淳漆桥古村落保护工程揭牌。与此同时，全省各市县也围绕"文化遗产与文化繁荣"主题，同步举行各具特色的系列活动，共同庆祝我国第七个"文化遗产日"。高淳县被国家文物局列为全国文物宣传普及工程试点县。省文物局汇编整理《江苏考古（2010～2011）》《江苏博物馆》《江苏省全国重点文物保护单位》，完成《文物古迹（南方地区）修缮工程预算定额》工作方案的编制。

【机构及人员】

全省地市级文物行政执法机构建成率达100%，成立文化行政综合执法机构并将文物行政执法纳入其中的县（市、区）达110家，建成率95%。文广新局加挂文物局牌子的有51家，内设文物行政管理机构数量68个，26个地区恢复或成立文物管理委员会及其办公室。

【其他】

2012年，省文物局及有关地区还协助有关方面做好省人大常委会受全国人大常委会委

2013
中国
文物年鉴

托开展《中华人民共和国文物保护法》执法检查，全国政协文史委员会、教科文卫体委员会分别来苏调研考察大运河保护与申遗、馆藏文物保护现状与发展等接待工作。6月13~18日，全国政协副主席孙家正率全国政协教科文卫体委员会"博物馆馆藏文物保护和发展"专题调研组在江苏调研考察。全国政协教科文卫体委员会副主任、中国文联副主席、文化部原副部长陈晓光，全国政协教科文卫体委员会副主任、中国文联党组副书记、副主席覃志刚，全国政协教科文卫体委员会副主任张秋俭等随同调研。调研组听取江苏省及南京、南通、镇江等市有关博物馆馆藏文物保护和发展的情况汇报，实地考察南通博物苑、镇江博物馆、南京市高淳老街等单位。江苏省政协主席张连珍，副主席、党组副书记周珉，秘书长刘国中，江苏省文化厅党组书记徐耀新，江苏省文化厅党组成员、省文物局局长龚良等领导参加座谈会或陪同调研。

浙江省

【概述】

2012年，浙江省贯彻落实全国文物工作会议精神，切实抓好各项重点工作的开展，编辑出版了《浙江省第三次全国文物普查丛书》，举办了"三普"成果巡展，在省政府统一部署下及时公布了一批不可移动文物保护名录，出台了一系列保护办法和措施，及时巩固了"三普"成果。全省世界文化遗产申报与管理工作扎实推进中。文物保护抢救工作顺利开展，考古工作取得丰硕成果。博物馆建设与管理不断优化，公共文化服务能力显著增强。馆藏文物管理趋于规范，社会文物管理继续得到加强。科技区域创新联盟建设富有成效，文物保护科技水平明显提升。文物安全工作机制更加健全，文物执法监管力度持续加大。宣传工作影响日益夸大，多个先进典型获得嘉奖殊荣。

【法规建设】

5月7～17日，全国人大常委会执法检查组赴浙江，就浙江省《文物保护法》贯彻实施情况进行监察。

2012年，经浙江省人大常委会审议，《浙江省历史文化名城名镇名村保护条例》通过并颁布。

【执法督察与安全保卫】

2012年，浙江省文物执法监察机构巡查各级文物保护单位（点）和博物馆共计8051次、14489人次，发现涉嫌违法行为120起，安全隐患349处，整改到位338处。全省共查处违法案件59起，罚款69.2万元，追缴文物1160件，拆除违法建筑24处、建筑面积近1.4万平方米；全年配合公安、海关、文化文物行政执法部门及时办理涉案文物鉴定58起，鉴定各类器物2377件，实地勘察鉴定被盗掘被破坏古墓葬、古文化遗址、古建筑76处。

根据国家文物局统一部署，浙江省文物部门联合省海洋与渔业局在椒江等地开展辖区海域内文化遗产联合执法行动，并进行了海上联合执法巡查、应急预案演练、执法培训等工作，成立了联合执法领导小组，建立起长效工作机制；还完成了国家文物局委托的《文物执法巡查档案标准研究》课题，正式启用了文物行政执法网络监管平台，提升了全省文物执法监察工作的信息化、科学化水平。

根据国家文物局要求，浙江省对宁波市历史文化街区的文物保护工作进行专题调研；继续做好文博风险单位安全技术设施的新建与改造，推进安防系统的规范化管理，开展了2012年文物安全隐患排查整治专项行动。浙江省文物安全工作联席会议第一次全体会议的召开，为有效发挥联席会议成员的协作配合、联合作业，共同做好文物安全工作奠定了基础。随后，浙江省文物局联合联席会议部分成员单位实施了加强田野文物安全的举措。

2013
中国
文物年鉴

【不可移动文物的保护和管理】

2012年，浙江省共有全国重点文保单位132处，省级文保单位748处（未有新变化），审查并提请省政府批准公布了5项全国重点文保单位的保护规划和27处省级以上文保单位的保护范围及建设控制地带，审批了99项省级以上文物保护单位保护工程的设计与施工方案，上报了111处省级以上文保单位保护区划划定方案。全年省级财政补助各地不可移动文物保护项目73项，补助经费3527万元。专项资金安排主要向经济欠发达地区的文物保护项目倾斜，并适当兼顾重点项目及文物资源丰富地区。从2011年起，此前每年1000万的浙江省廊桥保护专项资金调整为宗祠建筑保护专项资金，用于扶持浙江省宗祠建筑保护项目，2012年补助各地宗祠建筑保护项目30项。

文物部门组织实施了宁波东钱湖、绍兴宋六陵等大遗址的考古调查，妥善处理了杭州临安城遗址内御园房产开发项目、乐清雁楠公路设计蔡湖南墓部分迁移等事项。

2012年，浙江省申报国保单位保护工程立项9项，审批国保单位保护工程方案8项、施工图8项，并进一步规范文物保护工程的立项及方案审批程序，加强工程中期管理，努力建立开放透明的文保工程资质准入制度，形成开放、有序竞争的行业环境；还开展了资质单位年检，报请国家文物局批准施工一级资质单位3家，授予文物保护工程资质单位11家。

杭州西湖文化遗产预警监测体系建设项目纳入《中国世界遗产监测预警体系建设总体规划》，列为国家世界文化遗产监测工作试点单位。大运河（浙江段）省级、市级保护规划批准公布，申遗河道和遗产点保护、整治等相关工作如期开展，进展顺利。

《世界文化遗产预备名单》更新调整工作顺利完成，浙江省共有7个项目列入《中国世界文化遗产预备名单》，名列全国前茅。浙江省《中国世界文化遗产预备名单》更新工作座谈会协调、布置了预备名单更新相关工作。

2012年，浙江省召开全省历史文化名城保护专家委员会全体会议，公布第四批45处省级历史文化街区、名镇、名村名单，组织评审并批准公布了十余处历史文化街区、名镇、名村保护规划。浙江省住建厅与省文物局共同召开浙江省历史文化名城名镇名村保护暨《浙江省历史文化名城名镇名村保护条例》宣传贯彻工作会议。

【考古发掘】

2012年，浙江省承办了全国考古工作会议和全国基建考古南方片区协作会，召开了全省考古工作会议，全面总结回顾了新世纪以来浙江的考古成绩，部署了下一阶段考古工作的目标和任务，起草了《浙江省省级考古遗址公园管理办法》（征求意见稿）。

全年全省组织实施桐庐小青龙遗址等29项考古发掘项目，并取得重要成果；完成了《晚唐钱宽夫妇墓》等报告与著作的出版；上报《良渚古城遗址》等4项考古工作计划。国家水下文化遗产保护宁波基地象山工作站揭牌成立。象山渔山小白礁清代沉船水下考古发掘项目顺利实施并取得重要成果。余杭玉架山遗址入选"2011年度全国十大考古新发现"，良渚古城考古项目获得国家文物局田野考古一等奖。

1. 荷花山遗址考古发掘

荷花山遗址位于龙游县湖镇镇，2011年4月发现。2011年9月～2012年11月，浙江省文物考古研究所、龙游博物馆对遗址进行考古发掘，面积约900平方米，同时对约50000平方米的周边地区做了进一步调查。调查发现，荷花山遗址的遗存堆积存在片区分隔的不连续

2013
中国
文物年鉴

现象，这一现象在上山、小黄山遗址中已有显露，在保存较好的荷花山遗址中得到更完整的体现。特别是一处"石堆"遗存，在百余平方米范围内密集分布鹅卵石，分层累积，其中杂有石磨盘、石磨棒、石锤、穿孔器等大量粗石器。这些迹象对于复原原始人类聚落的生活内容具有重要研究价值。

荷花山遗址早期遗存内涵丰富，是浙西地区迄今发现年代最早的新石器时代遗址。这是继上山遗址、小黄山遗址后，浙江省早期新石器时代考古的又一突破，再次证明整个钱塘江上游地区不但是浙江新石器时代文明的发祥地，也是中国乃至东亚地区最重要的稻作农业文明发祥地之一。同时，荷花山遗址又一次证明了上山文化与跨湖桥文化存在地层叠压和文化发展关系，为研究浙江地区早期新石器时代文化的区域分布、源流关系，特别是上山文化与跨湖桥文化的发展关系提供了珍贵资料。

2. 田螺山遗址考古发掘

2012年，浙江省文物考古研究所与河姆渡遗址博物馆联合对田螺山遗址进行考古发掘，初步清理出以排桩式基础为特征的河姆渡文化早期干栏式建筑典型遗迹，从而首次在同一个聚落遗址内完整发现了代表河姆渡文化早晚4个不同阶段的木构建筑遗迹，即第一期的密集排桩式建筑遗迹，第二期的挖坑埋柱式，第三期的挖坑、垫板立柱式和第四期的挖浅坑、垫烧土、石块、木条等杂物式。这一发现实现了河姆渡文化干栏式木构建筑探索的真正突破。此外，如象纹雕刻木板、独木梯、双鸟木雕神器、木磨盘等多件特殊遗物的出土，为见证河姆渡文化各方面的技术和艺术水平增添了不可多得的材料。

田螺山聚落居住区西侧的古稻田发掘区内再次揭示出晚期河姆渡文化稻田，稻田边上，有用大量小木条、树枝条、细竹竿等材料纵向铺设与村落相连的东西向小路。更重要的是，在早、晚期两个阶段的稻田堆积间发现了厚度70厘米左右的纯淤泥层，从而确凿地表明，在河姆渡文化中期出现过一个明显的海平面上涨及稻作农耕环境退化的阶段性过程。此外，在深270厘米的堆积中还揭示出一个清楚的早期田块转角，以及边缘略微隆起的似田埂的迹象。这些新发现为进一步研究河姆渡时期稻作农业技术状况及其与自然环境变迁的密切关系提供了珍贵视角。

这些遗迹、遗物的发现，为科学、系统地研究河姆渡文化，重新确认河姆渡文化在中国稻作农业起源、发展进程中的地位，以及干栏式建筑的起源、中国南方史前聚落的形态、南岛语族的文化渊源等国内外重大学术课题研究积累了重要、丰富的材料。

3. 皇坟头遗址考古发掘

皇坟头遗址位于海宁市海昌经济开发区张家堰村。浙江省文物考古研究所在2012年继续开展发掘，发现崧泽至良渚文化的土台4个，发掘清理了崧泽文化墓葬2座、良渚文化墓葬110座，出土随葬器物1500多件，以陶器和石器为主，还有一些玉器、骨器等。相对其他地点，皇坟头遗址的石镰、"耘田器"出土比例较高，尤其是其他遗址少见的多孔石刀有较多出土，表明遗址在良渚文化范围内具有自身鲜明的特点。

此次发掘的重要收获是发现了17个良渚文化时期的叠石圈遗迹。从平面分布状况和出土层位初步推断，叠石圈可能是良渚文化时期与墓地营建、丧葬制度有关的遗迹，这在整个良渚文化范围内尚属首次发现。

4. 良渚古城考古发掘

2012年，浙江省文物考古研究所良渚工作站对莫角山东坡继续发掘，对西坡及大莫角山东南角进行解剖发掘，还对城北的扁担山遗址进行了解剖，均取得阶段性进展。本次发

2013 中国 文物年鉴

掘基本搞清了莫角山东部边界的堆筑方式、使用过程及年代，确认了莫角山西部与姜家山之间原由南北向的河沟隔开，所以才形成地貌上的整齐边界。大莫角山与整个莫角山遗址在修筑时经过统一设计规划。扁担山遗址为人工堆筑的长条形居住地，其生活堆积与美人地及卞家山遗址的年代一致。因而起码在良渚文化晚期，良渚古城周边分布着成长排的居住高地，在城外形成围合之势。

5. 小青龙遗址考古发掘

小青龙遗址位于桐庐县，2011年9月～2012年9月，浙江省文物考古研究所与桐庐博物馆联合对遗址进行了考古发掘。遗址分南、北两区，发掘面积共3000平方米，北区清理良渚文化墓葬34座、建筑遗迹3处、沟槽2条、灰坑28个，南区清理良渚文化墓葬10座、灰坑6个、烧火坑1个，墓葬中共出土陶器、石器、玉器、漆木器等各类遗物200余件。

小青龙遗址是浙西地区首次发现的完整良渚文化墓地，且等级较高，对了解浙西山地丘陵地区的考古学文化面貌及这一地区与东部平原地区的史前文化关系有着重要意义，由七个长方形单间组成（也可能为四间顺次排列）的一处多间联排式建筑系良渚文化首次发现。

6. 瓦窑路窑址考古发掘

6月，因龙泉县小梅镇瓦窑路窑址内发现窑炉迹象，浙江省文物考古研究所会同龙泉县博物馆进行了发掘，清理了残存的斜坡式龙窑窑炉遗迹1座，并在窑炉周围进行了布方发掘，发掘面积近300平方米。出土的少量粉青釉黑胎青瓷与窑炉外堆积坑内发现的开片玻璃釉黑胎青瓷大相径庭。发掘为研究该窑址的性质和龙泉窑黑胎青瓷的内涵提供了更加丰富的资料。

7. 潘里垄宋代窑址考古发掘

2011年9月～2012年7月，浙江省文物考古研究所、庆元县文管办联合组成考古队，在庆元县竹口镇潘里垄清理了1处宋代窑址，发掘面积800平方米，清理龙窑形制的窑炉1座，产品以黑胎黑釉瓷盏为主。黑釉瓷盏分束口、敞口、直口三种类型，品优者有兔毫纹。窑址的发掘对研究建窑的分布地域、生产工艺及浙闽毗邻地区的窑业、文化交流具有重要价值。

8. 玉架山遗址考古发掘

玉架山遗址位于杭州市余杭区东部，总面积约15万平方米。2～12月，浙江省文物考古研究所联合余杭博物馆进行考古发掘，发掘面积约4000平方米，清理良渚文化墓葬24座、房址1座、灰坑2座，出土各类遗物约300件，从而为探讨余杭良渚遗址群内的良渚聚落提供了重要依据。

9. 上马山古墓群考古发掘

2～12月，浙江省文物考古研究所和安吉县博物馆继续对上马山古墓群进行抢救性发掘，共发掘土墩11座，清理墓葬42座，出土陶、瓷、玉、石、铜、铁器等各类随葬器物552件。其中发现的一个极有可能是家族墓地的土墩，为研究湖州地区同类土墩内墓葬的关系及土墩的性质提供了极为宝贵的资料。

10. 小家山墓地考古发掘

小家山墓地位于绍兴县平水镇四丰村蔡家岙北面。2～7月，浙江省文物考古研究所与绍兴县文化发展中心联合对小家山墓地进行抢救性考古发掘，共清理墓葬37座，出土随葬品260余件（套）。三座战国墓的发现极大丰富了战国时期越国墓葬的资料，对越国的墓葬分期、墓葬等级、墓葬习俗、随葬制度等研究具有重要意义。汉代墓葬的分布和埋葬特点有别于环太湖地区的湖州、安吉等地同时期墓葬的埋葬习俗，为汉代墓葬的分期与分区研究提供了实物资料。六朝墓的发现为研究浙江地区六朝墓葬的丧葬习俗、南北文化交流及民族融合提供了重要资料。

11. 姚家山遗址考古发掘

姚家山遗址位于象山县丹东街道梅溪村。3～9月，浙江省文物考古所联合象山县文管会对姚家山遗址进行考古发掘，发掘面积约1500平方米，清理史前时期的竖穴土坑墓葬2座、商周时期红烧土遗迹1处、明清时期墓葬3座、明清时期窑址2处，出土锛、凿、斧、刀、纺轮、箭头、磨石等50余件石器，完整的夹砂红陶豆1件，管状玉玦2件。距今五六千年的管状玉玦为塔山遗址中的首次发现，出土的商周时期建筑遗迹及多种多样的石刀、石犁等遗物，为象山地区史前文化的研究提供了不可多得的材料。

12. 安吉古城遗址调查与勘探

安吉古城遗址位于安吉县递铺镇古城村，面积约33万平方米，2002年发现。3～6月，浙江省文物考古研究所与安吉县博物馆联合对遗址开展调查与勘探。遗址文化堆积丰厚，时代从战国延续至西晋时期。为进一步了解古城遗址外围相关遗迹情况，考古队在近50平方千米的范围内进行调查及局部钻探，新发现大庄、墙山上、小觉寺遗址3处，土墩250余座。此次调查初步掌握了古城遗址及外围更大范围内相关遗存的总体分布情况，为古城及其他不同性质相关遗存空间关系的建立提供了基础资料。

13. 官井头遗址考古发掘

4～12月，浙江省文物考古研究所对杭州市余杭区良渚镇官井头遗址进行考古发掘，揭露面积5000余平方米，清理良渚文化成组石砌遗迹1处、墓葬58座、房址4处、灰坑8个，出土各类文物700多件；清理宋代砖室墓4座、汉代窑址1座、战国灰坑和灰沟6处。良渚文化成组石砌遗迹是本次发掘的重要收获，这种既有排水设施又有配套水井的石砌水池遗址是良渚文化考古史上的首次发现。

包括官井头遗址在内的大雄山丘陵南麓文化带与当时的良渚遗址群应具有密切关系，该遗址的发掘对研究良渚遗址群的分布格局和发展脉络具有重要意义。

14. 瓢山窑址考古发掘

瓢山窑址位于湖州市埭溪镇东红村瓢山上，共有两处，是2011年"瓷之源"课题组调查时发现的。5～6月，浙江省文物考古研究所会同湖州市博物馆进行了抢救性发掘，发掘面积近100平方米，清理了窑炉遗迹及丰富的地层堆积，出土了大量产品标本，基本为原始瓷与印纹硬陶。瓢山窑址是目前发现并发掘的时代最早的原始瓷窑址，可到夏代晚期，其原始瓷无论是胎还是釉均具有相当的原始性，某些特征上与硬陶更相似，是硬陶与原始瓷刚分野的一种形态。此次清理的窑炉亦是目前已知最早的龙窑炉遗迹。这些发现对于探索瓷器起源具有相当重要的意义。该遗址与同一地区的北家山窑址、南山窑址构建了瓷器起源及其初步发展的早期形态。

15. 尼姑山窑址考古发掘

尼姑山窑址位于德清县洛舍镇，7～8月，浙江省文物考古研究所会同德清县博物馆进行抢救性发掘，面积近200平方米，清理残龙窑炉1座，产品标本若干。从产品的纹饰、器型等方面来看，窑址应属于商代。这是目前浙江东苕溪流域清理的第一座商代硬陶窑址，部分产品还有极薄的釉层，对了解这一地区的陶器烧造技术及其与原始瓷之间的关系具有重要意义。

16. 环沉遗址考古发掘

环沉遗址位于长兴县夹浦镇环沉村，8～10月实施发掘，发掘面积310平方米，取得了较重要的收获。长兴地区有大量商周时期的墓葬和遗址分布,但正式进行考古发掘的还不多。本次发掘对了解该地区商周时期的文化面貌具有十分重要的意义。

【博物馆与可移动文物保护】

2012年,浙江省推出展陈项目899个,吸引参观人数3122多万(其中未成年人883.37万),持续开展博物馆陈列展览精品项目工程和年度评选,补助了一批优秀陈列展览项目,10个展览被评为精品奖,14个陈列展览被评为单项奖。

在2012年度博物馆、纪念馆年检工作中,浙江省252家博物馆通过年检,其中文化文物系统博物馆118家、行业性国有博物馆42家、民办博物馆92家;新增文化文物系统博物馆10家、行业博物馆3家、民办博物馆17家;因各种原因而减少的博物馆22家。浙江自然博物馆、中国丝绸博物馆、宁波博物馆被评定为国家一级博物馆,使浙江省国家一级博物馆总数上升为4家。全国首批五个生态(社区)博物馆示范点之一的安吉生态博物馆正式开馆,成为浙江省第一家建成正式开放的生态博物馆。丽水市博物馆等一批新馆项目也相继立项建设。文物部门研究、制订了《浙江省民办博物馆补助资金管理办法(草案)》和《国有博物馆对口帮扶民办博物馆试点工作的实施意见》,全面开展了国有博物馆对口帮扶民办博物馆试点工作,已结成8对帮扶对子,并对45家民办博物馆补助了233万元免费开放经费。以浙江省博物馆为代表的国有博物馆积极为民办馆组织策划专题展览,提供展示场地。全省推进博物馆藏品资源整合共享,召开"加强馆际合作办展促进馆藏资源整合共享"专题工作会议,成功实施"发现历史——浙江考古工作十年回顾展""龙行浙江——浙江出土恐龙化石展"等5个资源整合共享项目,取得显著社会效益。

2012年,浙江省国有文物收藏单位可移动文物总数达967070件(一级文物2632件),征集藏品17188件,接收872件,修复藏品1825件(一级文物94件)。"浙江省科技考古与文物保护研究试验基地"落成,"纺织品文物保护国家文物局重点科研基地"正式挂牌运行,并在浙江理工大学设立相关实验室,示范应用基地"纺织品文物修复展示馆"建成开放。浙江自然博物馆获批增挂"浙江省古生物化石保护研究中心"牌子。浙江省文物保护研究所成立了"浙江原始瓷考古研究中心",加强了东苕溪下游地区的原始瓷考古调查与发掘等工作。

浙江省博物馆发挥文保科研基地技术优势,保护、修复河姆渡出土木构件等馆内外文物160件(组),委托完成近百件畲族文物的修复、清洗;按计划对余杭茅山良渚文化独木舟保护修复工程进行协调和项目管理,对舟体实施持续脱盐。中国丝绸博物馆举办为期半年的"纺织品文物保护修复新疆学员杭州第一期培训班",为新疆三个文博单位的6名纺织品修复专业人员提供了修复技能及修复方案、报告编写能力的培训,还为省内外文博单位的馆藏品以及出土文物进行了消毒、清洗、整理、修复等技术服务。

浙江省的馆藏文物保管、征集、鉴定、建档、修复等基础工作渐趋规范,文博风险单位安全技防工程及文物库房新建、改造达标工作循序渐进,馆藏文物未发生重大人为安全事故。文物部门审核通过了多个可移动文物的保护修复方案,全年批复文物借展事宜审批14批次,组织专家对中国丝绸博物馆征集美国丽蒂娅·葛顿收藏的西方近现代时装藏品进行论证,并配合做好相关工作。

自2004年9月启动的国有文物系统馆藏书画专项鉴定定级经过近十年努力宣告完成。工作涵盖浙江省11个设区市、市县(区)的80余家文博收藏单位,过目鉴定书画藏品6万余件，基本厘清了浙江省馆藏书画藏品和珍贵书画的基本情况。

在浙江省文物鉴定审核办公室（国家文物进出境审核浙江管理处）协助下，全省博物馆继续做好馆藏文物的定级鉴定，全年累计定级鉴定藏品3304件。在对曹其镛夫妇捐赠漆器鉴定过程中发现了国宝级文物——元代雕漆巨匠张成造剔红婴戏图盘。二十余家国有文物收藏单位的29批次、2197件待征集文物接受初鉴。各市县文物行政主管部门做好民办博物馆审批前的鉴定评估。

■【社会文物管理】

2012年，浙江省审核文物拍卖经营活动56场，文物拍卖标的37358件（套），撤拍国家禁止流通或超资质范围文物标的477件，调查文物拍卖企业涉嫌违规经营活动4次，对一些虚假宣传等行为提出了针对性整改意见，有效规范了文物拍卖市场秩序。此外，浙江省初步审核申报文物拍卖经营资质企业5家，新增浙江东方拍卖有限公司、浙江美术传媒拍卖有限公司、浙江横店拍卖有限公司、天工艺苑拍卖有限公司4家文物拍卖企业，全省文物拍卖企业达到35家。根据国家文物局《文物拍卖企业资质年审管理办法》规定，浙江省开展文物拍卖企业资质年审，做好《文物拍卖经营许可证》的换发工作。浙江省现有文物商店21家，其中国有文物商店8家、民营文物商店13家（新增1家）。2012年浙江省通过文物拍卖企业专业人员资格考试人员9人。

2012年，浙江省办理文物临时进境审核登记26起、249件（套）；文物出境（复出境）许可证核发9起、119件（套）；旧家具（新仿制品）出境许可104起、28852件（其中禁止出境33件）；文物复仿制品出境1起、1件；审核国有博物馆文物出境展览3起，查验文物211件（套）；审核浙江省博物馆引进的韩国"大元帆影——韩国新安沉船出水文物精华暨康津高丽青瓷特展"文物285件。

■【科技与信息】

2012年，国家文化遗产保护科技区域创新联盟（浙江省）启动"文化遗产数字化公共服务平台与产业应用示范"等3项国家科技支撑计划项目及课题；参加国家创新工程预备项目、"指南针计划"、"中华文明探源工程"、国家文物局重点科研基地课题、国家创新联盟课题的申报，有多个课题获得立项；"数字博物馆关键技术系统及应用研究"项目被列入浙江省重大科技专项计划重点项目。文物部门积极开展浙江省文物保护科技项目申报，有14个项目获得立项；成功举办"指南针计划"专项成果展"惠世天工——中国古代发明创造文物展"；与新疆共同签订了两地四方《新疆文化遗产保护与研究战略合作框架协议》，推进科技援疆工作。

浙江省博物馆的浙江省重大科技专项"大型饱水木质文物的真空冷冻脱水研究"顺利通过验收并结项。浙江省文化厅科研项目"浙江新石器时代陶器的三维信息无损采集及动态展示"完成结项。中国文化遗产研究院委托的"'南海一号'沉船现状评估与发掘保护预研究"业已完成。"吴越文化研究""浙派绘画研究"两项课题完成结题。浙江自然博物馆继续实施浙江生物多样性组织标本采集工作，对组织标本库管理系统进行数字化更新，实现数字化统一管理；充分发挥地学实验室和生物多样性实验室的作用，开展科学研究和实验数据采集等百余次，实验活动256人次。中国丝绸博物馆与故宫博物院合作开展"乾隆花园丝织品保护和复制的技术指导及项目监理"和"倦勤斋内檐装修丝织品的丝蛋白加固保护"科研项目,与浙江省文物考古研究所合作开展纺织品文物的现场保护,与新疆文物考古研究所合作开展小河墓地出土纺织品研究和保护,与中国美术学院开展"传统动物染料及染色工艺的保护与利用"。浙江省文物考古研究所与故宫博物院合作开展龙泉黑胎青瓷课题研究,与南京大学地球科学与工程学院合作开展"良渚遗址群石料矿物及土壤环境测试分析"课题,与浙江大学合作国家文物局课题"浙江中部新石器时代早期遗址出土的稻谷遗存及其环境背景",与余杭博物馆合作开展"玉架山遗址出土玉器无损分析研究",继续参与浙江大学主持的"考古遗址发掘数据采集与集成关键技术研究及应用"项目。

【文博教育与培训】

9月举办浙江省不可移动文物保护管理培训班,对30名业务人员进行了文物保护专业知识系统培训。为加强博物馆藏品保管人才队伍建设,浙江省除组织、制定并下发《博物馆藏品保管工作格式文本》外,还举办了全省博物馆藏品保管培训班,97人参加培训。

9月5~6日,浙江省文物(管辖海域文化遗产)执法人员业务培训在义乌举行。120多名文物执法监察机构人员接受了海洋和海洋执法、文物建筑保护与管理等方面的培训。

此外,2012年度全省文物保护培训班和全省第一期历史文化名村保护与发展培训班的举办,进一步强化了业务人员对相关工作的认识。

【文博宣传与出版】

2012年,浙江省在"5·18国际博物馆日"和"文化遗产日"期间举办了"浙江省5·18博物馆学术论坛",并组织了以湖州主场城市活动为中心、以省本级活动为主线、以全省各地活动为基础的上下联动、形式多样的宣传活动。《浙江馆藏文物大典》(暂名)、《中国历代绘画大系》以及《浙江通志·文化遗产卷·文物分卷》等重要文集的编纂工作启动。杭州市余杭区被国家文物局列为全国文化遗产知识宣传普及工程试点县之一。"新时期博物馆展陈与教育学术论坛""中国生态博物馆建设安吉论坛"等学术会议的召开,进一步提升了学术研讨水平,扩大了浙江省文博工作的影响力。

浙江省博物馆全年出版论著5部,包括《十里红妆——浙东地区民间嫁妆器物研究》《明代浙派绘画国际学术研讨会论文集》等。《走进浙江省博物馆系列丛书》(一套5种)被评为"2011年度文化遗产优秀图书"。中国丝绸博物馆出版了《中国丝绸艺术》等5部专著,《中国丝绸艺术》英文版还荣登《纽约时报》2012艺术书籍榜首。浙江自然博物馆出版专著8部。

【机构及人员】

2012年,浙江省共有各类文物机构275家,比2011年增加66家,从业人员5334人,比2011年增加754人。其中文物保护管理机构92家,从业人员1408人;博物馆机构166家(含部分文物系统外博物馆),从业人员3624人;文物商店8家,从业人员58人;文物科研机构4家,从业人员105人;其他文物机构4家,从业人员139人。

在浙江省各类文物机构从业人员中,高级职称450人(其中文物保护管理机构114人、博物馆288人、文物商店2人、文物科研机构39人、其他文物机构7人),较2011年增加50人;中级职称729人(其中文物保护管理机构199人、博物馆495人、文物商店12人、文物科

2013
中国
文物年鉴

研机构20人、其他文物机构3人），较2011年增加93人。按隶属关系划分，省级文物机构从业人员540人，地市级文物机构从业人员2410人，县市区级文物机构从业人员2384人。

2012年，余姚市河姆渡遗址博物馆和嘉兴市文物局被人力资源与社会保障部、国家文物局授予"全国文物系统先进集体"荣誉称号，浙江省文物考古研究所刘斌被授予"全国文物系统先进工作者"称号。在浙江省政府召开的杭州西湖文化景观申报世界文化遗产工作总结表彰大会上，省文物局等8家单位被授予先进单位荣誉称号，11人荣记一等功，26人荣记二等功。在省人力社保厅、省文化厅、省文物局组织开展的浙江省文物系统先进集体和先进工作者评比表彰中，浙江省博物馆等17家单位和20名个人分获"先进集体"和"先进工作者"称号。浙江省博物馆、浙江自然博物馆分获全国博物馆免费开放"最佳宣传推广奖"和"最佳网站服务奖"。

在浙江省首届"博物馆免费开放最佳做法"推荐表彰活动中，浙江省博物馆、湖州市博物馆、东阳市博物馆获"综合示范奖"，21家博物馆分别获得最佳宣传展示奖、最佳未成年人教育奖、最佳社会参与奖、最佳讲解导览服务奖、最佳文化产品推广奖5个单项奖。

在浙江省第三次全国文物普查工作总结表彰大会上，桐庐、余姚、遂昌3县（市）被评为"省三普先进县"，30个集体被授予"先进集体"称号，174人被评为"先进个人"。

■【对外交流与合作】

2011年11月12日～2012年1月31日，由浙江省文化厅、意大利卢卡市政厅主办，中国丝绸博物馆、意大利卫匡国研究中心承办的"从杭州到卢卡——穿越历史的丝绸之路"展览在意大利卢卡举办。

3月30日～9月16日，中国丝绸博物馆在英国诺丁汉城堡博物馆举办"衣锦环绣——5000年中国丝绸精品展"。

4月20日～6月16日，"古典与唯美——墨西哥西蒙基金会藏雕塑、绘画展"在浙江省博物馆举办。

5月24日，"有情世界——丰子恺的艺术"展览在香港艺术馆开幕。该展览是香港特别行政区成立15周年及香港艺术馆50周年馆庆庆祝活动节目之一。

2012年是中韩建交20周年，也是浙江省博物馆与韩国国立光州博物馆缔结友好关系5周年。9月24日～11月25日，浙江省博物馆的"浙江名宝展"在韩国国立光州博物馆举办。这也是浙江省博物馆出国举办文物展览规模最大、种类最丰富的一次。

9月30日～11月30日，中国丝绸博物馆在西班牙马德里中国文化中心举办"超越历史和物质：中国丝绸艺术展"。这也是"2012西班牙·中国浙江文化节"系列活动内容之一。

10月，浙江省博物馆馆藏文物赴日本东京国立博物馆参加"中华大文明展"。

10月25～28日，"2012良渚论坛·国际文化景观科学委员会年会"在杭举行。

12月18日，"大元帆影——韩国新安沉船出水文物精华暨康津高丽青瓷特展"在浙江省博物馆开幕，这是浙江省博物馆首次利用国外博物馆藏品举办的原创性展览，期间还举办了"2012海上丝绸之路——中国古代瓷器输出及文化影响国际学术研讨会"。

2012年，中国丝绸博物馆与韩国传统文化大学合作开展嘉兴王店明代纺织品修复研究，与美国布莱恩特大学合作基于同位素技术的丝绸之路出土纺织品产地研究，与丹麦哥本哈根大学合作开展青铜时代欧亚毛织品比较研究，与波士顿大学合作开展丝绸之路出土纺织品染料研究，与大英图书馆签署国际敦煌项目（IDP）纺织品部分合作研究协议，与香港、法国和美国等专家学者合作开展"天然染料数据库建设——以田野调查为重点"研究。

【其他】

1月5日，2011年度浙江省文物行政执法监察工作会议暨工作成绩显著单位表彰会在杭举行。

2月7日，2012年浙江省文物鉴定委员会年会在杭召开。

2月16～17日，浙江省文物局长会议在嘉兴海宁市召开。

2月23日，全国文物进出境管理工作座谈会在宁波召开。

3月5日，浙江省"加强馆际合作办展、促进馆藏资源整合共享"专题工作会议在湖州举行。

5月3日，浙江省第三次全国文物普查工作总结表彰大会在杭召开，会议对浙江省5年来的三普工作进行了总结，对先进县、先进单位和先进个人予以表彰。"浙江省第三次全国文物普查成果展"同期开幕。

5月9日，国家文物进出境审核浙江管理处独立建制10周年座谈会召开。

8月30日，浙江省文物局长座谈会在淳安召开。

11月8～11日，中国博物馆协会博物馆学专业委员会2012年年会在杭举行。

11月30日，中国丝绸博物馆20周年馆庆典礼暨纺织品文物保护国家文物局重点科研基地揭牌仪式举行。

安徽省

【概述】

2012年，安徽省各级文物部门和文博单位深入贯彻落实全国文物工作会议精神，坚持"保护为主，抢救第一，合理利用，加强管理"的工作方针，开拓创新，奋力拼搏，全省文物工作不断取得新成绩。

【法规建设】

安徽省政府制定《关于加强我省大运河遗产保护管理工作的通知》规范文件，加强大运河安徽段保护和申遗。

【执法督察与安全保卫】

在全省范围开展文物安全隐患排查整治专项行动，开展文物安全隐患的排查、整治工作。督促协商各级公安机关把文物保护单位纳入辖区重点防范目标，建立文物保护单位安全信息档案，文物管理单位、属地公安机关、社区文物保护员互通信息、加强协作、齐抓共管。

2012年，共检查各级文博单位2938处，查出安全隐患595处，完成隐患整治471处，隐患整改率为79.1%，其中，国保单位安全隐患整改率达78.7%、省保单位安全隐患整改率为83.9%、市县保及其他不可移动文物安全隐患整改率为77.5%，各级博物馆、纪念馆等单位安全隐患整改率为85.3%。

2012年，完成国保单位世太史第安防工程建设并顺利通过验收，正式投入运行；完成国保单位人字洞遗址安防工程实施方案、寿县博物馆安防升级改造工程方案、南陵县博物馆安防工程方案的审核工作；完成蚌埠市博物馆新馆、桐城市博物馆新馆、繁昌县博物馆新馆安防工程设计任务书的论证工作。

2012年，对全国文物保护单位、省级文物保护单位开展安全巡查百余次，督办文物行政违法案件4起。

2012年，共破获各类文物案件38起，追缴涉案文物200余件。文物部门配合公安机关现场查勘、鉴定10余起，鉴定涉案文物49起、443件（套），其中二级文物9件、三级文物124件、一般文物120件。

【不可移动文物的保护和管理】

（一）概况

2012年，安徽省有全国重点文物保护单位56处、省级文物保护单位708处，省政府于6月和12月分别公布了第六批、第七批省保单位，新增253处。

2012年，安徽省完成了江村古建筑群等15处文物保护单位保护规划的编制并通过了专家评审。5月29日，省政府发出通知，同意公布含山凌家滩遗址、泾县查济古民居、寿县寿春城遗址、潜山县薛家岗遗址、凤阳县明中都皇故城及皇陵石刻5处国保单位的保护规划。

2012年共有18处重要文物保护工程完成维修。维修总面积26415.25平方米，投入总经费3842.66万元。具体如下：

1. 寿县孔庙（明伦堂）维修

该工程于2011年11月11日开工，2012年12月1日竣工。维修面积约700平方米，投入经费约200万元。

2. 泗县文庙大成殿维修

该工程于2011年9月6日开工，2012年10月31日竣工并通过验收。维修面积252平方米，投入经费56万元。

3. 泗县释迦寺大殿修复

该工程于2011年10月2日开工，2012年10月31日竣工并通过验收。修复面积248平方米，投入经费98万元。

4. 江淮大戏院西立面墙体维修

该工程于2012年3月26日开工，2012年7月14日竣工并通过验收。维修面积700平方米，投入经费20.96万元。

5. 泾县西阳花戏楼维修

于2010年12月29日开工，2012年5月26日竣工并通过验收。维修面积139平方米，投入经费41万元。

6. 查济镏公厅屋维修

于2010年12月23日开工，2012年5月26日竣工并通过验收。维修面积333.63平方米，投入经费39.85万元。

7. 查济洪公祠维修

于2011年5月1日开工，2012年5月26日竣工。维修面积800平方米，投入经费300万元。

8. 江村黯然别墅维修

于2011年6月28日开工，2012年5月25日竣工并通过验收。维修面积458.12平方米，投入经费47万元。

9. 江村江氏宗祠维修

于2011年6月28日开工，2012年5月25日竣工并通过验收。维修面积1536.5平方米，投入经费24.18万元。

10. 凤阳明中都城午门维修

于2009年11月1日开工，2012年5月28日竣工并通过验收。维修面积14000平方米，投入经费1400万元。

11. 青阳李氏宗祠维修

于2012年4月16日开工，2012年12月11日竣工并通过验收。维修面积952平方米，投入经费120万元。

12. 桐城文庙维修

于2012年8月10日开工，2012年9月25日竣工。维修面积1319.22平方米，投入经费38万元。

13．休宁齐云山摩崖石刻维修

于2012年6月10日开工，2012年10月26日竣工并通过验收。维修面积1000平方米，投入经费约450万元。

14．黄山风景区慈光阁放生池维修

于2011年10月16日开工，2012年5月17日竣工并通过验收。维修面积351平方米，投入经费149.37万元。

15．安庆熊、范二烈士专祠维修

于2011年6月11日开工，2012年8月11日竣工。维修面积840平方米，投入经费98.3万元。

16．安庆邓石如故居维修

于2012年6月15日开工，2012年10月30日竣工。维修面积1000平方米，投入经费100万元。

17．芜湖英驻芜领事署维修

于2011年11月23日开工，2012年11月28日竣工。维修面积1185.78平方米，投入经费约230万元。

18．祁门古戏台嘉会堂维修。该工程于2012年4月10日开工，2012年11月25日竣工并通过验收。维修面积600平方米，投入经费约70万元。

（二）大遗址保护

加大含山凌家滩、潜山薛家岗、蒙城尉迟寺等20多处大遗址保护力度，完成谷阳城遗址、寿州窑遗址、烟墩山遗址、皖南土墩墓群等保护规划的编制。上报《凌家滩遗址考古工作计划》《凌家滩遗址及周边考古调查勘探立项申请书》《大工山——凤凰山铜矿遗址保护规划立项报告》。积极筹备含山县凌家滩遗址、寿县寿春城遗址和繁昌县繁昌窑遗址等考古遗址公园建设。

（三）全国重点文物保护单位

2012年，安徽省文物局向国家文物局上报了宣城广教寺双塔等10处国保单位维修方案和蒙城万佛塔等3处国保单位保护规划的立项报告，核准批复了黟县宏村承志堂等5处国保单位方案，审批了安庆市天主堂等37处省保的维修方案。

（四）世界文化遗产

6月和10月，安徽省两次召开省大运河保护与申遗市厅际会商小组会议。安徽省文物局多次赴运河沿线市县，就申遗具体工作进行督导，并配合全国政协、大运河申遗办、中国文化遗产研究院等领导和专家赴淮北、宿州开展大运河保护与申遗调研、督查工作。9月底，安徽省政府、淮北市及泗县相继出台了大运河保护规范性文件和大运河遗产省级保护规划。宿州市政府公布大运河保护规划和规范性文件。完成《隋唐大运河柳孜码头遗址、河道遗址、百善老街保护与环境整治方案》《大运河遗产柳孜遗址保护展示设计方案》《大运河遗产（安徽泗县段）保护整治方案》。

2012年，寿县古城墙、凤阳明中都城墙列入国家《中国世界文化遗产预备名单》。

【考古发掘】

（一）概况

2012年，安徽省文物考古研究所先后开展了柳孜运河遗址二次考古发掘等12处考古发掘工作，发掘面积1.6万平方米，出土文物2000多件（套）。

（二）重要考古项目

1. 柳孜运河遗址二次考古发掘

于2月18日开始，由安徽省文物考古研究所发掘。本次发掘采用全站仪数控布方，第一期共布探方20个，规格10米×10米，发掘面积2000平方米。发掘层位已经到达了北宋早期，地层堆积分15层。其中1层为近代地层，2层为明清地层，3层为元代地层，4～7层为金代（南宋）地层，8～15层为北宋地层。重要遗迹有运河河道及左右两岸的河堤、木桩、木船、灰坑、两岸的石筑台体，还有河道中间的石墙体、连接石筑台体的路面、路面下的居住址等。出土大量的遗物，器物的质地有陶、瓷、石、铜、骨、铁等，器类包括瓷碗、瓷碟、瓷壶、瓷围棋子、石锚、骨簪、铁矛、铜钱、骰子、象棋子等。瓷器残片数以万计，可复原的遗物数量达3000多件。

右岸（南岸）石筑台体于1999年发掘，长14.3、宽9.2、高5.05米，与此次发掘的左岸（北岸）石筑台体相距18.7米，形制和砌筑方法相同。左岸的石筑台体长12.7、宽7.7、残高4.5米。根据石筑台体的开口层位，初步判断其建筑年代在北宋早期。石筑台体所用石料来源较杂，有规整的石板（条）、不规则石块、画像石、带凹槽的构件等。此次发掘运河河道总体解剖了29米。河道内地层堆积中有一层红胶泥，分布于整个河道之内，厚度20～30厘米。红胶泥层位之上的地层是青灰色淤泥层，含大量砖石块和瓷片等遗物，红胶泥层之下为黄沙层，较纯净，包含物较少。

2. 隋唐大运河泗县段邓庄遗址考古发掘

于5～7月，由安徽省文物考古研究所发掘。在现存运河南北两岸各布探沟1条，分别命名为TG1、TG2，发掘面积约300平方米。

此次考古发掘共发现隋唐大运河（通济渠）南北对应河口、北河堤、北河坡上的疑似脚窝、南河坡上疑似纤绳擦痕、北河堤外活动面的人为痕迹及疑似标杆基坑等重要遗迹现象。另外出土唐宋时期可修复陶瓷器30余件、钱币6枚、铁剑1柄以及大量陶瓷残片。通过本次邓庄遗址的发掘，基本证实了隋唐大运河途径在泗县境内的走向以及断面结构情况，掌握了古运河河口宽度为42米、河深4.5米、河底宽26米等重要数据。首次在泗县境内经过科学发掘掌握了河堤的相对完整的信息。

3. 隋唐大运河泗县刘圩段发掘

于3～6月，由安徽省文物考古研究所发掘。发掘总面积约400平方米。发掘结果表明，该段古汴河是开凿在汉代遗址上的，汉代遗存堆积丰富，文化层厚0.5～1.8米。共发现汉代水井6口、灰坑2个、墓葬1座、沟1条。汉代遗物以陶器为主，另有少量铁器、铜器（铜钱）等。陶器以板瓦、筒瓦为主，另有盆、罐、瓮、钵、豆、纺轮、瓦当等。陶器以泥质灰陶占绝大部分，另有少量泥质红陶，纹饰以绳纹为主，另有弦纹、戳印纹、圈点纹等。

唐宋时期遗物以瓷器为主，另有少量陶器、釉陶器、铜器等。瓷器釉色有青釉、白釉、黄釉、黑釉、酱釉、影青釉等。铜钱绝大部分为北宋时期。

4. 当涂县沱塘、陆家甸墓群考古发掘

于2月17日～4月24日，由安徽省文物考古研究所与马鞍山市文物局、当涂县文物管理所联合组成考古队进行抢救性考古发掘。沱塘墓群位于姑孰镇五星行政村沱塘组，前后共清理墓葬8座，包括六朝时期墓葬4座，出土青瓷器15件；五代时期墓葬1座，出土有头钗、耳环、铜镜以及铜钱若干枚；明清时期墓葬3座，仅出土铜钱。

2013
中国
文物年鉴

陆家甸墓群位于当涂县姑孰镇五星村陆家甸村民组，共清理墓葬32座，包括先秦时期墓葬1座，出土原始瓷碗1只、石箭镞1枚；六朝时期墓葬7座，出土青瓷碗、盏和钵；宋代墓葬3座，出土四系罐、瓷碗以及铜镜和铜钱；明清时期墓葬座21座，仅见铜钱随葬。

5. 广德南塘土墩墓考古发掘

于2～5月，由安徽省文物考古研究所进行抢救性发掘。共发掘土墩墓4座，其中周代土墩2个、东汉土墩2个。

周代土墩墓均为一墩多墓，1号墩内有单体墓葬9座，4号墩内有单体墓葬6座。绝大多数单体墓均有较浅的墓坑，两墩均发现了带有石棺床的单体墓。出土器物以原始瓷器和印纹硬陶器为主。2号、3号墩为东汉土墩墓，因距离较近，两墩底部有部分重叠。其中2号墩内有3座单体砖室墓，3号墩内有1座单体砖室墓（前后室），均被盗，出土少量陶器。4座单体墓平面形状与一般汉墓相同，不同的是墓室并非建在墓坑内，而是建在平地上再用封土掩埋。

6. 临泉县李庙遗址考古发掘

于2～4月，由安徽省文物考古研究所联合临泉县博物馆进行抢救性考古发掘。

发掘内容包括两部分，一是对前期建设施工形成的大坑内的遗迹进行清理，二是根据勘探情况在大坑南部遗迹比较密集处布方发掘。共计布5米×5米的探方6个，加上大坑内的清理面积，总计清理面积约420平方米。

发掘探明了李庙遗址的文化堆积情况，清理出灰坑2个、水井11口、沟2条，出土汉、宋、明代遗物40余件。出土遗物有陶器、瓷器、铜制品和铁器等。陶器有汉代陶盆、罐，宋代陶盆等，并出有少量三彩陶片。瓷器有青釉、黄釉、绿釉、白釉瓷和青花瓷，涉及多个窑口；纹饰技法有印花、划花、刻花等，器型主要为瓷碗、瓷盘和瓷盏。铜制品以铜钱为主，另有铜簪和铜钗。铁器有宋代铁剪刀等。

7. 马鞍山市申东商周遗址发掘

于2011年10月～2012年9月，由安徽省文物考古研究所进行抢救性考古发掘，以10米×10米规格布方，布方面积共2000平方米，实际发掘1920平方米。发掘清理各类遗迹合计192个，分别为灰坑107个、红烧土坑2个、灰沟18条、墓葬46座、陶窑3座、房址2处、灶址3座和火塘1处，出土石器、玉器、陶器、瓷器、铜器等各类文物300余件。

8. 宁国港口灰山周代土墩墓群考古发掘

于5～11月，由安徽省文物考古研究所进行抢救性发掘。在一个占地300亩的项目内，共发掘土墩36个。土墩墓外表近似汉墓封土，大小不一，底径15～30、高1～3米。土墩内单体墓葬往往普遍有较浅（20～30厘米）的长方形墓坑，少数较深的可达50厘米以上。多数单体墓有随葬品，少则1件，多则10件左右。

【博物馆与可移动文物保护】

（一）博物馆

1. 可移动文物的保护、管理和研究

2012年，安徽博物院文物科技保护中心获准与出土漆木器保护国家文物局重点科研基地签订安徽工作站合作意向书，承担全国性的修复项目；承担国家文物局中华文明探源工程成果转化与示范项目——馆藏珍贵文物无酸纸包装中试研发与示范；承担全国文物保护行业标准——馆藏文物包装盒（囊匣）制定项目；编制、承接浙江绍兴县博物馆等省内外

11个文物保护修复项目，全年共计修复文物113件，科技保护文物227件。全年共申报4项科研项目，其中《馆藏珍贵文物无酸纸包装中试研发与示范》《馆藏文物保存设施文物包装盒（囊匣）》获得国家文物局立项，《安徽博物院文物保护修复能力提升专项实施方案》获得国家文物局专家组评审通过。

2012年，与上海博物馆（馆藏文物保存环境国家文物局重点科研基地）合作共同承担无酸纸在文物保存环境中的应用研究。承担国家文物局"博物馆安防系统监管平台"研制与监管平台试运行科研项目。

2．博物馆间的交流与合作

2012年，安徽省文物局、安徽博物院共同举办"全省博物馆陈列学术研讨会"。全省各市、县博物馆及部分高校、民办博物馆共65家单位近百人参加会议。

2012年，安徽省博物院自办、引进、交流"天工巧作——洪建华雕刻艺术精品展""画影江山——郎静山摄影作品特展""史前文明——甘肃彩陶艺术展""走进御书房——故宫博物院珍藏清代宫廷文房用具特展"等展览。特色藏品潘玉良画作、吴门画派作品等赴浙江美术馆、上海刘海粟美术馆、苏州市博物馆展出，工艺杂项文物赴浙江省博物馆展出，楚国青铜器参加楚文化全国联展等。

3．重要陈列展览

2012年，安徽省博物馆达到141家。共举办基本陈列270个、临时展览448个，全年共接待观众总量1750.5万人次，其中青少年观众816万人次。5月，安徽博物院完成老馆"安徽古生物陈列"的提升改造。10月8日，安徽省地质博物馆新馆正式开馆并免费对外开放，展陈面积16500平方米。11月28日，合肥市渡江战役纪念馆正式对外开放。亳州博物馆提升改造陈列"穿越五千年——亳州文化寻源"，共展出文物810件（套）。界首市博物馆增设主题为"界首市的孕育和诞生"专题陈列。泾县新四军军部旧址纪念馆改造举办"铁的新四军　光辉照千秋——新四军史料陈列展"。

（二）可移动文物保护

1．文物数量、等级等基本情况

截至2012年，安徽省共有各类馆藏文物60.78万件（套）。其中一级文物1777件（套）、二级文物4321件（套）、三级文物40822件（套）。

2．可移动文物保护修复基地建设情况

2012年，经过基础建设与改造，安徽博物院文物科技保护中心使用面积增加到900平方米，设立了陶瓷器修复室、古籍修复室、书画修复室、青铜修复室、油画修复室、分析检测室、化学实验室、文物熏蒸室、纸质文物保护室、文物摄影室等。

3．可移动文物保护技术和方法及其应用情况

2012年，在馆藏青铜器修复方面，通过蒸馏水浸泡脱盐、超声波清洗、氧化氢硫脲复配溶液去锈、做旧处理等方式做到修旧如旧。在修复书画文物方面，采用仪器检测、化学试剂除污、纯净水清洗脱酸、明胶溶液加固、揭裱工艺等方式修复文物。在纸质文物综合保护方面，运用熏蒸防虫技术、派拉伦真空涂覆技术、纸质文物微环境保存与管理等技术。

【社会文物管理】

2012年，安徽省文物商店总店举办春季、秋季两次文物展销会。取得了良好的社会效益和经济效益。

2012年，安徽省文物鉴定站办理个人携带文物临时进境审核1次，共3件；企业文物复仿制品出境展销2次，共400余件（套）；出境文物展览审核1次，共84件（套）。受理文物艺术品拍卖标的审核1次，共审核文物艺术拍卖标的999件（套），并按规定对其中27件（套）文物拍品做出了限制出境的标识。开展7个市、县文物收藏单位馆藏文物巡回鉴定，完成合肥市、滁州市第二轮馆藏文物鉴定。完成10家收藏单位的新增文物鉴定任务，共计鉴定文物2833件（套），其中一级文物65件（套）、二级文物180件（套）、三级文物1418件（套）、一般文物1082件（套）、非藏品27件（套）、残器不定48件（套）、存疑待定13件（套）。开展了对安徽师范大学和黄山风景区博物馆馆藏文物的鉴定工作。

2012年，共依法受理文物司法鉴定49起，涉及可移动文物443件（套），不可移动文物70处。在天长、淮南、亳州等地开展"鉴宝江淮行"活动，共鉴定文物2000余件，包括陶瓷、青铜、玉器、杂项、书画等五大门类。

【科技与信息】

2012年，安徽省文物考古研究所加快推进资料整理工作，相继开展了铜陵师姑墩和凌家滩遗址三、四、五次发掘材料以及泗县刘圩遗址、泗县先秦遗址调查、明光坝陈遗址等一批遗址的资料整理工作，共发表各类学术论文近20篇。

【文博教育与培训】

2012年7月，举办了第二期全省文物保护工程培训班，黄山、宣城两市和全省历史文化名城的文物部门以及全省37家文物保护工程资质单位、6家拟申报资质单位的法人和项目负责人近200人参加了培训。

10月15～19日，在繁昌县举办"安徽省文物鉴定培训班"，此次培训共设古代玉器鉴定、古代铜镜鉴定、明清书画鉴定三项内容，来自全省80多家文博单位的专业技术人员和管理干部共计120余人参加了培训。

【文博宣传与出版】

围绕"处于世界变革中的博物馆：新挑战、新启示"主题，安徽省各地开展一系列"5·18国际博物馆日"活动。在亳州市成功举办第七个"文化遗产日"活动，通过开展主场城市启动仪式、"古井杯"全省文博知识竞赛、药都论坛、"鉴宝江淮行走进亳州"、城市街头现场展演等丰富多彩的活动，进一步向全社会宣传文化遗产保护工作，积极推动文化遗产与文化旅游的深度结合。安徽省各地也结合实际，开展了丰富多彩的"文化遗产日"活动。

编辑出版了安徽博物院古籍珍本丛书之《李瀚章李鸿章李鹤章李氏三兄弟手札》《太平山水图》，出版《记忆安徽——安徽省第三次全国文物普查新发现选编》《安徽省第三次全国文物普查不可移动文物名录》《杭埠河中游区域系统调查报告》《旌德古建筑》《祁门古戏台》《厚重石台》《怀宁考古记》等专著，出版《2011年考古年报》《文物研究》《安徽文博》《徽州文博》等学术期刊。

【机构及人员】

截至2012年底，安徽省共有文物保护管理机构91个，从业人员555人，其中中级职称

117人、副高级职称39人、正高级职称3人。

博物馆141座，其中：综合类65座，从业人员1129人，中级职称178人、副高级职称55人、正高级职称11人；历史类46座，从业人员550人，中级职称63人、副高级职称12人、高级职称4人；艺术类8座，从业人员81人，中级职称6人；自然科技类2座，从业人员73人，中级职称7人、副高级职称7人、正高级职称1人；其他20座，从业人员346人，中级职称38人、副高级职称13人、高级职称2人。

文物商店2个，从业人员53人，其中中级职称12人、副高级职称1人、正高级职称1人。

文物科研机构1个，从业人员45人，其中中级职称13人、副高级职称6人、正高级职称8人。

其他文物机构4个，从业人员189人，其中副高级职称5人。

安徽省文物考古研究所、寿县文物局荣获全国文物系统先进集体表彰产，固镇县文物局局长蔡文静荣获全国文物系统先进工作者表彰。

【对外交流与合作】

2012年，安徽省举办出境展览两项，安徽博物院"云林宗脉——新安画派作品展"在澳门展出，中国徽州文化博物馆赴韩国举办"中韩两国（徽州—安东）古代文书交流展"。展览结束后，所有出境文物未出现任何安全问题，均已回馆。

福建省

【概述】

2012年，福建省文物工作者认真贯彻落实党的十八大和十七届六中全会精神，紧紧抓住文化改革发展的机遇，抓住科学发展的主题，找准推进福建文化遗产事业发展的重点、难点和突破点，进一步解放思想、开拓创新，统筹谋划，全面推进博物馆公共文化体系建设，着力加强涉台文物保护工程，健全文物执法巡查、通报工作机制，大力开展对台文化文物交流活动等，进一步促进福建文化文物事业的大繁荣大发展。

【执法督察与安全保卫】

配合福建省人大常委会开展《文物保护法》颁布30年的执法检查，深入龙岩、长汀、莆田、仙游等地检查《文物保护法》贯彻实施情况。严肃督查全国重点文物保护单位建瓯东岳庙保护范围内违法建设行为和破坏省级文物保护单位莆禧城墙的违法行为。编制《福建省文化厅、福建省海洋与渔业厅关于2012年度福建省管辖海域内文化遗产联合执法专项行动实施方案》，制定福建省管辖海域执法专项行动工作计划。4～9月，参与完成国家文物局、国家海洋局部署的水下文化遗产联合执法专项行动。省文化厅与福州海关联合开展"国门之盾"打击文物走私联合行动。8月15日，省文物局与省公安边防总队漳州边防支队通过细致摸排，在漳浦县将军澳码头查获1起盗捞海底文物案件，抓获涉案人员11名，查扣作案工程船1艘，收缴日本侵华战争期间在漳州海域沉没军舰上的文物42件。加强涉案文物、出入境文物的管理和文物销售、文物拍卖流通领域的监管，鉴定涉及51起案件的文物4026件，其中三级文物14件、一般文物2181件、标本21件、工艺品1578件。依法完成福州海关移交的5348件历年追缴、查扣文物的调拨工作，丰富省、市、县（区）等基层博物馆、纪念馆的馆藏文物数量和种类。

2012年1月，文化部副部长、国家文物局局长励小捷检查福建省文物安全工作。3月，省文物局对全国重点文物保护单位和省级文物保护单位涉台文物开展安全巡查。8月15日～10月15日，全省开展"2012文物安全隐患排查整治专项行动"，根据各地上报的自查情况，省文物局组织抽查，对发现的安全隐患予以通报。全年编辑印发《福建省文物安全工作简报》7期。

大力组织实施文物保护单位和博物馆的安防、消防、防雷工程，做好连江县定海白礁水下遗址安防监控建设。为全国重点文物保护单位和博物馆配备了消防设备和消防器材，提高了文物安全防范能力。

【不可移动文物的保护和管理】

（一）概况
福建省拥有全国重点文物保护单位85处、省级文物保护单位511处、县（市、区）级文

2013
中国
文物年鉴

物保护单位4051处，形成了国家、省和县（市、区）三级文物保护的有效管理体系。

启动第八批省级文物保护单位申报工作。从全省各市、县（区）政府申报的288处不可移动文物保护单位中，根据历史、艺术、科学三大价值以及涉台文物、革命文物等地域文化特色和文物类别进行平衡，递选、推荐230处（含1处合并文物保护单位）不可移动文物为第八批省级文物保护单位的候选名单，提请省人民政府核定公布。

以涉台文物保护工程为重点，推进全省重点文物保护工程项目实施。"文化遗产日"期间，在厦门翔安区大嶝镇田埔村抗战时期的金门县政府旧址前，举行"闽南红砖建筑暨大嶝金门县政府旧址维修工程启动仪式系列活动"。批复东山关帝庙等39项全国重点文物保护单位和省级文物保护单位涉台文物保护工程设计方案，28项全国重点文物保护单位和省级文物保护单位的涉台文物维修和安、消防工程项目竣工。在全省开展国家重点文物保护专项补助经费延伸审计以及涉台文物重点保护工程项目的经费使用情况检查、审计工作，对全省涉台文物保护工程进展情况进行通报，推动以涉台文物为重点的文物保护工程按照计划有序推进。

国家文物局公布的第五批文物保护工程勘察设计甲级、监理甲级、施工一级资质单位中，福建博物院文物保护中心、福建省建研勘察设计院晋升为甲级勘察设计单位，福州市规划设计研究院增加业务范围，福建省建筑科学研究院技术开发部、福建景翔建设工程有限公司、福建省泉州市古建筑工程公司晋升为一级施工资质单位。

加强文物保护工程勘察设计、施工和监理资质单位与可移动文物技术保护设计和文物修复资质单位的监管，启动2012年度福建省文物保护工程勘察设计、施工、监理单位资质评审工作，组织文物保护工程资质单位年检。全省共有各级文物保护工程资质单位86家，其中勘察设计23家、施工51家、监理12家。

厦门市中山路入选第四届"中国历史文化名街"，是继福州三坊七巷、漳州古街、泉州中山路、长汀县店头街4个街区入选中国十大历史文化名街之后，再次获得全国知名品牌殊荣。组织开展第四批省级历史文化名镇名村评选工作，全省又有8个镇、13个村由省政府公布为第四批省级历史文化名镇、名村，至此福建省省级以上历史文化名镇名村达到81个。积极落实中国传统村落调查工作，福州市马尾区亭江镇闽安村等48个传统村落列入第一批中国传统村落名录名单，总数位列全国第三位。

（二）全国重点文物保护单位

完成泉州府文庙等12处全国重点文物保护单位规划方案并上报国家文物局审批。公布实施西陂天后宫保护规划。三坊七巷和朱紫坊建筑群之二梅书屋、小黄楼、林氏民居通过国家文物局组织的工程验收；顺昌宝山寺大殿、泉州天后宫、福建土楼之振成楼、田螺坑土楼群挡土墙抢险工程已经福建省文物局初验后报请国家文物局组织验收。青白礁慈济宫等51处全国重点文物保护单位正在维修中。

（三）世界文化遗产

福建省推荐申报的海上丝绸之路（泉州市、福州市、漳州市）、鼓浪屿（厦门市）、三坊七巷（福州市）、闽浙木拱廊桥（寿宁县、周宁县、屏南县、政和县）、闽南红砖建筑（厦门市、南安市）5个项目列入《中国世界文化遗产预备名单》。

组织编制完成世界文化遗产《福建土楼保护规划纲要》《福建永定土楼保护规划》《福建南靖土楼保护规划》《福建华安土楼保护规划》等，陆续付诸实施。完成福建土楼安全监控系统的升级。福建土楼7项保护维修工程正在实施中。

福建省文化厅会同省旅游局、省住建厅、省林业厅等部门和世界文化遗产所在地有关部门开展世界文化遗产保护和发展利用的专题调研，形成进一步加强对世界文化遗产保护管理和发展利用的意见和建议。

【考古发掘】

（一）概况

泉州海外交通史博物馆启动历时两年的"泉州沿海水下文化遗址普查陆上调查项目"，通过文献资料搜集和实地走访相结合，摸清泉州沿海海域水下历史文化遗产家底，为下一步开展水下考古探测探摸和发掘工作以及水下文化遗产保护工作提供详细、可靠的线索。

2012年福建省考古发掘项目比较重要的有邵武市朱洋寨遗址、长汀县赢坪遗址、政和县龟山六朝至唐代墓葬、福州三坊七巷闽山巷遗址等抢救性考古发掘和明溪县南山遗址主动性考古发掘。

（二）重要考古项目

1. 邵武朱洋寨遗址考古项目

2012年12月～2013年1月，因邵武至光泽高速公路建设，福建博物院对邵武水北镇故县村朱洋寨新石器时代遗址进行抢救性考古发掘。发掘面积500平方米，揭露新石器时代墓葬7座（均为长方形土坑竖穴墓）、灰坑8个。出土随葬品30余件，均为泥质灰陶，器类有罐、釜、豆等，与邵武斗米山遗址出土的陶器有相似之处，又有所区别，对于构建和完善闽北地区史前文化序列具有重要意义。

2. 长汀赢坪遗址考古项目

9月中旬至11月上旬，为配合赣龙铁路扩能改造工程，福建博物院对长汀河田境内赢坪新石器时代末期至青铜时代遗址进行抢救性考古发掘。发掘面积1300平方米，出土有石器、陶器、青铜器、少量原始瓷等。石器主要是磨制石器，基本上通体磨光，有石锛、石箭镞、石刀、石锤、石砧、石胚及大量砾石等。陶片多数为印纹陶，纹饰有方格纹、斜方格纹、粗方格纹、复线菱形纹、条纹、栅栏纹、曲折纹、弦纹、交错条纹、镂孔等，其中以方格纹与复线菱形纹为主；陶片有的施衣，有黑衣与褚衣之分；可辨器型有敞口折肩小罐、圜底小钵、敞口高岭罐、大口尊、豆、盆等。青铜器数量很少，主要有一件带銎斜刃小凿和一件筒形小平底的容器；范有石范与陶范，其中内范居多，为研究闽西地区的青铜制作工艺提供了珍贵的实物遗存。还发现有红烧土堆积、灰坑、柱洞、灶等遗迹现象，推测该遗址为生活聚落遗址。

3. 政和龟山六朝至唐代墓葬考古项目

11～12月，因政和县经济开发区建设，福建博物院对石屯镇龟山六朝至唐代墓葬进行勘探和抢救性考古发掘。发掘面积约500平方米，共揭露两晋至唐初砖室墓16座。其中两晋南朝墓9座，均为券顶单室墓，纪年墓有西晋"永嘉二年"、东晋"建武元年"墓；墓葬平面呈凸字形和刀字形，两晋墓葬墓底不分级；南朝墓葬墓底分二至三级，部分墓壁砌有砖柱。唐初墓葬7座，均为券顶单室墓，其中"总章元年"6座，"贞观二年"1座。出土少量随葬品，多为青瓷器，器类有盘口壶、双系罐、盘、钵、碗、盅等。此次考古发掘为研究闽西北地区六朝隋唐墓葬形制演变和葬制葬俗提供重要材料。

4. 福州三坊七巷闽山巷遗址考古项目

11～12月，福建博物院与福州市文物考古工作队对福州市三坊七巷闽山巷遗址进行考古发掘。发掘面积49.5平方米，揭露六朝时期、晚唐五代时期、宋元时期等三个时期的地层和遗迹，出土陶器、瓷器、建筑构件等众多遗物，对福州早期城市变迁与坊巷格局研究有重要意义。

5. 明溪县南山遗址考古项目

2012年11月~2013年1月，福建博物院和中国社会科学院考古研究所组成考古队对明溪县南山遗址进行考古发掘，发掘面积200平方米。共揭露蓄水池1个、墓葬1座、灰坑32个、柱洞79个。出土大量陶片、石制品、陶纺轮等。此次发掘区揭露近百个不同时期的柱洞，表明从新石器时代直至商周时期，先民已在此长期居住。而此次发现的新石器时代蓄水池，表明古人已经有意识地改造自然、获取资源，也反映出当时人口规模较大。

【博物馆与可移动文物保护】

（一）博物馆

中央财政安排全省博物馆、纪念馆免费开放专项补助经费9000多万元，免费开放参观人数1843万人次。11~12月，省财政厅、审计厅、文化厅联合对全省等地免费开放博物馆中央补助经费使用情况进行抽查，进一步规范资金使用渠道，提高使用效益。全面推进博物馆、纪念馆质量控制体系建设，加强和规范博物馆行业管理。配合国家文物局完成全省一级博物馆运行评估工作。重新修订完成《福建省博物馆、纪念馆评估定级标准》和《福建省博物馆、纪念馆评估定级评分细则计分表》，组织开展国有免费开放的博物馆评估定级和运行绩效考评。全省通过省级评估定级的省一级博物馆6座，暂定省一级博物馆2座、省二级博物馆10座，暂定省二级博物馆14座；省三级博物馆29座，暂定省三级博物馆19座；暂不定级博物馆8座。组织开展全省博物馆、纪念馆年检工作，参加年检的博物馆、纪念馆共95家，审核结论确定为88家合格、7家不合格，不合格博物馆中展厅面积不足400平方米的6家、在2011年全年向社会开放时间少于300天的1家。

大力提升博物馆、纪念馆公共文化服务能力和水平，全年举办各类临时展览477个，组织开展"福建省第二届博物馆陈列展览精品"评选活动。省文化厅、省文物局与福州海关在福建博物院举办"国门缉珍——福州海关打击走私文物成果展"；省文化厅、中国画学会、台湾美术院主办的"河山新貌 盛世丹青——两岸画家画福建作品展"在福建博物院展出；福建省文物局与甘肃省文物局在福建民俗博物馆联合举办"甘肃彩陶展"；福建·中国闽台缘博物馆举办"福建省涉台文物普查成果展"，福建博物院举办"守望家园——福建涉台文物保护工程成果展"；组织华侨文物到国家博物馆举办专题展览。全省各地博物馆、纪念馆将文化遗产进社区、进校园、进课堂、进军营做为"文化遗产日"的重要活动，如宁德市寿宁县开展"乡土文化进校园"活动等。

组织海峡两岸20家文博单位带着文博衍生产品（创意产品）参加在厦门举办的第五届海峡两岸文化博览会，福建博物院组织的"海峡两岸文博创意产品精品展"荣获最佳展示奖，省民俗博物馆牛角制品"荷塘虾趣"荣获最佳文创产品银奖。

（二）可移动文物保护

全省博物馆、纪念馆可移动文物藏品数455526件（套），其中一级文物1027件（套）、二级文物2764件（套）、三级文物86980件（套）；本年新增藏品数14026件（套），其中征集品2578件（套）；本年修复文物数2289件（套），其中二级文物68件（套）、三级文物1740件（套）。

【社会文物管理】

2012年共审核各类拍卖会20场，核准拍卖文物工艺品7699件（套），撤拍文物19件（套），拍卖成交额近1亿元，无涉嫌违法拍卖事件。加强文物进出境审核管理，办理文物（工艺品）进境审核28次，文物（工艺品）总数322件；办理各类文物出境审核（包括博物馆展览品出境审核）27次，审核文物（工艺品）705件，其中临时进境复出境审核16次，审核文物（工艺品）147件；办理文物复仿制品出境审核2次，审核鉴定复仿制品66件。

【科技与信息】

2012年承担课题、项目共31个，其中省部级以上15个，结项11个。完成国家文物局文物保护科学与技术研究课题"中国历史文化名镇（乡）、名村的保护现状与发展对策——以福建历史文化名镇（乡）、名村研究为例"（2007229-11/76）课题，相关成果正在整理出版中，为进一步加强传统城镇、村落保护管理提供了基础资料和科学依据。

【文博教育与培训】

2012年7月，省文物局协助国家文物局在漳州市举办全国水下文化遗产联合执法培训班，全国海域文化遗产联合执法人员和沿海11个省市文物、海监部门相关人员共160多人参加培训班，并在龙海市青屿岛附近海域组织由文物、海监、边防等部门和7艘船艇参加的水下文化遗产联合执法应急预案演练。组织全省博物馆、纪念馆讲解员培训班暨"则徐杯"讲解比赛活动，来自全省博物馆、纪念馆的64名讲解员参加培训学习和比赛活动。举办2012年度文物保护工程培训班，有46家137名勘察设计、施工、监理单位的技术人员参加了培训班。举办全省古建筑培训班，历时一个月，达到了加强和规范文物保护工程管理，提高工程技术水平，培养设计、施工、监理专业技术人员的培训目的。

【文博宣传与出版】

组织开展"5·18国际博物馆日"和"文化遗产日"活动，围绕活动的主题，开展各种宣传和文化活动。在第七个中国"文化遗产日"期间，省文物局组织各级文化文物行政部门和各博物馆、纪念馆联合举办"福建涉台文物保护成果联展"；在厦门翔安区大嶝镇田埔村抗战时期的金门县政府旧址前，福建省文物局和厦门市文化广电新闻出版（文物）局联合举办"闽南红砖建筑暨大嶝金门县政府旧址维修工程启动仪式系列活动"；泉州市文化广电新闻出版（文物）局在泉州海外交通史博物馆举行"泉州沿海水下文化遗址普查陆上调查项目"启动仪式。各地也都将文化遗产进社区、进校园、进课堂、进军营融入到"5·18国际博物馆日"和"文化遗产日"活动中去，掀起了文化遗产走向社会、融入人群的宣传高潮。

出版专著或图录24册，于省级及以上刊物公开发表论文数188篇。福建省文物局主编的《福建涉台文物大观》一书已于2012年4月出版。

【机构及人员】

机构总数153个，其中文物保护管理机构54个、博物馆95个、文物商店2个、文物科研

2013
中国
文物年鉴

机构1个、其他文物机构1个；从业人员数1728人，其中专业技术人员702人，中级职称256人、副高级职称93人、正高级职称39人。

【对外对台交流与合作】

以福建丰富的文化遗产资源为纽带，拓展对外、对台文化文物交流，举办相应的对外、对台各种展览活动。12月26日，中国文物交流中心、省文物局和中国·闽台缘博物馆联合举办"承前启后　温故知新——海峡两岸文物交流20年回顾展"。"蓝海福建文物大展"赴新加坡展览、"福建博物院馆藏文物展——追溯长崎文化的源流"赴日本展览、"林则徐纪念馆馆藏文物展"赴台湾展览均取得圆满成功。此外，承担了援助肯尼亚水下考古项目等工作。

江西省

【概述】

　　2012年是落实"十二五"规划承上启下的关键之年，在省委、省政府的正确领导下，在国家文物局的精心指导和大力支持下，全省文物系统坚持科学发展，锐意改革创新，文物事业发展取得了令人鼓舞的成绩，为经济社会发展作出了积极贡献。2012年，全省文物基础工作迈上新台阶，不可移动文物保护工作呈现新亮点，博物馆事业发展掀起新高潮，文物安全工作有了新举措，一批文博单位和个人受到有关部门表彰。

【执法督察与安全保卫】

　　开展《文物保护法》执法检查工作。2012年是《文物保护法》颁布30周年、修订10周年。全国人大在全国范围内进行了第一次文物法执法检查。江西是全国人大检查组实地检查的10个省份之一，由路甬祥副委员长带队，文化部副部长、国家文物局局长励小捷随同检查。江西省文物局配合全国人大执法检查组和江西省人大对全省贯彻实施《文物保护法》情况进行执法检查工作。

　　开展文物安全隐患排查整治专项行动。8～10月，江西省文物局与江西省公安厅联合开展为期三个月的"2012文物安全隐患排查整治专项行动"，各地共排查国保单位安全隐患69处，整改69处；省保单位安全隐患120处，整改112处；博物馆等文物收藏单位安全隐患37处，整改30处。9月，江西省文物局、江西省公安厅和江西省文物保护执法队组成三个督查组，分赴相关地区实地督察，共检查文物保护单位14个，其中国保9个、省保5个，检查博物馆、纪念馆9个，当场下达隐患整改通知11份。

　　建立文物安全和执法督察工作机制。制定下发了《关于建立文物安全和执法督察工作机制的意见》，建立了全省文物安全和执法督察的自查、检查、巡查、督查、暗查"五查"机制，努力构建"政府分级负责、部门依法监管、责任主体认真履责"的文物安全管理与执法工作格局。

　　督办文物违法犯罪案件。督办赣州大余县全国重点文物保护单位嘉祐寺塔地宫文物被盗案、丰城等地多起文物盗掘和盗窃案等。

【不可移动文物的保护和管理】

　　（一）概况

　　全省第三次全国文物普查顺利结束，全省共有不可移动文物32831处，其中新发现28433处。全省有全国重点文物保护单位52处，省级文物保护单位333处。

　　2012年国家下达江西省的各类文物保护专项经费总数达3.5亿元，红色旅游专项经费2620万元、大遗址保护专项经费2100万元、全国重点文物保护专项经费1.56亿元。全省基

2013
中国
文物年鉴

层文物保护专项经费投入4000万元，安排71个项目。

江西省文物局组织对井冈山革命遗址、瑞金革命遗址、罗坊会议和兴国调查会旧址、鸣水桥和袁州谯楼等国保单位保护规划进行评审并上报；督促指导瑞金市中央革命根据地纪念馆、井冈山革命博物馆、乐安县流坑管理局等分别认真编制保护维修方案，并及时向国家文物局报批。

（二）大遗址保护

抓好御窑国家考古遗址公园建设。江西省文物局指导景德镇市文物局按照国家考古遗址公园建设要求，以加快推进御窑国家考古遗址公园建设为抓手，积极推进御窑遗址整体保护工程，《御窑厂遗址国家考古遗址公园规划》基本完成编制并已上报国家文物局。

抓好全省大遗址保护规划编制工作和遗址本体保护工作。全国重点文物保护单位景德镇御窑厂遗址、湖田窑遗址、樟树吴城遗址、筑卫城遗址、瑞昌铜岭铜矿遗址、吉州窑遗址、高岭瓷土矿遗址、牛头城址等八处大遗址保护规划均已完成编制并上报国家文物局，其中部分获国家文物局批复并由省政府公布实施。2012年，国家下达江西大遗址保护专项经费2100万元，景德镇御窑厂遗址、湖田窑遗址、吉州窑遗址等遗址本体保护工程顺利推进。

抓好大遗址基础设施建设和环境综合整治工作。御窑遗址核心保护范围内的建筑物整体拆迁取得重要进展，吉州窑遗址环境综合整治工作接近尾声。

开展大遗址重点区域考古调查和发掘。筑卫城遗址、吉州窑遗址等遗址主动性考古发掘获重要成果，为今后开展遗址的保护、展示和利用奠定了基础。

（三）全国重点文物保护单位

加强保护规划编制工作。井冈山革命遗址、瑞金革命遗址、罗坊会议和兴国调查会旧址、鸣水桥和袁州谯楼等全国重点文物保护单位保护规划经专家评审后呈报国家文物局。截至2012年底，全省国保单位已经完成保护规划编制的达43%，启动率达63%。

加强保护维修方案编制、报批和保护维修工作。督促指导瑞金市中央革命根据地纪念馆编制瑞金革命遗址30余个革命旧居旧址保护维修方案，并获国家文物局批复和1800余万元专项经费支持；督促指导井冈山革命博物馆、乐安县流坑管理局分别编制10余个井冈山革命旧居旧址和流坑古村古建筑保护维修方案，并上报国家文物局。

督促指导有关单位对庐山大厦、兴国中央兵工厂旧址群、于都中央红军长征出发地旧址等一批全国重点文物保护单位进行保护维修，安源路矿工人俱乐部旧址（罢工后）维修工程、婺源清华彩虹桥等全国重点文物保护单位抢救性维修工程顺利竣工并通过验收。

加强"四有"建档工作，江西省文物局下发通知，要求进一步健全完善全国重点文物保护单位"四有"建档，重点抓紧做好全国重点文物保护单位标志牌和说明牌工作。

（四）世界文化遗产

做好世界文化遗产预备名单的申报和评审工作。2012年11月，赣南围屋成功列入世界文化遗产预备名单。指导赣州市文物局认真填写提交中、英文版《赣南围屋预备名单提交表格》。

做好庐山世界文化遗产保护管理工作。指导庐山管理局不断加强庐山世界文化遗产保护管理工作，编制了《世界遗产庐山保护总体规划》《庐山全国重点文物保护单位保护规划》及《庐山世界遗产地监测预警方案》。指导庐山管理局对民国图书馆、庐山大厦等全国重点文物保护单位进行保护维修。

2013
中国
文物年鉴

【考古发掘】

（一）概况

2012年，为配合大遗址保护规划的实施，启动了樟树筑卫城遗址、瑞昌铜岭铜矿遗址、吉州窑遗址等大遗址主动性考古发掘项目，并获重要考古成果；在国家水下文化遗产保护中心的指导下，对鄱阳湖老爷庙水域采用旁侧和浅地层剖面声呐探测技术完成了疑似沉船点的复查工作；陆续完成了《鹰潭角山商代窑址发掘报告》《洪州窑发掘报告》的编撰工作，启动了景德镇南河流域青白瓷窑址考古发掘资料的整理工作。

（二）重要考古项目

1.万年仙人洞考古项目

2009年，经国家文物局批准，由江西省文物考古研究所与北京大学、美国哈佛大学组成的联合研究小组，在万年仙人洞重新清理出来的考古地层剖面上采集陶片样本，并采用碳十四断代法进行检测，确定仙人洞遗址出土陶器年代可以提早到距今2万年前，是迄今为止世界上发现的最古老的陶片。该研究成果与危地马拉玛雅神庙太阳神面具、德国迄今最古老的罗马遗址、苏格兰发现的3000年前的木乃伊等被美国《考古学》杂志评为2012年全球十大考古发现，也是江西省考古成果首次入选全球十大考古发现。

2.新建墩墩墓考古项目

2012年，新建墩墩墓发掘陪葬真车马坑1座、祔葬墓3座、水井2口、主墓前祠堂（陵庙）和便殿各1座等，发掘面积约3000平方米。出土了雕刻精美纹饰鎏金、错银的青铜车马器以及木质彩绘马车等文物约3000余件。其中，真车马坑为长江以南首次发现，将为最终判断主墓年代提供重要依据。

3.吉州窑遗址考古项目

9～11月，江西省文物考古研究所、吉安县博物馆、吉安市博物馆、南开大学历史学院考古与博物馆学系、南京大学历史学院考古与博物馆学系联合组队，分别对吉州窑遗址中的老陶瓷厂遗址、尹家岭遗址进行了考古发掘，发掘面积995平方米，清理揭露大批窑业遗迹，出土一批宋元明时期的青白釉、白釉、黑釉、绿釉和白地彩绘瓷标本。该遗址考古发掘揭示出数量较多且具有极高历史和科学价值的制瓷作坊遗迹，为研究吉州窑的制瓷生产、工艺流程提供了重要资料；出土的瓷器标本为了解吉州窑的文化内涵、分期断代提供了有力支撑；不少新的器形、装饰工艺填补了以往吉州窑考古发掘资料的空白。

4.鄱阳县明淮王府遗址考古项目

2012年7月～2013年1月，江西省文物考古研究所、鄱阳县博物馆联合组队开始对鄱阳县明淮王府遗址进行局部发掘，发掘面积1200平方米。本次发掘出土的遗物十分丰富。鄱阳县明淮王府遗址的发掘，是中国明代藩王府的首次科学考古发掘，对于了解和研究明代王府建筑规制及社会组织结构有着重要意义；考古揭示的淮王府遗迹，无论从王府建筑的体量，还是台基、地面建筑的考究，以及柱础的硕大与雕刻的精美，都尽显王府气派；出土的大量王府专用瓷器与官窑瓷器，对研究明代社会生产和藩王生活有重要价值。

5.鄱阳湖水下考古项目

8月，省文物考古研究所对鄱阳湖老爷庙水域已发现的16个磁异常点中磁场信号最强的2处区域进行了复查。通过探测，发现其中存在3艘沉船，并取得了3艘沉船的精确位置、体量大小、水深与湖床埋深的数据。鄱阳湖老爷庙水域水下文物专项探测工作是我国首次采用海底沉船探测技术对内陆水域水下文物进行的一次探索性探测，为在我国内水内湖地区探测发现水下文物积累了经验。下一步，国家水下文化遗产保护中心与江西省文物考古研究所将对上述3艘沉船遗址联合进行科学发掘，彻底揭开鄱阳湖老爷庙水域的沉船之谜。

6. 宜春市樟树筑卫城遗址考古项目

2012年3月～2013年2月，江西省文物考古研究所、樟树市博物馆联合对樟树筑卫城遗址的北城墙和城内夯土台基进行了考古发掘，发掘面积分别为200平方米和2425平方米。通过对城垣的发掘（北城墙一段），可知营建者在城墙堆垒过程中，有意识的根据土质的松软程度进行了合理的依次和间歇的堆垒。出土物中大量春秋时期的陶瓷器，表明城墙主体为春秋时期；城墙根部密集分布的柱洞遗迹，初步判定为西周时期的建筑基址，由此可知，筑卫城最后一次大规模的筑城行为发行在西周以后。西周堆积之下是否还有早期城墙，尚待进一步的考古发掘。通过对筑卫城内人工堆筑台地的发掘，考古人员在同一层面揭露出面积不等的圆形、方形房子以及连接房子之间的道路遗迹，它们共同组成了一个时代相同、规模宏大、等级较高、布局相对完整科学的西周时期聚落，这对研究中国古代城市发展规律、西周时期的聚落形态、家族制度、人与环境的互动等具有重要的学术价值和意义。

7. 景德镇浮梁县兰田窑址考古项目

2012年11月～2013年1月，北京大学考古文博学院、江西省文物考古研究所、景德镇市陶瓷考古研究所、浮梁县博物馆、景德镇陶瓷学院、景德镇民窑博物馆联合组队对兰田窑址的万窑坞、柏树下、大金坞3处窑业堆积点进行了考古发掘，清理出窑炉2座、灰坑7个、墓葬1座，出土了一大批晚唐至五代的瓷器和窑具。1号窑炉遗迹是目前景德镇地区发现最早、保存最完好的窑炉，其发现和清理填补了景德镇窑炉发展的空白；所出瓷器证明了景德镇制瓷业创烧的时间能够早到中晚唐时期，向前推进了约百年的时间。上述遗存的发现为中国陶瓷史的研究提供了弥足珍贵的实物资料，具有十分重要的学术价值。

【博物馆与可移动文物保护】

（一）博物馆

1. 可移动文物的保护、管理和研究

全年新增9家博物馆，其中6家为民办博物馆。截至2012年底，全省在省级文化行政管理部门登记的博物馆共有131家，其中文化（文物）系统管理的106家、行业博物馆8家、民办博物馆17家。文化（文物）系统管理的106家博物馆中，从行政区划来分，省直馆5家、南昌市8家、九江市16家、上饶市14家、抚州市9家、宜春市11家、吉安市13家、赣州市16家、景德镇市6家、萍乡市2家、新余市2家、鹰潭市4家；从类型来分，综合类68家、革命纪念类17家、人物纪念类10家、专题类12家；从级别来分，列入国家一级博物馆的4家、二级博物馆的4家、三级博物馆的16家。博物馆馆舍建设方兴未艾。2012年，九江市博物馆、宜春市博物馆、吉安市博物馆、抚州王安石纪念馆丰城、武宁、吉州窑、修水、宁都、资溪、黎川等十余个县级博物馆兴建或改建新馆。4个地市级博物馆纳入《全国地市级公共文化设施建设规划》，其中九江、宜春市博物馆新馆建设进展顺利，已陆续开馆。

全省文博系统全年举办各类陈列展览近400个，免费接待观众超过2000万人次。全省围绕博物馆展陈质量提升实施"六个一"工程，包括制作一个高品位的陈列展览、培养一批高素质的讲解员、编写一份有分量的陈列讲解词、制作一个高质量的专题宣传片、开展一系列有影响的社会实践教育活动、研发一件有特色的文化产品。

博物馆文化产品研发势头良好。在景德镇召开全省博物馆文化产品创意设计营销推进会组织文博单位参与全国博物馆文化产品创意设计推介活动及相关产品与技术博览会。

2．博物馆间的交流合作

江西省博物馆先后引进外省9个专题展览，向外省推出4个展览。景德镇陶瓷馆先后在咸阳博物馆、东莞市虎门鸦片战争博物馆举办了"百年承传瓷艺丹青——景德镇百年陶瓷精品展""'珠山八友'陶瓷艺术作品展"，引进了"'福州平潭碗礁一号'沉船出水瓷器精品展"，举办了"何政谷先生捐赠及南京藏家藏品展"等临时展览。景德镇官窑博物馆与武汉博物馆、上海博物馆、袁崇焕纪念园联合举办了"景德镇明代御窑出土瓷器精品展""幽蓝神采——元代青花瓷器大展""走进古代文明——景德镇明代外销瓷器精品展"。湖北省文物局两次组织考察团共70余人来江西观摩学习有关讲解和文化产品开发的经验。

3．重要陈列展览

江西省博物馆推出"每月一宝"专题陈列，即每个月向观众推介一件馆藏珍品，这是江西省博物馆建馆60年来首次尝试就一件文物进行深度展示的专题展览形式。已分别推出商代鹿耳四足青铜甗、乳丁纹虎耳方形青铜大鼎、商代兽面纹青铜胄、商代双面神人青铜像、唐代炼形神冶瑞兽纹铜镜、商代活环屈蹲羽人玉佩饰、商代伏鸟双尾虎、北宋御仙花金带板、清代罗牧山水条屏、明代四爪团龙纹黄锦袍和镶宝石王母驾鸾金桃心，向观众宣传展示了特色藏品及其背后蕴含的深厚文化，使观众积极主动地参与到镇馆之宝的评选活动当中。

江西省博物馆"国宝重光——江西新干青铜器保护修复成果展"。为体现出美国大使文化基金资助的"江西新干青铜器保护修复"项目所取得的显著成效，并与公众共同分享该项目实施的完整过程，江西省博物馆举办了为期一个月的展览。

九江博物馆"九派云横——九江历史文化陈列"。此陈列为九江市博物馆新馆基本陈列，内容丰富、主题突出、展线布局流畅，采用通史加专题的体例和场景、雕塑、绘画、模型、影视多媒体等一系列表现手法，突出九江作为南方山水城市的个性化特征及其在中国历史进程中重要的历史地位。社会反响强烈，仅5月1～5日便接待观众近6万人次。

南昌县博物馆"洪州窑青瓷展"。展览面积880平方米，展线长235米，展出青瓷文物达211件（套），其中珍贵文物118件（套）。陈列分"豫章概说""洪州瓷史""青瓷物语""瓷艺交融"四部分，展览形式设计追求汉唐风韵与现代简约的融合，图片图表等辅助展品力求与文物对应，多角度诠释文物特征，注意专业与通俗协调、学术与普及兼顾，全面、系统地展示了洪州窑的历史成就。

（二）可移动文物保护

江西省文化系统国有文物收藏单位收藏文物总计30万件（套），其中珍贵文物45320件（套）。

江西省博物馆具有国家文物局颁发的可移动文物技术保护设计甲级资质和可移动文物修复一级资质。

2012年，"江西新干青铜器保护修复"项目在美国大使文化基金资助下，历时一年完成对目雷纹方内青铜钺、兽面纹立耳方青铜鼎、兽面纹柱足青铜鼎、兽面纹鹿耳四足青铜甗和立鸟双尾青铜虎5件青铜器的修复保护工作。该项目的顺利完成是中美两国合作保护人类共同文化遗产的一次有益尝试。

【社会文物管理】

全省经营性文博单位经济效益明显提升。2012年，江西省文保中心营业收入突破1000万元，比2011年翻了一番多；江西省文物商店营业收入达1800万元，比2011年增加近300万元。

【科技与信息】

瑞金中央革命根据地纪念馆创意设计的动漫作品《红井》获得由中国文物保护基金会、中国博物馆协会联合举办的"第三届中国文化遗产动漫大赛"优秀作品称号。

各地加快文博科技与信息发展。江西省博物馆加快省级信息中心建设，江西文博信息网全新改版，网站内容丰富充实，形式焕然一新。南昌县博物馆建立了洪州窑青瓷虚拟博物馆，展示了350多件洪州窑青瓷精品。瑞金中央革命根据地纪念馆在网站上建立了叶坪革命旧址群和中央革命根据地历史博物馆虚拟景区，供观众在网上游览景区。

【文博教育与培训】

抽调30位县级文化（文物）局长参加国家文物局举办的全国县级文物行政部门负责人培训班，提高基层文物行政部门负责人能力和素质。

6月11～14日，江西省文化厅、文物局在南昌举办全省博物馆馆长培训班。来自全省各设区市文化（文物）局分管领导、文物科（所）长以及各博物馆馆长150余人进行了为期三天的集中学习。这次主要针对全省博物馆馆长的培训，主题为"提升博物馆陈展与讲解水平"。省委常委、宣传部长姚亚平以《不断提升博物馆建设和服务水平　促进江西省社会主义文化大发展大繁荣》为题首堂开讲，省委宣传部副部长、省文化厅厅长李玉英主持开班仪式。培训班还邀请省委宣传部常务副部长陈东有、国家文物局博物馆处处长辛泸江以及省博物馆、赣州市博物馆两位馆长分别授课。

【文博宣传与出版】

积极开展主题教育活动。安源路矿工人运动纪念馆成功举办"毛主席去安源"原型瓷像恢复落成典礼，为2012中国红色旅游博览会增添亮点；南昌八一起义纪念馆针对不同人群开展社教活动，针对未成年人的"八一歌谣进学堂""红色大舞台　校际PK行"，针对大学生的"红色接力棒"，针对部队官兵的"缅怀革命先烈　重温入伍誓词"活动，形式多样，生动活泼，在特定受众中取得了良好的效果；井冈山革命博物馆全年为党性教育培训班和来山游客开展井冈山精神专题讲座、井冈山革命斗争历史宣讲1000余场次，使井冈山精神深入人心；南昌新四军军部旧址陈列馆与江西电视台联合录制"加油好儿女HAPPY校园行"栏目，配合江西晨报小记者开展拥军笔会，与西湖区司法局在全国共建首例社区矫正人员教育基地，充分发挥了铁军精神在当代社会的号召力、影响力。

充分利用电视、网络等新媒体。江西省文物局在江西省电台《政风行风热线直播》节目中，举办了文物安全与执法专题讲座；瑞金中央革命根据地纪念馆制作了一批内容丰富的宣传片，与中央电视台共同制作了《人民共和国从这里走来》专题宣传片和5集《国宝档案》，与瑞金电视台合作创办每月一期的《红色传奇》主题电视栏目，扩大了爱国主义教育基地的影响力；安源路矿工人运动纪念馆参与安源电视台革命传统宣传教育专题节目

《红色记忆》（10期）的录制工作，并在萍乡电视台《九点一刻》栏目陆续播出，深受观众的好评。

定期编印馆刊。南昌八一起义纪念馆的《八一枪声》、井冈山革命纪念馆的《摇篮》、瑞金中央革命根据地纪念馆的《红都文博》、萍乡博物馆的《昭萍文博》、秋收起义修水纪念馆的《红色修水》、南昌新四军军部旧址陈列馆的《铁军纵横》、八大山人纪念馆的《八大山人研究》等馆刊及时反映工作动态，展现相关研究。

■【机构及人员】

全省文物机构共有208个，其中文物保护管理机构69个、博物馆131个、文物商店4个、文物科研机构2个、其他文物机构2个。全省文物业从业人数3433人。2012年新增博物馆23个。

一批文博单位和个人受到国家有关部门表彰。井冈山革命博物馆和婺源博物馆馆长詹祥生分别荣获人力资源和社会保障部、国家文物局授予的"全国文物系统先进集体"和"全国文物系统先进工作者"称号；新建县文物管理所所长梁朝阳和永修县文物管理所所长孙慧芳荣获公安部、国家文物局授予的"2011打击文物犯罪专项行动先进个人"称号；省文化厅副巡视员、省文物考古研究所所长樊昌生荣获文化部授予的"全国文化系统优秀党务工作者"称号；江西省博物馆党委荣获文化部授予的"全国文化系统先进基层党组织"称号；安源路矿工人运动纪念馆荣获国家旅游局授予的"2012中国红色旅游博览会筹办工作先进单位"称号等。

■【对外交流与合作】

江西省博物馆与台北历史博物馆结为姐妹馆，联合举办"水墨清韵——近现代水墨书画大师作品特展"，观者如潮，获得了强烈的社会反响；景德镇陶瓷馆在台湾举办"景德镇当代陶瓷艺术精品交流展"；景德镇官窑博物馆与香港中文大学文物馆联合举办"填补空白：景德镇十五世纪中期瓷器展览"；庐山博物馆接受牯岭美国学校协会捐赠牯岭近代图片资料。全省文物系统30余人先后赴澳大利亚、新西兰、台湾、韩国进行交流考察；6人参加国家文物局举办的两岸文博专业人员研习交流活动。

山东省

【概述】

2012年，山东省文物工作认真贯彻落实党的十八大和全国文物工作会议精神，按照国家文物局和省委、省政府的要求部署，围绕中心、服务大局，突出重点、打造亮点，全省文物事业健康快速发展、在多个领域实现重大突破，为山东经济文化强省建设作出了积极贡献。

在这一年里，山东省文物工作会议召开，成为建国以来山东省规格最高、规模和影响力最大的文物工作会议；山东省文物局完成整合组建，实现了"1＋1＞2"和"两融合、双促进"的目标，整体工作上了新台阶；以规划建设"七区两带"文化遗产保护片区为重点，积极实施重点项目带动战略，着力提升文物保护和科学利用水平，各方面工作取得历史性突破。在这一年里，大遗址保护曲阜片区暨山东省文物保护88项重点工程集中开工，国家考古遗址公园进入实质性实施阶段；提出打造"大运河历史文化长廊"和"齐长城人文自然风景带"规划目标，大运河保护申遗和齐长城保护工作稳步推进；考古发掘成果丰硕，连续四年项目入选年度全国十大考古新发现；博物馆建设、管理及社会服务水平不断提升，山东博物馆跨入国家一级博物馆行列；文物行政执法及安全工作得到全国人大常委会执法检查组充分肯定；中华文化标志城规划建设进入项目实施阶段；第二届尼山论坛圆满成功；山东省文物保护与收藏协会成立，对外文物合作交流和文物宣传卓有成效，文物保护社会影响力显著提高。

【全省文物工作会议】

12月10日，山东省政府召开全省文物工作会议。省委书记、省人大常委会主任姜异康作出重要批示，省委副书记、省长姜大明和国家文物局局长励小捷出席会议并作重要讲话。会议系统总结了五年来山东文物工作的实践经验，明确提出了"全面推进文物保护利用和传承发展，努力实现从文物大省向文物强省的新跨越"的总体目标，安排部署了当前及今后一个时期的文物工作任务，隆重表彰了全省文物系统先进集体、先进个人。会议采取省、市、县（市、区）三级电视电话会议形式，3500余人参加会议，是建国以来山东省规格最高、规模和影响力最大的一次文物工作会议。

【执法督察与安全保卫】

深入落实《文物保护法》和《山东省文物保护条例》，文物行政执法和安全监管等工作进一步加强。一是开展了文物行政执法检查。全国人大常委会执法检查组5月初对山东落实《文物保护法》情况进行了检查，周铁农副委员长给予了充分肯定，认为山东各级领导认识准确到位，高度重视文物保护机构和机制建设，投入力度不断加大，做到了依法保护，较好处理了有效保护和合理利用之间的关系。二是组织开展"文物安全隐患排查整治

2013
中国
文物年鉴

专项行动"。各级文物行政部门共检查文物收藏单位11184个，排查安全隐患1050项，督促整改922项，受到国家文物局通报表扬。三是深入开展"打击文物犯罪专项行动"。两年来全省共破获盗掘、盗窃文物等犯罪案件184起，其中公安部督办案件2起，抓获犯罪嫌疑人217名，打掉团伙45个，追缴文物150余件（套）。与省海洋渔业厅建立山东省管辖海域内文化遗产联合执法工作机制。山东省文物局被国家文物局、公安部评为"2011打击文物犯罪专项行动组织协调先进单位"。四是会同省人大科教文卫委员会开展纪念《文物保护法》颁布实施30周年、《山东省文物保护条例》颁布实施2周年活动。五是着力提升依法行政水平。推动《山东省大运河遗产保护管理办法》列入省政府一类立法项目。举办了全国文物行政执法人员山东片区培训班。配合国家文物局开展了2012年全国文物行政处罚案卷评查工作，指导选送的案卷获得"优秀案卷·执法效果"奖。

【不可移动文物的保护和管理】

（一）概况

2012年，是实施《山东省文物博物馆事业"十二五"发展规划》的关键一年。"七区两带"文化遗产保护片区战略被山东省委、省政府列入《山东省"十二五"期间文化改革发展规划》，以规划建设"七区两带"为重点，全省文物工作积极实施重点项目带动战略，突出重点、打造亮点，着力提升文物保护和科学利用水平，各方面工作取得历史性突破。

（二）大遗址保护

大遗址保护曲阜片区暨山东省文物保护88项重点工程于5月21日集中开工。这些工程涵盖了国家和省"十二五"期间重点文物保护工程，国家、省专项经费和地方配套资金预算总投资119.65亿元。国家文物局领导充分肯定了这次活动，认为这批项目的开工体现出山东推动文物事业发展的决心和魄力。

强化管理推进大遗址保护。山东省文物局成立了重点项目协调领导小组，实行责任分工，多次召开项目推进调度会，加快大遗址规划建设工作步伐。曲阜片区规划建设进入项目实施阶段。列入国家大遗址保护规划的14处大遗址已有8处完成了总体保护规划编制工作。3处国家考古遗址公园的文物保护、环境整治和展示工程方案通过国家文物局审批，进入实质性实施阶段。

（三）重点文物保护单位

重点文物保护单位维修保护工程扎实有效。全省实际开工省以上文物保护工程110个，竣工35个。文物保护规划编制启动38个，完成25个。三孔、颜庙、尼山孔庙、汉鲁王墓群、明故城、三孟等维修保护工程开工建设。曲阜颜庙复圣殿大修工程入选国家文物局"2011年度十大文物维修工程"。

加强专项经费的申报和管理。全年共申报国家重点文物保护专项补助经费项目151项，财政部、国家文物局批准山东省立项96项，全年争取国家财政资金大幅度增长，位居全国前列。组织召开全省文物保护项目管理暨财务、统计工作会议，全面了解国家、省重点文物保护项目执行情况，特别是专项经费使用情况，总结经验，查找问题，提高认识，规范管理。制定了《山东省文物保护专项补助经费使用管理办法》，对重点市进行了专项经费管理检查。

（四）世界文化遗产

大运河保护申遗工作进入冲刺阶段。山东共有15处遗产点、8段河道被列入大运河申报

2013
中国
文物年鉴

世界文化遗产申遗文本。省政府先后召开常务会议和调度会，成立省大运河保护申遗工作领导小组，与大运河沿线5市政府签订了《政府责任书》，省财政设立了大运河申遗工作专项经费。省文物局积极协调沿河5市做好规划编制、考古发掘、本体保护和环境整治工程。

扎实推进齐长城保护。《齐长城总体保护规划》编制完成，重点区段和重要文物点抢救性保护维修方案获国家文物局批复，工程实施逐步展开。在项目、经费基本落实的情况下，提出了打造"大运河历史文化长廊""齐长城人文自然风景带"的中长期规划目标，并着手组织编制规划。

【考古发掘】

京杭大运河七级码头、土桥闸与南旺分水枢纽遗址考古荣获"2011年度全国十大考古新发现"，这是山东连续第四年有项目入选，累计入选项目总数已达17项。年初发现的沂水纪王崮春秋古墓，保存完整程度国内罕见，是山东省近年来东周考古最重要的发现之一，引起强烈反响。定陶大型汉墓考古取得新进展，与沂水纪王崮春秋古墓一并入选由中国社会科学院评选的年度"重大考古新发现"。

全省全年完成遗址勘探面积1500万平方米，发掘面积2.5万平方米，其中7000平方米是配合大遗址保护和国家考古遗址公园建设完成的。组织开展对曲阜鲁国故城、邹城邾国故城、野店遗址、嬴城遗址、苍山郎国故城等大遗址勘探工作。积极开展国家、省重点基本建设工程文物保护工作。全年受理115项建设工程文物保护项目申请，出具70多项工程选址意见、39项工程准予施工通知书；签订文物保护协议60个；争取基本建设工程文物保护资金近5000万元。

加强考古工作的规范化管理。印发了《山东省考古管理办法》和《山东省考古勘探资格认定暂行办法》，拟定了《山东省基本建设工程文物保护管理办法》。开展了考古勘探资质认定、考古发掘证照申报工作。依法对13个考古工地实施了检查和验收。对国家考古遗址公园考古工地实施全程监理。启动编制《山东省大遗址保护规划（2013～2015）》。

【博物馆与可移动文物保护】

（一）博物馆

博物馆建设取得新成果。山东博物馆被国家文物局核定为国家一级博物馆。全年共实施博物馆建设项目39个，其中新开工建设博物馆14个、续建博物馆25个，项目总投资35.1亿元，完成投资19.3亿元。开展行业、民办博物馆调研工作，起草了《山东省促进行业博物馆、民办博物馆发展办法》，批准设立博物馆9家，全省各级各类各所有制博物馆达到200家，其中文物部门所属博物馆139家，行业性国有博物馆49家，民办博物馆12家。深化博物馆、纪念馆免费开放工作，全省已有157家博物馆、纪念馆向社会免费开放，比2011年增加16家，占全省博物馆总数的近80%，被山东省委宣传部授予全省宣传文化系统"三个一切"群众路线主题教育活动工作案例优秀成果。

全年新增或改造基本陈列205个，举办临时展览915个。接待观众4759万人次，其中免费接待观众3673万人次，青少年观众量1582万人次，均比2011年有大幅度增长。开展"全省博物馆纪念馆十大精品陈列评选"、博物馆社会服务品牌创新和"5·18国际博物馆日"纪念等活动。山东博物馆的"孔子学堂"、青岛市博物馆的"国韵学堂"、青岛市民俗博物馆的"民俗文化讲堂"、烟台市博物馆的"烟台历史文化讲堂"等十多个社会教育公益

2013
中国
文物年鉴

品牌深受群众欢迎。

（二）可移动文物保护

馆藏文物保护进一步科学化、规范化，文物保存环境、展陈条件得到改善。全年实施馆舍维修及改扩建、展厅及库房改造提升、设施设备更新等基础设施项目128个，总投资4.4亿元，完成投资2.5亿元。

加快实施馆藏文物科技保护工程，全年修复文物6458件。《山东博物馆赤罗朝服等一批纺织品保护修复方案》《山东滕州市博物馆馆藏青铜器保护修复方案》《山东薛国故城出土青铜器保护修复方案》等经国家文物局批复并实施。文物科技保护能力进一步提升，全省8家单位获得可移动文物修复资质，3家单位获得可移动文物技术保护设计资质，其中山东博物馆被授予甲级可移动文物技术保护设计资质和一级可移动文物修复资质。

青岛市可移动文物普查试点工作圆满完成，共普查登记国有可移动文物32大类24120件（套），成果显著。在普查过程中总结出一套成功经验，发现了一些实际问题，提出了相应解决方案，探索出一条有效路径，达到了预期的效果。

■【文博宣传】

把宣传工作贯穿于文物保护工作全过程，创新宣传工作的内容、形式和手段，加大文物宣传力度，文物宣传走向专版化、系列化、精品化，为文博事业发展营造了良好舆论环境。与高端新闻媒体合作创办文物宣传阵地，全年出版《大众日报》"遗产保护"专版28期、《中国文物报》"山东文博"专版3期、《中国日报》中英文专版1期，共刊发重头稿件70余篇、近20余万字，编发各类资讯90余篇。专版以其新闻性、科学性、普及性以及独特的创意和新颖的版式，受到省领导和广大读者好评。精心组织全省文物工作座谈会、文化遗产保护"十二五"规划、纪王崮古墓考古、88项重点工程开工、第二届尼山论坛、"5·18国际博物馆日"及"文化遗产日"、全省文物工作会议等大型文物宣传报道活动。建立了文物宣传通讯员队伍，召开了全省文物宣传工作会议，承办了全国文物宣传工作培训班及《中国文物报》工作会议。不完全统计，全年各级各类媒体编发文物工作新闻稿件1100余篇（条）。全年编发《山东文物工作简报》98期、《中华文化标志城简报》19期。山东文博网、中华文化标志城网、尼山论坛网编发各类咨询信息超过2100篇（条）。国家文物局官方网站、中国文物信息网采用山东文物工作稿件129篇（条）。

■【机构与人员】

山东省文物局圆满完成整合组建各项任务，实现了"1＋1＞2"和"两融合、双促进"的目标，整体工作上了新台阶。山东省文物局整合组建，推动各市重视文物机构和队伍建设，全省17个市有11个市成立了文物局、6个市成立了文物管理处或文物管理办公室、13个市成立了文物保护委员会，有力促进了全省文物事业发展。

■【对外文物交流与合作】

第二届尼山论坛于5月21～23日在尼山成功举办，来自五大洲22个国家和地区的130位嘉宾学者参加论坛，共举办52场次高端学术活动，收到高质量的学术论文86篇，列席、旁听的人员达到1.16万人次，成为一届有特色、有创新、有成果、有影响力的世界文明对话交流活动。论坛期间创新性地举行了"文明古国文化遗产保护研讨会"和"驻华使节走进

2013
中国
文物年鉴

齐鲁文化遗产"活动。先后在联合国教科文组织总部举办巴黎尼山论坛、在联合国总部举办纽约尼山论坛。纽约尼山论坛是世界上第一次由非政府组织进入联合国总部主办的文明对话活动,获得联合国及美国纽约各界的高度评价。

文物合作交流活动成果丰硕。全年接待来访团组15个共65人次,派出团组4个共28人次。"千年重光——山东青州龙兴寺佛教造像展"在台湾佛光山佛陀纪念馆展出,成为国家文物局在台湾设立交流基地的开篇首展。与美国全球健康与教育基金会签订协议,向山东博物馆捐赠总价值逾2000万美元的大型珍稀动物标本。"来自孔子故乡的古老石刻——山东汉代画像石拓片精品展"在德国柏林中国文化中心举办。举办山东省与日本山口县结好30周年活动,签署《山东省与日本山口县有关文物交流事业备忘录》。"黄河与泰山展"等大型展览的筹备工作基本完成。青州龙兴寺佛教造像展、尼山论坛被省委外宣办评为全省十大"齐鲁文化走出去"外宣项目。

河南省

【概述】

2012年，河南省文物保护工作格局进一步完善，重大文物保护项目进展顺利，文物保护与经济社会融合发展，博物馆公共文化服务水平不断提升，文物科研和对外合作交流蓬勃发展，文物保护基础工作扎实推进，较好地完成了各项目标任务。

【执法督察与安全保卫】

配合完成全国人大常委会《文物保护法》执法检查组对河南省执法检查工作。部署开展"全省文物安全督察年"活动，整改消除一批安全隐患。与郑州海关签署联合打击文物走私工作机制协议。继续开展文物行政执法专项督察，督促查处了辉县共城遗址等11处文物保护单位保护范围内违法建设案件。配合各级司法机关开展涉案文物鉴定151起，鉴定涉案文物2638件。会同省公安厅督促侦破40余起文物案件，维护了全省文物安全形势的整体稳定。

【不可移动文物的保护和管理】

（一）概况

2012年，河南共有全国重点文物保护单位189处，河南省文物保护单位1047处。

（二）大遗址保护

按照整体布局、规划先行、统筹兼顾的原则，持续推进大遗址保护展示工程和国家考古遗址公园建设。编制完成《安阳殷墟遗址保护总体规划》《新密古城寨城址城墙维修保护方案》《仰韶村遗址保护区重点区域整治工程设计方案》《城阳城遗址公园保护展示设计方案》《汉魏洛阳故城永宁寺环境整治方案》《汉魏洛阳故城东汉灵台遗址保护展示工程设计方案》《汉魏洛阳故城西城墙（局部）及西阳门遗址保护展示建筑设计方案》《隋唐洛阳城南城墙遗址保护展示设计方案》《隋唐洛阳城九洲池遗址（洛阳玻璃厂地块）保护展示规划》《巩义宋陵永昌陵展示利用设计方案》《隋唐洛阳城应天门遗址概念性展示设计方案》等11个规划、方案。组织考古科研单位对偃师二里头遗址、隋唐洛阳城遗址部分区域等进行了考古发掘。郑州商城、汉魏洛阳故城、信阳城阳城遗址、安阳曹操高陵等重点保护展示项目有序推进，隋唐洛阳城天堂遗址保护展示主体工程基本完工，明堂遗址保护展示工程竣工开放，既有效保护了文物本体和文化生态，又美化了城乡环境，改善了群众生活，显现了文物保护的综合效益。

（三）世界文化遗产

1. 河南省大运河申遗工作稳步进展

9月25日，河南省大运河沿线各省辖市政府在扬州与全国运河城市政府共同签署了

2013
中国
文物年鉴

《大运河保护与申遗城市联盟关于保护大运河遗产的联合协定》。

11月5日，河南省政府批准实施《大运河河南段遗产保护规划》；郑州、开封、洛阳、新乡、安阳、鹤壁、商丘、滑县等市县政府也相继批准公布了市县级大运河遗产保护规划，为河南省大运河遗产保护提供了重要的规划依据。

11月9日，河南省政府办公厅印发《关于加强大运河河南段遗产保护工作的通知》。同时，郑州市政府印发《关于加强大运河遗产郑州段保护工作的通告》，洛阳市政府颁布政府令《洛阳市大运河遗产保护管理办法》，滑县、浚县和夏邑县政府分别颁布了加强大运河遗产保护工作的通告。河南省大运河遗产保护工作有了切实的法规政策保障。

河南省大运河遗产主要是隋唐大运河遗迹。通济渠郑州段汴河故道遗址发掘出唐代至清代连续的河道地层堆积，发现了元代至清代的运河河堤。洛阳回洛仓遗址探明仓窖200多座，发掘5座，发现仓城内道路、城墙、水渠等遗迹，认定了仓城范围。浚县黎阳仓遗址探明仓窖84座，发掘出仓城城墙夯土基础、护城壕、储粮仓窖、大型建筑基址、漕运渠道和码头等丰富遗迹，出土陶瓷器文物标本多达万余件（片），其中带"官"字款板瓦上百件。通济渠商丘南关段遗址较为完整地发掘出大运河的突堤和包括南北大堤、河道的遗址剖面。通济渠商丘夏邑段发掘出大运河的南大堤、河道、堤顶官道、树桩加固大堤遗迹，发现大量行人脚印、动物蹄印、来往车辙印痕等，出土一大批陶瓷片等文物。河南省针对大运河遗址的系列考古发掘工作有助于相关课题的学术研究，充分证明了隋唐大运河遗产的真实性和完整性，为申遗工作提供了重要的实物资料。

遗产保护展示工程基本完成。洛阳市的含嘉仓160号仓窖遗址和回洛仓遗址保护展示工程正在积极推进，通济渠郑州段的索须河段已呈现较好的运河景观。正在考古发掘的通济渠郑州段汴河故道、通济渠商丘南关段、通济渠商丘夏邑段、浚县黎阳仓等遗址正在完善临时性保护措施，进行科学规范的考古发掘。滑县道口古城墙维修保护、浚县云溪桥维修保护和卫河（永济渠）滑县—浚县段保护整治大部分已经完成，正在进行工程收尾。

遗产周边环境整治工作成效显著。全省各申遗项目均开展了环境整治工作，卫河（永济渠）滑县—浚县段成绩尤为突出。滑县投入资金7000余万元，对运河周边环境进行了大力整治并建立长效机制。滑县段环境整治拆迁住户149户，拆迁面积17500平方米。关停卫河沿岸3家污染企业，封堵所有排污口；为解决沿岸群众排水问题，对三个大型管网进行了改造。运河浚县段全长12.2千米，涉及2个乡镇18个行政村，环境整治任务极为繁重。县财政投入1.3亿元，用于卫河遗产保护和环境整治工程，已疏浚河道2.3千米，挖运土方14.9万方，搬迁124户住户和2个单位，拆除12座废旧提灌站，封堵155个排污口，新建37个垃圾回收点，铺设遗产小道10千米，整饬两岸建筑物立面10万平方米。大运河遗产本体保护和环境整治工程不仅有力促进了申遗工作的开展，而且改善了城乡面貌、美化了生活环境，取得了良好的社会效益。

专题展览和遗产档案、监测体系建设全面推进。洛阳市依托山陕会馆建设洛阳隋唐大运河博物馆，目前陈列展览工作进展顺利，滑县依托运河岸边传统民居，设置了运河文化展馆。夏邑县在县博物馆新馆布置了大运河文化专题展览。各遗产区均按国家统一要求建立了遗产展示标识系统，建起了遗产档案中心和监测中心。浚县政府投资110万元建设大运河档案和监测中心，按照省二级档案室标准购置档案密集柜、实施标准化管理，同时按照国家统一标准安装了遗产监测设备。

2013
中国
文物年鉴

2．丝绸之路河南段申遗工作积极推进

完成丝绸之路河南段申报世界文化遗产工作领导小组成员调整，积极落实《丝绸之路河南段申遗项目指导意见》，洛阳市、新安县、陕县等地的丝绸之路遗产保护规章正在修订。

【考古发掘】

（一）概况

服务全省经济社会发展大局，配合南水北调中线工程河南段、京港澳高速公路漯河至信阳段改扩建工程等20多个重点项目建设，优质高效地做好文物保护工作，既抢救保护了文物，又有力支援了经济建设。尤其是配合南水北调工程，全年组织省内外考古科研力量，完成19项丹江口库区考古发掘任务。截至2012年，南水北调中线工程河南段干渠沿线和丹江口库区文物保护工作基本完成，累计完成文物考古发掘项目260个，抢救出土文物近10万件，实现了文物保护与工程建设的双赢。

郑州老奶奶庙旧石器时代遗址考古发掘项目入选2011年度"全国十大考古新发现"，河南历年获此殊荣的项目总数已达38项，居全国首位。评选公布2011年度"河南省五大考古新发现"。由海峡两岸文博单位专家学者合著的《辉县琉璃阁甲乙二墓》荣获2011年度河南省社会科学优秀成果一等奖。

（二）重要考古项目

1．栾川孙家洞旧石器时代遗址

孙家洞1号洞穴位于洛阳市栾川县栾川乡湾滩村哼呼崖的断崖上，北边紧挨伊河。2012年5月，洛阳市文物考古研究院和栾川县文物管理所开始对该洞穴遗址进行抢救性考古发掘，田野工作分为淘洗和发掘两部分，田野工作于2012年9月底基本结束，室内的整理工作亦同步进行。本次发掘面积约3平方米多，发掘时采用水平层和地层相结合的方式，发掘深度4米。整个地层共分为4个大层。该遗址发现有葛氏斑鹿、水鹿、肿骨鹿、牛、羊、熊、鬣狗、野猪、豪猪、梅氏犀及鼬科小型动物等动物的牙齿化石，同时还发现鹿角及其他动物骨骼化石，动物化石种类非常丰富。同时在该洞穴遗址发现有石器和人类化石。

根据出土的动物化石判断，该洞穴遗址的年代为中更新世。

孙家洞洞穴遗址是一处非常重要的旧石器时代洞穴遗址，该遗址同时出土了人类牙齿化石、石器和动物化石。在河南淅川、南召、卢氏等地曾发现有人类牙齿和头骨化石，但没有明确的地层，故而此次发现是河南省境内首次出土中更新世时期有明确地层的直立人牙齿化石，对于研究人类起源及演化有着重要的科学意义。

该遗址的动物化石非常丰富，栾川又地处中国南北地理分界线附近，对于研究中更新世时期该过渡区域动物群的种类及特征有着重要的作用，同时为动物地理区系演化及古气候环境变迁提供了重要的信息。

2．淅川下寨新石器时代遗址

下寨遗址位于南阳市淅川县滔河乡下寨村北，地处滔河与丹江的交汇处。河南省文物考古研究所于2009年3月～2013年1月对其进行了持续考古钻探和发掘。遗址现存面积约60万平方米，文化层堆积厚约0.6～2米，自上而下发现有明清、汉—唐、东周、西周、二里头时代早期、王湾三期文化、石家河文化和仰韶文化等时期的遗存。其中仰韶文化时期环壕聚落和仰韶晚期至石家河文化时期墓葬的发现具有重要意义。

下寨遗址地处中原、关中陕南和江汉地区的文化交流地带，自古是三地文化交流的重要孔道。遗址多个时期的文化堆积内容和呈现出的较为复杂的文化因素，是研究边缘和交汇地带文化的极好材料。

3．荥阳官庄西周城址

官庄遗址位于荥阳市高村乡官庄村西部。遗址北依连霍高速公路，东部及东南部部分叠压于现代村庄下，南越南水北调干渠，西邻荥阳至北邙的公路，官庄至大张之间的乡村公路自遗址的中部东西向穿过。整个遗址东西长约1300米，南北宽约1000米，总面积超过130万平方米。

2011～2012年度的勘探和发掘工作表明，官庄遗址是一处两周时期的大型环壕聚落，由先期发现的、平面略成长方形的外壕和新发现并确认的"吕"字形内壕围合而成。内壕沟内发现大量夯土残块，并在其内东北部发现布局规整、排列有序的两周墓地。目前已探明"吕"字形内壕的走向，并发现围绕环壕的道路和出入口等遗迹。出土了包括青铜器、玉石器、陶器、骨蚌制品等在内的大量重要遗物。官庄遗址的发掘和研究，对于深入探讨郑州西部贾鲁河上游一带两周时期考古学文化的发展演变具有重要意义。

官庄遗址是继娘娘寨遗址之后，郑州西部地区发现的两周时期的又一大型聚落。与娘娘寨遗址相比，官庄遗址两周之际的遗存更为丰富，一些遗存的年代可明确早至西周中期，这为完善郑州地区西周时期考古学文化的序列提供了丰富资料。

4．南阳市夏响铺鄂国贵族墓地

夏响铺鄂国贵族墓地位于南阳市区东北10千米、新店乡政府北3千米白河东岸的一道南北向的高岗上，西距白河1.5千米，在南阳市新区新店乡夏响铺村北500米南水北调干渠渠道内。夏响铺墓地考古队对M1周围渠道内进行文物勘探，发现古墓葬19座、坑1座，出土一大批青铜器、陶器、玉器、漆木器等珍贵文物。发掘面积2800余平方米。

夏响铺鄂国贵族墓地的发现与发掘具有重要的学术意义：首先，它改变了对鄂国及鄂国历史的传统认识。M1、M5、M6、M16、M19、M20等墓葬出土青铜器上有"鄂侯""鄂侯夫人""鄂"的铭文，从墓葬大小、结构、距离看，M1为鄂侯夫人墓，M5、M6为异穴夫妻合葬墓，M7、M16为异穴夫妻合葬墓，M19、M20为异穴夫妻合葬墓，这样看来，夏响铺鄂国贵族墓地至少有四代鄂侯在此埋葬，这对研究西周晚期到春秋早期鄂国地望、鄂国历史以及鄂、养、都等古国关系等学术问题提供了弥足珍贵的实物资料。其次，此次发掘对西周晚期到春秋早期的鄂国研究是一个重大突破。从《鄂侯御方鼎》《禹鼎》的铭文来看，鄂于西周中晚期被周王灭掉，为填补鄂灭后周王朝屏藩南土的需要，周王封两个舅父在南阳为申、吕之国。从夏响铺鄂国贵族墓地的发现看，西周晚期到春秋早期鄂国仍然存在于南阳，应是周王朝灭鄂国后，把鄂国王族置于周王朝统治范围内。再次，初步判断M5、M6在墓地范围内时代应为最早的，其时代初步推断为西周晚期晚段。鄂国在西周中晚期被周王朝灭掉，到M5、M6这个时期中间有缺环，相信下一步考古发掘对解决这个问题应有重要意义。最后，夏响铺鄂国贵族墓地是南阳市首次发现的高等级贵族墓地，规格和规模在南阳盆地都是第一次发现，对研究南阳周代的历史有重大意义。

5．隋唐大运河考古河南段——永济渠黎阳仓遗址

为配合中国大运河（隋唐永济渠）"申遗"工作，2011～2012年，河南省文物考古研究所在浚县大伾山的北麓发现并确认了黎阳仓遗址的位置。通过持续的考古钻探和重点发掘，发现与黎阳仓有关的主要遗迹有仓城城墙、护城壕沟、疑似木桥遗迹、专用漕渠、夯

土基址、仓窖遗迹、大型建筑基址、道路、墓葬、水沟和灰坑等。

目前已探明储粮仓窖84个。总体上看仓窖排列基本整齐有序。仓窖大小不一，口径多在10米左右，小的在8米左右，大的在14米左右；距现地表最浅4.5米左右，最深7米左右。发掘清理的2座隋代粮窖，直径约8米，深约4.5米，窖口一周发现有对称的8个直径约0.4米的柱础坑，窖底中心有中心柱础遗迹。

叠压在废弃的隋唐时期仓窖遗存之上的是一处有大面积夯土基础的北宋时期仓库遗址，目前已清理出东西并列的2座大型建筑基址，建筑进深12米，长度达数十米。在该建筑基址之上清理出大量的砖、瓦、吻兽等建筑材料遗物，其中带"官"字印戳的板瓦块多达200余件，说明了建筑的官方性质。

另外，在距黎阳仓遗址东约600米处首次确定了黎阳故城的范围和位置，明确了黎阳仓与黎阳城的相对位置关系。

黎阳仓遗址的考古发现为中国大运河的"申遗"提供了隋代运河开凿和利用的珍贵的实物证据，为研究中国古代官仓的建设和储粮技术发展增添了新的考古资料，也印证了史籍中对黎阳仓的有关记载，同时，为黎阳仓遗址的有效保护提供了基础性材料。

6. 隋唐大运河考古河南段——通济渠郑州段

为配合大运河申遗工作，郑州市文物考古研究院组建隋唐大运河考古队于2011～2012年对郑州段做了全面的调查工作，基本弄清了运河河道的走向，并对部分地段进行了勘探和试掘，取得了重要收获。

隋唐大运河故道郑州段是通济渠的重要一段，它西起洛阳市，沿洛河自偃师与郑州市巩义交界处入境，经巩义市、荥阳市、惠济区、金水区、中牟县5个县（市、区），东南与开封县境相接，全长150余千米。现今运河故道伊洛河段尚存，邙山以北河段已全部被黄河所夺，郑州北部及东南部中牟境内运河故道亦多淤埋地下，仅部分地段还依稀可见运河遗迹，如惠济区惠济桥段、丰硕桥至贾鲁河段索须河、杨桥、万胜等地段还保留有河道遗迹。

2011年春至2012年，根据勘探结果对惠济桥南侧及惠济桥村南约400米处的古河道进行了考古发掘。出土有唐、宋、元、明、清时期堆积层及大量文化遗物，尤以元明时期遗物最为丰富。河道西侧河堤经过解剖，发现其时代最早到元代，晚至清代，元代以前河堤已不清楚。

通过对中牟古河道遗址进行考古发掘，出土了一批较为重要的文物，主要有陶器、瓷器、铁器、石块等。结合文物勘探，取得了如下收获：在西至大孟镇李南溪村东、东达开封县汴河堤村、南至官渡旅游区、北到大孟镇大吕村范围内地层堆积情况较为一致。初步推测，该区域可能为古时候一片较大的沼泽地或水库（用于调节水量的大型水利设施），暂将其称之为"水柜"。

隋唐大运河通济渠郑州段调查取得了重要收获，发现了多处与运河有关的遗迹和丰富的遗物，为大运河申遗丰富了文献资料，提供了实物证据。

【博物馆与可移动文物保护】

（一）博物馆

博物馆建设势头良好。平顶山博物馆、黄河博物馆、淮河博物馆等11座博物馆建成开放，成立了河南省首家生态（社区）博物馆——社旗赊店古镇博物馆，商丘博物馆、洛阳

2013 中国 文物年鉴

曹休墓博物馆、信阳城阳城遗址博物馆等建设加快推进，新审核设立21家民办博物馆。全省博物馆、纪念馆总数达173座，中原文化特色博物馆网络体系逐步完善。

免费开放深入推进。全省博物馆、纪念馆积极落实免费开放部署，进一步提升展陈水平、完善基础设施、提高服务质量，免费开放119座，全年累计举办"英雄不老——李文祥先进事迹展"全省巡展、"匈奴与中原——文明的碰撞与交融展"等各类陈列展览1000多个，丰富了广大公众精神文化生活。

管理服务水平不断提升。成功举办全省文物系统第六届讲解员讲解大赛，开展志愿者服务、义务文物鉴定、展览进校园进社区进部队以及历史教室、中原大讲堂等活动，有效发挥了博物馆公共文化服务和社会教育功能。

（二）可移动文物保护

全省可移动文物藏品总数2019691，其中一级文物2364件、二级文物16724件、三级文物230575件。

加强可移动文物保护修复项目储备，编制完成一批文物保护修复方案。加强文物保护重点科研基地建设和可移动文物保护修复项目储备，积极参与国家重大科技专项研究。《动物骨骼遗存科学标本库及共享平台开发》项目获得国家文物局资助。

【社会文物管理】

完成安阳市殷商文物交流有限责任公司等3家文物商店拟销售文件的批复，完成河南盛世中原拍卖有限公司变更法人代表的变更工作，完成河南豫呈祥拍卖有限公司第一类文物拍卖资质和河南金帝拍卖有限公司第二、三类文物拍卖资质申领工作。初审了河南省清风拍卖行有限公司和河南华宝拍卖有限公司申请文物拍卖资质材料，上报国家文物局。审核批准郑州市金水区华宝轩文物商店成立。完成文物商店资质年审工作。完成河南鸿远拍卖有限公司"2012年春季艺术品拍卖会""四季拍卖（第一期）拍卖会"拍卖标的审核批复，并将相关材料报国家文物局备案。完成河南天成文物商店名称变更工作。完成河南省9家文物拍卖企业2012年《文物拍卖许可证》年审的初审工作。完成河南鸿远拍卖有限公司、河南金帝拍卖有限公司、河南省方迪拍卖有限公司3家拍卖企业涉嫌违法拍卖的调查工作，将调查结果按时上报国家文物局。

【文博教育与培训】

持续实施全省文物队伍教育培训计划，举办全省县级文物管理所所长培训班、全省青铜器修复技术提高班、讲解员培训班等，培训各类人员1000余人次。

【文博宣传与出版】

2012年"文化遗产日"主场城市（郑州）活动取得圆满成功，省委、省政府、省人大、省政协和国家文物局领导出席系列活动。除盛大的开闭幕式外，还举办了全国青少年文化遗产知识大赛、郑州商都遗址博物院暨郑州市文物考古研究院建设工程开工奠基、"华夏文明之源——河南文物珍宝展"开幕、登封"天地之中"历史建筑群世界文化遗产监测中心揭牌、少林寺塔林保护工程启动等系列活动，收到了较好的宣传效果。来自全国29个省和自治区的400多名嘉宾参加了活动，直接参与各项活动的群众达1万余人。全国120家媒体约180名记者对活动进行了全方位报道，刊发稿件450多篇。

在"文化遗产日"之前，河南省文物局与省诗歌学会联合举办了"中国当代著名诗人走进河南世界文化遗产"大型笔会活动，此外还举办了全省古建筑摄影大赛等；编辑出版《华夏文明的摇篮——中国河南》和诗集《历史：此刻的意象》。

【机构及人员】

2012年，河南全省文物保护机构总数为331个，其中文物保护管理机构124个、博物馆180个、文物商店6个、文物科研机构14个、其他文物机构7个。人员总数10705人，其中正高级职称87人、副高级职称315人、中级职称1104人。

【对外交流与合作】

坚持"走出去"与"请进来"相结合，发挥文物事业在对外开放工作中的积极作用，分别与美国、加拿大、瑞典、日本、韩国等国家和台港澳地区的文博机构签订了协议，深化拓展文物合作交流。与瑞典国立世界文化博物馆签署了5年协议，全面开展考古研究、文物展览、科技保护、人才培养等领域的合作，5年内将在瑞典举办3个文物展览。参与举办赴台湾"商王武丁与后妇好——殷商盛世文化艺术特展""古韵新风——朱仙镇木版年画特展"，赴日本"中国王朝瑰宝展"等多个文物展览受到广泛好评。

应河南省文物局的邀请，联合国教科文组织（UNESCO）助理总干事穆尼尔·布什纳吉先生于4月11～16日来河南访问，先后赴郑州、洛阳、安阳等到地，实地参观考察了洛阳龙门石窟、安阳殷墟、登封"天地之中"历史建筑群三处世界文化遗产保护管理工作和有关文物保护工作，出席了"2012年国际古迹遗址日（河南）启动仪式"，为河南文物系统作了精彩的专题报告，并接受了有关媒体的专访。穆尼尔·布什纳吉先生曾任联合国教科文组织文化遗产处处长、世界遗产中心主任、国际文化财产保护与修复研究中心（ICCROM）总干事，具有法国考古学和古代史博士学位，曾被多次授予法国、意大利勋章。

"黄河友谊奖"是河南省政府为表彰对河南经济发展和社会进步作出突出贡献的国际友人、外国专家、海外华侨、华人、港澳台知名人士而设立的最高荣誉奖。自2000年起，先后有83人获得"黄河友谊奖"。亨利·克里尔毕业于伦敦大学学院考古遗产管理研究所并获博士学位，之后长期在国际古迹遗址理事会（ICOMOS）任职。他非常热爱河南，对河南丰富厚重的文化遗产极为欣赏，对河南文化遗产的保护、管理、研究和利用等工作给予了大力支持，并直接指导了洛阳龙门石窟、安阳殷墟和登封"天地之中"历史建筑群申报世界文化遗产工作，尤其是在龙门石窟申遗的关键时刻，亨利·克里尔先生作为国际古迹遗址理事会世界遗产协调员（1990～2003），担任了该项目向世界遗产大会的报告员，为该项目申遗成功作出了重要贡献。2012年，根据省政府文件要求，河南省文物局推荐亨利·克里尔先生为"黄河友谊奖"候选人并最终顺利获批。亨利·克里尔先生成为河南省7位获得"黄河友谊奖"的国际友人之一。

【河南省文物考古研究所成立60年庆祝大会】

探寻中原遗产，传承华夏文明，河南省文物考古研究所已走过整整一个甲子。2012年8月8日，河南省文物考古研究所成立60周年庆祝大会在河南博物院多功能厅隆重召开。

河南省文物考古研究所前身是河南省文化局文物工作队，成立于1952年6月，是新中国成立后国内较早成立的省属文物考古工作机构，负责全省地下古文化遗址和古墓葬的调查保护、考古发掘和科学研究工作。1981年前还承担着全省地上文物和近现代文物的调查保护及研究工作。1981年2月改为河南省文物研究所,1994年12月又更名为河南省文物考古研究所。为河南省首家具有国家田野考古团体领队资格的单位,有近30位业务人员具备国家田野考古个人领队资格,是国内知名的文物考古大所。著名考古学家许顺湛、安金槐、郝本性、杨育彬、杨肇清、孙新民等先后担任队长或所长。

六十年来,河南省文物考古研究所依托地处中原的区位条件和文物大省的优势,在考古调查发掘、文物保护、科学研究等方面都取得了引人注目的巨大成就。历年来,该所发掘了许昌灵井"许昌人"、舞阳贾湖、灵宝西坡、郑州商城、郑韩故城、安阳曹操高陵、巩义宋陵等一大批重要的古文化遗址及古墓葬,填补了许多空白,为中国考古学和文物事业的发展做出了积极贡献。自1990年以来,入选"全国十大考古新发现"的项目总计21项,平均每年1项,在全国各文物考古机构中独占鳌头;承担的全国哲学社会科学基金资助项目和主办或承办的各种学术会议数量也处于领先地位;编写出版的考古报告和研究专著180余部,发表考古发掘简报、论文等近3000篇,在省级文物考古研究单位中名列前茅。

湖北省

【概述】

2012年，湖北省文物工作以科学发展观为指导，以围绕中心、服务大局为主线，以保护利用、传承发展为主题，以服务当代、惠及民生为使命，以突出重点、注重基础为抓手，充分发挥文化遗产引领风尚、教育人民、服务社会、推动发展的重要作用，圆满完成六个方面工作任务：稳中求进，扎实抓好事关全局性的重点工作；夯实基础，文化遗产事业可持续发展能力不断增强；推进重点工程，文化遗产抢救保护和考古工作成绩斐然；加大设施建设，提升管理水平，博物馆公共文化服务能力不断提高；加大经费投入，创新体制机制，文化遗产事业保障能力有效提升；加强对外交流，荆楚文化影响力不断提高。为推动全省文化建设与经济建设、政治建设、社会建设、生态文明建设协调发展，促进"一元多层次"和文化强省建设战略实施作出了积极的贡献。

【法规建设】

加强省直文博单位讲解员建设管理，出台《省直博物馆纪念馆讲解员管理暂行办法》。

加强制度建设，夯实安全基础。加强文物行政执法工作，受国家文物局委托，修编《文物建筑消防安全管理规则》；制定颁布《湖北省文物博物馆单位安全管理规定（试行）》《湖北省文物保护单位执法巡查实施细则（试行）》。与中南财经政法大学联合完成《文物行政执法巡查与督察管理办法研究》专项课题调研。

推进实施文物保护工程规范化管理，修订完成《湖北省文物保护工程勘察设计（施工）资质管理办法（试行）》。

【执法督察与安全保卫】

打击文物犯罪活动成果显著。3月，湖北省文物局与省公安厅在武汉召开全省打击文物犯罪专项行动工作会议，部署建立打击文物犯罪长效机制，形成常态化工作模式。8月，在襄阳召开全省田野文物安全现场会，部署田野文物安全防范工作，表彰陆寨墓护墓有功的单位和个人。9月，与省公安厅正式建立日常协调、案件督办、信息沟通、涉案文物鉴定移交等联合打击和防范文物犯罪工作机制。先后督办随州特大跨省盗掘古墓、贩卖文物案，枝江"6·29"青山墓群盗掘未遂案，荆州马山古墓群盗掘未遂案，荆门市东宝区仙居塔林被盗案等12起文物犯罪案件。全年共协助配合公安机关侦破文物犯罪案件11起，摧毁犯罪团伙8个，抓获犯罪嫌疑人55名，追缴涉案文物400余件。

文物安全长效机制初步形成。文物安全工作联席会议制度模式在全省推广展开，完善制度、制定措施、形成合力，着力构建标本兼治、综合治理的文物安全工作格局。

文物安全末端守护机制进一步完善。建立全省文物保护机构和保护人员登录备案公告

2013 中国 文物年鉴

制度，各市、州开展文物保护单位安全责任人和安全监管人登录备案公告工作，文物安全防范工作基础进一步夯实。

文物安全监管和隐患排查整改落实到位。全年召开两次全省文物安全工作专题会议，组织部署2012文物安全隐患排查整治专项行动，采取全面排查、重点巡查和交叉检查等方式，全面检查文物、博物馆单位人力防范、实体防范、技术防范和安全管理工作中存在的隐患，同时，有针对性地排查了古遗址、古墓葬被盗隐患。专项行动期间全省共检查文物、博物馆单位1140个，文物点18456处，排查隐患465处，整改隐患433处，整改率达到93%。为加强文物富集地区安全监管工作，督促指导谷城县、蕲春县等10个县（市、区）落实田野文物安全层级责任管理，完善县、镇、村三级文物安全防控体系，解决了重点古墓葬区域无人员、无管理的"失管"和"缺管"问题。

【不可移动文物的保护和管理】

（一）概况

湖北省共有全国重点文物保护单位91处，省级文物保护单位826处。

2012年，湖北省进一步加大全国重点文物保护单位总体规划的编制、公布工作力度。7月，省政府公布钟祥明显陵、襄阳城墙、大冶铜绿山古铜矿遗址等10处文物保护规划；国家文物局批复襄阳王府绿影壁、五里坪革命旧址、屈家岭遗址文物保护规划；编制完成钟祥文风塔、三游洞摩崖、鱼木寨、中原军区旧址、五祖寺、纪山楚墓群等保护规划，并上报国家文物局。

加强世界文化遗产、全国重点文物保护单位、省级文物保护单位文物保护维修工作，共投入保护维修经费近亿元，先后实施50余项重点文物保护工程，工程总量约3万平方米，消除了一大批重点文物的安全隐患，恢复了其历史风貌，为合理利用创造了条件。

重大工程项目主要有：武当山玉虚宫二期保护工程、八仙观保护工程、明显陵外罗城维修保护工程、明显陵陵寝门及碑亭文物保护工程、陡山吴氏祠文物保护工程、黄陵庙文物保护工程、荆州城墙南城墙5号马面及两侧城墙文物保护工程、中原军区旧址文物保护工程、汉冶萍煤铁厂矿旧址小红楼维修保护工程等。

（二）大遗址保护

1. 荆州楚纪南城、八岭山、熊家冢遗址

武汉大学承担的"机载激光遥感与三维可视化技术在楚纪南故城大遗址保护中的应用研究""楚纪南故城大遗址地形补充测绘"等大遗址保护科技项目形成了详细的地理信息成果，为开展大遗址保护工作提供了更充分的科学依据。

熊家冢遗址车马坑保护展示厅建设及陈列布展、熊家冢遗址主附冢及殉葬墓保护展示、熊家冢遗址原址保护防渗铺盖及排水工程等文物保护工程项目进展顺利。占地700余亩的熊家冢遗址博物馆基本建成，国庆期间对外试运行。

2. 潜江龙湾遗址

放鹰台1号宫殿基址保护展示工程基本完工，景观绿化工程即将启动；遗址博物馆征地工作结束，已进入工程招标阶段；通向龙湾遗址的专用公路基本竣工；园区内的内环路、水位控制闸等正在建设。考古遗址公园初具雏形。

3. 武汉盘龙城遗址

武汉市政府出资1亿元解决遗址核心区村民搬迁问题，启动了盘龙城考古遗址公园建设

2013
中国
文物年鉴

项目，编制完成《盘龙城考古遗址公园概念规划》；湖北省文物考古研究所、武汉市文物考古研究所、武汉大学联合在盘龙城遗址建设控制地带进行考古勘探，确认文物点10余处。

4．荆门屈家岭遗址

《屈家岭遗址保护规划》获得国家文物局批准；《屈家岭考古遗址公园详细规划》编制完成；为配合"中国农谷"建设，启动了屈家岭遗址考古勘探工作。

5．天门石家河遗址

编制完成《石家河考古遗址公园规划》，启动遗址博物馆建设。

6．大冶铜绿山遗址

实施铜绿山遗址白蚁防治，编制完成《铜绿山遗址VII号矿体1号点保护方案》；配合遗址博物馆建设开展考古工作，获得重要新发现。

7．随州擂鼓墩墓群

启动擂鼓墩一号墓（曾侯乙墓）保护展示厅升级改造工作，编制完成《曾侯乙墓保护展示厅设计方案》。

（三）全国重点文物保护单位

以乡土建筑和革命文物保护为重点，先后完成陡山吴氏祠、黄陵庙、荆州城墙南城墙5号马面及两侧城墙、汉冶萍煤铁厂矿旧址小红楼、中原军区旧址等十余处重点文物维修项目，同时筹备启动大水井古建筑群李盖五旧宅等维修保护项目。

（四）世界文化遗产

1．世界文化遗产项目的申报、评审工作

湖北省申报第三轮中国世界文化遗产预备名单项目，顺利通过初审、专家检查与评估，黄石矿冶工业遗产，恩施唐崖、容美土司遗址，荆州城墙、襄阳城墙成功入围国家文物局更新的《中国世界文化遗产预备名单》。

2．世界文化遗产保护管理情况

湖北省共有武当山古建筑群、显陵两处世界文化遗产。2012年，各遗产地管理部门认真贯彻落实《世界文化遗产保护管理办法》《中国世界文化遗产监测巡视管理办法》，严格按照"保护为主、抢救第一、合理利用、加强管理"的文物保护方针，大力加强世界文化遗产的保护管理工作，确保了世界遗产的真实性和完整性。一是大力推进保护规划编制工作。按照《湖北明清皇家建筑保护专项规划》内容，全面启动《武当山文物保护总体规划》编制工作；修改完善《钟祥明显陵保护规划》。二是不断提升遗产地监测水平。结合亚太地区世界遗产第二轮定期监测工作，各遗产地高度重视监测管理工作，不断加强监测工作，深化监测内容，逐步夯实监测管理基础工作。积极应对反应性监测。组织国内世界遗产地保护管理专家对武当山古建筑群进行了全面的检查和评估，编制完成《武当山古建筑群保护管理状况报告》。三是加快推进武当山遇真宫垫高保护工程。组织武当山特区管委会制定施工具体方案，规范管理，科学施工。截至12月底，已完成顶升等工程，完成土石方垫高142万立方米。累计完成投资10457.7万元。

（五）省级文物保护单位重点项目维修引领计划

推进省保重点项目维修引领计划，每年选择10个有典型代表性、价值重要、可利用性好、地方有配套的地面文物建筑进行维修。

2012年，确定大别山英山段氏府、麻城孔庙、新洲问津书院，武陵山区宣恩观音堂、建始五阳书院等10个单位为第一批维修项目。组织省古建中心完成维修方案的编制工作，

2013
中国
文物年鉴

中介机构对项目维修预算进行审核；与当地政府研究环境整治，机构设立，配套设施建设和开放利用的有关问题，明确责任，积极推进。

（六）南水北调中线工程文物保护工作

实施地下考古发掘。组织南开大学等14家单位对南水北调工程丹江口水库淹没区及配套进行的汉江中下游治理工程涉及的龙门堂墓地、黄家草场遗址等35处文物点进行抢救保护，累计完成考古发掘面积40.5万平方米，约占总工作量的99%。为确保考古发掘工作质量，先后4次组织专家对上述项目进行检查验收。

推进地面文物搬迁保护。组织省古建中心等单位完成郧阳老监所、小西关民居、天主教堂、丹江口浪河老街的勘察、测绘工作，完成郧阳府学宫大成殿及边门的拆迁和文物构件存放工作。

实施地下考古发掘项目审核结项。委托中介机构通过审核田野发掘记录资料、项目结项确认表的形式对已实施抢救性保护的40处考古发掘项目进行审核结项。

（七）后三峡文物保护工作

开展三峡工程建设期间文物保护项目资金整改工作。

开展三峡后续自然与历史文化遗产保护工作。组织长江水利委员会编制《湖北省三峡后续工作实施规划（2011～2014）》，南京大学文化与自然遗产研究所编制《湖北省三峡后续自然与历史文化遗产保护和完善实施规划（2011～2014）》。完成《湖北省三峡库区后续工作实施规划报告（2011～2014）》（初稿），并获湖北省人民政府审批通过。湖北库区自然与历史文化遗产保护和完善规划一期实施项目38个。

【考古发掘】

2013
中国
文物年鉴

（一）概况

2012年，湖北省文物考古研究所在大冶铜绿山古铜矿遗址内的岩阴山脚遗址、卢家垴遗址，中国社会科学院考古所在沙洋城河遗址开展了主动性考古科研工作；工程部门在宜昌市万福垴遗址施工中发现一批西周青铜器；对南水北调工程文物点进行抢救保护；开展了三峡库区秭归县和巴东县消落带的抢救性考古发掘工作；配合建设工程发掘了随州文峰塔墓地、襄阳鏖战岗遗址、鄂州城子山遗址等。

（二）重要考古项目

1. 随州文峰塔社区墓地

2012年9月～2013年1月发掘，发掘面积1500平方米。该墓地主要为春秋中晚期曾国墓和少量战国晚期楚墓。共出土铜、陶、漆及玉石等质地的文物约500余件，其中铜器占半数以上，部分青铜器上有"曾""曾子"及"曾公子"的铭文；除曾国铜器外还出土一件铜戈，铭文为"随大司马嘉有之行戈"，这是目前首次经科学发掘出土的随国铜器。另外，亚字形墓在随州也属首次发现。此次发掘对推进曾文化、曾随关系、曾楚关系等方面的研究具有重要作用。

2. 宜昌万福垴遗址

2012年6月发掘，发掘面积10平方米。2012年6月18日，工程部门在宜昌白洋工业园施工过程中，挖出12件青铜器（其中11件编钟、1件铜鼎），19日将青铜器上交宜昌博物馆。随后，文物部门对出土文物的灰坑进行清理，获得少量陶片。青铜鼎垂腹、兽蹄形足，腹部饰鸟纹，地纹为蜕化的云雷纹，构图接近西周早期的兽面纹。11件钟并非一整套，局部器形、纹饰各有区别，部分钟明确具有南方钟特征，其中一件钟錾刻有铭文"楚季寶鍾厥孫乃獻于公公其萬年受厥福"，为湖北地区首次发现的西周时期楚国公室青铜器。陶片具有西周中晚期文化特征，有盆、鬲、豆等器型。

3. 黄石大冶铜绿山岩阴山脚遗址

2012年6月～2013年1月发掘，发掘面积650平方米。遗存堆积分为东周和清代两大时期，东周遗存更为丰富，主要有"硬壳状"遗迹1处（约48平方米）、冶炼场遗迹1处、选矿遗迹1处、圆形探矿井1座。"硬壳状"遗迹可能是古代水洗选矿所排废渣形成。冶炼场遗迹包括炉基底部遗迹、泥池、灰坑、工棚（残存柱洞6个）等，并发现古代工匠足印35枚。选矿遗迹主要分布在南北长13.5、东西宽8米的矿石堆积层中，成分以磁铁矿石为主。探矿井口径1.9、深4.62米，周壁有绳槽痕，井内出土陶片、铁矿石、挖矿工具、果核等。

4. 黄石大冶铜绿山卢家垴遗址

2012年6月～2013年1月发掘，发掘面积250平方米。遗址北部一块梯田的断面上发现一座残炼炉的下部，残炼炉近底部横截面呈长椭圆形，长径170、短径100厘米，其年代可能为两汉之际。炉旁发现木炭堆积场所、工棚等遗迹。

【博物馆与可移动文物保护】

（一）博物馆

1. 可移动文物的保护、管理和研究

扎实推进全省博物馆基础设施建设。总投资为10.124亿元的湖北省博物馆三期扩建工程顺利启动，辛亥革命武昌起义纪念馆议员公所复原维修建设项目基本完成并启动陈列布展工作。咸宁、黄冈、钟祥市博物馆新馆以及安陆李白纪念馆竣工并对外开放。鄂州、恩施等博物馆新馆进入陈列布展阶段。荆门、宜昌、襄阳、天门等地博物馆积极筹备规划用地、建设立项、方案设计等建设前期工作。

湖北省馆藏文物数量大，种类多，价值高，涵盖金银器、玉器、青铜器、铁器、石器、陶器、竹木器、丝织类、石刻、名人书画等10多个类别。其中湖北省博物馆26万件（套）、荆州博物馆13万件（套）、襄阳市博物馆7万件（套）。

加强对全省馆藏文物的借用、复制、调拨等规范管理，积极鼓励和支持博物馆馆际交流。建立健全藏品管理制度，提升库房保管水平，添置技术安防设备，完善安全保卫制度，确保文物安全。有计划地对馆藏文物进行清理和保护，并制订科学合理的文物修复保护方案。2012年，向国家文物局申报馆藏文物保护项目21个，批复同意14个。

2. 博物馆间的交流与合作

湖北省博物馆与山西博物院联合举办"晋国宝藏——山西出土晋国文物特展"，与湖南省博物馆、十堰市博物馆等6家单位联合举办"楚地道教文物特展"等临时展览；辛亥革命武昌起义纪念馆举办"辛亥文物精品展"；湖北明代藩王博物馆引进广西民族博物馆"锦绣八桂——广西少数民族文化展"；武汉市博物馆引进"彩虹——艺术大师胡安·里波列斯的世界"，与上海市历史博物馆联合举办"衣袭华美——百年海派旗袍的前世今生"展览，与湖州博物馆联合举办"扇舞清风——湖州博物馆馆藏扇面精品展"；荆州博物馆引进四川成都华通博物馆"天府藏珍——四川汉代陶塑艺术精品展"；宜昌市博物馆与蕲春县博物馆联合举办"荆王府珍宝展"，与荆州、荆门两地举办"宜—荆—荆书法篆刻联展"；十堰市博物馆联合武汉市博物馆、广州博物馆举办"十二生肖文物特展"，联合武

2013
中国
文物年鉴

当博物馆推出"武当遗韵——纪念武当大兴600年老照片展"。

全省博物馆共举办临时展览265个，年接待观众达1600余万人次。

3．重要陈列展览

1月1日，辛亥革命武昌起义纪念馆举办"百年记忆——辛亥文物珍品特展"，展出辛亥革命文物254件（套），其中珍贵文物27件（套）。

4月8日～6月17日，湖北省博物馆联合湖南省博物馆、十堰市博物馆、武当博物馆、丹江口市博物馆、武当山道教协会共同举办"楚地道教文物特展"，展品230件（套），其中包括《老子》竹简、帛书《黄帝四经·十大经》等4件国宝级文物。

5月1日～10月31日，湖北省博物馆推出"江汉吉金——湖北省博物馆藏商周青铜器特展"，展出有代表性的商周青铜器93件（套），其中一级文物50余件（套）。

5月18日，咸宁市博物馆推出"咸宁出土文物精品展""咸宁重大历史事件展""咸宁历史文化名人展""鄂南楚韵——咸宁民俗文物展"等陈列展览，并正式向公众开放。

6月8日，钟祥市博物馆推出"钟聚祥瑞——钟祥市博物馆基本陈列"，展出展品213件（套），其中珍贵文物8件（套），并正式向公众开放。

6月26日～8月23日，湖北省博物馆引进墨西哥"古典与唯美——西蒙基金会收藏雕塑绘画展"，展出欧洲19世纪多位知名艺术家的56件雕塑及23幅画作。

9月22日，黄冈市博物馆推出"大江东去——黄冈历史文化陈列展""故垒长风——黄冈古城展"和"韩墨流香——黄冈市博物馆馆藏书画展"等陈列展览，并正式向公众开放。

9月28日，湖北省博物馆、吉林博物院、秦始皇陵博物院联合举办的意大利"辉煌时代——罗马帝国文物特展"在湖北省博物馆正式开展，展出展品300件（套），其中珍贵文物27件（套）。

10月1日，武汉市博物馆举办"武汉市民收藏集锦展"，展出展品759件（套），其中珍贵文物100件（套）。

11月22日～12月21日，宜昌市博物馆举办"宜昌博物馆馆藏精品文物展"，展出珍贵文物70件（套）。

（二）可移动文物保护

1．文物数量、等级等基本情况

截至2012年12月，全省博物馆、纪念馆馆藏文物藏品及标本总量115万件（套），其中三级以上珍贵文物10.6万件（套）、一级文物2514件（套）。

2．可移动文物保护修复基地建设情况

依托湖北省博物馆、荆州市文物保护中心成立的出土木漆器保护国家文物局重点科研基地发展态势良好。投资9300万元、建筑面积12800平方米的荆州文物保护中心综合大楼土建部分基本完成，已启动室内装修工程。2012年，荆州市文物保护中心积极组织并实施国家科技部4项和国家文物局4项文物保护技术的申报与研究，承担了国家文物局纺织品科技成果技术推广培训班，并参与主编、提交各类工作或技术报告9项，其中一篇论文首次被SCI收录。分别在湖南长沙、四川成都、山东菏泽、江苏扬州4地设立工作站，运行良好。2项遗址保护国家发明专利已获国家专利局审核通过，并颁发专利证书。派员参加"全国第十二届考古与文物保护化学学术研讨会"并做大会交流。

湖北省具备可移动文物保护修复一级资质单位3家，分别是湖北省博物馆、荆州市文物保护中心、湖北省文物总店；具备可移动文物保护修复二级资质单位5家，分别是武汉市博物馆、襄阳市博物馆、鄂州市博物馆、武当博物馆、宜城市博物馆；具备可移动文物设计甲级资质单位2家，分别是湖北省博物馆、荆州市文物保护中心。

3. 可移动文物保护技术和方法及其应用情况

竹木漆器类文物保护修复技术。应用于湖北省博物馆、成都市博物馆船棺以及山东菏泽古船等木漆器保护项目。

纺织品类文物保护修复技术。应用于毛泽东纺织品遗物、荆州谢家桥一号汉墓出土丝织品的清洗、加固等工作。

加温矫形工艺修复青铜器技术。应用于随州义地岗出土青铜器修复保护以及崇阳县博物馆、云梦县博物馆馆藏青铜器保护等项目。

【社会文物管理】

加强文物拍卖管理，促进文物艺术品交易市场健康有序发展，全年为诚信、中信、大唐、嘉宝一品拍卖有限公司和宜昌艺术品拍卖行审核拍卖标的4360件（套）。

做好文物鉴定工作，为华中师范大学博物馆和中山舰博物馆鉴定馆藏品2000余件，审核鉴定省博物馆、明代藩王博物馆等6个单位征集或捐赠的文物400余件。配合打击文物犯罪专项行动，为公安机关鉴定文物27批次，共1500余件。

【科技与信息】

以湖北省博物馆为龙头的全省博物馆文化产业发展呈现良好态势，文博单位自主创新能力大幅提升。在第五届"博物馆及相关产品与技术博览会"上，湖北省博物馆组织开发的"寒玉猪型无忧枕"和"歌舞升平披肩系列"等获"全国博物馆创意商品设计大赛"优秀奖。在第三届中国文化遗产动漫大赛上，辛亥革命武昌起义纪念馆《民的1911》、荆州博物馆《熊家冢》获精品佳作奖，湖北省博物馆《斗转星移：一年之计在于春》等获优秀作品奖。

【文博教育与培训】

加强文物修复人才培养，举办湖北省第三届青铜器修复培训班和首期古陶瓷修复技术培训班。

依托湖北高校优势，多渠道联合办学的教育培训模式日趋成熟，先后与武汉大学、湖北艺术职业学院联合举办了博物馆管理、讲解员、文物修复等各类培训班，其中培训各市县博物馆讲解员50余人。组织鹤峰、建始等30余个县市文物局局长参加全国县级文物行政部门负责人培训班。

4月21～30日，受国务院三峡办委托，在江苏扬州举办了"三峡工程后续文物保护工程管理培训班"，来自湖北、重庆库区的30余人参加。

【文博宣传与出版】

组织全省各文博单位开展"5·18国际博物馆日""文化遗产日"系列宣传活动，营造良好社会氛围。博物馆日活动期间，全省共推出临时展览30余个，举办各类活动近200个，5月18日当天全省博物馆、纪念馆接待观众达到8万人次。省文物局与湖北日报、荆楚网等媒体合作推出"文化遗产日"宣传专版、专栏，以襄阳市博物馆推出的"草根七年行——拾穗者保护文化遗产成果展"为代表的一大批精品临展引起社会强烈反响。宜都市正国民俗博物馆馆长刘正国获得第五届"薪火相传——中国文化遗产保护年度贡献奖"。为加强与规范全省文物系统政务信息报送工作，提升新闻宣传能力与水平，湖北省文物局出台《湖北省文物系统政务信息报送工作管理办法》。

出版三峡文物保护课题成果。与华中师范大学、武汉数字媒体工程技术有限公司合作完成多媒体演示项目《三峡文物大抢救》、与华中科技大学合作出版《峡江民居》。华中师范大学承担的《三峡湖北库区文物复建区综合价值评估》课题成果通过审稿。

出版南水北调工程文物保护成果。出版《湖北省南水北调工程重要考古发现Ⅲ》、《湖北省南水北调工程考古报告集》（第一、第二卷）、《丹江口牛场墓群》、《丹江口潘家岭墓地》等。

【机构及人员】

2012年，湖北省共有文物保护管理机构43个、博物馆156个、文物商店1个、文物科研机构3个、其他文物机构6个。从业人员共4092人。其中正高级职称73人、副高级职称193人、中级职称973人、初级职称及以下2853人；按隶属关系分，省区市543人、地市1152人、县市区2397人。

【对外交流与合作】

举办重要国际会议，对外影响力明显增强。9月24～26日，出国际博协亚太地区联盟、国家文物局、湖北省人民政府共同主办，中国博物馆协会、湖北省文化厅、湖北省文物局协办，湖北省博物馆承办的"国际博物馆协会亚太地区联盟2012年大会"在武汉隆重举行。文化部副部长、国家文物局局长励小捷，国家文物局副局长宋新潮，湖北省省长王国生、副省长郭有明等领导，以及国际博物馆协会主席汉斯·马丁·辛兹与来自24个国家的130余位嘉宾出席。此次大会，是继1989年、2002年和2010年之后，我国第4次举办国际博协的重要会议，也是中部地区博物馆首次举办此类重要国际博物馆会议。3月9日，湖北省博物馆与意大利博物馆界联盟在武汉召开中意博物馆界展览交流会议，大会交流展览项目33项，意大利17家博物馆与中国20余家博物馆以及行业展览公司达成多项合作意向。

对外文物交流亮点纷呈。配合省委常委、副省长张岱梨率省政府代表团出访，湖北省文化厅负责同志带队组成湖北文化代表分团，与意大利成功签署"中国湖北省与意大利威尼托大区文化交流""道教文物展""中意博物馆联盟第二次会议""生命之相—梅内盖蒂本体艺术特展"等合作意向书。省博物馆引进的墨西哥"古典与唯美——西蒙基金会收藏雕塑绘画展"、台湾"画影江山——郎静山摄影作品特展"、意大利"辉煌时代——罗马帝国文物特展"等大型精品艺术外展相继展出，引起社会广泛关注。

港台交流活动逐步深化。湖北省文物局与重庆联合承办完成海峡两岸文物交流20年纪念活动。国家文物局副局长顾玉才，文化部原副部长、故宫博物院原院长郑欣淼等领导、专家、台湾嘉宾及各界代表近千人出席了在秭归屈原祠举行的活动启动仪式。充分发挥湖北高校教育资源科研优势，湖北省文物局与武汉大学联合承办国家文物局在武汉大学举办的全国首期和第二期"海峡两岸文博专业人员交流研习班"，来自中部各省近60名学员参加并赴台湾交流学习，反响良好。省博物馆、辛亥革命武昌起义纪念馆、中山舰博物馆等单位引进和赴台的书画、楚文化、中山舰出水文物等相关展览，进一步拉近了鄂港台之间的距离。

2013
中国
文物年鉴

湖南省

【概述】

2012年是湖南推进文物大保护、大利用之年，在湖南省委、省政府和国家文物局的高度重视和大力支持下，全省文物系统认真执行湖南省人民政府和国家文物局签署的《共同推进湖南文化遗产保护与发展框架协议》，以大保护、大利用为理念，协调多个部门、多种力量，共同推进文物保护和发展。全省全年共投入文物保护和建设资金约14亿元，启动重点文物保护和建设项目67个，完成31个，其中初步建成开放国家考古遗址公园2个，博物馆、纪念馆7个，提质改造陈列展览6个。全省文物开放单位全年接待观众约7000万人次。

【法规建设】

2012年是《文物保护法》颁布实施30周年，根据全国人大常委会的部署，5月中旬，湖南省人大常委会成立执法检查组，在全省范围内对文物保护法贯彻实施情况进行了执法检查。湖南省文物局积极配合省人大执法检查组，先后分赴岳阳、常德、长沙等地进行重点抽查，深入基层文博单位、文物市场、古村落、建设工地等开展调研，广泛征求文博机构和当地群众、游客、开发商的意见，听取当地政府贯彻实施文物保护法情况的汇报，查找存在的问题。对检查中发现的问题，文物部门和各有关单位进行了认真整改，并将初步成果向湖南省人大常委会、省人民政府进行了报告。

【执法督察与安全保卫】

开展了2012年文物安全隐患排查整治专项行动，全省共检查和排查文物点、博物馆4637个，排查安全隐患1079项，整改安全隐患905项，整改率达84%。严格按照《文物系统博物馆风险等级和防护级别》及有关规定，加强安防、消防、避雷设施建设。湖南省文物局制定了文物执法巡查制度，定期对全省国保、省保单位开展执法巡查和检查；与湖南省公安厅建立了打击和防范文物犯罪联合工作机制，依法依规查处、督办省内文物违法案件，有力打击文物犯罪活动，抓获犯罪嫌疑人24个，移送司法机关23个，追回物品49件，其中珍贵文物8件。8月，国家文物局、公安部颁发"2011打击文物犯罪专项行动"先进集体、先进个人表彰通报，湖南省湘西自治州"9·22"文物被盗案专案组获评先进集体，湖南省公安厅刑侦总队重案支队申金松、湖南省文物局执法督察处处长彭士奇等4人获评先进个人。9月9日，全国田野文物安全现场会在长沙召开，国家文物局局长励小捷与会并讲话，对长沙市建立市、县、乡（镇）、村（社区）"四级"文物安全防卫和巡查体系的做法给予了充分肯定。11月，年度全国文物行政处罚案卷评比中，郴州市文物处和衡山县文物局制作的案卷分别被评为"十佳案卷"和"优秀案卷·文书制作"。

【不可移动文物的保护和管理】

（一）概况

全省全年启动省级以上文物保护单位保护展示工程42项，包括古遗址、古建筑、古民居、名人故居、革命旧址五大类。共向国家文物局上报文物保护工程规划及方案20个，上报消防安防避雷方案19个，上报考古工作规划4个；提请湖南省政府公布实施了安江农校纪念园等8个全国重点文物保护单位的保护规划；组织评审并批准了32个省级文物保护单位的维修工程方案；协助完成了永州零陵区干岩头历史文化名村、中方县荆坪历史文化名村等6个历史文化名村保护规划及新晃侗族自治县历史文化名城、永州历史文化名城、汝城县历史文化街区保护规划的审查工作。组织编制了《湖南省古民居古村落保护开发规划》。岳阳张谷英古建筑群"当大门"修缮工程荣膺"2011年度全国十大文物维修工程"，是湖南省文物维修工程首次获得这一称号。

（二）大遗址保护

长沙铜官窑、里耶古城、永顺老司城、城头山（含彭头山和八十垱）、宁乡炭河里、长沙国王陵等8个遗址被列入国家"十二五"重要大遗址保护项目。结合大遗址保护的实施，全省启动和在建的考古遗址公园有永顺老司城国家考古遗址公园、宁乡炭河里国家考古遗址公园、澧县城头山国家考古遗址公园、宁远舜帝庙国家考古遗址公园等。5月31日，湖南省文物考古研究所"长沙窑研究中心"揭牌。该中心位于长沙铜官窑遗址附近，占地30亩，总建筑面积约6500平方米，具有文物储放、整理、周转、标本陈列、考古研究等作用。6月5日，长沙铜官窑国家考古遗址公园（一期）建成开园，文化部党组成员、故宫博物院院长单霁翔，国家文物局副局长顾玉才以及湖南省有关领导出席了开园仪式。9月28日，宁远舜帝庙国家考古遗址公园（一期）建成开园，徐守盛省长出席并给予了充分肯定。城头山遗址完成了土地征用、房屋拆迁和12千米旅游专线公路招投标工作，博物馆也正式开工，6号遗迹馆完成主体钢构工程，1号遗迹馆正在进行主体工程施工，护城河疏浚整治完成主体工程。里耶古城遗址完成了国家考古遗址公园规划的报批。

（三）全国重点文物保护单位

重点督办了澧县城头山遗址等17处国保单位的文物保护工程进度，组织专家对长沙铜官窑陈家坪考古发掘现场临时性保护工程、洪江古建筑群、上甘棠古建筑群二期维修工程和一期扫尾工程等维修项目进行了现场验收；完成了塘田战时讲学院旧址、刘少奇故居、东山书院旧址的维修保护工程；启动了湖南省立第一师范学校旧址维修及环境整治工程；任弼时故居维修工程方案、向警予故居维修设计方案获得国家文物局批准。

（四）文化遗产申报

6月8日，湖南省侨联、省文物局联合举办了第一批湖南省涉侨文化遗产授牌仪式，共有黄兴故居、蔡锷故居、唐群英故居、抗日胜利芷江洽降旧址、程潜公馆、田汉故居、何凤山墓、谢冰莹故居8处文化遗产入选。11月，国家文物局公布45项"中国世界文化遗产预备名单"，湖南的永顺老司城遗址、凤凰区域性防御体系、侗族村寨（通道、绥宁）成功入选。文化遗产所在地政府申遗积极性高涨，先后邀请了国内外世界文化遗产专家对各项目地进行多次现场考察指导。永顺老司城申遗工作推进迅速，祖师殿等文物保护工程通过验收，国家考古遗址公园预计2013年开园。文化部副部长、国家文物局局长励小捷来湖南调研时，专程实地察看了永顺老司城遗址、凤凰古城、城头山遗址，对湖南申报世界文化遗产工作表示赞许和支持。

【考古发掘】

（一）概况

2012年湖南全面加强考古调查勘探、发掘的网上申报工作，全年向考古单位开具考古调勘委托书87份、考古发掘委托书8份，审核上报国家文物局的考古发掘项目14个，已获批并发证照的有8个。全省全年共完成西气东输三线工程湖南段等18个重点工程的文物调查勘探工作，完成湘江长沙综合枢纽工程坝区等10个重点工程的考古发掘工作。共审阅考古调勘结项报告41个、考古发掘结项报告15个。全省考古调查勘探16万平方米，考古发掘1.5万平方米，出土文物1万余件。湖南省文物考古研究所被湖南省政府评为"湖南省重点工程组织协调管理先进单位"。

（二）重要考古项目

1. 永顺老司城遗址考古发掘

2～6月，对老司城遗址进行了新一轮考古发掘，其中新发掘遗址面积2000多平方米。发掘了宫殿区主体建筑的台阶，推测其年代早于宫殿区城墙的年代，不晚于明代早期；对衙署区进行了全面勘探，基本弄清了其建筑布局，探明了衙署区建筑的具体结构、年代以及地层堆积情况；进一步发掘了城址内的道路交通网；对紫金山墓地进行了全面勘探，勘探和清理面积10000多平方米，新清理墓葬10余座，对墓葬的分布规律有了更深入的了解，发现了墓志铭等重要文物。继续开展永顺土司辖区的古村落人类学调查，尤其注重不同姓氏的渊源、沿革以及与彭氏土司的关系，为研究土司社会基层的社会生活和土家族传统文化积累了重要的资料。

2. 城头山遗址考古发掘

初春和年底，先后对城头山遗址进行了考古勘探和发掘。总体上可以概括为四个方面，一是对遗址北部和西部城墙疑存在豁口的位置进行解剖性发掘与勘探；二是对遗址西部和西北部城墙外伸向护城河中凸台的解剖性发掘与勘探；三是对遗址西部和北部横贯护城河的陆地通道的解剖性发掘与勘探；四是对屈家岭文化护城河河床高程结构的勘探。这一系列的勘探与发掘不仅为城头山遗址城墙与护城河保护展示规划的制定提供了考古方面的支撑，也为认识城头山遗址屈家岭文化时期城墙与护城河修建的背景、过程和结构等提供了一批翔实的基础资料，并由此推断：城头山遗址屈家岭文化时期城墙修建之初当有过详尽的规划，包括在遗址地势较低的东北南三面留出豁口，在西部和西北部城墙外留出凸台，在西部护城河中留下隆起之生土埂子以为修建通道之基础等。而东北部护城河河床底部取土作业区的揭示则为推测挖河取土时的施工组织情况提供了线索。

3. 洪江托口电站抢救性考古发掘

8月，湖南省文物考古研究所组织了对该区域的第二次发掘。对诸葛城城址进行了试掘。通过分析，城址的建筑和使用年代基本可确定为宋代。通过发掘探沟和对历史环境进行分析，推断诸葛城是一处重要的军事防御性城址。完成大塘岭墓地122座墓葬的发掘工作。其中，战国墓115座、西汉墓1座、宋墓6座，出土各类文物400余件（套）。该墓地规模较大，而且延续时间较长，时代跨越了战国、西汉及宋代等不同时期。其中战国墓葬分布较为密集，有一定分布规律且形制多样，很多特征在湖南其他地区较为少见，对于研究湖南地区战国时期的埋葬习俗有较高的研究价值。墓葬随葬陶器组合多样，内涵丰富，特征鲜明，并有一定的时代特征，对于构建沅水中上游地区战国墓葬的演变序列无疑是一批

2013
中国
文物年鉴

重要材料。大塘岭墓地处于湘西南边陲，在湖南境内楚墓分布中，其位置是目前所见最靠西南的一处，说明楚文化影响范围已波及湘黔边境区域。另外，墓地揭示出来的文化因素也反映了楚文化与当地土著文化融合的历史进程。大塘岭墓地的考古材料，为探讨楚文化南渐及其文化融合等重要问题提供了重要支撑。

4．道县后背山福岩洞考古发掘

9～10月，中国科学院古脊椎动物与古人类研究所与湖南省考古研究所继去年的第一次考古发掘后，再次进行了联合考古发掘。此次考古发掘证明后背山福岩洞是重要的古人类活动遗址，主要的文化层位是第2层。但对该洞穴的发育及充填过程、古人类生存年代与环境的认识还需要进一步的工作。

【博物馆与可移动文物保护】

（一）博物馆

1．博物馆、纪念馆建设

一是积极推进湖南省博物馆改扩建工程。完成了核心文物保护方案的专题论证，工程设计总图报建进窗，各项专项设计已完成初步方案。为确保工程建设期间的对外开放，完成了博物馆网站的改版升级和"数字展厅"的上线，并完成"移动博物馆"项目的所有准备工作。为满足新馆基本陈列需求，在省内基本建设中抢救性征集文物170余箱。主要有汉代陶壁井、唐代砖壁井与木壁井、宋代房屋建筑遗迹、明代藩王府城墙基础、文夕大火灰烬层等历史遗迹。二是狠抓市级馆新建、改造和专题博物馆建设。全省共启动实施了10个博物馆、纪念馆的新馆建设工程，15个博物馆、纪念馆改扩建工程。中国书院博物馆、欧阳海故居陈列馆、帅孟奇故居陈列馆、东方红博物馆（民办）、衡阳市奇石文化博物馆（民办）建成开放，张家界博物馆新馆主体工程基本完成，湘潭市博物馆新馆主体工程建设已进入尾声。正在进行新馆建设的还有娄底市博物馆、安化黑茶博物馆、左宗棠纪念馆、炭河里青铜文化博物馆、澧县澧阳平原史前遗址博物馆等。益阳市博物馆、沅江洞庭湖博物馆、罗荣桓故居陈列馆、湘鄂赣革命根据地纪念馆、辰溪县湘西剿匪史料陈列馆等对基本陈列实施了整体提质改造。三是组织编制了《湖南近现代文化名人故居保护利用规划》，总结了"十一五"期间湖南近现代文化名人故居保护利用工作的经验和不足，规划了下阶段的工作重点和基本方向。

2．免费开放

年内湖南列入中央免费开放范围的博物馆、纪念馆由64家增加到73家，另有14家文化文物系统符合中央免费开放要求的博物馆、纪念馆已自行免费开放。湖南省文物局编制了《湖南省免费开放博物馆、纪念馆管理办法》（征求意见稿）和《湖南省免费开放博物馆、纪念馆工作绩效考核暂行办法》（征求意见稿）。除基本陈列外，全省各免费开放博物馆、纪念馆还推出各类临时展览328个。观众数量持续增长，服务质量大幅提升，参观人数达到3400万人次。5月，湖南省博物馆荣获2011年度全国博物馆免费开放"最佳管理创新奖"。

（二）可移动文物保护

加强了对全省各国有文物收藏单位的经常性检查和管理，切实保证馆藏文物安全，落实了馆藏文物安全巡查报告制度、日常检查制度、单位月报制度和季度巡查制度，组织检查组先后赴湘潭、岳阳、娄底等市部分国有文物收藏单位，就馆藏文物保护管理情况进行了专项检查，并对部分文物收藏单位下达了整改通知书。年内，湖南省文物局组织专

2013
中国
文物年鉴

家组对岳阳、长沙的9家国有文物收藏单位新征集的文物进行了鉴定，共鉴定文物1450件（套）。《湖南省华容县元代墓葬出土纺织品文物保护修复方案》《常德博物馆馆藏金属文物保护修复方案》获国家文物局批准。4月17日，全国可移动文物保护工作会议在长沙召开，湖南省文物局作为典型单位进行了经验交流发言。

【社会文物管理】

11月2～4日，第八届全国文物艺术品交流会在湖南省文物总店和湖南古玩城举办。本届交流会参展单位400家，其中国有文物商店48家、台湾玉器协会27家。据统计，参会人员超过1万人次，成交额超过8千万元。

【文博教育与培训】

国家文物局"考古发掘电子审批系统培训班"在湖南召开；分六期组织了省内共30名学员赴京参加"全国县级文物行政部门负责人培训班"学习工作。

【文博宣传与出版】

"湖南发现之旅"品牌影响不断扩大。3月初，根据城步县在第三次全国文物普查中新发现的苗文石刻，组织了"湖南发现之旅——走进城步"大型宣传报道活动，新华社、中新社、湖南日报等12家新闻媒体参加了宣传报道。"文化遗产日""5·18国际博物馆日""文物保护法宣传周"等系列活动开展有声有色，精彩纷呈。全年编辑出版了4期《湖南文化遗产》杂志（内刊），"湖南文化遗产网"采编发布信息500余篇（条），组织人民日报、中国文化报、中国文物报等中央媒体记者前往老司城、凤凰等地开展考察采访活动，全年在省级以上媒体发表关于湖南文物工作的稿件达110余篇（条）。通过积极申报，永顺县成功入选"全国文化遗产知识宣传普及工程试点县"，获得了国家文物局重点支持。

出版方面，湖南省文物考古研究所出版了《里耶秦简（壹）》《城头山遗址与洞庭湖区的新石器时代文化》《湖南简牍名迹》《岳州窑与衡山窑》等专著和《发现湖南》系列丛书，完成了《里耶秦简（贰）》《沅陵虎溪山汉墓》的编撰以及桂阳千家坪遗址、桃江麦子园遗址、沅陵窑头楚汉墓、耒阳阴家巷汉墓的资料整理。常德市文物局负责的《沅水下游汉墓》的整理出版已完成主体工作。

【机构及人员】

截至2012年底，全省有文物机构196个，文物从业人员3995人；博物馆、纪念馆122个，其中文化文物部门主管的99家、行业博物馆6家、民办博物馆17家；共有藏品75万余件（套），其中珍贵文物23万余件（套）。湖南省文物考古研究所荣获"全国文物系统先进集体"，湖南省文物局副局长何强荣获"全国文物系统先进工作者"。

【对外交流与合作】

参加了"意大利大区与中国各省计划·文化遗产保护"活动并邀请意大利专家对湖南文化遗产进行了考察；接待英国考古信托Terry Suthers主席一行对湖南文化遗产的考察；湖南省文物考古研究所与美国哈佛大学、波士顿大学联合对临澧杉龙岗遗址进行考古发掘。

2013
中国
文物年鉴

广东省

【概述】

2012年是"加快转型升级、建设幸福广东"的关键之年。广东省文物工作按照国家文物局、广东省人民政府的总体部署，做好广东省内文化遗产的督察与保卫工作，启动首次广东省海域内文化遗产联合专项执法行动，推动水下文化遗产保护事业发展；继续加强国家重大文化和自然遗产地、重点文物保护单位、历史文化名城名镇名村保护建设，公布了99处第七批广东省文物保护单位；完成了"南澳Ⅰ号"2012年度水下考古发掘工作，《"南海Ⅰ号"沉船现状评估与发掘保护预研究》项目通过专家评审；积极实施文物博物馆惠民工程，开展对全省馆藏文物的巡回鉴定工作，举办了"海上瓷路——粤港澳文物大展"等多项大型展览；努力加强人才培养建设，举办了"中国博物馆教育培训班"等多项培训课程。这一年，广东省文物局围绕省委、省政府中心工作，继续坚持"全面规划、突出重点、统筹安排、加强管理"的原则，坚持文化遗产保护的真实性和整体性，坚持依法保护和科学保护，坚持筑牢基础、抓住重点的工作思路，积极推进广东省文化遗产保护事业。

【执法督察与安全保卫】

广东省文物局会同公安厅技防办、消防局和气象局审核、审批了南越王宫博物馆（南越国宫署遗址）等11处博物馆和文物保护单位的安防、消防或防雷系统工程设计方案。同时，要求各地市认真组织开展汛期文物安全隐患排查工作。为全面保障广东省海域内的文化遗产安全，共同推动水下文化遗产保护事业健康发展，广东省文化厅会同海洋与渔业局制定《广东省管辖海域内文化遗产联合执法工作方案》，并于9月在汕头市启动首次广东省海域内文化遗产联合专项执法行动。

【不可移动文物的保护与管理】

（一）概况

截至2012年底，广东省有全国重点文物保护单位66处、省级文物保护单位506处、市县级文物保护单位2000多处，调查发现的不可移动文物3.7万余处；国家历史文化名城7座，中国历史文化名镇10个、历史文化名村15个，省级历史文化名城16个、历史文化名镇14个、历史文化名村49个、历史文化街区11个。2012年广东省政府核定公布了拱桥岭遗址等第七批广东省文物保护单位99处；积极配合国家文物局做好全国重点文物保护工程的验收工作；组织专家论证名城和文物保护单位保护规划方案；对梅州市城市总体规划、海珠区AH0108规划管理单元（广州塑料制品三厂）控规调整方案等14项规划提出意见和建议；对叶剑英故居等21处文物保护单位的保护规划进行审查。根据国家文物局要求，申报韩文公祠、慧光塔、南华寺、潮州开元寺、广东咨议局旧址、三元里平英团遗址和西汉南越王

2013
中国
文物年鉴

墓墓室本体保养维护等文物保护项目的立项工作；自2月起，广东省文化厅与财政厅联合开展省财政2012年度重点文物保护专项补助经费分配工作，制定并实施了《2012年省重点财政文物保护专项经费竞争性分配方案》，2012年广东省重点财政文物保护专项经费已于8月份下达至全省各地。

（二）大遗址保护

继续推进国家大遗址和广东首批大遗址保护项目的实施。在中央财政和地方财政的大力支持下，南越王宫博物馆负责的曲流石渠及二区西遗址后期保护和西汉南越王博物馆负责的馆藏文物保护数字化项目顺利开展。虎门炮台旧址第二期维修工程设计方案获得国家文物局批复。为配合保护规划编制工作，潮州市政府对笔架山潮州窑遗址发布了围护公告，潮州市文物旅游局组织有关单位对遗址做了勘察、测绘。

（三）全国重点文物保护单位

审核并上报了珠海宝镜湾遗址、潮州道韵楼、南越国宫署遗址（曲流石渠）基坑综合治水等17项全国重点文物保护单位的勘察设计方案；审核并向国家文物局呈报了圣心大教堂建设控制地带内教学楼重建等4项在全国重点文物保护单位保护范围和建设控制地带内进行的建设工程设计方案；组织专家对3处全国重点文物保护单位工程进行竣工初步验收。

（四）世界文化遗产

落实世界文化遗产开平碉楼与村落的日常管理、监测工作，审核、上报在开平碉楼核心区和缓冲区内进行的建设工程方案，跟进开平碉楼认养工作。11月，广东省的南越国遗迹、海上丝绸之路（广东段）成功列入国家文物局世界文化遗产预备名单。

【考古发掘】

（一）概况

2012年组织广东省内考古单位配合大型基本建设工程进行文物考古调查、勘探和发掘项目30多项，调查路线累计近1000千米，调查面积约700万平方米；发掘项目4个，发掘面积累计约5000平方米；积极开展水下文物考古发掘和保护工作。8月，省文物局在广州组织召开《"南海I号"沉船现状评估与发掘保护预研究》项目结项评审会议，《"南海I号"沉船现状评估与发掘保护预研究》项目通过专家评审，为"南海I号"考古发掘与保护提供了科学依据。

（二）重要考古项目

2012年9月，"南澳I号"水下沉船全部文物出水，出水文物3万多件（套），是国内迄今为止水下考古发掘文物最多的一次。发掘期间考古队还对沉船海域进行了水下考古调查，排除了数十个海底沉船疑点。

【博物馆与可移动文物保护】

（一）博物馆

截至2012年底，全省登记注册的各级、各类博物馆和纪念馆共204家，其中文物部门所属博物馆152家、行业性博物馆19家、民办博物馆33家。为了配合广东省可移动文物调查和数据库管理系统项目建设，广东省文物局组织省文物鉴定委员会委员和省文物鉴定站专家开展对全省馆藏文物的巡回鉴定工作。2012年对粤北、粤东地区的馆藏文物进行了巡回鉴定。启动第二批国家一、二、三级博物馆评估定级工作，参评范围包括在文物行政部门正式登记、注册、接受年检的，具有文物、标本的收藏保管、科学研究、陈列展览功能，并且正常对外开放和运行的各类博物馆。全省共有58家博物馆申报，省文物局成立了由12名专家组成的"广东省博物馆评估定级工作委员会"，开展实地测评，召开专家评审会议，向国家文物局推荐出一级博物馆5家、二级博物馆16家、三级博物馆29家，其中深圳博物馆已被公布为国家一级博物馆。全省已实行免费开放的博物馆有166家，其中文物部门所属博物馆125家、行业性国有博物馆14家、民办博物馆27家。

为了加强粤港澳文化文物交流，省文化厅与香港民政事务局、澳门文化局主办了"海上瓷路——粤港澳文物大展"，展览于2012年的5月25日～10月7日在澳门博物馆展出，2012年11月13日～2013年6月13日在广东省博物馆展出，2013年7月19日～2014年2月16日将在香港艺术馆展出。为隆重纪念西藏和平解放61周年，促进广东和西藏两地文化交流，省文化厅和西藏自治区文化厅主办了"雪域瑰宝——西藏文物展"，4月10日～6月28日在广东省博物馆展出。为贯彻落实省主要领导保护发展雷州文化的重要指示，加大对雷州文化的展示力度，省文化厅与湛江市政府主办了"天南重地——雷州历史文化展"，展览于2011年12月27日～2012年2月28在广东省博物馆展出，2012年4月28日在湛江市博物馆展出。

（二）可移动文物保护

经2012年度广东省博物馆年检，全省博物馆共藏有各类藏品2317875件（套）。

12月17日，广东省人民政府召开全省文物工作会议。副省长林少春在会上就《国务院关于开展第一次全国可移动文物普查的通知》（国发〔2012〕54号）和国家文物局工作部署作了动员讲话，要求各地认真落实国务院通知精神，加强组织领导，加强沟通合作，按时保质完成广东省第一次全国不可移动文物普查任务。

【社会文物管理】

根据国家文物局《关于开展第一类文物拍卖经营资质审批工作的通知》和《关于开展〈文物拍卖许可证〉年审工作的通知》要求，开展文物拍卖资质企业、文物拍卖专业人员的审核与申报工作，全省有文物拍卖资质的企业共有15家，其中具有一类资质的4家。开展文物商店的年审和审批工作。对全省文物拍卖标的进行严格审核，全年共审核了29场拍卖会的文物拍卖标的。同时，省文物局会同省文化市场综合执法局对涉嫌违法拍卖的企业行为进行了查处。

【科技与信息】

广东省文物局继续推进"广东明清海防遗存保护研究"项目，组织召开课题组会议。安排经费启动雷州石狗的病害调查及防风化保护研究和文物科技检测技术发展现状调查研究。按照国家文物局的部署开展相关调研，并撰写《广东省海峡两岸文物交流20年》《广东省进一步加强博物馆安全情况》《广东省可移动文物保护工作情况》《广东省可移动文物收藏保管的情况》《广东省世界文化遗产保护管理情况（2006～2012）》等工作报告。

【文博教育与培训】

广东省文物局组织本省文博系统工作者共80多人参加了国家文物局、中国文化遗产研究院等单位举办的2012年全国县级文物行政部门负责人培训、金属类可移动文物保护修复方案编制培训班、文博系统红色旅游培训班、考古发掘电子审批系统培训班、文物外事工作业务培训班、2012年度全国出水文物保护修复培训班、2012年度现代分析技术在文物保护中的应用培训班、馆藏近现代有机类文物保护修复培训班、《中国文物古迹保护准则》——文物保护工程培训班、2012年度民办博物馆馆长培训班、海南省第一期水下考古专业人员培训班、《石质文物保护修复方案编写规范》等3项文物保护行业标准培训班以及2012两岸文博专业人员研习交流活动。1月6～10日，省文物局在广州举办文物保护工程暨保护规划编制业务培训班，培训各文物行政部门文物保护工程管理人员以及已获得或拟申请各级资质的文物保护工程勘察设计、施工、监理单位技术负责人共170多人。省文物鉴定站受海关总署广东分署委托，于4月23～27日为80多名海关工作人员举办了文物鉴定知识培训班；受海南省文物局委托，对3名文物鉴定从业人员进行培训。省文物局、省文物博物馆学会于8月20～25日在东莞虎门成功举办了"广东省文博系统第九期讲解业务培训班"，培训、引导博物馆一线讲解员，开阔他们的眼界，学习国际博物馆先进理念，提高他们的实践操作能力，更好地促进博物馆宣教工作的进步与发展，提升广东省内博物馆公众服务水平。此期培训班共有学员141人，创历史之最。12月11～13日，广东省文物局与中国博协、美国史密森国家博物馆主办中国博物馆教育培训班。培训班由国家文物局领导和史密森机构的三位权威专家授课，学员包括全国各省级博物馆馆长、广东地区二级以上博物馆馆长和部分地级市博物馆馆长约80人。此外，各市县也结合文物保护工作实际举办了相关业务培训，竭力提高文博工作队伍业务水平。

【文博宣传与出版】

举办"5·18国际博物馆日"系列活动。5月13日，粤港澳三地业界人士聚集肇庆"5·18国际博物馆日"广东主会场，启动广东"5·18国际博物馆日"系列活动。此次活动由广东省文化厅和肇庆市人民政府共同主办，广东省文物局、中共肇庆市委宣传部、肇庆市文化广电新闻出版局承办。来自港澳地区和各兄弟市博物馆的同行，驻肇部队官兵，肇庆学院、肇庆市科技职业学院、肇庆工商职业学院和端州区中小学校的师生以及文化界的专家学者、社会热心人士以及新闻记者千余人参加活动。当日，围绕着"处于世界变革中的博物馆——新挑战、新启示"这一主题，主办方在肇庆牌坊广场举办了"肇庆国有、民办博物馆图片展""肇庆市第三次全国文物普查成果图片展""肇庆市非物质文化遗产图片展"三大展览和"砚语堂杯——我爱家乡的文物"少儿绘画比赛等系列活动。其中，博物馆文化产品展示活动区和文物免费鉴定区观众反响热烈，在鉴定展台，100多名文物收藏爱好者携带自己的"宝物"与专家进行了面对面交流。此外，肇庆市博物馆新馆建设受到市民极大关注，不少市民捐款或捐赠文物，以实际行动支持新馆建设。13日下午，主办方举办了利玛窦中西展览馆揭幕、"利玛窦与西洋自鸣钟展览"开幕、肇庆市文物博物馆协会成立大会和广东省文物博物馆协会新一届社会教育专业委员会成立大会等。这些内容丰富、形式多样的现场活动，有效提高了博物馆的亲和力，从而增强全社会参与博物馆和文化遗产保护的良好氛围。

精心组织2012年"文化遗产日"活动。由省文化厅、东莞市人民政府主办的广东省2012年"文化遗产日"活动启动仪式于6月9日下午在石龙镇金沙湾广场举行，活动主题为"文化遗产与文化繁荣"和"活态传承、重在落实"。广东省副秘书长江海燕、省文化厅厅长方健宏等领导出席了启动仪式，全省文化文物管理部门负责人，港澳地区代表，市直相关部门领导，以及东莞市各镇（街）宣传办主任、文广中心主任等400余人参加了仪式。

活动内容有"文化遗产与文化繁荣""粤港澳文化交流""石龙镇第二届中华龙民俗文化节"等展览、展演、比赛项目，具体包括非物质文化遗产传统手工制作技艺展示、"华夏图腾——中国龙文化主题图片展""东莞市文化遗产图片展"。现场还有文物鉴定专家为市民和收藏爱好者免费鉴定文物以及人类非物质文化遗产代表作目录展演。东莞地区各博物馆也开展了富有特色的互动游戏。

此外，审批12项新闻传媒或出版单位拍摄文物的申请，并编撰出版了《绿道明珠》一书，在保障文物安全的基础上，使文化遗产得到宣传推广。

【机构及人员】

广东省文化厅直属文博单位有省博物馆、省考古所、省文物鉴定站和省文物总店。2010年，省文物总店完成转企改制，委托省博物馆全面管理。全省省属文博机构共有行政管理人员59人，其中按学历有博士5人、硕士10人、本科31人、专科8人；专业人员145人，其中按职称有正高级职称11人、副高级职称19人、中级职称40人、初级职称63人，按学历有博士22人、硕士41人、本科73人、专科11人。管理及专业人员中，35岁以下的占35.8%，36至45岁的占19.1%，46至55岁的占38.2%，56岁以上的占6.9%。

全省共有文物行政管理机构30个，从事文物保护管理的工作人员270人。全省有文物科研机构5个，从业人员116人；文物系统内有博物馆169家，从业人员3136人；文物商店6家，从业人员107人；其他文物机构3个，从业人员110人。总从业人员3739人，其中高级职称173人、中级职称484人。

广东省政府于12月17日下午在广州组织召开2012年全省文物工作会议，各地级以上市分管文化（文物）副市长、各市（县、区）文物行政部门负责人、省有关单位负责人、省文化厅厅属文博单位负责人以及新闻媒体代表共240余人参加了会议。会上，广东省人力资源和社会保障厅与文化厅联合表彰了文物系统先进集体25个、先进工作者40名。广东省文物局还为全省从事文博工作20年以上的人员（1031人）颁发了荣誉纪念证书。

【对外交流与合作】

积极实施粤港澳文物交流与合作项目。第十三次粤港澳文化合作会第三组工作会议分别在澳门、香港、广州召开，讨论了关于"岭南考古三十年成果展""岭南派艺术传承——赵少昂作品大展""非常道——当代中国水墨画展览"以及粤港澳流动博物馆、区域博物馆证、粤港澳博物馆馆长论坛、中英街界石保育工作等事宜；积极承办海峡两岸文化遗产保护论坛。在两岸文化遗产部门的共同推动下，由中华文物交流协会和台湾沈春池文教基金会主办、广东省文物局承办的第四届海峡两岸文化遗产保护论坛于12月2～11日在广东举办，主题是"文化遗产的法制与管理"，来自中国内地和台湾文博系统及高校的专家学者60余人参加。期间，专家学者围绕主题进行了多场精彩的主旨报告、论文发表及综合讨论，是一次海峡两岸文化遗产保护理念碰撞的盛会。

此外，审核、办理"南国瓷珍——潮州窑瓷器精品展"等出境展览。

广西壮族自治区

【概述】

广西壮族自治区人民政府与国家文物局签署《关于共同推进广西文化遗产保护工作框架协议》。自治区编委批准文化厅内设自治区文物局，并增加博物馆与文物安全督察处和5名机关编制；广西文物保护与考古研究所、桂林市文物局等文物管理机构相继成立。完成花山岩画本体抢救性保护第一期工程和平台地基加固工程，并通过了验收。完成容县黄绍竑故居、北海近代建筑城仔教堂等113项重点文物维修保护工程。开展湘桂铁路等40项重点建设工程用地的文物调查和考古勘探、发掘等工作。签署《福建、广东、广西、海南省区水下文化遗产保护合作框架协议》，共同推进南海周边4省区的水下文化遗产保护和利用工作。建成开放柳州工业博物馆等20家博物馆。全年举办中国·东盟（广西）艺术品交流交易博览会和"丹青桂韵——馆藏桂籍及旅桂书画名家作品展"等基本陈列和专题展览467个。《广西壮族自治区左江岩画保护办法》审议通过并施行。破获桂林靖江王陵石刻被盗等案件，追回被盗文物。与自治区海洋局签署《关于合作开展广西管辖海域内水下文化遗产保护工作的框架协议》，并开展2012年度广西管辖海域内水下文化遗产联合执法专项行动。成功举办中国·南宁"5·18国际博物馆日"主场城市活动。举办各类培训班，培训基层文博人员200多人。

【法规建设】

配合自治区法制办起草了《广西壮族自治区文物保护管理条例（修订稿）》，《广西壮族自治区文物保护条例（修订草案）》经自治区人大常委会通过一审。《广西壮族自治区左江岩画保护办法》经自治区第十一届人民政府第110次常务会议审议通过，2012年12月1日起施行。12月17日，自治区法制办、文化厅联合举行《广西壮族自治区左江岩画保护办法》新闻发布会。下发了《广西博物馆、纪念馆基本陈列内容设计方案编制、评审、审批暂行办法》《全区重点文物抢救保护专项经费管理办法》，研究、起草《广西壮族自治区博物馆、纪念馆免费开放专项经费使用管理办法》初稿，并向全区文化行政部门和文化厅直属博物馆征求意见。

【执法督察与安全保卫】

年内，公安、文物部门联合破获桂林靖江王陵石刻被盗等案件，桂林市公安局抓获违法犯罪团伙嫌疑人19人，追回被盗文物。继续补助10个县级文物保护管理机构和大遗址保护管理机构购置重点文物保护及文物执法交通工具。各地积极配合公安、检察、法院等部门开展涉案文物鉴定工作，协助查处文物违法案件。对桂林、柳州、崇左、贺州4市文化（文物）行政部门、执法机构开展文物保护单位文物行政执法巡查。对钟山县龙道村古建筑群危房被拆等进行文物行政执法督察，组织开展全区文物博物馆单位遭受洪涝灾害和抢险救灾工作、

2013 中国 文物年鉴

2012文物安全隐患排查整治专项活动工作，共检查文物博物馆2870处，排查隐患412项，整治隐患299项。6月26日，自治区文化厅与自治区海洋局签署《关于合作开展广西管辖海域内水下文化遗产保护工作的框架协议》，并对广西管辖海域水下文化遗产联合执法。

【不可移动文物的保护和管理】

（一）概况

2012年，国家发展和改革委员会、财政部、国家文物局补助广西大遗址保护、红色旅游、抢救性文物保护等重点文物保护专项经费2.18亿元，自治区本级财政预算增加抢救性文物保护经费1000万元。完成容县黄绍竑故居等113项重点文物保护工程。组织完成第三次全国文物普查后续工作和广西传统村落调查工作。各地积极完成公布本地不可移动文物名录等第三次全国文物普查后续工作，一批市县公布了重点文物保护单位，编辑出版第三次全国文物普查成果汇编或专著。玉林市表彰第三次全国文物普查先进集体和先进个人。指导完成广西城乡风貌改造和广西特色名镇名村建设涉及文物的保护工作。完成广西传统村落调查上报住房城乡建设部、文化部、国家文物局、财政部工作，广西有39个村落列入第一批中国传统村落名录中。

（二）大遗址保护

2012年，国家投入3000万元用于合浦汉墓群禁山重点保护区、四方岭密集区墓葬、靖江宪定王陵遗址、靖江荣穆王陵遗址保护。靖江王陵、合浦汉墓群大遗址保护和靖江王陵、甑皮岩遗址国家考古遗址公园建设工程以及靖江王陵安防工程顺利实施中。靖江王陵、甑皮岩考古遗址公园建设工程全面启动，合浦汉墓群四方岭保护区、桂林靖江王陵宪定王陵遗址、荣穆王陵遗址保护及环境整治的保护方案通过国家文物局审批。

（三）全国重点文物保护单位

完成花山岩画本体抢救性保护第一期工程和平台地基加固工程，并通过验收，花山岩画本体保护工程第二期工程、花山岩画保护监测站建设工程规划设计和征地等工作已开展。自治区党委书记原书记郭声琨、自治区主席马飚先后到花山岩画保护现场视察。10月10日，马飚主席在视察花山岩画保护工程后召开现场办公会，高度肯定自治区文化厅组织开展的保护工作，并决定安排花山岩画及左江岩画保护建设和开发利用经费5000万元。完成容县黄绍竑故居、北海近代建筑城仔教堂等113项重点文物保护工程。完成连城要塞遗址及友谊关文物保护总体规划和大、小连城文物保护规划等7个文物保护规划以及兴安灵渠等29个维修保护、消防、技术等方案编制工作，并上报国家文物局。

（四）世界文化遗产

9月，灵渠、花山岩画文化景观、海上丝绸之路、侗族村寨列入国家文物局更新的中国世界文化遗产预备名单。其中，灵渠、花山岩画文化景观为广西独立申报，海上丝绸之路为广西与广东、福建、浙江、江苏、山东等共6省（区）9市联合申报，侗族村寨为广西和贵州、湖南3省（区）6县联合申报。11月27日，自治区文化厅召开广西申报世界文化遗产工作会议，部署今后申报工作。

【考古发掘】

（一）概况

2012年，自治区开展了梧州至柳州高速公路、西气东输二线供气支线等30多个重点建设工程用地范围内的文物调查、考古勘探工作，完成贵阳至广州铁路恭城段何家厂墓群、广西沿海铁路钦州至北海扩能改造工程合浦段古墓等10个基本建设工程项目考古发掘。指导发掘平果县感桑遗址、社山贝丘遗址等。组织考古单位和相关科研院所积极参与靖江王陵保护、考古遗址公园建设项目的考古调查、勘探、发掘和研究等工作。组织开展广西文化遗产保护与利用人才小高地建设项目的考古课题研究。与福建、广东、海南三省签署了《福建、广东、广西、海南省区水下文化遗产保护合作框架协议》，共同推进南海周边4省区的水下文化遗产保护和利用工作。全年完成考古调查面积151000平方米，考古勘探面积97449平方米，考古发掘面积5094平方米，发掘古墓葬10座，抢救保护一批重要文物。

（二）重要考古项目

1. 感桑遗址考古项目

位于平果县马头镇那厘社区内感桑屯那林台地上，属商至宋代文化遗址。2011年12月19日，那林发现二十多块有刻划字符的石片。为解决刻字石片的年代等问题，2012年2月，广西文物保护与考古研究所对感桑遗址进行考古试掘。试掘面积141平方米，出土大量的陶瓷片、石器、蚌器、兽骨以及钱币等遗物，遗迹仅见柱洞。陶片以夹砂绳纹陶片为主，石器主要有斜刃石锛、磨光石斧，蚌器为蚌刀，有穿孔和不穿孔两种。通过对地层中的炭粒进行年代测定，刻划字符石片的年代为距今2500～2900年。这批古石刻文字，为了解该地区社会与文化的发展提供了新的实物资料。

2. 雷懂遗址考古项目

位于南宁市坛洛镇雷懂新、旧村之间，属新石器时代。因南宁市坛洛镇雷懂村村民种植香蕉耕地翻出大量石铲及残片，5月14日，广西文物保护与考古研究所会同南宁市博物馆对该遗址进行了抢救性发掘。发掘面积75平方米，清理出灰坑1个，出土石铲和毛坯及半成品。石铲7件，体型均较小，制作精美，工艺水平较高。此次发掘成果为研究大石铲的年代、性质以及加工工艺提供了宝贵的实物资料。

3. 大岩遗址考古项目

位于临桂镇二塘行政村小太平自然村东南约500米的下岩门山北麓，属新石器时代。为全面、准确的了解大岩遗址的功能分区和整体文化面貌、源流传承等问题，2012年11月～2013年1月，中国社会科学院考古研究所、广西文物保护与考古研究所、桂林甑皮岩遗址博物馆、桂林市文物工作队等单位联合对大岩遗址进行发掘。发掘面积20平方米，发现灰坑等遗迹现象，出土数量较多的石器、骨器、蚌器、陶器等文化遗物和大量的水、陆生动物遗骸。石器大部分为砾石打制石器，器形为砍砸器、石锤等；骨器多为磨制的锥、铲类；蚌器多穿双孔或单孔；陶器全为碎陶片，以夹砂陶为主，陶色有灰、灰黑、红褐、灰褐，纹饰有绳纹、刻划纹等。这次发掘再一次发现了原始的陶片，证明本地陶器制作从发端到发展自成一体，具有自身的发展与演变规律，对探讨我国陶器起源具有重要意义。同时遗址出土较多稍晚于甑皮岩遗址第五期的文化遗物，有助于建构桂林史前文化序列。

4. 靖江王陵遗址考古项目

位于桂林市靖江路尧山，属明代。为配合桂林市靖江王陵考古遗址公园建设需要，2012年10月～2013年1月，广西文物保护与考古研究所会同桂林市靖江王陵文物管理处、桂林市文物工作队等单位对靖江王陵第五代昭和王陵、第十代温裕王陵的陵园范围内进行考古清理工作。共计布10米×10米探方276个，其中昭和王陵198个，温裕王陵78个；实际进行考古清理探方95个，面积共计9500平方米，出土了大量风格迥异的明代建筑构件。此次考古清理，全面了解了两处陵园的建筑布局、构筑方式，为下一步有关明代靖江王陵的考古工作提供了指引，为各类保护提供了有力的依据，为建设靖江王陵国家考古遗址公园奠定了坚实的基础。

5．后背山遗址和墓葬考古项目

位于苍梧县大坡镇松柏村道院村民小组东南面的后背山岭坡上，遗址属六朝时期，墓葬属明代。为配合西气东输二线工程建设，7～9月，广西文物保护与考古研究所会同苍梧县文物管理所对后背山遗址和墓葬进行了抢救性发掘，清理墓葬1座、灰沟2条、灰坑6个。灰沟和灰坑出土陶器残件、铁渣、模范碎块等，陶器可辨器型有瓮、罐、釜、壶、碗、钵、盆、纺轮等数十种，多为生活用器。冶炼模范周围分布有一些附属的小沟槽和柱洞，填土呈灰黑色，含炭屑和铁渣颗粒。墓葬为土洞墓，墓道斜坡式，墓室为单室，向山体垂直掏入，横截面呈拱形，底平面为长方形，长2.26、宽0.52、高0.64米，用砖块与膏泥封门，棺木和人骨已朽而无存，无随葬品。

6．社山贝丘遗址考古项目

位于东兴市江平镇交东村西部的社山上，属新石器时代晚期，为广西壮族自治区文物保护单位。为了配合新农村建设及进一步了解社山贝丘遗址的文化内涵，2～3月，广西文物保护与考古研究所对遗址进行试掘。试掘范围2.7米×2米，出土石器、陶片、水陆生动物遗骸等。石器多为打制石片石器，还有少量石斧、石杵、砺石等。陶片均为夹砂陶，纹饰以绳纹为主，还见少量附加堆纹等，可辨器型有罐、釜类；水生动物遗骸多为海水螺、贝类以及龟（或鳖）和各种鱼骨等，一些骨头上有明显经火烧过的痕迹。这些文物为进一步认识和研究社山贝丘遗址的文化内涵、性质、年代、生业模式等问题提供了珍贵实物资料。

【博物馆与可移动文物保护】

（一）博物馆

2012年，指导完成柳州工业博物馆、崇左壮族博物馆等20个博物馆、纪念馆的建设开放工作，南宁市、桂林市等一批博物馆正在建设中。委托柳州市文化局开展民办博物馆设立审批试点，探索民办博物馆建设经验。指导推进龙胜龙脊壮族生态博物馆全国生态（社区）博物馆示范点项目建设。多方筹集资金实施博物馆陈列展览提升工程，改造和提升一批博物馆、纪念馆的基本陈列。全区各级文物收藏单位收藏文物42.93万件（套），全年征集文物53536件（套）。举办中国·东盟（广西）艺术品交流交易博览会和"柳州工业历史陈列"等基本陈列184个，"丹青桂韵——馆藏桂籍及旅桂书画名家作品展""广西民间收藏精品大展""吉金华章——宝鸡青铜器珍品特展"等专题展览283个，接待观众1190.97万人次，其中未成年人295.04万人次。

（二）可移动文物保护

2012年，国家安排可移动文物保护专项经费425万元，自治区安排全区可移动文物保护工程专项配套经费60万元，组织开展广西民族博物馆馆藏青铜器（铜鼓）和民族服饰、广西博物馆青铜器和铁器、广西自然博物馆藏品修复与装架、桂林博物馆民族服饰以及梧州市博物馆馆藏青铜器、字画保护与修复工作。

【文博教育与培训】

8月14～16日，自治区、市两级文化和海洋部门分别组织3期有关管辖海域内文化遗产联合执法培训班，自治区及相关市县有关单位共90余人参加了培训。10月28日～11月28日举办、承办广西文物博物馆安全管理人员培训班、广西文博事业高级管理人才培训班、2012年全区文物考古调查发掘培训班，共培训基层文博人员200多人。选派相关管理人员和专业人员参加全国各类业务培训。桂林市举办全市文博系统单位领导及安全骨干人员等的文物安全培训班、文博单位讲解员培训班。玉林市等举办了文化遗产管理干部培训班。

【文博宣传与出版】

5月18～20日，国家文物局、自治区人民政府联合在南宁举办"中国·南宁国际博物馆日"主场城市活动，文化部副部长、国家文物局励小捷局长和广西壮族自治区马飚主席、李康副主席等领导出席，来自全国省级文物行政部门负责人、博物馆专家和南宁市各界代表1000多人参加。举办了广场宣传活动、"传承文化　强国惠民——全国博物馆、纪念馆免费开放成果展"、博物馆免费开放最佳做法研讨会等20多项活动。这是国家文物局首次在少数民族地区举办国际博物馆日主场城市活动。5月19日在柳州市举办了柳州工业博物馆开馆仪式，励小捷局长与李康副主席出席开馆仪式。围绕2012年"5·18国际博物馆日""文化遗产日"活动主题组织开展广西文化遗产保护宣传月，活动期间各地各文博单位组织开展了形式多样、生动活泼的宣传活动，取得良好效果。

2012年，广西文物考古研究所编著《百色革新桥》，由文物出版社出版。广西文物考古研究所编《广西文物考古报告集：1991～2010》，由科学出版社出版。蒋廷瑜著《广西考古通论》，由广西科学技术出版社出版。广西壮族自治区博物馆、广西文物考古研究所、广东省博物馆、云南省博物馆、海南省博物馆、贵州省博物馆编《广西与东盟青铜文化学术研讨会论文集》，由科学出版社出版。广西壮族自治区博物馆、广西文物考古研究所编《博物馆与记忆——广西壮族自治区博物馆第四届学术研讨会论文集》，由广西科学技术出版社出版。广西壮族自治区文物局、南宁孔庙博物馆编《广西孔庙》，由广西人民出版社出版。柳州博物馆编《柳宗元柳州诗文选萃》，由凤凰出版社出版。蒋远金主编、广西柳州白莲洞洞穴科学博物馆编著《柳州白莲洞博物馆文集》，由广西科学技术出版社出版。柳州工业博物馆编《从桂中商埠到工业名城：柳州工业发展史话》，由广西师范大学出版社出版。右江民族博物馆编《亚洲人类智慧之光：百色旧石器考古探秘之旅》，由广西师范大学出版社出版。

【机构及人员】

（一）机构总数及分类数

广西共有各级文物博物馆机构154个，其中文物行政主管部门4个、博物馆（纪念馆）79个、文物管理所（站）60个、文物商店4个、文物考古研究所1个、文物考古工作队（考古队）3个、文物保护研究设计中心1个、文物拍卖企业2个，形成了覆盖全自治区的三级文物保护网络。2012年新增各级文物博物馆机构9个，其中新增文物行政主管部门1个、新增博物馆（纪念馆）8个、新增文物拍卖企业1个，取消变更文物管理所（站）1个。

全区文博系统从业人员2700人，具有专业技术人员839人，其中正高级职称人员43人、副高级职称人员92人、中级职称人员330人。新增从业人员1078人，新增具有专业技术人60人，其中新增高级职称人员21人、中级职称人员34人。

（二）表彰情况

百色起义纪念馆和桂林甑皮岩遗址博物馆周海馆长分别荣获人力资源和社会保障部、

2013
中国
文物年鉴

国家文物局颁发的全国文物系统先进集体和先进工作者称号。广西文物保护与考古研究所熊昭明列入广西第十五批新世纪"十百千人才工程"第二层人选名单。广西民族博物馆获得国家民委授予的第三批全国民族团结进步教育基地称号。

【对外交流与合作】

参与承办赴新加坡、韩国、土库曼斯坦的广西文化遗产展。10月19日，越南文化体育旅游部文化遗产司副司长、国家文物评估委员会副主席阮国雄为团长的越南文化体育旅游部代表团一行9人参观广西博物馆、广西文物商店等文博单位，并与自治区文物局、广西博物馆和广西文物商店代表就博物馆陈列展览技术、文物商店的设立及民间文物流通管理等方面进行了交流。

【其他】

5月17日，自治区人民政府主席马飚与文化部副部长、国家文物局局长励小捷在南宁签署《国家文物局、自治区人民政府关于共同推进广西文化遗产保护工作框架协议》，区局合作共同推进广西文化遗产保护工作。

12月6日，广西壮族自治区机构编制委员会批复调整自治区文物管理机构设置和人员编制（桂编〔2012〕227号），在自治区文化厅内设自治区文物局，并增加博物馆与文物安全督察处和5名机关编制。10月9日，广西壮族自治区机构编制委员会批复同意设立广西文物保护与考古研究所（桂编〔2012〕153号），广西文物保护与考古研究所从广西博物馆分离建制。桂林市文物局和崇左市壮族博物馆、贺州市文物管理所、临贺故城管理处相继成立，防城港市、来宾市和崇左市成立市博物馆机构，龙胜龙脊壮族生态博物馆和贺州客家生态博物馆落实人员编制。

2013
中国
文物年鉴

海南省

【概述】

截至2012年，海南省共有国家重点文物保护单位14处、省级文物保护单位94处、市县级文物保护单位375处。全省有各类博物馆、纪念馆29家，其中有19家文化文物部门归口管理的公共博物馆、纪念馆列入国家免费开放名单，还有一批博物馆、纪念馆自行向社会免费开放。全省国有文物收藏单位文物总量约9万多件，其中一级文物90件、二级文物341件、三级文物2047件。

【法规建设】

为了使文物保护意识深入人心，开创全民保护文物的新局面，海南省文物局和各级文博单位充分利用"5·18国际博物馆日"和"文化遗产日"开展形式多样、丰富多彩的活动，全面地宣传报道海南的历史文化遗产，向社会广泛宣传《文物保护法》等文物政策法规，取得了良好的效果。通过宣传活动，大大提高了文物工作和博物馆的知名度，缩短了文物、博物馆与社区和公众之间的距离。

此外，各市县也开展了相关的宣传活动，同时也加大宣传了国家和海南省的文物政策法规，让更多的人了解了文物、博物馆和文物法规，使文化遗产保护意识深入人心、家喻户晓，从而形成了全民自觉保护文化遗产的良好社会风气。

【执法监督与安全保卫】

自《文物保护法》颁布实施以来，海南省政府及文物行政管理部门按照"保护为主，抢救第一，合理利用，加强管理"的方针，认真落实科学发展观，不断加大文物保护工作力度，扎实开展文物保护、管理、宣传等各项工作，使文物保护法得到切实有效的贯彻执行，文物保护事业得到了健康有序的发展，文物保护工作走上了科学、规范、法治化的轨道。

截至2012年底，海南省有文物行政执法机构23个，执法人员166人（其中49名经过培训考试合格取得由国家文物局颁发的文物行政执法证）。文物执法机构和制度建设逐步加强，为文物的安全保护工作打下了良好的基础。为强化文物行政执法督察和安全监管职能，2006年，海南省文物局在省文化市场稽查总队体制内成立了海南省文物执法大队，负责全省文物执法督察工作。各有关部门加大文物行政执法力度，确保文物安全。进一步加大对博物馆馆藏文物的安防巡查、检查力度，及时排除安全隐患，从而确保文物安全，2012年全省没有因为安防问题而导致文物受损的事件发生。同时，海南省各级文物部门与城建、国土资源、公安等相关部门和部分乡镇密切配合，开展打击文物犯罪活动，打击文物保护单位保护范围内的违法违规建设活动。另据统计，截至12月底，全省共出动860多人次检查文物市场，文物市场检查执法取得一定成效。文物市场工作的重点市县执法成效明

2013 中国 文物年鉴

显，如琼海市不断加强文物市场的管理工作，成立了文物执法工作检查小组，市委、市政府每年都对该市的文物保护工作情况进行检查。文体部门加大执法力度，确保每三个月对文物保护单位检查一次，加大对国保、省保、市保文物的巡查，严查文物走私违法行为。

近年来，受利益驱使，一些不法分子盗采水下文物事件时有发生。因此，文物、海监等部门联合开展制止、查处、打击文物违法犯罪的行动刻不容缓。2012年9月18日7时，由14名中国海监海南省总队和海南省文化市场稽查执法队员组成的联合执法小组首次打击盗窃水下文物执法行动从海口港开始，登上渔船进行检查并对渔民进行宣传教育。"中国海监2131艇"在9个小时内共航行180海里，在海口港至琼州海峡东口一带海域，根据相关资料数据精确定位，开展巡查。海南省海监部门将与文物保护部门形成联合执法长效机制，发挥各自优势，坚决遏制和打击非法盗采水下文物，为南海水下文物保护拉起一道防护网。

2012年，海南省文物局与执法部门联合行动，通过开展水下文化遗产执法巡查，共缴获非法打捞的南海水下文物1400多件，获得违法案件线索22个。在西南中沙群岛海域发现水下文化遗存124处、线索12处，并首次在南海海域发现元代青花瓷器；"华光礁I号"水下考古项目成功实施；根据地理和文物埋藏情况，拟划定北礁、华光礁、玉琢礁、永乐环礁等4个遗址保护区；开展海上大遗址监测实验等全国开创性工作；同时，还举办水下考古专业技能培训班，加强水下人才队伍建设。

2012年，海南省文物局还开展了昌江混雅岭、昌化江流域史前文化考古勘察，定安老县衙遗址、海口儒符石塔等项目的考古发掘；对海南省古代遗址开展调查，在陵水县内发现了桥山、莲子湾、陆仔湾、六岭下等重要史前文化遗址。

6月14日上午，海南省文物局与边防部门在潭门渔港共同举办"南海伏季休渔期法制宣传暨水下文物保护启动仪式"，此举旨在增强南海渔民法制意识和保护水下文物的意识。

南海是古代"海上丝绸之路"必经之地，有丰富的水下遗存，南海水下文物是中国文化遗产的重要组成部分，除经济、艺术、科研价值之外还具有独特的历史价值，在维护国家主权、解决领土争端中发挥着不可替代的重要作用。

目前，南海破坏程度超过80%的文物遗址已超过一半，加强水下文物保护刻不容缓。2000年以来，仅琼海潭门边防派出所就缴获各类水下文物2000余件，其中国家一、二级保护文物1000余件。为了更好地保护南海水下文物，海南省将在西沙北礁、华光礁、玉镯礁、永乐环礁等盗掘频繁的区域划定4个水下文物遗产保护区。

潭门边防派出所将利用"南海海上110"对作业船只进行严格监管，继续编印《法制宣传单》宣传文物保护知识，通过与渔船逐一签订《水下文物保护责任书》和"文明守法船"的评比，引导发动渔民参与文物保护工作。

加强海南省文物执法队伍建设和培训，不断提高执法水平。6月19～21日，海南省文化市场稽查总队举办了全省文化市场政策法规培训班，全省各级稽查队共180人集中参加了培训，此次培训以强化法律意识、增强依法行政能力为主旨，以提高运用法律知识、法律技能解决执法难题的能力为重点，切实提高文化综合执法队伍依法行政执法能力，采取专家授课、经验交流和理论考试等多种形式。

3月9日，海南省政府与国家文物局在京签署《关于共同推进海南国际旅游岛文化遗产保护工作战略合作框架协议》，双方合作推动水下文化遗产保护南海基地、海南省博物馆等一批重点项目的建设，加强海南文化遗产保护工作，从而把海南建设成为独占鳌头、不可替代的海洋文物大省。文化部副部长、国家文物局局长励小捷，海南省委常委、宣传部长、副省长谭力出席签约仪式并分别在框架协议书上签字。根据协议，双方在推进国家水下文化遗产保护南海基地建设、加强南海水下文化遗产保护与执法工作、做好海南省博物馆体系建设、共同做好文化遗产保护利用、推动文化遗产保护成果惠及民生等领域达成战略合作。在此框架下，国家文物局将从政策指导、资金安排、项目实施、人才培养等方面进一步对海南倾斜，加大对海南文物事业的支持力度。

据文物普查资料显示，海南岛陆地上共登记不可移动文物4000多处，全国重点文物保护单位14处，国家级历史文化名城1座、历史文化名镇4个、历史文化名村3个、中国历史文化名街1条，黎锦列入世界非物质文化遗产。海南所辖水域也有着丰富的水下文化遗产，迄今已发现各类水下文化遗存122处。随着海南国际旅游岛建设上升为国家战略，文化旅游正在成为海南旅游的新亮点，把海南建设成为海洋文物大省正面临着难得的机遇。

【不可移动文物的保护和管理】

（一）概况

至2012年，海南省共有国家重点文物保护单位14处，省级文物保护单位94处，市县级文物保护单位375处。编制完成《五公祠保护规划》《海瑞墓保护规划》《丘濬墓保护规划》《东坡书院保护规划》《儋州故城保护规划》《海口历史文化名城保护规划》《三亚市落笔洞遗址保护和利用规划》《蔡家宅保护规划》《中共琼崖一大旧址保护规划》；编制完成儒符石塔、青云塔、陵水县苏维埃政府旧址、崖城城墙、三亚关东骑楼街、五公祠、溪北书院、美榔双塔、秀英炮台等文物保护单位的维修设计方案；共投入国家级、省级经费3900万元用于五公祠、海瑞墓、丘浚墓、儒符石塔、感恩县学宫、溪北书院、符家宅、玄达先师塔墓、顺德会馆、张岳崧故居、西沙永兴岛法日炮楼、东坡书院等文物保护单位的维修、安防等工程和南海水下文化遗产调查项目。

（二）大遗址保护

拟定将西沙群岛海域华光礁、北礁、玉琢礁、永乐环礁四个区域水下文化遗产申报为大遗址，正在进行前期调研工作。下一步将编制保护方案。

（三）全国重点文物保护单位

2012年，共有全国重点文物保护单位14处，其中古遗址4处：落笔洞遗址、甘泉岛遗址、北礁沉船遗址、儋州故城；古墓葬2处：海瑞墓、藤桥墓群；古建筑4处：美榔双塔、丘浚故居及墓、东坡书院、五公祠；近现代重要史迹及代表性建筑4处：中共琼崖第一次代表大会旧址、秀英炮台、蔡家宅、陵水县苏维埃政府旧址。全国重点文物保护单位安全状况良好。

【考古发掘】

开展2012年西沙群岛水下文化遗产保护执法巡查工作，对北礁、永乐群岛和中建岛海域进行了执法巡查，共对24处水下文化遗存进行了调查，其中复查12处、新发现12处，另外取得线索3处。

配合基本建设考古工作顺利开展，完成了国电海南西南部电厂工程项目建设用地、海南炼化100万吨/年乙烯及炼油改扩建工程建设用地的考古工作，完成了海南迈湾水利枢纽工程建设征地范围内文物影响评估工作，红岭灌区工程建设用地和新建海南西环铁路工程建设用地的考古工作正在推进当中。

取得史前遗址重要考古发现。海南省文物考古研究所通过与中国社会科学院考古研究所合作，对海南省古代遗址开展调查工作。在陵水县内发现了桥山、莲子湾、陆仔湾、六岭下等史前文化遗址，其中陵水县三才镇桥山遗址为海南省迄今发现的最大的史前遗址，其面积之大、堆积之丰厚、遗物之丰富、保存之完好在整个华南地区都极为罕见。

【博物馆与可移动文物保护】

（一）博物馆

海南省委、省政府高度重视博物馆发展，积极推进国家水下文化遗产保护南海基地、国家南海博物馆、西沙永兴岛南海水下考古工作站、海南省博物馆二期工程的建设。国家水下文化遗产保护南海基地和国家南海博物馆选址已完成前期对接工作，两个项目落户在海南国际旅游岛先行实验区内，选址在黎安港泻湖西侧的走客村一带。南海基地用地面积约100亩，投资规模约3亿元；国家南海博物馆用地面积约150亩，投资规模约7亿元，目前已完成可研工作，并向国家发改委提交了立项报告。海南省博物馆二期工程已动工建设。

在国家文物局及海南省委、省政府大力支持、关心下，由国家文物局划拨的1200多件珍贵文物入藏海南省博物馆，并成功推出"陶瓷撷英——国家文物局划拨海南省博物馆入藏文物特展"。

海南省各博物馆立足海南自身特点，全力打造精品展览。全年举办陈列展览近百个，接待观众百万人次。成功举办"人性与爱·李自健油画新世纪巡展""生命的印记——史前地球生物展""海贸遗珍——清代广州外销艺术品展""二十世纪中国书画大师系列展·齐白石"等。为配合海南国际旅游岛建设，在引进展览时注重加强国际间的文化交流与合作、先后举办了"琼岛踪影——75年前2名美国青年的探险之旅""时代肖像——芬兰摄影师眼中的海南""来自撒哈拉的问候——非洲雕刻文物艺术展"等多个展览，在社会上引起较大反响，极大地发挥了博物馆文化窗口的重要作用。海南省博物馆获批"国家一级博物馆"。

推动生态博物馆项目建设，经实地考察、市县上报、专家评审，首批推荐留客村华侨文化生态博物馆、百里百村生态博物馆、峨蔓盐田生态博物馆、呀诺达自然生态博物馆、槟榔谷民俗生态博物馆、万泉河大峡谷生态博物馆6个单位为海南省第一批省级生态博物馆，并上报省政府。

（二）可移动文物的保护

依托国家重点文物保护项目专项经费的支持，海南省博物馆对"华光礁Ⅰ号"出水木质文物、陶瓷器及铁器文物进行保护处理。陶瓷器文物拍照存档1000余件，在南京博物院专家指导下进行了脱盐、凝结物处理修复了31件，铁器文物拍照存档、脱盐处理100余件；木质船板文物拍照存档、脱盐处理511件。此外，对馆藏7门古铁炮进行除锈、脱盐处理，与中国文化遗产研究院合作对馆藏石质文物进行保护，有力的推动了全省文物保护工作。

2012年海南省博物馆申请海南省自然科学基金一项，和中国文化遗产研究院课题合作一项，承担馆藏古铁炮保护处理一项，有力加强了文物科技保护技术人员的科研能力。

可移动文物保护人才队伍建设得到稳步发展。海南省高度重视文物保护专业人才队伍建设，以重大项目为依托，经常性开展业务培训，培养了一批专业技术力量，使文物保护工作水平有较大提高，文物保护专业人才队伍建设迈上新的台阶。

认真贯彻落实《国务院关于开展第一次全国可移动文物普查的通知》（国发〔2012〕

2013
中国
文物年鉴

54号）精神，全面启动海南省第一次全国可移动文物普查工作。成立全省第一次全国可移动文物普查领导小组，规范、有序、高质量地推进全省可移动文物普查工作。

国有文物收藏单位文物藏品总量约4万件，其中经鉴定为一级文物的80余件、二级文物250件、三级文物1280件。

【社会文物管理】

截至2012年底，海南省共有海南泰达拍卖有限公司（已获得由国家文物局颁发的文物拍卖一类资质证书）和海南安达信拍卖有限公司（已获得由国家文物局颁发的文物拍卖二、三类资质证书）两家拍卖公司。

2012年，海南泰达拍卖有限公司取得国家文物局颁发的文物拍卖一类资质证书后，积极配合海南省欢乐节文化活动，于12月23日在海口市举行了2012年海南泰达秋季艺术品拍卖会。本次拍卖会原报上拍标的281件，经严格审核筛选，对郑板桥、武中奇作品及象牙、犀牛角制品等进行撤拍，实际上拍标的248件，成交105件，成交总额9044.97万元。

【科技与信息】

开展"华光礁Ⅰ号"三维激光扫描测量、逻辑复原建模工作。"华光礁Ⅰ号"沉船船体常规保护尚需较为漫长的时间，启动"华光礁Ⅰ号"沉船三维激光扫描测量、逻辑复原项目的研究，可以较好地解决二期陈列面临的展品利用滞后的问题。

该项目拟采用影像数据采集手段，建立起沉船实物三维或模型数据库，以保存沉船原有的各项型式数据和空间关系等重要资源，实现沉船的科学、高精度和永久保存；同时结合测绘技术、逻辑修复技术，场景touch还原技术，可将沉船的展示、保护水平提到一个新的高度，实现省博物馆二期工程展示内容质的飞跃。

该项目由海南省文物局负责指导，从组织、实施到结项约需7个月时间，项目完结后可以直接转化为船体复原、陈列场景效果以及后续的衍生文化产品开发（如电子船模、益智游戏、船模纪念品等），服务更加广泛的社会群体。

【文博教育和培训】

11月24～26日，海南省文物局在万宁市举办了"2012中国南海出水古陶瓷暨南方色釉陶瓷国际研讨会"。本次会议有来自9个国家及地区的130多位国内外有关专家出席。围绕"南海水下考古发掘""中国瓷器的外销与交流""南方色釉陶瓷器"三大主题进行发言与讨论，来自海南的学者在会议中向海内外瓷器研究专家介绍了南海水下考古与陶瓷器的特征以及最新的研究成果。与会专家前往琼海实地考察出水陶瓷器标本、参观海南省博物馆相关陶瓷器展览，这些文物为海上丝绸之路的历史文化研究提供了重要的实物依据，与会专家对其独特性及其与内陆文化的关联性进行了进一步探讨。会议期间还举办了瓷器讲座，将古陶瓷知识与文化传播给大众。本次会议是首次在海南举办的国际性陶瓷研讨会，对我国南海出水陶瓷器的研究具有极大的促进作用。

2月7日～5月15日，为贯彻落实党的十七届六中全会精神，增进广东、海南两省文化交流与合作，经与广东省文化厅协调沟通，海南省文物局委托国家文物进出境审核广东管理处培养陶瓷、书画、杂项鉴定人才，目前第一期学员已完成培训。

2012年11月～2013年6月，海南省文物局举办水下考古专业技能培训班，有来自博物馆、考古所的12名（含广东学员2名）专业技术人员参加培训。培训分三个阶段，第一阶段为2012年的11月2日～12月10日，水下考古基本理论学习；第二阶段为2013年的2月22日～4月3日，潜水技能培训；第三阶段为2013年6月，实习。

【文博宣传与出版】

作为海南文化遗产宣传平台，海南省文物局门户网站建设自2011年10月以来，陆续完成了网站风格视觉设计、软件框架设计（技术公司负责）、服务器系统安装调试和内容上传、后期试运行维护等，于2012年6月9日，在海南省委常委、宣传部长许俊，文体厅厅长范晓军的主持下，海南省文物局网站顺利开通，上线运行。

海南省第三次全国文物普查工作历时五年，成果显著。为了多角度、多层次、全面生动地反映和展示海南省丰富的历史文化遗存和第三次全国文物普查工作的重要成果，激发全省人民保护文化遗产的热情和责任，促进海南社会经济、文化全面发展，加快国际旅游岛建设，海南省第三次全国文物普查办公室决定以图文并茂的形式编辑出版《海南省第三次全国文物普查成果图录丛书》（共21分册）。目前已完成前期文字和图片组稿，进入图书编辑出版阶段。

【机构与人员】

2012年全省文物机构数量为30个，包括文物保护管理机构13个、博物馆16个、文物科研机构1个。其中省级文物保护管理机构1个、博物馆2个、文物科研机构1个；市级文物保护管理机构12个、博物馆2个、其他文物机构13个；县级博物馆12个。

截至2012年底，海南省文物机构从业人员310人，其中高级职称12人、中级职称38人。取得文物保护工程施工资质的单位1个，为海南献林建筑安装工程有限公司（文物保护工程一级施工资质单位）。取得考古发掘资质的单位1个，为海南省文物考古研究所（海南省博物馆）。丘刚、王大新、王育龙、阎根齐4人取得考古发掘领队资格，崔工年、王海真、陈薇生3人取得文物拍卖专业人员资格。

重庆市

【概述】

2012年，重庆市文物系统认真落实全国文物工作会议精神，严格按照"保护为主、抢救第一、合理利用、加强管理"的文物工作方针，抢抓机遇，开拓创新，全市文物工作取得新突破。不可移动文物保护卓有成效，白鹤梁水下题刻和钓鱼城遗址列入中国世界文化遗产预备名单，全市43处132个文物点列入第七批全国重点文物保护单位推荐名单，全面完成120处重要革命遗址和抗战遗址抢救维修任务，大足石刻千手观音造像抢救性保护加快推进，编制完成《重庆市三峡后续工作自然与历史文化遗产保护和完善实施规划（2011～2014年）》，钓鱼城西市古街民居维修整治、白帝城古建筑群修缮、潼南大佛摩崖造像抢救性保护等工程如期完成。完成重点建设工程项目考古调查（勘探）项目68项、勘探面积21.56万平方米，完成考古发掘53项、发掘面积35672平方米。

【执法督查与安全保卫】

重庆市文物局配合市人大常委会完成全国人大常委会组织的《文物保护法》执法检查，就全市实施情况进行了调研，提出了建议意见。组织开展"5·18国际博物馆日暨重庆市文化遗产宣传月活动"，加大文物保护法律法规的宣传力度。文物、公安、海关、工商、文物执法等部门，联合组织执法专项行动，依法严肃处理违反法律、破坏文物的行为。开展三峡工程重庆库区消落区文物安全巡查和全市文博系统安全排查整治专项行动，妥善处置市级文物保护单位北碚红楼火灾事故。

【不可移动文物的保护与管理】

（一）概况

全市共有不可移动文物25908处，包括世界文化遗产1个（大足石刻）、列入世界文化遗产预备名单2个（涪陵白鹤梁题刻、合川钓鱼城遗址）；全国重点文物保护单位20个、市级文物保护单位317个。编制完成《重庆市革命遗址保护规划》以及杨氏民居、潼南大佛寺、红岩村纪念馆3项全国重点文物单位保护规划以及梁平双桂堂、南岸老君洞、璧山露德堂、九龙坡华岩寺、渝中区罗汉寺、云阳盘石城6项市级文物保护单位保护规划。编制完成了《重庆市三峡后续工作自然与历史文化遗产保护和完善实施规划（2011～2014年）》，计划实施项目247个，投资49611.9万元；落实2011年计划项目20个、资金4786万元；上报2012年计划项目94个，经费总计17036.75万元。

（二）大遗址保护

完成钓鱼城范家院子遗址保护方案、南宋衙署遗址保护规划和钓鱼城考古遗址公园建设规划初稿，九口锅遗址保护方案通过国家文物局审批。

2013
中国
文物年鉴

（三）全国重点文物保护单位

全市43处132个文物点列入第七批全国重点文物保护单位推荐名单。编制完成杨氏民居、潼南大佛寺、红岩村纪念馆3项全国重点文物保护规划。重要文物保护工程成效明显，完成120处重要革命遗址和抗战遗址抢救维修任务，其中重要革命遗址37处、抗战遗址83处，维修总面积达189461平方米，总投资达22216万元。完成钓鱼城西市古街民居维修整治、白帝城维修改造和潼南大佛抢救性保护等全国重点文物保护单位保护工程，白鹤梁水下博物馆完成陈列布展和水下照明提档升级并对外开放。

（四）世界文化遗产

1. 世界文化遗产申报

重庆市政府成立了白鹤梁题刻和钓鱼城遗址申报世界文化遗产委员会和专家组，白鹤梁题刻和钓鱼城遗址申报世界文化遗产文本通过国家文物局初审。2012年底，白鹤梁题刻和钓鱼城遗址成功列入中国世界文化遗产预备名单。

2. 世界文化遗产保护管理

全国石质文物保护一号工程——大足石刻千手观音造像抢救性保护稳步推进，完成造像本体上层42平方米内242只手和66件法器的本体形体修复；石质文物保护中心建设步伐加快；世界文化遗产地监测预警系统建设、宝顶山大佛湾石刻三维测绘与数字化等工作方案获国家文物局批准，宝顶山大佛湾水害勘察成果通过专家验收。

【考古发掘】

（一）概况

重庆市完成了三峡库区消落区、老鼓楼衙署遗址考古发掘和小南海水电站、白马电站等重点工程建设项目的考古调查、勘探和发掘工作，完成考古调查（勘探）项目68项，调查路线长952.88千米，调查面积544.73平方千米，勘探面积215610平方米，发现复核文物点967处。完成考古发掘53项，文物点113处，发掘面积35672平方米，留取资料92处，出土文物4381件（套）。老鼓楼衙署遗址考古发掘工作已结束并通过验收。钓鱼城南外城西一字城墙考古发掘项目获得国家文物局田野考古三等奖。

（二）重要考古项目

1. 老鼓楼遗址

老鼓楼衙署遗址考古发掘，共发掘面积12360平方米，清理各类遗迹261处，出土保存较好的陶瓷器、钱币、瓦当、礌石、坩埚及漆器9000余件（套），标本数万件，厘清了宋、元、明、清及近现代重庆衙署建筑叠压分布状况。

2. 三峡库区消落区

2012年完成三峡库区消落区（重庆）文物考古调查25项25处，发掘面积14429平方米，出土文物1814件（套）。

【博物馆与可移动文物保护】

（一）博物馆

1. 博物馆建设

全年新增区县及民办博物馆6家，博物馆总数达到68家，全市70%以上的区县建有博物馆，博物馆体系逐渐形成。重庆中国三峡博物馆在2011年全国83家一级博物馆综合评估中名列前茅，红岩革命历史博物馆晋级第二批国家一级博物馆。出台了《关于促进民办博物馆发展的意见》，启动了国有博物馆帮扶民办博物馆展览提升工作。推出临时展览230个，送文博展览下乡500场。博物馆免费开放工作成效明显，免费开放总数达到52家，全年接待观众1420万人次。

2．可移动文物的保护、管理和研究

2012年征集文物4606件（套），其中红岩联线征集文物2099件（套），重庆中国三峡博物馆征集文物1171件（套）；重庆自然博物馆接受美国慈善家贝林先生捐赠非洲野生动物标本163件。开展馆藏及司法文物定级28次，对4966件（套）进行筛选定级，其中红岩联线定级珍贵文物2872件（套）、定级字画265件（套）；首次鉴定民办博物馆馆藏文物135件（套）。加强科技研究，重庆市与国家文物局信息中心合作编制完成《三峡数字博物馆建设可行性研究报告》，与百度科技合作进行"重庆中国三峡博物馆数字馆建设"，《重庆地区青铜保护修复传统工艺科学化研究》等纳入国家课题研究范围。

3．重要馆际交流与陈列展览

重庆中国三峡博物馆联合南阳汉画馆、徐州汉画像石艺术馆举办了"大汉气象——中国汉代画像艺术展"；重庆红岩革命历史博物馆举办了"重庆·抗战记忆——重庆人与重庆城""红岩魂——信仰的力量"主题展览；杨尚昆故里管理处举办了"中国革命先驱——杨闇公生平事迹展"；巫山博物馆举办了"巫山、巫水、巫文化"的主题展览；重庆科技馆举办了"电影科技艺术展"；重庆抗战遗址博物馆举办了"抗日战争重要决策地——黄山抗战遗址群"主题展览。

（二）可移动文物保护

全市馆藏文物达到76万余件（套），其中三级以上珍贵文物29407件（套）。2012年，重庆中国三峡博物馆、重庆市文化遗产研究院被国家文物局授予可移动文物技术保护设计甲级资质，重庆红岩革命历史博物馆和奉节县白帝城博物馆被授予二级可移动文物修复资质，填补了重庆市可移动文物修复最高资质缺失的空白，结束了重庆市可移动珍贵文物保护修复依托外省的历史，提前实现《重庆市文物博物馆"十二五"发展规划》的修复资质提升目标。

【社会文物管理】

重庆市现有文物商店2家。2012年举行了3场文物拍卖，成交文物700件，成交金额2318.34万元。

【文博教育与培训】

加强人才队伍建设，坚持培养和引进并举，开展博物馆安全管理人员、文物保护单位、资质单位等10余期专题培训，培训人员400人次以上，引进硕士以上高学历人才13名。重庆自然博物馆聘请国际博物馆协会专家艾瑞克先生举办了标本剥制技术培训班。

【文博宣传与出版】

组织开展"5·18国际博物馆日暨重庆市文化遗产宣传月活动"，通过电视台、报纸、网络等媒体对重庆市遗产保护成果进行宣传。策划推出首届"金龙杯"重庆文化遗产摄影大赛、"重庆·抗战记忆——重庆人与重庆城"精品图片展、文化遗产大讲堂、文化遗产纪录片展播月等8大板块30项活动内容。红岩联线在全市30余个区县开展了"红岩魂——信仰的力量'五进'"活动，让红岩精神进社区、进乡镇、进学校、进部队、进企业，受益群众约50万人；"红岩魂"报告团在北京、天津、深圳、澳门等地作报告71场，听众达12万人次。重庆中国三峡博物馆举办"三峡文博讲坛"讲座15期，参加人数达2000余人次；推出"高雅文化进校园"为主题的巡展活动，展出206场，接待观众38万人次。"重庆考古网"浏览量达68.6万人次，"重庆考古"官方微博全年互动话题63万条，参与的微博用户8万人次。

国家级课题《大足石刻宋代艺术研究》《中国西部科学院在近代科技史上的地位与作用研究》等顺利结题；《重庆古塔》《红岩风骨》《中国西部科学院研究》等一批科研专著相继出版。

【机构及人员】

重庆市现有文物管理所39家；新增区县及民办博物馆6家，博物馆、纪念馆总数达68个；文物科研机构1家。机构人员总数达到2013人，其中初级职称33人、中级职称108人、高级职称40人。

【对外交流与合作】

重庆中国三峡博物馆承办了"海峡两岸文物交流20年纪念活动（重庆段）"，全力做好"海峡两岸文物交流20年回顾展览"制作和"海峡两岸文物交流20年座谈会"会务筹办。红岩联线3次赴台湾，加强渝台文物交流，征集文物6件、图书资料653本、光盘33盒。"中华宝藏——重庆大足石刻文物展""乡土圆梦——重庆中国三峡博物馆藏中国农民画展"等展览分别在加拿大、南非展出。

【其他】

（一）重庆市召开文物工作会议

9月18日，重庆市政府召开全市文物工作会议，这是重庆市继2002年之后召开的一次具有里程碑意义的文物工作会议。会议全面总结了近年来重庆市文物工作情况和经验，研究部署今后一个时期文物工作。重庆市委副书记、市长黄奇帆，文化部副部长、国家文物局局长励小捷出席会议并做重要讲话，对重庆当前和今后一个时期文物事业发展提出了明确要求。会议为新成立的市文物局、市文化遗产研究院揭牌，向重庆市申报世界文化遗产专家组专家代表颁发了聘书，并为文物工作先进集体和个人颁奖。

（二）重庆市人民政府制定出台《关于进一步加强文物工作的通知》

9月，重庆市人民政府制定出台《关于进一步加强文物工作的通知》（渝府发〔2012〕104号），提出了文物工作的总体目标，明确了文物保护工作的7项主要任务，即做好文物保护基础工作、加强基本建设中的文物保护、推进文物保护重点工程建设、加强博物馆建设、加强文物科技和文物利用工作、加强文物安全和执法、加强文物法制和宣传工作。《通知》还要求进一步完善文物工作领导体制机制，认真落实"五纳入"工作，切实加大财政投入，建立健全文博机构，及时落实人员编制，为加快全市文物事业发展提供坚实的政策保障。

四川省

【概述】

2012年，四川文物事业深入推进，蓬勃发展。文物基础工作成绩突出，四川省政府全省文物工作会议成功召开，全国人大赴川《文物保护法》执法检查圆满完成，文物保护项目储备和资金申报工作扎实开展。不可移动文物保护工作成果显著，省政府核定公布第八批省级文物保护单位484处，大遗址保护工作深入开展，基本建设中的文物抢救保护工作卓有成效，"古蜀文明遗址""藏羌碉楼与村寨""中国白酒老作坊""蜀道"4处文化遗产列入更新的《中国世界文化遗产预备名单》，"桃坪羌寨灾后文物抢救保护工程"荣获"全国2011年度十大文物维修工程"，泸州尧坝古街获评"2012年度中国历史文化名街"，"四川宜宾石柱地遗址"荣获"2011年度全国十大考古新发现"。博物馆公共文化服务体系建设成效凸显，全省博物馆、纪念馆总数达234座，其中免费开放89座，四川博物院、成都金沙遗址博物馆获评第二批国家一级博物馆，四川博物院文保中心"修复能力提升项目"全面完成，"神秘北纬30度线——古蜀文明秘宝展"赴台展览反响强烈，可移动文物普查试点工作顺利完成。社会文物管理和文物鉴定工作不断加强，"四川省文物艺术品拍卖市场专项整顿活动"有效开展。文物安全和打击文物违法犯罪活动收效明显，眉山"12·19"系列盗掘文物案成功告破，四川省打击文物犯罪工作现场会及时召开。文物宣传渠道日益拓展，文物宣传活动异彩纷呈。

【执法督察与安全保卫】

（一）全国人大常委会文物法执法检查

4月8～13日，全国人大常委会委员、教科文卫委员会副主任委员唐天标率全国人大常委会检查组对四川省《文物保护法》执法工作进行检查。检查组在分别听取四川省人民政府、绵阳市人民政府、成都市人民政府及有关部门贯彻《文物保护法》情况汇报并实地检查都江堰古建筑群、阆中古城等多个文博单位后，对四川《文物保护法》执法工作给予了充分肯定，并对下一步工作提出了意见和建议。全国人大此次赴川执法检查，对于四川更好地贯彻执行《文物保护法》起到了积极的推动作用。

（二）文物执法巡查与安全工作

全省各市（州）文物行政部门对各级文物保护单位开展文物执法巡查3743次，开展安全检查8598次，发现安全隐患1221项，整改1092项。组织完成"2012文物安全隐患排查整治专项行动"，共检查全国重点文物保护单位128处，省级文物保护单位1039处，市县级文物保护单位3358处，博物馆等文物收藏单位175个；排查安全隐患1847项，整改1390项。组织完成文物、博物馆单位防洪涝灾害和博物馆文物展览与保管设施设备安全隐患排查整治工作，全省685处不可移动文物、23座博物馆（纪念馆）在洪涝灾害中受损（包括馆藏二级

2013 中国 文物年鉴

文物6件、馆藏三级文物73件）；检查博物馆157座，发现安全隐患135项，整改107项。

（三）打击文物犯罪活动

配合公安机关成功破获国家文物局、公安部挂牌督办的眉山"12·19"系列盗掘文物案，打掉5个犯罪团伙，抓获犯罪嫌疑人25名，破获盗掘古文化遗址案90余起，追缴文物300多件，扣押作案汽车6辆。四川省"2011打击文物犯罪专项行动"受到国家文物局、公安部联合表扬，其中眉山市"12·19"系列盗掘文物案专案组荣获"2011打击文物犯罪专项行动先进集体"，6位同志获评"2011打击文物犯罪专项行动先进个人"，四川省文物管理局获评"2011打击文物犯罪专项行动组织协调先进单位"。

4月26日，四川省文物管理局联合四川省公安厅在眉山市丹棱县召开"四川省打击文物犯罪工作现场会"。国家文物局副局长童明康、公安部五局副局长周云彪、四川省公安厅常务副厅长吴健、四川省文物管理局局长王琼等有关领导出席会议并讲话，全省21个市（州）文化（文物）局和省直文博单位负责同志及相关市（州）公安部门负责人共计170余人参加会议并参观了"12·19"系列文物被盗案追缴文物展。此次会议的召开，对于四川深入开展打击文物犯罪行动，切实加强全省文物安全工作具有重要推动作用。

【不可移动文物保护和管理】

（一）概况

四川省人民政府核定公布第八批省级文物保护单位。经四川省人民政府第107次常务会议审议通过，于7月16日发布《关于公布第八批省级文物保护单位名单的通知》（川府函〔2012〕149号），核定公布第八批省级文物保护单位484处，其中古遗址44处、古墓葬44处、古建筑226处、石窟寺及石刻60处、近现代重要史迹及代表性建筑110处，四川省级文物保护单位数量达到1062处。四川省第八批省级文物保护单位的公布，对于更好地保护利用这些珍贵的文物资源具有重要意义。

第三次全国文物普查后续工作深入开展。2月27日，四川省文物管理局联合四川省人力资源和社会保障厅对此次普查中22个先进集体和100名先进个人进行了表彰。6月，《四川省第三次全国文物普查不可移动文物名录》由四川省文物管理局正式印发。6月13～15日，"第三次全国文物普查信息服务系统应用交流会议"在四川省都江堰市召开。8月，四川省文物管理局编辑的《四川省第三次全国文物普查重要新发现》一书正式出版。截至2012年底，全省已有2900余处"三普"不可移动文物被公布为市县级文物保护单位。

文物保护其他重点工作成绩显著。宜宾市屏山县向家坝水电站屏山库区迁建文物特殊措施保障专项工程和向家坝四川库区淹没地面文物处理工程顺利结束，44处地面文物搬迁工作全面完成。6月，"桃坪羌寨灾后文物抢救保护工程"被国家文物局评为"全国2011年度十大文物维修工程"；泸州尧坝古街被文化部、国家文物局评为"2012年度中国历史文化名街"。

（二）大遗址保护

成都、邛崃、广汉分别成立了大遗址保护领导机构，建立大了大遗址保护相关机制。《大遗址保护成都片区保护规划纲要》基本完成，《邛窑遗址保护规划》、邛窑遗址《一号、五号窑包保护展示方案》修改完成，《三星堆遗址保护规划》和《金沙遗址文物保护规划》正在修编，《古蜀船棺合葬墓保护规划》《宝墩遗址保护规划》《鱼凫古城保护规划》和《明蜀王陵保护规划》加紧编制。《朱悦濂墓保护规划》《成都平原史前城址群

"十二五"考古工作规划》编制完成，《三星堆遗址2011～2015年度考古工作规划》获国家文物局批复同意。

三星堆遗址范围的航拍、测绘工作顺利完成，周边遗址调查勘探发掘等工作加快进行，三星堆国家考古遗址公园建设和遗址保护展示工作全力推进。金沙遗址及博物馆安全防护和展示服务设施建设、文物保护中心建设进一步完善。宝墩遗址保护区居民搬迁及沟渠整治工作基本完成，考古发掘工作有序进行。邛窑遗址河堤加固工程已经完成，居民搬迁、土地征用、环境整治工作加紧进行。古蜀船棺合葬墓出土的大型船棺、漆木器脱水防护保护和技术性修复成效明显。明蜀王陵本体保护工程正在进行，陵园内环境整治工程逐步实施。

（三）全国重点文物保护单位

全年共完成荥经开善寺、大邑刘氏庄园、巴中北龛摩崖造像、江油云岩寺、隆昌石牌坊等17处全国重点文物保护单位保护规划的编制审核；完成通江红军标语群、资中文庙、成都杜甫草堂、自贡燊海井、眉山报恩寺、广安邓小平故居、射洪陈子昂读书台等26处全国重点文物保护单位文物保护工程的申报立项；完成安岳石窟、宜宾夕佳山民居、邛崃石窟、荣县吴玉章故居、蓬溪宝梵寺、巴中南龛等21处全国重点文物保护单位保护工程设计方案的审核批复。

（四）世界文化遗产

1. 世界文化遗产项目申报

3月29日，"古蜀国遗址""藏羌碉楼与村寨""中国白酒酿造古遗址""蜀道""茶马古道""德格印经院""安岳石窟"申报列入更新的《中国世界文化遗产预备名单》的项目申报材料上报国家文物局。6月19～21日、6月25～27日，国家文物局分别派遣专家组对"中国白酒酿造古遗址"（四川）3处新增遗址点"古蔺郎酒老作坊""宜宾五粮液老作坊""射洪沱牌泰安作坊"以及"蜀道"广元段、梓潼段、罗江段和阆中古城进行考察评估。10月21～24日，全国政协文史和学习委员会开展"蜀道"文化线路保护与"申遗"专题调研，进行实地考察并于24日在成都召开"米仓古道文化线路保护与'申遗'座谈会"，听取了四川省人民政府副省长黄彦蓉代表省政府就相关工作所作的汇报。11月27日，"蜀道""中国白酒老作坊""藏羌碉楼与村寨""古蜀文明遗址"成功列入更新的《中国世界文化遗产预备名单》。12月30日，四川省文物管理局组织相关单位完成"蜀道""中国白酒老作坊""藏羌碉楼与村寨""古蜀文明遗址"《预备名单提交表格》（中英文）的填报工作。

2. 世界文化遗产保护管理

青城山与都江堰保护管理工作扎实开展。5月，《世界文化遗产青城山—都江堰保护管理规划》编制工作正式启动。6月，《青城山天师洞三皇殿恢复重建修缮设计方案》编制完成。同时，青城山与都江堰世界文化遗产监测中心积极筹建，澳门援建青城山古建筑群项目基本完成。

峨眉山—乐山大佛保护管理工作深入推进。2月，《乐山大佛文物保护规划》《峨眉山古建筑保护规划》编制工作正式启动。3月和5月，《峨眉山万年寺保护修缮设计方案》《峨眉山万年寺贝叶楼及其附属建筑维修改造设计方案》相继编制完成。同时，《峨眉山—乐山大佛世界遗产监测体系规划》编制工作正式启动，世界遗产监测中心筹建工作基本完成，并初步建立世界遗产监测数据库。

四川省世界文化遗产工作会议在成都召开。12月6日，四川省文物管理局召开全

2013
中国
文物年鉴

省世界文化遗产工作会议，省文物管理局局长王琼参加会议并讲话；会议总结分析了"十一五"以来四川世界文化遗产工作取得的成绩、存在的问题和面临的机遇挑战，并对今后一段时期全省世界文化遗产保护管理及"申遗"工作提出了具体要求。此次会议的召开，对于扎实推进四川世界文化遗产事业科学发展具有重要意义。

【考古发掘】

（一）概况

四川省文物考古研究院全年共完成考古发掘30项，发掘面积4万余平方米，出土各类文物标本4万余件（套）；成都市文物考古研究所全年共完成考古发掘57项，发掘面积3万余平方米，出土各类文物标本3万余件（套）。

4月，由四川省文物考古研究院组织发掘的四川宜宾石柱地遗址被国家文物局评为"2011年度全国十大考古新发现"。6月27～30日，"国家文物局考古发掘电子审批系统（南方二区）培训班"在四川成都举办，来自四川、云南等9个省（自治区、直辖市）文物局的相关负责同志和180余位考古领队参加培训，这对于进一步推进我国田野考古工作具有重要意义。

（二）重要考古项目

1. 青关山夯土台

青关山夯土台位于广汉市三星堆城址西北部的高台地上，长约53、宽约16米，面积约800平方米，系人工夯筑而成，使用年代约为商代。其门道似开在东西两侧，墙基内外各有一排密集排列可能为"檐柱"的遗迹，墙基和"檐柱"底部均由红烧土块垒砌。该遗址是三星堆遗址"十二五规划"考古工作的重要项目之一，也是迄今为止所发现的建筑面积仅次于安阳洹北商城一号宫殿基址北正殿的商代单体建筑基址。

2. 宜宾市南溪区长顺坡墓地

5～8月，四川省文物考古研究院对宜宾市南溪区北环线建设涉及的长顺坡墓地进行抢救性发掘，共清理墓葬25座。其中东汉崖墓4座、宋代石室墓8座、明清墓葬13座，出土器物包括陶俑、陶狗、陶鸡、陶房、陶罐、陶钵、铜腰带、白釉瓷碗、白釉瓷执壶、粗瓷罐、青白釉碟、祥云通宝等。此次发掘对于研究川南地区不同历史时期的墓葬形制及丧葬习俗具有重要的参考价值。

3. 泸定县伞岗坪战国墓地

5月，四川省文物考古研究院对位于甘孜州泸定县的伞岗坪战国墓地进行抢救性考古发掘，共发掘61座石棺葬，出土青铜剑、青铜刀、青铜戈、青铜箭镞、青铜手镯、铜镜及陶器、玉石器等240余件（组）。该墓地可能是一个经过严密规划却没有明显等级划分的部族墓地，为中国西南地区石棺葬的研究提供了极为珍贵的实物资料。

4. 宝墩遗址

1～5月，成都市文物考古研究所通过钻探基本摸清了宝墩外城聚落的分布状况。9月底，通过实地踏查、钻探和长探沟解剖，在一条古河道洪积层中发现宝墩文化三、四期的陶器。10月，在外城西南发现一夯土台基，初步推测为宝墩文化时期的特殊遗迹。本次勘探为大遗址保护成都片区聚落考古的开展以及进一步探讨宝墩古城的功能分区打下了坚实基础。

5. 四川大剧院工地

四川大剧院工地位于成都市天府广场东北侧。8～12月，为配合四川大剧院的修建，

2013 中国 文物年鉴

成都市文物考古研究所对其进行了考古发掘，发掘面积达4300平方米，发现有战国至明、清各时期文化遗存，并出土了大量的陶器、瓷器、铁器等遗物。其中一件近似犀牛的大型圆雕石兽重约8.5吨，具有极高的考古与艺术研究价值。此次发掘的文化遗存呈现十分完整的连续性，对研究成都城市变迁史具有重要价值。

6. 饶家地遗址

饶家地遗址位于四川省凉山彝族自治州会理县黎溪镇河口乡云山村三组。10月22日～11月11日，成都市文物考古研究所会同凉山州博物馆、会理县文管所、凉山彝族奴隶社会博物馆、西昌市文管所组成联合考古发掘队，对其进行了抢救性发掘，发掘面积525平方米，发现房屋建筑、灶坑、基槽、灰坑等大量遗迹，出土陶器、石器等遗物上千件。该遗址的发掘对金沙江中游区域考古学文化序列体系的建立具有重要意义。

【博物馆与可移动文物保护】

（一）博物馆

1. 可移动文物保护管理和研究

全年组织评审川陕革命根据地博物馆石质文物等馆藏文物保护修复及预防性保护方案16个，初审馆藏文物保护修复、文物保存环境和预防性保护方案6个并上报国家文物局。同时，组成完成四川博物院、青岛市博物馆、成都金沙遗址博物馆、成都市文物考古研究所、什邡市博物馆、安县博物馆、茂县羌族博物馆、宝兴县文管所、青白江区文管所、乐山沙湾郭沫若故居博物馆等文物收藏单位的可移动文物修复工作，修复可移动文物1186件。

2. 博物馆间交流与合作

邛崃市博物馆对口帮扶成都尔玛民俗博物馆，安排专人对成都尔玛民俗博物馆藏品进行建档、建卡、拍照、登记，并将邛崃市市级文物保护单位——"海屋"进行维修，用作成都尔玛民俗博物馆临时陈列展览场所。四川博物院完成对口帮扶叙永县博物馆陈列展览项目，并为渠县苏维埃纪念馆设计陈列文本大纲。此外，为配合北川"5·12汶川特大地震纪念馆"陈列布展工作，四川省文物管理局组织四川省文物考古研究院、四川博物院及有关专家参加该馆内容形式设计、实物陈列布展等工作。

3. 重要陈列展览

1月18日～5月13日，由成都金沙遗址博物馆、中国社会科学院考古研究所和成都市文物考古研究所共同举办的"殷墟宝藏"展览在成都金沙遗址博物馆展出。1月19日～2月20日，四川博物院举办"龙佑天府——龙文化展"。6月28日，茂县羌族博物馆新馆建成开放，占地面积60亩，总建筑面积10653平方米，展陈面积4229平方米，基本陈列以羌族文化为主题。8月1日～11月15日，成都金沙遗址博物馆、凉山州博物馆共同在成都金沙遗址博物馆举办"蜀南之谜——雅砻江流域考古大发现"。8月31日～9月10日，"任重千里行画展"在四川博物院举办。9月21日～11月26日，"丹青之华——近现代十二家绘画大展"在四川博物院举办。10月，由澳门基金会援建的北川羌族民俗博物馆建成开放，其基本陈列展览为"大美·羌乡"，展出面积5445平方米，展线长694米。

（二）可移动文物保护

1. 可移动文物保护修复基地建设

经国家文物局批准，由中央财政补助1200万元，全国两个修复能力提升试点项目之一的四川博物院文保中心"修复能力提升项目"于6月底全面完成并投入使用。该中心有针对性地购买了一批仪器设备，如场发射扫描电子显微镜、傅立叶红外显微镜、超景深三微显微系统、文物专用激光清洗机、超声波字画清洗装置等，其中高光谱影像系统的配置在国内文博系统尚属先例。

2．可移动文物保护技术及应用

经国家知识产权局审批通过，四川博物院文保中心"书画装裱拷贝专用工作台"获外观设计专利和实用新型专利，"仿自然光无害无影灯"获实用新型专利。四川省文物考古研究院创建文物移动医院，将考古现场信息采集、智能预探测、分析检测、现场提取、应急处置与保护5个功能单元集成搭载在移动运载工具上，将传统的实验室和保护修复室前置到了考古发掘现场。同时，数字化测绘、三维成像、物探技术、激光无损技术、空间信息技术、遥感技术、激光清洗技术等现代科技在四川省文物保护领域中也得到更多地应用。

【社会文物管理】

2012年，四川省新增取得国家文物局《文物拍卖许可证》的拍卖企业3家，即四川德轩拍卖有限责任公司、四川东方拍卖有限责任公司和四川嘉宝拍卖有限公司，全省取得《文物拍卖许可证》的企业达到8家。各拍卖企业全年共计举办艺术品拍卖会12场，累计成交标的2100余件（套），成交金额约11000万元。

全年共办理文物临时进境1次40件（套），文物临时进境复出境2次134件（套），文物临时出境1次71件，文物临时出境复入境1次140件（套），文物复（仿）制品出境2次2件（套），禁止文物出境9次30余件（套）。全年共开展涉案文物鉴定55次，涉及古墓葬25座，鉴定物品710件（套），其中二级文物10件（套）、三级文物36件（套）。

3～4月，四川省工商行政管理局、四川省文物管理局联合开展"四川省文物艺术品拍卖市场专项整顿活动"，共抽查四川省内五家拍卖公司，针对检查中发现的"超范围经营""知假卖假"等问题，检查组勒令其立即停止上述经营活动。4月26日，四川省工商行政管理局、四川省文物管理局在成都联合召开"四川省整顿规范文物艺术品拍卖市场情况通报会"，全省十七家拍卖公司负责人和业务代表以及四川省商务厅、四川省拍卖协会有关同志参加了会议；会议通报了专项整顿活动情况，介绍了《文物拍卖管理暂行规定》《文物拍卖企业资质年审管理办法》等相关内容，并对文物拍卖许可证申请条件、文物拍卖标的备案复核程序、文物拍卖专业人员资格认定等问题进行了详细说明。12月，为进一步加强古玩旧货市场中文物经营活动的管理工作，四川省文物管理局下发《关于进一步加强四川省文物经营活动管理工作的通知》，对全省文物经营活动情况进行了调研，同时启动四川省古玩旧货市场中从事文物经营商户的资质审批工作。

【科技与信息】

四川博物院申报的"四川省科技支撑计划项目——四川省馆藏文物在'5·12'汶川地震中受损原因分析及通用防震技术研究"获四川省科技厅批准立项，四川博物院《让绚烂文化在流动中薪火相传》论文获《文化大视野——全国群众文化、图书、博物论文集》优秀论文奖，成都市文物考古研究所《长江上游古文化与中国文明起源——从宝墩文化、三星堆文化到金沙遗址》课题先后荣获国家社会科学基金"优秀"项目、"四川省第十五次哲学社会科学优秀成果"荣誉奖，三星堆博物馆学术专著《西南地区汉代摇钱树研究》荣获"四川省第十五次哲学社会科学优秀成果"三等奖。

【文博教育与培训】

12月28日，四川博物院主办的"四川省文物保护修复能力提升学术研讨会"在成都召开，来自全省的文物保护修复专业技术人员70余人参加了会议，对近年来四川在文物保护研究与修复领域所取得的成绩及面临的问题进行了深入交流；同时座谈会还举行了隆重的"拜师会"，四川博物院文保中心4名年轻专业技术人员拜国内知名青铜器修复专家杨晓邬大师为师，学习文物修复技术。

2012年，四川省文物管理局认真做好国家文物局全国县级文物行政部门负责人培训班组织协调工作，累计选送6批42人参加培训。同时，派员参加了国家文物局7月在吉林省长春市举办的"全国文物外事工作业务培训班"；派员参加了9月由国家文物局主办、中国文化遗产研究院和湖南省韶山毛泽东同志纪念馆承办的在湖南韶山举行的"馆藏近现代有机类文物保护修复培训班"；派员参加了国家文物局10月在宁波举办的"2012年度民办博物馆馆长培训班"；派员参加了由国家文物局与台湾自然科学博物馆于11月在台湾联合主办的"两岸博物馆实务经营研习活动"。

【文博宣传与出版】

四川博物院"大篷车流动博物馆"下基层巡展10次，行程12860千米，接待观众37.8万人次，荣获2011年度博物馆免费开放"最佳社区文化促进奖"和文化部"全国基层文化志愿服务活动"优秀项目奖。成都武侯祠博物馆成功举办"2012成都大庙会"，共接待中外游客130余万人次，同比增长8%。成都杜甫草堂博物馆成功举办"第三届成都诗圣文化节""第四十届梅花艺术展""夜游草堂""'书写世界的诗意'诗歌节""纪念杜甫诞生1300周年杜诗书画展"等活动。成都金沙遗址博物馆成功举办2012年"成都金沙太阳节"（总计接待游客80余万人次）以及"太阳神鸟回家——迎接达喀尔拉力赛车手""金沙遗址博物馆开馆5周年之音乐剧《金沙》服装展示""5·18国际博物馆日'同住成都　共享金沙'共建签约"等活动，《金沙》音乐剧自5月改版后主场演出突破220场次。广汉三星堆博物馆成功举办德阳市第二届文化旅游发展大会暨三星堆飞翔黄金周活动、三星堆青铜器特种邮票首发式、中央电视台《创造·三星堆》专题片开机仪式及"行摄365摄影作品展暨广汉老照片展"等活动，全年各类电视媒体关于三星堆的报道超过1500分钟，平面及网络媒体报道三星堆超过2000次，通过手机报、三星堆官方网站、微博等发布各类信息超过30万字，三星堆形象片还亮相美国纽约时代广场。

四川博物院编制的《常见文物生僻字小字典》《格萨尔唐卡研究》正式出版，四川博物院主编的《共和之光》一书获"四川图书奖"一等奖，四川博物院参编的《中国画像石棺全集》获"2011年度文化遗产优秀图书奖"。四川省文物考古研究院撰写发表《四川金川县刘家寨遗址调查简报》《四川井研县金井坪宋代墓地发掘简报》等考古发掘报告33篇。成都市文物考古研究所编辑出版《牟托一号墓》《安宁河流域古文化调查与研究》《遂宁金鱼村南宋窖藏》3本考古发掘报告，公开发表《郫县曹家祠遗址先秦文化遗存试掘简报》《成都青白江包家梁子宋明墓葬发掘简报》等考古发掘简报26篇。

【对外交流与合作】

由四川省文物管理局与台湾新光三越文教基金会主办、广汉三星堆博物馆和成都金沙遗址博物馆承办的"神秘北纬30度线——古蜀文明秘宝展"于1~6月在台北、台中、高雄三地成功举办，展览精选了广汉三星堆博物馆和成都金沙遗址博物馆具有代表性的文物140件（套），其中一级文物28件（套），两岸近40余家媒体争相报道，参观人数近30万人次。四川博物院"盛世之风——四川博物院藏汉代画像砖珍品展"于12月14日在澳门民政总署画廊隆重开幕。四川省文物管理局与美国宝尔博物馆、休斯敦自然博物馆签订2014年出境展览合作协议，拟于2014年10月～2015年9月在美国共同举办"神秘的古蜀文化"巡回展览，拟展出广汉三星堆博物馆、成都金沙遗址博物馆馆藏文物120件（套）。

配合中国文物交流中心筹备中日邦交正常化40周年展览，开展赴日"中华大文明展"以及赴意"早期中国展"的展品遴选、调集、采访拍摄、人员派遣、学术交流等相关工作；期间，日本每日新闻报社、NHK电视台人员赴川采访拍摄。按照国家文物局统一安排，四川省文物管理局派员参与"中华大文明展"学术交流、开幕活动、安全检查、撤布展等工作，四川省文物管理局局长王琼任代表团团长率团赴日参加"中华大文明"展神户展场开幕活动，副局长赵川荣任学术交流团团长率团赴日调研展品安全、评估展览效果。

作为中美"成都平原考古调查"合作项目的一部分，成都市文物考古研究所派遣骨干力量赴"美国考古中心"进行为期两月的田野发掘。澳门文物大使协会谭志广主席率14名澳门青年赴四川开展文化遗产保护交流考察活动，访问了四川省文物考古研究院、广汉三星堆博物馆及其文物保护中心。第三届两岸县市"双百论坛"期间，台湾22个县市150余名代表参观了成都武侯祠博物馆、杜甫草堂博物馆和广汉三星堆博物馆。台湾文化部文化资产局文保中心主任李丽芳一行赴四川交流访问，美国明尼阿波得斯艺术博物馆亚洲艺术部主任柳扬博士赴川洽谈合办展览事宜，美国华裔收藏家、慈善家范季融夫妇一行赴四川参观考察。

【其他】

9月19日上午，四川省人民政府在成都召开全省文物工作会议。四川省人民政府副省长黄彦蓉、省人民政府副秘书长陈保明、省委宣传部副部长朱丹枫、省文化厅厅长郑晓幸、省文物管理局局长王琼和省级有关部门负责同志、各市（州）分管市（州）长、文化（文物）局局长、省直文博单位负责同志以及受表扬的全省文物工作先进集体代表、先进个人共计170余人参加会议。会前，中共四川省委常委、省委宣传部部长吴靖平，省人民政府副省长黄彦蓉等有关领导会见与会代表。

会议首先宣布了四川省文化厅、四川省文物管理局《关于表扬全省文物工作先进集体和先进工作者的决定》，出席会议的领导为30个先进集体和60名先进工作者颁发了奖牌和证书。省文物局、省财政厅、省公安厅以及广元市、成都市代表分别进行了发言。最后，黄彦蓉副省长发表了重要讲话，肯定了党的十六大以来四川省文物工作取得的突出成就，分析了四川省文物事业面临的新形势和新任务，并对下一步工作提出了明确要求。此次会议是一次十分务实而又非常及时的工作会议，对于指导新时期四川文物事业科学发展具有重要意义。

2013
中国
文物年鉴

贵州省

【概述】

2012年，在国家文物局的指导下，在贵州省委、省政府的坚强领导下，贵州省文物系统深入贯彻落实科学发展观，全面把握党的十八大精神实质，以《国务院关于促进贵州经济社会又好又快发展的若干意见》（国发〔2012〕2号）和文化部、国家文物局《关于支持贵州多民族文化大发展大繁荣的意见》（文政法发〔2012〕32号）为契机，抢抓机遇，开拓进取，在世界文化遗产申报、文物法规建设、执法督察、不可移动文物的保护与管理、考古发掘、博物馆（生态博物馆）建设与管理等方面取得突出成绩，推动贵州省文物事业更好更快发展。

【法规建设】

积极向贵州省政府法制办上报《贵州省建设工程文物保护条例》和《贵州省民族村寨保护管理办法》的立法草案，其中《贵州省建设工程文物保护条例（草案）》已经纳入贵州省政府2013年立法计划。完成了全国人大《文物保护法》实施情况工作检查，将贵州省《文物保护法》实施情况向贵州省人大常委会作了专题工作汇报。通过检查，有效的宣传了《文物保护法》，提高了各级文物行政部门依法行政、保护文物的意识，加强了社会各界保护文物的法律意识。加强和完善贵州省各文物保护单位文物安全责任制度、文物消防安全管理制度及应急预案制度建设工作，按时做好文物安全与行政执法信息上报工作。

【执法督察与安全保卫】

按照国家文物局《文物保护单位执法巡查办法》和《文物消防安全检查规程》（试行），认真开展文物行政执法巡查工作，对贵州省42个文物保护单位、博物馆和7个文物保护工程施工现场进行了巡查。为迎接十八大的胜利召开，组织了"2012文物安全隐患排查整治专项行动"。

通过行政执法巡查，共对贵州省17个文物保护单位下达了整改通知。对发现的安全隐患及时提出了整改要求，制定了整改措施，提升了文物保护单位安全防范意识。对于加强文物保护单位的安全防范措施，更新安防设施、设备及规范安防管理建设起到了良好的作用，推进了贵州省文物安全执法巡查工作的常态化。

2012年，贵州省文物局共查处文物违法案件1起，督办文物犯罪案件2起。关于凯里市省级文物保护单位孙应鳌（孙文恭）祠保护范围和建设控制地带内存在违法施工一事，通过对此案以现场调查、督促立案、跟踪查处、严格执行的方式进行积极查处，对违规施工单位作出罚款5万元的行政处罚决定。该案件参加了国家文物局举办的"2012年度全国文物行政处罚案卷评查工作"，获得"优秀案卷"奖。

2013
中国
文物年鉴

2012年，贵州省共发生了两起文物犯罪案件。分别是全国重点文物保护单位交乐墓群官山墓葬被盗案和兴义市鲁布革镇州级文物保护单位发玉毛家坟石雕被盗案。贵州省文物局与案发地党委、政府及公安部门成立专案组进行侦破，有效震慑和打击了以文物为目标的刑事犯罪，提高了文物保护单位的安全防范能力。同时，也扩大了《文物保护法》的宣传力度，增强了社会各界的文物保护法律意识。

【不可移动文物的保护和管理】

（一）概况

2012年，贵州省有全国重点文物保护单位39处、省级文物保护单位342处；组织编制了全国重点文物保护单位《云山屯古建筑群保护规划》和《寨英古建筑群保护规划》，并报国家文物局批准；贵州省文物保护工程投入经费共计8000万元。

（二）大遗址保护

按照《国家考古遗址公园规划编制要求》，贵州省文物局组织编制了《赫章可乐国家考古遗址公园规划》。

（三）全国重点文物保护单位

2012年，贵州省文物局组织编制和申报全国重点文物保护维修方案21个，文物安、技防方案9个；指导云山屯古建筑群、寨英古建筑群等保护规划编制工作；指导实施铜仁东山古建筑群等30余个文物保护维修工程。

（四）世界文化遗产

按照国家文物局关于更新《中国世界文化遗产预备名单》的要求，贵州省文物局委托北京大学编制了侗族村寨和苗族村寨申报文本，其中，侗族村寨为联合湖南省、广西壮族自治区共同申报；组织贵州省考古所和贵州师范大学共同编制了土司遗址遵义海龙屯申报文本，并联合湖南省与湖北省共同申报；组织完成了万山汞矿遗址申报工作。

在贵州省遵义市、铜仁市和黔东南苗寨侗族自治州党委、政府和文化（文物）部门的共同努力下，贵州省申报的4项文化遗产全部列入了国家文物局2012年更新的《中国世界文化遗产预备名单》。贵州省文物局及时召开贵州省世界文化遗产预备名单地工作会议，传达全国世界文化遗产工作会议精神，明确工作思路和方法，部署了阶段性的目标任务，抓好落实，以申遗工作为契机，促进文化遗产保护与合理利用工作。

【考古发掘】

（一）概况

2012年4月，经国家文物局批准，对遵义海龙屯开展考古发掘工作。7月，国家文物局童明康副局长带领文物保护与考古司20余人考察了海龙屯考古现场，并指导工作。配合建设工程考古调查、发掘和地面文物保护工作，完成普安县甲金水库淹区水源工程、织金发电厂建设、遵（义）绥（阳）高速青檬段檬梓桥互通建设、习水县铜灌口水库灌区建设、贵阳至黔西高速公路建设等30余项用地范围内的文物考古调查及保护方案编制工作。

（二）重要考古项目

2012年4月～2013年1月，为配合"土司遗址"申报世界文化遗产的相关工作，经国家文物局批准，贵州省文物局组织贵州省文物考古研究所对海龙屯遗址展开了历时9个月的考古发掘，取得了一系列重要收获。第一，基本廓清了海龙屯的整体格局。已探明海龙屯有约6千米长的环屯城墙，其所围合的面积达1.59平方千米。第二，发现环绕"新王宫"的城墙，框定了"新王宫"的范围，基本厘清了其格局、性质和年代。第三，基本确认了石、砖、瓦等建筑材料的来源。第四，通过调查与发掘，对海龙屯的性质有了更深的认识。海龙屯是一处融保卫国家利益与维护土司家族利益于一体，集关堡山城与土司衙署于一身的羁縻、土司城堡。战争时期，坚不可摧的海龙屯是土司的重要军事防御据点；和平年代，风景秀丽、气候怡人的海龙屯则可能成为土司的别馆离宫。

【博物馆与可移动文物保护】

（一）博物馆

1. 免费开放

贵州省文物局制定了《2012年度贵州省博物馆、纪念馆免费开放绩效考评办法》。根据考评办法，贵州省文化厅、财政厅、财政部驻贵州专员办、省文物局等部门对列入全国免费开放名单的47家免费开放的博物馆、纪念馆2012年工作进行了绩效考评。通过考评，8个单位评定为优秀、34个单位评定为合格、5个单位评定为基本合格。按照考评结果对2012年度中央免费开放专项补助资金进行了绩效分配。推荐习水四渡赤水纪念馆申报的"最佳未成年人教育"和"最佳网站服务"两个项目参加国家文物局"免费开放最佳做法"评选。

2. 博物馆建设

开展2011年度贵州省博物馆登记年检工作，将贵州省文物局年检合格的68家博物馆、纪念馆、陈列馆（含行业和民办馆）上报国家文物局审核，全部列入了国家文物局发布的全国博物馆名录。组织开展了贵州省博物馆建设情况调查统计工作和贵州省国家一级博物馆运行评估工作。

贵州省7个市（州）博物馆建设被国家发改委、文化部、国家文物局列进国家项目储备库（除贵阳市、遵义市）。

（二）可移动文物保护

贵州省文物局组织贵州省博物馆、黔西南州、毕节市等单位和地区编制了5个可移动文物保护修复方案、3个可移动文物健康评测方案、1个可移动文物实验室建设方案，5月报送国家文物局审批。11月，组织贵州省文保中心、贵州省博物馆专业人员编制了《贵州省可移动文物现状及保护评估方案》，报国家文物局审批。

【文博教育与培训】

2012年，贵州省文物局高度重视人才队伍建设，采取多种形式对文物保护人才进行培训。一是承办了国家文物局主办的"文物安全管理培训班"，贵州省9个市、州文物行政部门、博物馆和文物保护单位负责安全管理工作的104位同志参加了培训，并获得国家文物局颁发的业务培训证书，提高了管理者的业务水平和文物安全管理工作的依法行政能力。二是与贵州省委宣传部联合举办了"全省博物馆、纪念馆爱国主义教育示范基地讲解员培训班"，来自60家单位的93名讲解员参加了为期一周的培训，达到预期目的。三是组织镇远县、赫章县、万山区等24个县（市、区）文物行政部门负责人参加了国家文物局举办的全国县级文物行政部门负责人轮训班。四是贵州省文物局在凯里市召开贵州省博物馆、纪念馆贯彻落实国发2号文件精神工作会议暨博物馆、纪念馆免费开放工作研讨会。

【文博宣传与出版】

1. 文化遗产宣传

在"5·18博物馆日""文化遗产日"等重要时间点开展丰富多彩的宣传活动，普及文化遗产知识，宣传文化遗产保护，发放文物法规宣传资料1万余份，接待群众咨询5000余次。11月，为配合国家文物局做好《文物保护法》颁布30周年暨修订10周年有关宣传纪念活动。贵州省博物馆举办了"贵州省博物馆免费开放回顾展"、息烽集中营革命历史纪念馆开展志愿者招募活动、四渡赤水纪念馆组织了文艺演出，通过电视、电台、报纸等媒体进行宣传报道，还引进了新兴媒体，使文化遗产工作影响更加深入人心。组织参与国家文物局和人社部联合表彰先进集体与个人评选，黄平县文物局与兴义市何应钦故居管理所所长龙虎分别获得表彰。

2. 研究与出版

深入挖掘提炼史前文明、夜郎文化、屯堡文化、阳明文化、沙滩文化。深入挖掘和宣传代表贵州先进文化形象的历史事件、重要任务、人文景观、文化传统等。组织有关单位推进《考古贵州·遗产丛书》编辑出版工作，加强《贵州文化遗产》编辑出版工作。

【机构及人员】

截至2012年年底，贵州省文物保护机构总数为156个，其中文物保护管理机构90个、博物馆62家、文物商店2家、文物科研机构2个。文博从业人数为1705人，其中具有博士学位的1人、硕士25人、大学本科707人、大专489人、大专以下483人、具有正高级职称8人、副高级职称49人、中级职称189人、初级职称483人。

【对外交流与合作】

组织贵州省文化遗产保护骨干组成"文化遗产保护技术与管理培训团"赴法国培训与交流，在文化遗产保护、专业培训、专题展览、会议研讨、人员互访等方面达成合作共识。组织人员参加国家文物局赴台培训交流。继续支持北京大学、同济大学等高校对贵州省的民族村寨调查工作。邀请日本大学专家对贵州省苗、侗村寨的民族文化传承与生态环境保护进行考察，并在贵州大学开展文化遗产保护的讲学。加强与北京市、陕西省、河南省、浙江省等兄弟省（区、市）的交流，特别加强了与湖南、湖北在申请世界文化遗产方面的合作与交流。与联合国教科文组织、华夏文化遗产基金会、友成基金会、全球遗产基金会等组织开展村落文化景观保护和红色文化遗产保护等领域的交流与合作。邀请北京大学、中国社会科学院等高校及科研机构的资深考古专家考察和指导海龙屯考古工作。

【其他】

（一）文物资源利用

开展文物资源利用调研，探索文物资源利用新途径。组织各市（州）、县（市、区）报送文物资源情况，并进行筛选、补充和完善，为推动贵州省文物资源合理利用工作奠定了基础，也为下一步编制贵州省文物资源利用工作方案提供了依据。以免费开放为契机，结合各级文物保护单位和各类博物馆、纪念馆实际情况和市场需求，积极开发文化旅游产品，重点加强工业遗产和文化景观的综合利用，共同探索文物资源合理利用的新途径。

（二）生态博物馆建设

国家文物局委托贵州省文物局编制《生态博物馆建设指南》，组织北京大学、同济大学、贵州师范大学等高校生态博物馆研究专家和生态博物馆本土化实践者共同编写，形成初稿。由贵州省文化厅、文化部民族民间文化发展中心和贵州省文物局共同承担的"多民族地区村寨文化建设与社会发展示范项目"顺利通过国家文化部验收。

启动实施了贵州文化遗产保护"百村保护计划"，下发了《关于成立贵州省文化遗产保护"百村计划"项目领导小组的通知》（黔文发〔2012〕99号）和《关于成立贵州省"百村计划"黎平堂安侗族生态博物馆转型提升项目实施小组的通知》（黔文物发〔2012〕128号）。委托同济大学完成了黎平堂安生态博物馆、印江合水传统造纸生态博物馆和乌当渡寨音乐生态博物馆资料信息中心建设方案编制，并通过了专家评审；组织贵州师范大学项目专家组赴黎平堂安开展社区动员和基础工作，完成了堂安鼓楼、萨玛堂维修工程，12月18日黎平堂安侗族生态博物馆研究中心建设正式启动。

云南省

【概述】

云南地处中国与东南亚、南亚次大陆结合部，处在中华文化圈、东南亚文化圈和南亚文化圈的交汇地带，西南陆上丝绸之路和茶马古道就从这里通往世界，自古就是经济、文化的交融和汇聚之地；云南是中国少数民族最多的省份，全国56个少数民族中云南就有25个，有15个独有少数民族和7个人口较少民族，少数民族人口占全省总人口的1/3，使云南成为世界民族文化最丰富的地区；云南地处云贵高原和青藏高原的连接部，地质形成多种类型的山川地貌形式，气候体现明显的立体垂直分布，在中国绝无仅有。由于云南具有复杂的地形地貌、多变的立体气候、文化的演变交融，使云南具有生物多样性和文化多样性共生共存的特点，成为举世闻名的人类发祥地、民族聚居地和文物富集地。至今保存于全省各地的历史文物古迹和非物质文化遗产种类繁多、内涵深厚、特色鲜明，是云南各民族生存发展的历史见证。云南所具有的丰富多彩而又独具地方特色的民族传统和历史遗迹，使之成为一个名副其实的文化遗产大省。

【执法督察与安全保卫】

1月14日凌晨，全国重点文物保护单位安宁文庙大门口石狮被盗。被盗石狮系1989年文庙维修大门时从民间征集的，该石狮系清代石雕，高1.1、宽1米，材质为青石，颜色呈灰白色。案发后，安宁市迅速成立专案组，组织精干力量开展侦破工作。通过对现场进行调查取证，提取了现场监控录像，并由文物部门派出专业人员配合侦察员深入到昆明市各古玩市场进行调查走访，通过深入细致的分析和调查取证，最终锁定了犯罪嫌疑人。1月18、19日公安人员分别在昆明、会泽将王玉滨、杨亚玲、严明普、解开斌、牛良贵、肖培刚等6名犯罪嫌疑人抓获，取回被盗石狮，并缴获另案被盗清代石狮4个。安宁市公安机关根据案情和鉴定结果将案件提交公诉机关，6名犯罪嫌疑人已按照相关法律法规得到严惩。

【不可移动文物的保护与管理】

（一）第三次全国文物普查

云南省文物局及时转发《国家文物局关于做好第三次全国文物普查后续文物保护工作通知》到各州、市文化局，要求各地按照国务院和省政府的部署，继续争取地方政府支持，做好公布不可移动文物名录和各级文物保护单位、保护新发现文物、加强普查数据分析研究、推动普查成果应用、宣传普查成果等工作，确保普查后续文物保护工作任务落到实处。全省共调查登记不可移动文物14704处，其中新发现10998处，复查3706处，全省各县（市、区）的不可移动文物名录均上报县（市、区）政府，以县（市、区）政府或文化局通知的形式公布了不可移动文物名录。2012年有56处第七批全国重点文物保护单位通过

2013
中国
文物年鉴

国家文物局报国务院待批准公布，省政府新公布143项第七批省级文物保护单位，数量由243项增加到386项，各州（市）级文物保护单位由224项增加到619项，县级文物保护单位由1504项增加到3122项，普查期间挂牌保护文物点由无增加到1098项，各级政府积极申请公布历史文化名城（村、镇），各级历史文化名城（村、镇）由31个增加到76个，使大批普查新发现不可移动文物纳入国家依法保护的范畴。

（二）文物抢救性维修工程

云南省文物局组织编制宾川白羊村遗址、祥云水目寺塔、宾川文庙武庙3个文物保护规划立项报告，编制曼飞龙塔、茨中教堂等7个抢救维修工程可行性研究报告，上报国家文物局得到立项。组织专家对宾川白羊村遗址、禄丰腊玛古猿化石地点2个文物保护规划进行论证，对规划进行修改完善后上报国家文物局审批。组织专家对通海秀山古建筑群青龙庵、万寿宫、巍宝山玉皇阁、培鹤楼、梁金山故居、石屏秀山寺、一得测候所、西畴保兴桥等50余个文物保护单位修缮工程方案进行论证，并根据专家意见出具批复意见。启动全国重点文物保护单位盈江允燕塔抗震抢险维修工程、安宁曹溪寺整体修缮工程，验收宾川文武庙一期工程、会泽会馆、卢汉公馆维修工程，确保全省重要濒危文物得到修缮保护。向国家文物局报送巍山长春洞、会泽古建筑群、安宁文庙等10余处国保单位安防设计方案和消防、防雷立项请示，争取国家文物局专项补助，逐步完善全省国保单位的安全防范设施。

（三）茶马古道

云南省文物局组织有关专家和州、市的文博干部组成课题组，对茶马古道开展课题调查研究，形成《云南茶马古道保护与管理问题调研报告》，全面摸清茶马古道的分布状况和资源价值，为下一步保护管理提供决策依据，被云南省委宣传部评为宣传思想文化工作优秀调研成果。云南省文物局积极向国家文物局争取将云南茶马古道列入《中国文物保护事业发展"十二五"规划》进行保护、研究和利用，并将茶马古道云南段保存完好的24段、300多千米茶马古道路段和沿线村落、寺庙、客栈、商号、古茶园共计80多个文物点向国务院申报为全国重点文物保护单位。

（四）历史文化名城名镇名村

参加省建设厅组织的评审会，对昭通城市建设总体规划进行评审；与省建设厅共同组织对东川汤丹镇、箐口村以及通海河西镇、泸水县金满村、文山市平坝镇、师宗县淑基村、元江县他克村7个省级历史文化名镇（村）的列级评审工作，并联合行文上报省政府公布；参加省建设厅组织的大理云南驿、曲靖市三岔河镇、玉溪江城镇、昭通小草坝乡、楚雄广通镇等40余个云南省特色小镇规划的评审并发表意见。会同省建设厅共同完成了云南省传统村落调查情况的报告，分两批向建设部等部门报送了经审查确定的1022个传统村落，其中62个村落被建设部和国家文物局命名为全国重点传统村落，圆满完成了云南省传统村落调查阶段性任务，为有效保护好云南的传统村落提供了政策依据。

（五）世界文化遗产

1. 丽江古城

积极争取将丽江古城列为国家文物局世界文化遗产监测试点单位，得到国家文物局同意，启动了丽江古城世界文化遗产的监测工作；修编丽江古城世界文化遗产保护区划，上报国家文物局并转报联合国教科文组织世界遗产委员会审定；对丽江古城狮子山片区保护规划进行论证并上报世界遗产委员会审定。

2013
中国
文物年鉴

2．红河哈尼梯田

云南省哈尼梯田申报世界遗产领导小组会两次召开专门会议，多次召开哈尼梯田申遗动员会、促进会及保护管理工作会，反复到现场协调解决有关问题；完成哈尼梯田世界文化遗产保护规划的论证和申报审批工作，对哈尼梯田的遗产区范围和缓冲区范围进行调整，明确各级政府和有关部门的管理范围和职责，为哈尼梯田保护管理提供法律依据；指导元阳县人民政府颁布《红河哈尼梯田文化景观村庄民居保护管理办法（试行）》；加强与国家文物局、省政府及有关部门的沟通协调，落实国家和省财政支持哈尼梯田环境整治经费3500万元；指导制定哈尼梯田环境综合整治方案上报国家文物局审批，按时完成五个村落、三个观景点、三条线路的整治和恢复工作；积极与红河州、元阳县党委、政府和有关部门协同配合，制定周密的接待方案和工作手册，汇报哈尼梯田保护管理状况；圆满完成了国际古迹遗址理事会专家石川干子的现场考评工作，并提供大量数据资料，为2013年哈尼梯田申报世界遗产奠定了坚实基础。

3．景迈山古茶园

认真做好景迈山古茶园申遗前期工作，组织普洱市文化局聘请北京大学编制景迈山古茶园申遗文本和保护管理规划，经省市审查后上报国家文物局。完成景迈山古茶园申报世界文化遗产保护范围、缓冲区的划定和界桩的设置，向国家文物局上报请示，请求将景迈山古茶园列入《中国世界文化遗产预备名单》；陪同中国古迹遗址理事会专家赴景迈山古茶园进行实地考察，积极推进景迈山古茶园列入国家申报世界遗产预备工作。国家文物局已经于11月18日将景迈山古茶园正式列入《中国世界文化遗产预备名单》。

【考古发掘】

完成普洱澜沧机场、澜沧江托巴水电站、昆渝高速待补至功山段、G108国道永仁至禄劝段、云南华坪煤矸石电厂等80余处建设项目的考古调查勘探工作，并为建设单位出具了《云南省建设工程文物保护意见书》。配合基本建设工程和考古科研以及对被盗墓地进行抢救性考古发掘，完成了普洱市镇沅县菜籽田遗址、江川光坟头遗址、个旧市石榴坝遗址、绥江县马湖府遗址、东川玉碑地遗址、宁蒗干坝子古墓群、华宁小直坡墓地等10余处考古发掘申报工作。积极和云南省移民局，业主方、设计方协调，及时组织专家论证，加快推进向家坝电站、溪洛渡电站、龙开口电站等考古发掘和文物迁移工作，有力促进了国家大型基本建设工程建设和当地百姓的增收致富。

【博物馆与可移动文物保护】

（一）博物馆

1．云南省博物馆新馆建设

云南省博物馆新馆建设项目各项工作进展顺利，继2011年12月完成建筑主体封顶断水工作后，积极开展安装工程施工，已累计完成投资约4.4亿元，工程进度完成88%。资金使用与建设进度较为一致，基本实现了概算控制目标。新馆陈列展览将由八个基本陈列和四个专题展览组成，布展面积18500平方米，经费预算8700万元，包括设计、制作、展厅装修和文物征集等。将应用全新理念和独特方式集中展示云南悠久的历史、灿烂的文化和神奇的自然风光。

2．博物馆年检

云南省文物局根据《博物馆管理办法》及相关规定开展了对2011年云南省登记注册的

81座博物馆、纪念馆的年检审核工作。经检审，79座（昆明理工大地学博物馆和云南地质博物馆因故未参加）博物馆、纪念馆原则上符合国家年检的相关规定，按时上报国家文物局年检信息系统数据，并建议国家文物局予以通过。

3．云南省注册博物馆逐年增加

截至2012年底，云南省有注册博物馆85个，其中国有博物馆80个（文物部门62个、其他行业部门18个），民办博物馆5个。较2011年新增迪庆香巴拉藏文化博物馆，大理祥云县王复生、王德三烈士纪念馆，大理武庙民间造像艺术博物馆，大理农村电影历史博物馆。

（二）可移动文物保护

云南省文物局遴选出丽江市博物院、昭通市博物馆和红河州博物馆上报国家文物局申请修复经费支持，积极推进文化文物系统国有馆重度腐蚀珍贵文物修复保护工作。

【社会文物管理】

云南省文物局按有关法律、法规严格实行资质审批和年度报告制度，审核了云南典藏等拍卖公司文物拍卖标的8000多件，未发生一起国家明令禁止的拍卖标的上拍的情况。

【文博教育与培训】

（一）文物保护工程资质单位管理培训

对全省具备文物保护勘察设计及施工资质的13家单位进行年检，对新增资质的3家单位进行审核并颁发资质证书。组织法律、文物方面的专家和工程技术人员对《云南省文物维修工程审批和管理办法》进行讨论和修改完善，颁布实施该管理办法，推进文物维修工程的规范管理。将重大文物保护项目纳入云南省招标局物资交易中心进行规范管理。组建云南省文物维修保护项目招标评估专家库，报经省发改委批准后纳入云南省招标局物资交易中心专家总库，进一步规范文物保护项目招投标管理工作。11月26日～12月6日，在安宁举办有212人参加的文物维修个人资格培训班，组织专业考试，发放文物维修个人培训证书和文物维修保护的项目经理、监理人员和设计人员培训证书，对文物维修保护实施个人资质管理。

（二）选派县文化局领导参加国家文物局培训

按国家文物局2012年全国县级文物行政部门负责人培训班培训学员报名工作的通知文件要求，从3月份开始选送了盐津县、龙陵县、元谋县、晋宁县和红塔区等30个县（区）的文化局负责人作为学员参加在中央文化管理干部学院举办的培训班。

（三）推选云南省全国文物系统先进集体和先进工作者

根据人力资源和社会保障部、国家文物局《关于评选全国文物系统先进集体和先进工作者的通知》（人社部函〔2012〕127号）要求，完成云南省全国文物系统先进集体和先进工作者的评选和推荐工作。推荐大理市文物保护管理所为全国文物系统先进集体，推荐包震德为全国文物系统先进工作者。均获得人力资源和社会保障部和国家文物局的表彰奖励。

【文博宣传与出版】

云南省文物局在文物普查新发现的10998处文物点中，组织开展"云南省文物普查百大新发现"评选，评选出了"云南省第三次全国文物普查百大新发现"并正式公布；正式出版《云岭遗珍——云南省第三次全国文物普查百大新发现》一书，组织昆明电视台录制

2013
中国
文物年鉴

14集普查宣传系列片，在《云南日报》上刊登文物普查专版报道，在云南省博物馆举办"云南省第三次全国文物普查成果展"，并在全省举办文物普查成果巡展，向各级领导及社会各界汇报云南省文物普查的丰硕成果。

【机构与人员】

截至2012年底，云南省共有各级博物馆、纪念馆166家，馆藏文物40余万件，有43家博物馆、纪念馆向社会免费开放。全省共有各类文物机构292个，从业人员1894人。其中文化文物系统有文博机构408个，1285人。文化文物系统中：文物保护管理机构120个，607人；博物馆、纪念馆72个，从业人员595人；文物考古研究机构1个，38人；文物商店2个，36人。

【其他】

完成云南迪庆藏区文物保护规划编制工作。针对云南藏区的全国文物保护单位、省级文物保护单位和博物馆、纪念馆项目，提出了有针对性的保护、建设方案和经费预算，陪同国家发改委、国家文物局领导和专家考察迪庆文化遗产，为云南藏区的文化遗产保护提供保障。

西藏自治区

【概述】

2012年，在区党委政府的坚强领导、国家文物局的有力指导和自治区文化厅党组的正确领导下，自治区文物工作坚持"保护为主，抢救第一，合理利用，加强管理"的方针，紧紧围绕区党委、政府的工作部署，服从和服务于全区经济社会发展稳定大局，各项工作都取得了新的突破，维稳工作扎实开展，文物修复保护措施落实到位，文物管理能力大幅提高，文物安全得到保障，狠抓了法律法规建设、宣传及执法工作，加强文物管理机构和队伍建设，加大文物保护经费投入，进一步促进了依法行政、依法保护管理及科学研究工作。

2012年，向自治区九届人大常委会申请将《西藏自治区布达拉宫保护办法》列入自治区立法规划；同时，为了进一步加强贝叶经的保护和管理工作，依据《西藏自治区文物保护条例》等法规，结合西藏实际草拟了《西藏自治区贝叶经保护管理办法》，已上报自治区政府审议颁布，有望于2013年出台。

【执法督察与安全保卫】

加强文物法律、法规的宣传，不断提高全社会的文物保护意识和法制观念。做好文物保护工作，需要行政行业主管部门的努力，更需要发动全社会的力量。为动员全社会关心、支持、参与文物保护工作，首先要增强全社会的文物保护意识与法制观念。因此，自治区文物局广泛深入开展宣传、贯彻、落实《文物保护法》和地方性法规的活动，增强全社会的文物保护意识与文物保护的法制观念。以《文物保护法》为核心，扎实深入地宣传党和国家一系列关于文物保护的重大决策和工作部署，认真做好文物保护事业发展以及文物领域重大事件和重要活动的宣传。通过在"5·18国际博物馆日""文化遗产日""12·4法制宣传日"期间大力宣传文物保护法律法规和发放文物保护藏汉双语宣传册，赢得全区社会各界的高度评价，文物保护的宣传效果明显，全区文物保护意识不断增强，文物安全得到了有效保障。

为贯彻落实好文物工作方针，结合文物、消防等相关法律、法规，在全区实行文物安全目标责任制，切实加强自治区文物单位的政治稳定和文物安全工作，坚决遏止各类重特大文物案件的发生。根据有关文物安全管理规定，本着"分级负责，属地管理"的原则，在年初召开的全区文物工作会议上与各地市文化（文物）部门以及区直文博单位签订了《2012年度文物安全责任书》，随后各地市文化（文物）部门也与各县和文保单位层层签订了《年度文物安全责任书》，建立健全安全防范长效机制和奖惩机制，将文物安全责任落实到基层单位、落实到每一个岗位、落实到人，使文物单位安全防范工作进一步得到加强。

2013 中国 文物年鉴

积极开展各级文物保护单位的安全巡查及执法督察，2012年累计下发《关于严格文物行政执法和履行安全责任的通知》等40多次。在重大节假日和2、3月敏感时期采取白天、夜间突击检查和明察暗访等不同形式，对世界文化遗产、全国重点文物保护单位、局属各单位的文物安全工作进行不间断的督促检查，确保了文博系统的政治安全和文物的安全。同时对重点文物单位比较集中的地区安防、消防和施工现场进行反复性、不间断地专项大检查共计300多次。在"三大节日"和重大活动期间加大对文物单位的安防、消防检查和督导力度，定期会同公安、消防等部门组成检查组开展全区文物单位安防、消防和施工现场大检查，对存在的问题和隐患及时排查、及时整改。截至2012年底，全区"三级"文保单位没有发生安全责任事故，有效地确保了文物系统的古建筑安全和文物安全。

【不可移动文物的保护和管理】

（一）概况

截至2012年底，西藏已调查登记各类文物点4277处（古遗址类1379处、古墓葬类516处、古建筑类1543处、石窟寺及石刻类587处、近现代重要史迹及代表性建筑类242处、其他类10处），其中各级文物保护单位945处（全国重点文物保护单位35处、自治区级文物保护单位224处、市县级文物保护单位686处）。拉萨市、日喀则市和江孜县为国家级历史文化名城；世界文化遗产一处，即布达拉宫及其扩展项目大昭寺、罗布林卡。

组织开展了第六批自治区级文物保护单位的推荐工作。有望在2013年底公布一批自治区级文物保护单位。

自治区"十二五"重点文物保护工程项目具有子项多、文物类别杂、工程领域广、地域分散的特点，实施好文物保护工程关键是做好项目的前期工作：一是定期召开全区重点文物工程项目工作会议，及时安排部署各项工作；二是与46家重点文物保护工程项目建设单位签订责任书，对项目的完成时限、工程质量、施工进度等提出明确要求；三是建立健全了总投资20亿元的全区文物保护工程项目库，确保了今后及时申报项目和尽早立项；四是在继续实施桑耶寺等文物保护工程的同时，开工建设了敏竹林寺等7个具备条件的工程项目，另外热振寺等2个保护维修工程项目规划已完成审批、强巴林寺等19个保护维修工程项目规划已上报相关部门等待审批、查木钦墓群等18个保护维修工程项目前期工作正在进行；五是安排资金2300多万元实施了冲康庄园等6项抢救性文物保护维修工程。

依照国家文物法规的相关规定，为扶持自治区文物保护施工企业的发展，授予西藏昌都地区文物研究所、西藏自治区建筑勘察设计院、西藏金潮工程设计有限公司3家单位为古建筑维修保护、近现代文物建筑保护乙级资质；授予西藏山南羊湖建筑工程有限公司、山南地区月光建筑有限公司、山南地区琼结县哈达扶贫建筑有限责任公司、西藏山南奥翔建设工程有限公司4家单位为古建筑维修保护、近现代文物建筑保护二级资质。

（二）全国重点文物保护单位

积极开展第七批全国重点文物保护单位申请工作，西藏自治区共申报了35处。

积极开展全国重点文物保护单位保护工作，已将19处全国重点文物保护单位列入《"十二五"支持西藏经济社会发展建设项目规划方案》的"文物保护维修"项目中，投资58399万元对20处全国重点文物保护单位进行保护和增设安消防设施。

（三）世界文化遗产

1. 世界文化遗产项目的申报、评审

3月，根据西藏自治区实际，结合申报世界文化遗产相关要求，经自治区文物局研究和自治区分管领导审核同意后，向国家文物局申报西藏昌都盐井古盐田、萨迦寺、西藏碉楼群进入中国世界文化遗产预备名单。12月17～18日国家文物局在北京召开的全国世界文化遗产工作会议公布了《中国世界文化遗产预备名单》，西藏芒康盐井古盐田榜上有名。

2. 世界文化遗产保护管理情况

世界文化遗产布达拉宫历史建筑群位于拉萨市，由布达拉宫、大昭寺、罗布林卡三处建筑群组成，1994年12月布达拉宫被列入世界遗产目录，2000年、2001年大昭寺和罗布林卡分别被列入世界文化遗产布达拉宫的扩展项目。

国家和自治区十分重视对布达拉宫、大昭寺、罗布林卡等西藏文物建筑的保护，先后将其公布为全国重点文物保护单位并设立管理机构，投入资金进行对其保护维修、整治周边环境。在列入世界遗产目录以后，国家加大了对布达拉宫、大昭寺、罗布林卡的保护力度，在保护维修、环境风貌、专项法规等方面做了大量工作，取得了举世瞩目的成就。

【考古发掘】

2012年，西藏自治区文物部门主要围绕配合西藏自治区"十二五"重点文物保护项目和相关学术研究工作开展了一系列考古调查、勘探、发掘工作，取得了积极成果。

（一）小恩达遗址考古调查、勘探与测绘

小恩达遗址被列为西藏自治区"十二五"重点文物保护项目之一，为制定保护规划，西藏自治区文物保护研究所于5月中旬至7月上旬开展了小恩达遗址前期考古调查、勘探与测绘工作。调查面积200万平方米，勘探面积20万平方米，测绘面积约120万平方米。发现有房屋、灰坑、墓葬等早、晚期遗迹，房屋皆为早期遗存，其中F1为半地穴式木骨泥墙房屋。出土遗物有石器、陶器、骨器、牙器、角器、蚌器等3000余件，打制石器数量最多，也有为数不少的各类细石器；陶器数量较少，其造型、纹饰等风格与卡若遗址早期遗存相同，其文化性质应属卡若文化，早期遗存的年代距今约4000年。

（二）卡尔东遗址及故如甲木墓地考古发掘

卡尔东遗址及故如甲木墓地位于西藏阿里地区噶尔县门士乡西北约15千米处。

6～8月，中国社会科学院考古研究所与西藏自治区文物保护研究所联合对卡尔东遗址（传说中的象雄都城"穹窿银城"）和故如甲木墓地进行了考古测绘和试掘。发掘表明，故如甲木墓地是一处分布相当密集的象雄时期古墓群，时代相当于中原的汉晋时期，墓群与象雄国都城"穹窿银城"有着密不可分的联系。故如甲木墓地的发掘弥补了西藏西部考古工作的空白，不但丰富了我们对于西藏西部前吐蕃时期文明的认识，同时也以其丰富的内涵启发我们重新审视这一长期被忽略的地区在西藏早期文明发展进程中的重要地位。

（三）西藏西部石器时代考古调查

8月6～23日，由西藏自治区文物保护研究所与中国科学院古脊椎动物与古人类研究所业务人员及陕西省考古研究院张建林研究员（特邀）组成的旧石器时代考古调查队开展了为期半个多月的野外调查工作，取得丰硕成果。

调查队先后对日喀则地区、阿里地区及拉萨市的十一个市县的20余处石器地点进行了调查。此次调查工作的重点对象为此前被学术界认为是旧石器时代的地点，调查队先后对

2013
中国
文物年鉴

定日县苏热地点、吉隆县哈东淌地点、吉隆县却得淌地点、日土县夏达错东北岸地点4处旧石器时代地点进行了再调查，与此同时，对沿途其他被认为是新石器时代遗存的石器地点也尽可能进行了调查，新发现了噶尔县门士西北地点、噶尔县丁仲A地点、噶尔县丁仲B地点、措勤县卡利地点、昂仁县打加错东北岸地点、堆龙德庆县马乡地点6处石器地点，为进一步研究青藏高原石器工业的特征、发展演变及其与所处环境相互关系等诸多学术问题提供了弥足珍贵的研究材料。

【博物馆与可移动文物保护】

（一）博物馆

1. 可移动文物的保护、管理和研究

西藏博物馆是西藏地区唯一一座综合性博物馆，占地面积53959平方米，总建筑面积23508平方米，展厅面积10451平方米。西藏博物馆现有馆藏品总数60000余件，藏品中一级文物1001件（套）、二级文物15784件（套）、三级文物26746件（套），共计43531件（套），珍贵文物藏量达到馆藏文物总数的73%，其中登记备案的珍贵文物761件。西藏博物馆藏品数量多、种类全、品级高，包括各种类型的史前文化遗物，历代政府颁赐的封诰、玺印、金册、礼品，多种质地和造型的佛像及人物造像，珍藏至今的稀世孤品贝叶经和桦树皮经书，宗教法器，竹木漆器，骨牙器，珐琅器，织绣，碑帖，雕刻工艺，钟表仪器，用金粉、银粉、珊瑚粉等书写的手抄本、印刷本的各种梵、藏文典籍，流派众多、五彩纷呈、内容广泛的唐卡，藏医外科手术器械，精美的元明清瓷器、玉器，独具特色的民族传统手工艺品，乐器，服饰，外国文物，金银器和其他文物等。

通过对可移动文物的规范管理，西藏博物馆成立专门的文物建档小组，针对馆内文物藏品系列，分为丝绸组、佛像组、唐卡组、杂项组等，有计划有步骤地开展文物分类建档工作。

西藏博物馆为进一步加强唐卡的研究，成立了唐卡保护工作室（中心），这是西藏博物馆"立足本职，特色办馆"理念的具体实施，也是全区乃至全国第一家以现代科技手段和传统工艺相结合开展唐卡保护、研究的专业技术部门。工作室已开展了馆藏唐卡文物残损状况调查、利用新技术保护修复唐卡——丝网加固技术引进应用研究、唐卡艺术流派研究和部分残损严重唐卡的修复研究等工作。

除了唐卡研究工作以外，西藏博物馆逐步将馆内藏品系列中数量较多、体系较全的文物进行了专题研究和保护，并针对馆藏品开展文物馆级课题的申报和研究。

2. 博物馆的交流与合作

西藏博物馆加强与国内外博物馆、重点科研院所和大学的交流与合作，通过高层次、多形式的战略合作，在加强人才培养、学术交流、重大文物保护技术攻关、课题研究等方面建立更为广泛、灵活的合作方式，为培养高端人才、研讨和学术交流提供重要平台，成为自治区博物馆与国内外博物馆交流合作的资讯平台和学术研究的中心。目前，西藏博物馆与首都博物馆、故宫博物院、国家博物馆、中国丝绸博物馆、重庆中国三峡博物馆、中国藏学研究中心西藏文化博物馆等建立有长期共建合作关系。

3. 重要陈列展览

9月10日，由文化部和西藏自治区人民政府主办，国家博物馆和西藏自治区文化厅联合承办，布达拉宫管理处、罗布林卡管理处和西藏博物馆共同协办的"2012·中国西藏唐卡

2013 中国 文物年鉴

艺术展"开幕式在国家博物馆开幕。全国人大常委会副委员长周铁农出席开幕式。西藏56位当代唐卡画师的100多幅作品和来自布达拉宫、罗布林卡、西藏博物馆等文博单位的30幅唐卡类珍贵文物在国家博物馆展出半个月。

"西藏历史文化"由史前文化、不可分割的历史、文化与艺术、民俗文化四个部分组成,展出文物千余件(套)。该展览主题鲜明、思想性强、文化内涵丰富,在陈列形式上营造出了浓厚的藏族艺术氛围,生动地再现了藏民族源远流长的历史和博大精深的文化,被评为"全国十大精品陈列"。

"藏北自然资源专题展"展出各类动植物、矿物标本378件、图版47张,生动地展示了西藏地区丰富的自然资源和奇伟壮丽的自然风光。

"明清瓷器精品展"分为明、清两个单元,展出各类官窑瓷器78件(套),在体现我国登峰造极的精美制瓷工艺和民族文化交流的同时,更无可辩驳地昭示了西藏地方与中央政府密不可分的关系。

"元、明、清玉器精品展"分为元、明、清三个单元,展出鲜为人知的精美中原玉器108件(套),首次全面、系统地将辉煌灿烂的中华玉文化展现给西藏人民。

"情满高原——西藏民俗文化展"于6月8日推出,以西藏地区生活习俗、生活用具、生产活动为主要脉络,内容覆盖整个西藏地区,将各地区独具特色的民俗风情、生活习俗等呈现在广大观众面前。

(二)可移动文物保护

文物建档和鉴定工作有序开展。根据年度工作安排,2012年,自治区共完成了日喀则地区9个边境县1951件文物(一级25件、二级67件、三级636件、一般1223件)的鉴定工作。

【社会文物管理】

7月13日,西藏文物总店投资8万多元,从山南地区和拉萨市民间征集金铜佛像类文物3件。

【科技与信息】

截至2012年底,自治区各级文化(文物)部门报送信息600多条,其中自治区文物局撰写、报送信息50条,被国家文物局、区党委办公厅《业务通讯》以及区政府办公厅《内部情况通报》采用。这些文物信息的报送和采用,为各级领导了解自治区文物发展态势、指导文物保护工作发挥了积极作用。

【文博教育与培训】

在国家文物局的关心和重视下,自治区文物局充分发挥自身优势,加大协调力度,继续采取"请进来、送出去"的培训机制,结合重大项目建设,先后在北京举办了为期5个月的、16人参加的"西藏壁画保护修复技术人员培训班",在拉萨举办了为期15天的、20人参加的"西藏文物进出境鉴定审核培训班",在西北大学培训基地举办了为期15天的、30人参加的"西藏文博干部培训班";积极选派20名在职干部参加了国家文物局举办的各类文物专业知识培训班;邀请内地兄弟省市文物系统的专家或技术人员进藏开展文物保护工作20余人次。通过多途径开展专业培训,进一步提高了在职干部的整体水平和业务技能,

2013
中国
文物年鉴

为全区文物事业的持续发展提供了强有力的智力支撑和人才保障。

【文博宣传与出版】

季刊《西藏文物》出版4期，每期印刷600册，向全区各级文化文物部门和文物保护单位无偿发放2000册。馆刊《布达拉宫》（藏文版）出版2期，每期印刷500册，作为全区文物单位内部参考资料。出版了《罗布林卡——斯喜堆古殿壁画》，精装3000册、简装3000册以及《罗布林卡珍贵文物集选》3000册。

【机构及人员】

截至2012年底，西藏自治区共有文物保护管理机构81个，其中区直文物系统的机构7个，七地（市）、县（市、区）文物保护管理机构74个。

西藏自治区现有从事文物工作的人员457名，其中大专以下学历的187人、大专106人、大学本科139人、硕士24人、博士1人；初级职称61人、中级职称40人、副高级职称10人、正高级职称3人，专业技术人员共计114人，占总人数的24.95%；行政机关干部、工人合计343人，占总人数75.05%。2012年新增员工102人。

【其他】

2月16～17日，全区文物工作会议在拉萨如开。自治区副主席甲热·洛桑丹增出席会议并作重要讲话。区党委宣传部副部长、文化厅厅长尼玛次仁主持会议。自治区文化厅党组成员、文物局局长桑布作了题为《围绕中心 服务大局 务实创新 努力推进全区文化遗产事业的大发展大繁荣》的工作报告，全面总结了2011年的全区文物工作，深刻分析了文物工作面临的新形势，安排部署了2012年全区文化遗产工作，确定2012年的重点工作为"文物安全年、干部培训年、重点项目前期工作年"。会议还表彰了2011年度全区文物系统先进集体和先进个人，与各地市文化（文物）局和区直文博单位签订了《2012年度文物安全责任书》。期间，还召开了西藏自治区"十二五"文物保护规划项目前期工作座谈会。会议听取了各地市和区直文博各单位"十二五"文物保护规划前期工作进展情况汇报，对做好下一步工作进行了专题研究部署。各地市分管文物工作的专员（市长）、区直文博各单位负责人和各地市及重点文物县的文物局局长共50余人参加了会议。

5月9日，"第三批全国民族团结进步教育基地——西藏博物馆"揭牌仪式在西藏博物馆隆重举行。自治区副主席多托宣读《国家民委关于第三批全国民族团结进步教育基地的决定》。区民宗委和区文化厅以及区直文博单位、驻馆部队代表共200余人参加了揭牌仪式。

6月29日，西藏自治区第三次全国文物普查工作总结表彰大会在拉萨召开。自治区副主席、西藏自治区第三次全国文物普查工作领导小组组长甲热·洛桑丹增出席大会并讲话。拉萨市区第三次全国文物普查工作领导小组办公室等14个先进集体和哈比布等50名先进个人受到表彰和奖励。区党委宣传部、自治区发改委、财政厅、文化厅、建设厅、公安厅、民宗委、林业局等16个西藏自治区第三次全国文物普查工作领导小组成员单位的领导出席大会。各地市第三次全国文物普查工作领导小组的组长、副组长、文物局局长和先进集体、先进个人代表及区直文博各单位的部分干部职工共100余人参加了总结表

2013 中国 文物年鉴

彰大会。

8月7～10日，文化部和国家文物局在拉萨召开第四次全国文化文物援藏工作会议。文化部党组副书记、副部长赵少华，文化部党组成员、副部长、文物局局长励小捷出席会议并分别就全国文化、文物援藏工作情况发表讲话。自治区副主席甲热·洛桑丹增、多托出席会议。自治区党委宣传部副部长、文化厅厅长尼玛次仁在会上作《西藏文化建设情况报告》。会议期间初步商定，西藏区直文博单位和各地市文物局将逐步与国家文物局4个直属单位和15个省市文物局签订援藏项目、资金和人才培养协议书。

10月15日，布达拉宫西印经院移交工作在西印经院举行。为认真贯彻落实自治区人民政府专题会议纪要［2012］63号精神，15日下午，在自治区文物局和西藏三大重点文物保护维修工程领导小组办公室的共同监督下，布达拉宫管理处将维修后的西印经院移交给自治区档案馆使用，双方领导签订了《布达拉宫西印经院移交协议书》及其清单。

陕西省

【概述】

2012年，陕西省文物系统广大干部职工认真贯彻《文物保护法》，深入学习党的十七届六中全会和陕西省第十二次党代会精神，按照《省政府工作报告》和陕西省委省政府制定的陕西文物工作目标任务要求，圆满完成重要目标任务5大类14大项、37小项，部分项目超额完成，在大遗址保护、考古工作、科技保护、博物馆建设、对外交流、文物安全等方面取得了新成效，在建设西部文化强省中发挥了独特作用，为提升陕西影响力作出了积极贡献。

【法规建设】

2012年，陕西省文物局配合省人大开展陕西省贯彻实施《文物保护法》情况大检查，组织对《陕西省黄帝陵保护管理办法》执行情况进行检查，完成了《陕西省文物保护条例》的修正工作，积极推动《陕西省帝王陵保护条例》立法工作。按照省法制办的和省人大的要求，先后对《陕西省森林公园条例（草案）》《陕西省建筑保护条例》等法规草案提出了修改意见和建议；汇编《文物法规汇编》（二）并印发全省文物系统；制定了《陕西省文物系统行政执法人员执法行为规范》并印发全省文物系统。认真做好提案议案回复工作，完成陕西省十一届人大五次会议第464号建议《借鉴意大利历史文化遗产保护的成功经验推动我省历史文化遗产保护的可持续发展》和陕西省政协十届委员会第五次会议第531号提案《关于文物保护需科学有效》的复函工作。

【执法督察与安全保卫】

2012年，陕西省各市、各单位进一步落实文物安全责任，推动安全工作取得新成效。西安市、宝鸡市、咸阳市、渭南市等地先后建立联合执法机制，文物与公安部门密切协作、主动出击，文物安全工作取得新成效。全省群众文保员已达5000余人，群众保护文物的力量进一步增强。宝鸡田野文物安全工作扎实有效，宝鸡市政府在全国田野文物安全现场会上介绍了宝鸡经验。加强消防演练，省文物局先后在秦始皇帝陵博物院、陕西历史博物馆、咸阳市举行消防演练或其他消防安全活动，有效提升消防防范水平。宝鸡市文物旅游局等28个单位被授予文物安全管理先进单位；西安市文物局等8个单位被授予消防安全管理先进单位；陕西历史博物馆等45个单位被授予消防安全先进单位。

陕西省文物局全年安排文物安全经费8360万元，比上年增长33.6%，强有力地推动了文物安全工作的落实。积极争取国家文物局下达安技防资金1.11亿元，比上年增长278%，有力地推动了文物安全工作。秦始皇帝陵遗址公园、蒲城唐泰陵、礼泉唐建陵田野技防工程等20个项目相继竣工。通过加大投入，技术手段由单一的监控探头向多种报警设备、多种监控手段并用转变，田野文物安全防范能力显著提升。依法查处文物违法案件，督查文物违法案件20起，特别是对唐昭陵永久墓园有限公司未经审批在国保范围内建设永久墓园的重大文物违法案件进行严厉查处，得到时任省长赵正永同志的支持。陕西省文物局与陕西省公安厅联合开展"天鹰"打击文物犯罪专项行动，全年破获文物案件633起，追缴等级文物503件；陕西省文物局会同陕西省公安厅对打击文物犯罪成绩突出的31个先进单位和36名个人进行了表彰奖励。对秦东陵文管所等单位保护文物不力、失职渎职进行追责，配合司法机关对其原单位负责人进行了相应的司法处罚。

馆藏文物安全工作在各市、各单位的共同努力下，全年没有发生安全事故；田野文物安全工作继续保持领先全国的良好势头，多次受到国家文物局的好评，并在相关会议上介绍经验，陕西省文物局被公安部、国家文物局授予打击文物犯罪"组织协调先进单位"，还被陕西省政府授予落实消防安全责任制先进单位。美国国务院文教局高级顾问安德鲁·科恩博士来华就中美两国政府续签相关协议进行考察在陕调研时，对陕西文物安技防工程给予高度评价，认为陕西在开展文物安全工作方面具有创新性和典范性。

【不可移动文物的保护和管理】

（一）概况

截至2012年底，陕西省共有各类文物点49058处、各级文物保护单位3050处，其中全国重点文物保护单位140处、省级文物保护单位668处。

（二）大遗址保护

全年实施大遗址保护项目15项，投入资金14345万元，比上年增长36.7%。西安姜寨遗址、华清宫遗址和陕西早期长城遗址保护等50多项保护规划先后完成。编制完成我国首个国家级城市新区的文化遗产保护总体规划——《西咸新区文化遗产保护总体规划》，文物保护规划先于城市建设规划，既保护了文物的安全，又驱动了新区发展。陕西省文物局启动了陕西省长城遗址保护工程。西安市政府推动并成立了汉长安城国家大遗址保护特区建设领导小组办公室和管委会，标志着我国首个国家大遗址保护特区项目启动。

（三）全国重点文物保护单位

延安市积极将延安革命旧址群纳入国家"十二五"文物保护专项规划，陕西省文物局会同延安市委市政府向财政部、国家文物局争取到1亿多元资金用于延安革命旧址保护，有力地推动了延安革命旧址保护项目的实施。铜川市完成了耀州窑唐宋遗址陈列改造等一批文物保护工程项目。安康市安康文庙、汉江明清会馆群、陕南特色古民居群等文物保护工作进一步加强。商洛市完成了大云寺、丹凤县船帮会馆戏楼维修工程。

（四）世界文化遗产

丝绸之路"申遗"工作取得新进展。国家文物局4月初下发了《关于推进丝绸之路申遗工作的通知》，陕西省文物局抽调力量成立了申报世界文化遗产办公室，并会同文化遗产研究院和西安市、咸阳市、汉中市等相关市区（县）大力推动"申遗"工作，大雁塔、小雁塔、兴教寺、大明宫、汉长安城、彬县大佛寺石窟、张骞墓等"申遗"点的保护规划、环境整治、资料整理、档案管理等工作取得新成效，为迎接联合国教科文组织专家的检查奠定了基础。各相关单位充分利用多种形式开展宣传活动，动员社会公众广泛关注和积极参与"申遗"工作，使丝绸之路"申遗"工作惠及民众，成为推动社会发展的积极力量。《丝绸之路文化遗产》丛书编纂工作进展顺利。

【考古发掘】

（一）概况

2012年，陕西省的考古工作取得新成果，在全国产生了重要影响。全年考古勘探427项，勘探面积4800万平方米；考古发掘51项，发掘面积约5万平方米，有多处重大发现。西安市秦汉古桥抢救性考古项目对秦汉考古学、秦汉交通史、中国古代桥梁史的研究具有极高价值。宝鸡市积极做好渭滨区石嘴头西周墓葬抢救性考古发掘项目，相关文物部门主动介入现场，加强业务指导，科学组织考古，出土文物保护和考古工作成果受到国家文物局表扬，时任省委书记赵乐际同志到现场视察，时任省长赵正永同志批示"要认真总结，大力宣传群众保护文物的做法"；国家文物局局长励小捷同志多次打电话询问墓葬发现经过和考古工作进程，并专程赴现场视察。陕西省政府在宝鸡市召开宝鸡群众保护石鼓山出土文物表彰大会，村民刘广田、秦根虎、徐海军等10人和渭滨区石鼓镇石嘴头村委会等12家单位受到表彰奖励。榆林市神木石峁遗址考古发掘成果被专家称赞为"石破天惊"，改变了人们对中国史前文明格局的认识。洛南盆地旧石器遗址社会影响很大，《光明日报》头版头条报道称"其意义不亚于陕西兵马俑的发现"。

（二）重要考古项目

1. 宝鸡石鼓山西周墓葬

6月下旬，抢救性发掘了位于宝鸡市石鼓山石嘴头村的西周早期贵族墓葬M3。此墓为长方形竖穴土圹墓，面积约16平方米，两椁一棺，木质均腐朽。墓主头南脚北，残留部分骨骸。本次发掘出土遗物近200件（套）。其中青铜重器14类，包括鼎、簋、卣、禁、方彝、尊、壶、盘、爵、觯、斗等，共计31件。其他青铜器物十余类，包括青铜戟十余件、矛1件、铸2件、马器2批百余件。除青铜器外，还出土玉器2件、贝数十件、蚌泡数件，残漆器1件和高领袋足鬲1件。目前，在鼎、卣、彝、尊、壶等16件器物的器表或器内发现铸有铭文，分别为"曲臣敖癸""单父乙""万""冉"等。这批文物数量多、制作精美、组合明确、发掘科学，为姜戎考古学文化遗迹以及商末周初的社会、历史、地理等方面的研究提供了丰富的第一手资料。

2. 西安渭河桥遗址

4～12月，陕西省考古研究院对汉长安城遗址北侧的六村堡街道办事处西席村、高庙村渭河南岸区域5000平方米范围进行了勘探，发现两组共5座古桥，目前对其中的3座进行了考古发掘。厨城门一号桥目前已确定至少长880米，两侧桥桩间距约18米，是迄今发现的最大的秦汉木梁柱桥梁遗址，也是现知同时期全世界最大的木构桥梁。此次发掘对探讨汉长安城北侧路网、水网以及汉长安城遗址保护、秦汉都城交通史和中国古代桥梁史的研究，均具有重要价值。

3. 陕西神木石峁遗址考古发掘

5～11月，对石峁外城东门址的考古发掘，确认了体量巨大、结构复杂、构筑技术成熟的门址、石城墙、城门墩台等重要遗迹，出土了玉器、壁画及大量龙山晚期至夏时期的陶器残片、石器、骨器等重要遗物。石峁石城面积在400万平方米以上，其规模大于同时代的良渚遗址、陶寺遗址等已知城址，当是目前所见中国史前时期最大的城址。结合地层关系及出土遗物，初步认定石峁城址最早当修建于龙山中期，兴盛于龙山晚期，夏早期毁弃，属于我国北方地区一个超大型中心聚落。规模宏大的石砌城墙与以往发现的数量庞大的石

2013
中国
文物年鉴

峁玉器，显示出石峁遗址在北方文化圈中的核心地位。发掘工作不仅为石峁玉器的年代、文化性质等问题的研究提供了科学依据，更对进一步理解"古文化、古城、古国"框架下的早期文明格局具有重要意义。

4．洛南盆地旧石器地点

10月8日～11月11日，对调查发现的延岭旧石器地点进行了细致地考古发掘。最初计划发掘200平方米，实际发掘251平方米。发掘时在原生的黄土和古土壤条带中共出土各类旧石器制品723件，在地表耕土层和平整土地扰动层位出土石制品近100件。石制品类型包括石核、石片、石片屑和断块，石器工具有砍砸器、刮削器等，值得一提的是，通过地表采集和地层发掘共获得保存完好的薄刃斧两件。此次田野考古发掘再次从地层关系上证明了阿舍利石器工业类型的典型器物——如薄刃斧等——在洛南盆地出现的年代当不晚于第二级阶地上部黄土堆积物形成的时代。延岭地点相应的遗址年代学和古人类生活环境背景研究地质采样工作也已随着发掘工作同步进行，实验室分析测试工作正在紧张进行中。延岭地点的发掘将对洛南盆地旧石器遗址年代学和古人类生存环境背景研究以及旧石器工业性质的确定产生重要的影响。

【博物馆与可移动文物保护】

（一）博物馆

1．博物馆概况

陕西省有各类博物馆、纪念馆210座，其中国家一级博物馆7座、二级博物馆10座、三级博物馆13座；免费开放博物馆50座，民办博物馆36座，全年新增博物馆13座。

2012年，陕西省文物局与宝鸡市、渭南市、咸阳市、汉中市、安康市政府共同推动市级博物馆建设。宝鸡民俗博物馆暨宝鸡非物质文化遗产陈列馆落成开馆。渭南市博物馆项目进展顺利，拟于2013年落成开馆。汉中市将古汉台、拜将坛顺利上划移交，建立以西汉三遗址为依托的汉中市博物馆，结束了汉中市没有市级博物馆的历史。在咸阳市委、市政府以及秦汉新城管委会的支持下，投资约8亿元的咸阳市博物院工程项目破土动工。安康市以实施安康博物馆、安康教育博物馆、旬阳博物馆为突破口建设了一批重点项目：安康博物馆开工建设；陕西省第一座生态博物馆——汉阴凤堰古梯田生态博物馆开馆，它是我国第一座以移民农耕文化为主题、以自然山水为背景、以古梯田为展品、以民风民俗为辅助的开放式生态博物馆。延安市以"中国革命圣地、历史文化名城、优秀旅游城市"的定位，加大"十大"革命旧址整体规划方案的编制力度，革命旧址内涵进一步提升。榆林市积极推动镇北台长城博物馆建设并顺利开馆。陕西省文物局多方争取建设的全国第一座考古博物馆——陕西考古博物馆顺利立项，并将于2013年全面启动前期建设，时任省长赵正永同志高度重视该馆的建设，亲自敲定选址方案，给陕西省文物局系统以极大鼓舞。这些地市博物馆或特色博物馆的建设，完善了陕西省博物馆体系。西安市推动西安博物院入选国家一级博物馆，使全省一级博物馆数量继续保持全国领先。

2．博物馆间的交流与合作

2012年，全省博物馆、纪念馆共举办展览112个，参观人数近2000万人次；免费开放博物馆参观人数近700万人次。秦始皇帝陵博物院规划实施了提档升级"十大工程"，依托文物资源优势促进旅游业快速发展，年度参观人数452万人次，门票收入5.32亿元，比上年增长9%，全国排名前列。陕西省文物局与陕西省教育厅联合主办的"文物惠民——百万青少年走进博物馆"系列活动，有近120万人次的中小学生走进博物馆和纪念馆，成为陕西未成年人思想道德建设的品牌和亮点，被评为"全省为青少年办的十大实事"之一。陕西历史博物馆荣获"全国免费开放博物馆最佳展示推广"奖，被中国科学技术协会授予"全国科普教育基地"称号。安康市汉阴凤堰古梯田移民生态博物馆建设项目获全省宣传思想文化工作创新奖。西安碑林博物馆与延安市文物局（延安革命纪念地管理局）被人力资源和社会保障部、国家文物局授予全国文物系统先进集体。

3. 重要文物陈列展览

2012年，陕西省文物局在陕西历史博物馆建成了全国首座以文物数据库为依托的陕西数字博物馆，人们足不出户就可以全方位"参观"博物馆的珍贵文物。这是文物系统运用先进网络技术，整合全省文物信息资源，采用数字展示方式，将全省实体博物馆丰富的馆藏文物呈现给观众的一次尝试。它的建成将为观众了解陕西历史文化和文物资源提供新途径，是文物科技保护成果惠及民生的生动体现，也是陕西将文物资源优势、市场优势紧密结合，提升文化影响、打造一流品牌及实现文化产品张力的有效举措。该项目被评为陕西省宣传文化创新奖。

（二）可移动文物保护

1. 文物数量、等级基本情况

陕西省馆藏文物126.7万余件（套），其中文物行业管理76万余件（套）；已确认的三级以上珍贵文物10.5万件（套）。

2. 可移动文物保护修复基地建设情况

2012年，发挥国家文物局文物保护科研基地（3个）和科技部国际文物科技合作基地优势，加强科研合作并取得一批科研成果。如秦始皇帝陵博物院等单位与慕尼黑工业大学开展的"中德合作蓝田水陆庵彩绘泥塑保护研究""中德合作陕西淳化金川湾石窟保护研究"以及"中德合作紫阳北五省会馆壁画保护修复研究"等均取得了阶段性成果。陕西省文物局与北京大学、陕西师范大学先后签署战略合作协议，共同提升陕西文物科技保护水平，在高层次文物保护人才的培养以及纸质文物保护、壁画修复、国际长安学研究等诸多领域的科研合作也取得了新成效。

3. 可移动文物保护技术和方法及其应用情况

由陕西省文物保护研究院承担制定的《馆藏砖石质文物保护病害与图示》《馆藏砖石质文物保护修复档案记录规范》两个国家标准，以及《可移动文物病害检测评估规范——石质文物》行业标准的编写均有序推进。国家科技部"十一五"科技支撑计划课题《云冈石窟文物表面有害污物清除技术研究》等项目圆满结项。"十二五"科技支撑计划项目《遗址博物馆环境监测调控关键技术研究》已完成无线实时在线监测技术的研发和试点。环境监测及物联网技术的推广应用取得新成效。陕西省文物保护研究院被吸收为全国"文物保护物联网联盟"首批成员单位，标志着陕西省文物保护领域物联网技术的研究及应用走在了全国文物系统的前列。陕西省文物局承担的国家文物局课题《文物多孔隙材料的超声CT检查系统研究》等重点科研项目圆满结项。"博物馆文化及公众服务信息传播关键技术集成应用示范"等一批科研项目顺利实施。

【社会文物管理】

2012年，陕西作为全国唯一的省级国有可移动文物普查试点省份，省政府成立了以主管副省长为组长、副秘书长和省文物局负责人为副组长的陕西省国有可移动文物普查试点工作领导小组。各地文物部门组织保障、业务指导工作有力，均按要求编制了《国有可移动文物普查工作方案》，在普查方法上坚持属地管理原则，普查形式灵活多样，及时、全面地进行信息采集。截至2012年底，全省圆满完成可移动文物普查试点工作任务，共调查了文物系统外的国有单位3312家，登记文物50万余件，文物系统登记文物76万余件。在国家文物局举办的全国可移动文物普查办主任会议上，陕西省文物局汇报了陕西可移动文物普查试点工作经验。

【科技与信息】

2012年，陕西省文物局向陕西省科技厅申报了"陕西省陶制彩绘文物保护工程技术研究中心"，向国家科技部上报了《国家古代陶制彩绘文物保护工程技术研究中心组建项目建议书》；组织召开了"出土文物现场保护与技术应用座谈会"及"秦始皇帝陵博物院物联网系统项目工作汇报会"；在延安建立了"砖石质文物保护国家文物局重点科研基地"——陕北工作站，并于6月7日举行了挂牌仪式；指导陕西省文物保护研究院开展"馆藏文物、出土文物技术保护及修复能力提升"工作；协调秦始皇帝陵博物院派研究人员赴德国开展合作研究工作，主要进行了秦俑粘接材料筛选及性能测试，对秦始皇帝陵博物院二号坑内采样分析结果进行理论分析及讨论；在陕西省文物保护研究院逐步建立全省文物保护环境监测系统，制定了《陕西省国家考古遗址公园综合信息检测系统项目方案（一期）》，向陕西省发改委申报了《陕西省文物保护实时监测服务体系建议》项目并得到了陕西省发改委同意备案的批复。由国家文物局主办、陕西省文物局承办、陕西省文物保护研究院暨砖石质文物保护国家文物局重点科研基地协办的"石质文物保护修复行业标准培训班"在西安举行，培训了来自全国31省市、95家文博单位的108名学员。由国家文物局主办、陕西省文物局和陶质彩绘文物保护国家文物局重点科研基地（秦始皇帝陵博物院）承办、榆林市文物保护研究所协办的"全国陶质彩绘文物保护修复技术培训班"在秦始皇帝陵博物院培训，在榆林市文物保护研究所实习，共培训8个省市自治区的学员45名。

【文博教育与培训】

2012年，为推动全省文博人才队伍建设，陕西省文物局先后组织了可移动文物普查培训班、提升管理能力培训班、提升领导干部执行力培训班、财务人员培训班、讲解员培训班、文物法制宣传培训班、全省民办博物馆管理人员培训班等各类培训活动，累计受训人数超过1000人次。省文物局还选派超过100人次参加国家或省级机构组织的各类培训。这些培训有效地提高了受训人员素质，为推动事业发展注入了生机与活力。

2012年，陕西省文物局在安康市、商洛市的积极配合下，在"三问三解"活动中发挥文物资源禀赋，以维修镇安县云盖寺镇古民居、建设汉阴凤堰古梯田移民生态博物馆为着力点，大力发展文物旅游产业，被陕西日报、文汇报等主流媒体多次连续专题报道，产生了良好的社会影响。省委《决策参考》以《紧密结合部门职能优势和当地资源禀赋，扎实开展"三问三解"活动惠及民生——省文物局推动汉阴移民生态博物馆建设的实践和思考》为题，刊登了省文物局的做法。省文物局在西安市、咸阳市的大力配合下，编制完成了我国首个国家级城市新区的文化遗产保护总体规划——《西咸新区文化遗产保护总体规划》，文物保护规划先于城市建设规划，既保护了文物的安全，又驱动了新区的发展。

2013 中国 文物年鉴

【文博宣传与出版】

2012年，陕西省政府新闻办为陕西省文物局专门组织了主题为"科学保护文化遗产，推动成果惠及民生"的新闻发布会，发布了近五年来陕西文物事业发展的辉煌成就，中央和境外等近30家媒体进行了报道，这是陕西省文物局首次以省政府新闻办的名义发布文物工作成就。"5·18国际博物馆日"和"文化遗产日"期间，西安市、咸阳市、铜川市、延安市、汉中市等地以及局直属相关单位组织的宣传活动各具特色。据不完全统计，全年新闻媒体宣传陕西文物工作5000余条（幅），其中主动联系中央电视台对秦兵马俑坑考古、宝鸡石嘴头村考古先后进行了10场直播，年底省考古院考古新发现4次上央视《新闻联播》，节目播出数量之多、密度之大，为央视报道陕西文物工作历年之最。《光明日报》多次报道陕西文物工作，《陕西日报》"文物旅游"刊登专版12期。陕西省文物局官方微博名列陕西省十大政务微博影响力榜首，并获全国政务微博十大应用奖。

2012年，由陕西省文物鉴定研究中心、陕西省文物信息咨询中心等单位承担编辑出版的《陕西文化遗产》丛书已纳入陕西国民教育体系教材，这是全国唯一的地方文物丛书纳入国民教育体系教材范围。该书被评为2012年度"全国优秀社会科学普及作品"，丛书中《地上地下的秘密》被评为"全国文化遗产十佳图书"。由陕西历史博物馆编写的《馆藏唐墓壁画保护修复研究报告》和《唐墓壁画珍品》获评第十届全国文化遗产十佳图书评选的"优秀图书"。在各市（区）县的通力配合下，由陕西省文物信息咨询中心等单位承担编辑的全省每县（区）一册（107册共1000余万字）的《陕西省第三次全国文物普查丛书》已全部出版发行。

【机构及人员】

2012年，向省文明办推荐的两个博物馆荣获省委省政府命名表彰，其中西安碑林博物馆荣获"省级文明单位"称号、汉阳陵博物馆荣获"省级未成年人思想道德建设工作先进单位"称号。陕西省文物系统工会5月成功举办了第六届职工运动会，组队参加了省直机关第三届"全民健身日"体育展示活动并荣获"优秀组织奖"，其中陕西历史博物馆代表队表演的第九套广播体操荣获二等奖，秦始皇帝陵博物院代表队表演的健身秧歌、健身排舞两个项目均荣获三等奖；指导陕西省文物局团委向省直机关工委推荐陕西历史博物馆步雁同志为第四届"省直机关优秀青年"；推荐戴惠英、田静为省妇联第十二次妇代会代表，推荐秦始皇帝陵博物院田静、陕西历史博物馆杨瑾为"陕西省三八红旗手"。

【对外交流与合作】

2012年，举办文物外展10次，涉及美国以及港台等多个国家和地区。其中为庆祝香港回归15周年在香港举办的"一统天下：秦始皇帝的永恒国度"，参观展览人数达36万多人次，打破了香港历史博物馆参观展览人数新纪录；在台湾举办的"赫赫宗周——西周文化特展"影响深远；在荷兰举办的"中国的黄金时代——大唐遗珍展"为"中欧文化对话年"提供了重要平台，荷兰女王比阿特丽丝等国家政要参加开幕式；在韩国庆州举办的"纪念友好交流10周年——陕西历史博物馆文物精品展"，参观人数占庆州总人口的59%。

2013
中国
文物年鉴

甘肃省

【概述】

2012年，甘肃省文物系统认真贯彻落实十七届六中全会和省第十二次党代会精神，按照文物事业"十二五"发展规划的总体部署和年度工作安排，重点带动，项目引领，稳健务实，保持了近年来全省文物事业快速健康发展的良好势头。省委、省政府高度重视文物工作，8月，省政府召开全省文物工作会议；10月，省政府印发《甘肃省人民政府关于加强文物工作的意见》。2012年，全省文物安全形势总体平稳，文物安全工作进一步规范化、制度化。文物保护维修力度进一步加大，考古工作有序开展，世界文化遗产保护管理和申报工作进一步加强。具有甘肃特色的丝绸之路博物馆体系日益完善，庆阳市、敦煌市、金川区博物馆及天水邓宝珊将军纪念馆新馆开馆，甘肃省博物馆成为全省首座国家一级博物馆，实现了甘肃省国家一级博物馆"0"的突破。全省博物馆免费开放运行质量日益提高，全年接待观众1200多万人次，再创历史新高。文物科研和科技保护成效明显，文物保存状况得到改善。2012年，省文物局根据全国和全省文物事业发展"十二五"规划，按照省政府与国家文物局《关于合作加强甘肃文化遗产工作框架协议》精神，统筹规划，精心组织编制130多个文物保护项目方案上报国家文物局，其中109个项目获批。全年中央财政共下达甘肃省文物保护专项经费6.4亿元，比2011年增加1.5亿元，为历年来最高。

【执法督查与安全保卫】

省文物局制订下发了《甘肃省文物局文物安全目标责任考核办法（试行）》《甘肃省文物保护员管理办法（试行）》《文物安全技术防范系统安全检查规程》；组织开展了文物安全隐患排查整治专项行动，排查文物安全隐患2042项，整治1791项，确保了文物安全；与省公安厅签署了《关于建立打击防范文物违法犯罪长效工作机制的合作协议》，初步建立了全省打击文物犯罪信息系统；持续开展打击文物犯罪活动，打掉文物犯罪团伙3个，抓获犯罪嫌疑人7名，追回文物151件；加大文物行政执法督察力度，配合全国人大常委会《文物保护法》执法检查组对《文物保护法》贯彻落实情况进行了检查，依法调查处理了兰州明肃宪王墓保护范围内违章建设等文物违法事件。

【不可移动文物的保护和管理】

（一）概况

截至2012年底，甘肃省有全国重点文物保护单位73处、省级文物保护单位625处。按照第三次全国文物普查工作要求，基本完成了全省县域范围内的不可移动文物名录公布工作；各级政府新公布市级文物保护单位36处、县级文物保护单位1889处，全省市县级文物保护单位增至5035处；文物保护单位"四有"工作进一步加强，完成了534处省级文物保护单位保护范围和建设控制地带划定意见审核工作；组织编制了《甘肃藏区文物保护项目规划》。

2013 中国 文物年鉴

（二）全国重点文物保护单位

2012年，甘肃省共启动17个全国重点文物保护单位文物保护规划的编制工作，其中民勤瑞安堡等4个单位的规划已编制完成。夏河拉卜楞寺文物保护一期工程开工，组织实施了武山水帘洞石窟群、天水玉泉观、民勤瑞安堡、武威文庙、甘谷大像山石窟、张掖金塔寺石窟、高台许三湾城及墓群等30多项全国重点文物保护单位保护维修工程。全力应对自然灾害，积极开展了瓜州榆林窟、破城子遗址、敦煌西千佛洞、炳灵寺石窟等因灾受损文物的抢险保护工作。

（三）世界文化遗产

1. 丝绸之路申遗进入实质性冲刺阶段

甘肃省的玉门关遗址、悬泉置遗址、锁阳城遗址、麦积山石窟、炳灵寺石窟、张掖大佛寺6处遗产点正式入选中国、哈萨克斯坦、吉尔吉斯斯坦三国联合申报世界文化遗产项目"丝绸之路：起始段和天山廊道的路网"中国段首批申报名单。组织完成了申遗文本和相关申遗点文物保护规划、管理规划编制以及测绘、考古调查等工作，遗产监测、安防、展示工作正在抓紧推进，麦积山石窟栈道维修工程竣工，锁阳城遗址环境整治工作取得实质性进展，炳灵寺171龛大佛维修工程基本竣工。

2. 进一步加强世界文化遗产保护管理工作

继续开展莫高窟洞窟壁画、塑像保护工作，不断提升综合保护管理水平，加快莫高窟保护利用工程建设进度，安防、风沙防护和崖体加固、栈道改造工程等子项目全部竣工，核心子项目游客服务中心主体工程竣工，室内外管网敷设和主题电影、球幕电影系统设计、设备采购、节目制作基本完成。嘉峪关世界文化遗产保护工程按计划推进，完成了长城第一墩拦河坝防洪工程，启动实施了关城罗城加固、木结构建筑修缮、古建筑油饰彩绘重绘等工程。继续实施长城保护项目，涉及8县区的长城防护工程完成，山丹、凉州、古浪、敦煌等地长城保护工作开始实施。

【考古发掘】

（一）概况

2012年，甘肃省文物部门配合西气东输三线等20余项建设工程开展考古调查、勘探和文物保护方案制订工作，完成了永靖坟台遗址、岷县山那树扎遗址等考古发掘，特别是配合西平铁路建设项目，调集全省力量开展铁路涉及的泾州古城遗址考古调查和发掘工作，积极协调国家文物局审批；继续开展早期秦文化研究项目，完成了马家塬战国墓地、磨沟遗址、黑水国遗址、肃北马鬃山玉矿遗址的年度考古发掘任务，张掖黑水国遗址发掘项目荣获2009～2010年度国家文物局田野考古奖三等奖。

（二）重要考古项目

1. 早期秦文化考古与研究

该项目2012年度分别实施了甘谷毛家坪遗址和张家川马家塬战国墓地发掘工作。甘谷毛家坪遗址勘探面积28.8万平方米，包括沟西居址区和沟东墓葬区，在沟东墓葬区勘探发现两周时期秦墓731座，通过调查勘探，初步判定该遗址以周代秦文化遗存为主，年代从西周延续到战国。张家川马家塬战国墓地的考古工作主要分为两部分，一是解剖发掘部分出土车辆，进一步了解其装饰和结构，二是对冲沟东侧和墓地东北部区域分布的墓葬进行发掘，发掘面积400余平方米。值得注意的发现有：祭祀坑M27，说明该墓地在形成过程中可能存在阶段性或分区域性祭祀活动现象；竖穴洞室墓M61与关中地区战国晚期秦墓中的"直线式"洞室墓相近。

2. 肃北马鬃山玉矿遗址发掘

2012年，在紧邻2011年发掘区布方发掘，发掘面积700平方米，发现遗迹单位49处：灰坑38个，主要有桶形、袋形、锅底形三类；房址9座，主要分为地面建筑和半地穴式房屋两大类，半地穴式房屋所占比重较大；石台基遗迹2处。出土各类遗物千余件，包括陶片、铜器、金片、铁器、石器、玉料、水晶、骨器、兽骨等。该遗址是西北地区首次发现且规模最大的汉代玉料采掘和选料遗址。

3. 张掖黑水国遗址发掘

该遗址2012年度发掘工作自4月下旬开始，至9月底结束。发掘工作主要包括两个方面，一是在黑水国遗址A区继续进行发掘，发掘面积375平方米，发现遗迹单位309处，出土遗物千余件；二是对山丹过会台遗址进行试掘，对几处濒临自然破坏的灰坑进行了抢救性发掘。

4. 临潭磨沟遗址发掘

该遗址2012年发掘区位于2008～2011年发掘区以西约300米的遗址西区台地上，发掘面积850平方米，清理仰韶文化晚期窑址7座、灰坑12座、灰沟3条，出土陶器、石器、骨器等；清理打破仰韶晚期遗存的齐家、寺洼文化墓葬共33座，出土随葬品有陶器、石器、铜器、铁器等200余件（套）。

【博物馆与可移动文物保护】

（一）可移动文物的保护、管理和研究

全省馆藏文物43万余件，其中一级文物3240件、二级文物11386件、三级文物96299件。2012年，完成了天水市、山丹县、会宁县博物馆部分馆藏文物和张家川马家塬战国墓地出土文物保护修复工作。省文物局贯彻落实国务院《关于开展全国第一次可移动文物普查的通知》精神，制定了全省普查实施方案，开展了普查准备工作。

（二）馆际交流与合作

2012年，全省各级博物馆新增基本陈列16个，举办临时展览247个；馆际间展览交流更加广泛，全省各级博物馆引进展览60多个，比2011年翻了一番；全年接待观众1200多万人次，再创历史新高。

（三）重要陈列展览

甘肃省博物馆、北京艺术博物馆、辽宁省博物馆、厦门市博物馆、内蒙古博物院联合引进日本大阪市立东洋陶瓷美术馆"清雅瓷韵——日本江户伊万里名瓷展"并在甘肃省博物馆首展，展出江户时代瓷器160件（套）。

【社会文物管理】

甘肃省文物局依法对兰州未来四方集团拍卖有限公司2012年春季、秋季文物艺术品拍卖标的进行审核、备案。省文物鉴定委员会配合司法部门做好涉案文物鉴定工作，进一步规范、拓展面向社会开展鉴定咨询服务，全年共出具涉案文物鉴定意见书14份、民间文物鉴定证书160份。

【科技与信息】

2012年，依托于敦煌研究院的国家古代壁画保护工程技术研究中心通过科技部组织的验收评估；古代壁画保护国家文物局重点科研基地开放课题有序实施；设立在敦煌研究院的甘肃省古代壁画与土遗址重点实验室通过中期评估。敦煌研究院与中国科学院上海高等研究院在上海共建的"文物保护联合实验室"正式挂牌运行。完成40余项国家支撑计划项目、国家973课题、国家自然科学基金课题、国家文物局重点课题、甘肃省重大专项课题的年度研究任务，36项文化遗产保护领域省级科研课题立项实施。完成了莫高窟、榆林窟、麦积山石窟部分洞窟塑像和壁画的科技保护任务。敦煌研究院依托文物数字化技术和资源，成立了甘肃恒真数字文化科技有限公司，敦煌研究院荣获第三届中国文化遗产动漫大赛精品佳作奖。

【文博教育与培训】

甘肃省文物局配合国家文物局对全省文博人才队伍建设状况进行了调查统计，选派县区文物部门负责人参加全国县级文物部门负责人培训班；主办或承办了全省文博系统安全保卫干部培训班、全省文物收藏单位彩陶鉴定培训班、全国馆藏壁画保护与修复技术培训班和全省文博系统讲解员培训班。

【文博宣传与出版】

2012年，甘肃省继续依托"文化遗产日""5·18国际博物馆日"开展形式多样、内容丰富的文博宣传活动，特别是省文物局在"文化遗产日"期间组织开展的"遗产寻踪、古建探秘"活动产生了较大的社会影响；实施了"甘肃文物"网站改版工作，以企业冠名赞助的形式筹备了全省文博系统讲解员大赛颁奖晚会，首次编印了《甘肃文物年鉴》。

【机构及人员】

截至2012年底，全省有8个市州、13个县市区成立了相对独立的文物行政管理机构，全省国有博物馆、纪念馆数量增至161座。省直文博系统从业人员总数为642人，其中研究生及以上学历88人、大学本科学历368人、大专学历118人、中专及以下学历68人。2012年，敦煌研究院获"全省先进执法集体"称号，省文物局安全督察处处长贺养州获"全省优秀执法人员"称号；敦煌研究院获"十一五"国家科技计划执行优秀团队奖，敦煌研究院保护所所长苏伯民获"十一五"国家科技计划执行突出贡献奖；省文物保护维修研究所、庆城县博物馆被授予"全国文物系统先进集体"称号；天水市博物馆馆长李宁民被授予"全国文物系统先进工作者"称号；灵台县汉代古墓葬被盗案专案组、会宁县金元古墓葬被盗案专案组获国家文物局和公安部"2011年度打击文物犯罪专项行动先进集体"称号，省公安厅刑侦总队侵财案件侦查科副科长李维强、灵台县公安局局长朱天祥、会宁县博物馆馆长马可房和灵台县博物馆业务部主任王炜燾获先进个人称号。

【对外交流与合作】

2012年，甘肃省成功举办赴土耳其"印象敦煌——中国文化大展"和赴美国"敦煌艺术展""来自黄土高原的考古发现展"等赴外文物展览。与日本秋田县开展了学术交流，举办了图片展览。省博物馆与日本大阪市立东洋陶瓷美术馆结为国际友好馆。举办了"早期丝绸之路暨早期秦文化国际学术研讨会"和中英文物保护交流巡回讲座。

【其他】

（一）学习贯彻十八大精神

党的十八大胜利闭幕后，省文物局将贯彻落实十八大精神作为首要任务，高度重视、积极行动、全面部署、精心组织,在局机关及省直文博系统广泛深入地开展学习贯彻活动。组织局机关全体干部职工、处以上干部、各党支部多次集中学习、讨论并交流学习体会,指导省直文博单位开展学习活动,召开了省直文博系统学习贯彻党的十八大精神座谈会,在文物系统迅速掀起了学习贯彻十八大精神的热潮,将广大党员和干部职工的思想切实统一到十八大精神上来,进一步筑牢了推进全省文物事业健康快速可持续发展、为建设幸福美好新甘肃贡献更大力量的坚实思想基础。

(二)全省文物工作会议

8月21日,全省文物工作会议在兰州召开。会议的主要任务是深入贯彻落实全国文物工作会议和甘肃省第十二次党代会精神,总结成绩、分析形势、部署任务,全面推进文物保护利用和传承发展。省委常委、副省长咸辉,国家文物局副局长童明康出席会议并发表讲话。会议表彰了甘肃省文博系统文化遗产工作和第三次全国文物普查工作的先进集体和先进工作者。省文物局、公安厅、财政厅以及张掖市政府、天水市政府代表作了会议发言。省文物局与公安厅、旅游局分别签署了协议和合作备忘录。

(三)省政府出台关于加强文物工作的意见

10月26日,省政府印发《甘肃省人民政府关于加强文物工作的意见》(甘政发[2012]122号,以下简称《意见》)。《意见》明确了当前和今后一个时期全省文物工作的基本思路、指导原则和总体目标,就全面提升文物保护管理综合水平提出了具体要求:一是切实保障文物安全,二是不断加大文物保护力度,三是着力提高博物馆事业发展水平,四是着力推动文物资源合理利用和开发,五是不断开创文物工作新局面。

(四)推动经济社会发展

省文物局与省旅游局签署了《加强文物保护促进旅游发展备忘录》,省直文博系统配合第二届丝绸之路国际旅游节圆满完成旅游接待工作。敦煌莫高窟、麦积山石窟、炳灵寺石窟等省直对外开放单位全年接待游客90余万人次,安全、平稳地应对国庆黄金周游客"井喷"局面,确保了游客和文物安全。

(五)效能风暴行动

为深入贯彻落实省第十二次党代会精神,提升机关行政效能和整体服务水平,保障局机关高效有序运转,根据省委、省政府和省文化厅的安排部署,2012年,甘肃省文物局在省直文博系统组织开展效能风暴行动。局机关各处室紧密结合自身工作,整改工作及时到位,在提高效能、促进工作方面收到了实效,通过了效能监督员的民主评议。省文物局的行政审批许可项目由27项精简至14项,进一步改进了工作作风,提高了工作效率。

(六)双联行动

根据《中共甘肃省委关于在全省开展联村联户为民富民行动的意见》和省委书记王三运在全省开展"联村联户为民富民"行动动员大会上的讲话精神,甘肃省文物局召开"联村联户为民富民"行动动员会议,对省文物局机关及有关单位开展"联村联户、为民富民"行动进行动员和安排部署,同时成立了"联村联户为民富民"行动协调推进领导小组。截至2012年底,省文物局机关及相关直属文博单位共有49名干部对口联系天水市秦安县罗湾村41户特困户,先后筹措资金为罗湾村整修道路2.2千米,购置体育活动设施和图书资料、广播器材,赠送化肥等生产生活物资,获得了群众好评。

2013
中国
文物年鉴

青海省

【概述】

2012年，青海省文物管理局在国家文物局和青海省文化和新闻出版厅党组的领导下，以党的十七届六中全会和十八大精神为指针，紧紧围绕国家文物博物馆事业"十二五"发展规划、青海省"十二五"文化发展纲要，在玉树灾后恢复重建、法规建设、执法督察、不可移动文物的保护与管理、考古发掘、博物馆建设等重点工作中取得显著成绩，为实现省委、省政府提出的"建设文化名省"战略目标打下良好的基础，做出了积极的贡献。

【法规建设】

积极配合青海省人大法工委、教科文卫委完成了《青海省实施〈中华人民共和国文物保护法〉办法》修订工作。目前，此《办法》已由青海省十一届人大常务委员会第二十六次会议审议通过，并于2012年2月1日起实施。2012年，相继出台了《青海省文化和新闻出版厅玉树地震灾后重建资金管理办法》《玉树地震灾后文物抢救保护工程加强管理工作的规定》《青海省玉树地震灾后文物抢救保护工程验收办法（暂行）》等规章制度。

【执法督察与安全保卫】

根据国家文物局、公安部的统一安排，继续深入开展打击文物犯罪活动。配合公安机关破获文物案件5起（其中省公安厅督办案件2起），抓获犯罪嫌疑人12人，组织开展涉案文物鉴定15次，鉴定涉案文物200余件（套）。盗掘古文化遗址、古墓葬的犯罪行为得到有效遏制，馆藏文物实现绝对安全。组织开展文物安全大检查，对全省重要的文物保护单位普遍进行了检查，对存在的安全隐患下发了整改通知，杜绝了文物单位重大安全事故的发生，全省文物安全形势基本平稳。

【不可移动文物的保护和管理】

（一）概况

截至2012年底，青海省内已公布的全国重点文物保护单位18处（其中古遗址类6处、古墓葬1处、古建筑7处、石窟寺及石刻1处、近现代重在史迹及代表性建筑3处）；省级文物保护单位383处（其中古遗址类164处、古墓葬45处、古建筑122处、石窟寺及石刻18处、近现代重在史迹及代表性建筑28处、其他6处）。

全国重点文物保护单位《循化西路红军旧址文物保护规划》《玉树新寨嘉那嘛呢文物保护规划》已由省政府批准公布，《喇家遗址文物保护规划》已上报省政府待批，《隆务寺文物保护规划》《贵德玉皇阁文物保护规划》已上报国家文物局审核。

2013
中国
文物年鉴

（二）大遗址保护

1. 喇家遗址保护工作有新进展

上半年着手起草《青海省喇家国家考古遗址公园建设实施方案》。7月份省文化和新闻出版厅组织省内部分文博专家及省发改委、建设厅、省文物局、民和县政府、民和县文广局等相关部门负责人，赴四川考察了三星堆、金沙等国家遗址公园建设情况。8月组织召开了《青海省大遗址保护利用暨喇家国家考古遗址公园建设工作实施方案》专家论证会。10月初向省政府报送了《关于印发青海省喇家国家考古遗址公园建设实施方案的请示》，批准后将逐步实施。《喇家遗址文物保护总体规划》已经国家文物局审核同意，报省人民政府。

2. 长城保护工作迈上新台阶

《青海省明长城资源调查报告》由文物出版社出版发行；《青海省明长城总体保护规划》编制工作已正式启动，已完成前期勘探、调查、测绘工作；完成了门源、大通、互助明长城保护工程设计文件的审定核准，并下达实施保护工程的批复。青海明长城湟中段抢险加固工程（一期）工程已完成第一阶段工程量的90%；大通段、门源段长城抢险加固工程正在招投标过程中，计划年底开工建设。组织编制完成了青海明长城湟中段抢险加固工程（二期）设计方案，并通过省级初审，修改完善后上报国家文物局。

3. 热水墓群保护性设施建设进展顺利

总投资1429万，建设看护管理用房270平方米，建设展示用房2490平方米及围栏、广场等项目，计划明年竣工交付使用。

（三）全国重点文物保护单位

文物项目、经费申报工作取得一定成绩。完成2012年全国重点文物保护经费和"十二五"抢救性文物保护设施项目申报工作。争取全国重点文物保护单位维修经费3916万元；争取国家文化和自然遗产地抢救性文物保护设施建设项目4个，总投资2500万元。

继续实施玉树地震灾后文物保护抢救工程。新寨嘉那嘛呢、文成公主庙、藏娘佛塔及桑周寺全国重点文物保护单位文物本体抢险修缮工程已完工，环境整治工程基本完工。格萨尔三十大将军灵塔及达那寺文物本体抢救保护工程因暴雨多次冲毁道路，工程进展受到影响，2012年底，灵塔修缮工程完成70%，达那寺修缮工程完成40%。45处省级及以下文物保护工程已完成37项，竣工验收28处，完成初验9处，全年工程建设中未发生一起安全事故。由于在玉树灾后文化遗产抢救工作中的突出表现，青海省文物局今年荣获了"全国五一劳动奖状"。

全国重点文物保护单位湟中塔尔寺、互助却藏寺文物保护维修工程进展顺利，主体维修工程已基本完成，截至2012年底，已累计完成投资2600万元。

【考古发掘】

玉树古墓葬调查工作成效显著。省文物考古研究所对玉树治多县等地的古墓葬群进行了重点调查工作，调查范围近2万平方千米；严格按照《文物保护法》有关要求开展了玉树与青海主网联网及青新联网工程建设线路工程、新疆与西北主网750KV第二通道输变电工程、黄河玛尔挡水电站等重点工程建设的文物考古勘探和调查工作，保证了各项基本建设的顺利进行，对所涉及的文物进行了及时有效保护。

6月，争取国家资金30万元，主动开展了互助县金蝉口遗址的发掘工作，发掘面积250

平方米，出土文物230余件（套）。对海东工业园区平安高铁新城移民安置区建设涉及的石家营古墓群、西宁南绕城高速公路项目涉及墓葬进行了抢救性发掘。

《贵南尕马台》考古发掘报告已交付科学出版社出版。

【博物馆与可移动文物保护】

（一）博物馆

1. 可移动文物的保护、管理和研究

博物馆建设进一步提高，社会功能得到更好发挥。青海省共17家国有博物馆实施免费开放，累计接待观众150余万人次。馆藏文物科技保护工作得到加强。2012年共争取文物修复补助经费290万元，对省文物考古研究所、柳湾彩陶博物馆以及民和县、乐都县博物馆的部分彩陶进行了修复保护。向国家文物局上报了《青海省博物馆丝织品保护修复方案》及全省"博物馆免费开放成果展"影像和文字资料。按照国家文物局总体部署，对省级博物馆、少数民族博物馆和专业特色博物馆的建设规模、总投资量及各博物馆特色进行了深入调研。

2. 博物馆间的交流与合作

展览交流取得新成绩。申报"西亚北非地区文化交流精品项目"；按照文化部的要求提供"丝绸之路——青海遗珍展"和"青海伊斯兰教文物展"的展览内容及概况；组织了237件文物（其中一级文物41件）分别赴广西、上海、西安、贵州、深圳等地展出，观众达40余万人次。

3. 重要文物陈列展览

2012年，各级博物馆新举办陈列展览28个，其中青海省博物馆举办陈列展览3个、青海柳湾彩陶博物馆举办临时展览1个、青海民俗博物馆举办陈列展览5个、格尔木博物馆举办陈列展览数量1个、贵德县博物馆举办陈列展览数量1个、海南州民族博物馆举办陈列展览1个、海西州民族博物馆举办陈列展览3个、互助县博物馆举办陈列展览3个、黄南州民族博物馆延续临时陈列展览数量2个、湟源县博物馆举办陈列展览1个、湟中县博物馆举办陈列展览2个、乐都县博物馆举办陈列展览3个、民和县博物馆举办陈列展览1个、西海郡博物馆举办陈列展览2个。

（二）可移动文物保护

1. 文物数量、等级等基本情况

通过馆藏文物数据库调查，初步核定国有博物馆藏品总数128241件，其中珍贵文物2387件，包括一级文物457件（套）、二级文物870件（套）、三级文物1060件（套）。

2. 可移动文物保护修复基地建设情况

向国家文物局递交了青海省可移动文物保护修复立项申请，已批准立项。

3. 可移动文物保护技术和方法及其应用情况

省文物考古研究所与瑞士阿贝格基金会继续开展交流合作，对部分出土文物进行修复；省博物馆与荆州市文物保护修复中心合作，共同编制了《青海省博物馆馆藏丝织品保护修复方案》并已上报国家文物局审批。

【社会文物管理】

青海省共有文物商店1个，从业人员9名，文物库存数量4792件（套）。2012年度新增文物73件（套），销售183件（套），销售额8.8万元。

2013
中国
文物年鉴

【科技与信息】

（一）第三次文物普查工作

为进一步巩固青海省第三次全国文物普查成果，抓好"三普"后续工作，按照"三普"工作要求，积极督导各州、地、市政府及时公布不可移动文物名录及各级文物保护单位，各地新公布县级文物保护单位520处，拟公布的青海第九批省级文物保护单位名单已上报省政府。

青海省文物局组织编写并出版了《青海省第三次全国文物普查报告》。

3月，青海省第三次文物普查领导小组召开全省第三次文物普查工作总结表彰会。

（二）长城资源调查工作

《青海省明长城资源调查报告》正式出版，启动了《青海省明长城保护规划》编制工作。完成了青海明长城门源、互助、湟中、大通段抢险维修方案设计，并通过了国家文物局审核。启动青海明长城湟中段抢险加固工程。

【文博教育与培训】

2012年，组织全省各级领导和专业干部12人次，参加了国家文物局主办的"全国县级文物行政部门负责人培训班"等培训活动。

4月，在国家文物局的支持下，举办了文物安全管理培训班，各州（地、市）、县（区）文体广电局分管领导，博物馆、文管所业务人员以及省直各文博单位业务人员和相关的安防、消防设计、施工、监理人员约150人参加了培训。培训班安排了"文物安全巡查检查规定""文物博物馆安全防范工程设计规范""古建筑消防设计""施工规范"等课程。通过学习交流，有效提高了基层文物工作者的业务水平和工作能力。

【文博宣传与出版】

2012年"5·18国际博物馆日"和6月8日的"文化遗产日"期间，全省组织直属单位，联系省内媒体，在西宁市新宁广场开展了形式多样、内容丰富的宣传教育活动。全省各文博单位也同时举办宣传活动，共展览图片1.5万余幅、印发宣传资料12万余份。通过设立现场宣传咨询点、图片展览、发放文化遗产宣传资料、开展专题讲座及"文化遗产日"书画展等形式，增强了广大群众对文化遗产保护的意识。

【机构及人员】

截至2012年底，青海省文博单位共47个，其中省级文物行政部门1个、州级文物行政部门1个、县级文物局（文物管理所）25个；博物馆18个；考古研究所1个；文物商店1个。

截至2012年底，青海省从事文博事业的专业、专职人员301人，其中具有高级职称的33人、中级职称的92人。

2013
中国
文物年鉴

宁夏回族自治区

【概述】

2012年是"十二五"规划实施的重要一年，也是深入贯彻落实党的十七届六中全会和全国文物工作会议精神，推动社会主义文化大发展大繁荣的关键年。在宁夏回族自治区党委、政府的正确领导下，在国家文物局大力支持和指导下，全区各级文物行政部门和文博单位坚持"保护为主、抢救第一、合理利用、加强管理"的文物工作方针，紧紧围绕全区文物工作大局，按照"文化强区"战略目标要求，精心谋划、扎实工作，各项工作取得了新的成绩。

截至2012年底，宁夏已有不可移动文物共3818处，全国重点文物保护单位18处，申报第七批全国重点文物保护单位18处，自治区文物保护单位143处，市县文物保护单位347处，国家历史文化名城1座，中国历史文化名镇（村）1处。各类博物馆75座，文化文物业博物馆9座，一级博物馆2座；全区共有馆藏文物84730件（套），其中一级文物367件（套）。文物科研机构3家，文物保护管理机构34个；从业人员609人，其中专业技术人员275人。

【执法督察与安全保卫】

2012年是《文物保护法》颁布30周年和修订实施10周年，受全国人大常委会委托，宁夏回族自治区人大常委会对全区贯彻实施《中华人民共和国文物保护法》和《宁夏回族自治区实施〈中华人民共和国文物保护法〉办法》情况进行了执法检查。围绕处理文物保护与经济社会发展关系的情况、文物流通领域管理情况、执法能力建设和配套法规制定情况等内容，检查组先后深入各市、县（区），对全国重点文物保护单位、自治区文物保护单位、各级各类博物馆、文物古玩市场等单位进行实地检查，并召开座谈会，听取了自治区政府和自治区发改委、公安厅、财政厅等相关部门以及当地政府贯彻实施文物保护"一法一办法"情况汇报，并听取了相关单位对文物保护"一法一办法"的意见和建议。

5月12～16日，由全国政协副主席陈奎元带队的全国政协调研组一行，实地考察了宁夏域内战国秦长城、三关口明长城、水洞沟遗址明长城和红山堡城址等，了解当地长城的保护情况，分析面临的问题。考察结束后，调研组充分肯定了宁夏长城保护工作取得的成绩，并对宁夏的长城保护工作提出意见和建议。

为加强全区文物安全工作，2012年，按照国家文物局安排部署，宁夏文物局开展了一系列文物安全专项行动。一是在2011年全国打击文物犯罪专项行动的基础上，自治区文化厅、公安厅结合全区文物安全形势建立了打击和防范文物犯罪的工作机制。联合自治区公安厅下发了《关于建立联合打击文物犯罪工作机制的通知》，自治区文化厅成立了工作领导小组，明确了责任分工，建立了打击文物犯罪联席会议机制、信息通报制度、案件督办

2013
中国
文物年鉴

制度，开展全区打击文物犯罪专项行动。二是开展了文物、博物馆单位防洪涝灾害和博物馆文物展览与保管设施设备安全隐患排查整治工作，先后对全区6处国保单位、5处区级文物保护单位和2家博物馆进行抽查。三是开展文物安全隐患排查整治专项行动，加大执法力度，对区内全国重点文物保护单位和文博单位安全隐患整治工作进行了督查，迎接党的十八大胜利召开。四是开展文物执法培训，提高依法行政水平。与自治区文化市场执法局举办了文物执法培训班，邀请国家文物局文物执法方面的领导和专家对各市、县（区）文物执法人员进行了培训，提高了文物执法人员的依法行政水平。

【不可移动文物的保护和管理】

（一）概况

1. 文物保护单位

2012年，将台堡革命旧址、西夏王陵和水洞沟遗址被列入全国100处大遗址。第三次全国文物普查结束后，各市、县陆续公布"三普"名录，部分不可移动文物被公布为不同级别的文物保护单位。

2. 文物保护工程

实施重点文物保护工程施工，董府、西夏陵四号陵、银川鼓楼抢救性保护修缮加固工程相继推进，海宝塔、须弥山石窟保护性基础设施建设和安防工程正在实施。编制完成开城遗址、拜寺口双塔等全国重点文物保护单位保护规划。启动宁夏长城保护总体规划编制工作，编写《宁夏明长城资源调查报告》，长城保护工作受到全国政协调研组的肯定。"宁夏岩画资料档案库建设"整体推进，完成了榆树沟、大通沟2个岩画点65册资料的整理、分类、著录、校核工作。

（二）世界文化遗产

自2011年11月西夏陵申报世界文化遗产暨国家考古遗址公园工作启动以来，宁夏文物局委托相关单位编制完成《西夏陵国家考古遗址公园规划》，国家文物局专家组进行了实地考察。2012年11月，西夏陵被正式列入《中国世界文化遗产预备名单》。按照申遗工作总体部署，宁夏文物局积极做好西夏博物馆迁建项目的前期准备工作并进行了建设工程招标。协调相关单位开展陵区环境整治工作，为环境全面综合整治奠定基础。完成西夏陵保护区域土地权属及地类调查工作，形成了初步拆迁征地方案。完成了西夏陵植被现状调查工作，为申遗工作提供陵区植被分布及植物多样性基础资料。编制完成了《西夏陵考古计划》并报国家文物局审批。完成了6号陵发掘和单体遗址报告文字稿及图绘工作，并实施了6号陵考古发掘和科技加固保护后的回填工程。组织实施了4号陵加固保护工程。组织完成了4、6号陵和93号陪葬墓防洪工程方案设计、论证、招投标工作。编制完成了《西夏陵安全防范工程方案》。

【考古发掘】

（一）概况

2012年配合基本建设项目和围绕课题研究开展的文物调查、勘探和抢救性考古发掘，取得了有力进展。配合基本建设的考古调查、发掘项目主要有西气东输三线考古调查、中石化新疆煤制天然气外输管道工程宁夏段考古工作考古调查、宁东西夏遗址及中卫常乐汉墓等建设项目中发现的各类遗址、墓葬。围绕课题研究进行的文物调查、勘探项目主要为须弥山石窟寺调查与测绘。

（二）配合基本建设进行的考古调查工作

1．西气东输三线考古调查

为配合西气东输三线工程建设，宁夏考古所组织专业人员，于4月23日～5月10日，采取全线徒步的方式，对西气东输三线途经宁夏段沿线文物点进行了细致的考古调查。沿线涉及6县（区），长度近300千米，共发现文物分布点36处，包涵新石器时代到明清时期的各类遗迹，其中城址5处、遗址17处、墓地10处、长城及附属设施4处。

2．中石化新疆煤制天然气外输管道工程宁夏段考古工作考古调查

中国石化新疆煤制天然气外输管道工程是2012年3月立项的新疆天然气输送内地的一道新的管线，此道管线在宁夏境内全长399千米。为配合此道管线的建设，更好的保护管道沿线的古迹文物，宁夏考古所于9月15日～10月18日，采用全线实地徒步踏查的方式，沿管线进行了细致的考古调查。发现文物分布点42处，内容包括古植物化石点、城址、遗址、墓葬等，类型多样、内涵丰富，时间上迄新石器、下至明清时期，有的遗址为首次发现，对探究宁夏历史文化分布有着重要的作用。

3．宁东西夏遗址

位于灵武市区东北约28千米处，为配合神华宁煤集团煤炭间接液化项目，2011年11月～2012年4月对该遗址进行发掘。发掘面积约2000平方米，出土遗物50余件，有板瓦、筒瓦、瓦当、滴水、鸱吻、套兽、手印纹砖、素面方形铺地砖、陶盆等；施绿釉的遗物有筒瓦、摩羯、鸱吻、套兽；另有褐釉槽瓦、执壶和白瓷盏以及石刻造像等。从发掘情况分析，该遗址疑为宗庙祭祀场所或行宫。

4．中卫常乐汉墓

该墓地位于宁夏中卫市沙坡头区常乐镇，最早发现于1985年，先后于2002、2004、2009年对该墓地开展过三次考古发掘工作，发掘墓葬近百座，出土各类文物五百余件（套）。2012年4～7月，配合西气东输三线工程在该墓地南部区域进行了第四次考古发掘。共发掘墓葬25座，其中汉代墓葬24座、清代墓葬1座、扰乱坑2座。随葬品以陶器、漆木器、铜钱及少量的车马明器为主。出土漆器大部分器表有彩绘，以云气纹为主。铜钱以货布、货泉等莽钱以及汉代武帝至宣帝时期的五铢为主，其中大布黄千、契刀五百等新莽时期的一些货币在本地区以往发掘中较为少见。另有一些铅锡车马明器及琉璃料器等随葬品。该墓地本次发掘墓葬时代以西汉末新莽时期至东汉早期为主，汉代时今宁夏中卫一带属安定郡下眴卷县管辖。该墓地的发现与发掘为研究当时的社会经济发展水平与葬俗礼仪提供了宝贵的实物资料，尤其是本次发掘的M7与M17两座墓葬，其保存状况与出土漆木器、丝织物等遗物以及尸骨棺木的完整性，在该地以往的汉墓发掘中较为少见。

5．配合宁东煤化工基地、宁夏电网改造工程考古工作

截至2012年底，完成东部热电—金凤220KV送电线路工程等六项基建工程的考古调查、勘探工作。

（三）围绕课题研究进行的考古调查发掘工作

与浙江大学文化遗产学院合作，利用正射影像建模技术对须弥山佛教石窟寺遗迹进行全面调查整理。本次考古调查于4月19日正式启动，经2个月的田野实测，将须弥山石窟寺圆光寺区所包括的从第40窟到第50窟11座主要石窟及3座附窟的正射影像电子信息及须弥山石窟寺整体地形地貌及相对位置、海拔高程等地理信息数据全部采集完毕，于6月8日

将这些数据带回浙江大学文化遗产研究院进行后期整理并建立等比例三维立体模型。6月9日～10月20日，宁夏考古所田野调查团队继续于圆光寺区对其中各石窟的相对位置、立面、窟内遗存、造像、时代、类型等各类信息进行全面观察、记录，并进行了碑刻的拓片采集。三维建模、信息整合等各项工作在进一步处理过程中。

（四）报告出版

完成了《宁夏明长城资源调查报告》《宁夏战国秦长城资源调查报告》《西夏陵调查发掘报告》《彭阳小河湾秦汉遗址发掘报告》等图书编写，正式出版发行《固原九龙山汉唐墓地》考古报告。

【博物馆与可移动文物保护】

2012年，宁夏博物馆事业稳步前进。地市级博物馆建设不断加快，石嘴山市博物馆建成开放，吴忠市博物馆、移民博物馆布展设计工作有序进行；新建行业民办博物馆5座，截至年底，全区行业民办博物馆总数达到75座，涉及工业、农业、交通、电力、通信、科技、自然地理资源开发利用和革命历史等多个门类。博物馆发展由"数量增长"向"质量提升"稳步转变。宁夏博物馆通过全国博物馆评估委员会评估荣升为一级博物馆，被国家国防教育办公室命名为第二批国家国防教育示范基地；固原博物馆文物库房环境达标工程相继完成馆内"六盘瑰宝——固原历史文物展"展览展陈提升工程方案编制、项目论证基本完成。宁夏博物馆征集420余件回族文物，完成"征集回族文物成果汇报展"；固原博物馆征集文物500余件，举办了"宁夏固原博物馆2012年征集精品文物展"。

1. 可移动文物的保护、管理和研究

可移动文物保护、管理和研究的项目主要集中在宁夏博物馆和固原博物馆。宁夏博物馆在全区范围内广泛开展文物科技保护、文物复仿制礼品开发及学术成果宣传活动，积极做好文物修复保护工作，先后完成了馆内外书画类、陶瓷类、金属类、纺织品等修复项目共计49个，其中陶瓷器34件、金属器12件、书画类1套2件、丝织品1件，重点完成了馆藏一级品"西夏朱漆彩绘木座椅"的修复。固原博物馆完成了北魏漆棺画保护方案文本的编制上报工作；协助北大周双林教授完成了北魏漆棺画及隋唐壁画检测样品的采集工作，并取得北魏漆棺画扫描电镜的初步结果；完成国家重点文物保护专项补助经费申报书——唐代梁元珍墓壁画文本部分的编写工作；对馆藏青铜器22件（套）开展了文物基本信息调查，同时完成文物照片信息采集80余张，绘制青铜器病变图58张，修复完成21件（套）。

2. 博物馆间的交流与合作

为提高展览水平，促进业务水平提升，宁夏区内各博物馆广泛开展国内外展览和交流，坚持"走出去、引进来"，专题陈列与临时展览交相辉映，推出和引进"宁夏固原博物馆2012年征集精品文物展""金沙三星堆文物精品展"等12项重大展览，先后与贵州省博物馆、河南博物院、黑龙江省博物馆、秦始皇帝陵博物院等多家博物馆联合举办多场巡回展览，协助完成一些重要外展相关站点的展出工作。

3. 重要陈列展览

2012年，全区各级各类博物馆接待参观人数超过200万人次，推出各类展览达70余个（含临时展览）。

宁夏博物馆坚持以举办中国近现代书画名家作品系列展、中国西部地区民族文物系列展、中国回族民俗文物精品系列展、中国文化遗产系列展为主要内容，2012年引进和推

2013
中国
文物年鉴

出各类展览19个，对于加强文化交流、促进馆际合作、宣传宁夏历史文化、提高宁夏对外知名度和影响力发挥了重要作用。其中与国内其他博物馆、画廊、纪念馆等相关单位共同举办"赫志军历代名家书画收藏展""故宫国宝书画高仿复制珍品展""镜里乾坤——陕西历史博物馆馆藏铜镜展""匈奴与中原——文明的碰撞与交融""百转千回——邓散木书印精品展""霓裳银装——贵州少数民族民俗风情展""青云雅集——当代花鸟画精品展""古蜀王国——三星堆和金沙出土文物精华展"等大型展览8个；承办文化部、文明办等单位联合主办的"再生——国际摄影师看汶川地震灾后重建摄影展"以及与宁夏摄影家协会、中共青铜峡市委宣传部联合举办以108塔和宁夏古长城遗址为主题的"守望的天空——文化遗产系列摄影作品展"深受好评；"朔地恋歌——宁夏岩画特展""民族瑰宝　书苑奇葩——阿拉伯文书法艺术展""丝绸之路——大西北遗珍"等展览赴全国多地进行巡回展出。

固原博物馆通过外联内引，完成了"曾经的辉煌　不能割断的记忆——固原古代建筑艺术展""宁夏固原博物馆2012年征集精品文物展"原创性展览2个；与固原市等有关部门联合举办了"固原市妇女发展成就展""'红心向党、喜迎十八大'，固原市'华旗杯'青少年暨'五老'人员书法美术摄影作品展""'书博六盘、慧智天下'第二十二届全国图书交易博览会固原分会场""2012年固原图书博览会暨大型图书精品展""庆祝固原市成立十周年书法、美术、摄影展""《丝绸之路》邮票首发式暨'固原建市十周年'宁夏集邮展览""固原市首届宗教界书画展"临时展览7个。与秦始皇帝陵博物院联合在该院举办了"东周时期北方青铜器文化臻萃"展；完成了西北五省外展"丝绸之路——大西北遗珍"深圳站、广西站的展出协助工作；参与了曲江艺术博物馆"色挂形象穷神变——中国古代壁画漂流展"展出协助工作。针对基本陈列"固原古代文明"和专题陈列"丝绸之路在固原"两个展览，制定了详细的公众调查方案，印制调查问卷，对展览形式、宣传服务、展览内容、游客期望等方面进行调查，并委托固原市统计局对调查结果进行分析并撰写调查报告。通过调查，及时了解观众的意见、建议，为改进工作提供了参考。

【文博教育与培训】

人才队伍建设是文物事业发展的重要保障，宁夏文物局通过各种途径不断加强人才队伍建设。一是开展各种培训，用好现有人才。通过组织参加全国县级文物负责人培训，对全区6个县的文物负责人进行了培训，组织参加了"丝绸之路申报世界文化遗产高级研修班""文物保护工程培训班"等各种形式的培训，加大对现有人才的培训。二是引进高层次人才，充实文物队伍。宁夏文物考古研究所、固原博物馆等单位通过高层次人才招聘，引进了专业性强、学历高的专业人才，提高了文博队伍的整体素质和业务能力。

【文博宣传与出版】

（一）利用重大节日开展文物保护宣传活动

利用"文化遗产日""5·18国际博物馆日"和"宁夏长城保护宣传日"开展主题宣传活动，举办专题展览，如宁夏博物馆和青铜峡市文管所主办的"守望的天空——文化遗产系列摄影作品展"受到观众好评。加强媒体宣传力度，努力营造良好社会氛围。2012年通过各种宣传方式加强文物保护宣传力度，近百篇信息被区内外报纸、媒体采用。宁夏固原博物馆馆藏国宝级文物鎏金银壶被确定为中国邮政集团公司发行的《丝绸之路》特种邮票图案之一，首发式于8月1日在固原博物馆举行。

（二）2012年文博学术研究成果丰硕

编辑出版了《宁夏博物馆2011年年鉴》《解读红军二万五千里长征》《盛世回乡——中国回族文物精品》《人民币的摇篮——宁夏藏革命根据地货币》4部专著；正式出版发行《固原九龙山汉唐墓地》考古报告以及《固原文物精品图集（中册）》《固原博物馆馆刊》（2012年1、2期）和《颂宁夏》古籍线装书等书籍；完成了《从井冈山到六盘山——各路红军长征中的会师》《固原文物精品图集（下册）》《岩画研究2012》《贺兰山岩画拓片集》的书稿编撰、校订工作；配合大型展览，先后出版了《云岭飞歌——云南少数民族文物辑萃》《百转千回——邓散木书印精品集》《霓裳银装——贵州少数民族文物辑萃》《匈奴与中原——文明的碰撞与交融》等图录；《清代铁质文物上的"渔樵耕读"人物图》《博物馆陈列设计创意理念初探》《信仰的力量——隐形将军韩练成的传奇人生》3篇论文在省级刊物发表。

【机构及人员】

2012年，宁夏共有文物保护管理机构34个，从业人员609人，其中专业技术人员275人，具有高级职称的45人、具有中级职称的91人。

【对外交流与合作】

宁夏岩画中心赴土耳其参加2012年土耳其中国文化年活动的"史前记忆——宁夏岩画展"于11月13日在伊斯坦布尔海峡大学开幕，同期举行了学术交流研讨会，加强了与土耳其的文化交流。

新疆维吾尔自治区

【概述】

2012年，在新疆维吾尔自治区党委、人民政府的高度重视和领导下，在国家文物局的大力支持下，在相关部门和各地的支持协助下，新疆维吾尔自治区文物局认真贯彻落实党的十八大、十七届六中全会、中央新疆工作座谈会、全国文物工作会议精神和国家文物局的决策部署，坚持科学发展观，围绕中心，服务大局，勇抓机遇，敢于担当，各项工作取得了突出进展，全区文化遗产事业发展势头良好。

【执法督察与安全保卫】

（一）文物普法宣传

利用"文化遗产日""文物保护宣传周""5·18国际博物馆日"等活动，发放文物法制宣传材料、制作文物法制宣传展板、举办免费参观博物馆等活动，加大宣传力度，充分利用多种形式和手段，深入宣传文物保护法律法规，提高宣传效果，扩大影响，既提高了广大群众的文物保护意识，更提高了新疆文物系统干部职工的文物法制意识。

5月，为加强文物保护和法制建设，全国人大常委会《文物保护法》执法检查组在新疆吐鲁番、昌吉、和田和阿克苏四地区进行实地检查。新疆维吾尔自治区文物局充分发挥广播、电视、报刊、网络等传媒的积极作用，与强势媒体合作，广泛宣传文物保护法律法规。对推动全区文物事业的持续健康发展起到了积极促进作用。

（二）大案要案查处情况

强化文物执法职能，对新疆维吾尔自治区发生的16起文物违法案件进行执法督察。新疆阿勒泰地区富蕴县文物局查处的县级文物保护单位海子口墓群遭破坏案执法案，参加国家文物局优秀执法案卷评选获执法效果奖。新疆昌吉回族自治州文物局查处的昌吉市努尔加水库管理处未经文物部门同意擅自在不可移动文物努尔加古墓群保护范围内违法施工案，参加国家文物局优秀执法案卷评选获执法进步奖。

（三）文博系统安全保卫

根据国家文物局工作安排，下发了《关于开展"2012文物安全隐患排查整治专项行动"的通知》，开展了全区文物安全隐患排查整治工作，共检查全国重点文物保护单位45处、省级文物保护单位218处、市县级文物保护单位2298处、其他不可移动文物2095处、博物馆等文物收藏单位51家，排查安全隐患130项，整改安全隐患112项。

【不可移动文物的保护和管理】

（一）概况

截至2012年底，新疆维吾尔自治区共有文物点9545处，其中全国重点文物保护单位58

处（其中古遗址25处、古墓葬18处、古建筑5处、石窟寺及石刻7处、近现代重要史迹及代表性建筑3处），自治区级文物保护单位373处（古遗址195处、古墓葬79处、古建筑40处、石窟寺及石刻23处、近现代重要史迹及代表性建筑36处），市县级文物保护单位3717处，其他未公布级别的不可移动文物5397处。

启动塔城红楼、托库孜萨来遗址、伊犁将军府及惠远古城、洋海古墓群、大河古城、柳中古城等规划编制工作；继续实施吐峪沟千佛洞、坎儿井地下水利工程、苏檀·歪思汗麻扎、三海子墓葬及鹿石、阿日夏特石人墓、切木尔切克石人及石棺墓群等重点文物保护单位的保护规划编制项目。完成《新疆文物保护总体规划（2012～2020）》的编制、专家论证及修改等工作。从自治区经费预算中拨付150万元用于11个县开展县域文物保护规划的编制工作。

重要文物保护工程管理：坎儿井地下水利工程保护项目，分别完成吐鲁番地区、哈密地区共36条坎儿井的掏捞加固工作，投入经费1000万元；北庭故城考古遗址公园建设项目，实施了北庭故城遗址城墙加固、考古钻探、环境整治、西大寺泥塑和壁画修复等项目，投入经费2300万元；遗产地保护设施建设项目，完成台藏塔保护设施建设项目，继续实施了克孜尔千佛洞、楼兰古城、吐峪沟石窟、苏巴什佛寺遗址、麻赫穆德·喀什噶里墓等项目，启动森木塞姆千佛洞、白杨沟佛寺遗址、阿日夏特石人墓保护设施项目，完成投资1534万元；哈密地区烽燧维修项目开工，国家投资600万元；启动靖远寺抢救性保护维修项目，继续实施吐峪沟千佛洞保护加固工程，投入经费550万元。

（二）大遗址保护

2011～2012年，新疆开展的重点大遗址保护工程项目主要包括交河故城三期抢险加固工程、胜金口石窟抢险加固工程、胜金口石窟防洪工程、克孜尔千佛洞防洪坝工程等；竣工重点文物保护工程项目有高昌故城三期保护工程、克孜尔尕哈烽燧加固工程、苏巴什佛寺遗址防洪坝工程、艾提尕尔清真寺修缮工程、阿巴和加麻扎修缮工程等。其中，柏孜克里克千佛洞保护工程入选"2011年度全国十大文物保护工程"。高昌故城三期保护工程荣获中国文物保护基金会"2012年度文物保护最佳工程"称号。

1. 交河故城三期抢险加固工程

交河故城三期抢险加固工程主要采用裂隙封闭、裂隙充填注浆、木锚杆锚固、玻璃纤维锚杆、土坯砌拆、土坯砌补、钢梁吊顶、冲沟及汇水区加固、木拱支顶、表面防风化加固等技术措施，施工范围包括宫署所有未加固区域、中央大道两侧墙体、沿参观路线两侧18处遗址单体等。项目于6月30日开工，计划于2013年底竣工。

2. 高昌故城四期抢险加固工程

高昌故城遗址四期抢险加固工程主要采用土坯砌补、裂隙灌浆修补、碳纤维、表面防风化及防雨水冲刷加固、木锚杆锚固、钢化玻璃罩保护展示等技术措施，施工范围包括高昌故城一号遗址、二号遗址、三号遗址等。项目于5月开工，计划于2013年9月竣工。

3. 柏孜克里克石窟二期抢险加固工程

为保护柏孜克里克石窟濒危的崖体、洞窟，减缓自然破坏和防止人为破坏，柏孜克里克石窟二期抢险加固工程主要采用了楠竹加筋复合锚杆锚固、水泥砂浆钢筋锚杆锚固、土坯砌补、裂隙灌浆修补、表面防风化处理、顶面冲沟整治、槽钢支顶、土坯砌补等技术措施。项目于5月开工，计划于2013年9月竣工。

4. 胜金口石窟寺抢险加固工程

胜金口石窟寺抢险加固工程采取裂隙封闭、裂隙充填注浆、木锚杆锚固、土坯砌补、

2013
中国
文物年鉴

表面防风化加固等技术措施，对胜金口石窟X85-1、X85-2、X85-3、X85-4、X85-5、X85-6、X85-7、X85-8、X85-9、X85-10号寺院和1～8号洞窟等重要遗址进行保护加固。项目于7月开工，计划于2013年7月竣工。

（三）全国重点文物保护单位

完成吐峪沟千佛洞整体保护工程、吐虎鲁克·铁木尔汗保护维修工程、哈密回王墓——艾提尕尔清真寺修缮工程、艾比甫·艾洁木麻扎修缮工程、奴拉赛铜矿遗址抢险加固工程、昭苏圣佑庙环境整治工程、麻赫穆德·喀什葛里墓安防工程、叶尔羌汗国王陵安防工程等项目的方案审核及上报工作；完成阿克苏、克孜勒苏柯尔克孜自治州、巴音郭楞蒙古自治州、伊犁哈萨克自治州烽燧遗址保护方案的审核及上报工作。

启动全国重点文物保护单位信息采集工作。北疆片区全国重点文物保护单位基础信息采集工作已经完成，项目承办单位于10月18日完成测绘成果提交，此项工作涉及11处全国重点文物保护单位。继续建立并完善了新疆文物保护工程项目管理资料库和文物保护工程专家库。

（四）世界文化遗产

完成新疆世界文化遗产预备名单更新工作，新疆吐鲁番地区坎儿井、丝绸之路（新疆段）再次列入更新的《中国世界文化遗产预备名单》。

中国、哈萨克斯坦、吉尔吉斯斯坦三国联合启动"丝绸之路起始段与天山廊道"申遗项目，计划2014年提交丝绸之路申遗文本，北庭故城、交河故城、克孜尔千佛洞等7处遗产地被列入申遗项目的首批推荐名单。推动列入首批推荐名单的遗产地政府签订技术咨询、文本、规划编制及测绘工作合同。

实施了配合申遗的遗产地本体保护、环境整治等工作。北庭故城完成西寺壁画、泥塑保护年度工作计划，城墙加固（二期）及保护范围内的征迁、环境整治工作顺利展开，完成了申遗所需要的考古钻探任务，遗址内外的交通状况大为改善，解决了多年来过往车辆对遗址的破坏问题。高昌故城、交河故城、吐峪沟石窟本体保护工程以及克孜尔千佛洞、苏巴什佛寺遗址、克孜尔尕哈峰燧保护设施建设工程等与申遗相关的项目按计划全面展开。

【考古发掘】

（一）概况

2012年，中国社会科学院考古研究所、西北大学和新疆维吾尔自治区文物考古研究所在全疆开展考古工作，完成配合基建工程和大遗址保护工程的前期考古调查、发掘勘探工作，完成东黑沟、达玛沟、阿敦乔鲁等主动性考古发掘的年度工作计划，总计考古项目25个，调查发掘墓葬704座，遗址14100平方米。

2012年新疆重大考古新发现有温泉阿敦乔鲁遗址与墓地、若羌米兰遗址、吐鲁番胜金口石窟、布尔津博拉提墓群考古发掘等。其中，新疆文物考古研究所主持的米兰遗址、胜金口石窟、博拉提三号墓群考古发掘入选2012年度"中国重要考古发现"。

2012年整理完成的发掘报告及简报有《塔什库尔干下坂地墓地考古发掘报告》《吐鲁番高昌古城第二次考古发掘报告》《吐鲁番高昌古城第三次考古发掘报告》《吐鲁番高昌古城第四次考古发掘报告》《吐鲁番台藏塔遗址考古发掘报告》《鄯善县一棵桑墓地发掘报告》《阜康市白杨河墓地考古发掘简报》《木垒县干沟墓地考古发掘简报》《鄯善县二唐沟墓地考古发掘简报》《库车县库俄铁路沿线考古发掘简报》《尼勒克铁勒克萨伊墓地

考古发掘报告》《新源县别斯托别墓地考古发掘报告》《塔城白杨河墓地考古发掘简报》《温泉县阿日夏特水库墓葬考古发掘简报》《温泉县穷库斯台墓葬考古发掘简报》等31个，其中25篇已在《文物》《考古》和《新疆文物》等期刊中发表。

（二）重要考古项目

1. 阿敦乔鲁遗址与墓地

阿敦乔鲁遗址与墓地位于新疆温泉县境内，包括11处举行某种仪式的石堆祭祀居址、60余座石板墓、30余座石堆墓，其年代为公元前19世纪至公元前17世纪，是新疆地区首次发现的青铜时代早期的遗址与墓地。阿敦乔鲁考古发掘与研究是中国社会科学院考古研究所创新工程的重点项目，自2010开始进行田野调查与测绘工作，2011年进行了试掘。6～9月，阿敦乔鲁项目组对遗址和墓地进行了大面积的发掘工作。共计发掘了3座相互连属的房址（建筑遗迹）和9座石板墓葬，发掘面积近1500平方米。获得了一批陶器、石器以及铜器小件、包金耳环等珍贵遗物。阿敦乔鲁遗址及墓地的规模在目前所见同类形制中较大且完整，显示了其在西天山乃至中亚地区早期青铜时代遗存中的重要地位和较高的文明程度。

2. 米兰遗址

米兰遗址位于巴州若羌县米兰镇东，地处古罗布泊之南，为丝绸之路南道咽喉。遗址有戍堡、佛寺、佛塔、烽火台、灌溉渠道等遗迹，为全国重点文物保护单位。6～7月，对遗址西部的4处佛教建筑遗迹及遗址东部的戍堡进行了重点清理，清理面积近2000平方米，出土木、陶、骨、铁、石器及壁画残块、纺织品等文物260余件。通过考古发掘，对米兰遗址各遗迹单位的建筑结构、布局形制有了进一步的认识。

3. 胜金口石窟

胜金口石窟位于吐鲁番市二堡乡巴达木村北部，石窟区主要由南寺院、中区生活居址及北寺院三部分构成，寺院与居址均呈阶梯状布局。5～6月，对其进行考古发掘，共清理洞窟13座、居址26间，还有炕、灶等遗迹，面积约1000平方米。出土遗物主要有壁画残片、泥塑残片和汉文、回鹘文、婆罗谜文及吐蕃文等纸质文书残片。发掘出土的各类文书为了解吐鲁番佛教史、艺术史以及古代历史及东西方文明在此交汇融合的印迹提供了清晰脉络。

4. 博拉提三号墓群

博拉提三号墓群位于阿勒泰地区布尔津县，于5～6月发掘。共清理墓葬20座，有石棺墓、竖穴墓、石椁墓等，出土陶器、铜器、石器等约20件。根据碳十四年代数据以及墓葬形制、出土遗物推断，应为青铜时代墓葬，初步认为属于克尔木齐文化范畴。在墓葬原始地表发现面积约1平方米的红色痕迹，确定为颜料加工地，对于研究古代阿勒泰地区颜料的使用具有重要意义。初步鉴定，这些颜料主要成分为氧化铁。

【博物馆与可移动文物保护】

（一）博物馆

1. 可移动文物的保护、管理和研究

2012年，新疆维吾尔自治区共有15个博物馆馆藏文物科技保护项目得到国家文物局批复立项。包括《新疆维吾尔自治区博物馆馆藏山普拉出土纺织品修复保护方案》《新疆维吾尔自治区龟兹研究院院藏壁画保护方案》《新疆维吾尔自治区博物馆达玛沟壁画修复保护方案》《吐鲁番地区博物馆馆藏阿斯塔纳墓地出土纺织品修复保护方案》《新疆维吾尔自治区龟兹研究院院藏纸质文书修复保护方案》《新疆维吾尔自治区龟兹研究院院藏彩绘泥塑文物修复保护方案》《新疆维吾尔自治区龟兹研究院院藏纺织品修复保护方案》《新疆维吾尔自治区龟兹研究院院藏竹木漆器修复保护方案》《巴音郭楞蒙古自治州博物馆馆藏纸质文书修复保护方案》《新疆维吾尔自治区文物考古研究所所藏壁画修复保护方案》等。

2．博物馆间的交流与合作

2月27日～5月27日，由新疆维吾尔自治区人民政府和故宫博物院主办，新疆维吾尔自治区文化厅、新疆维吾尔自治区文物局、新疆维吾尔自治区博物馆承办，国家图书馆、天津博物馆、新疆维吾尔自治区档案馆协办的"故宫博物院清代新疆文物珍藏展"在新疆维吾尔自治区博物馆举办。

6月12日～9月12日，"沈阳故宫——粉黛丽影宫廷生活珍品展"在新疆维吾尔自治区博物馆举办。

7月12日～10月12日，新疆维吾尔自治区博物馆引进内蒙古博物院"成吉思汗——中国古代北方草原游牧文明展"。

9月26日～12月26日，新疆维吾尔自治区博物馆引进湖北省博物馆"荆楚深情——九连墩楚墓出土文物精品展"。

10月18日～11月17日，新疆维吾尔自治区博物馆引进中国闽台缘博物馆与厦门市博物馆"闽台文化风情展"。

2012年11月23日～2013年2月23日，新疆维吾尔自治区博物馆引进北京大学赛克勒艺术与考古博物馆"大师印记——赛克勒博物馆藏西洋版画展"。

1～8月，"新疆民俗文化精品展"在厦门市博物馆、闽台缘博物馆、吉林博物院展出。

1～10月，"丝绸之路——大西北遗珍展"先后在大连博物馆、深圳市博物馆、广西壮族自治区博物馆巡展。

2012年全年，"新疆古代服饰展"先后在国家博物馆、山东博物院、内蒙古博物院、包头博物馆巡展。

3．重要陈列展览

2012年，新疆维吾尔自治区博物馆推出"瀚海珍衣——西域服饰的记忆"系列巡展、"天山风情——新疆民俗文化精品展"系列巡展，自治区博物馆、自治区考古所、吐鲁番博物馆合作推出"天山往事——新疆古代丝路文明展"，包括新疆在内的西北省区联合举办"丝绸之路——大西北遗珍展"大型系列巡展，乌鲁木齐市博物馆举办"伟大历程——纪念中国共产党成立九十周年"展，伊犁哈萨克自治州博物馆和伊宁汉家公主纪念馆举办"千秋比肩——汉家公主故乡出土汉代文物展"，巴音郭楞蒙古自治州博物馆推出"丝路楼兰"专题陈列以及吐鲁番博物馆的"通史展"和哈密地区博物馆的"哈密古代文明展"等；引进北京大学赛克勒艺术与考古博物馆"聚散乾坤——扬州博物馆藏明清扇面展"等，配合亚欧博览会和自治区文化厅举办了"美美与共——六国美术精品展""西域·海上——肖谷美术作品展""情系新疆——李灼先生国画展"。

（二）可移动文物保护

1．文物数量、等级

截至2012年底，新疆可移动文物总量127607件（套），其中一级文物707件（套）、二级文物1339件（套）、三级文物4038件（套），馆藏珍贵文物全部实现了信息化管理。

2．可移动文物保护修复基地建设

新疆维吾尔自治区博物馆与南京博物院合作并签署了《纸质文物保护基地新疆工作站协议》。新疆维吾尔自治区博物馆作为新疆"馆藏文物保护修复基地"，承担了大量文物修复、保护、复制工作，各基地均按照计划稳步推进各项工作。

3．可移动文物保护技术、方法及应用

积极与中国丝绸博物馆、中国文化遗产研究院、敦煌研究院等机构合作，以可移动文物保护修复基地为平台，充分整合各自优势，成果显著。

中德四方联合开展的"丝路霓裳——中亚东部公元前十世纪至公元前后的服饰对话"国际合作项目，将通过为期五年的多学科交叉研究，实现人才培养和对文物的修复、复原、展示等多项成果。2012年为该项目筹备实施的第一年。

【社会文物管理】

截至2012年底，新疆维吾尔自治区境内没有文物拍卖企业，没有进行过文物拍卖活动；共有文物商店1家（新疆文物总店），文物库存数量24188件，无珍贵文物；未成立文物进出境审核机构。

【科技与信息】

2012年，新疆维吾尔自治区馆藏珍贵文物全部实现了信息化管理。新疆维吾尔自治区博物馆与浙江大学合作制定了信息化建设规划，并形成了《新疆博物馆信息中心及数字博物馆建设方案》。采购电子设备，围绕信息化支撑环境建设和藏品的三维信息化等方面开展博物馆数字化建设及馆藏资料数字管理等工作。

【文博教育与培训】

2012年，新疆维吾尔自治区文物局先后与浙江省文物局、浙江大学、塔里木大学、北京大学、中国人民大学、中国科学院、中国社会科学院、国家博物馆、中国文化遗产研究院、西北大学签署战略合作联盟协议。

3月，由新疆维吾尔自治区人力资源与社会保障厅主办，新疆吐鲁番地区文物局、吐鲁番学研究院承办的"丝绸之路申报世界文化遗产高级研修班"在新疆吐鲁番市举办。中国文化遗产保护领域的专家学者就丝绸之路申报世界文化遗产等相关问题进行了授课，来自陕西、甘肃、宁夏、新疆等省区的48名学员参加了培训。培训结束后，全体学员对吐鲁番地区文化遗产进行了为期两天的考察。

3月起，新疆文物考古研究所与自治区图书馆联合推出"三史"教育系列讲座活动，面向文化、文博、高校及社会各界群众，每月安排一名新疆考古研究所副高职称以上的优秀专家、学者，紧紧围绕"三史"教育这一主题，进行专题讲座，发挥引领作用，拓展影响领域。

10月，由国家文物局主办，新疆维吾尔自治区文物局、新疆博物馆承办的"2012新疆地区文物进出境责任鉴定员培训班"在新疆博物馆举办。来自新疆文博系统和海关文物进出境审核部门的35名专业人员参加了培训。

10月，国家文物局、公安部在乌鲁木齐举办了"常态化防范打击文物犯罪研修班"，来自全国17个省区文物部门和公安机关的140余名代表参加了培训。

2013
中国
文物年鉴

11月，新疆维吾尔自治区文物局在乌鲁木齐举办了"新疆文物保护技术管理培训班"，培训内容涉及文物保护工程管理、项目招投标、保护规划编制、壁画及石制文物保护等方面，来自新疆各地文物行政主管部门的36位学员参加了培训；新疆维吾尔自治区文物局在乌鲁木齐举办了"全疆博物馆纪念馆馆长培训班"，培训内容涉及博物馆发展、博物馆藏品管理、博物馆展览策划与设计、文物保护等方面，来自全疆14个地州市和部分重点县市博物馆馆长35人参加了此次培训。

【文博宣传与出版】

2012年新疆维吾尔自治区文物局加强与新闻媒体的合作交流，进一步加大文物宣传工作力度。出版《西域文明之旅——解密吐鲁番》《悬念——楼兰精绝》《中国文物地图集·新疆分册》。与电视媒体合作制作新疆较少民族文化遗产专题片。加强对新疆文物局官方网站、官方微博的管理，定时更新维护。举办2012年"5·18国际博物馆日"活动。组织"新疆考古新发现图片展"，开展2012年"文化遗产日"系列宣传活动。对各类符合文物法规的文物拍摄宣传活动给予积极支持，及时办理有关审批、报批手续。通过一系列宣传活动，扩大了文物保护工作的影响力，推动了文物保护的社会化进程。

【机构及人员】

截至2012年底，新疆维吾尔自治区共有文物机构173个，包括文物保护管理机构99个、博物馆72个、文物科研机构2个、文物总店1个、文物古迹保护中心1个；新疆文物行业从业人数1732人，其中具有高级职称的78人、中级职称158人。

2012年，新疆文物古迹保护中心被授予全国文物系统先进集体、自治区先进基层党组织称号。新疆维吾尔自治区楼兰保护站崔有生荣膺第五届"薪火相传——中国文化遗产保护年度杰出人物"称号。新疆文物古迹保护中心主任梁涛被授予全国文物系统先进个人、文化部优秀党员称号。

【对外交流与合作】

2011年10月～2012年2月，新疆维吾尔自治区文物局选送15件（套）珍贵文物参加了由中国文物交流中心和意大利罗马考古与遗产特别监管局共同主办"丝绸之路"展览。

9月14～22日，台湾文博专业人士代表团一行12人来疆开展了以"走进新疆文化遗产 弘扬中华文明价值"为主题的文化遗产考察交流活动。

10月15日，由中国社会科学院考古研究所、新疆文物局主办，新疆文物考古研究所承办的"汉代西域考古与汉文化国际学术研讨会"在乌鲁木齐隆重召开，来自国内外的150余名专家、学者参加了会议。会议共收到论文130余篇。

10月19日，第四届"吐鲁番学国际学术研讨会暨古代钱币与丝绸高峰论坛"在新疆吐鲁番市开幕。本次高峰论坛为期3天，以"古代钱币与丝绸"为主题，汇集国内外古钱币学、纺织品学领域的知名专家学者，交流国内外考古发现及研究的最新动态和成果，进一步推进丝绸之路钱币学、纺织品学的研究，突出吐鲁番地区在古代丝绸之路上发挥的巨大作用。来自国内外的100余位专家学者参加了本届学术研讨会。

11月7日，俄罗斯科学院考古研究所教授、著名冶金考古学家E.H.切尔内赫在新疆维吾尔自治区考古所进行了学术交流。新疆社会科学院、新疆维吾尔自治区博物馆、新疆师范

2013
中国
文物年鉴

大学的部分专家学者、业务人员参加了座谈。

2012年，新疆维吾尔自治区文物局选送文物参加由中国文物交流中心与驻长崎总领事馆共同主办的、在日本长崎孔子庙中国历代博物馆举办的"丝绸之路文明展"。

【对口援疆】

4月，北京大学考古文博学院与新疆维吾尔自治区文物局在北京签订《北京大学考古文博学院、新疆维吾尔自治区文物局〈文化遗产保护战略合作框架协议书〉》，双方将在高层次人才培养、科技保护合作、考古合作与研究、教学及科研基地建设、提升展览及教学标本建设等五方面进行深入合作，建立长期的多层次、多形式、多领域合作关系。

5月，浙江省文物局、新疆维吾尔自治区文物局、浙江大学、塔里木大学四方在乌鲁木齐签订《新疆文化遗产保护与研究战略合作框架协议》，四方将发挥文物资源、人才资源、科技研究资源等各自优势，开展多层次的科学研究、技术交流与人才培养，提高新疆文化遗产保护、研究与传承展示水平，支撑新疆文化遗产保护与研究工作，促进文化遗产科技保护、西域文化研究等交叉学科发展。

【其他】

11月19~21日，新疆维吾尔自治区博物馆协会成立大会暨第一届会员代表大会在乌鲁木齐隆重召开。

8月16日，中国社会科学院考古研究所"中国亚欧草原文化研究中心——新疆博州工作站"在博州博物馆揭牌。

2013
中国
文物年鉴

其他 >>>

故宫博物院

　　2012年是迎接党的十八大胜利召开和学习贯彻落实十八大精神的一年。故宫博物院认真学习贯彻落实十八大精神，广大干部职工锐意进取，扎实工作，稳步推进文物管理、古建修缮、展览宣教、科研出版、数字故宫、对外交流等文化遗产保护和博物馆建设事业，并与故宫博物院工作实践紧密结合，着眼于占地112万平方米的古代木结构宫殿建筑群、180万余件文物藏品和每年约1500万中外观众的安全，提出了实施"平安故宫"工程的建议和方案。

■【"平安故宫"工程】

　　5月，故宫博物院领导班子经过持续、全面、广泛、深入地调研，提出开展"平安故宫"工程的建议，以彻底解决故宫存在的火灾隐患、盗窃隐患、震灾隐患、藏品自然损坏隐患、文物库房隐患、基础设施隐患、观众安全隐患等七大安全问题，引起中央领导同志的高度关注。7月26日，中共中央政治局委员、国务委员刘延东来故宫调研时指出，要抓紧实施"平安故宫"工程。文化部、发改委、财政部、国家文物局等有关部门就故宫安全现状多次到故宫进行调研。吴邦国、温家宝、贾庆林、李长春、李克强同志就故宫安全问题相继作出重要指示。

　　"平安故宫"工程通过实施故宫博物院北院区建设项目、地下文物库房改造、基础设施改造、世界文化遗产监测、故宫安全防范新系统、院藏文物防震、院藏文物抢救性科技修复保护7个项目，以实现如下目标：在2015年，即故宫博物院成立90周年之时，有效缓解目前存在的防火、防盗、防雷、防震、防踩踏等方面的重大安全隐患，解除其中最紧迫、最危险的隐患点；在2020年，即紫禁城建成600年之时，基本实现故宫博物院进入安全稳定的健康状态，全面提升管理和服务水平，迈进世界一流博物馆行列。

■【古建筑保护】

　　启动了《故宫保护总体规划》编制工作，确定了各专项规划内容，初步完成故宫使用功能规划。

　　召开了故宫世界文化遗产监测工作会，提出监测工作的要求。十个监测方面，已相继开展了室外陈设基础数据采集、室外陈设材质鉴定和保存状况评估、植物监测数据库、气象数据库、空气质量监测站建设、午门城台沉降变形监测、故宫世界文化遗产监测平台建设等工作。

　　由故宫博物院和香港中国文物保护基金会共同合作复建的中正殿2012年竣工，再现了清乾隆时期的建筑全貌。建福宫维修工程、英华殿区维修工程、大高玄殿乾元阁抢险工程全面完工。

　　古建研究与资料整理方面，按照故宫博物院发展规划，维修工程竣工后的东华门将作为紫禁城宫殿建筑艺术展览使用。目前，东华门古代建筑展览大纲已完成。

2013 中国 文物年鉴

【文物保管与非物质文化遗产保护】

（一）藏品管理

根据工作中发现的新问题、新情况，进一步修订增补《故宫博物院藏品管理规定》。"故宫博物院业务人员培训"和春季业务培训的举办，全面提高了业务人员的责任心和文物操作实践技能。为《故宫博物院藏品总目》的公开做好了前期准备，该目录将于2013年1月1日正式在故宫网站推出。

坚持开展对地下、地上文物库房的随机抽查，不断完善库房保管工作。做好文物清理后续工作，对现有文物藏品进行核对，及时完成51452件一般藏品入账工作。召开文物防震工作协调会，继续推进文物防震工作。

接受袁运甫捐赠作品5件、浙江省考古所拨交的瓷器标本3件。收购"大清康熙年制万寿赋笔筒"1件。

（二）非物质文化遗产传承

举办故宫博物院首次国家级非物质文化遗产展"妙笔神工——国家级非物质文化遗产古书画临摹复制与装裱修复技艺展"，得到人民日报、中央电视台、新华社、新浪网等媒体关注，吸引了不少观众前来参观体验。

【安全与开放】

坚持用科学技术引领故宫安全保卫工作，努力改善安防设施。安防改造工程已完成合同总量的75%，到2012年底，防盗系统全部竣工投入使用。消防系统也将在2014年底投入使用。加强技防设备的科学化维护和管理，变被动排故障为主动查隐患。加强对地下文物库房安全保障设备的维护保养，加强对技防设施故障的分析研究。积极推进安防系统智能化研究和一体化改造工作。

开展多项活动，增强防火能力，消除火灾隐患。通过重大活动和节假日前的安全大检查、安全动员会、"安全周"活动以及定期的全院专项巡查等行动，确保故宫安全；通过启动彩钢房拆除、"清剿火患"行动、"乾清宫西南庑展厅由雷击引发火灾"消防演习、第七期志愿消防队员业务技能培训班、全院电器防火安全检测等活动，不断提高安全防范和应急能力。

加强开放管理，增强安全意识、文明服务意识。全年组织封门演习29次，不断提高现场综合管理能力和应对突发事件的能力。制订并完善接待预案，克服观众流量增大、极端天气频繁等不利因素，圆满完成了暑期、"十一"黄金周等节假日的接待工作。国庆期间，午门、端门高峰时期增开售票窗口至34个，强化一线值守力量，加强人流疏导，经受住了单日接待18.2万余人的客流高峰的考验。

【展览与公众服务】

为弘扬传统文化，凸显故宫特色，在院内举办了"故宫藏明清花鸟画展""古物撷英——故宫博物院藏捐献陶瓷精品展"以及"故宫藏历代书画展"（第二轮第四期、第五期）等展览。引进"湖南醴陵釉下五彩瓷珍品展""浙江原始青瓷及德清火烧山等原始青瓷窑址考古成果汇报展"等6个展览。推出赴国内其他博物馆的展览13个。

举办和参加涉外展览9项，多为配合国家外交工作的项目，为我国文化外交事业贡献

2013
中国
文物年鉴

了力量。如赴日本"地上的天宫"展、赴科隆东亚艺术博物馆"金昭玉粹：清代宫廷生活艺术展"、赴香港"颐养谢尘喧：乾隆皇帝的秘密花园"展等。赴日本"国宝观澜——故宫博物院文物精华展"共接待了25.8万人次，日本天皇夫妇以及前首相鸠山由纪夫、福田康夫和森喜朗等众多政要、学者、文化界知名人士专程前往参观。我国党和国家领导人对展览给予了高度评价并做出重要批示。

举办精彩纷呈、寓教于乐的文化活动，既加深了观众对故宫的认识，也使观众受益匪浅。举办"龙年话龙——第七届故宫知识课堂"，接待342个家庭、100多名山区学生；"5·18国际博物馆日"举办了"从'功能城市'到'文化城市'"讲座和"艺术·文化"主题宣传活动，助观众探寻文化之源；"文化遗产日"开展了院领导与志愿者座谈会以及"用真心保护，用行动传承"的主题宣教活动；举办"霓裳幻彩，手绘龙袍"以及暑期"科学·艺术"等教育活动。另外，与东城区政府合办"故宫讲坛"，端门观众服务中心也于暑期启动。

为了更好地传播故宫文化，探索适合故宫发展的文化产品研发新途径，组织召开了故宫文化产品研发工作座谈会。在"2012年博物馆及相关产品与技术博览会"和"2012年全国博物馆文化产品创意设计推介活动"中获"博物馆与文化创意产业促进奖"和"最佳展示奖"等奖项，选送的55件设计作品中获得一项银奖、两项优秀奖、两项提名奖。在"第五届海峡两岸文化产业博览交易会"综合评比中荣获二等奖，黄金产品"福禄万代传家宝瓶"获得"最佳创意产品奖"。全年共研发上市各类故宫特色商品340多款，并利用"聚划算""双11"等电商形式进行宣传和促销。

【科研与出版】

继续推动故宫学建设，拓展故宫的学术影响力。初步拟定《故宫学研究所五年科研规划》，南开大学"故宫学与明清宫廷研究中心"于12月22日成立，举办故宫学高校教师讲习班，启动"故宫学"数据库与网络平台建设工作，组织了明代宫廷生活史、民国时期故宫博物院史、宫廷与江南三次学术研讨会，《故宫学刊》《明清论丛》被纳入中国学术期刊网络出版总库。

继续加强科研管理工作，提高了申报国家、省部级课题的成功率。1项国家社科基金艺术学项目、2项文化部文化艺术科学研究项目、1项国家社科基金后期资助项目（第一批）立项。故宫博物院研究馆员王素投标的"新中国出土墓志整理与研究"项目，被立为"2012年度国家社科基金重大项目"。12个院级科研课题项目立项。

围绕"实现文化传播功能的提升"的主旨，大力开拓出版工作。出版书籍170种，其中新书125种、重印书45种，重印率达到26.5%。增补的5种图书选题被列入"十二五"国家重点图书出版规划项目。《故宫博物院藏中国古代窑址标本》《钦定武英殿聚珍版书》两个出版项目获得2012年度国家出版基金资助；《明代宫廷建筑大事史料长编·洪武建文朝卷》一书获得2012年度国家古籍整理出版资金资助；《故宫出版与学术数据库》项目获得文资办文化产业发展专项资金资助。20种图书入选《2012年中小学图书馆（室）推荐书目》。《国家艺术·十二美人》荣获上海市新闻出版局2012年度"中国最美的书"称号。故宫出版社取得文化部颁发的专业类别为书画的社会艺术水平考级资格证书。

【信息化建设】

重点项目方面，端门数字博物馆概念设计方案形成；与首都机场合作的"文化国门——故宫印象"展厅对外开放，迄今共有6740人次参观；启动信息化规划编制工作，由北京工业大学承担编制工作。

故宫官方网站全年访问量达1873277人次，获文化部办公厅2012年度文化部政府网站群绩效评估"年度最佳奖"，"文化专题"栏目获2012年政府网站"信息公开精品栏目奖"。

继续推进传统文化的数字化展示工作。完成"梵华楼古建测量及虚拟漫游"360全景浏览项目和《龙孩儿守故宫》第三集、第四集动画片的制作。《故宫雕塑》在中国电影电视技术学会主办的"中国立体（3D）影视作品奖"评选中获得电视专题类优秀奖。虚拟现实演播厅共接待278场、6118人次。

【对外交流与合作】

继续巩固与台北故宫的交流合作，与印尼国家博物馆、澳大利亚维多利亚州国家美术馆、美国波士顿美术馆、美国皮博迪·埃塞克斯博物馆、香港康乐及文化事务署签署合作意向书，与英国大英博物馆续签《故宫博物院与大英博物馆谅解备忘录》。今年还首次举办了"驻华使节进故宫"活动，先后接待瑞典大使、意大利大使、美国大使等外交使节，与各国外交使馆建立了联系。

【内部管理】

完善内部规章制度。制定《故宫博物院人员从事院外有关活动的规定》等院规，同时，对故宫博物院多年来在综合管理、安全管理、财务管理、人事管理、党务工作、古建与工程、藏品保护与利用、科研管理、宣教与服务、后勤服务等全面工作的所有规章制度进行梳理，形成了11类114项规章制度，共40余万字的《故宫博物院规章制度汇编》基本定稿。

加强人才队伍建设。全年共接收29名2012年应届高校毕业生。同时，为配合落实"故宫世界文化遗产监测实施方案"和"平安故宫"工程等院内重大项目与工程，从高校和系统内相关单位引进急需的各类专业技术人员4人。认真组织落实入职岗前培训、业务人员专业技能培训、处级干部培训等多项教育培训计划，不断提高综合素质和工作能力。

严格执行财务工作制度，做好各项财务核算工作，加强财务管理，严格预算管理，为"平安故宫"工程项目于2013年正式实施积极争取国家财政支持。按时编报决算报表工作，被评为文化部2011年度决算工作先进单位。以政府采购法为准绳，严格执行政府采购相关政策，坚持"公开、公平、公正"的宗旨，认真组织实施各项政府采购活动。按照国家法律法规和院规章制度，执行审计职能，规范工作程序，完成院内的有关财务审计调查、经济责任审计和各类工程的预算、结算、进度款、合同标的审核工作。

积极发挥法律服务职能，召开"博物馆与法律学术研讨会"，举办文化、文物法制建设讲座，举办《合同法》讲座，为全院工作顺利开展保驾护航。

围绕全院事业发展，继续做好安全用电管理、办公设备维护、通讯保障服务、精神文明建设、院容整治及医疗卫生、房管、水暖等服务工作。由于在2011年无偿献血工作中表现突出，故宫博物院荣获北京市"献血工作突出贡献奖"，同时被东城区献血办公室授予"无偿献血工作先进单位"称号。

中国国家博物馆

【概述】

2012年中国国家博物馆喜迎百年诞辰，在试运行一年后，于3月1日正式开馆。以胡锦涛总书记给国博写贺信和习近平总书记率新一届中央政治局常委集体参观"复兴之路"基本陈列为标志，国家博物馆迎来百年发展史上的辉煌时期。"在党和国家的大力支持下，国家博物馆抓住历史机遇，加快发展步伐，无论是展馆建设还是馆藏陈列，无论是社会功能还是对外影响，都实现了前所未有的历史跨越，进入世界大博物馆之列，为促进我国文博事业发展、提高人民精神文化素养、构筑中华民族共有精神家园，作出了突出贡献。"在文化部和国家文物局的领导下，馆领导班子率领全体干部职工认真学习贯彻党的十七届六中全会和十八大会议精神，在"人才立馆、藏品立馆、学术立馆、服务立馆"办馆方针的引导下，不断加快"世界一流"博物馆建设步伐，各项工作取得优良成绩。总结全年工作，主要有以下十个方面：一是国家博物馆喜迎百年诞辰，胡锦涛总书记发来贺信，对国博给予高度评价并要求发挥好三个重要作用，举世瞩目；二是习近平总书记率新一届中央政治局常委来国家博物馆参观"复兴之路"基本陈列并发表重要讲话，国内外反响巨大、意义深远，国博人深感鼓舞和鞭策；三是新馆正式开馆，整体运转良好，赢得社会广泛赞誉；四是具有国博特色的陈列和展览体系初步建成，社会反响良好；五是"以人为本"的公众服务体系和安全保障体系建立并发挥良好作用；六是业务学术活动蓬勃开展，学术交流精彩纷呈；七是对外文化交流活动丰富多彩，国博文化软实力窗口作用凸显；八是进一步加强制度建设，着力加强内部程序和细节管理，各项管理工作上了新台阶；九是以百年馆庆为契机，国博百年简史编成出版，《国脉——百年国博》六集人文纪录片拍摄完成，计划在2013年元旦播出；十是以建馆百年为契机和新起点，各项工作取得新成绩。

【法规建设】

2012年，国家博物馆进一步加强制度建设，不断完善内部工作程序，着力加强细节管理，促进各项工作精益求精。制定了《中国国家博物馆公务卡管理办法（试行）》《中国国家博物馆科研经费管理办法（试行）》《中国国家博物馆临时展览财务收支管理办法（试行）》《中国国家博物馆电子门禁管理办法（试行）》《中国国家博物馆文物库区大门安全管理办法（试行）》《中国国家博物馆关于领导干部选拔聘任工作施行办法（试行）》《中国国家博物馆职称评审工作管理办法（试行）》共七部全馆性规章。同时，全馆各部门及时总结工作程序和管理经验，不断规范岗位职责，并在此基础上制定出一批部门规定，工作程序日益健全。国家博物馆科学管理体系进一步完善，各项管理工作迈上新台阶。

2013
中国
文物年鉴

【安全保卫】

2012年，中国国家博物馆安全保卫工作已经建立起具有自身特点的安全保障体系，进一步完善了人防、物防、技防之间的联动，形成整体效能。国家博物馆日常安检服务有效、便捷，全年检出违禁、限带物品75万余件次，顺利完成巡逻检查、文物押运、特别勤务、内部安全管理、安全设备维护等各项工作，有力保障了国家博物馆的安全运营。

2012年，完成国内重要领导来访接待任务31次，完成党、政、军政要及各界友好人士接待43次，完成两会代表及十八大代表参观接待任务41次，完成各类重大活动、开幕式、专场57次。接待等级勤务325次，其中一级勤务16次、二级勤务54次、三级勤务255次。圆满完成了百年国博庆典活动、中秋十一"双节"和党的十八大、中央领导人参观"复兴之路"等重大活动期间的安全保卫工作。

【考古发掘】

（一）概况

2012年，国家博物馆参与了六项田野考古项目、五项水下考古项目和五项遥感考古项目，取得了丰硕成果。国家博物馆还与美国、瑞典、波兰、肯尼亚等国家有关机构进行考古交流与合作，不断提高国家博物馆的考古业务水平和国际影响力。

（二）重要考古项目

1. 遥感考古

"遥感技术在中华文明探源研究中的应用研究"课题，三期成果已经科技部、国家文物局验收通过，第四期项目启动。

完成的工作有：古代丝绸之路及米仓道考古探险考察；藏东滇西北高原古代文化遗产保护与研究；古代中国沿海港口城市的遥感考古调查与研究；浊漳河流域早期文化研究。

中国古代矿冶遗址遥感考古调查与研究，出土物初步整理完成，并进行第二次发掘。

推进中国、波兰合作项目中亚丝绸之路研究与佛教在中亚的传播研究；同时与美国布莱恩特大学就长城遥感考古项目达成合作意向。

2. 水下考古

完成西沙群岛水下文化遗产执法巡查、宁波小白礁一号沉船遗址发掘、京杭大运河济宁段湖中运道水下文化遗存调查以及青岛、即墨水下文化遗存调查和中国、肯尼亚合作实施拉穆群岛地区水下考古项目。

3. 田野考古

山西绛县周家庄遗址发掘已完成发掘简报修订稿。山西忻定盆地滹沱河上游考古调查已完成了其北半部分的田野工作和室内资料整理工作，并于7月底出版了第一期报告《滹沱河上游先秦遗存调查报告一（上、下）》。陕西关中秦汉离宫别馆遗址调查自2008年启动，2012年已进入资料整理阶段。甘肃早期秦文化考古发掘自2004年启动，2012年展开在甘谷县毛家坪的补充发掘工作。山东"八主祠"遗址考古勘察与滕州薛河流域考古调查完成针对前期调查区域的扩展调查工作。安徽姑溪河流域先秦考古调查完成陶片清洗、土样浮选、文物修复以及标本绘图等各项资料整理工作。完成《三峡工程重庆库区文物保护总结性研究报告》的前期编纂工作，图稿已交付出版社。

【博物馆可移动文物保护】

（一）可移动文物的保护、管理和研究

国家博物馆完成了临时库区所有66万件古代文物、40余万件近现代文物的正式入库工作。完成13440多件"文留"无号瓷器的存放整理、清核、外包装箱置换工作。对库区设备进行反复排查，找出隐患，及时解决。陆续完成对库区大门及库区通风、安全设施等辅助检测，并对各库房间柜架逐一检验；联合原生产厂家对柜架进行了升级加固设计，完成12间库房的改造；为文物管理区登编库房、文物鉴赏库房更换防护门。同时，对完成改造的库房制定了相应的库房上架排序方案。继续完善已经建立的库房、展厅温湿度监测系统，加强对环境空气质量的监测和研究，新购置最新的便携式设备，完成对地下库房甲醛含量、TVOC等空气质量指标的检测。同时，对"中国古代钱币"展览展厅柜内、柜外温湿度变化规律和"复兴之路"基本陈列展厅象牙雕刻展柜内的恒湿机加湿效果进行实验研究。

按照中央礼品领导小组的指示精神和工作计划，国家博物馆成立了中央礼品接收小组。3～7月，接收小组先后从中共中央办公厅、国务院机关事务管理局、全国人大办公厅、全国政协办公厅及北京、天津、上海、广东、湖北、新疆、重庆等省市自治区中央礼品管理单位清点、接收中央礼品共计3734件（套）。加上2011年接收中办特会室中央礼品，总计清点接收中央礼品共计11532件（套），顺利完成中央礼品接收入库工作。

2012年，国家博物馆完成了大量课题研究。完成送审的标准规范有国家文物局行业标准"可移动文物病害评估技术规程""金属文物病害及图示""金属文物保护档案编写规范"。完成国家文物局"十一五"期间可移动文物科技保护项目进展情况报告、国家文物局国家重点科研基地"金属文物保护科研基地管理"报告。国家博物馆"金属展柜和木质展柜的比较研究"课题已提交了研究报告并申请验收；"司母戊鼎综合性技术研究"课题经过多次专家研讨和论证已完成综合技术研究部分，该课题纳入为文化部国家科技提升课题"中国古代青铜器铸造工艺及展示研究——以司母戊鼎为例"，部分展示成果"国之重器"在中央电视台播出；"近现代文献复制研究"课题已撰写完成《近现代文献复原复制技术》书稿初稿（约20万字）。此外，继续完成国家文物局的课题"博物馆金属文物预防性保护研究与实例分析""陕西、河南出土唐代釉陶器釉层及胎体热膨胀系数的检测工作"；参与《可移动文物保护修复室规范化建设与仪器装备基本要求》的起草编写工作和"实验考古与考古预探测技术可控试验场"课题；参与合作中国文化遗产研究院"室外铁质文物保护材料长期有效性研究"课题与中科院"文物保护技术路线图"课题研究。

（二）重要陈列展览

国家博物馆紧紧围绕"历史与艺术并重"的功能定位，在继承和发扬历史馆优势的同时，不断加强和丰富艺术品收藏，更多地举办艺术类陈列展览，开展艺术理论研究，并在展陈设计、环境装饰等方面，不断提高艺术品位，努力将国家博物馆建设成为世界一流的、具有特色的综合性博物馆。2012年，以基本陈列、专题陈列、国际交流展览和临时展览组成的、具有国博特色的陈列展览体系已经建立起来，社会反响良好。

"古代中国"和"复兴之路"是国家博物馆两个特有的基本陈列，展示中华民族五千年的悠久历史和灿烂文化以及近代中国一百七十年来的革命历程和发展成就。2012年，展览部门在对展品和展示设备进行日常维护的同时，还对部分展品进行了调整，不断完善、充实陈列内容。

专题陈列与基本陈列互为补充，更系统地对馆藏文物进行长期展示。2012年，国家博物馆新开专题陈列8个，包括"友好往来、历史见证——党和国家领导人外交活动受赠礼品展""国博百年·中国雕塑百年作品展""百年国博——中国国家博物馆百年简史与成果展""中国国家博物馆水下考古成果展""中国古代瓷器艺术展""中国国家博物馆馆藏非洲雕刻艺术精品展""中国国家博物馆建筑设计展""中国古代经典绘画作品"。2012年，推出常设陈列14个，国家博物馆的专题陈列体系基本形成。此外，国家博物馆还举办了4个国际交流展和31个临时展览。这些展览主题多样、内容丰富，是国博特色陈列展览体系的重要组成部分。

【科技与信息】

"数字国博"建设成绩喜人。2012年，国博网站总访问量近151万，点击量近1400万。根据Alexa全球网站排名，国博网站在大中华区博物馆网站中排名第二，在新浪全国政务微博排名中名列第71位。国家博物馆还与百度、优酷等机构合作，建立网上数字博物馆，并实现了国家博物馆在百度搜索引擎的优化显示。在内部信息化管理方面，"数字国博"软件总体架构进一步调整和优化，并启动了藏品管理系统、资金结算系统和综合业务服务平台项目。

【文博教育与培训】

国家博物馆公共教育"历史与艺术并重"的课程体系逐步建立。国家博物馆社会教育宣传部通过编辑出版《博物馆教育体验项目案例分析》一书，将国家博物馆的教育活动逐步归纳总结，形成了"阳光少年""社会大课堂"和"文化博览"三个系列。其中"阳光少年"系列在设计上以激发青少年的兴趣爱好、培养他们的博物馆意识为主导，课堂形式充分发挥青少年的学习主体性，锻炼他们自主学习能力；"社会大课堂"面向学校群体，根据大纲要求和教学需求，学校老师与博物馆教育人员共同探讨课程内容和授课形式；"文化博览"是博物馆教育人员根据国博藏品资源自主开发，面向不同文化背景的观众，以弘扬中国优秀民族文化为主要内容的课程，课程通过网站、短信等方式接受报名，观众预约踊跃。同时，积极探索馆校资源结合的新型公共教育模式，与东城教委合作举办"蓝天工程博览课走进国家博物馆"观摩课，东城区60多所小学的负责人和老师共200余人参加观摩。此课程是国家博物馆教育人员和学校老师共同设计教学方案、研究教学形式和双师教学的典范。与史家小学建立了良好的合作机制，其中在"书法"和"品德与社会"两门课程如何与博物馆资源结合方面经过探索已经形成了一套教学管理模式。2012年，国家博物馆在北京市校外教育先进集体、先进个人表彰大会暨北京市中小学生金银帆奖颁奖典礼上获得阳光少年优秀组织奖。

在学术讲座与培训方面完成大量工作。邀请国内知名专家董亚巍、陈仲陶等举办青铜铸造与青铜修复领域的学术讲座；受国家文物局委托举办全国"金属文物保护方案编写"培训班；在文化部人事司主办的"文化部第三期全国文化行业高技能人才培训班"上派专家授课；派专家在上海工会学院讲授书画修复专业课，并作为长期合作的一个项目；派专家为中国文化遗产研究院"现代分析技术在文物保护中的应用"和"出水文物保护"培训班的学员讲授"拉曼光谱在文物保护分析中的应用"和"现代分析技术在水下文物检测中的应用"课程；派专家为北京科技大学组织的韩国大学生金属文物保护暑期培训班讲课，为辽宁省考古所铁质文物保护培训班和中国钱币博物馆、桂林市博物馆举办的"博物馆预防性保护"讲座讲课；组织完成以洞穴潜水和专精潜水为培训内容的"第四期中国水下考古技术潜水培训班"。

"国博讲堂"是国家博物馆的品牌学术交流活动，2012年举办高质量学术讲座15场，听众近5000人，王蒙、孙机、杨天石、潘公凯、杨振宁等知名学者受邀演讲或参加论坛，"国博讲堂"取得了良好社会反响。同时，"国博讲堂"还与"首都图书馆学术讲座平台"合作，推出了国家博物馆专家的4场讲座，宣传了国家博物馆的学术风貌，扩大了社会与学术影响力。

【文博宣传与出版】

国家博物馆形成了"传统与创新结合"的宣传推广模式——新闻发布、专题报道、网站微博、舆情监控，传统媒体结合新媒体技术，加大宣传力度，全面提升新国博的社会影响力。2012年，国家博物馆新闻宣传工作围绕"百年国博"庆典活动统一部署，完成了"百年国博"系列宣传报道工作，包括为人民日报、光明日报、新华通讯社、中国文化报、中国文物报、人民政协报、中国艺术报、中国日报、人民画报等媒体提供专版宣传素材，配合中央电视台、北京电视台、北京日报、北京晚报等媒体做好新闻报道等。经过认真筛选，自6月22日~7月31日，共检测到有效信息1074条，这些宣传报道在"百年国博"庆典期间形成了良好的舆论氛围。2012年，国家博物馆共接待国内外媒体280余家（组）；完成22个展览开幕式新闻媒体联络、材料发放工作；完成"启蒙的艺术"展览闭幕式、"瓷之韵——大英博物馆、英国国立维多利亚与艾伯特博物馆藏瓷器精品展"新闻发布会和"百年国博"邮票首发新闻发布会等各项重要活动的筹备、组织和协调工作。

在中国国家博物馆建馆一百周年之际，为系统整理百年国博的发展历史，形象再现百年国博的艰苦历程，国家博物馆编辑了《中国国家博物馆百年简史》，吕章申馆长亲任主编，并从学术、馆办、展策等部门抽调人员，组成了馆史编写小组，确立了编写体例。全书共25万余字、300余幅配图。国家博物馆还邀请中央电视台拍摄了六集大型人文纪录片《国脉——百年国博》，总时长约300分钟，计划于2013年元旦在科教频道播出。《中国国家博物馆百年简史》和《国脉——百年国博》是国家博物馆第一次对百年发展史进行系统梳理和总结，反映了国家博物馆百年来所取得的显著成就和突出贡献，凝聚着一代又一代建设者和工作者们的辛勤劳动和丰硕成果，饱含着全体国博人对祖国文化事业的孜孜追求和热情奉献，为后人留下了宝贵的历史资料。此外，国家博物馆还编辑出版了《百年国博纪念学术文集》《纪念国博百年考古文集》《中国国家博物馆展品中的100个故事》《中国国家博物馆建筑设计方案图集》《浑河下游航空摄影考古报告》《水下考古学研究》《仰观集》等，并出版《中国国家博物馆馆刊》共12期。

【机构及人员】

截至2012年底，国家博物馆共有正式职工860人，2012年新增160人。人员结构按学历分，大专以下48人、大专82人、大学本科480人、硕士194人、博士56人；按职称分，初级职称268人、中级职称191人、副高级职称116人、正高级职称51人。

2012年国家博物馆及部门、个人获得表彰情况：

国家博物馆被评为国家一级博物馆；荣获全国文化体制改革工作先进单位称号；被文化部授予2012年"春雨工程"——全国文化志愿者边疆行示范项目称号；承担国家科技支撑项目"文物出土现场保护移动实验室研发"获国家科技进步奖二等奖；提交的《关于国家博物馆思想政治工作基本经验调研报告》被评为中央国家机关党的建设研究会年度调研课题三等奖；荣获2012年度天安门地区文明单位称号；获得2012年东华门地区第九届社区运动会团体总分第三名。

国家博物馆藏品保管一部党支部被评为"全国文化文物系统创先争优活动先进基层党组织"；安全保卫处荣获2012年度天安门地区群防群治先进单位称号；后勤管理服务处荣获2012年度区级交通安全工作先进单位称号；经营与开发部荣获2012年天安门地区企业思想政治工作先进单位、"2011年度博物馆免费开放最佳文化产品推广"奖、2012年"海峡两岸文博创意产业精品展"综合评比一等奖和"最佳创意产品奖"、第七届中国北京国际文化创意产业博览会"最佳展示奖"和"文博创意产业促进奖"；馆长办公室荣获2011年度文化部办理中央领导同志批示及"四会"议定事项工作优秀组织奖；国家博物馆官方网站荣获2012年度文化部政府网站群绩效评估年度最佳奖；国家博物馆腾讯微博获得2012年度腾讯政府微博最具影响力奖。

国家博物馆工会荣获"当好主力军，建功十二五"迎接十八大文化部直属机关公文写作技能竞赛优秀组织奖。

国家博物馆党委书记黄振春荣获"全国文化文物系统创先争优活动优秀党务工作者"称号；曹欣欣同志荣获"全国文化文物系统创先争优活动优秀共产党员"称号；齐永刚同志荣获全国文化体制改革工作先进个人称号；张晓奇荣获2011至2012年度文化部优秀信息员；馆长办公室刘政、洪巍荣获办理中央领导同志批示及"四会"议定事项工作优秀承办人，刘洋荣获文化信息工作先进个人；文化产业发展与管理中心刘立伟、李伟、蒋名未、张雨鹏荣获2012年天安门地区企业思想政治工作先个人；朱岩荣获2012年度天安门地区群防群治先进个人；安全保卫处雷阳荣获北京市公安局颁发个人三等功，肖国光、辛迪、刘毅、罗明慧、吕芳菲、赵晓婉、杨硕荣获北京市公安局颁发2012年度个人嘉奖；邓先华、张君荣获2012年度交通安全工作优秀管理干部；刘佳莹、晁岱双、郭世娴作品在文化部"全国文化系统青年书法美术作品展"中获优秀奖。

【对外交流与合作】

国家博物馆是中华文明与世界文明对话的重要窗口。2012年，国家博物馆举办了"瓷之韵——大英博物馆、英国国立维多利亚与艾伯特博物馆藏瓷器精品展""佛罗伦萨与文艺复兴：名家名作""毛利碧玉：新西兰的传世珍宝""布莱恩·布瑞克：镜头里的中国和新西兰"四个重要的国际交流展。

除了"迎进来"，"走出去"也是国家博物馆的一个重要对外交流形式。2012年4月，吕章申馆长率团赴美国，与大都会艺术博物馆签署了《中国国家博物馆与美国大都会艺术博物馆合作谅解备忘录》，为两馆开展长期、全面的合作奠定了基础。10月，吕章申馆长率团参加了在首尔召开的第七届中日韩国家博物馆馆长会议，三方一致同意在文物保护领域加强合作，建立相互支援机制。6月19日～9月30日，国家博物馆在法国凯·布朗利博物馆举办了"味蕾的诱惑——中国烹饪与饮食"展，展出文物113件（套），共吸引观众10余万人次，是该馆2012年最成功的临时展览之一。

在对外学术交流方面，在"百年国博"纪念活动期间，成功举办了"中外博物馆长论谈会"。11月，国家博物馆与中国人民对外友好协会共同主办了"中美博物馆长研讨会"。同时，国家博物馆还与韩国、德国、日本等国家的知名博物馆，开展了学者访问交流、人员培训交流、共同研究项目等多种形式的学术交流活动。

国家博物馆是我国重要的对外文化交流场所。2012年，国家博物馆积极协助文化部、外交部、教育部、对外友协及驻华使馆等机构，承办了13场大型涉外文化活动。其中，第三轮"中美人文交流高层磋商"于5月4日在国家博物馆举行，国务委员刘延东与美国国务卿希拉里·克林顿主持了会议；"世界贸促高峰论坛"于5月15日在国家博物馆召开，王岐山同志出席会议并做主旨演讲，法国副议长拉法兰、日本前议长河野洋平、墨西哥前总统福克斯等发表演讲，吕章申馆长向参会贵宾介绍了国家博物馆发展情况；"2012非洲文化聚焦"系列文化活动于5月25日在国家博物馆开幕，"交流、互鉴、协力、同心——十七大以来中非人文交流与合作成果展"在国家博物馆同时开幕；蔡武部长于7月6日在国家博物馆会见了意大利文化遗产与活动部部长洛伦佐·奥纳吉，就发展两国文化关系交换了意见。

2012年，国家博物馆共接待来访的外国政要和贵宾216批，共计5300余人，其中副总理级别以上12人次。重要外宾包括新加坡总理李显龙、泰王国公主诗琳通、美国国务卿希拉里·克林顿、巴基斯坦前总统穆沙拉夫、秘鲁前总统阿兰·加尔西亚、柬埔寨副首相兼外交大臣贺南洪等。国家博物馆向他们展示了悠久灿烂的中华历史文化和现当代艺术成就，充分发挥了国家文化软实力的窗口作用。

恭王府管理中心

【概述】

2012年是文化部恭王府管理中心落实"调整、改革、巩固、提高"战略部署的"提高"年。在文化部党组的正确领导下，在各司局和直属单位的支持配合下，在社会各界的关注带动下，在班子的团结协作下，在全体干部职工的共同努力下，管理中心认真学习贯彻十七届六中全会和十八大精神，深入贯彻落实科学发展观，坚持"以事业带动产业发展，以产业促进事业繁荣"的创新发展模式，积极践行"和恭仁文"核心价值理念，呈现了事业、产业全面提高的态势，实现了量变到质变的飞跃。

【不可移动文物的保护和管理】

作为全国重点文物保护单位，恭王府管理中心文物古建保护工作一直严格遵循"保护为主、抢救第一、合理利用、加强管理"的工作方针，投入了大量的人力、物力和财力，在文物保护方面取得了丰硕的成果。

（一）完成总体保护规划

历时2年进行资料收集、现场调查、整理研究和专家论证，经过反复修改，《恭王府及花园文物保护规划》编制工作圆满完成。规划为恭王府未来20年的发展描绘了蓝本，对恭王府保护和发展具有重要指导意义。

（二）初步完成恭王府花园修缮方案

花园修缮是未来五到十年恭王府的一项重要任务，修缮方案确保在开放的同时进行保护性修缮，并通过修缮弥补缺憾、完善设施，最大限度地保护文物，同时兼顾合理的开发和利用。

（三）启动福善寺保护项目

在恭王府的积极推动下，原恭王府附属建筑之一、现为居民大杂院的福善寺，正式挂牌为西城区区级文物保护单位。这是恭王府开展周边文物建筑保护工作以来取得的一项重要进展，为下一步的腾退、搬迁和恢复工作奠定了基础，同时也是《恭王府及花园文物保护规划》启动以来取得的重要阶段性成果，对于加大恭王府及周边保护力度、整合王府资源、推动以恭王府为中心形成王府历史文化休闲旅游圈都具有一定的意义。

【博物馆与可移动文物保护】

（一）博物馆

1. 可移动文物的保护、管理和研究

严格库房管理制度。库房设有两人专职管理，库管员每周三次定期检查库房。库房安装两把锁，一位库管员掌管一把，必须两人同进到场才可开库。另设一人管理备用钥匙，

2013
中国
文物年鉴

平时封存，遇有紧急情况，由部门负责人批准办理开库手续方可在两人在场的情况下开库。每次进库均需认真填写库房日志，内容包括温湿度记录监控，当日进出库人员及库房发生的情况，如藏品进出库、更换设备等。

目前馆藏文物库房面积近300平方米，根据库房内部构造主要分为书画区、器物区、家具区、工具区、库前准备区、档案管理区等区域，实行分区管理制度。各类藏品按区域分别放置，保证不同质地、不同安全状况的藏品存放于适宜的环境。各类藏品保存区为不同种类文物配置不同类型的文物柜架及不同尺寸的文物囊匣。书画柜和器物柜根据文物实际保存需要进行了防尘改造，保障了藏品的良好保存环境。库区设有完善的全方位立体安防系统，通过红外、视频、烟感等多种方式与监控中心保持全天24小时联动，并通过消防报警设施及时通知险情，确保突发情况第一时间内能够得到妥善处理。库房各区域配置了温湿度计，根据日常监测的温湿度环境变化情况不定期开启加湿器或抽湿机。定期在库房内更换防虫樟脑及防鼠药，预防可能出现的虫害、鼠害。

正式启用国家文物局推荐的文物藏品管理系统。该软件的数据指标是由2000年国家文物局会同国内数十位文物管理专家参与制定、划分的，有着较高的科学性及权威性。系统采用开放式操作平台，具有自定义指标、自定义藏品大类、自定义操作界面、自定义数据字典、自定义各类报表、自定义媒体文件、自定义业务管理以及支持虚拟库房、远程查询等特点，方便操作、易于管理、安全性较强，基本能满足恭王府文物藏品管理需求。该管理系统的启用能够加强文物藏品动态化管理，进一步推进恭王府国家级博物馆创建工作。

2. 重要陈列展览

2012年恭王府共举办17项展览，包括陶瓷、绘画、书法、玉器等艺术门类，呈现出更加多样化的特色。在展览策划上始终坚持展览内容与恭王府传统建筑园林氛围相契合的原则，作品要求既能够反映传统艺术的时代发展，又可以表现出优秀文化的传承脉络，保持了系列展的专业性、学术性。随着对系列展品牌认识的不断提高，展览操作过程中也更加专业化、规范化。"恭王府艺术系列展"作为恭王府的一大展览品牌，已逐渐形成自己的特色模式。

"琳琅珍瑰——中国民间古玉展"于7月8日～10月20日在恭王府乐道堂举行，展出了由中国玉文化研究会组织的展品300余件。此批玉器多为民间著名藏家收藏的小型珍品，主要包括配饰和手把件等，涵盖从新石器时期的红山文化至明清的各个时代，充分反映了我国治玉工艺的演变过程，小而精、小而全地展现出我国玉文化的发展历史，显示了中华玉文化的璀璨多姿。以恭王府为代表的王府文化和以玉石为中心的玉文化都是传统文化研究的重要组成部分，两者既相互交融又互为内容。

"'回望中国——纪念辛亥革命100周年'综合美术作品展"由中国美术家协会、全国政协书画室、文化部恭王府管理中心主办，展出来自全国各艺术单位、机构和院校艺术家以辛亥革命为主题创作的中国画、油画、版画以及综合材料绘画作品和相关文物保存修复研究成果。展览第一次将重大历史题材的美术创作和相关旧址遗迹保存修复结合在一起，集重大历史主题、文化艺术主流、学术探究、当代性和创新性于一身，凸显了时代精神，展现了当今新艺术的魅力和面貌。

"古韵清流——龙泉青瓷、宜兴紫砂艺术精品联展"汇集了来自浙江龙泉和江西宜兴的14位青瓷和紫砂艺术家的精品之作140件。陶瓷发展的历史可以说是中华民族文明史的一个缩影，龙泉青瓷和宜兴紫砂是瓷和陶中之精品，它们共同承载了东方人的精神状态、文

2013
中国
文物年鉴

化取向和哲学思维。在恭王府这样一个特殊的建筑空间举办陶瓷艺术展，将古老的工艺、经典的园林和古人生活起居的空间等多种元素汇集起来，其意义绝不仅仅是一次展示。

（二）可移动文物保护

1. 基本情况

恭王府为清代王府旧址，古建筑基本保留原貌，但内部文物流失严重。为使古建殿堂内的陈列能够更好的还原王府原貌，藏品征集遵循"突出藏品系列，优先用于展线"的原则，重点收藏与王府文化密切相关、有较高历史价值、学术价值和艺术价值的藏品。同时，收藏现当代艺术品，进一步丰富馆藏品类。通过这些有针对性的努力，藏品数量大幅增加，超过万件，实现了重大突破。其中珍贵文物达800件以上，尤其在明清古典家具收藏方面特色鲜明，从时代、类型到材质都形成一定序列，具备独立办展的实力。德国汉学家艾克先生遗孀曾佑和教授捐赠的五件黄花梨家具，曾著录于艾克先生撰写的《中国花梨家具图考》，具有很高的学术研究和艺术欣赏价值，是明式家具鉴赏的标准器。

2. 2012年新征文物

入藏清朝宗室盛昱撰《鬱华阁遗集》（四卷）、果亲王允礼撰《静远斋诗集》、林则徐旧藏《唐圭峰定慧禅师碑等二种》、溥心畬著《华林云叶集》、清末美国驻华公使康格夫人著《中国来信》等珍贵古籍文献资料。其中《广四时读书乐诗试帖》收恭亲王奕訢咏四季五言排律32首，开本敞阔，版式整饬，字体方斩大气，纸白墨浓，精刊精印，原签未衬，品相上佳，系清末王府本中上乘之作。

征集清代红木家具13件（套），包括红木架子床等重器和数件嵌螺钿镶理石的清代红木家具。新征集藏品可充实现有馆藏，使恭王府清代家具收藏形成一个更为完整的系列。

征集9000余件清代及民国皮影作品。这批作品种类丰富，系列齐全，题材和地域分布较为完整，具有代表性。对于恭王府开展民俗文化研究，丰富文化空间展示，开展交流具有积极意义。

收藏徐定昌等当代青瓷大师的青瓷作品70件。

【文博宣传与出版】

清代王府文化研究是恭王府业务建设的核心和基石。为拓展和深化清代王府文化研究，继2011年出版《清代王府文献资料汇编》后，2012年出版了《清代王府文化研究文集》第一辑和第二辑。两部文集合计收录文章一百余篇，近80万字，是恭王府研究最全面、最完整、最系统的文献合集。

完成《恭王府海棠雅集诗选》的编辑与出版工作，邀请周汝昌等学者撰写了序言。

编辑出版《和恭仁文——恭王府大事记》《华府新辉——恭王府新闻报道》《王府华章——恭王府媒体报道》；与中外文化交流中心合作完成了第一部独立制作、全面反映恭王府历史及府邸花园建筑风貌的专题片《恭王府》，展现了恭王府近年来文化事业和文化产业发展的最新成果。

历时两年研发制作的国内首例盲文导览图《恭王府盲文导览图册》制作完成并投入使用，受到盲人朋友的欢迎。多家媒体予以报道，社会反响强烈。

由恭王府志愿者服务队自编自导自演的历史情景剧《王府的主人们》已连续义务演出几十场，得到观众的热烈响应和称赞。节目在区、市两级旅游委新年团拜会上演出，得到两级领导的肯定，并授予恭王府"志愿者服务示范单位"称号。

2013
中国
文物年鉴

举办"走进恭王府"教育教学实践活动，培训"小小讲解员"光荣上岗，西城区130位中小学校长赴现场观摩，活动得到了西城区教委的认可。

【对外交流与合作】

2012年恭王府对外展览交流项目实现重大突破，成功举办了一系列影响广泛的展览，并根据展厅形式不同、展览受众不同、展示效果不同、展览方向不同，形成了文物展、图片展、旅游推介展三类特色鲜明的展览模式，外展邀约不断，文化走出去战略得到推动。

（一）形象宣传图片展

以柏林展为代表，面向遍布世界各地的中国文化中心，通过大量的图片和文字，辅以适当的展品、模型、互动项目和风光影片，向当地民众展示恭王府历史记忆、园林建筑和人文景观。2月17日，在德国柏林中国文化中心成功举办的"贵胄风华——恭王府宣传月系列文化活动"是恭王府赴外展览的初次尝试。中国驻德国大使吴红波、国防少将武官王建政等出席了展览开幕式，中央电视台等媒体对活动进行了报道。系列文化活动得到了德国及周边国家的良好反响，为扩大中华文化在世界的影响力起到一定的推动作用。

（二）历史文物和场景再现展

以丹麦展为代表，面向世界各国博物馆，以馆藏精品为主角，以历史文化为脉络，根据展厅量身定制，再现王府生活场景。10月3日，"北京的恭王府：丹麦腓特烈堡之行"展在丹麦腓特烈堡宫盛大开幕。丹麦女王玛格丽特二世和丈夫亨里克亲王、丹麦文化大臣埃尔贝克、中国驻丹麦大使李瑞宇等200余名嘉宾出席了仪式。这是恭王府近年来业务建设工作成果的集中体现，具有里程碑意义。展览起点高、立意深，展出效果一流，社会反响强烈，得到了丹麦女王的认可，受到了丹麦民众的欢迎，也赢得了合作方的尊重。展览的成功举办为恭王府赴外展览开了一个好头，通过此次展览，恭王府锻炼了自身队伍，业务水平和对外交流的综合能力都得到很大提升，对外知名度和影响力也显著增强，向着"国内一流、世界知名"的目标迈出了坚实的一步。

（三）旅游文化推介展

以智利展为代表，面向中国驻外文化机构或当地市政厅，通过参与当地组织的综合展览、展会，以图片、影像和旅游产品等形式宣传推介恭王府。"2012年智利旅游文化推介展"于12月在智利圣地亚哥大区维塔库拉市成功举办。中国驻智利大使杨万明、维塔库拉市市长托雷阿尔、维塔库拉市文化局长等出席开幕式。展览受到当地民众的欢迎。

中国古迹遗址保护协会（ICOMOS/China）

■【概述】

2012年，中国古迹遗址保护协会（ICOMOS/China，以下简称协会）在国家文物局的领导下，在各地方文物主管部门、各团体会员单位的支持下，秉承协会宗旨，完成协会换届选举；成功承办国际古迹遗址理事会顾问委员会暨科学研讨会会议；配合国家文物局世界文化遗产申报和管理等重点工作，发挥专业优势，提供专业咨询，组织项目评估等活动；主办、承办和协办了一系列国内、国际学术研讨会和申报世界文化遗产项目专题论证会；承担《中国文物古迹保护准则》修订并举办相关培训；开展有关世界文化遗产课题研究；加强文物保护宣传和协会自身建设，为我国文化遗产保护事业的健康发展贡献力量。

■【协会重要工作会议和活动】

（一）协会换届选举

根据协会《章程》及相关社会团体的管理规定，召开理事长会、理事会及会员代表大会。

3月6日，召开协会2012年第一次理事长会议，童明康理事长主持会议。会上讨论议定了协会第三届会员代表大会议程、有关选举事项、《章程》修订、组织机构建设等议题。

5月22日，童明康理事长主持召开协会第三届会员代表大会预备会——协会第二届理事会会议，常务副理事长关强、副理事长兼秘书长郭旃、代理财务总监朱晓东、副理事长侯卫东、陈同滨、安家瑶、吕舟及其他24位理事参加了会议。会上讨论通过了第三届会员代表大会工作方案；通过设常务理事会、调整团体会员单位会费标准和修订协会《章程》等重大事项的建议。

5月23日，召开协会第三届会员代表大会，常务副理事长关强主持会议，来自全国文博系统和协会团体会员单位、协会顾问委员会的专家共91人参加了大会。大会审议通过了2008~2011年《协会工作报告》《协会财务报告》和《关于〈章程〉修改的报告》；选举产生了协会新一届领导班子和理事会成员。童明康连任协会理事长；关强、郭旃、吕舟、陈同滨、陈星灿、侯卫东当选为副理事长；郭旃当选为秘书长；朱晓东当选为财务总监。

同日，童明康理事长主持召开协会第三届理事会第一次理事长会议。会上议定协会常务副理事长和副秘书长人选，同意由副理事长关强担任协会常务副理事长、理事陆琼为副秘书长；讨论通过协会常务理事候选人名单和在第三届理事会第一次会议上进行常务理事选举的建议等事项。随后，童明康理事长主持召开协会第三届理事会第一次会议，37名理事参加会议。会上投票选举产生协会11名常务理事，并成立常务理事会。

（二）国际古迹遗址理事会2012年顾问委员会暨科学研讨会会议

10月27日~11月2日，协会成功承办了国际古迹遗址理事会（以下简称ICOMOS）的重要年度工作会议——2012年ICOMOS顾问委员会暨科学研讨会会议。国务委员刘延东出席大会开幕式并致辞。国务院副秘书长江小涓，文化部部长蔡武，文化部副部长、国家文物局局长励小捷，北京市委常委、宣传部长、市副市长鲁炜，国家文物局副局长、协会理事长童明康，ICOMOS主席古斯塔夫·阿罗兹，顾问委员会主席约翰·赫德及ICOMOS秘书长、财务总监、副主席等负责人出席了有关活动。来自51个国家的109名代表和70余名中国代表出席了会议。

会议期间相继举办了ICOMOS顾问委员会、科学理事会和执行委员会会议以及国家委员会地区会议和各科学委员会年会等会议；举办了世界遗产申报培训班以及以"减少自然和人为灾害对文化遗产的风险"为主题的科学研讨会。会议选举出新一届顾问委员会主席、副主席和科学理事会协调员。

刘延东在10月28日的2012年ICOMOS顾问委员会暨科学研讨会开幕式的致辞中充分肯定ICOMOS作为国际文化遗产保护领域最具影响力的专业组织，长期以来为推动文化遗产保护理论和实践的发展、促进国际交流与合作所发挥的重要作用；并将中国政府高度重视文化遗产的保护利用和传承发展，将其纳入国家可持续发展战略和建设公共文化服务体系的总体目标所采取的一系列措施和做出的努力向与会各国代表做了介绍。

10月27～29日，ICOMOS执行委员会会议、顾问委员会会议顺利完成各项议程。10月30日，举办世界遗产申报培训班，对参会的国内外代表就世界文化遗产申报要求和程序等进行了详细解读。约15人参加了培训班。童明康理事长以"中国践行《世界遗产公约》——案例研究"为题，介绍了我国世界遗产申报和保护的成功经验，获得了代表们的高度赞誉。10月31日，举办了ICOMOS"减少自然和人为灾害对文化遗产的风险"科学研讨会。大会共征集论文82篇，其中协会会员单位提交论文39篇，全面展示了我国文化遗产保护的面貌。协会常务理事单位、理事单位、团体会员单位的代表70余人参加了研讨会。

与会代表及相关国际组织专家对中国政府在文化遗产保护方面做出的努力和取得的成果给予高度评价，并对中国文化遗产保护事业能够得到更大的发展表示充满信心。

（三）中国文化遗产保护无锡论坛

4月10日，作为纪念《保护世界文化和自然遗产公约》颁布40周年纪念活动之一的中国文化遗产保护无锡论坛开幕，理事长童明康出席论坛开幕式并做了题为"保护世界遗产，谋求可持续发展"的主旨报告。与会中外代表围绕"世界遗产：可持续发展"的主题，就中外世界文化遗产可持续发展理念和经验进行了交流，形成共识性文件《"世界遗产：可持续发展"无锡倡议》。

（四）举办专业培训活动

8月29日～9月4日，在四川成都成功举办了"《中国文物古迹保护准则》——文物保护工程培训班"，对155名来自全国各省文物主管部门和文物保护工程施工、监理一级资质单位的技术人员进行了培训。

【《中国世界文化遗产预备名单》更新项目】

《中国世界文化遗产预备名单》（以下简称《预备名单》）的更新是国家文物局2011年4月启动的重点业务工作之一。受国家文物局委托，协会承担了《预备名单》更新工作。协会在工作中遵循地方申报、专家审核、从严把握的原则，完全按照世界遗产申报国际规则展开工作，通过组织申报资格和申报材料格式审查、专家对遗产地申报材料的书面评估以及现场考察、对项目遴选进行终审投票等环节，为国家文物局的决策提供了专业咨询意见。最终形成的新的《预备名单》涉及28个省（区、市）以及香港特别行政区的45个项目，更加全面地体现了遗产类型、兼顾了遗产地区分布的平衡性，更加充分地发挥了《预备名单》作为世界遗产申报项目储备库的重要作用。

3月6日，组织了"《预备名单》遴选工作研讨会"。介绍《预备名单》更新项目的背景、要求以及相关工作的国际惯例，讨论确定具体评估标准和要求、书面评估和现场考察要求及报告格式。

3月25日，组织召开"《预备名单》更新第一次专家会议"。介绍了申报项目提交情况，为项目初审做准备。

4月16日，组织召开"《预备名单》更新专家初选评审会"。根据国家文物局《关于更新〈中国世界文化遗产预备名单〉的通知》和《保护世界文化与自然遗产公约操作指南》的要求，讨论形成《列入书面评估和现场考察的申报项目名单》，并报国家文物局。

5～8月，组织专家对申报材料进行书面评估，并对遗产地进行现场考察。

8月15～16日，组织召开"《预备名单》更新专家终审会"。通过专家实名投票方式，推荐列入《中国世界文化遗产预备名单》的项目。

【《中国文物古迹保护准则》修订项目】

2010年4月，由协会承担的《中国文物古迹保护准则》（以下简称《准则》）修订项目启动。在国家文物局领导下，成立了由古建筑、石窟寺、考古、世界遗产、规划、行政管理等相关领域专家组成的工作小组。项目开展以来，在对《准则》实施情况进行总结的基础上，在保持《准则》整体结构、原有核心内容延续性的前提下，增加、补充了关于新的文物古迹类型、文物价值以及遗址保护、展示等相关方面的内容，以使《准则》更好地涵盖文物古迹保护的主要领域，强调管理对文物古迹保护的作用。

通过3月21日、27日和8月13日在北京组织召开的3次由中国专家参加的《准则》修订专家研讨会以及9月20日在北京组织召开的由中国专家和美国盖蒂保护所专家参加的《准则》修订研讨会，基本完成了《准则》正文的修订，拟就了阐释内容的初稿。

【世界文化遗产申报和管理】

（一）第36届世界遗产委员会会议

6月24日，联合国教科文组织在俄罗斯圣彼得堡召开第36届世界遗产委员会会议。协会广泛收集国际相关资料，结合我国申报世界遗产的策略和实际情况，为我国代表参会准备预案。协会成员积极参加《保护世界文化和自然遗产公约操作指南》修订工作组的讨论，了解国际动向，为我国研究制定相应措施提供参考。

（二）中国世界遗产申报

在第36届世界遗产委员会会议上，我国文化遗产申报项目"元上都遗址"成功列入《世界遗产名录》。协会为该项目的申报提供了补充资料及国家委员会的意见。

承担关于哈尼梯田申报世界遗产项目意见函的英文审校工作。组织两次大运河申遗项目专家论证会——8月24日，组织召开大运河申报文本专家评审会，有关文化遗产保护和水利、交通部门的专家出席会议，审核了大运河申报文本初稿及大运河申遗标识系统和展示工作；12月18日，组织召开了大运河申报世界遗产文本和保护规划专家论证会。分别于9月

6日和12月21日，组织专家对丝绸之路申报世界遗产文本进行评审。

（三）世界遗产地图信息

提交世界遗产地图信息是中国世界文化遗产地第二轮定期报告的主要任务之一。为保证按时、高质量完成任务，协会密切联系各遗产地，按照世界遗产中心的要求提供遗产地地图信息；组织培训讲解地图信息要求；组织专家审核提交的材料，联系国家测绘地理信息局进行保密审核和地图格式的规范化处理，并将成果上报国家文物局。

【4·18古迹遗址日】

2012年国际古迹遗址日的主题为"世界遗产——可持续发展"，4月18日，协会理事长童明康、常务副理事长关强出席河北承德普乐寺修缮工程开工仪式暨"国际古迹遗址日"宣传活动，为推广文化遗产保护理念，提升全社会的文化遗产保护意识做出贡献。同日，中央电视台报道了国际古迹遗址日相关活动，协会副理事长侯卫东接受了采访并就文化遗产存在的问题和保护策略谈了自己的看法。

【世界文化遗产相关课题研究】

受国家文物局委托，协会会同ICOMOS西安保护中心开展了"文化线路跨国申报世界遗产监测与协调管理机制研究——以丝绸之路为例"课题研究，总结目前《世界遗产名录》和《中国世界文化遗产预备名单》中文化线路跨国遗产的法律、法规、规划、监测、管理体制、相关利益者协调以及档案建设方面的经验和教训，对照丝绸之路的实际情况提出明确的建议和意见，为国家文物局决策提供参考依据。目前课题进展顺利。

【国际交流】

（一）国际世界文化遗产项目评估事务

9月23～28日，推荐协会专家王力军参加提名2013年列入《世界遗产名录》的日本遗产项目"镰仓，武士之家"的现场评估，并于10月24日向国际古迹遗址理事会（ICOMOS）提交了评估报告。

（二）ICOMOS专业委员会事务

向ICOMOS科学委员会推荐我国文化遗产保护理论、培训、规划、乡土建筑、壁画修复、文化景观等不同专业领域的专家97名，促进了我国专业人员与国际同行的交流，并将中国所取得的文化遗产保护经验与国际同行共享。

截至2012年12月，我国国际会员已达122名，协会的国际影响日益扩大。

（三）接待工作

7月7日，协会理事长童明康、常务副理事长关强会见了美国规划师协会国际关系总监苏解放先生，并就国际文物古迹保护规划发展方向、存在的问题和未来的发展趋势交换了看法。

7月23～28日，协会副理事长郭旃、吕舟会见了日本百舌鸟古坟群世界遗产申报促进会取经团代表，介绍了中国世界遗产申报的经验，协会秘书处同志陪同考察北京和沈阳的明清皇家陵寝，增进了国际同行间的了解。

9月8日，协会理事长童明康会见了ICOMOS考察哈尼梯田申报世界遗产项目的日本专家石川干子教授，并介绍了我国世界遗产申报、保护和管理等方面的经验。

2013
中国
文物年鉴

9月20日，协会理事长童明康、常务副理事长关强会见了美国盖蒂保护所专家，双方表示对《准则》修订工作的进展十分满意，并就下一步开展的工作交换了意见。

（四）二十世纪遗产保护国际论坛暨马德里文件中文版发布会

10月28日，协会理事长童明康参加了在北京工业大学举行的二十世纪遗产保护国际论坛暨《马德里文件》中文版发布会，并代表协会做简短发言。《马德里文件》是ICOMOS二十世纪遗产科学委员会起草的、旨在保护与管理二十世纪遗产的准则。

【基础工作】

截至2012年常务理事单位、理事单位、团体会员总数达89个，个人会员669人。

2012年，共编印3期《会刊》，即国际古迹遗址理事会第十七届大会科学研讨会文献汇编（第1期）、协会第三届会员代表大会特刊（第2期）、中国文化遗产保护无锡论坛论文摘要（第3期）。

纪事篇

1月

1月1日　新修订的《清东陵保护管理办法》正式实施。

1月4日　中国城市科学研究会历史文化名城委员会第六次全体委员会议在北京召开。

1月9日　山西省考古研究所"考古汇"网站开通。

1月10日　中共中央、国务院任命励小捷为国家文物局党组书记、局长。

　　　　文化部任命单霁翔为故宫博物院院长、党委书记。

　　　　曹操高陵保护规划论证会在北京召开。

1月11日　文化部公布2011年全国文化市场十大案件。

　　　　山西省古建筑协会成立。

1月14日　李长春出席2012年首场部级领导干部历史文化讲座。

1月15日　中国博物馆协会新版网站正式上线。

1月17日　励小捷在福建检查节日期间文物博物馆安全工作。

1月18日　吉林省文物局与吉林省测绘局签署战略合作框架协议。

1月19日　全国重点文物保护单位云南安宁文庙石狮被盗案成功告破。

2月

2月1日　国家文物局召开2012年第一次局务扩大会议。

　　　　新修订的《青海省实施〈中华人民共和国文物保护法〉办法》正式实施。

2月2日　国家文物局召开2012年党风廉政建设工作会议。

2月6日　中国非物质文化遗产生产性保护成果大展在全国农业展览馆新馆开幕。

　　　　承德避暑山庄及周围寺庙文化遗产保护工程专题会议在北京召开。

2月8日　陕西全省文物局长会议在西安召开。

　　　　陕西省文物交流协会筹备成立。

2月13日　全军国有可移动文物普查培训班在北京举办。

2月14日　《江苏省考古调查、勘探、发掘经费预算办法》颁布。

2月15日　国家文物局印发《文物安全与行政执法信息上报及公告办法》。

2月16日　首个国家指南针计划专项青少年基地在上海成立。

2月17日　全国文化体制改革工作会议在太原召开。

2月19日　国家文物局领导调研山西省文物保护工作。

2月22日　联合国教科文组织亚太地区非物质文化遗产国际培训中心在北京成立。

　　　　中国、意大利文物保护学术研讨会在北京举办。

2月23日　中国文化遗产研究院与意大利高级文物保护修复研究院签署合作谅解备忘录。

　　　　北京启动"名城标志性历史建筑恢复工程"和"百项文物保护修缮工程"。

国家文物鉴定委员会委员、著名书画鉴定大师徐邦达先生在北京逝世，享年101岁。

全国文物进出境管理工作座谈会在宁波召开。

山西召开全省文物局长会议。

2月24日　博物馆与新媒体学术研讨会在大同召开。

2月25日　湖南召开全省文物局长会议。

3月

3月1日　中国国家博物馆正式开馆。

3月2日　中国农业博物馆推出中华农耕文化展。

3月5日　三星堆形象宣传片开始在美国纽约时代广场播放。

3月6日　全国县级文物行政部门负责人第五期培训班在北京举办。

　　　　广东省文物工作会议召开。

　　　　周海婴藏鲁迅文物移交北京鲁迅博物馆。

　　　　"中国妇女儿童十年发展成就展"在北京开幕。

3月8日　国家文物局和海南省人民政府签署《关于共同推进海南国际旅游岛文化遗产保护工作战略合作框架协议》。

3月9日　国家文物局召开会议部署2012年预算执行工作。

3月13日　文化部、国家文物局与河南省人民政府签署共同推进华夏历史文明传承创新区建设合作协议。

　　　　农业部下发《农业部关于开展中国重要农业文化遗产发掘工作的通知》，启动中国重要农业文化遗产保护工作。

3月14日　广东省文化厅接收深圳海关移交的走私文物15327件。

　　　　《明代宫廷建筑大事史料长编·明洪武建文朝卷》面世。

3月15日　2012年度西藏壁画文物保护修复技术人员培训班在北京开班。

3月16日　李长春参观"中国妇女儿童十年发展成就展"。

　　　　十卷本《中国出土壁画全集》首发。

3月19日　故宫失窃案嫌犯石柏魁一审被判刑13年。

3月20日　国务院批复同意将新疆维吾尔自治区库车县被列为国家历史文化名城。

　　　　运河保护和申遗省部际会商小组第四次会议在北京召开。

3月23日　广东省首家民营文化遗产保护研究院成立。

3月25日　文化遗产知识宣传普及工程在山东兖州启动。

3月26日　国家文物局和国家海洋局在北京联合召开2012年度我国管辖海域内文化遗产联合执法专项行动电视电话会议。

3月29日　大运河保护和申遗工作会议在扬州召开。

3月30日　湖北召开打击文物犯罪专项行动工作会议。

3月31日　《中国文物年鉴》编辑工作座谈会在北京召开。

2013
中国
文物年鉴

4月1日　正在柬埔寨进行国事访问的中国国家主席胡锦涛考察中国援助吴哥古迹保护维修项目。

　　　　由中科院上海高等研究院与敦煌研究院共建的"文物保护联合实验室"在上海启动运行。

　　　　国家文物局机关赴天津蓟县盘山烈士陵园开展"缅怀先烈，植树造林"活动。

4月2日　周口店"北京人"展览在韩国公州市石壮里博物馆开幕。

4月5日　全国人大常委会《文物保护法》执法检查组第一次会议在北京举行。

4月6日　中国、墨西哥两国政府签署《关于保护、保存、返还和追索文化财产及防止盗窃、盗掘和非法进出境文化财产的协定》。

　　　　全国考古工作会议在杭州召开。

　　　　2009～2010年度国家文物局田野考古奖获奖名单揭晓。

　　　　由文化部和国家文物局团委组织的"文化青年走基层"小组深入陕西汉阳陵博物馆开展实践活动。

4月9日　全国人大常委会《文物保护法》执法检查组在北京检查《文物保护法》实施情况。

4月10日　第七届中国文化遗产保护无锡论坛召开。

　　　　　北京高校博物馆联盟成立。

4月11　　全国人大常委会《文物保护法》执法检查组赴湖北检查《文物保护法》实施
～18日　情况。

4月12日　颐和园世界文化遗产监测中心成立。

　　　　　蒙古国文化月在北京开幕。

4月12～19日　全国人大常委会文物保护法执法检查组赴江西检查文物保护法实施情况。

4月13日　2011年度全国十大考古新发现揭晓。

4月15日　金属与矿冶文化遗产研究国家文物局重点科研基地落户北京科技大学。

4月16日　住房城乡建设部、文化部、国家文物局、财政部联合发出《关于开展传统村落调查的通知》。

4月16　　全国人大常委会《文物保护法》执法检查组赴河北省检查《文物保护法》实
～20日　施情况。

4月16　　全国人大常委会《文物保护法》执法检查组赴甘肃省检查《文物保护法》实
～22日　施情况。

4月17日　承德避暑山庄及周围寺庙文化遗产保护工程领导小组召开第二次会议。

4月18日　普乐寺修缮工程开工仪式暨"国际古迹遗址日"宣传活动在承德举行。

4月22～24日　国家文物局调研陕西省文物工作。

4月22　　文化线路监测管理国际研讨会在西安举行。

4月25日　四川省眉山市通报破获五个盗掘文物犯罪团伙。

　　　　　浙江启动辖区海域内文化遗产联合执法行动。

4月27日　全国文物保护标准化技术委员会2011年年会在北京召开。

　　　　　江苏省文物工作会议在苏州召开。

2013
中国
文物年鉴

曹操高陵文物保护规划方案和文物保护工程设计方案在北京通过专家评审。

4月28日　北京大学庆祝考古学研究院成立90周年、考古专业成立60周年。

4月29日　纪录片《皇帝的秘密花园》在故宫博物院首映。

5月

5月3日　中国文物交流中心与英国剑桥大学菲茨威廉博物馆合作举办的"中国汉代地下珍宝展"在菲茨威廉博物馆开幕。

5月3～9日　全国人大常委会《文物保护法》执法检查组赴山东省检查《文物保护法》实施情况。

5月5日　山东大学文化遗产研究院成立暨考古学专业40周年庆典在山东大学举行。

5月6日　全国首期"两岸文博专业人员交流研习班"在武汉大学开班。

5月6～11日　全国人大常委会《文物保护法》执法检查组赴河南省检查《文物保护法》实施情况。

5月7～14日　全国人大常委会《文物保护法》执法检查组赴浙江省检查《文物保护法》实施情况。

5月8日　国家发展与改革委员会、国家文物局联合举办的文化遗产保护专题培训班在北京大学考古文博学院开班。

全国政协文史和学习委员会在北京召开长城保护情况座谈会。

5月9日　中国和哥伦比亚两国政府在北京签署《关于防止盗窃、盗掘和非法进出境文化财产的协定》。

5月13日　刘云山考察河北阳原泥河湾遗址。

5月14日　我国著名古建筑专家罗哲文先生逝世，享年88岁。

5月15日　中国、哈萨克斯坦、吉尔吉斯斯坦在北京召开会议，签署丝绸之路跨国系列申遗管理协议。

5月17日　国家文物局与广西壮族自治区政府签署共同推进广西文化遗产保护工作框架协议。

2011年度博物馆免费开放最佳做法评选揭晓。

东亚文化遗产保护学会纸质文物专业委员会成立，同时召开东亚纸张保护技术研讨会。

5月18日　中国国际博物馆日主场城市活动在广西南宁举行。

博物馆免费开放最佳做法研讨会在南宁召开。

《2010年度国家一级博物馆运行评估报告》发布。

5月19日　广西柳州工业博物馆建成开放。

5月20日　国家文物局举办局系统第七届职工运动会。

5月21日　山东启动国家大遗址保护曲阜片区暨88项省文物保护重点工程。

苏东海先生荣获中国博物馆终身成就奖。

中国文明起源与形成学术研讨会在张家港举行。

5月22日　国家文物局与中国科学院签署科技战略合作协议。

5月23日   中国古迹遗址保护协会第三届会员代表大会在北京召开。
5月24日   国家文物局在北京组织召开考古学科建设发展研讨会。
5月26日   全国政协组织大运河保护与申遗跟踪调研组赴河南省考察。
5月27日   中国博物馆协会城市博物馆专业委员会学术年会在西安召开。
5月28日   金属类可移动文物保护修复方案编写规范培训班在太原举办。
5月29日   国家文物局召开2012年度文物保护项目经费管理工作布置会。
           "中国——非洲古人类学论坛"在北京举办。
5月30日   国家文物局考察红河哈尼梯田世界文化遗产申报准备工作。

6月

6月1日   2011年度全国十大文物维修工程揭晓。
6月5日   长城保护宣传暨长城资源调查和认定成果发布活动在北京举办。
           长沙铜官窑国家考古遗址公园开园。
6月6日   上海市文物保护研究中心揭牌。
6月7日   全国人大常委会《文物保护法》执法检查组召开第二次全体会议。
6月8日   2011年度文化遗产十佳图书评选结果揭晓。
6月9日   2012年"文化遗产日"主场城市活动在郑州举行。
6月11日   第五届"薪火相传——中国文化遗产保护年度杰出人物"在无锡颁奖。
6月13日   中国文物学会召开第七次会员代表大会，单霁翔当选新一任会长。
6月16日   中国和丹麦签署《关于促进文化遗产保护和博物馆领域交流与合作的谅解
           备忘录》。
           "来自黄土高原的考古发现"展在美国开幕。
           内蒙古自治区人民政府公布《阴山岩刻遗产保护管理办法》。
6月17日   中央国家机关团工委"根在基层，走进一线"社会实践活动在陕西汉阳陵博
~21日   物馆进行。
6月18日   首届"中非合作论坛——文化部长论坛"在北京举行。
           国家文物局与摩洛哥文化部签署合作创办摩洛哥国家茶博物馆的协议。
           大运河首批申遗点段专家评审会在北京召开。
           湖北宜昌在施工中发现铜鼎、编钟等文物，经文物部门勘察，确认为一处
           西周时期重要遗址。
6月20日   "文博行业精神"表述语专家研讨会在北京召开。
6月21日   中国科学院、国家文物局科技战略合作联合工作组召开第一次会议。
6月24日   第36届世界遗产大会在俄罗斯圣彼得堡开幕。
           海南省文物局公布，海南将在西沙群岛划定四个文化遗产保护区。
           北京大学举办国学研究院成立20周年纪念会。
           海峡两岸关系协会书画交流分会在北京成立。
6月26日   十一届全国人大常委会第二十七次会议在北京举行，听取检查《文物保护
           法》实施情况的报告。

6月27日　习近平出席在中国国家博物馆举办的"庆祝香港特别行政区成立十五周年成就展"开幕式并参观展览。

全国政协文史和学习委员会对大运河北京段进行实地跟踪调研。

6月28日　国务院将新疆伊宁市列为国家历史文化名城。

四川茂县羌族博物馆新馆开馆。

6月29日　第36届世界遗产委员会会议一致同意将中国元上都遗址列入《世界遗产名录》。

国家文物局召开深入开展创先争优活动座谈会。

7月

7月1日　第36届世界遗产委员会会议宣布，中国澄江化石地被列入《世界遗产名录》。

7月3日　由中央主流媒体组成的采访团深入南京、杭州、温州等地文博单位，开展了为期一周的文物保护科普宣传活动。

7月4日　人力资源和社会保障部与国家文物局联合发布关于表彰全国文物系统先进集体和先进工作者的决定，50家单位和30名个人获得荣誉称号。

新修订的《中国文物、博物馆工作者职业道德准则》正式发布。

7月5日　国家文物局在北京召开新闻通气会，对外宣布将加强社会文物领域管理和服务工作。

"惠世天工——中国古代发明创造文物展"在浙江省博物馆武林馆区开展。

7月6日　"佛罗伦萨与文艺复兴名家名作展"在中国国家博物馆开幕。

7月9日　中国国家博物馆建馆100周年纪念大会隆重举行，李长春出席大会并为获得"学术成就与突出贡献奖"的4位文博界老专家颁奖。

7月10日　全国文物工作会议在北京召开，李长春会见与会代表并发表讲话。

贯彻全国文物工作会议精神座谈会在北京召开。

全国政协长城保护情况调研组考察嘉峪关长城保护工作。

全国陶质彩绘文物保护修复专业技术培训班在西安开班。

7月12日　中共中央政治局委员、国务委员刘延东到西安博物院考察。

7月13日　纪念启功先生100周年诞辰座谈会在北京举行。

7月15日　"千年重光——山东青州龙兴寺佛教造像展"在台湾高雄开幕。

7月16日　全国文物外事工作业务培训班在长春举办。

7月17日　国家文物局召开《任质斌传》出版发行座谈会。

7月18日　山西彩塑壁画保护工程启动，首期彩塑壁画修复培训班开班。

7月20日　"数字长城工程委员会"在北京成立。

7月24日　"一统天下：秦始皇帝的永恒国度"展览在香港历史博物馆开幕。

故宫博物院与首都机场共同推出"文化国门——故宫印象"文化展示项目。

"中国农业科技十年发展成就展"在中国农业博物馆开幕。

7月25日　"海外回流西藏文物展"在西藏博物馆开幕。

7月26日　中共中央政治局委员、国务委员刘延东到故宫博物院调研。

2013
中国
文物年鉴

7月27日　文化部部务会议审议通过《大运河遗产保护管理办法》，自10月1日起施行。

7月30日　国家文物局召开党组扩大会议，专题学习贯彻胡锦涛同志在省部级主要领导干部专题研讨班开班式上的重要讲话精神。

7月31日　国家文物局在山东省海阳市举办首次全国文物宣传工作培训班。

　　　　励小捷调研湖北省文物工作。

　　　　国家文物局、公安部、海关总署、国家工商总局联合下发《关于进一步加强文物经营活动管理工作的通知》。

8月

8月2日　全国文物保护标准化技术委员会在北京召开2012年度标准制修订计划项目征集建设专家审查会。

　　　　第五届北京（国际）藏学研讨会召开。

8月7日　第四次全国文化文物援藏工作会议在拉萨召开。

　　　　国家文物局检查河南、安徽文物安全工作。

　　　　2012西藏壁画保护修复技术人员培训班结束。

8月8日　励小捷调研西藏文物工作。

8月12日　第五届国际生物考古学术研讨会在北京召开。

8月13日　指南针计划专项"中国古建筑精细测绘"项目总结研讨会在北京召开。

8月15日　国家文物局在全国开展为期2个月的文物安全隐患排查整治专项行动。

　　　　"山川菁英——中国与墨西哥古代玉石文明展"在故宫博物院开幕。

8月16日　西安汉长安城国家大遗址保护特区建设领导小组办公室和管委会挂牌成立。

8月18日　童明康调研甘肃文物工作。

8月21日　甘肃召开全省文物工作会议。

8月22日　水利学家李仪祉纪念馆在陕西泾阳县建成开馆。

8月28日　陕西数字博物馆建成开馆。

　　　　"发现霸国——山西省考古研究所60周年特展"在山西博物院开展。

　　　　中国博物馆协会2012年首期讲解员培训班在西安开班。

　　　　国有博物馆对口帮扶民办博物馆试点总结暨经验推广会在上海召开。

8月29日　"中国——东盟非物质文化遗产保护研讨会"在北京召开。

8月31日　《中国文物古迹保护准则》——文物保护工程培训班在成都开班。

9月

9月4日　广东省管辖海域内文化遗产联合执法专项行动在汕头启动。

9月5日　中共一大会址纪念馆建馆60周年纪念大会暨"中共一大会址纪念馆建馆60周年回顾展"在上海举行。

9月8日　中国共产党第四次全国代表大会纪念馆在上海开馆。

2013
中国
文物年鉴

9月9日　国家文物局在长沙召开田野文物安全现场会。

9月10日　文化部、国家文物局与江苏省人民政府共同签署《关于加快推进江苏文化强省建设的合作协议》。

"中国西藏唐卡艺术展"在中国国家博物馆举办。

9月11日　中国文物保护技术协会第六次全国会员代表大会在镇江召开，投票产生第六届理事会。

9月12日　中国文物保护技术协会第七次学术年会在镇江召开。

北京市政府召开全市文物工作会议。

9月13日　江苏省文物局下发《江苏省省级以上文物保护单位开放管理办法（试行）》和《江苏省文物保护单位开放等级评定办法（试行）》。

9月14日　西藏重点文物保护工程——甘丹寺文物保护维修工程开工。

上海博物馆捐赠人倪汉克荣获上海市"白玉兰纪念奖"。

9月15日　《中国甲午以后流入日本之文物目录》出版座谈会在北京召开。

9月18日　重庆市召开文物工作会议，重庆市文物局、重庆市文化遗产研究院同时揭牌。

9月19日　"南海Ⅰ号"发掘和保护工作汇报会在广东召开。

9月21日　中国历史文化名街保护同盟成立大会在杭州召开。

第三届中国文化遗产动漫大赛评选结果揭晓。

9月22日　中国文物保护基金会在北京召开换届大会暨第四届理事会第一次会议，张柏当选为第四届理事会理事长。

国家文物局在乌鲁木齐市召开新疆文物保护规划建设工作会议。

中国女画家协会成立大会在北京召开。

9月23日　中国博物馆协会与非洲博物馆协会在中国武汉签署合作谅解备忘录。

国际博物馆协会亚太地区联盟2012年人会在武汉举行，宋新潮当选国际博协亚太地区联盟主席。

9月24日　国家有关部门联合印发《关于加强和改进文物安全工作的指导意见》。

9月26日　"2012中国·扬州世界运河名城博览会暨世界运河大会"在扬州召开。

全国文化体制改革工作表彰会在北京举行，中国文化遗产研究院、河南博物院、广东省博物馆等单位荣获"文化体制改革工作先进单位"称号。

由河南省文物局主办的世界文化遗产保护与传承论坛在洛阳龙门石窟举行。

9月27日　"友好往来历史见证——党和国家领导人外交活动受赠礼品展"在中国国家博物馆开幕，李长春出席开幕式并参观展览。

9月28日　"辉煌时代——罗马帝国文物特展"在湖北省博物馆开幕。

河南省人民政府授予文化遗产专家亨利·克里尔先生"黄河友谊奖"。

9月30日　北川羌族民俗博物馆试运行。

10月

10月1日　国务院下发关于开展第一次全国可移动文物普查的通知。

中华艺术宫、上海当代艺术博物馆开馆。

10月4日　宋新潮会见俄罗斯博物馆协会主席托尔斯泰。

10月8日　陕西省文物局主办的"赫赫宗周——西周文化特展"在台北故宫博物院开幕。

李长春到河北省张家口市调研。

10月10日　励小捷在青海省调研文物工作。

第二届全国出水文物保护修复培训班现场实习阶段在广东海上丝绸之路博物馆开班。

10月11日　中国孔庙保护协会第十五届年会在天津文庙博物馆召开。

2012中国——南非岩画研讨会和考察活动在北京和巴彦淖尔举行。

10月12日　彭真故居修缮竣工暨彭真生平业绩陈列开展仪式在山西侯马举行。

10月15日　童明康调研新疆丝绸之路申遗工作。

国家文物局"2012新疆地区文物进出境责任鉴定员培训班"在新疆博物馆开班。

10月19日　第四届吐鲁番学国际学术研讨会在吐鲁番博物馆召开。

10月20日　国家文物局、公安部在新疆乌鲁木齐举办常态化防范打击文物犯罪研修班。

10月23日　国家文物局科技司、科技部社会发展科技司、中国科学院规划战略局联合举办的文物保护与科技融合战略研讨会在北京召开。

第二届国际磁州窑论坛在河北磁县召开。

10月24日　国家文物局考古工作船建造合同签字仪式在北京举行。

中国文化遗产研究院聘任首位外籍客座研究员。

10月26日　"科学发展　成就辉煌"大型图片展览在北京展览馆开幕。

第五届海峡两岸文博会"博物馆创意产业高端论坛"在厦门举办。

10月28日　2012年国际古迹遗址理事会顾问委员会会议在北京召开，国务委员刘延东出席会议开幕式并致辞。

2012博物馆及相关产品与技术博览会在北京举办。

10月29日　国家文物局迁入东城区北河沿新址办公。

浙江安吉生态博物馆落成开馆。

10月30日　中国博物馆协会区域博物馆专业委员会年会暨博物馆标准国际学术研讨会在山西太原召开。

10月31日　文化部、国家文物局与福建省政府签署协议共促海峡西岸经济区文化发展。

"海峡两岸文物交流20年纪念活动暨重走三峡"在宜昌启动。

第七届文博会"博物馆与文化创意产业发展论坛"在北京举办。

11月

11月1日　上海博物馆举办系列活动纪念建馆60周年。

李岚清篆刻书法艺术展在伦敦大英博物馆开幕。

11月3日　第五次东亚纸张文物保护学术研讨会在日本召开。

11月5日　海峡两岸文物交流20年座谈会在重庆召开。

国务院发布第八批国家级风景名胜区名单。

11月6日　励小捷在北京调研文物工作。

文化部与广西壮族自治区政府在北京共同签署《关于加快推进广西文化建设战略合作框架协议》。

11月7日　国家文物局划拨海南省博物馆文物交接仪式在北京举行。

11月8日　中国共产党第十八次全国代表大会在北京开幕。

商务部在广州召开全国拍卖行业工作会议，表示将开展文物艺术品拍卖专项整治活动。

《保护世界文化和自然遗产公约》颁布40周年纪念大会在日本京都闭幕。

中国博物馆协会展览交流专业委员会2012年年会在成都召开。

11月9日　中国博物馆协会博物馆学专业委员会2012学术研讨会在杭州召开。

中国、苏格兰合作建设"虚拟清东陵"项目启动。

见证南宋历史的纸质文书《武义南宋徐渭礼文书》首发。

11月11日　山西省文物局举办全省文物安全管理培训班。

11月13日　第一次全国可移动文物普查实施方案（草案）研讨会在郑州召开。

11月14日　博物馆安全应急高级研讨班在海口举办。

新疆吐鲁番坎儿井保护与利用三期工程启动。

11月15日　国家文物局发布第二批国家一级博物馆名单。

11月16日　国家文物局召开党组扩大会暨学习贯彻党的十八大精神动员部署会议。

11月17日　全国世界文化遗产工作会议在北京召开，会议公布了更新的《中国世界文化遗产预备名单》。

11月19日　国家文物局公布2012年度全国文物行政处罚案卷评查十佳案卷。

11月20日　"华夏瑰宝展"在土耳其隆重开幕。

"陶瓷撷英——国家文物局划拨海南省博物馆入藏文物特展"在海南省博物馆开幕。

11月21日　2013年"文化遗产日"主场城市活动筹备会议在咸阳召开。

11月22日　文物保护领域物联网建设技术创新联盟在上海成立。

中国考古学会第十五次年会在石家庄召开。

全国文化遗产知识宣传普及试点县经验交流会在陕西蒲城召开。

童明康调研河北省文物工作。

11月26日　第十届全国文物修复技术研讨会在遵义召开。

国家文物局举办学习党的十八大精神培训班。

11月27日　故宫博物院中正殿复建工程竣工。

"纪念郭沫若120周年诞辰全国书画展"在北京举办。

11月29日　中共中央总书记、中央军委主席习近平参观中国国家博物馆"复兴之路"基本陈列。

12月

12月2日　中国凌家滩文化论坛在安徽含山县举办。

2013
中国
文物年鉴

12月3日　第四届海峡两岸文化遗产保护论坛在广州举行，主题为文化遗产的法制与管理。
故宫博物院与中国对外文化集团公司签署战略合作协议。

12月6日　天堂画卷：西藏夏鲁寺建筑及壁画保护项目成果发布会在故宫博物院建福宫花园敬胜斋举行。

12月7日　国家文物局、国家宗教局召开会议，研究宗教领域第一次全国可移动文物普查工作。

12月8日　文化部部长蔡武调研湖北荆州大遗址保护工作。

12月10日　山东召开全省文物工作会议。

12月11日　全国人大教科文卫委员会、国务院法制办、文化部和国家文物局在北京联合召开座谈会，纪念《中华人民共和国文物保护法》颁布30周年暨修订10周年。

　　　　　"国门法眼——中国文物进出境管理60年成果展"在中国国家博物馆开幕。

　　　　　励小捷在黑龙江、吉林两省调研听取地方对国家文物局工作的意见和建议。

12月13日　国家文物局与吉林省人民政府在长春市共同签署加强文物博物馆工作的框架协议。

　　　　　国家文物局举办学习党的十八大精神座谈会。

　　　　　国家文物局印发《关于加强博物馆陈列展览工作的意见》。

12月14日　国家文物局印发《关于落实国务院通知精神认真做好第一次全国可移动文物普查的通知》。

12月17日　国家文物局党组召开中心组学习会议，传达中央经济工作会议精神、学习中央政治局关于改进工作作风的八条规定。

　　　　　广东召开全省文物工作会议。

　　　　　中国文物学会、中国考古学会联合在北京召开纪念《文物保护法》颁布30周年座谈会。

12月18日　国家文物局赴国家档案局和国家古籍保护中心调研商议可移动文物普查工作。

12月19日　第五次全国文物保护工程会在太原召开。

12月20日　国务院发布《关于进一步做好旅游等开发建设活动中文物保护工作的意见》。

12月21日　2012年中国博物馆协会网站工作座谈会在北京召开。

12月22日　第二届中国文物保护年会暨2011年度十大文物维修工程表彰活动在北京举办。

12月25日　全国文物局长会议在北京召开。

12月26日　中国闽台缘博物馆举办"海峡两岸文物交流20年回顾展"。

2013
中国
文物年鉴

附录

历年文物业主要指标

年　份	机构数（个）	从业人员（人）	文物藏品（件/套）	参观人次（万人次）	未成年人参观人次	本年收入合计（万元）	实际使用房屋建筑面积（万平方米）
2001年	3717	64890	9979118	11316	2383	338767	1459
2002年	3847	63435	13553824	11991	2634	395556	649
2003年	3882	64214	15460345	9446	2023	400344	863
2004年	3965	77101	23879724	14527	3454	631645	937
2005年	4030	82988	23042098	17657	3979	758393	1142
2006年	4092	80894	18453447	18444	4005	882854	1080
2007年	4277	84886	25677354	45382	13855	1036917	1191
2008年	4437	92060	25738228	35436	9075	1246751	1025
2009年	4842	101986	26802714	43248	12203	1528467	1344
2010年	5207	102471	28642200	52098	13541	1870728	1621
2011年	5728	111338	30185365	56687	14021	2363064	2208
2012年	6124	125155	35054763	67059	17326	2959894	2411

2013 中国 文物年鉴

历年全国文物事业费主要指标

年　份	文物事业费（亿元）	文物事业费增长速度（%）	国家财政总支出（亿元）	占国家财政总支出比重（%）
2001年	20.64	12.4	18902.58	0.11
2002年	21.35	3.44	22053.15	0.1
2003年	23.5	10.07	24649.95	0.1
2004年	30.5	29.79	28486.89	0.11
2005年	30.92	1.38	33930.28	0.09
2006年	37.59	21.57	40422.73	0.09
2007年	48.18	28.17	49781.35	0.1
2008年	70.3	45.91	62592.66	0.11
2009年	97.95	39.33	76299.93	0.13
2010年	122.44	25	89575.38	0.14
2011年	166.57	36.04	108930	0.15
2012年	218.06	30.91	125712.25	0.17

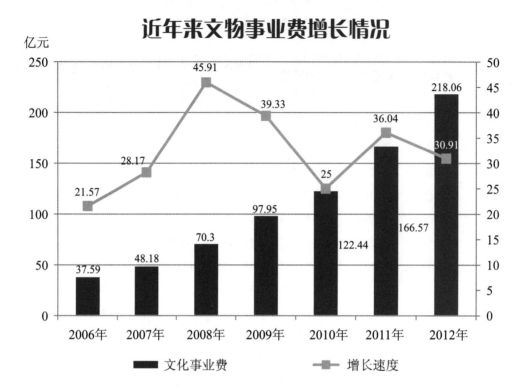

近年来文物事业费增长情况

2012年全国

	机构数（个）	从业人员（人）			文物藏品（件/套）	
		正高级职称	副高级职称	中级职称		一级品
总　计	6124	125155	1756	5027	16357	35054763	83939
按单位性质分	—	—	—	—	—	—	—
文物科研机构	114	4917	316	534	1015	1208701	2651
文物保护管理机构	2705	34854	154	783	3523	1767573	5239
博物馆	3069	71748	1119	3382	10445	23180726	74537
文物商店	72	1623	10	66	350	8507934	64
其他文物机构	164	12013	157	262	1024	389829	1448
按隶属关系分	—	—	—	—	—	—	—
中　央	12	3462	179	329	614	2925044	13320
省区市	262	17527	640	1443	2848	15502839	27326
地　市	1163	36671	594	1964	6026	7956502	23203
县　市	4687	67495	343	1291	6869	8670378	20090

2013
中国
文物年鉴

历年文物事业费占财政支出比重情况

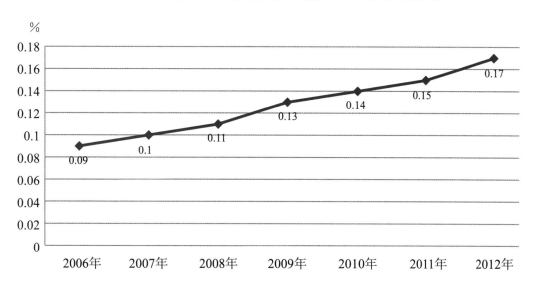

文物业主要指标

参观人次（万人次）		本年收入合计（千元）		本年支出合计（千元）	公用房屋建筑面积（千平方米）		
	未成年人参观人次		门票收入			展览用房	文物库房
67059	17326	29598940	6638634	26093107	24113	7964	1590
—	—	—	—	—	—	—	—
224	2	1824178	211114	1588309	1006	—	76
10433	1780	5357789	3551518	4599878	7695	854	173
56401	15543	14920242	2876002	14248022	14727	7110	1248
—	—	858947	—	726035	156	—	74
—	—	6637784	—	4930863	530	—	20
—	—	—	—	—	—	—	—
2446	253	1667253	783836	1843022	548	169	79
7116	2102	8596053	907411	7001746	2469	812	398
23503	5153	9315239	2096236	7929267	6846	2692	506
33994	9817	10020395	2851151	9319072	14250	4291	607

2013
中国
文物年鉴

2012年各地区文物机构及从业人员数

单位名称	总　计		博物馆		文物保护管理机构机构数	
	机构数（个）	从业人员（人）	机构数（个）	从业人员（人）	机构数（个）	从业人员（人）
全　国	6124	125155	3069	71748	2705	34854
中　央	12	3462	6	2923	26	3016
北京市	97	5172	41	1171	8	102
天津市	29	918	20	717	164	4146
河北省	249	6858	75	2152	109	1680
山西省	225	6106	92	2451	87	596
内蒙古自治区	155	2000	65	1328	57	1110
辽宁省	127	3635	62	2170	48	373
吉林省	122	1495	68	942	93	380
黑龙江省	207	2244	104	1788	5	73
上海市	99	3164	90	2915	58	397
江苏省	347	5764	266	4966	92	1408
浙江省	275	5334	166	3624	92	457
安徽省	240	2885	141	2236	52	154
福建省	149	1958	94	1728	70	457
江西省	187	3508	109	2475	95	3644
山东省	296	9468	178	4353	124	2497
河南省	331	10705	180	5199	42	647
湖北省	214	4334	161	3078	86	692
湖南省	196	3995	95	2385	26	280
广东省	205	3931	168	3277	60	271
广西壮族自治区	151	2021	79	1529	17	231
海南省	36	513	19	250	39	168
重庆市	89	2143	39	1624	170	1002
四川省	329	6307	152	4904	81	437
贵州省	151	2166	66	1166	120	625
云南省	211	1704	85	986	475	5455
西藏自治区	480	5781	2	63	207	2777
陕西省	443	10133	194	5425	54	665
甘肃省	212	4394	149	2682	29	95
青海省	53	416	22	180	22	334
宁夏回族自治区	34	609	9	209	97	685
新疆维吾尔自治区	173	2032	72	852		

2013 中国 文物年鉴

2012年文物事业机构情况

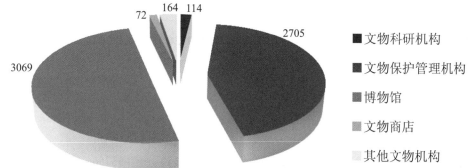

72　164　114

2705

3069

- ■ 文物科研机构
- ■ 文物保护管理机构
- ■ 博物馆
- ■ 文物商店
- ■ 其他文物机构

2012年文物业从业人员情况

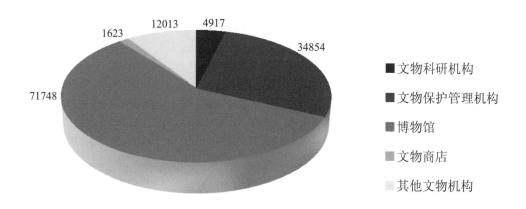

1623　12013　4917

34854

71748

- ■ 文物科研机构
- ■ 文物保护管理机构
- ■ 博物馆
- ■ 文物商店
- ■ 其他文物机构

2012年博物馆

	机构数（个）	从业人员（人）	藏品数（件/套）	本年收入合计（万元）	
					财政拨款
总　计	3069	71748	23180726	1492024	1203789
其中：免费开放	2417	52315	17608751	982828	867649
按机构类型分					
综合性	1316	29285	11480135	587566	499486
历史类	1195	31480	6808182	651243	495344
艺术类	151	2788	1543104	61789	54669
自然科技类	91	2419	1581131	46758	39431
其他	316	5776	1768174	144669	114859
按隶属关系分					
中　央	6	2923	2925044	127712	100243
省区市	103	11000	7536670	396662	359968
地　市	720	22805	5901133	462620	374637
县　市	2240	35020	6817879	505031	368941
按系统分类					
文物系统	2604	62815	19970163	1325847	1110180
非文物系统	333	7440	2147948	151190	93091
私人	132	1493	1062615	14987	518

2013 中国 文物年鉴

主要指标

基本陈列（个）	举办展览（个）	参观人次（万人次）		资产总　计（万元）	实际使用房屋建筑面积（万平方米）
			未成年人参观人次		
8230	**11885**	**56401**	**15543**	**4076383**	**1472.66**
6680	10235	44155	13543	2801240	1143.53
3857	6212	19656	6243	1452879	658.21
2786	3468	29026	7339	1614449	565.44
411	928	1743	340	248847	54.14
256	281	1744	510	468042	65.51
920	996	4232	1112	292166	129.38
52	120	2446	253	226050	50.47
398	1141	6964	2098	934894	203.78
1926	3764	19832	4776	1069956	508.67
5854	6860	27159	8416	1845484	709.74
6900	10617	48538	13605	2988763	1244.02
974	888	7038	1763	902468	190.34
356	380	826	176	185153	38

2012年全国各地区博物馆主要指标

地 区	藏品数 （件／套）	基本 陈列 （个）	举办 展览 （个）	参观人次（万人次）	未成年人 参观人次	资产 总 计 （万元）	实际房屋 建筑面积 （万平方米）
全 国	23180726	8230	11885	56401	15543	4076383	1473
中央	2925044	52	120	2446	253	226050	50
北京市	1140193	103	158	529	85	36884	30
天津市	688715	64	78	494	177	46806	19
河北省	252073	127	293	1667	680	61151	44
山西省	584868	134	157	1247	275	32036	35
内蒙古自治区	482011	226	173	940	282	128428	44
辽宁省	395910	177	219	1070	196	104637	39
吉林省	288405	130	309	860	328	27194	20
黑龙江省	337400	318	426	1310	432	132298	40
上海市	2158074	225	352	1633	423	564597	60
江苏省	1590310	780	1212	5500	1332	448175	145
浙江省	967070	411	899	3122	883	265192	78
安徽省	607637	470	518	2165	787	101162	46
福建省	455526	239	477	1843	631	57639	41
江西省	459875	331	310	1877	750	84254	46
山东省	1245492	735	940	3843	1058	207036	105
河南省	888128	427	740	3425	1052	118315	79
湖北省	1581612	429	508	2230	777	112611	58
湖南省	499069	192	364	3214	1198	111481	42
广东省	982169	440	977	3204	618	137630	99
广西壮族自治区	362854	166	250	1125	276	66110	27
海南省	68586	121	86	256	115	6555	5
重庆市	566967	144	198	1643	379	95110	36
四川省	1062979	437	457	4210	966	319759	84
贵州省	76024	174	184	936	276	94924	17
云南省	557284	168	356	1078	311	51035	31
西藏自治区	63150	5	24	24	1	1538	2
陕西省	1023699	492	406	2550	416	270243	79
甘肃省	497085	324	406	1179	353	105725	40
青海省	177252	39	63	88	17	13779	4
宁夏回族自治区	72204	22	43	84	16	15307	7
新疆维吾尔自治区	123061	128	182	607	197	32724	20

2013
中国
文物年鉴

2012年各地区文物业藏品数

单位：（件/套）

地区	总　计	文物科研机构	文物保护管理机构	博物馆	文物商店	其他文物机构
全国	35054763	1208701	1767573	23180726	8507934	389829
中央	2925044	0		2925044	0	0
北京市	4404172	153	30116	1140193	3221524	12186
天津市	1059623	0	3702	688715	367206	0
河北省	560167	193945	99056	252073	14464	629
山西省	918646	6742	85825	584868	132365	108846
内蒙古自治区	540966	14479	43074	482011	1402	0
辽宁省	728896	4604	33758	395910	285697	8927
吉林省	362828	8441	34827	288405	31155	0
黑龙江省	364860	4371	23089	337400	0	0
上海市	3858258	0	1087	2158074	1699097	0
江苏省	2535918	5966	29676	1590310	907776	2190
浙江省	1080763	14923	61540	967070	37230	0
安徽省	876437	3364	48740	607637	216694	2
福建省	503477	0	3958	455526	43993	0
江西省	680459	1385	43169	459875	167396	8634
山东省	1753262	24393	202143	1245492	273789	7445
河南省	2019691	674469	226305	888128	204580	26209
湖北省	1875999	7425	22792	1581612	198898	65272
湖南省	895236	54724	66683	499069	231335	43425
广东省	1242862	6250	1581	982169	252331	531
广西壮族自治区	429300	1947	23756	362854	40487	256
海南省	74743	0	2644	68586	0	3513
重庆市	671680	0	80930	566967	23783	0
四川省	1340777	619	219454	1062979	51041	6684
贵州省	173553	1537	40671	76024	19899	35422
云南省	644043	2453	61545	557284	22761	0
西藏自治区	232318	0	160262	63150	5656	3250
陕西省	1211594	47715	84911	1023699	780	54489
甘肃省	596848	68551	1865	497085	28203	1144
青海省	244345	55420	7469	177252	4204	0
宁夏回族自治区	92651	149	20298	72204	0	0
新疆维吾尔自治区	155347	4676	2647	123061	24188	775

2013
中国
文物年鉴

2006~2012年全国文物事业机构数情况

单位：个

年　份	合　计	文物科研机构	文物保护管理机构	博物馆	文物商店	其他文物机构
2006年	**4092**	90	2204	1617	96	85
2007年	**4277**	99	2229	1722	89	138
2007年比2006年增减(%)	**4.52**	10.00	1.13	6.49	-7.29	62.35
2008年	**4437**	96	2223	1893	84	141
2008年比2006年增减(%)	**8.43**	6.67	0.86	17.07	-12.50	65.88
2009年	**4842**	104	2263	2252	80	143
2009年比2006年增减(%)	**18.33**	15.56	2.68	39.27	-16.67	68.24
2010年	**5207**	108	2436	2435	76	152
2010年比2006年增减(%)	**27.25**	20.00	10.53	50.59	-20.83	78.82
2011年	**5728**	107	2735	2650	75	161
2011年比2006年增减(%)	**39.98**	18.89	24.09	63.88	-21.88	89.41
2012年	**6124**	114.00	2705	3069.00	72.00	164.00
2012年比2006年增减(%)	**49.66**	26.67	22.73	89.80	-25.00	92.94

2013
中国
文物年鉴

2006~2012年全国文物事业基本建设情况

单位：万元、个、万平方米

年 份	本年计划投资	国家投资	实际完成投资	交付使用 项目	面 积
2006年	221001	99465	119878	53	7
2007年	286275	113773	171326	82	38
2007年比2006年增减（%）	29.54	14.38	42.92	54.72	450.72
2008年	300133	168278	258216	87	87
2008年比2006年增减（%）	35.81	69.18	115.40	64.15	1159.42
2009年	547932	305690	387850	83	56
2009年比2006年增减（%）	147.93	207.33	223.54	56.60	710.14
2010年	519090	309906	304830	107	645
2010年比2006年增减（%）	134.88	211.57	154.28	101.89	9248.39
2011年	577932	382402	304410	105	58
2011年比2006年增减（%）	262	284	254	98	747
2012年	569828	340322	278004	86	51
2012年比2006年增减（%）	157.84	242.15	131.91	62.26	632.26

2013
中国
文物年鉴

2006～2012年按年份全国各地区文物事业费情况

单位：万元

地　区	2006年	2007年	2008年	2009年	2010年	2011年	2012年
总　　计	375934	481836	702989	979455	1224367	1665694	2180551
中　央	27252	39319	52561	109746	101059	151384	123620
地　方	348682	442517	650428	869709	1123308	1514310	2056931
北　京	22214	20271	43743	68846	91424	89551	160712
天　津	8074	7104	9890	10538	22562	32177	16309
河　北	19607	28728	17689	28858	32258	64735	64850
山　西	13243	23401	43126	40003	53282	89114	111676
内蒙古	7345	10293	14468	19484	28872	40396	46807
辽　宁	8792	10386	16343	30890	40507	50305	68308
吉　林	5966	5498	9548	14578	14002	20566	17629
黑龙江	4704	7188	9051	13013	14293	17581	28562
上　海	18031	20049	24973	31348	32882	41348	84473
江　苏	23037	28985	49076	46719	65283	80144	106393
浙　江	39771	50406	67283	104478	121777	93736	126236
安　徽	6513	6424	10755	24977	27220	29163	31079
福　建	5828	7814	11873	24186	24412	32267	58343
江　西	6221	7675	16150	17289	24429	27750	49396
山　东	11229	19168	26166	40027	49222	65226	101875
河　南	22847	25341	34778	47480	50496	92768	126933
湖　北	10901	20455	20038	26237	31533	42281	51615
湖　南	11263	15315	29727	35192	42985	48330	63355
广　东	27804	30941	30096	45196	69103	81116	102052
广　西	8456	10257	21428	9696	19863	28382	46284
海　南	728	1174	1899	3667	4140	9814	13704
重　庆	3915	7047	14813	18543	21542	36835	50137
四　川	11943	17582	27077	45575	73349	105250	94675
贵　州	3003	3545	10412	14304	14967	21793	27162
云　南	7610	6282	10117	12271	20620	17567	41960
西　藏	2983	2206	4299	4006	15416	21106	31306
陕　西	13841	20254	27031	32381	54712	105830	161887
甘　肃	10221	10405	22724	24469	27855	50470	84110
青　海	2243	1595	2214	3847	4120	21787	12630
宁　夏	1705	2161	5504	5489	6043	6258	12299
新　疆	8644	14567	18137	26123	24138	50668	64175

2013 中国 文物年鉴

2006～2012年全国文物事业费分项情况

单位：万元

年　份	总　计	文物科研机构	文物保护管理机构	博物馆	文物商店	其他文物机构
2006年	375934	20479	54485	203740	--	97230
2007年	481836	27170	76441	264585	351	113289
2008年	702989	34315	110983	427451	695	129545
2009年	979455	27872	147401	569299	840	234043
2010年	1224367	40768	187973	728877	992	265757
2011年	1665694	71760	240214	991036	966	361718
2012年	2180551	118631	311260	1203789	640	546231

2013
中国
文物年鉴

2006～2012年全国文物事业费总支出分项按比例构成情况

单位：%

年份	总　计	文物科研机构	文物保护管理机构	博物馆	文物商店	其他文物机构
2006年	100	5.45	14.49	54.20	--	25.86
2007年	100	5.64	15.86	54.91	0.07	23.51
2008年	100	4.88	15.79	60.80	0.10	18.43
2009年	100	2.85	15.05	58.12	0.09	23.90
2010年	100	3.33	15.35	59.53	0.08	21.71
2011年	100	4.31	14.42	59.50	0.06	21.72
2012年	100	5.44	14.27	55.21	0.03	25.05

2006～2012年按年份全国各地区

地 区	2006年		2007年		2008年	
	人均经费	位次	人均经费	位次	人均经费	位次
总　计	**2.86**	-	**3.65**	-	**5.29**	-
北　京	14.05	1	12.41	1	25.81	1
天　津	7.51	5	6.37	7	8.41	8
河　北	2.84	14	4.14	10	2.53	26
山　西	3.92	8	6.90	6	12.64	5
内蒙古	3.06	11	4.28	9	5.99	12
辽　宁	2.06	18	2.42	19	3.79	17
吉　林	2.19	17	2.01	25	0.33	31
黑龙江	1.23	27	1.88	26	2.37	27
上　海	9.93	3	10.79	2	13.23	3
江　苏	3.05	12	3.80	12	6.39	11
浙　江	7.99	4	9.96	3	13.14	4
安　徽	1.07	29	1.05	30	1.75	30
福　建	1.64	23	2.18	21	3.29	22
江　西	1.43	25	1.76	27	3.67	19
山　东	1.21	28	2.05	24	2.78	24
河　南	2.43	16	2.71	17	3.69	18
湖　北	1.91	19	3.59	13	3.51	20
湖　南	1.78	21	2.41	20	4.66	14
广　东	2.99	13	3.27	15	3.15	23
广　西	1.79	20	2.15	23	4.46	15
海　南	0.87	30	1.39	29	2.22	29
重　庆	1.39	26	2.50	18	5.22	13
四　川	1.46	24	2.16	22	3.33	21
贵　州	0.80	31	0.94	31	2.75	25
云　南	1.70	22	1.39	28	2.23	28
西　藏	10.62	2	7.77	4	14.98	2
陕　西	3.71	10	5.40	8	7.19	10
甘　肃	3.92	9	3.98	11	8.65	7
青　海	4.09	7	2.89	16	4.00	16
宁　夏	2.82	15	3.54	14	8.91	6
新　疆	4.22	6	6.95	5	8.15	9

人均文物事业费及位次

单位：元

2009年		2010年		2011年		2012年	
人均经费	位次	人均经费	位次	人均经费	位次	人均经费	位次
7.34	-	**9.14**	-	**12.36**	-	**16.10**	-
39.23	1	46.62	2	44.35	2	77.70	2
8.58	10	17.44	4	23.75	6	11.50	19
4.10	25	4.49	27	8.94	19	8.90	26
11.67	6	14.92	5	24.80	5	30.90	6
8.04	11	11.69	8	16.28	11	18.80	11
7.15	12	9.26	12	11.48	14	15.60	13
5.32	19	5.10	24	7.48	22	6.40	30
3.40	29	3.73	31	4.59	30	7.40	29
16.32	3	14.28	7	17.62	9	35.50	4
6.05	16	8.30	14	10.15	16	13.40	17
20.17	2	22.37	3	17.16	10	23.00	8
4.07	26	4.57	26	4.89	29	5.20	31
6.67	14	6.62	18	8.67	20	15.60	13
3.90	27	5.48	21	6.18	27	11.00	20
4.23	24	5.14	23	6.77	25	10.50	21
5.00	20	5.37	22	9.88	17	13.50	16
4.59	22	5.51	20	7.34	23	8.90	26
5.49	18	6.54	19	7.33	24	9.50	24
4.69	21	6.63	17	7.72	21	9.60	23
2.00	31	4.32	29	6.11	28	9.90	22
4.24	23	4.77	25	11.19	15	15.50	15
6.49	15	7.47	15	12.62	13	17.00	12
5.57	17	9.12	13	13.07	12	11.70	18
3.77	28	4.31	30	6.28	26	7.80	28
2.68	30	4.49	28	3.79	31	9.00	25
13.81	4	51.35	1	69.66	1	101.60	1
8.58	9	14.66	6	28.27	4	43.10	3
9.28	7	10.89	10	19.68	8	32.60	5
6.90	13	7.32	16	38.36	3	22.00	9
8.78	8	9.59	11	9.79	18	19.00	10
12.10	5	11.07	9	22.94	7	28.70	7

2013
中国
文物年鉴

2006～2012年全国各地区文物业机构数情况

单位：个

地　区	2006年	2007年	2008年	2009年	2010年	2011年	2012年
全　国	4092	4277	4437	4842	5207	5728	6124
中　央	11	10	10	11	14	13	12
北　京	70	85	86	92	95	96	97
天　津	28	27	27	27	27	28	29
河　北	216	256	240	236	236	254	249
山　西	208	207	205	205	224	225	225
内蒙古	112	118	118	133	143	147	155
辽　宁	101	100	122	132	131	132	127
吉　林	67	70	75	124	110	112	122
黑龙江	140	146	149	173	179	205	207
上　海	33	37	37	37	35	44	99
江　苏	178	192	250	267	295	328	347
浙　江	193	197	199	209	211	211	275
安　徽	148	135	135	164	212	226	240
福　建	124	129	136	154	155	153	149
江　西	160	170	169	177	180	185	187
山　东	187	194	196	228	231	238	296
河　南	232	243	259	257	260	312	331
湖　北	149	165	168	174	164	175	214
湖　南	201	207	209	207	207	193	196
广　东	203	209	204	209	213	201	205
广　西	118	124	127	130	135	142	151
海　南	25	24	26	25	26	32	36
重　庆	60	68	74	89	89	92	89
四　川	226	237	259	258	284	323	329
贵　州	108	111	113	138	145	131	151
云　南	154	158	159	237	246	209	211
西　藏	22	12	5	24	212	466	480
陕　西	317	327	333	344	347	363	443
甘　肃	118	124	133	144	156	207	212
青　海	43	43	44	46	44	53	53
宁　夏	26	31	29	30	30	31	34
新　疆	117	121	141	161	171	201	173

2013
中国
文物年鉴

2012年文物业文物藏品在不同单位分布

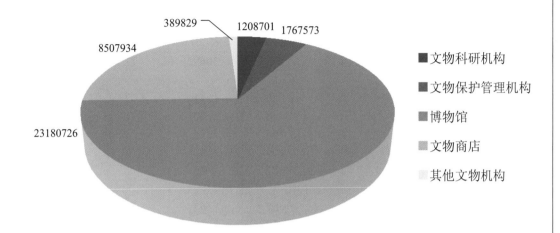

389829　1208701　1767573
8507934
23180726

- ■ 文物科研机构
- ■ 文物保护管理机构
- ■ 博物馆
- ■ 文物商店
- ■ 其他文物机构

2006~2012年全国文物事业机构数情况

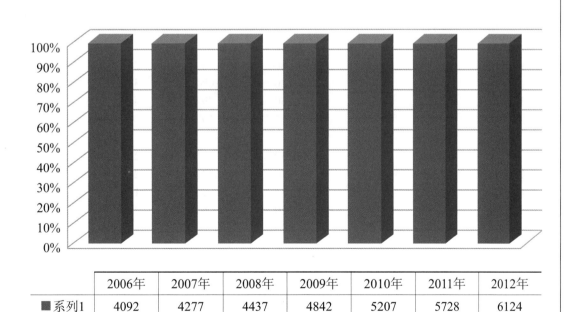

	2006年	2007年	2008年	2009年	2010年	2011年	2012年
■系列1	4092	4277	4437	4842	5207	5728	6124

2012年各地区文物业机构数情况

单位：个

地　区	总　计	文物科研机构	文物保护管理机构	博物馆	文物商店	其他文物机构
全　国	6124	114	2705	3069	72	164
北　京	97	2	26	41	2	26
天　津	29		8	20	1	
河　北	249	4	164	75	3	3
山　西	225	10	109	92	1	13
内蒙古	155	2	87	65	1	
辽　宁	127	4	57	62	3	1
吉　林	122	4	48	68	1	1
黑龙江	207	2	93	104		8
上　海	99		5	90	1	3
江　苏	347	5	58	266	8	10
浙　江	275	4	92	166	9	4
安　徽	240	1	92	141	2	4
福　建	149	1	52	94	1	1
江　西	187	2	70	109	4	2
山　东	296	8	95	178	7	8
河　南	331	14	124	180	6	7
湖　北	214	4	42	161	1	6
湖　南	196	3	86	95	2	10
广　东	205	5	26	168	3	3
广　西	151	5	60	79	4	3
海　南	36		17	19		
重　庆	89	1	39	39	2	8
四　川	329	3	170	152	2	2
贵　州	151	2	81	66	1	1
云　南	211	2	120	85	2	2
西　藏	480	1	475	2	1	1
陕　西	443	13	207	194	1	28
甘　肃	212	5	54	149	1	3
青　海	53	1	29	22	1	
宁　夏	34	3	22	9		
新　疆	173	2	97	72	1	1

2006～2012年各地区文物业从业人员数情况

单位：人

地　区	2006年	2007年	2008年	2009年	2010年	2011年	2012年
全　国	80894	86814	86662	95233	102471	111338	125155
中　央	2872	2566	2107	2584	2645	3420	3462
北　京	4160	4452	4495	5102	5043	5141	5172
天　津	954	961	953	935	941	909	918
河　北	6213	6385	6253	6597	6530	6936	6858
山　西	4903	5671	5165	5290	5798	6057	6106
内蒙古	1481	1623	1643	1836	1946	2108	2000
辽　宁	2784	2899	2910	3220	3391	4003	3635
吉　林	1175	1202	1225	1640	1421	1505	1495
黑龙江	1155	1325	1408	1652	1703	2078	2244
上　海	1249	1331	1220	1224	1233	1663	3164
江　苏	2906	3080	4188	4621	4884	5336	5764
浙　江	3562	3683	4096	4405	4559	4609	5334
安　徽	1596	1502	1597	1856	2434	2482	2885
福　建	1245	1220	1444	1465	1528	1688	1958
江　西	2350	2316	2610	2605	3187	3433	3508
山　东	4647	4809	4827	4911	5162	5796	9468
河　南	6727	7526	7657	8438	7994	9281	10705
湖　北	3585	3719	3623	4007	3222	3596	4334
湖　南	2810	2968	3096	3491	3681	3821	3995
广　东	3535	3283	3409	3750	3808	3563	3931
广　西	1197	1197	1281	1464	1515	1630	2021
海　南	311	252	300	293	308	402	513
重　庆	1295	1512	1455	1785	1895	1995	2143
四　川	4535	4670	4750	5214	5567	5925	6307
贵　州	923	979	1133	1466	1665	1705	2166
云　南	1231	1313	1223	1529	1844	1590	1704
西　藏	604	2422	556	370	4094	5055	5781
陕　西	6611	7227	7143	7935	8472	8707	10133
甘　肃	2164	2350	2471	3085	3443	4092	4394
青　海	311	317	341	366	371	389	416
宁　夏	408	483	555	519	561	654	609
新　疆	1395	1571	1528	1578	1626	1769	2032

2013
中国
文物年鉴

2006～2012年各地区文物业从业人员数情况

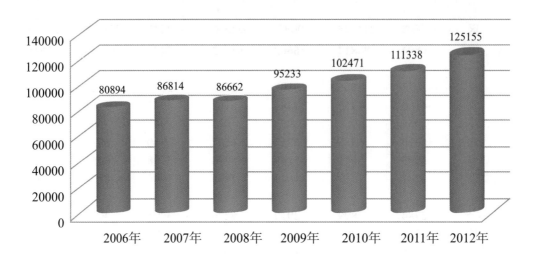

2013
中国
文物年鉴

2006～2012年各地区文物业藏品数情况

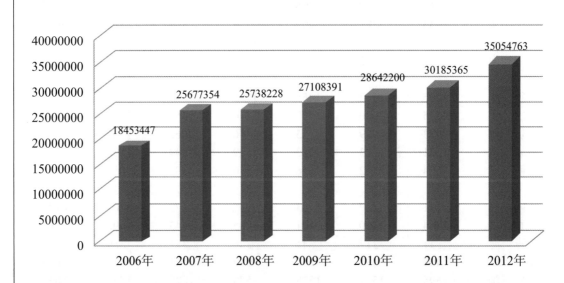

2012年各地区文物业从业人员数情况

单位：人

地　区	总　　计	文物科研机构	文物保护管理机构	博物馆	文物商店	其他文物机构
全　国	125155	4917	34854	71748	1623	12013
北　京	5172	119	3016	1171	182	684
天　津	918		102	717	99	
河　北	6858	173	4146	2152	13	374
山　西	6106	274	1680	2451	14	1687
内蒙古	2000	59	596	1328	7	10
辽　宁	3635	125	1110	2170	71	159
吉　林	1495	73	373	942	13	94
黑龙江	2244	42	380	1788		34
上　海	3164		73	2915	69	107
江　苏	5764	43	397	4966	230	128
浙　江	5334	105	1408	3624	58	139
安　徽	2885	45	457	2236	53	94
福　建	1958	10	154	1728	29	37
江　西	3508	55	457	2475	78	443
山　东	9468	114	3644	4353	116	1241
河　南	10705	1161	2497	5199	129	1719
湖　北	4334	113	647	3078	62	434
湖　南	3995	127	692	2385	56	735
广　东	3931	156	280	3277	83	135
广　西	2021	87	271	1529	47	87
海　南	513		231	250		32
重　庆	2143	142	168	1624	18	191
四　川	6307	182	1002	4904	79	140
贵　州	2166	30	437	1166	14	519
云　南	1704	36	625	986	39	18
西　藏	5781	16	5455	63	7	240
陕　西	10133	383	2777	5425	6	1542
甘　肃	4394	865	665	2682	14	168
青　海	416	43	95	180	8	90
宁　夏	609	60	334	209		6
新　疆	2032	135	685	852	29	331

2013
中国
文物年鉴

2006～2012年各地区

地　区	2006年	2007年	2008年
全　国	**18453447**	**25677354**	**25738228**
中　央	1686643	1687938	1260514
北　京	1154683	3618898	3675668
天　津	202611	946091	947295
河　北	523534	540624	545427
山　西	944350	835638	835602
内蒙古	448307	450012	462665
辽　宁	385989	634315	649923
吉　林	194057	196522	203931
黑龙江	173221	183134	189727
上　海	308077	1450244	1447989
江　苏	1930699	1940200	2372559
浙　江	1068973	1092998	1032726
安　徽	484528	693412	683112
福　建	418000	422077	446770
江　西	365436	502924	496217
山　东	806951	1356077	1378366
河　南	1435495	1589814	1618398
湖　北	817623	1071934	1126659
湖　南	524518	770245	817718
广　东	1005832	1545699	1157468
广　西	269691	302896	307575
海　南	37889	30297	32636
重　庆	322923	593283	654368
四　川	756962	808812	972628
贵　州	54936	89054	93417
云　南	305870	374955	376005
西　藏	182215	159492	113310
陕　西	880382	930175	945702
甘　肃	443671	493415	529417
青　海	135515	141857	139129
宁　夏	75249	80223	79208
新　疆	108617	144099	146099

2013 中国 文物年鉴

文物业藏品数情况

单位：件/套

2009年	2010年	2011年	2012年
27108391	**28642200**	**30185365**	**35054763**
2162318	2510414	2908666	2925044
3731567	3735879	3720324	4404172
955282	955735	1057753	1059623
549484	554831	562888	560167
802477	775959	782881	918646
424424	461499	489949	540966
709835	724758	749095	728896
327628	299574	304559	362828
208946	218877	306430	364860
1445473	1444185	1956095	3858258
2290390	2490474	2489717	2535918
882154	896263	820544	1080763
733537	822095	833904	876437
453309	445866	496246	503477
546505	643335	650343	680459
1396215	1448056	1355055	1753262
1744709	1833281	1912920	2019691
1149587	1464517	1446195	1875999
834156	857677	889723	895236
1157448	1121797	1124316	1242862
324733	347472	376608	429300
48679	58398	66556	74743
760449	754363	620620	671680
894390	1147088	1374585	1340777
117051	119594	189925	173553
430699	453712	474652	644043
119608	143071	198650	232318
937288	946083	976671	1211594
547705	546332	593630	596848
187116	186276	217765	244345
83813	84093	84730	92651
151416	150646	153370	155347

2013
中国
文物年鉴

2012年各地区文物业藏品数情况

单位：件／套

地　　区	总　　计	文物科研机构	文物保护管理机构	博物馆	文物商店	其他文物机构
全　　国	35054763	1208701	1767573	23180726	8507934	389829
北　　京	4404172	153	30116	1140193	3221524	12186
天　　津	1059623		3702	688715	367206	
河　　北	560167	193945	99056	252073	14464	629
山　　西	918646	6742	85825	584868	132365	108846
内　蒙古	540966	14479	43074	482011	1402	
辽　　宁	728896	4604	33758	395910	285697	8927
吉　　林	362828	8441	34827	288405	31155	
黑龙江	364860	4371	23089	337400		
上　　海	3858258		1087	2158074	1,699,097	
江　　苏	2535918	5966	29676	1590310	907776	2190
浙　　江	1080763	14,923	61540	967070	37230	
安　　徽	876437	3364	48740	607637	216694	2
福　　建	503477		3958	455526	43993	
江　　西	680459	1385	43169	459875	167396	8634
山　　东	1753262	24393	202143	1245492	273789	7,445
河　　南	2019691	674469	226305	888128	204580	26,209
湖　　北	1875999	7425	22792	1581612	198898	65272
湖　　南	895236	54724	66683	499069	231335	43425
广　　东	1242862	6250	1581	982169	252331	531
广　　西	429300	1947	23756	362854	40487	256
海　　南	74743		2644	68586		3513
重　　庆	671680		80930	566967	23783	
四　　川	1340777	619	219454	1062979	51041	6,684
贵　　州	173553	1537	40671	76024	19,899	35,422
云　　南	644043	2453	61545	557284	22761	
西　　藏	232318		160262	63150	5656	3,250
陕　　西	1211594	47715	84911	1023699	780	54489
甘　　肃	596848	68551	1865	497085	28203	1144
青　　海	244345	55420	7469	177252	4204	
宁　　夏	92651	149	20298	72204		
新　　疆	155347	4676	2647	123061	24188	775

2013 中国 文物年鉴

2006～2012年各地区文物业举办陈列、展览情况（一）

单位：个

地 区	2006年	2007年	2008年	2009年	2010年	2011年	2012年
全 国	7866	10700	10487	16415	19747	19190	22279
中 央	98	64	78	105	116	140	172
北 京	153	214	242	310	287	313	319
天 津	95	454	112	137	131	141	146
河 北	193	221	250	342	388	509	477
山 西	118	160	162	259	230	290	299
内 蒙 古	199	208	211	262	303	378	525
辽 宁	160	195	191	698	324	412	457
吉 林	88	94	116	445	454	385	459
黑 龙 江	162	226	234	331	433	652	880
上 海	211	170	176	210	194	290	580
江 苏	686	848	1071	1483	1651	1887	2062
浙 江	713	708	801	1063	1186	1086	1450
安 徽	194	244	306	838	1013	988	1023
福 建	234	281	306	539	849	736	744
江 西	231	262	293	573	1433	749	760
山 东	473	1300	823	1427	1027	1299	1720
河 南	379	442	520	888	1014	1069	1211
湖 北	190	287	465	525	687	718	979
湖 南	282	312	360	430	457	588	656
广 东	859	895	950	1366	1503	1309	1462
广 西	265	256	250	302	339	427	468
海 南	19	33	32	101	237	155	226
重 庆	425	135	186	297	350	394	383
四 川	365	1143	393	613	1303	1133	1111
贵 州	145	176	149	628	295	474	507
云 南	293	271	473	1085	1246	643	664
西 藏	2	2	4	12	2	133	222
陕 西	225	242	363	475	1199	670	987
甘 肃	202	248	294	413	601	680	780
青 海	20	434	501	57	68	108	118
宁 夏	87	65	51	95	76	65	84
新 疆	100	110	124	211	351	369	348

2013
中国
文物年鉴

2006~2012年各地区文物业举办陈列、展览情况（二）

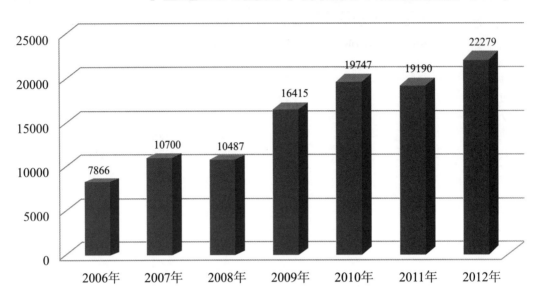

2006~2012年全国各地区文物业参观人数情况

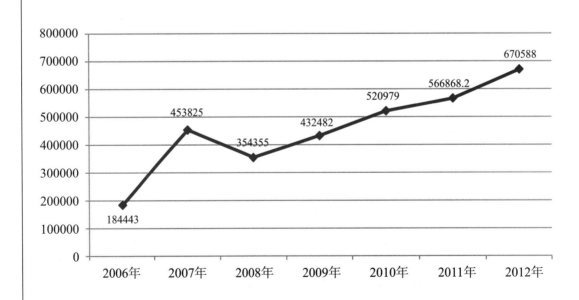

2012年各地区文物业举办陈列、展览情况

单位：个

地　　区	总　　计	文物保护管理机构	博物馆	文物科研机构
全　　国	**22279**	2128	20115	36
中　　央	**172**		172	
北　　京	**319**	58	261	
天　　津	**146**	4	142	
河　　北	**477**	57	420	
山　　西	**299**	6	291	2
内蒙古	**525**	118	399	8
辽　　宁	**457**	59	396	2
吉　　林	**459**	20	439	
黑龙江	**880**	136	744	
上　　海	**580**	3	577	
江　　苏	**2062**	68	1992	2
浙　　江	**1450**	140	1310	
安　　徽	**1023**	35	988	
福　　建	**744**	28	716	
江　　西	**760**	115	641	4
山　　东	**1720**	45	1675	
河　　南	**1211**	44	1167	
湖　　北	**979**	42	937	
湖　　南	**656**	100	556	
广　　东	**1462**	44	1417	1
广　　西	**468**	51	416	1
海　　南	**226**	19	207	
重　　庆	**383**	41	342	
四　　川	**1111**	217	894	
贵　　州	**507**	149	358	
云　　南	**664**	140	524	
西　　藏	**222**	193	29	
陕　　西	**987**	89	898	
甘　　肃	**780**	38	730	12
青　　海	**118**	16	102	
宁　　夏	**84**	17	65	2
新　　疆	**348**	36	310	2

2013
中国
文物年鉴

2006～2012年全国各地区文物业参观人数情况

单位：千人次

地 区	2006年	2007年	2008年	2009年	2010年	2011年	2012年
全 国	184443	453825	354355	432482	520979	566868	670588
中 央	14093	16651	9826	12564	15866	21799	24461
北 京	14167	14930	13684	16479	17121	13734	18910
天 津	1407	14991	3541	3945	4222	4240	5353
河 北	7551	9289	8983	16491	22596	21957	23738
山 西	7288	8779	8448	14810	18334	16393	18863
内蒙古	1235	5923	2850	5190	6495	6873	10209
辽 宁	4090	8949	4417	10645	12436	10949	12573
吉 林	833	21594	5031	6439	5304	7427	8627
黑龙江	1405	13927	5635	7334	7607	12780	14190
上 海	4915	3859	4818	4995	6416	8138	16425
江 苏	9787	17266	34063	41546	47991	54612	57239
浙 江	22128	29620	19955	26843	33609	34678	43454
安 徽	1429	8738	5984	14003	13512	27032	22618
福 建	2797	26387	7497	10235	17000	16885	18748
江 西	3292	8313	10160	16455	21189	20619	20841
山 东	9531	14661	16172	18445	22882	22052	53822
河 南	10882	11723	18615	20656	24131	35423	42114
湖 北	4131	11436	11934	15014	20854	17845	23922
湖 南	7771	7387	13294	21930	31696	32179	35066
广 东	12105	44991	14372	36393	29753	29643	34679
广 西	2219	3094	5289	6925	8760	10742	11910
海 南	340	8655	2775	1855	1480	2461	4338
重 庆	4390	8091	7491	12163	16203	17623	16635
四 川	13964	84538	14724	29843	39331	41438	45873
贵 州	1746	7815	5103	12387	16292	10833	11138
云 南	3009	13365	3746	13612	19623	10978	12324
西 藏	2084	95	71302	943	2426	2602	1292
陕 西	10984	11272	14945	17907	21724	31092	35740
甘 肃	2126	3591	4960	9701	8439	14768	14817
青 海	653	378	403	974	850	830	903
宁 夏	494	5336	2166	1721	2086	1935	1875
新 疆	1597	8181	2172	4039	4751	6309	7893

2013
中国
文物年鉴

2012年全国各地区文物业参观人数情况

单位：千人次

地 区	总 计	文物保护管理机构	博物馆	文物科研机构
全 国	670588	104334	564011	2243
北 京	18910	13622	5288	
天 津	5353	414	4939	
河 北	23738	7070	16668	
山 西	18863	5511	12472	880
内蒙古	10209	811	9398	
辽 宁	12573	1875	10698	
吉 林	8627	27	8600	
黑龙江	14190	1088	13102	
上 海	16425	94	16331	
江 苏	57239	2228	55004	7
浙 江	43454	12231	31223	
安 徽	22618	968	21650	
福 建	18748	318	18430	
江 西	20841	2003	18770	68
山 东	53822	15389	38433	
河 南	42114	7860	34255	
湖 北	23922	1625	22297	
湖 南	35066	2928	32139	
广 东	34679	2638	32035	6
广 西	11910	659	11250	1
海 南	4338	1780	2558	
重 庆	16635	200	16435	
四 川	45873	3773	42100	
贵 州	11138	1773	9365	
云 南	12324	1540	10784	
西 藏	1292	1053	239	
陕 西	35740	10237	25503	
甘 肃	14817	1832	11791	1194
青 海	903	21	882	
宁 夏	1875	1006	840	29
新 疆	7893	1762	6073	58

2013
中国
文物年鉴

2012年全国各地区博物馆免费开放情况

地区	免费开放数量	财政拨款（千元）	参观人数（千人次）	未成年人参观人数（千人次）	陈列展览数
总　　计	2417	8676489	441553	135433	16915
中　　央	3	615753	5734	532	77
地　　方	2414	8060736	435818	134901	16838
北　　京	19	191471	2701	592	118
天　　津	14	123370	4360	1716	104
河　　北	62	185061	14531	6511	385
山　　西	46	206551	5836	1757	206
内　蒙古	63	288853	9118	2779	393
辽　　宁	52	333898	7359	1732	318
吉　　林	62	110371	7111	3084	423
黑龙江	98	196154	11653	4111	679
上　　海	67	427274	7777	1698	391
江　　苏	201	562393	45490	11521	1593
浙　　江	149	571969	25308	7735	1229
安　　徽	123	191749	20444	7644	891
福　　建	94	276385	18430	6306	716
江　　西	108	302662	18420	7416	640
山　　东	144	397374	30818	9351	1444
河　　南	151	428278	27644	9082	1046
湖　　北	147	270483	20677	7055	890
湖　　南	87	434476	31935	11878	533
广　　东	134	554895	24602	5368	1164
广　　西	55	222808	10068	2399	357
海　　南	18	42243	2545	1148	199
重　　庆	23	229327	13913	3507	254
四　　川	91	343046	27925	7911	567
贵　　州	54	76051	9181	2714	323
云　　南	80	316606	10535	3041	518
西　　藏	2	15194	239	6	29
陕　　西	56	242253	9215	1605	380
甘　　肃	114	300694	10207	2945	572
青　　海	22	42495	882	174	102
宁　　夏	7	50247	840	159	65
新　　疆	71	126105	6056	1960	309

2012年全国各地区考古发掘项目情况（一）

	项目数(个)	其中：全国重点文物保护单位项目数	项目总预算(千元)	累计拨入项目经费合计(千元)	中央补助	累计支出项目经费合计(千元)	中央补助
总　　计	325	45	462545	400732	200750	319484	149599
中　央							
地　方	325	45	462545	400732	200750	319484	149599
北　京	28	1	30105	12001		5645	
天　津	2			35296		35296	
河　北	9	3	7160	7160		5699	
山　西	4	2	2800	2350		1208	
内蒙古							
辽　宁	6	1	2370	4670	3200	3577	2107
吉　林							
黑龙江							
上　海	3		20366	9630		7764	
江　苏	64	4	58549	16549	6100	12569	2120
浙　江	12	1	13362	13362	9423	10456	5517
安　徽	4						
福　建							
江　西	12	2	16753	13660	13650	6282	6279
山　东	23	8	19811	9124	3050	6826	1910
河　南	38	4	24430	21984	3950	15666	2950
湖　北	17	1	13389	10436	2927	10541	2927
湖　南	31	5	16831	10156		10680	
广　东	8		96484	95921	92000	93693	90278
广　西	7		125	800		800	
海　南							
重　庆	6	2	38120	18825	6300	18071	6300
四　川	21	1	85780	58958	20750	42215	2378
贵　州							
云　南	13	1	15660	11880		2847	
西　藏							
陕　西	12	9	450	47970	39400	29649	26833
甘　肃	4						
青　海	1						
宁　夏							
新　疆							

2013
中国
文物年鉴

2012年全国各地区

		本年项目支出		
		人工费	发掘工作管理费	发掘现场安全保卫费
总　计	215255	61078	21602	5006
中　央				
地　方	215255	61078	21602	5006
北　京	5645	36	914	
天　津	35296		1790	
河　北	5245	4223	442	130
山　西	1208	254	54	10
内蒙古				
辽　宁	2453	1815	178	72
吉　林				
黑龙江				
上　海	7764	1432	860	311
江　苏	12314	9278	924	
浙　江	9845	5440	1072	237
安　徽	4357	1424		154
福　建				
江　西	5720	704	739	360
山　东	6126	968	1070	104
河　南	15290	5744	3493	1249
湖　北	11381	6701	1238	586
湖　南	10530	4745	840	590
广　东	29730	2473	2750	237
广　西	1755	308	12	8
海　南				
重　庆	10969	271	16	40
四　川	14880	7399	3102	813
贵　州				
云　南	3818	2547	615	105
西　藏				
陕　西	10835	3292	518	
甘　肃	3708	755		
青　海	6386	1269	975	
宁　夏				
新　疆				

2013 中国 文物年鉴

考古发掘项目情况（二）

合计（千元） 考古发掘费	考古发掘面积 （万平方米）	考古发掘成果、 出土器物 （件／套）	考古发掘成果、 出版物 （万字）
92638	**123**	**123771**	**171**
92638	123	123771	171
3049	6	3239	52
31306	0	620	
450	1	7595	1
40	0		
257	0	681	
5161	2	10740	
1369	7	891	18
2536	1	4811	1
2779	1	2760	
3375	1	5000	3
3831	4	1345	3
3652	3	3300	
2586	4	14424	
2391	3	1731	
22422	1	31307	33
257	0	1834	10
60	1	260	
2577	6	24387	50
422	4	5609	
155	5	50	
129	74	3187	
3834	0		

2013 中国 文物年鉴

2012年世界文化遗产地

	机构数（个）	从业人员（人）		本年收入合计（千元）	
			专业技术人员		财政拨款
总　　计	**46**	**15351**	**2311**	**3736224**	**1718808**
中　央					
地　方	46	15351	2311	3736224	1718808
北　京	3	929	145	493055	199506
天　津	6	2428	301	274911	49840
河　北	3	1489	30	317679	54297
山　西	1	23	20	37781	37781
内蒙古					
辽　宁	4	833	231	159223	153611
吉　林					
黑龙江					
上　海					
江　苏	6	506	73	258829	14649
浙　江	1	37		9020	9020
安　徽	2	150	5	43450	7190
福　建	1	38	9		
江　西					
山　东	4	2375	692	122291	120513
河　南	4	254	52	60268	58889
湖　北	1	127	96	74816	74816
湖　南					
广　东	1	220	5	27540	
广　西					
海　南					
重　庆	2	524	138	169488	166466
四　川	2	3515	29	727882	51931
贵　州					
云　南	1	76	2	24529	12129
西　藏	1	310	46	152714	11811
陕　西	1	553	160	352912	352595
甘　肃	2	964	277	429836	343764
青　海					
宁　夏					
新　疆					

2013
中国
文物年鉴

综合情况（一）

本年支出合计（千元）	本年项目支出（千元）			
		本体保护	环境保护	基础研究
3082269	**1316383**	**117370**	**156315**	**23067**
3082269	1316383	117370	156315	23067
372410	70144	7289	2460	416
181986	10255	6702		
312384	37639	37639	1824	
39010	38099			
158939	69983	500	14670	600
99010	44983	7098	6082	21869
9020	4580			
52532	4060	3960	100	
122574	1265			
58435	37642	16917		182
74816	68948			
26242				
169488	137254	1546	109496	
728799	405338	33815	17523	
24529	11011			
37789	6060			
341103	228558			
273203	140564	1904	4160	

2013 中国 文物年鉴

2012年世界文化遗产地综合情况（二）

地区	资产总计（千元）	固定资产原值	遗产区占地面积（万平方米）	实际使用房屋建筑面积（万平方米）	管理用房	包含全国重点文物保护单位数量（处）
总　　计	8180296	3012673	122959	74	22	246
中　　央						
地　　方	8180296	3012673	122959	74	22	246
北　京	795654	74756	150	4	3	2
天　津						
河　北	285083	170236	4804	4	1	3
山　西	52295	27696	75	1	1	11
内蒙古	1756	1756	25200	0	0	2
辽　宁	104808	48309	350	3	1	4
吉　林						
黑龙江						
上　海						
江　苏	79199	71385	4401	3	2	21
浙　江			3323	1		
安　徽	896	350	93	17		99
福　建			1460	0	0	
江　西						
山　东	509678	130001	42851	16	1	7
河　南	743084	68529	1183	3	0	12
湖　北				1		62
湖　南						
广　东	69536	26632		0		2
广　西						
海　南						
重　庆	638020	638020		8	8	12
四　川	3789938	1031178	14040	6	4	
贵　州						
云　南	69756	1883	1			3
西　藏	108781	8881	13			1
陕　西	415502	322374	226	4	2	
甘　肃	516310	390687	24790	6		5
青　海						
宁　夏						
新　疆						

2013 中国 文物年鉴

2012年全国各地区文物机构基本建设投资情况

	项目个数（个）	计划总投资（万元）	建筑面积（万平方米）	本年资金来源总计（万元）	其中：本年国家预算内资金	本年完成投资额（万元）	竣工项目个数（个）	竣工项目面积（万平方米）
总　计	443	2244726	537	569828	340322	278004	86	51
中　央	4	250611	20	27200	213	18855	1	0
北　京	3	72249	5	22991	22891	13715	1	0
天　津	4	3674	0	1413	1363	126		
河　北	11	33960	6	9555	7379	12801	2	1
山　西	35	111855	25	24929	13431	12924	1	5
内蒙古	6	99902	12	18406	9220	8950	2	4
辽　宁	5	60985	9	18123	17710	24043		
吉　林	3	2372	1	220	0	50	1	1
黑龙江	14	82370	133	26647	12344	4787	3	1
上　海								
江　苏	13	65466	10	23612	16241	14808	5	5
浙　江	25	139805	22	19623	9529	10576	7	6
安　徽	14	57579	7	2965	2312	2775	1	1
福　建	11	34343	5	7927	2350	7438		
江　西	5	14145	3	2423	1336	1017	2	1
山　东	19	221223	17	42295	15377	28527	2	0
河　南	34	68987	52	14457	11716	14036	6	3
湖　北	24	68042	45	19433	17056	10086	2	0
湖　南	13	103483	11	17812	14812	13515	2	1
广　东	16	213143	26	22370	13206	12328	3	7
广　西	23	82605	13	64907	63080	12524	6	7
海　南	1	22000	2	4795	700	4795		
重　庆	3	6095	0	3454	1420	423	1	0
四　川	64	72319	56	23784	14749	4718	13	1
贵　州	8	48809	8	22337	12539	4903	1	0
云　南	13	82856	13	38952	28692	14786	4	1
西　藏	0	0	0	0	0	0		
陕　西	27	107448	10	20267	5049	4206	10	1
甘　肃	33	88965	11	43066	13456	10402	7	2
青　海	6	25859	7	21441	8502	7510	0	0
宁　夏	5	3178	4	2427	1650	1181	3	2
新　疆	1	400	2	2000	2000	1200		

2012年全国大遗址

	机构数 （个）	从业人员 （人）		本年收入合计 （千元）	
			专业技术人员		财政拨款
总　　计	**174**	**2648**	**683**	**1129525**	**733999**
中　　央					
地　　方	174	2648	683	1129525	733999
北　　京	1	69	6	101157	99753
天　　津					
河　　北	10	82	29	15334	4474
山　　西	5	58		5794	3294
内　蒙古	1	23	20	37781	37781
辽　　宁	3	26	4	36754	30354
吉　　林					
黑　龙江	2	30	27	29100	29100
上　　海					
江　　苏	5	176	33	96102	23353
浙　　江	1	63	26	28826	27833
安　　徽	11	104	78	4280	4170
福　　建	1	38	9	300	300
江　　西	2	24	20	16876	16800
山　　东	12	84	34	44812	25412
河　　南	11	833	65	200893	157693
湖　　北	5	41	17	137548	50891
湖　　南	8	100	14	61229	6497
广　　东	1	29	22	13312	13162
广　　西	2	42	27	29634	28847
海　　南					
重　　庆	1	70	4	22836	4280
四　　川	6	138	133	76200	61200
贵　　州	1	44		6316	6316
云　　南	1	14	8	2005	2005
西　　藏					
陕　　西	23	218	58	24120	22280
甘　　肃	2	13	8	32582	32564
青　　海	2	5		2000	2000
宁　　夏	2	114	27	15423	13923
新　　疆	55	210	14	88311	29717

综合情况（一）

门票销售总额（千元）	本年支出合计（千元）	本年项目支出合计（千元）			
			前期费用	保护工程	保护性设施
81874	**773530**	**601906**	**77179**	**240109**	**111953**
81874	773530	601906	77179	240109	111953
1332	25266	18612			
	6083	4242	1500	1518	33
	2020				
656	39010	38099		38099	
	35454	3040		20	
	23699				
	12668	9340	2512	1305	4000
	31941	19946	3500	8500	
3	1970	1780	130		
	81	81		81	
	16876	13624	1604	2200	230
	24875	24017	8335	3620	
12574	158433	143842	30280	9404	75574
	137171	135655	6199	95155	4342
226	65812	61093	19674	16191	22502
	13438	8887		1597	
359	8341	4900			
8556	22836	12000		12000	
	45243	44527	2339	38357	102
	3928	2300			
	650	650	650		
640	29243	15725		900	249
	17198	14421			2111
	2000	300			
16871	23478	4193		260	1700
40657	25816	20632	456	10902	1110

2013
中国
文物年鉴

2012年全国大遗址综合情况（二）

	资产总计（千元）	固定资产原值	实际占地面积（万平方米）	实际使用房屋建筑面积（万平方米）	管理用房	遗址公园占地面积（万平方米）	包含全国重点文物保护单位（处）
总　计	639131	317988	183818	57	3	86236	160
中央地方	639131	317988	183818	57	3	86236	160
北京	85877	6154		1	0		
天津							
河北	7296	4338	3960	1	0	485	8
山西							
内蒙古	1756	1756		0			2
辽宁	5265	5265	2500			593	2
吉林							
黑龙江	137	137	2	0	0		3
上海							
江苏	1065	1015	9	1	0	6620	23
浙江	121204	72657	2	2	1	250	1
安徽			184	0	0	501	6
福建						1460	1
江西	3396	3396					8
山东	20905		1397			300	13
河南	96565	75689	57	1	0		4
湖北	3430	3426	20	1	0	200	26
湖南	69597	56051	781	1	1	912	8
广东	44505	3325	3	2	0	2	1
广西	51568	6880	623	0			2
海南							
重庆	27762	2980	250	0	0	250	1
四川	2282	2282	12037	42	0	12035	2
贵州	500	500		0			1
云南	1425		8	0	0	1	1
西藏							
陕西	25956	24004	14228	1	0	10020	22
甘肃	18758	1351	104505	0	0	52600	
青海	2000	2000	60				1
宁夏	16582	14782	4	0	0		2
新疆	31300	30000	43189	5	0	7	22

2013
中国
文物年鉴

2012年全国各地区文物业收入来源构成情况

单位：万元

	本年收入合计（万元）				
		财政拨款	事业收入	经营收入	其他（除以上三项外）
总　　计	2959894	2180551	312927	91493	374923
	0	0	0	0	0
中　　央	166725	123620	32186	953	9966
地　　方	2793169	2056931	280741	90540	364957
	0	0	0	0	0
北　　京	278527	160712	28459	28457	60899
天　　津	33165	16309	1966	91	14799
河　　北	104073	64850	34236	1105	3882
山　　西	140852	111676	13825	9630	5722
内蒙古	49177	46807	592	0	1779
	0	0	0	0	0
辽　　宁	73468	68308	1178	689	3292
吉　　林	23523	17629	3856	31	2007
黑龙江	32723	28562	372	136	3653
	0	0	0	0	0
上　　海	113710	84473	6690	3118	19428
江　　苏	155632	106393	9250	9133	30857
浙　　江	182302	126236	31681	2284	22101
安　　徽	44612	31079	3924	465	9144
福　　建	65201	58343	1122	49	5687
江　　西	58971	49396	1803	672	7100
山　　东	163586	101875	19064	17258	25389
	0	0	0	0	0
河　　南	163533	126933	22620	1679	12301
湖　　北	70983	51615	4906	1649	12814
湖　　南	73480	63355	938	771	8417
广　　东	119406	102052	9056	381	7917
广　　西	57392	46284	2745	1220	7144
海　　南	16606	13704	691	180	2030
	0	0	0	0	0
重　　庆	60271	50137	2742	1876	5515
四　　川	150378	94675	20259	4623	30821
贵　　州	35936	27162	1545	7	7221
云　　南	50438	41960	5677	90	2711
西　　藏	51404	31306	17522	801	1776
	0	0	0	0	0
陕　　西	209859	161887	20569	3893	23510
甘　　肃	96788	84110	10646	109	1923
青　　海	13888	12630	732	0	526
宁　　夏	14553	12299	1504	141	609
新　　疆	88731	64175	572	0	23983

2013
中国
文物年鉴

2012年全国各地区文物业支出来源构成情况

单位：万元

| | 本年支出合计（万元） | | | |
	基本支出	项目支出	经营支出	其他（除以上三项外）
总　计	**2609311**	**1009328**	**1288742**	**66236**	**245004**
					0
中　央	184302	65928	111220	485	6670
地　方	2425009	943400	1177523	65751	238335
					0
北　京	212925	65322	100237	15973	31393
天　津	33497	14681	5905	91	12820
河　北	83907	47528	33401	1056	1922
山　西	102005	40688	53924	2354	5039
内蒙古	45442	21073	17516	13	6840
					0
辽　宁	72469	30456	36050	429	5535
吉　林	24476	12847	10691	11	926
黑龙江	26361	14801	9738	145	1678
					0
上　海	118595	30390	52424	5804	29977
江　苏	148926	57223	65289	4464	21950
浙　江	178256	66970	100635	1991	8660
安　徽	40364	18016	18196	786	3367
福　建	56625	13119	42000	23	1482
江　西	39439	17826	14518	1788	5308
山　东	149320	61451	45219	20463	22187
					0
河　南	137721	60981	67766	1274	7701
湖　北	69485	22936	42101	897	3551
湖　南	73622	31882	32593	393	8754
广　东	112403	41797	62936	368	7302
广　西	54605	16066	33106	936	4497
海　南	13354	3381	9506	19	447
					0
重　庆	60224	13928	42429	705	3161
四　川	122965	44727	69141	170	8928
贵　州	27306	11325	11471	28	4482
云　南	30165	15225	13332	53	1555
西　藏	28295	8145	17291	1112	1746
					0
陕　西	200713	100056	83628	3951	13078
甘　肃	70408	34144	32163	284	3817
青　海	6410	3146	2383	0	881
宁　夏	12037	5685	5419	171	763
新　疆	72690	17587	46514	1	8588

2012年全国各地区文物保护管理机构基本情况

	基本陈列（个）	举办展览（个）	参观人次（万人次）	未成年人参观人次	门票销售总额（万元）	本年收入合计（万元）	本年支出合计（万元）
总　　计	1017	1111	10433	1780	355152	535779	459988
中　　央							
北　　京	30	28	1362	265	45291	74308	66812
天　　津	3	1	41	13	394	1580	1574
河　　北	28	29	707	103	31711	45810	33939
山　　西	2	4	551	59	9600	17919	16930
内　蒙古	47	71	81	21	94	13613	14074
辽　　宁	25	34	188	48	2789	17099	16589
吉　　林	11	9	3	1		4034	3689
黑龙江	54	82	109	41		6114	3058
上　　海	1	2	9	3		1459	2031
江　　苏	36	32	223	44	1192	12683	14374
浙　　江	64	76	1223	128	23021	62507	58624
安　　徽	12	23	97	28	270	9829	7167
福　　建	10	18	32	10	38	5228	3759
江　　西	69	46	200	89	1815	4733	4324
山　　东	20	25	1539	188	88268	42531	39845
河　　南	22	22	786	96	29476	25626	21639
湖　　北	21	21	162	47	1431	13630	13488
湖　　南	40	60	293	121	1156	10278	12518
广　　东	13	31	264	20	2813	5640	5957
广　　西	18	33	66	19		5330	3442
海　　南	11	8	178	21	156	5581	5208
重　　庆	12	29	20	7		3875	3983
四　　川	69	148	377	96	263	15851	16031
贵　　州	55	94	177	33	762	4898	4585
云　　南	48	92	154	33	43	9133	7505
西　　藏	186	7	105	1	91117	22407	8703
陕　　西	56	33	1024	198	9960	35046	33518
甘　　肃	21	17	183	32	5901	26864	11349
青　　海	8	8	2	1	0	1696	1155
宁　　夏	8	9	101	8	3444	6236	6392
新　　疆	17	19	176	7	4150	24242	17727

2013 中国 文物年鉴

2012年全国各地区文物保护

	机构数（个）		承担文物保护项目（个）		
			国保单位	省级保单位	市、县级保单位
总　计	114	600	205	92	24
中　央	1	37	17	16	1
北　京	2				
天　津					
河　北	4	2	1	1	
山　西	10	46	38	1	
内蒙古	2	1	1		
辽　宁	4	8	1	7	
吉　林	4	3	3		
黑龙江	2				
上　海					
江　苏	5				
浙　江	4				
安　徽	1	1		1	
福　建	1				
江　西	2	2	2		
山　东	8	6		2	2
河　南	14	29	10	14	3
湖　北	4	10			
湖　南	3				
广　东	5	1	1		
广　西	5	36	14	13	5
海　南					
重　庆	1	219	6	6	7
四　川	3	40	2	2	
贵　州	2	43	38	5	
云　南	2	13	3	3	6
西　藏	1	4	2	2	
陕　西	13	53	41	9	
甘　肃	5	36	15	10	
青　海	1	0	0		
宁　夏	3	1	1		
新　疆	2	9	9		

2013 中国 文物年鉴

科学研究机构基本情况

本年完成科研项目（个）			科研成果			
	获国家奖	获省、部奖	专利（个）	专著或图录（册）	论文（省级及以上刊物公开发表）（篇）	古建维修报告（册）
173	15	32	17	108	1263	72
11			2		94	
					11	
				4	50	
8	1	7		10	92	
1				2	38	
18				9	47	
				0	0	
52		4		1	16	
						1
				2	55	
					20	
						1
1		1		1	23	
1				3	27	1
15			8	23	185	4
2		1	1	3	62	
4				1	13	
1				1	17	
				1	12	22
1				2	23	
6		4		6	86	
				2	5	43
					10	
					10	
29	13	12	1	20	120	
20	1	2	5	14	148	
0		0		0	16	
0		0		1	17	
3		1		2	66	

2013 中国 文物年鉴

2012年全国各地区

	机构数 （个）	从业人员 （人）	安全保卫人员 （人）	藏品数 （件／套）
总　计	3069	71748	16461	23180726
中　央	6	2923	560	2925044
北　京	41	1171	237	1140193
天　津	20	717	100	688715
河　北	75	2152	459	252073
山　西	92	2451	609	584868
内　蒙古	65	1328	280	482011
辽　宁	62	2170	397	395910
吉　林	68	942	180	288405
黑龙江	104	1788	350	337400
上　海	90	2915	404	2158074
江　苏	266	4966	1228	1590310
浙　江	166	3624	925	967070
安　徽	141	2236	601	607637
福　建	94	1728	440	455526
江　西	109	2475	556	459875
山　东	178	4353	1066	1245492
河　南	180	5199	1334	888128
湖　北	161	3078	615	1581612
湖　南	95	2385	550	499069
广　东	168	3277	791	982169
广　西	79	1529	324	362854
海　南	19	250	100	68586
重　庆	39	1624	331	566967
四　川	152	4904	1057	1062979
贵　州	66	1166	301	76024
云　南	85	986	213	557284
西　藏	2	63	10	63150
陕　西	194	5425	1340	1023699
甘　肃	149	2682	730	497085
青　海	22	180	55	177252
宁　夏	9	209	33	72204
新　疆	72	852	285	123061

博物馆基本情况（一）

基本陈列 （个）	举办展览 （个）	参观人次（万人次）		门票销售总额 （万元）
		总人次	其中：未成年人 参观人次	
8230	**11885**	**56401**	**15543**	**287600**
52	120	2446	253	78384
103	158	529	85	5952
64	78	494	177	289
127	293	1667	680	7593
134	157	1247	275	18424
226	173	940	282	247
177	219	1070	196	10705
130	309	860	328	4112
318	426	1310	432	758
225	352	1633	423	12639
780	1212	5500	1332	10554
411	899	3122	883	2437
470	518	2165	787	411
239	477	1843	631	0
331	310	1877	750	842
735	940	3843	1058	16677
427	740	3425	1052	3059
429	508	2230	777	159
192	364	3214	1198	182
440	977	3204	618	5109
166	250	1125	276	1908
121	86	256	115	0
144	198	1643	379	13484
437	457	4210	966	24928
174	184	936	276	20
168	356	1078	311	2
5	24	24	1	0
492	406	2550	416	68077
324	406	1179	353	650
39	63	88	17	
22	43	84	16	
128	182	607	197	

2012年全国各地区

	本年收入合计（万元）			
	财政拨款	事业收入	经营收入	其他（除以上三项外）
总　计	**1492024**	**1203789**	**115881**	**50959**	**121395**
中　央	127712	100243	22980	953	3535
					0
北　京	71967	65060	3195		3712
天　津	17095	14815	1591	91	597
河　北	32283	23813	7043	572	855
山　西	39726	26126	6910	6336	354
内蒙古	31361	29361	557		1444
					0
辽　宁	48393	47423	589		382
吉　林	17114	12563	3689	31	830
黑龙江	25843	21848	370	136	3489
					0
上　海	102508	83026	6690	3118	9674
江　苏	107404	81172	7168	9051	10014
浙　江	76908	63872	2440	2187	8410
安　徽	26993	19781	1555	195	5462
福　建	32069	27639	1046	11	3373
江　西	34766	30266	579	672	3249
山　东	73443	47400	3320	15777	6946
					0
河　南	60854	47858	6691	657	5648
湖　北	39092	27865	2411	877	7939
湖　南	45965	43793	444	370	1357
广　东	86599	79268	5045	361	1924
广　西	32873	27635	1624		3614
海　南	4731	4401	0		331
					0
重　庆	41498	35424	1674	1602	2798
四　川	93476	59408	16473	4623	12972
贵　州	14348	8860	22	7	5459
云　南	32827	31808	131	82	806
西　藏	1581	1519	62		0
					0
陕　西	114543	86525	10461	3234	14324
甘　肃	33948	33108	699	0	141
青　海	4483	4250	116	0	118
宁　夏	5192	5025	105	16	47
新　疆	14430	12636	201	0	1593

2013
中国
文物年鉴

博物馆基本情况（二）

本年支出合计（万元）				
	基本支出	项目支出	经营支出	其他（除以上三项外）
1424802	**595607**	**725019**	**29407**	**74769**
142562	53814	88226	485	37
				0
62064	20273	40949		843
19623	13469	5543	91	520
27284	14514	12156	543	71
29446	12653	16070	89	635
27974	13830	9253		4892
				0
48085	18548	26740		2797
18524	9675	8818	11	20
22531	11980	8868	143	1541
				0
108933	29392	51391	5804	22347
100728	50439	44505	2744	3041
78517	28596	47357	1878	686
26851	13067	11443	666	1676
29440	11096	17716	8	620
28287	13038	11943	1757	1548
77691	34401	29194	8411	5685
				0
64419	27683	33668	672	2395
39826	14596	22528	609	2094
43728	21166	20625	315	1623
83175	34578	45898	136	2563
30701	13500	15262	60	1878
5005	1493	3504	0	8
				0
41341	11966	27920	682	772
79909	34784	40935	170	4020
11825	5164	3506	28	3126
14839	5231	9225	45	337
1551	596	955	0	0
				0
111419	51420	51143	3774	5082
28697	15330	10691	271	2404
3463	1480	1239	0	744
3818	2366	1260	15	177
12547	5469	6492	0	586

2013
中国
文物年鉴

2012年全国各地区

	库存文物数（件／套）	资产、负债、所有者权益（千元）		
		资产总计	负债合计	所有者权益合计
总　计	8507934	2037742	586335	1451407
中　央				
北　京	3221524	430877	118341	312536
天　津	367206	243255	38963	204292
河　北	14464	4072	4676	-604
山　西	132365	7885	125	7760
内蒙古	1402	718	300	418
辽　宁	285697	65208	24052	41156
吉　林	31155	5320	3735	1585
黑龙江				
上　海	1699097	228620	6309	222311
江　苏	907776	358735	200489	158246
浙　江	37230	67759	30727	37032
安　徽	216694	21672	1587	20085
福　建	43993	12325	3860	8465
江　西	167396	10590	530	10060
山　东	273789	90361	53080	37281
河　南	204580	43625	22989	20636
湖　北	198898	172649	8677	163972
湖　南	231335	59092	17672	41420
广　东	252331	84860	5811	79049
广　西	40487	11356	4868	6488
海　南				
重　庆	23783	6826	1581	5245
四　川	51041	37856	17949	19907
贵　州	19899	25050	1715	23335
云　南	22761	25594	7508	18086
西　藏	5656	4523	923	3600
陕　西	780	3740	1153	2587
甘　肃	28203	6689	4928	1761
青　海	4204	1328	1170	158
宁　夏				
新　疆	24188	7157	2617	4540

文物商店基本情况

损益（千元）					
营业总收入	营业总成本	营业利润	营业外收入	营业外支出	利润总额
858947	**726035**	**132912**	**21665**	**7915**	**146662**
181200	104447	76753	63		76816
144903	122998	21905	2899		24804
0	315	-315	0		-315
3684	4050	-366	31		-335
1400	1138	262	0		262
19000	15718	3282	367	144	3505
449	1116	-667	743		76
63902	42733	21169	7		21176
176658	170060	6598	7211	1741	12068
29346	26774	2572	583	36	3119
9317	9302	15	35		50
8290	7903	387	0		387
16413	16568	-155	268	40	73
39180	39980	-800	1228	121	307
15062	16083	-1021	305		-716
2766	3568	-802	112	5205	-5895
19211	21249	-2038	4455	99	2318
50235	44568	5667	268	11	5924
3753	4536	-783	761	337	-359
4250	3110	1140	6	105	1041
42562	41992	570	0		570
2492	3684	-1192	427	76	-841
10369	9119	1250	0		1250
1393	1393	0	1138		1138
1869	1845	24			24
2457	2177	280			280
905	997	-92	3		-89
7881	8612	-731	755		24

2013
中国
文物年鉴

2012年全国各地区文物保护单位

	维修项目数 （个）	项目总预算 （千元）	累计拨入项目经费 （千元）
总　计	2808	16621298	9686506
中　央	3	28033	28033
北　京	42	301338	257785
天　津	2	1006	1006
河　北	146	1023921	676189
山　西	397	1126978	517200
内蒙古	17	194491	139437
辽　宁	20	46335	40798
吉　林	17	305909	364810
黑龙江	27	89242	50226
上　海	34	112899	106704
江　苏	100	561705	280646
浙　江	329	272713	207972
安　徽	116	803996	119100
福　建	75	188749	134105
江　西	58	95629	82518
山　东	86	913714	171216
河　南	199	3103690	551411
湖　北	66	379993	219321
湖　南	113	543606	345923
广　东	90	879676	690336
广　西	113	177891	160676
海　南	14	2992941	2940133
重　庆	30	89995	85843
四　川	211	432474	318841
贵　州	80	64293	50091
云　南	89	252655	78527
西　藏	11	4727	3010
陕　西	188	661698	312103
甘　肃	83	525286	429730
青　海	4	9790	9790
宁　夏	10	61265	38960
新　疆	38	374660	274066

保护、维修基本情况

本年项目资金 来源合计 （千元）	本年支出合计 （千元）	项目累计支出 （千元）	维修面积 （万平方米）
7336235	**5010835**	**6813380**	**64691**
33	903	24100	1
218174	236251	249370	12
1006	420	1006	0
238356	107653	271661	6756
437219	190658	303847	294
56117	78982	133942	4307
28175	21866	33813	4
27170	49200	294790	224
43663	7942	9854	423
102084	52128	57344	4
197013	122082	387542	393
153755	106474	149478	145
100529	69714	82604	106
106446	32281	44268	87
64583	46611	50650	8
227513	145256	165402	47945
184958	93836	358065	398
110316	109225	188863	26
323379	177704	204052	248
564100	180201	292417	46
142855	42960	60152	93
2911750	2328549	2356089	3
61552	54914	65891	4
188787	119385	217640	2818
44196	31119	31112	9
61558	45380	56570	25
4727	750	2210	1
249870	185202	245724	60
332125	266600	333217	14
9790	1130	5317	0
50870	15380	20530	5
93566	90079	115860	234

2013
中国
文物年鉴

责任编辑：孙漪娜　王　媛
责任印制：张道奇

图书在版编目（CIP）数据

中国文物年鉴. 2013 ／ 国家文物局编. －－ 北京 ：
文物出版社，2014.10
　ISBN 978－7－5010－4112－1

　Ⅰ．①中… Ⅱ．①国… Ⅲ．①文物工作－中国－
2013－年鉴 Ⅳ．①K87－54

中国版本图书馆CIP数据核字(2014)第235140号

中国文物年鉴·2013

国家文物局　编

文物出版社出版发行

北京市东直门内北小街2号楼

http://www.wenwu.com

E-mail:web@wenwu.com

北京文博利奥印刷有限公司制版

文物出版社印刷厂印刷

新华书店经销

787×1092毫米　1/16　印张：34

2014年10月第1版　2014年10月第1次印刷

ISBN 978－7－5010－4112－1　定价：300.00元

本书图版与文字为独家所有，非经授权同意不得复制翻印。